제5판

환경경제학

■ 권오상

Environmental
ECONOMICS

박영사

제5판 서문

『환경경제학』제5판은 두 부분에서 제4판과는 두드러진 차이를 가진다. 첫 번째는 거시 및 동태분석 부분이다. 제22장 "기후변화의 경제학"이 완전히 새로 작성되었으며, 기후변화 진행 상황, 대처방안, 새로이 대두되는 논점들에 대한 설명이 늘어났다. 아울러 제20장 "경제발전과 환경, 지속가능한 경제발전"에서도 경제성장과 오염물질 배출이 상호 연계하여 동태적으로 변하는 문제에 대한 이론설명과 현실 자료 분석이 새로 도입되었다.

두 번째 부분은 환경편익 관련 내용들이다. 편익 분석에 자연환경 보존의 불확실성과 비가역성을 반영하는 방법에 관한 설명이 많이 개선되었다. 그리고 건강과 통계적 생명의 가치 분석이론도 보완되었다. 이 내용들은 제14장~제16장에 포함되어 있다.

이 두 부분 외에도 다수의 장에서 내용의 개선과 확장이 있었으며, 본문이나 보론, 혹은 부록에 새로 추가되거나 상당한 정도 수정된 항목들은 다음과 같다.

- 자원환경 이용에 있어 시장실패 사례(제4장)
- ESG 경영과 민간의 자발적 환경개선 노력(제4장)
- 통합배출기준 설정 방법(제6장)
- EU의 탄소국경조정제도(제8장)
- 한국 배출권거래제 동향(제8장)
- 각국의 탄소저감 경제적 유인제도(제8장)
- 준옵션가치와 실물옵션가치(제14장)
- 상품의 특성과 가격이 함께 변할 때의 후생 변화(제15장)
- 가계생산함수와 회피행위(제15장)
- 통계적 생명가치(제16장)
- 환경정책 비용분석과 CGE모형(제18장)
- 온실가스 배출량의 EKC현상(제20장)
- 환경 – 솔로우 모형(제20장)

- 인구변동 이론의 실증분석(제20장)
- 탄소의 사회적 비용(제22장)
- 불확실성과 할인율 선택(제22장)

이상의 내용보완에도 불구하고 전체 분량은 오히려 조금 줄어들도록 조절되었다. 저자는 제4판까지도 남아 있던 어색한 문장들은 찾아서 수정하였으며, 적지 않은 수의 최근 연구성과물을 참고문헌에 추가하였다.

강원대학교의 이혜진 박사와 대한상공회의소의 박경원 박사는 제5판의 원고도 읽고 불명확하거나 매끄럽지 못한 문장들을 지적해주었다. 서울대학교 대학원의 용희원, 김호범 두 학생은 출판사 편집본을 원고와 대조하고 여러 중요한 문제들을 찾아내었다. 박영사의 배근하, 전채린 두 분 차장님은 이번에도 편집 작업을 대단히 효과적으로 진행해주었다. 이 분들의 도움이 없었다면 개정작업이 순조롭게 진행되지 못했을 것이기에 감사의 마음을 전하고자 한다.

2025년 겨울
서울대학교 권오상

제4판 서문

본서는 환경경제학을 배우는 대학 학부 학생들이 수업시간에 사용할 수 있는 교과서로서, 그리고 이 과목의 전체 내용을 공부하려는 독자들의 개인 학습용 서적으로서 발간되었다. 1999년 초판이 발간될 당시 국내외적으로 환경문제에 대한 관심도가 대단히 높았고, 각 대학에서도 관련 개설과목 수가 급속히 늘어나고 있었다. 본서는 당시의 환경경제학 교재에 대한 수요에 부응하고자 발간되었는데, 20여 년이 지난 지금 환경경제학은 많은 국내 대학에서 주요 과목으로 자리 잡고 있다.

그동안 환경경제학은 꾸준히 이론의 폭이 넓어지고 깊이 또한 깊어졌다. 동시에 기후변화를 포함하는 여러 현실문제에 대한 해석능력이 커지고 국내외의 문제해결과정에 깊이 관여하는 일도 자주 있었다. 따라서 환경경제학의 그러한 이론적, 실용적 측면의 성취도를 우리말로 전달하는 교과서는 꾸준히 개편되어 시장에 제공될 필요가 있다.

우리는 단 하루도 환경이 이슈가 되지 않는 날은 살지 않는다 할 정도로 환경문제는 우리 생활에 깊숙이 스며들어 있다. 또한 환경의 이용과 보존은 우리가 행하는 경제행위와는 불가분의 관계를 가진다. 환경경제학은 경제학 각 분야에서 개발된 이론을 수용하고 발전시키면서도, 환경문제 해결을 위한 고유의 문제의식과 분석기법을 발전시켜 왔다. 따라서 환경경제학을 공부하는 학생들은 환경과 조화로운 경제행위를 찾아내는 데 필요한 이론지식을 습득함은 물론이고, 우리 주변에서 발생하는 다양한 환경·경제문제에 대한 해석능력을 키울 수 있다.

이번에 7년 만에 개정·발간하는 본서의 제4판은 제3판의 부족했던 부분을 보충하고, 3판 발간 이후 진행된 환경·경제 여건변화와 정책의 변화, 그리고 새로운 이론과 연구성과를 반영하는 방식으로 작성되었다. 책 전체의 구성은 시장실패의 원인과 해결책, 환경정책의 설계와 집행, 환경정책의 평가, 국제무역·경제발전·전 지구적 환경문제로 이어지는 현재의 모습이 적절하다고 판단하여 이를 유지하였다. 그리고 모든 이론은 본문에서는 그래프 등을 이용해 설명하지만, 중요한 내용은 보론이나 부록에서 수식을 이용해 좀 더 깊게 설명하는 형식 역시 그대로 유지하고 있다. 그러나 세부 내용면에서는 상당한 보완과 추가가 이루어졌다.

먼저 배출권거래제를 포함하는 한국의 환경정책, 기후변화의 양상변화와 국제적 대응노력, 해외 주요 환경정책변화와 새로이 쌓인 많은 참고문헌과 통계처럼, 시간이 흐르면 당연히 업데이트해야 할 내용들은 모두 고치고 최근 내용으로 교체하였다.

본서는 기본이론을 설명한 후, 국내외 관련 실증분석 사례나 정책 사례를 소개하여 교과서적인 기본이론들이 현실문제에 어떻게 적용되는지를 독자들이 경험할 수 있게 한다. 제4판에서는 이러한 사례분석 내용을 대폭 보완하였다. 국내 연구나 정책 사례가 있는 경우는 이를 소개하고, 해외의 보다 앞선 새로운 연구 및 정책 사례들을 풍부하게 발굴하여 그 시사점을 해석하고 관련이론과의 연계성을 설명하였다.

제4판에서는 제3판의 기존 내용들을 모두 새로이 검토하여 설명방식을 보완하고 논리전개가 매끄럽게 되도록 노력하였다. 또한 동시에 다음과 같은 주요 이론 및 실증분석기법에 관한 설명을 새로 추가하거나 큰 폭으로 수정하였다.

- 공공재 수요도출(제4장)
- 오염규제와 기술개발투자(제7장)
- 일반조세가 존재할 경우의 최적 환경세(제7장)
- 독점기업의 최적 환경규제(제7장)
- 불확실성하 환경정책 수단으로서의 수량과 가격(제9장)
- 정보비대칭하의 최적 환경정책 메커니즘(제9장)
- 환경정책 비용과 편익의 계층별 분배(제10장)
- 수요곡선과 후생지표 간의 관계(제14장)
- 지불의사와 수용의사 간 격차에 관한 실험경제학적 설명(제14장)
- 특성가격법의 후생지표 도출방법(제16장)
- 균형소팅모형(제16장)
- 선택실험법의 후생지표 도출방법(제17장)
- 진술선호법의 유인일치성과 실효성문제(제17장)
- 환경정책의 생산성 및 실업률에 대한 영향(제18장)
- 새로운 무역이론과 환경정책의 무역효과 및 무역자유화의 환경효과(제19장)
- 지속가능성 지표의 구축과 지표상의 특성(제20장)
- 온실가스배출과 그린 패러독스(제22장)
- 통합평가모형(IAM)의 특성과 모형가동(제22장)
- 할인율논쟁과 불확실성하 최적 할인율 선택(제22장)

제4판에서는 연습문제에도 변화가 있다. 본서는 분량에 대한 우려 때문에 수치 예를 이용하는 연습을 본문에서는 하지 않고 있다. 제4판은 대신 연습문제를 수치 예를 제공하는 수단으로 활용코자 한다. 따라서 수치적인 분석이 필요한 연습문제만 기본이론을 다루는 장들에 한해 수록하고, 수록된 전체 연습문제에 대한 간략한 풀이과정을 책 말미에 제시해 독자들이 확인할 수 있게 하였다.

　본서는 환경경제학의 주요 주제를 전부는 아니더라도 대부분 포함하고 있고, 또한 주제별 설명내용도 개략적인 소개보다는 좀 더 높은 수준을 유지하고 있다. 따라서 본서를 교재로 사용할 때 한 학기에 모든 내용을 다루기는 어려울 것이다. 연계된 과목을 통해 두 학기에 걸쳐 전체 내용을 다루는 것이 불가능할 경우에는 내용을 취사선택하여 한 학기용 교재로 사용할 수 있다. 저자의 강의경험에 의하면, 제8장까지의 환경정책 기본이론과 제13장에서 제18장까지의 환경정책 효과분석 부분은 한 학기 강의에서도 대부분 다룰 수 있다. 또한 나머지 정책설계관련 내용이나 국제무역, 경제발전, 국제협력 및 기후변화 등의 내용 중에서도 강의 특성에 맞게 일부를 선택하여 추가할 수 있을 것이다.

　본서가 20여 년간 거듭 발간될 수 있었던 것은 무엇보다도 본서를 교재로 채택하거나 학습용으로 선택해준 독자들 덕택이었다. 저자는 독자들에게 감사드리면서, 또한 박영사의 변함없는 독려와 지원에도 사의를 표한다. 저자의 여러 교재들을 흔쾌히 출간해주고 계시는 안종만 회장님과 안상준 대표님, 저자가 환경경제학의 개정 업무를 잊지 않도록 효과적인 독촉을 해주시는 조성호 이사님과 손준호 과장님, 그리고 탁월한 편집업무를 해주신 전채린 과장님께 감사드린다.

　제4판의 초고는 강원대학교와 선문대학교에서 각각 연구와 강의를 하고 있는 이혜진 박사와 박경원 박사, 한국환경정책·평가연구원의 이홍림 연구원, 서울대학교 대학원 박사과정의 박윤선, 이승호 학생, 그리고 석사과정의 이혜원 학생이 읽고 수정해야 할 부분을 지적해주었다. 이들은 모두 본서의 제2판 혹은 제3판으로 환경경제학에 입문한 신진 연구자들이다. 그런 만큼 본서의 장단점을 누구보다 잘 알고 있어 이들의 지적이 초고 내용을 개선하는 데 큰 도움이 되었다.

　집필과 편집 작업에 많은 주의를 기울였지만 책이 발간된 후에도 오탈자와 설명을 수정해야 할 부분들이 발견되곤 한다. 그런 문제가 발견되면 모두 모아서 박영사 홈페이지의 도서자료실을 통해 알리도록 할 생각이며, 관련해 독자들의 양해를 미리 구하는 바이다.

2020년 여름
서울대학교 관악캠퍼스에서
권오상

차례

PART 02 　환경문제의 경제적 분석 틀

CHAPTER 03 　수요, 공급 및 시장균형

CHAPTER 04 　자원환경 이용에 있어 시장의 실패

제1부는 서론으로서 환경경제학이 어떤 학문인지를 설명하고, 주요 연구주제를 개관한다. 제1장은 환경경제학의 정의와 연구 범위, 일반경제학이나 인접 학문과의 연관성과 차별성에 대해 설명한다. 제2장은 인간이 생산 및 소비 행위를 하는 경제체계와 자연환경이 어떤 상호 관련을 맺고 있는지에 관해 정리한다. 아울러, 인간의 경제행위로 인해 발생하는 오염물질이 어떤 경로를 통해 환경오염과 이로 인한 피해를 유발하는지도 설명한다.

PART
01

서론

CHAPTER

환경경제학이란 어떤 학문인가?

제1절은 환경경제학이 어떤 학문이며, 환경문제의 해결책을 찾는 데 있어 다른 학문분과와 어떤 면에서 차별화되는지를 설명한다. 제2절은 환경경제정책이 경제적 유인제도를 이용해 실제로 환경 이용 형태를 변화시키는 예들을 보여주며, 마지막 제3절은 환경문제의 특성을 감안할 때 환경경제학이 주요 연구 주제로 삼는 문제는 어떤 것들인지를 설명한다.

section 01   환경경제학의 정의

경제학이 발전해 오는 동안 경제학이란 어떤 학문인가에 대해서 다양한 정의들이 내려져 왔다. 그러나 오늘날 대부분의 경제학자들이 동의하는 비교적 통일된 정의에 따르면 경제학은 개인이나 사회가 희소한 자원을 다양한 상품이나 서비스의 생산을 위해 어떻게 사용하고, 또한 생산된 재화나 서비스를 사회 내의 각 개인이나 집단별로 어떻게 분배해야 하는지를 연구하는 학문이다. 경제학은 또한 자원의 이용형태를 바꿈에 따라 발생하는 비용과 편익을 분석하는 학문이기도 하다.

경제학은 크게 미시경제학과 거시경제학으로 나뉜다. 미시경제학은 개별 경제주체의 경제행위를 분석하는 학문으로서 경제주체에는 소비자는 물론이고, 노동자, 투자가, 지주, 기업 등이 모두 포함된다. 미시경제학은 이들 경제주체가 어떤 동기를 가지고 어떻게 생산행위나 소비행위와 같은 경제적인 의사결정을 하는지를 분석한다. 미시경제학은 아울러 개별 경제주체가 서로 상호작용하여 시장이나 산업과 같은 보다 큰 경제주체를 어떻게 형성하고, 시장이나 산업은 경제 여건 변화에 어떤 방식으로 반응하는지를 연구하기도 한다. 반면 거시경제학은 국민총생산액이나 경제성장률, 실업률, 물가상승률, 이자율 등과 같은 국가 경제의 거시적인 변수들이 형성되고 움직이는 관계를 연구하는 학문이다.

환경경제학이란 자연환경 혹은 환경자원을 어떤 방식으로 개발하고 관리할지의 문제를 경제학적인 원리를 적용하여 분석하는 학문이다. 환경경제학은 우선 각 경제주체가 자연환경에 영향을 주는 행위를 왜 그리고 어떻게 하는지를 분석하고, 또한 인간의 소비 욕구 충족과 자연생태계 보존이 조화를 이루기 위해서는 정부 정책이나 경제 제도가 어떻게 형성되어야 하는지를 연구한다. 따라서 환경경제학은 일차적으로 미시경제학적인 분석 수단을 많이 이용하는 학문이라 할 수 있다. 그러나 환경경제학은 환경오염을 규제하려는 정부 정책이 경제성장이나 실업률에 어떤 영향을 미치는가, 그리고 경제성장이 환경오염에 미치는 영향은 어떠한가 등에 관한 거시경제학적인 문제의 해답 역시 찾고 있다.

인문학이나 사회과학에 속하는 여러 학문 영역이 인간의 사회·경제적 행위와 자연환경 보존과의 상호관련성에 관해 연구한다. 산업사회가 초래한 심각한 환경오염에 처하여 정치학, 사회학, 인류학, 윤리학, 교육학, 종교학 같은 다양한 학문분과에서 인간 행위와 환경오염의 문제를 다루고 있다. 환경경제학이 환경문제를 다루는 여타 인문·사회과학과 차별화가 되는 것은 주로 경제적 유인(economic incentive)이 자연환경 이용과 관련된 인간 행위에 미치는 영향을 분석한다는 점에 있다. 소비자가 쓰레기를 버리거나 생산자가 폐수를 방류하는 것은 무엇보다도 그렇게 하는 것이 자신에게 경제적으로 가장 이롭기 때문이다. 따라서 환경경제학은 각 경제주체의 행위를 결정하는 경제적 유인의 구조가 현재 어떻게 형성되어 있는지를 파악하며, 보다 바람직한 환경 수준을 달성하기 위해서는 경제적 유인구조가 어떻게 형성되어야 하는지를 중점 연구한다.

경제학이 경제적 유인을 분석하여 경제와 자연생태계의 조화로운 발전을 추구하는 반면, 윤리학이나 교육학, 종교학 등은 주로 개인의 도덕심 차원에서 환경문제에 접근한다. 즉 과도한 환경오염이 발생하는 것은 비윤리적이거나 비도덕적인 행위로 인한 것이며 환경질의 개선을 위해서는 자연환경을 보존하는 행위가 가지는 도덕적 가치를 사람들이 인식하도록 하는 것이 중요하다는 것이다. 교육을 통해 환경보존의 가치를 인식하도록 하고 사회 전반의 환경도덕 수준을 높이는 것은 환경자원의 남용을 막는 가장 근본적인 해결책임은 틀림없는 사실이며, 대부분의 사회가 구성원의 환경도덕심 고양을 위해 노력하고 있다.

그러나 그럼에도 불구하고 환경경제학이 도덕적인 접근을 주된 분석 수단으로 선택하지 않는 것은 인간의 도덕성을 강화하거나 윤리의식을 높이는 데에는 많은 시간이 필요한 반면, 현재의 환경오염은 심각한 수준이어서 시급한 대응이 필요하기 때문일 것이다. 또한 무엇보다도 환경경제학은 환경자원의 효율적인 이용이 반드시 각 개인이 도덕적일 때 달성되는 것은 아니라는 점을 강조한다. 각 개인이 교통법규를 준수하고 범죄를 저지르지 않으며, 납세의 의무를 다하는 것은 그 개인의 양심이 이를 요구하기 때문일 수도 있다. 그러나 비록 개인의 도덕성이 법의 준수와 사회적 의무를 충분히 수행할 정도로 높지 않다고 하더라도 이를 위반했을 경우 부담해야 하는 금전적, 신체적 비용이 높을 경우에는 합리적 개인이라면 위법행위를 하지 않는다. 마찬가지로 각 개인이 자신만의 편의를 생각하여 과도한 환경오염을 유발하려는 동기를 가지고 있다고 하여도, 자신이 유발한 오염에 대해 반드시 책임을 져야 하는 상황이라면 오염행위가 초래하는 비용을 어쩔 수 없이 인식하게 된다. 이런 이유로 환경경제학은 개인의 윤리의식보다는 환경 이용 행위를 통제하는 적절한 수단이나 경제적 유인이 있는지에 주로 관심을 가진다.

경제학은 다른 학문과 마찬가지로 관찰되는 현상에 대한 설명과 예측에 주로 관심을 갖는다. 이 점에 있어서는 환경경제학 역시 예외가 아니다. 예를 들어 환경경제학은 기업이 배출하는 오염물질에 대해 조세 혹은 배출부과금(emission charge)을 부과하면 기업의 생산행위는 어떻게 달라질 것인지에 관심을 가지며, 또한 특정 수준의 부과금을 매기면 기업의 오염물질 배출량은 얼마나 변하고 환경은 어느 정도 개선될 것인가를 예측하기도 한다.

환경을 이용하는 행위에 관한 설명과 예측은 경제이론에 기반을 두고 있다. 경제이론은 관측되는 경제 현상을 각 경제주체의 행위에 관한 몇 가지 가정과 규칙하에서 설명하기 위해 개발된다. 예를 들어 환경경제이론은 기업은 이윤을 극대화하기 위해 투입재를 사용하여 생산행위를 하며, 그 과정에서 오염물질을 배출한다고 가정한다. 이러한 가정하에서 경제이론은 기업의 생산량이나 오염물질 배출량이 정부 정책이나 시장 상황의 변화를 반영하여 어떻게 결정되는지를 설명한다. 또한 경제이론은 통계학이나 계량경제학의 도움을 받아 각 경제주체의 행위를 설명하는 경제모형을 만들 수 있게 하며, 이에 기초하여 특정 금액의 배출부과금이 부과될 경우 기업의 생산량과 배출량은 얼마나 달라질지를 예측할 수 있도록 한다. 경제이론은 적용된 가정하에서만 작동하기 때문에 완벽할 수 없다. 경제이론의 유용성은 관찰되는 현상을 얼마나 잘 설명하고 예측할 수 있느냐에 달려있으므로 기존의 이론이 이러한 기준으로 볼 때 어느 정도 유용한지를 검증하고 부족한 부분은 개선하려 노력해야 한다. 이 과정을 통해 이론이 발전하고 현실에 대한 우리의 이해력과 예측력이 높아지게 된다.

환경경제학의 연구 대상을 일반경제학의 경우와 마찬가지로 실증적(positive) 문제와 규범적(normative) 문제로 나눌 수 있다. 실증적 문제란 현상의 설명이나 예측과 관련된 것이며, 규범적 문제란 어떤 상황이 이루어져야 하느냐에 관한 질문이다. 예를 들어 정부가 축산분뇨로 인한 수질오염을 개선하기 위해 농가가 배출하는 폐수에 대해 세금이나 부과금을 매긴다고 하자. 이 정책에 대해 축산농가는 어떻게 반응하는가? 또한 정책 도입으로 국가 전체의 축산물 생산량은 어느 정도나 변하며, 축산물의 수입량은 얼마나 늘어나고,

수질오염은 어느 정도로 개선되고 그 결과 국민은 어느 정도의 편익이 늘어났다고 느낄 것인가? 이상의 모든 질문이 실증적 문제의 범주에 속하며 환경경제학의 일차적인 관심사가 된다.

환경경제학은 실증적인 문제에서 한 걸음 더 나아가 어떤 선택이 가장 좋은가에 관한 결정을 내려야만 하기도 한다. 즉 만약 축산농가로부터 배출부과금을 징수한다면 어느 정도로 하는 것이 좋은가, 그리고 부과금을 징수할 수도 있지만 폐수처리시설에 대해 융자나 보조금을 주는 방법도 사용할 수 있는데 이들 정책 가운데 어떤 정책이 가장 좋은 정책인가 등에 관한 질문에도 대답할 수 있어야 하며, 이들이 모두 규범적 문제들이다. 규범적 문제에 대한 해답을 얻기 위해서는 통상 어느 정도의 가치판단을 해야만 한다. 예를 들어 축산폐수규제로 인해 수질이 개선되어 국민 전체가 느끼는 만족감은 늘어나고, 국가 경제 전체의 효율성이 증대될 수 있다. 그러나 대신 축산 생산비가 상승하고 수익성이 떨어진다면 도시민에 비해 소득수준이 낮은 농가의 경제상황이 더욱 나빠지고 소득분배구조가 악화될 것이다. 이 경우 우리는 전체 국민의 만족도 상승과 도농 간 소득균형의 달성 가운데 어느 것이 더 중요한지를 결정하여야 한다. 이러한 가치판단이 개입될 경우 환경경제학은 규범적 문제에 관한 유일한 해답을 스스로 제공할 수는 없다. 그러나 환경경제학은 최소한 정책변화로 인해 발생할 수 있는 여러 긍정적 및 부정적 영향을 파악할 수 있게 하고, 이에 기초하여 사회구성원들이 규범적인 문제에 관해 어떤 결정을 내릴 수 있도록 도와주는 역할은 할 수 있다.

이상에서 밝힌 바대로 환경경제학은 경제학적 분석 수단을 자연환경의 관리와 이용에 적용하는 학문이다. 따라서 경제학의 한 분과학문이다. 그렇다면 미시경제학, 거시경제학, 재정학, 화폐금융론, 산업조직론, 경제성장론 등과 같은 경제학의 많은 학문분과와는 독립되게 환경경제학이 존재해야 할 이유는 무엇일까? 그것은 환경자원 이용에 있어서는 경제학적 관점에서 볼 때 여타 경제행위와는 다른 독특한 현상이 나타나기 때문이다.

일반적인 재화나 서비스와 달리 깨끗한 공기나 물과 같은 환경재는 그 소유권이 명확히 설정되어 있지 않고, 오염을 유발한 경제주체가 오염에 따른 손실을 모두 부담하는 것도 아니다. 이와 같은 성질을 가지는 자연환경을 각 경제주체가 자유롭게 이용하도록 할 경우 자신이 유발한 오염이 다른 경제주체의 만족도를 떨어뜨리는 정도를 감안하지 않기 때문에 환경의 과도한 훼손을 초래한다. 따라서 자유로운 경제행위를 허용할 경우 환경이 어느 정도로 훼손되며, 각 경제주체의 경제활동을 사회적으로 바람직한 수준의 오염만을 유발하도록 유도하기 위해서는 어떤 수단을 사용해야 하는가를 연구할 필요가 있으며, 이

것이 환경경제학이 독립된 학문으로 존재해야 하는 중요한 이유가 된다.

환경의 보존이나 개선을 위해 정부는 여러 가지 정책과 공공사업을 시행하고 있는데, 그 결과로 얻는 편익이 과연 비용보다도 큰지, 그리고 어떤 환경정책이 가장 큰 순편익을 가져다주는지를 알 필요가 있다. 그러나 맑은 공기나 깨끗한 물과 같은 환경재는 여타 재화나 서비스와는 달리 시장에서 거래되는 것이 아니기 때문에 그 가치를 적절히 반영하는 시장가격이 형성되어 있지 않다. 따라서 환경정책의 평가에 필요한 정보를 얻는 것이 여타 정책의 경우보다 더 어렵다. 비록 시장에서 거래되지 않지만 대기질이나 수질의 개선이 국민 편익을 증대시킨다는 것은 틀림없는 사실이므로, 환경질 개선의 가치를 정확히 평가하여 정책에 반영하는 방법을 찾기 위해서도 환경경제학은 연구되어야 한다.

생태경제학

환경경제학과 관련되면서도 그 접근 방법에 있어 차이를 가지는 학문이 생태경제학이다. 생태경제학은 경제학과 생태학(ecology) 간의 학제적 접근을 통해 생태계와 경제체계의 관계를 종합적으로 고찰하려는 학문이며, 따라서 사회과학과 자연과학 접근법을 함께 사용한다. "생태경제학"(*Ecological Economics*)이라는 학술지도 1989년에 창간되어 발간되고 있다.

달리와 팔리(Daly and Farley, 2010) 등의 설명에 의하면, 생태경제학은 경제체계를 자연환경이라는 더 큰 체계의 한 구성요소로 보며 생태계와 경제체계 간의 상호관계를 연구한다. 생태경제학은 인간의 선호, 이해력, 기술 및 조직은 생태계의 제약을 반영하여 생태계와 공동으로 진화하며, 인간은 그 체계를 지속가능하게 관리할 책임을 인식해야 한다고 주장한다. 따라서 생태경제학은 인간이 만들어내는 자본이나 기술이 자연생태계가 제공하는 요소와 호환되거나 서로 대체할 수 있다는 것에 대해 경제학보다는 부정적이다. 현재의 생산과 소비가 과도하여 생태적 손실이 크다면 의도적으로 경제 규모를 축소할 수 있다는 입장을 보일 때도 있다. 하지만 현대 경제학 역시 자연·환경으로부터 받는 제약과 자연·환경에 주는 부하를 반드시 고려해야 함을 인식하고 있으며, 환경경제학이 바로 그러하다.

드물기는 하지만, 애로우 외(Arrow et al., 2004)처럼 저명 경제학자와 생태학자들이 시각을 상호비교하고 일종의 대화를 하려는 시도도 있었다.

section 02	**경제적 유인을 통해 환경이용 형태를 변화시키는 예**

앞서 밝힌 바와 같이 환경경제학은 경제적 유인이 자연환경의 이용과 관련된 인간 행위에 미치는 영향을 주로 분석한다. 자연환경의 이용에 관한 경제적 유인은 생산, 소비, 유통 등 모든 경제행위에 적용될 수 있다.

1. 쓰레기종량제

한국의 가정 쓰레기와 소규모 사업장 일반 쓰레기의 관리는 1995년 1월 1일을 기해 큰 변화를 겪었다. 1995년 이전에는 각 가정이나 사업장은 건물면적이나 재산세 납부액에 따라 결정되는 특정 금액을 쓰레기 수거 수수료로 납부했었다. 가정이나 사업장이 미리 정해진 수수료를 납부할 때에는 실제 배출량과 관계없이 특정 금액만 지불하면 되므로 배출량을 줄이려는 동기를 가지지 못했다. 물론 모든 가정이나 사업장이 지나치게 많은 쓰레기를 배출하면 이를 처리하기 위한 비용이 늘어나므로 수거 수수료가 인상될 수 있다. 그러나 각 가정은 자신이 버린 쓰레기로 증가한 수거 비용 가운데 실제로 수수료 인상으로 자신에게 돌아올 금액은 거의 무시해도 될 정도로 적기 때문에 배출량을 줄이려 노력하지 않는다.

반면 쓰레기종량제에서는 각 가정은 일반 쓰레기를 버릴 때 규격봉투만을 사용해야 하고, 봉투는 가게에서 구입해야 한다. 따라서 각 가정의 쓰레기 배출량과 쓰레기 처리 비용이 비례하게 되고, 각 가정은 스스로 재활용하거나, 쓰레기로 버릴 부분이 적은 상품을 구매하려 한다. 종량제가 제공하는 이러한 경제적 유인 때문에 1일 평균 전국 쓰레기 배출량이 종량제가 시행되기 직전의 53,000여 톤에서 시행 직후 34,000여 톤으로 감소하였다.

비닐봉투 규제의 누출효과

폐기물 정책은 쓰레기 배출량에 초점이 맞추어져 있으나, 쓰레기 배출 용기로 사용하는 봉투 자체가 오염물질임도 우려해야 한다. 비닐 혹은 플라스틱은 대단히 유용한 물질이고 다른 물질로 대체하기도 어렵지만, 자연으로 유출되면 토양오염과 해양오염을 유발하고,

소각을 해도 많은 오염물질을 배출한다. UNEP(2014)에 의하면 아시아는 전 세계 플라스틱의 45%를 소비한다.

플라스틱 사용을 줄이고자 상점의 비닐봉투 제공을 금지하거나 수수료를 받게 하는 제도가 많은 국가에서 시행되고 있다. 그런데 이런 정책은 모든 비닐봉투를 규제대상으로 하는 것이 아니기 때문에 정책효과 누출(leakage)현상이 발생할 수 있다. 테일러(Taylor, 2019)의 캘리포니아 대상 연구에 따르면, 상점의 봉투 제공을 금지해 약 4,000만 파운드의 플라스틱 사용을 줄였지만 대신 약 1,200만 파운드의 비닐 쓰레기봉투 소비 증가가 발생했다. 사실 쓰레기를 반드시 규격봉투에 담아 배출할 필요가 없는 미국이라 정책 도입 이전에도 상점 포장봉투의 상당량을 소비자들이 쓰레기봉투로 재활용하고 있었다. 따라서 이 제도는 봉투용 플라스틱 사용량을 당초 기대만큼은 줄이지 못하고 소비자로 하여금 상점에서 제공하는 비닐봉투 대신 더 크고 두꺼우며 무거운 플라스틱 쓰레기봉투를 사용토록 하는 결과를 초래하였다.

유사하지만 조금 다른 상황이 한국에서도 발생했다. 가정에서 사용하는 비닐봉투는 '1회용 비닐봉투,' '일반 종량제 봉투,' '재사용 종량제 봉투'로 구분된다. 1회용 비닐봉투는 물건 구매 시 제품을 담는 기능만 하며, 일반 종량제 봉투는 가정용 쓰레기 배출 시에만 사용한다. 재사용 종량제 봉투는 마트에서 구매한 물건을 담는 용도로 일단 사용한 후, 나중에 쓰레기 배출용으로 다시 사용할 수 있는 봉투이다. 2010년 체결된 환경부와 대형 유통업체 간 협약은 1회용 봉투의 제공·판매를 금지했고, 이는 쇼핑과 쓰레기 배출에 순차적으로 모두 사용할 수 있는 재사용 종량제 봉투 비중을 크게 높이려는 시도이다. 이혜원·권오상(2021)의 실증분석에 의하면 이 협약 후 각 시군구의 재사용 종량제 봉투 판매량이 크게 늘긴 했으나 일반 종량제 봉투 사용량은 그만큼까지 줄지 않았다(대체율 26.1%). 이는 재사용 비닐봉투가 쇼핑 시에만 사용되고 쓰레기 배출용으로 재사용되지 않는 경우가 많음을 의미한다.

쓰레기종량제나 비닐봉투 정책처럼 경제적 유인을 제공하여 행동 변화를 유도하는 것은 대단히 유용하지만, 이처럼 예상하지 못했던 새로운 문제들이 등장하기도 한다.

2. 폐기물예치금제도

종이팩, 유리병, 페트병, 금속캔 등은 사용한 후 재활용을 거쳐 다시 사용할 수 있다.

이들 폐기물을 그냥 매립하지 않고 재활용을 거쳐 다시 사용하면 쓰레기 매립량을 줄이고 자원도 절약하게 된다. 제품 생산자가 폐용기를 회수 및 재활용하도록 유도하기 위해 정부는 1992년부터 폐기물예치금제도를 시행하였다. 이 제도에서는 폐용기를 생산하는 생산자는 제품을 판매할 때 단위당 특정 금액의 예치금을 정부에 납부하고, 사용된 폐용기를 회수·재활용할 경우 예치금을 되돌려 받는다. 따라서 생산자는 예치금을 돌려받기 위해서라도 폐용기를 회수하려 노력하며, 그 결과 폐기물 발생량이 줄어든다.

또한 2003년 1월 1일에는 폐기물예치금제도를 보완하여, 종이팩, 유리병, 금속캔, 합성수지포장재, 전지류, 타이어, 윤활유, 전자제품 등의 제품 및 포장재에 "생산자책임재활용제도"(EPR: Extended Producer Responsibility)를 도입하였다. 이 제도는 제품 생산자나 포장재를 이용한 제품의 생산자에게 그 제품이나 포장재의 폐기물에 대하여 일정량의 재활용의무를 부여하여 재활용하게 한다. 만약 이를 이행하지 않을 경우 재활용에 소요되는 비용 이상의 재활용 부과금을 생산자에게 부과한다.

3. 탄소세나 혼잡통행료를 통한 수송부문 대기오염 관리

대기오염은 크게 산업용, 발전용, 난방용, 수송용 연료의 사용으로부터 유발된다. 이 가운데 수송부문은 운행되는 자동차의 수가 급격히 증가한 현재에 있어 가장 큰 대기오염원 가운데 하나이다. 자동차 운행의 증가는 또한 도로 혼잡도를 높여 통행자의 시간 손실을 증가시키고, 엔진 공회전에 따른 연료소비도 증가시킨다. 자동차 운행이 이러한 사회적 손실을 만들지만 개별 운전자는 직접 부담하는 유류가격만을 운행 비용이라 인식하므로 사회적 기준으로 보면 지나치게 많은 운전자들이 자동차를 운행하게 된다.

자동차 운행으로 인한 오염과 혼잡도를 감소시키기 위해서는 많은 국가에서 시행하고 있는 바와 같이 휘발유를 구입할 때 세금을 내게 하거나, 혼잡통행료를 징수할 수 있다. 이들 제도 역시 경제적 유인제도로서, 자동차 운행 비용을 증대시켜 개별 운전자로 하여금 자신이 유발하는 사회적 비용을 인식하게 한다.

수송부문은 일산화탄소, 미세먼지, 아황산가스(SO_x), 질소산화물(NO_x) 등 다양한 대기오염물질을 배출한다. 이 가운데 갈수록 문제가 되는 것이 미세먼지와 질소산화물이며, 두 오염물질은 특히 경유(디젤) 자동차에서 많이 배출된다. 소비자가 지불하는 유류가격 중 많은 부분을 각종 세금이 차지하는데, 세금 제도를 어떻게 운용하느냐에 따라 국가별로 경유와 휘발유의 가격 차이가 크게 발생한다. 국가에 따라서는 경유와 휘발유의 가격 차이가 거의 없는 경우도 있지만, 우리의 경우 주로 상업용으로 사용되는 경유의 가격을 의도적으로 낮게 유지해 왔었다. 2001년의 경유가격은 휘발유가격의 47%에 불과했었다.

이렇게 경유가격을 낮게 유지하는 정책을 사용한 결과 산업용 차량은 물론이고 경유를 연료로 사용하는 짚이나 미니밴 등 각종 개인용 SUV차량의 보급이 크게 늘어났고, 그로 인해 특히 수도권의 대기오염이 미세먼지와 질소산화물을 기준으로 할 경우 개선되지 않았다.[1] 이 문제를 해결하기 위해 정부는 휘발유가격과 경유가격의 격차를 점차 줄여왔으며, 경유차 소유자에게 부담금을 매기기도 한다.

아울러 최근에는 경유자동차 조기 폐차 시에 보상금을 지급하기도 한다. 또한 전기자동차와 수소자동차의 충전시설에 대한 공공투자를 늘리고, 이들 친환경자동차를 구입할 때 보조금을 지급하기도 한다. 이 모든 정책이 차종의 선택과 연료의 선택, 그리고 운행거리 선택에 있어 오염물질을 덜 배출할 유인을 제공하는 정책들이다.

도로주행의 사회적 비용

자동차를 운행하면 운전자 스스로가 연료비용과 시간비용을 지불해야 하지만, 동시에 오염물질을 배출하고 도로 혼잡도를 높여 다른 사람들이 추가로 지불해야 하는 사회적 비용도 유발한다. 이런 사회적 비용을 "외부효과"라 부르는데, 그 크기를 실제로 도출한 연구가 다수 있다.

중국 베이징은 등록된 자동차 수가 6백만 대가 넘고 대기오염은 물론, 출퇴근 시간 평균 주행속도가 시속 20km를 가까스로 넘어설 정도로 혼잡도가 심하다. 미국과 중국의 연구진(Yang et al., 2020)은 차량 한 대가 더 도로에 나오면서 발생하는 사회적 비용을 혼잡도 증가효과를 통해 구하였다. D를 차량밀도, 즉 특정 도로의 차선별 km당 운행 중인 차량대수라 하면, 단위거리 이동에 필요한 시간 T는 D가 커지면 증가한다. 문제는 어떤 개인이 차를 몰고 나오면 D를 높여 다른 사람의 운전시간 T도 높이고, 자기가 부담하지 않는 사회적 비용을 유발한다는 데 있다.

도로 위의 모든 차량이 단위거리 이동을 위해 사용하는 시간은 $D \times T(D)$인데, 어떤 운전자가 추가로 차를 몰고 나오면 전체 단위거리 당 운전시간은 다음과 같이 변한다.

---

1) 경유 SUV차량이 야기하는 사회적 피해에는 대기오염 외에도 여러 가지가 있다. 차량이 일반 승용차에 비해 무거워 도로 파손을 촉진하고 충돌 사고 시 상대 차량 피해를 증가시키기도 한다.

$$\frac{\Delta[D \times T(D)]}{\Delta D} = T(D) + D \times \frac{\Delta T(D)}{\Delta D}$$

위에서 $T(D)$는 차를 몰고 나온 본인이 단위거리 이동을 위해 사용하는 시간이지만, $D \times \frac{\Delta T(D)}{\Delta D}$는 이 운전자 때문에 모든 사람의 운행시간이 더 늘어나게 된 효과이다. 따라서 이 두 번째 효과 때문에 사회적 비용이 발생한다. 시간비용 등을 반영하고 베이징에서 관측된 실제 도로자료를 이용하면, 이 사회적 비용이 출퇴근시간에는 km당 한국 돈으로 약 160원에 달하는 것으로 추정되었다. 또한 이러한 사회적 비용을 도로 이용요금으로 부과하면 자동차운행을 줄이는 유인으로 작용해 출퇴근시간 평균시속을 10% 정도 높일 수 있는 것으로 분석되었다.

section 03 환경경제학의 주요 주제

1. 시장의 실패와 외부효과에 관한 이론

환경재가 아닌 일반 재화의 경우 시장이 완전경쟁적이고 시장정보가 비교적 완전할 경우, 소비 만족도를 극대화하려는 소비자와 이윤극대화를 추구하는 기업, 그리고 이들을 연결시켜 주는 시장기능에 의해 사회적으로 가장 바람직한 수준의 경제행위가 이루어진다. 일반 재화의 이용에 있어 시장이 이렇게 효율적으로 작동할 수 있는 것은 재화의 소유권이 누구에게 귀속되는지가 분명하고, 재화를 소유하는 데 따른 모든 권리와 책임은 그 소유주에게만 귀속되며, 소유권이 시장에서 자유롭게 거래될 수 있기 때문이다. 그러나 환경재는 많은 경우 특성상 시장 자체가 존재하지 않거나, 시장이 존재하더라도 효율적으로 작동하기 위해 필요한 전제조건이 충족되지 못한다.

예를 들어 공해상의 수산자원이나 마을 공동소유의 수자원과 같이 소유권이 존재하지 않거나 개인이 아닌 집단에게 실질 소유권이 부여된 환경자원이 많이 있다. 이들 환경재의 경우 누구든지 먼저 이용하는 사람에게 이용권이 돌아가기 때문에 각 개인은 경쟁적으로 소비하고자 할 것이며, 그 결과 자원의 남획이나 고갈과 같은 비합리적인 자원관리가 발생하게 된다.

깨끗한 공기라는 환경재를 생각해 보자. 만약 정부가 어떤 지역의 한 사람으로부터 세금을 받아 대기질을 개선하는 사업을 시행한다면, 개선된 대기질은 이 사람뿐 아니라 그 지역의 모든 사람이 이용할 수 있다. 즉 대기질 개선 비용을 부담하지 않은 사람이 깨끗한 공기를 소비하는 것을 배제할 방도가 없다. 이러한 특성을 지니는 재화를 공공재(public goods)라 부르는데, 깨끗한 공기나 맑은 물과 같은 많은 환경재가 공공재의 성격을 가진다. 공공재는 누군가가 일단 대가를 지불하고 소비를 하면 자신은 비용을 지불하지 않고도 그 혜택을 입는 것이 가능하므로 각 경제주체는 공공재에 대한 자신의 수요를 정확히 나타내려 하지 않는다. 따라서 대기 정화를 시장기능에 맡긴다면 충분한 양의 깨끗한 공기가 거래될 수 없다.

시장이 제대로 기능하지 못하는, 즉 시장의 실패가 나타나는 또 다른 경우는 외부효과 (externality)가 존재하는 경우이다. 주택가에 인접한 어떤 공장이 큰 소음을 내고 작업하고 있으며, 주민들은 공장소음으로 인해 고통받고 있다. 아무런 규제가 없다면 공장주는 자신이 인근 주민에게 입히는 피해에 대해서는 신경 쓰지 않고 오로지 생산을 위해 직접 지불하는 인건비, 자재비, 금융비용과 같은 비용만을 고려하여 생산규모를 결정한다. 따라서 이 경우 인근 주민의 후생까지도 종합적으로 고려했을 때 생산되어야 할 수준보다 더 많은 양을 공장이 생산하게 되고, 이 과정에서 지나치게 많은 오염물질을 배출한다.

환경재를 이용할 때는 이처럼 시장기능의 실패가 발생하고 지나친 환경오염이 발생할 가능성이 있다. 따라서 환경경제학의 첫 번째 주제는 환경재의 어떠한 특성이 위와 같은 시장의 실패를 유발하는지를 설명하고, 사회적으로 보아 바람직한 수준의 오염도를 달성하고자 한다면 어느 정도의 환경재를 사용해야 하는지를 파악하는 것이다. 나아가 자율적인 시장기능에 맡겨두었을 때 발생하는 시장의 실패를 보정하고 효율적인 환경재 이용을 달성하기 위해서는 어떤 경제적 유인을 어느 정도 사용해야 하는지도 검토하여야 한다. 이러한 분석은 모두 환경재의 수요 및 공급에 대한 이론적 기반을 가져야 하며, 환경경제학의 출발점이라 할 수 있다. 이와 같은 시장의 실패와 그 보정에 관한 이론적인 논의는 제2부에서 다루어진다.

2. 환경정책의 수립과 집행

위에서 밝힌 대로 환경재 이용을 시장기능에 자율적으로 맡겨두면 지나친 오염이 발생할 가능성이 있다. 이 문제를 해결하기 위해 정부는 시장에 개입하여야 하고 앞 절에서 예를 들었던 경제적 유인제도를 사용하여 각 경제주체로 하여금 사회적으로 합리적인 수준의 환경재를 이용하도록 유도해야 한다. 그러나 환경정책은 사실 다양한 정책수단을 통해 시행될 수 있고, 각각의 정책수단이 오염도를 줄이는 정도나 경제 전반에 미치는 영향의 정도는 서로 다르기 때문에 정부는 구체적으로 어떤 정책수단을 어떤 방식으로 시행할 것인지를 결정해야 한다.

예를 들어 지나친 환경오염을 방지하기 위해서는 오염행위에 대해 세금을 부과하거나 배출되는 오염물질에 대해 배출부과금을 부과하여 배출감소를 유도할 수 있다. 혹은 사회적으로 바람직한 수준의 오염도를 유지하기 위해 필요한 오염물질 배출량을 미리 정하여 이를 각 오염원에게 배출상한으로 배분하고 의무적으로 지키도록 할 수도 있다. 또한 보다 직접적으로 특정 배출감소시설을 설치하거나 오염물질 처리공정을 거치도록 강제할 수도 있다. 이 모든 정책들은 그 효과 면에서 서로 다르기 때문에 정부는 이들 가운데 어느 것을 선택하여 어떤 방식으로 시행할지를 결정해야 하는데, 이는 상당히 까다로운 문제이다.

바람직한 환경정책을 선택하기 위해 적용하는 환경정책의 평가기준 역시 여러 가지이다. 우선 좋은 환경정책은 목표로 하는 오염량 감소를 가장 적은 비용으로 달성할 수 있어야 한다. 또한 환경정책을 선택할 때는 공정한 소득분배나 경제적 정의와 부합하는지도 고려하여야 하며, 정책이 사회 전반적인 도덕률과 일치하는지도 검토해야 한다. 오염물질 관리기술의 개발을 촉진할 수 있는 정책이 그렇지 못한 정책에 비해 더 우월한 정책이라 할 수 있고, 바람직한 정책은 오염자가 실제로 그 규제수준을 정확하고 정직하게 준수할 수 있는 것이어야 한다. 이상의 모든 것들이 환경정책을 평가하는 데 있어 사용되어야 할 기준들이며, 환경정책들은 이상의 기준에 비추어 볼 때 각기 장단점을 가지고 있다. 따라서 제3부는 위와 같은 기준들에 비추어 볼 때 각 환경정책은 어떤 상황에서 상대적인 우월성을 가지며, 각 정책을 실제로 집행할 때 어떤 점에 주의해야 하는지를 논의한다.

다양한 정책수단이 존재하고 있고, 각국은 자국의 경제발전단계나 환경 상황에 적응하여 적절한 환경정책을 선택·집행하고 있다. 제3부는 마지막으로 한국에서는 경제발전 과정에서 환경의 중요성이 어떻게 인식되어 왔으며, 어떤 환경정책이 중점적으로 사용되고 있는지를 살펴본다.

3. 환경정책의 비용-편익 분석

시장의 실패나 환경정책의 수립과 시행에 관한 논의가 대체로 이론적이라면, 환경정책의 비용−편익 분석은 보다 실증적이다. 사회적으로 바람직한 수준의 오염도는 어느 정도이고 이를 달성하기 위한 가장 효율적인 정책이 무엇인지를 파악하려면 먼저 각각의 환경정책이 초래하는 편익과 비용이 어느 정도인지를 분석해야 한다. 예를 들어 한국의 하천은 평균적으로 II~III급수의 수질을 유지하고 있다고 하자. 정부는 하천 수질을 I~II급수로 향상시키거나, 아니면 현재의 수질을 유지하는 방안을 생각해볼 수 있다. 이들 대안 가운데 목표로 할 수질을 선택하기 위해서는 각 대안별로 발생할 편익과 대안의 달성에 소요되는 비용을 계산할 수 있어야 한다. 하천 수질이 개선될수록 국민이 느끼는 만족도의 향상, 즉 편익은 커질 것이다. 그러나 이를 위해 소요되는 비용 역시 증가할 것이다. 따라서 정부는 이들 대안 가운데 편익에서 비용을 제외한 순편익이 어느 경우에 가장 큰지를 파악할 수 있어야 한다. 또한 목표로 하는 수질을 달성하는 데에는 여러 가지 방법이 있을수 있으므로 이들 방법을 시행하는 데에는 각각 어느 정도의 비용이 소요되는지도 파악할수 있어야 한다.

환경정책의 편익−비용을 분석하는 것은 이렇게 환경정책을 입안하는 데 기초가 되기 때문에 환경경제학자들이 가장 많이 노력하는 분야 중 하나이다. 그러나 환경재의 경우 시장에서 거래되는 일반 시장재와 달리 가격이 존재하지 않는 경우가 많으므로 환경수준 변화로 야기되는 편익과 비용을 분석하는 데에는 몇 가지 어려움이 따르고, 이를 해결하기 위한 특별한 노력이 필요하다.

제4부는 환경정책의 편익과 비용을 분석하는 데 할애되고 있다. 제4부는 우선 환경정책의 영향을 분석하는 다양한 틀을 살펴본 후, 편익−비용을 분석하는 데 필요한 후생경제학 및 생산경제학적인 기본 이론을 검토한다. 이어서 시장에서 거래되지 않는 환경재의 가치를 구체적으로 평가하는 다양한 기법들을 소개하고 그 응용 예를 보여준다.

4. 경제발전, 국제무역과 환경

한때 경제발전과 환경보존은 서로 대립하는 문제라 인식되었으나, 경제가 발달한 선진국보다는 저개발국의 환경문제가 더 심각하다는 사실이 밝혀지면서 경제발전과 환경문제에 관한 인식이 변하게 되었다. 제5부는 경제발전과 환경의 문제를 종합적으로 다루어

경제발전이 환경오염도에 미치는 영향은 어떠하며, 왜 국가 간 오염도의 차이가 발생하는지를 분석한다. 아울러 경제발전을 지속하면서도 미래 세대에게 쾌적한 환경을 물려주기 위해, 즉 지속가능한 경제발전(sustainable development)을 이룩하기 위해서는 어떤 방도를 마련해야 하는지도 논의한다.

제5부는 또한 최근 활발히 논의되고 있는 국제무역이 환경오염에 미치는 영향에 관해서도 검토하며, 오존층 파괴나 기후변화와 같은 전 지구적 차원의 환경문제를 풀어가기 위해 어떤 노력이 진행되고 있는지도 논의한다. 특히 기후변화문제는 그에 대한 대응이 시급한 상황이고, 전 세계 모든 국가에 있어서의 경제행위에 큰 영향을 미칠 것으로 예상되므로 비교적 상세히 논의하고자 한다.

참고문헌

● 이혜원·권오상(2021), "재사용 종량제 봉투의 쓰레기 종량제 봉투 소비 대체효과 추정," 『환경정책』 29: 49-75.

● Arrow, K., P. Dasgupta, L. Goulder, G. Daily, P. Ehrlich, G. Heal, S. Levin, K.-G. Mäler, S. Schneider, D. Starrett, and B. Walter (2004), "Are We Consuming Too Much?" *Journal of Economic Perspectives* 18: 147-172.

● Daly, H. E. and J. Farley (2010), *Ecological Economics: Principles and Applications*, 2nd ed., Island Press.

● Taylor, R. L. C. (2019), "Bag Leakage: The Effect of Disposable Carryout Bag Regulations on Unregulated Bags," *Journal of Environmental Economics and Management* 93: 254-271.

● UNEP (2014), *Valuing Plastics: the Business Case for Measuring, Managing and Disclosing Plastic Use in the Consumer Goods Industry*, United Nations Environment Programme Report. ISBN: 978-92-807-3400-3.

● Yang, J., A.-O. Purevjav, and S. Li (2020), "The Marginal Cost of Traffic Congestion and Road Pricing: Evidence from a Natural Experiment in Beijing," *American Economic Journal: Economic Policy* 12: 418-453.

경제와 자연환경

제2장은 경제와 자연환경 사이의 상호관련성에 관해 논의한다. 먼저 제1절은 경제와 자연환경의 상호관련성에 관한 몇 가지 시각을 소개한다. 이어서 제2절은 오염물질이 경제행위를 하는 오염원으로부터 배출되어 최종적으로 환경피해를 유발하는 과정을 설명하며, 제3절은 다양한 오염물질을 분류하여 소개한다.

section 01 경제와 자연환경의 상호관련성에 관한 이해

경제란 일종의 기술적, 법적, 사회적 제도로서 이 제도 내에서 각 경제주체는 자신의 물질적, 정신적 복지 수준을 높이기 위해 노력한다. 각 경제주체의 행위는 크게 생산과 소비로 양분된다. 생산은 재화와 서비스를 만들어내기 위한 모든 활동을 의미하고, 소비는 생산된 재화와 서비스가 경제 내의 개인이나 집단으로 배분되는 모든 방식을 의미한다.

생산과 소비활동이 이루어지는 경제는 다시 자연적 질서에 의해 움직이는 자연환경 내에 존재하고, 자연환경과 상호교류하고 있다. 자연환경은 경제 내의 생산행위에 필요한 원료와 에너지를 공급하고, 경제는 생산과정을 통해 자연환경이 제공한 원료와 에너지를 소비가 가능한 완제품으로 바꾼다. 자연환경은 또한 깨끗한 공기나 자연경관처럼 별다른 생산과정 없이 소비자가 직접 소비할 수 있는 서비스를 제공하기도 한다. 반면 인간이 경제 내에서 행하는 생산과 소비활동은 폐기물(residuals)을 생성하여 다시 자연으로 돌려보낸다. 폐기물은 인간이 적절히 처리하지 못할 경우 결국 환경오염으로 나타나게 된다.

경제와 자연환경이 맺는 상호관계에 대한 이해는 경제와 경제학의 발전단계에 따라 다르게 나타났다.[1] 먼저 리카르도(D. Ricardo)나 멜서스(T. Malthus)와 같은 고전학파 경제학자들은 당시의 사회경제적 발전수준이 토지로 대표되는 천연자원의 중요성을 크게 인정

---

1) 경제학 발전 단계별로 환경문제에 대한 인식이 변해온 과정에 대해서는 란달(Randall, 1987)이 보다 자세히 논하였다.

하지 않을 수 없는 상황이었기에 토지를 하나의 중요한 생산요소로 간주하고, 토지의 가격 혹은 지대가 설정되는 원리나 제한된 토지면적을 가지고 경제성장을 이룩하는 문제 등을 중요한 연구 주제로 다루었다. 따라서 고전학파 경제이론은 자연환경이 인간의 경제행위에 미치는 중요성을 크게 인식하였으나, 주로 자연환경이 경제에 제공하는 원재료나 에너지에 관심을 가졌고, 경제행위의 결과 발생하는 오염의 문제에는 상대적으로 주목하지 않았다.

경제가 성장하고 근대 산업화가 더욱 진행되면서 인류는 새로운 천연자원을 발견하게 되고, 인간이 만들어내는 자본재에 의해 자연적인 생산요소가 대체되는 상황도 점차 경험하게 된다. 이런 배경 속에서 고전학파의 뒤를 이어 마샬(A. Marshall) 등에 의해 전개된 신고전학파 경제학은 토지와 같은 천연자원과 인간이 만들어내는 자본재 사이의 본질적인 차이를 인정하지 아니하고 둘을 모두 자본재라는 하나의 생산요소로 간주하였다. 신고전학파 경제학은 인간의 경제행위는 크게 노동과 자본이라는 두 가지 생산요소를 활용해 이루어진다고 보았고, 따라서 천연자원이 인간의 경제행위에 미치는 중요성에 대한 인식은 고전학파에서 신고전학파로 경제학이 발전하면서 약해진 점이 있다.

20세기 후반기에 들어와 슐츠(T. W. Schultz), 루카스(R. E. Lucas), 로머(P. M. Romer)와 같은 학자들에 의해 발전된 현대 경제성장론은 경제성장에 있어 인간자본(human capital)의 역할을 특히 강조하고, 천연자원이나 자연환경이 경제성장에 미치는 영향은 더욱 낮게 평가한다. 이에 의하면 현대 사회에서는 심지어 농업에 있어서도 토지가 생산성을 결정하는 가장 중요한 요소가 되지 못하며, 노동도 그 효율성이나 생산성이 교육·훈련 투자에 의해 결정되는 일종의 자본재이다. 따라서 현대 경제성장론은 성장 동인을 물적·인적 자본의 축적에서 찾으며, 천연자원이나 자연환경이 경제행위를 구속하는 요인이 되지 못한다고 본다.

천연자원의 희소성이 경제행위에 미치는 영향의 중요성은 경제학이 발전하면서 이처럼 점차 낮아져 온 경향이 있다. 그러나 다른 한편으로는 경제성장 과정에서 인류가 경험한 극심한 환경오염이나 전 지구적 차원의 천연자원 감소로 인해 경제행위와 이를 둘러싼 자연환경과의 관계를 재검토하려는 시도 또한 나타나게 되었다. 경제 현상과 자연환경과의 관계를 체계적으로 재검토하려는 시도 중의 하나가 니스 외(Kneese et al., 1970)에 의해 개발된 물질균형접근법(material balance approach)이다. 물질균형접근법은 여러 환경 및 자원 문제를 이해하는 데 있어 중요한 틀이 될 수 있다.

그림 2-1 물질균형접근법

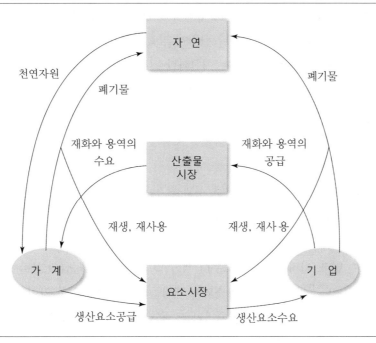

출처: 칼란과 토마스(Callan and Thomas 1996, p. 6, Figure 1.2)를 변형함.

물질균형접근법은 〈그림 2-1〉에 의해 요약된다. 그림에서 인간의 경제행위와 자연환경은 크게 두 가지 경로를 통해 상호 밀접한 관계를 맺고 있다. 첫 번째 경로는 자연으로부터 경제행위로 향하는 경로로서 천연자원의 흐름을 나타낸다. 모든 천연자원이 경제주체 중에서도 가계에 의해 소유된다고 가정할 경우, 각 가계는 지구가 저장하고 있는 토양, 광물, 물, 에너지 등의 천연자원으로부터 다양한 물질과 에너지를 추출하여 생산요소시장에 공급하고, 기업은 이를 구매하여 최종생산물의 원료로 사용한다. 또한 자연경관이나 깨끗한 공기 등은 가계의 직접적인 소비대상이 되기도 한다. 기업이 가계로부터 천연자원이나 자본, 노동과 같은 생산요소를 구입하여 만들어낸 산출물은 산출물시장에 공급되고 가계는 이를 구매하여 소비한다. 자연환경으로부터 경제로 공급되는 천연자원은 다시 동물자원이나 목재 등과 같이 상당한 속도로 자연적으로 재생되는 재생가능자원(renewable resources)과, 금속이나 석유 등과 같이 한정된 양이 저장되어 있고 재생속도가 매우 느리거나 아예 재생되지 않는 재생불가능자원(nonrenewable resources) 혹은 고갈성자원(depletable resources)으로 분류된다. 이렇게 자연으로부터 경제행위로 천연자원이 흘러 들어가는 과정을 연구하는 학문을 통상적으로 자원경제학(resource economics)이라 부른다.

물질균형접근법에서의 두 번째 경로는 천연자원의 흐름과는 반대 방향으로 움직이는 것으로서 폐기물의 흐름이다. 이 흐름은 경제행위 결과로 발생하여 자연으로 배출되는 부산물 혹은 폐기물의 흐름이며 자연이나 환경에 방출되는 오염물질의 흐름을 의미한다. 오염물질로는 화석연료 연소로 발생하는 이산화탄소나 생활 및 공장하수 등을 예로 들 수 있는데, 이 중 상당부분은 자연의 흡수기능에 의해 흡수되지만 그 나머지는 오염물질의 형태로 자연에 잔류하게 된다. 오염물질은 생산행위 및 소비행위 모두로부터 발생할 수 있으며, 경제로부터 자연으로의 이러한 오염물질 흐름을 연구하는 학문이 바로 환경경제학(environmental economics)이다.

물질균형접근법은 자연과학의 연구 성과를 인용하여 자연으로부터 경제로의 천연자원의 흐름과 경제로부터 자연으로의 폐기물의 흐름은 일종의 균형을 이룬다고 설명한다. 먼저 열역학 제1법칙(the first law of thermodynamics)에 의하면 물질이나 에너지는 창조되거나 파괴될 수 없다. 따라서 자연으로부터 생산 및 소비과정에 공급된 물질이나 에너지의 흐름은 이들 행위의 결과 환경으로 방출되는 폐기물의 흐름과 동일한 양이어야 한다. 다시 말해 자연으로부터 추출된 물질이나 에너지는 재활용이나 재사용을 통해 잠시 지체될 수는 있지만 궁극적으로는 동일한 양의 폐기물로 전환되어 자연으로 환원된다.

열역학 제2법칙(the second law of thermodynamics)에 의하면 물질이나 에너지의 형태가 전환되는 과정이 거듭될수록 사용할 수 없는 에너지의 양은 점차 증가한다. 따라서 경제행위가 의존하고 있는 천연자원 부존량은 자연과 폐기물 간의 순환관계를 반복하면 결국은 모두 고갈되고 인류의 생존 자체도 불가능하게 되는 것이다.[2]

따라서 물질균형접근법은 자원 및 환경문제에 관해 크게 두 가지 함의를 주고 있는데, 첫째는 모든 천연자원을 이용하는 경제행위는 환경오염을 유발할 폐기물을 반드시 유출한다는 것이고, 둘째는 천연자원을 다른 형태의 물질이나 에너지로 전환할 수 있는 능력은 제한되어 있다는 것이다. 따라서 경제성장이나 인류복지 문제를 자연환경의 이용 및 보존과 분리하여 고찰할 수 없으며, 경제와 자연을 반드시 연계하여 분석하여야 한다.

---

2) 이상과 같은 열역학 법칙은 경제와 자연환경을 하나의 닫힌 체계(closed system)로 볼 경우에만 성립된다. 엄밀하게 말하면 지구라는 자연환경은 닫힌 체계가 아니라 태양으로부터 에너지가 지속적으로 공급되고 있는 열린 체계(open system)이다. 태양 에너지가 존재하는 상황을 고려하여 열역학 제2법칙을 해석할 경우 인류는 궁극적으로 지구상의 모든 에너지를 사용하고 최후에는 태양열만이 유일하게 이용가능한 에너지원이 될 것이다. 경제와 자연환경의 상호관계에 관한 열역학 법칙 식의 해석에 대해 더 알고 싶은 독자들은 코먼과 슈타글(Common and Stagl 2005, p.29)을 참조하기 바란다.

오염물질이 오염원으로부터 배출되어 최종적으로 사람과 환경에 피해를 입히는 경로를 파악하기 위해서는 다음과 같은 기초 용어들을 이해할 필요가 있다.

① 환경질(environmental quality) 자연환경의 상태를 나타내기 위해 사용되는 용어이다. 예를 들어 대기의 경우, 환경질은 아황산가스(SO_2)와 같은 대기오염물질이 축적된 정도를 의미하는 오염도(ambient quality)뿐만 아니라 자연경관이나 시계의 정도(visual quality) 등도 포함하는 매우 넓은 개념이다.

② 폐기물(residuals) 어떤 산출물이 생산되거나 소비되는 과정을 거치고도 남은 물질을 의미한다. 산업폐기물은 생산과정에서 완전히 생산물로 전환되지 못하고 남은 물질이나 에너지를 의미하고, 생활폐기물은 가정용 쓰레기처럼 가계가 소비하고 남긴 물질을 의미한다.

③ 오염물질 배출량(emission) 산업폐기물이나 생활폐기물 가운데 자연으로 배출된 양을 의미한다.

④ 오염물질(pollutant) 자연으로 배출되면 환경질을 떨어뜨리는 모든 물질이나 에너지를 의미한다. 대기를 오염시키는 각종 가스, 토양을 오염시키는 중금속, 해양오염을 유발하는 유조선에서 유출된 기름 등을 예로 들 수 있다.

⑤ 오염원(sources) 공장이나, 자동차, 쓰레기 매립장처럼 오염물질이 배출되는 장소나 위치를 의미한다.

⑥ 오염피해(damages) 사람의 건강 악화, 자연경관의 훼손, 멸종 등 환경오염이 사람과 생태계에 미치는 부정적인 영향을 의미한다.

⑦ 환경매체(environmental medium) 토지, 물, 대기처럼 자연환경을 구성하는 요소들을 의미한다.

이상에서 정의된 용어들을 이용하여 오염물질이 오염원으로부터 배출되어 최종적으로 사람과 환경에 피해를 입히는 경로를 〈그림 2-2〉와 같이 개념화할 수 있다.[3]

---

3) 〈그림 2-2〉는 필드(Field, 1997)가 사용한 그림을 변형한 것이다.

그림 2-2 오염의 경로

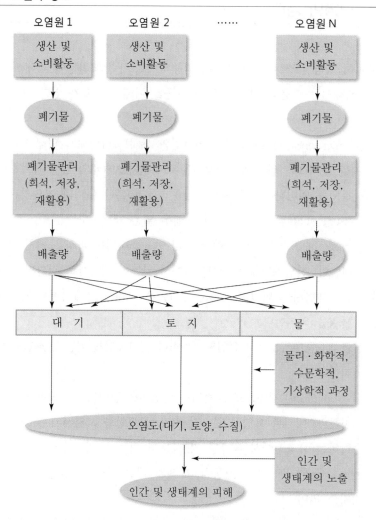

경제 내에 N개의 오염원이 있다고 하자. 이들 오염원은 공장이나 농장과 같은 생산체가 될 수도 있고, 가정이나 정부조직이 될 수도 있다. 이들 오염원이 경제행위를 한 결과 폐기물이 발생한다. 폐기물이 최종적으로 오염물질 배출량으로 전환되는 과정은 이들 폐기물이 어떻게 처리되느냐에 의해 결정적으로 영향을 받는다. 폐기물을 희석하여 그 농도를 낮추거나 저장하면 오염물질로 배출되는 양이 줄어들거나 배출이 지연된다. 폐기물을 희석하는 것은 주로 물리적 방법과 생화학적 방법을 통해 이루어진다. 가스 배출구에 집진장치를 설치하거나 하수를 저수조에 담아 불순물을 침전시킨 후 방류하는 것은 전자에 해당되고, 생활하수나 축산폐수를 생화학적으로 처리하는 것은 후자의 예이다. 금속이나 플라스틱류의 폐기물은 재활용을 통해 다시 생산과정으로 돌아갈 수 있고, 재활용 정도가 높을수록 폐기물이 오염물질화가 되는 정도는 낮아진다.

　폐기물은 희석, 저장, 재활용 등의 과정을 거쳐도 그 일부는 결국 오염물질로 배출된다. 이렇게 배출된 오염물질은 대기, 토지, 물 등과 같은 환경매체의 일부나 전부를 반드시 거치게 된다. 예를 들어 배출된 폐수의 경우 하천이라는 환경매체를 거쳐서 수질오염도에 영향을 준다. 그러나 많은 종류의 오염물질은 이들 매체를 모두 거치게 된다. 예를 들어 아황산가스의 경우 일단 배출되면 먼저 대기라는 환경매체를 거친다. 그러나 대기 중의 아황산가스 성분은 산성비를 통해 지표나 하천으로 내리게 되며, 결국 토양이나 수질의 산성화를 유발한다. 이 경우 아황산가스는 위의 세 가지 환경매체를 모두 거치게 되는 것이다.

　각 오염원으로부터 배출된 오염물질은 환경매체를 통과하는 과정에서 서로 합쳐지지만, 그 과정이 단순하지는 않다. 오염물질이 통합되는 과정에 있어 중요한 문제 가운데 하나는 모든 오염원이 배출한 오염물질을 그대로 합하여 경제 전체의 총배출량으로 간주할 수 있는지의 여부이다. 이 문제는 발생한 전체 오염의 책임을 오염원별로 배분하는 데 있어 아주 중요한 문제이다. 예를 들어 한강 최상류지역에 위치한 축산농가들이 배출한 축산폐수는 한강을 거치는 동안 서로 합쳐지게 되는데 이들 농가와 팔당수원지 사이의 거리는 매우 멀기 때문에 이들 각 농가가 배출한 동일한 농도의 폐수 1톤은 팔당 수원지에 거의 동일한 정도의 영향을 미칠 것이다. 이 경우에는 각 농가가 배출한 폐수를 동일한 오염물질로 간주할 수 있다. 그러나 만약 어떤 농가는 수원지로부터 100km 이상 떨어진 상류에 위치한 반면, 다른 한 농가는 수원지 바로 옆에 있다면, 팔당호의 수질을 기준으로 할 때 이 두 농가가 배출한 폐수가 미치는 영향은 서로 다르다. 이 경우 후자가 배출한 폐수는 전자의 폐수에 비해 팔당호 수질에 수백 배의 영향을 미치는 완전히 다른 오염물질이 되는 것이다.

　환경매체를 통과한 오염물질이 최종적으로 환경질에 영향을 주는 정도는 물리·화학적, 수문학적, 기상학적 과정을 통해 결정된다. 예를 들어 배출된 오염물질이 대기 중에 얼마나 오래 머무르며 멀리 퍼져가는지는 바람이나 공기의 흐름, 기온 등에 의해 결정된다. 산성비나 스모그 등도 배출된 오염물질과 태양광선, 기타 오염물질 등과의 복잡한 화학 반응을 통해 발생한다. 지표수나 지하수의 흐름 또한 오염된 물과 토양이 확산되는 형태에 영향을 미친다. 배출된 오염물질은 복잡한 자연적 요인과 결합하여 환경질에 영향을 주고, 자연적 요인은 계절별, 날짜별로 다르기 때문에 오염물질이 최종적으로 환경질에 영향을 주는 정도는 가변적이며 불확실하다. 오염물질이 환경질에 영향을 미치는 물리·화학적,

수문학적, 기상학적 과정을 분석하는 것은 자연과학이나 환경공학의 영역이라 할 수 있으나, 환경문제의 해결을 위해서는 그에 대한 이해가 선행되어야 한다.

마지막으로 배출된 오염물질량과 여러 자연적인 요인에 의해 결정되는 오염도 혹은 환경질은 인간과 생태계에 피해를 입히게 된다. 인간이나 생태계가 환경오염으로부터 입게 되는 피해는 오염물질에 얼마나 노출되느냐에 의해 결정되고, 동일한 정도의 오염도가 발생하더라도 인간이 어떤 행위를 하느냐에 따라 피해 정도는 달라진다. 예를 들어 식수원이 동일한 정도로 오염되어도 물을 정수하거나 끓이면 수인성 질환을 앓을 가능성이 줄어들며, 대기오염도가 높아도 많은 주민이 비교적 오염도가 낮은 지역에 주택가를 형성하면 호흡기 질환을 앓는 경우가 줄어든다. 따라서 인간이 환경오염으로부터 입는 피해는 의학적, 생물학적 과정에 의해 전적으로 결정되는 것이 아니라 인간이 어디서, 어떻게 살아가느냐에 의해서도 영향을 받는다. 환경경제학이 주로 분석하는 내용 가운데 하나가 바로 자신이 처한 환경질에 대처하는 인간들의 다양한 행위이다.

일회용 컵은 환경에 해로운가?

어떤 경제활동이나 상품의 생산 및 소비로 인해 발생하는 오염물질은 〈그림 2-2〉와 같은 경로를 통해 자연환경으로 배출되지만, 실제로 그 양을 측정하는 것은 쉽지가 않은데, 무엇보다도 특정 상품의 생산이나 소비와 관련된 행위 중 어느 단계에서 발생하는 오염물질 배출량을 측정할 것이냐는 문제가 있다. 이 문제 때문에 동일한 사용가치가 있는 상품 중에 무엇이 더 친환경적인지에 관해 논쟁이 발생하기도 한다.

1회용 컵을 예로 들자면, 종이컵과 폴리스티롤 컵 중 어떤 것이 더 친환경적일까? 일견 사용 후 생분해가 되는 종이컵이 더 친환경적일 것 같다. 그러나 재료를 구하는 과정에서부터 사용 후 분해 혹은 폐기되는 전체 과정을 보면 결론을 내리기가 쉽지 않다. 종이컵은 나무가 필요하고, 벌채과정에서 환경이 훼손되고 제조과정에서 에너지 등을 필요로 한다. 폴리스티롤 컵은 석유나 가스로부터 원료 물질이 추출되는데, 원유를 찾고 채굴하는 과정에서도 환경오염이 발생하며, 가공과정에서도 물론 에너지가 소요되고 대기오염물질이 배출된다. 사용과정에 있어서는 종이컵보다는 폴리스티롤 컵이 여러 번 사용하기가 편해 재활용도가 높지만, 후자는 더 높은 환경호르몬 위험성을 가진다고 알려져 있다. 사용 후 폐기될 때에도 물론 폐기방식에 따라 환경에 미치는 영향이 다르며, 생분해성 면에 있어 차이가 있다. 이 모든 과정을 고려한다면 어느 쪽이 더 친환경적이라 단언하기 쉽지 않다.

　　제품의 환경부하량과 관련하여 일반인의 인식과 더 차이가 날 수 있는 경우는 종이로 만들었든 폴리스티롤로 만들었든 1회용 컵과, 도자기, 플라스틱, 유리 등으로 만든 영구적인 컵 사이의 선택문제이다. 많은 사람이 당연히 후자가 더 친환경적이라 생각하겠지만, 컵의 사용과 관련된 전체 과정에서 소비되는 에너지를 계산한 캐나다 화학자 호킹(Hocking, 1994)에 의하면 반드시 그렇지는 않다. 컵의 직접적인 사용행위만 보면 영구적인 컵이 더 친환경적이지만, 이들 컵은 1회용 컵에 비해 제조과정에서 훨씬 더 많은 에너지를 필요로 한다. 또한 컵을 다시 사용하기 위해서는 세척해야 하는데, 이때 사용되는 물과 세제, 식기 세척기용 전력 등에도 에너지가 사용된다. 물론 세척 시의 에너지 사용량은 제조 시의 에너지 사용량보다 훨씬 적으므로 영구적인 컵은 사용횟수가 많을수록 1회용 컵에 비해 에너지를 절약하는 장점이 커진다. 호킹에 의하면 도자기, 플라스틱, 유리로 만든 컵이 종이컵보다도 에너지 사용면에서 더 유리하려면 각각 39회, 17회, 15회 이상 사용되어야 하고, 폴리스티롤 컵보다 더 유리하려면 각각 무려 1,006회, 450회, 393회 이상 사용되어야 한다. 독자는 도자기 컵을 선물 받은 다음 분실하거나 깨트리기 이전에 1,000회 이상 사용할 자신이 있는가? 아니라면 한두 번 쓰고 버리더라도 폴리스티롤 컵을 사용하는 것이 환경에 도움이 된다.

　　이상 컵과 관련된 얘기는 소위 전과정분석 혹은 라이프싸이클 분석을 해야 특정 제품의 환경부하량을 제대로 계산할 수 있다는 것을 의미한다. 전과정분석은 원료획득부터 생산, 사용 및 폐기에 이르는 제품의 전과정(life cycle)에 걸쳐 발생하는 환경에 대한 영향을 분석하는 것을 의미하며, 이와 관련된 연구 활동은 현재 매우 왕성하게 이루어지고 있다.

　　예를 들면 헨드릭슨 외(Hendrickson et al., 2006)는 아래 그림과 같은 전과정의 환경 영향평가 틀을 제시하였는데, 이러한 전과정분석은 개별 제품별로 공학적 지식을 동원하여 이루어지기도 하지만, 산업연관표와 같은 경제 전체의 투입－산출 자료를 활용하는 거시적 접근법을 이용해 이루어지기도 한다.

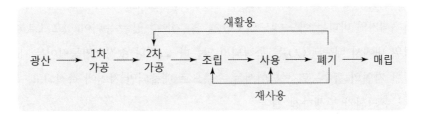

환경오염을 유발하는 오염물질은 여러 가지 기준을 사용하여 분류할 수 있다. 가장 흔히 사용하는 분류방법은 오염물질을 환경매체에 따라 토양오염물질, 수질오염물질, 대기오염물질로 분류하는 것이다. 그러나 오염물질은 그 성질에 따라 보다 다양한 방법으로 분류할 수 있다.

1. 축적성 오염물질과 비축적성 오염물질

오염물질은 생태계로 유출된 후 오랫동안 머물면서 축적이 되느냐 아니면 곧바로 소멸되느냐에 따라 축적성(cumulative) 오염물질과 비축적성(noncumulative) 오염물질로 분류된다. 비축적성 오염물질의 대표적인 예는 발생과 동시에 바로 소멸되는 소음이다. 반면 핵폐기물은 배출된 후 방사능 함유량이 워낙 느린 속도로 줄어들기 때문에 그 영향력이 계속해서 생태계에 축적된다. 대기에 배출된 CO_2는 오랫동안 온실효과를 발휘하며, 납과 같은 중금속이나 다이옥신, PCB(polychlorinated biphenyls)와 같은 합성화합물도 높은 축적성을 가진다.

축적성을 기준으로 나열하면 대부분의 오염물질은 소음과 같은 극단적인 비축적성 오염물질과 핵폐기물과 같은 극단적인 축적성 오염물질 사이에 위치한다. 이들 오염물질이 축적성을 지니는지는 배출량이 자연의 흡수능력(absorptive capacity)을 초과하는지에 달려있다. 자연은 일부 극단적인 축적성 오염물질을 제외한 모든 오염물질을 흡수하여 분해하는 능력을 지니고 있다. 자연이 가지는 이러한 능력 범위 내에서 오염물질이 배출될 경우 오염물질은 적절히 분해되어 일정한 환경질이 유지되게 된다. 예를 들어 여러 가지 유기물을 함유하는 도시하수가 하천으로 배출되면 하천 속 박테리아 등에 의해 보다 덜 해로운 물질로 분해되고, 어느 정도 시간이 지나면 하천 수질은 원상태를 회복한다. CO_2의 경우도 지구대기와 바다는 어느 정도의 CO_2를 흡수할 수 있는 능력이 있으므로 이러한 흡수능력 범위 내에서 배출된 CO_2는 축적되지 않는다. 그러나 수질오염물질이든 대기오염물질이든 일단 자연의 흡수능력을 넘어서는 수준으로 배출되면 자연에 축적되고, 축적성 수질오염이나 온난화가 발생하게 된다.

오염물질을 축적성과 비축적성으로 분류하는 것이 필요한 이유는 특정 오염물질이 축적성을 가지느냐의 여부에 따라 그 오염경로와 환경피해에 대한 이해가 달라지기 때문이다. 비축적성 오염물질의 경우 〈그림 2-2〉의 배출량과 오염도 사이의 관계에 있어 시간이 중요한 변수로 등장하지 않는다. 즉 오늘의 오염도는 오늘의 배출량에 의해서만 결정되는 것이다. 이 경우 오염물질이 유발하는 환경피해를 계측하고 이에 대한 관리를 하는 것이 상대적으로 쉬울 것이다. 그러나 축적성 오염물질은 오늘의 배출은 오늘은 물론 수년 혹은 수백 년 후의 오염도에도 영향을 미친다. 따라서 축적성 오염물질의 경우 배출량과 오염도 간에 일종의 동태적 관계가 형성되며, 이러한 동태적 관계를 이해하여야 효율적인 환경관리가 가능하다.

2. 국지적 오염물질, 지역적 오염물질과 월경오염물질

오염물질은 배출된 후 영향을 미치는 수평적 범위의 좁고 넓음에 따라 국지적(local) 오염물질, 지역적(regional) 오염물질, 월경(transboundary)오염물질로 분류한다. 대기오염물질이 유발하는 도시 스모그 현상은 주로 오염원이 위치한 지역에서 발생한다. 이렇게 오염의 영향이 오염원이 소재한 지역에만 국한되는 오염물질을 국지적 오염물질이라 부른다.

반면 산성비로 인한 오염의 경우 유발 오염물질이 배출원으로부터 수백 km 이상을 이동하며, 도시에서 유출된 오염물질이 농촌에 피해를 주는 등, 여러 개의 행정단위에 걸친 피해를 초래한다. 이러한 오염물질을 지역적 오염물질이라 부른다. 지역적 오염물질 가운데는 한 국가 내에서만 이동하는 것이 아니라 인접한 여러 국가의 자연환경에도 영향을 미치는 오염물질이 있는데, 이를 월경오염물질이라 부른다. 중국의 산업활동에 의해 한국이나 일본이 미세먼지에 오염되는 경우, 러시아의 산업활동에 의해 독일이나 핀란드가 산성비 피해를 입는 경우가 월경오염물질에 의한 환경오염의 예이다.

통상적으로 국지적 오염물질에 비해 지역적 혹은 월경오염물질을 관리하는 것이 훨씬 힘들다. 국지적 오염의 경우 오염원과 피해지역이 동일한 행정구역에 속하기 때문에 오염원과 피해자에 대한 관리가 상대적으로 쉽다. 반면 지역적 오염물질이나 월경오염물질의 경우 오염원이 소재한 행정구역이나 국가가 피해를 입는 행정구역이나 국가와는 다르게 되고, 따라서 이의 효과적인 관리를 위해서는 지방자치단체나 국가 간의 이해 조절이 필요하다. 특히 월경오염의 경우 각국의 이해관계를 조절할 수 있는 강력한 힘을 가진 국제협약이나 조직이 없는 상태에서는 효과적인 관리가 매우 어렵다.

3. 지상오염물질과 전 지구적 오염물질

오염물질은 환경에 영향을 미치는 수직적 범위에 따라 지상(surface)오염물질과 전 지구적(global) 오염물질로 분류한다. 지상오염물질은 주로 지표면에 축적되어 환경을 파괴하는 오염물질이다. 반면 전 지구적 오염물질은 지구 대기권 상층부에 축적되어 지구 전체의 환경을 광범위하게 파괴하는 오염물질이다.

모든 종류의 수질 및 토양 오염물질은 지상오염물질이다. 그러나 대기오염물질은 지상오염을 유발할 수도 있고, 전 지구적 차원의 오염을 유발할 수도 있다. 전 지구적 오염물질의 대표적 예로 온실가스와 오존층을 파괴하는 CFC가스를 든다.

전 지구적 오염물질을 관리하기 위해서는 지구 전체 국가 간의 협력이 필요하기 때문에 지상오염물질의 관리를 위한 방법과는 다른 접근 방법이 필요하다. 기후변화협약이나 오존층 보호를 위한 국제협약이 그러한 국가 간 협력을 나타낸다.

4. 점원오염물질과 비점원오염물질

오염물질, 특히 수질오염물질은 그 오염원과 오염경로가 정확히 파악될 수 있느냐에 따라 점원(point source)오염물질과 비점원(nonpoint source)오염물질로 분류된다. 점원이라 함은, 오염원의 하나로서, 오염물질이 이 오염원으로부터 얼마나 배출되는지를 정확히 알 수 있는 오염원이다. 공장 굴뚝이나 폐수처리장 등이 점원의 예이다. 점원오염물질은 점원으로부터 배출되는 오염물질이다.

비점원은 그로부터 배출되는 오염물질의 양이 어느 정도인지를 정확히 알 수 없는 오염원이고, 비점원으로부터 배출되는 오염물질은 비교적 넓은 지역의 환경을 불분명한 경로를 거쳐 오염시킨다. 예를 들어 농경지 농약이나 비료에 의한 수질오염, 건설 현장 폐자재로 인한 오염, 골프장 농약 사용으로 인한 오염의 경우 개별 오염원이 어느 정도의 오염물질을 배출하는지 알 수 없고, 그 배출되는 경로를 정확히 파악할 수 있는 배출관이나 도랑도 없다.

점원오염은 오염원이나 오염경로를 정확히 파악할 수 있기 때문에 관리하기가 상대적으로 쉽다. 따라서 전통적으로 각국은 점원오염에 대한 관리를 먼저 시도하였고, 그 결과 선진국에서는 비점원오염이 전체 수질오염에서 차지하는 비중이 점원오염보다도 더 큰 상태에 이르렀다. 전통적인 점원오염 관리정책 중에는 비점원오염 관리를 위해서는 사용하기 힘든 것들도 있다. 따라서 비점원오염의 효율적인 관리를 위한 방안들을 개발하기 위해 많은 노력이 필요한 상황이다.

5. 연속적 오염과 간헐적 오염

공장 굴뚝이나 폐수처리장에서 배출되는 오염물질은 비교적 연속적으로 배출된다. 공장은 가동률이 시간마다 다르기는 하지만 가동되는 한 계속해서 오염물질을 배출한다. 이렇게 연속적으로 배출되는 오염물질에 의한 환경오염을 연속적(continuous) 오염이라 한다. 연속적 오염의 경우 단위 기간당 오염물질이 배출되는 양을 관리하는 것이 필요하다.

반면 핵발전소의 방사능 유출이나 유조선 좌초에 따른 기름 유출과 같은 오염은 연속적으로 발생하는 것이 아니라 불규칙하게 간헐적(episodic)으로 발생한다. 간헐적 오염의 경우 특정 기간 오염이 어떤 수준의 확률을 가지고 발생하기 때문에 어떤 종류의 오염이 어느 정도의 발생 확률을 가지는지를 파악할 필요가 있다. 간헐적 오염의 관리는 주로 오염이 발생할 확률을 낮추는 쪽으로 전개된다.

- Callan, S. J. and J. M. Thomas (1996), *Environmental Economics and Management: Theory, Policy, and Applications*, Irwin.

- Common, M. and S. Stagl (2005), *Ecological Economics: An Introduction*, Cambridge University Press.

- Field, B. C. (1997), *Environmental Economics: An Introduction*, 2nd ed., McGraw−Hill.

- Hendrickson, C. T., L. B. Lave, and H. S. Matthews (2006), *Environmental Life Cycle Assessment of Goods and Services: An Input−Output Approach*, Resources for the Future.

- Hocking, M. B. (1994), "Reusable and Disposable Cups: An Energy−Based Evaluation," *Environmental Management* 18: 889−899.

- Kneese, A. V., R. U. Ayres, and R. C. D'Arge (1970), *Economics and the Environment: A Material Balance Approach*, Resources for the Future.

- Randall, A. (1987), *Resource Economics: An Economic Approach to Natural Resource and Environmental Policy*, 2nd ed., John Wiley & Sons.

MEMO

제2부는 경제학이 환경문제를 분석하는 데 사용하는 기초적인 수단을 설명한다. 먼저 제3장은 미시경제학적인 분석 수단을 동원하여 재화나 서비스가 어떤 동기에 의해 수요 · 공급되는지를 설명하고, 재화나 서비스시장이 어떻게 수요와 공급의 상호작용을 통해 효율적인 자원배분을 유도하는지를 설명한다. 제4장은 일반적인 재화나 서비스와는 달리 자연환경의 이용에 있어서는 여러 가지 이유로 인해 시장기능이 효율성을 달성하는 데 실패한다는 사실을 보이고, 이러한 시장의 실패를 보정하기 위해서는 어떤 수단을 강구해야 하는지를 설명한다.

환경문제의
경제적 분석 틀

수요, 공급 및 시장균형

제3장은 각 경제주체의 의사결정 행위를 분석하는 데 있어 가장 핵심적인 내용이라 할 수 있는 재화와 서비스에 대한 수요와 공급이 형성되는 원리와 수요와 공급의 균형에 의해 시장가격이 결정되는 원리를 설명한다. 이를 통해 개별 소비자나 공급자가 어떤 동기를 가지고 경제행위를 하며, 그 결과 시장 전체의 균형은 어떻게 형성되는지를 이해할 수 있다. 자연환경의 이용 역시 경제행위를 통해 이루어지므로 환경경제학의 핵심 내용을 이해하기 위해서는 제3장에서 설명하는 수요와 공급에 관한 내용을 반드시 숙지하여야 한다.

section 01 수요

1. 지불의사

소비자는 재화나 서비스에 대해 자기 나름의 선호(preferences)를 가지고 있으며, 소비행위에 이를 반영한다. 어떤 재화나 서비스에 대한 선호란 그 재화나 서비스를 소비자가 원하는 정도를 의미한다. 현대 경제학에서는 소비자가 자기 소득 가운데 소비를 위해 희생하고자 하는 부분을 들어 선호의 크기를 나타내고, 이를 지불의사(willingness to pay)라 부른다. 즉 선호도의 지표인 지불의사는 소비자가 특정 재화나 서비스를 소비하는 대가로 지불할 의향이 있는 최대한의 금액이다.

예를 들어, 어떤 소비자가 1,000원을 지불하고 1개의 아이스크림을 소비하는 것이 아이스크림을 소비하지 않는 것보다도 낫다고 생각한다면, 이 소비자의 아이스크림 1개에 대한 지불의사는 1,000원이다. 이를 〈그림 3-1〉의 위쪽 그래프와 같이 나타내면 아이스크림 1개에 대한 지불의사를 높이가 1,000원인 막대그래프로 나타낼 수 있다.

이제 소비자가 아이스크림을 1개 소비한 상태에서 1개를 더 소비하기 위해서는 추가로 얼마나 더 지불할 의사가 있는지를 물어본다고 하자. 두 번째 아이스크림이 가져다주는 만족도는 첫 번째 아이스크림에 비해서는 대부분 더 작을 것이고, 따라서 이 소비자는 예를 들어 500원을 두 번째 아이스크림에 대해 지불하고자 한다. 마찬가지로 이 소비자는

그림 3-1 지불의사

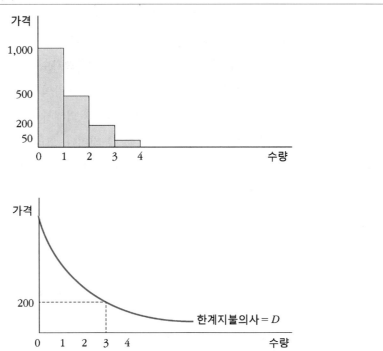

세 번째 아이스크림에 대해서는 200원, 네 번째 아이스크림에 대해서는 50원 등으로 소비량이 많아지면서 추가로 소비하는 아이스크림 1개에 대해서는 더 낮은 지불의사를 가질 것이다. 이러한 관계는 〈그림 3-1〉의 위쪽 그래프가 보여주고 있다.

만약 이 소비자에게 아이스크림 4개 모두를 소비하기 위해 얼마까지 지불할 것인지를 물으면, 1,000+500+200+50=1,750원이라고 대답할 것이다. 이렇게 특정 수량의 재화를 소비하기 위해 소비자가 지불하고자 하는 전체 금액을 총지불의사(total willingness to pay)라 부르는데 〈그림 3-1〉의 위쪽 그래프에서 각 막대그래프 면적의 합이 된다. 한편 소비자가 현재 소비하고 있는 양에서 추가로 한 단위를 더 소비하기 위해 지불하려는 금액을 한계지불의사(marginal willingness to pay)라 부르는데, 우리의 예에서는 첫 번째 아이스크림의 경우 1,000원, 두 번째는 500원, 세 번째는 200원, 네 번째는 50원이다.

소비 상품이 아이스크림처럼 정수 단위로 분리되는 것이 아니라 매우 작은 단위로 분리될 수 있다면, 소비자의 한계지불의사는 〈그림 3-1〉의 아래쪽 그림처럼 연속적인 부드러운 곡선으로 나타날 것이다. 이 곡선 위의 각 값은 주어진 소비량에서의 한계지불의사를 나타내며, 그래프와 가로축 사이의 면적은 각 소비량에 대한 총지불의사를 나타낸다.

어떤 재화나 서비스에 대한 지불의사는 개인별로 서로 다를 수 있다. 우선 각 개인은 각기 다른 선호구조를 가져 동일한 소득에서도 어떤 사람은 빵을, 어떤 사람은 아이스크림을 더 선호할 수 있다. 이러한 선호구조의 차이가 개인별로 서로 다른 지불의사를 가지게 한다. 아울러 선호구조가 변할 경우 동일한 소비자의 지불의사도 시간이 지나면서 달라질 수 있고, 재화나 서비스에 대해 소비자가 가지고 있는 정보량의 변화에 의해 지불의사가 달라질 수도 있다. 또한 지불의사는 소비자의 소득수준에 의해서도 영향을 받는다. 통상적인 경우라면 소득이 높은 소비자의 지불의사가 더 클 것이다. 그리고 소비자가 아이스크림 외에 다른 상품도 소비하고 있다면, 이 상품의 가격이 달라지면서 소비자의 아이스크림에 대한 지불의사도 달라질 수 있다.

2. 수요곡선

재화나 서비스의 수요곡선(demand curve)은 소비자 선호를 나타내는 또 다른 수단이다. 수요곡선은 재화나 서비스의 가격이 시장에서 어떤 수준으로 주어져 있을 때, 그 가격 조건에서 소비자가 구매하고자 하는 양을 나타낸다.

어떤 소비자의 아이스크림에 대한 한계지불의사가 〈그림 3-1〉의 아래쪽 그림과 같이 나타나 있다고 하자. 만약 아이스크림의 시장가격이 200원이라면, 이 소비자는 몇 개의 아이스크림을 소비하겠는가? 이 소비자는 첫 번째, 두 번째, 세 번째 아이스크림에 대해 각각 1,000원, 500원, 200원의 한계지불의사를 가지기 때문에 그는 아이스크림을 3개까지는 소비하고자 할 것이다.

이처럼 한계지불의사곡선을 알면 주어진 시장가격이 있을 때 이 소비자가 몇 개의 상품을 구매할지를 알 수 있고, 따라서 한계지불의사곡선은 결국 수요곡선으로 해석될 수도 있다. 한계지불의사와 수요곡선 모두는 상품에 대한 소비자의 선호를 나타낸다. 수요곡선 역시 한계지불의사와 마찬가지로 여러 가지 이유로 인해 소비자별로 서로 다른 형태를 가질 것이다.

3. 시장수요

우리는 현실 경제를 연구할 때 개별 소비자의 수요보다는 소비자 집단이나 시장 전체의 수요를 분석할 때가 있다. 이 경우 앞에서 정의된 개별 소비자 수요가 어떤 방식으로

그림 3-2 시장수요의 도출

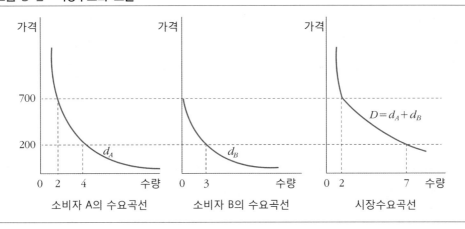

소비자 A의 수요곡선   소비자 B의 수요곡선   시장수요곡선

합해져 소비자 집단이나 시장 전체의 수요를 구성하는지를 파악할 필요가 있다.

　　시장수요(market demand)란 특정 가격수준에서 시장의 전체 소비자가 소비하고자 하는 상품의 양이다. 시장수요는 통상적인 경우 수요곡선에서 개별 소비자의 수요량이 수평으로 합해져서 형성된다.[1] 아이스크림 시장이 A와 B 두 명의 소비자로 구성되어 있고, 각 소비자의 수요곡선은 〈그림 3-2〉의 d_A와 d_B라고 하자. 만약 시장가격이 700원이라면 소비자 A는 2개의 아이스크림을 소비할 용의가 있다. 반면 소비자 B의 경우 아이스크림에 대해 상대적으로 낮은 지불의사를 가지기 때문에 700원의 가격에서는 소비하지 않으려 한다. 이 경우 700원에서 형성되는 아이스크림 시장 전체의 수요량은 2개가 된다. 또한 시장가격이 200원이라면 소비자 A와 B는 각각 4개와 3개의 아이스크림을 사먹고자 하며, 시장수요량은 7개가 된다. 이들 예처럼 각 시장가격에서 형성되는 시장 전체의 수요량은 그 가격에서의 개별 소비자 수요량의 수평 합이 되고, 이렇게 형성되는 시장수요량과 시장가격과의 관계를 그림으로 나타낸 것이 바로 〈그림 3-2〉의 맨 우측 그림으로 표현되는 시장수요곡선 D이다.

　　한편 위와 같이 도출되는 시장수요곡선은 시장 전체의 수요량이 개별 소비자에게 어떻게 배분되는지를 보여주기도 한다. 예를 들어 시장 전체가 7개의 아이스크림을 소비하고 있다면, 이 시장수요량과 부합되는 가격은 200원이므로 아이스크림 시장 전체의 한계지불의사는 200원이다. 시장수요가 〈그림 3-2〉와 같이 개별 수요의 수평 합으로 결정되므

---

1) 모든 재화나 서비스에 대한 시장수요가 이렇게 개별 수요의 수평 합으로 구성되는 것은 아니다. 예를 들어 다음 제4장에서 설명될 공공재에 대한 총수요의 경우 개별 소비자 수요의 수직 합으로 형성된다.

로 총 7개의 아이스크림 가운데 4개는 소비자 A가, 나머지 3개는 소비자 B가 소비하게 된다. 소비자 A가 4개의 아이스크림을 소비할 때 그 한계지불의사는 200원이고, 3개를 소비하는 소비자 B의 한계지불의사 역시 200원이다. 따라서 시장 전체 수요량은 각 소비자의 한계지불의사가 시장의 한계지불의사와 같게 유지되도록 각 소비자에게 배분된다.

4. 편익과 소비자잉여

재화나 서비스의 수요와 관련되는 개념으로서 편익(benefit)이라는 것이 있다. 편익은 경제상황의 변화로 인해 소비자의 만족도나 후생(welfare)이 변하는 정도를 의미한다. 편익은 환경정책에 대한 평가나 규범적 판단을 하는 데 있어 중요하게 사용되는 개념이다.

깨끗한 물과 같은 어떤 환경재에 대한 소비자의 수요가 〈그림 3-3〉과 같다고 가정하자. 현재 이 소비자가 쓸 수 있는 깨끗한 물의 양은 q_1으로 정해져 있다. 이 소비자는 물을 사용하지 못할 경우에 비해 q_1을 사용하기 때문에 어느 정도나 후생이 증대된다고 느낄 것인가? 또한 만약 정부가 깨끗한 물 공급 정책을 시행하여 쓸 수 있는 물의 양이 q_2로 증가하였다면, 그 결과 이 소비자는 어느 정도의 편익을 얻겠는가?

앞서 말한 바와 같이 편익은 경제 상황 변화로 인해 소비자들이 얻게 되거나 잃게 되는 만족도를 의미한다. 이러한 만족도의 변화는 여러 가지 방법으로 측정될 수 있겠지만, 서로 다른 상품시장이나 서로 다른 소비자에게 발생하는 편익들을 비교하기 위해서는 공통의 측정 단위가 사용되어야 한다. 이러한 측정 단위로 가장 손쉽게 사용될 수 있는 것이 바로 화폐 혹은 소득이다.

깨끗한 물을 사용함으로 인해 소비자가 얻는 편익을 화폐단위로 나타내기 위해 우선 소비자들은 깨끗한 물을 공짜로 사용할 수 있다고 가정해 보자. 소비자가 q_1의 깨끗한 물에 대해 가지는 총지불의사는 0과 q_1사이의 수요곡선 아래쪽 면적이고, 이는 그림에서 면적 $a+b$가 된다. 소비자는 q_1만큼의 물을 소비하기 위해 면적 $a+b$만큼을 지불할 의사가 있지만, 실제로는 아무런 대가도 지불하지 않고 물을 소비한다. 따라서 면적 $a+b$가 바로 q_1만큼의 물을 공짜로 소비함으로 인해 물을 소비할 수 없을 때에 비해 얻게 되는 후생의 증대분, 혹은 편익이라 할 수 있다.

마찬가지로 이 소비자는 q_2의 물을 소비하기 위해서는 면적 $a+b+c+d$의 금액을 지불할 의사가 있으므로 깨끗한 물의 공급량이 q_1에서 q_2로 증가하는 것에 대해 $c+d$만큼의 금액을 추가로 지불할 의사를 가진다. 그러나 실제로는 아무 대가도 지불하지 않으므

그림 3-3 편익

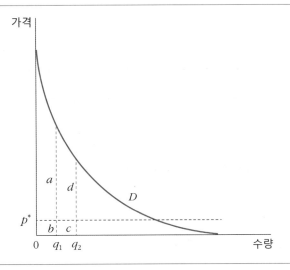

로 물의 소비량이 q_1에서 q_2로 늘어나면서 이 소비자가 얻은 후생 증대분, 즉 편익은 면적 $c+d$가 된다.

만약 소비자가 깨끗한 물을 공짜로 소비하는 것이 아니라 단위당 p^*의 가격을 지불하고 소비한다면 물 소비량 증대에 따른 편익을 어떻게 정의할 수 있겠는가? 이 경우 물값은 소비를 위해 지출해야 하는 소비자의 비용이므로 소비 편익에서 이 비용을 빼준 순편익(net benefit)을 이용해 후생변화를 정의하여야 한다. q_1을 소비하기 위해 지불하고자 하는 금액은 면적 $a+b$이지만 단위당 가격은 p^*이므로 소비자가 실제로 지불하는 비용은 면적 b와 같다. 따라서 이 경우 물을 소비하지 않을 때에 비해 q_1을 소비함으로써 얻는 순편익은 면적 a가 된다.

이렇게 소비자가 지불할 의사가 있는 총금액에서 소비자가 실제로 지불하는 금액을 빼준 값을 소비자잉여(consumer surplus)라 부르며, 소비자잉여는 소비행위로 인해 얻는 순편익을 나타낸다.

마찬가지로 소비자가 q_2의 물을 소비함으로 인해 얻는 소비자잉여는 면적 $a+b+c+d$에서 지불금액 $b+c$를 빼준 $a+d$가 된다. 따라서 물값이 p^*로 고정된 경우 소비자의 물소비량이 q_1에서 q_2로 늘어나면서 소비자가 얻는 순편익은 소비자잉여의 증가분인 면적 d가 된다.

상품이나 재화의 수요곡선을 통해 정의되는 소비자잉여는 소비행위로 인해 발생하는 순편익을 가장 손쉽게 나타낼 수 있는 수단이 되지만, 편익을 나타내는 유일한 수단은 아니다. 편익을 나타내는 보다 다양한 지표에 대해서는 제14장에서 다시 논의하기로 한다.

section 02 공급

제1절은 재화나 서비스에 대한 수요가 형성되는 원리를 설명하고 소비자가 얻는 소비 편익을 정의하였다. 재화나 서비스 시장이 형성되고 작동되는 원리를 터득하기 위해서는 재화나 서비스가 시장에 공급되는 원리도 이해해야 한다. 재화나 서비스에 대한 수요가 효용이나 만족도를 극대화하려는 소비자의 행위로부터 도출되듯이, 그 공급은 이윤을 극대화하려는 기업 혹은 공급자의 행위로부터 도출된다.

1. 비용

생산자가 재화나 서비스를 생산하여 시장에 공급하기 위해서는 생산요소를 투입해야 한다. 아이스크림 공급자는 원료인 우유, 물, 설탕 등과 함께 노동력 및 공장, 기계와 같은 자본재 등을 사용하여야 한다. 이들 생산요소는 모두 시장에서 돈을 주고 구입해야 하며, 따라서 아이스크림을 공급하기 위해서는 생산비를 지출하여야 한다. 생산요소의 가격이 일정하게 주어져 있을 경우 한 단위의 아이스크림을 생산하기 위해 소요되는 생산비는 아이스크림 공급자의 기술조건이 어떻게 형성되어 있느냐에 의해 결정적으로 영향을 받는다. 그리고 이러한 생산비의 구조에 따라 아이스크림 공급자가 시장에 공급하고자 하는 양이 결정된다.

가. 기회비용과 회계비용

경제학에서는 생산비가 기회비용(opportunity cost)과 회계비용(accounting cost)으로 구분된다. 회계비용은 이름 그대로 회계사가 기업의 자산과 부채를 평가하여 대차대조표를 만들 때 비용으로 인정하는 항목들로 구성된다. 회계비용에는 임금, 원료비, 토지 임대료 등 기업이 지불한 직접비용(explicit cost)들이 모두 포함된다.

반면 경제학자들이 생산비로 인정하는 기회비용은 어떤 생산요소가 현재의 용도로 이용되지 않고 다른 용도로 이용되었을 때 얻을 수 있는 최대한의 수익이라고 정의된다.

기회비용은 회계비용과 마찬가지로 생산의 직접비용을 모두 포함하지만, 직접비용보다도 더 광범위한 개념이다.

어떤 제과회사가 자신이 소유하고 있는 공장에서 아이스크림을 생산한다고 하자. 이 기업은 공장이 자신의 소유이므로 공장 임대료를 지불하지 않고, 따라서 회계비용에는 공장 임대료가 포함되지 않는다. 그러나 만약 이 기업이 공장을 아이스크림 생산에 이용하지 않고 다른 기업에 임대했다면, 공장 임대료 수입을 올릴 수 있었을 것이다. 따라서 기회비용의 개념을 따를 경우에는 이 기업이 포기한 공장 임대소득도 아이스크림 생산비에 포함하여야 한다.[2]

나. 사적 비용과 사회적 비용

비용은 또한 사적 비용(private cost)과 사회적 비용(social cost)으로도 구분된다. 사적 비용은 경제행위의 결과 발생한 비용 가운데 그 행위를 한 개인에게만 귀속되는 비용을 의미한다. 반면 사회적 비용은 경제행위에 따른 모든 비용으로서 경제행위를 직접 행한 개인뿐 아니라 다른 모든 경제주체에 귀속되는 비용도 모두 합한 것이다.

석탄을 사용하여 전력을 생산하는 발전소의 경우, 사적 비용은 이 발전소가 부담하는 기회비용, 즉 인건비, 연료비, 자본비용, 발전설비의 감가상각비 등으로 구성된다. 그러나 발전소 가동 때문에 대기오염이 발생했다면 발전소 주변 주민들의 건강이 악화되고, 주민들 역시 발전소 가동에 따른 비용을 지불하고 있다. 이 경우 사회적 비용에는 발전소의 사적 비용뿐 아니라 대기오염으로 인해 발생한 주민들의 건강 악화 역시 포함되어야 한다.

사적 비용과 사회적 비용을 구분하는 것은 환경경제학에서는 특히 중요하다. 환경정책에 관한 논의는 이 두 가지 비용을 엄격히 구분하여 진행된다.

2. 비용곡선과 공급곡선

앞서 밝힌 바처럼 기업 생산비의 구조는 재화나 서비스의 공급량을 결정하는 데 있어 결정적으로 중요한 역할을 한다. 〈그림 3-4〉의 위쪽 그림은 아이스크림 생산자가 지불하는 비용을 나타내는 비용곡선(cost curve)이다. 이 회사가 첫 번째 아이스크림을 생산하기 위해서는 50원의 비용을 지불해야 한다. 이 회사가 아이스크림을 하나 더 생산하고자 한

---

2) 마찬가지로 기업 경영주 자신의 노동력과 같이 기업 경영주가 소유한 기타 모든 생산요소의 기회비용도 생산비에 포함되어야 한다.

그림 3-4 비용곡선

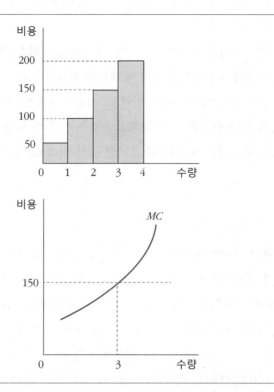

다면 추가로 100원을 지불해야 하고, 세 번째 아이스크림을 위해서는 150원, 네 번째 아이스크림은 200원을 지불해야만 한다. 따라서 〈그림 3-4〉의 위쪽 그림은 아이스크림을 하나 더 생산하기 위해 생산자가 지불해야 하는 추가 비용, 즉 한계비용(marginal cost)을 나타낸다. 이 회사가 생산하는 아이스크림을 무한히 작은 단위로 나눌 수 있다면 한계비용곡선은 〈그림 3-4〉의 아래쪽 그림처럼 연속적인 실선으로 나타날 것이다.

　　〈그림 3-4〉의 곡선의 높이는 한 단위 더 아이스크림을 생산하기 위해 지불해야 하는 한계비용을 나타내고, 곡선과 가로축 사이의 면적은 특정 수량의 아이스크림을 생산하기 위해 지불하는 총비용(total cost)을 나타낸다. 위쪽 그림을 보면, 이 기업이 두 개의 아이스크림을 생산하는 총비용은 150원(=50원+100원)이고, 세 개의 총비용은 300원(=50원+100원+150원)이다.

　　한계지불의사곡선이 아이스크림을 한 단위 더 소비하기 위해 소비자가 지불하고자 하는 추가 지불의사를 나타내는 반면, 한계비용곡선의 높이는 아이스크림을 한 단위 더 공급하기 위하여 생산자가 최소한 수취하고자 하는 금액을 나타낸다. 우리의 예에서 제과회사는 첫 번째 아이스크림에 대해서는 50원을 받고자 하고, 두 번째 아이스크림에 대해서는 100원을 받고자 하는 것이다.

한계비용곡선은 또한 기업의 공급곡선(supply curve)으로 해석될 수도 있다. 공급곡선은 공급자가 주어진 시장가격에서 공급할 의사가 있는 공급량을 나타낸다. 〈그림 3-4〉의 아래쪽 그림과 같이 한계비용곡선이 나타나 있다고 하자. 만약 아이스크림의 시장가격이 150원이라면 이 기업은 몇 개의 아이스크림을 공급하겠는가? 첫 번째, 두 번째, 세 번째 아이스크림의 한계비용은 각각 50원, 100원, 150원이므로 이 기업은 세 개의 아이스크림을 공급하고자 할 것이다. 이처럼 한계비용곡선 위의 각 점은 각 시장가격에서 기업이 공급하고자 하는 수량을 나타내므로 이 곡선을 공급곡선이라 해석할 수도 있다.[3]

3. 한계비용곡선의 형태

〈그림 3-4〉의 한계비용곡선은 생산량이 늘어나면서 한계비용이 증가하는 형태를 보여주고 있다. 한계비용곡선의 형태는 여러 가지 변수에 의해 영향을 받는데, 우선 기업 기술 수준에 의해서 영향을 받는다. 다른 조건이 같다면 기술력이 높은 기업일수록 낮은 한계비용을 가질 것이다. 따라서 만약 기업이 기술개발을 통해 기술력을 높인다면, 한계비용곡선은 아래쪽으로 이동할 것이다. 한계비용곡선은 또한 생산요소의 가격에 의해서도 영향을 받는다. 다른 조건이 동일하다면 기업이 구입하는 생산요소 가격이 높을수록 한계비용곡선 역시 높은 쪽에 위치할 것이다.

〈그림 3-5a〉는 경제학에서 가장 일반적으로 받아들여지는 형태의 한계비용곡선을 보여준다. 이 한계비용곡선은 q_1처럼 생산량이 적을 경우에는 생산이 늘어날수록 감소하다가 q_2처럼 생산량이 어느 수준 이상이 되면 생산량이 늘어나면서 증가하는 쪽으로 바뀐다. 한계비용곡선이 이러한 형태를 가지는 가장 큰 이유는 생산요소 가운데 일부분이 그 규모가 쉽게 바뀌지 않는 고정투입요소(fixed inputs)이기 때문이다. 기업의 생산요소 가운데 원료 사용량이나 노동량은 경제 상황 변화에 따라 비교적 쉽게 바꿀 수 있으나, 설비 규모는 단기간에는 변화시킬 수가 없어 고정투입요소가 된다. 고정투입요소로 인해 발생하는 비용, 즉 고정생산비(fixed cost)는 생산량과는 관계없이 일정하므로 한계생산비에는 포함되지 않는다. 즉 한계비용은 생산량에 따라 사용량이 늘어나는 가변투입요소(variable inputs) 때문

---

3) 이 결론은 산출물시장이 완전경쟁적일 경우에만 성립한다. 산출물시장이 독점화되어서 시장 전체의 소비량이 한 명의 공급자에 의해 공급될 경우에는 시장가격과 공급량 간에 일대일 대응관계가 성립하지 않고, 독점자의 행위는 수요곡선의 형태나 위치에 의해서도 영향을 받는다.

그림 3-5　한계비용곡선의 형태

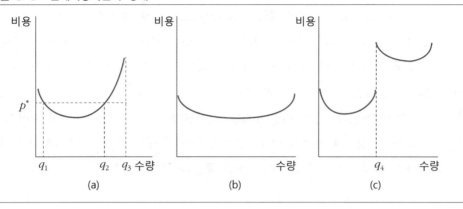

에 발생하는 가변생산비(variable cost)가 생산량 증가에 따라 증가하는 정도를 나타낸다.

　　설비규모가 고정되어 있을 때 노동력과 같은 가변투입요소 사용량이 매우 적으면 한명의 생산자가 여러 가지 작업을 모두 해야 하므로 생산은 비효율적으로 이루어질 수밖에 없다. 따라서 생산량을 늘리기 위해 추가로 노동력을 더 고용하면 생산 행위의 분업화로 인해 생산성이 급격히 높아지고, 추가생산을 위한 한계비용은 감소한다. 하지만 q_2처럼 생산량이 이미 많고 가변투입요소의 양이 고정투입요소에 비해 매우 많다면 상황은 반대로 바뀌고 추가로 투입되는 가변투입요소는 기존 노동력에 비해 더 낮은 생산성만을 가지게 된다. 즉, 한계생산비가 증가하는 것으로 바뀐다. 그리고 기존 설비로서는 더 이상 생산이 될 수 없는 지점이 존재할 수도 있고, 이는 〈그림 3-5a〉의 q_3로 표시되어 있다.

　　기업의 한계비용곡선이 〈그림 3-5a〉와 같이 우하향하는 영역과 우상향하는 영역을 동시에 가질 경우 이 기업의 한계비용곡선은 산출물의 시장가격과 q_1과 q_2처럼 서로 다른 두 곳에서 만날 수 있다. 이 경우 기업이 공급하고자 하는 양은 q_2이다. 왜냐하면 q_1에서는 생산량을 더 늘리면 한계비용이 줄어들고 추가로 얻는 수입보다도 작아지게 되므로 생산을 계속 늘리는 것이 기업이윤을 증가시키기 때문이다. 즉 기업의 한계비용곡선 가운데 우하향하는 영역에서는 기업의 공급곡선이 형성될 수 없고, 우상향하는 부분만이 기업의 공급곡선이 된다.[4]

　　우리가 고려하는 기간이 장기일수록 기업은 가변투입요소뿐 아니라 설비 등과 같은 단기에는 고정된 투입요소의 수량이나 규모까지도 바꿀 수 있다. 따라서 장기로 갈수록 기

---

4) 단 기업은 생산행위로부터 최소한 가변투입요소에 대한 지출비용 이상의 수입은 얻을 수 있다고 가정한다. 그렇지 못할 경우 기업은 생산설비를 폐쇄하고 생산행위를 아예 하지 않을 것이다.

업의 한계비용곡선은 〈그림 3-5b〉와 같이 완만한 형태를 띨 것이며, 극단적으로는 수평선이 되어 한계비용이 생산량과 상관없이 일정하게 결정될 수도 있다.

한편 기업의 한계비용곡선은 〈그림 3-5c〉처럼 비연속적인 형태를 가질 수도 있다. 발전소의 경우라면, q_4의 전력까지는 1기의 발전소를 가동률을 높여가며 생산할 수 있다. q_4를 초과하는 전력은 1기의 발전소로 생산할 수 없고 좀 더 비싼 새 발전소를 추가로 지어야만 가능하다. 이 경우 새 발전소 건설비용도 한계비용의 일부가 되므로 한계비용곡선은 q_4에서 크게 상향 이동하고, 이어서 다시 시간이 지나면서 하락하는 형태를 지닐 수 있다.

기업의 한계비용곡선 혹은 공급곡선은 위와 같이 기업의 기술 특성이나 분석 대상이 되는 기간의 길고 짧음 등에 따라 다양하게 결정된다.

4. 시장공급과 생산자잉여

수요이론에서 각 소비자의 개별 수요로부터 시장 전체 수요를 도출할 수 있었던 것과 마찬가지로 개별 공급자의 공급곡선으로부터 시장 전체 공급량을 도출할 수 있다. 〈그림 3-6〉에서는 두 공급자 A와 B가 있다. 만약 이 재화의 시장가격이 p^*로 결정되어 있다면, 공급자 A는 q_A만큼을, 공급자 B는 q_B만큼을 공급하려고 할 것이다. 따라서 시장 전체의 공급량은 두 공급자의 공급량을 합한 $q_A + q_B$가 되어야 한다. 이런 식으로 시장가격별 시장 전체가 공급하고자 하는 재화나 서비스의 양은 개별 공급자가 공급하고자 하는 수량을 수평으로 합하여 구하고, 시장 전체의 공급곡선은 개별 공급곡선의 수평 합으로 정의된다.

수요이론에서 우리는 시장수요가 개별 수요의 수평 합으로 도출되기 때문에 시장 전

그림 3-6 시장공급곡선

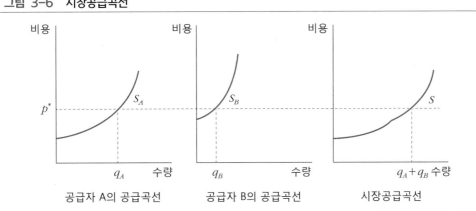

공급자 A의 공급곡선   공급자 B의 공급곡선   시장공급곡선

그림 3-7 생산자잉여

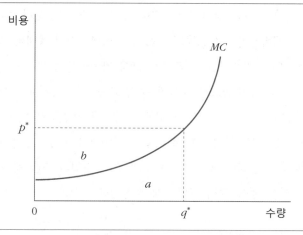

체의 수요량은 각 소비자의 한계지불의사가 동일하도록 배분된다는 것을 배웠다. 시장공급량 역시 개별 공급량의 수평 합이기 때문에 시장 전체의 공급량이 개별 공급자에게 배분될 때 개별 공급자의 한계비용이 동일하도록 배분된다. 이러한 배분 방식은 시장공급량을 산업 전체 생산비가 최소가 되도록 배분하는 방식이다.

수요이론에서는 소비자가 소비행위로 인해 얻는 순편익을 소비자잉여라는 개념을 사용해 설명하였다. 생산자의 경우도 상품을 생산·판매할 경우 이로부터 일종의 편익을 얻을 수 있는데, 생산자가 얻는 이러한 편익을 생산자잉여(producer surplus)라 한다.

〈그림 3-7〉을 예로 들면 생산자의 한계비용곡선이 있고, 시장가격은 p^*로 결정되어 있다. 이 경우 생산자는 q^*만큼의 상품을 공급하고자 할 것이다. 생산자가 q^*만큼 생산하기 위해 지불하는 총비용은 면적 a에 해당되며, 따라서 이 생산자는 q^*만큼의 상품을 공급하기 위해 최소한 a만큼을 지불받고자 할 것이다. 그러나 이 생산자가 q^*를 공급하여 실제로 수취하는 금액은 면적 $a+b$이다. 따라서 이 생산자는 자신이 최소한 지불받고자 하는 금액보다도 더 많은 금액을 실제로 수취하고 있고, 이러한 초과 수취분 b가 바로 생산자잉여이다. 이 생산자잉여는 생산자가 아무런 생산행위를 하지 않을 때에 비해 q^*를 공급하면서 얻게 되는 순편익이다.

1. 시장균형

앞 두 절에서 수요곡선과 공급곡선을 각각 주어진 시장가격에서 소비자가 소비하려는 양과 생산자가 공급하려는 양을 나타내는 곡선이라 정의하였다. 그러나 경제 전체를 놓고 볼 때 재화나 서비스의 시장가격은 지금까지 가정한 것처럼 외부로부터 주어지는 것이 아니라 수요와 공급의 상호작용에 의해 시장 내에서 내생적으로 결정된다.

〈그림 3-8〉과 같이 시장수요곡선과 시장공급곡선을 함께 그려보자. 수요곡선과 공급곡선이 서로 만나는 점의 생산량은 Q^*이고 이때의 가격은 p^*이다. 상품시장에 정부가 전혀 개입하지 않을 경우 시장균형(market equilibrium)은 $(Q^*,\ p^*)$에서 달성된다. $(Q^*,\ p^*)$가 시장이 달성하는 균형이라는 사실을 이해하기 위해 현재 시장가격이 p^*보다도 높은 p^1 수준에 형성되어 있다고 가정하자. p^1의 가격에서 생산자들은 Q_S^1를 공급하고자 하는 반면, 소비자는 Q_D^1만큼만 소비하고자 한다. 따라서 시장에서는 $Q_S^1 - Q_D^1$만큼의 초과공급(excess supply)이 발생하고, 초과공급을 소진하기 위해서는 시장가격이 하락해야 한다. 시장가격은 초과공급이 존재하지 않는 p^* 수준까지 하락할 것이다.

반면 시장가격이 p^*보다도 더 낮은 p^2에 결정되어 있다면, $Q_D^2 - Q_S^2$만큼의 초과수요(excess demand)가 발생한다. 이때에는 소비자는 원하는 양만큼을 소비할 수 없기 때문

그림 3-8 시장의 균형

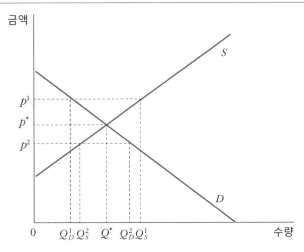

에 소비량을 확보하기 위해 서로 경쟁해야 한다. 이 과정을 통해 시장가격은 상승할 것이고, 수요와 공급이 다시 균형을 이루는 p^* 수준까지 상승할 것이다.

위와 같이 생산자와 소비자가 자유로운 거래를 하는 시장에서는 수요량과 공급량이 균형을 이룰 때까지 시장가격이 변하여 시장이 청산되게 된다. 이렇게 자유거래를 통해 시장이 청산되는 경향을 시장메커니즘(market mechanism)이라 부른다.

2. 시장메커니즘의 효율성

위에서 살펴본 바와 같이 자유로운 거래가 이루어지는 시장에서는 시장메커니즘에 의해 수요량과 공급량이 균형을 이루도록 유도되고, 수요량과 공급량이 균형을 이루는 상태에서의 균형가격이 형성된다. 그렇다면 자유로운 거래를 통해 시장이 달성하는 균형은 사회 전체의 입장에서 보아 바람직한 상태라 할 수가 있는가? 이 질문은 일종의 규범적 질문에 해당되는 것으로서, 이에 대답하기 위해서는 경제의 바람직한 상태가 무엇인지를 정의할 필요가 있다.

우리는 앞의 두 절에서 상품의 수요곡선은 상품을 소비하기 위한 한계지불의사, 혹은 소비로 인해 얻는 소비자의 한계편익을 나타낸다는 사실을 알았고, 상품의 공급곡선은 그 상품을 생산하기 위해 생산자가 부담해야 할 한계비용을 나타낸다는 사실을 알았다. 〈그림 3-8〉의 수요 및 공급곡선은 시장 전체의 수요 및 공급곡선을 나타내므로 각각 시장 전체의 한계편익과 한계비용을 나타낸다. 따라서 Q^*만큼의 상품을 소비하여 시장 전체의 소비자들이 얻는 사회적인 총편익은 0과 Q^* 사이에 형성되는 시장수요곡선 아래의 면적이 될 것이다. 반면 Q^*를 생산하기 위하여 사회 전체가 지불하는 비용은 0과 Q^* 사이에 형성되는 시장공급곡선 아래의 면적이 된다.

특정 상품을 생산·소비함에 따라 사회 전체가 얻는 순편익은 사회 전체가 그만큼을 소비하여 얻는 편익에서 생산하기 위해 지불하는 비용을 빼준 것이라야 한다. 우리는 사회 전체의 순편익이 극대가 되는 그와 같은 상태를 경제의 가장 효율적인 상태라 규정하고, 효율성이 자유경쟁시장에 의해 달성된다는 것을 확인하고자 한다.[5]

---

5) 이러한 효율성을 배분 효율성(allocative efficiency)이라 부른다. 또 다른 효율성 개념으로서 기술 효율성(technical efficiency)이 있다. 기술 효율성은 주어진 투입요소를 가지고 가장 많은 양의 산출물을 생산하거나, 주어진 산출물을 가장 적은 투입요소나 비용만을 사용하여 생산할 때 달성된다. 기술 효율성 역시 자유경쟁시장에 의해 달성되는 경향이 있다. 각 기업은 다른 기업과 경쟁을 하기 위해서 자신의 생산비를 최대한 절약하여야 하기 때문이다.

자유경쟁시장의 메커니즘에 의해 경제의 효율성이 달성되는 이유는 시장균형에서는 한계지불의사와 한계비용이 동일하기 때문이다. 예를 들어 경제 전체가 Q^*보다도 더 많은 Q_S^1의 소비와 생산을 하고 있다고 하자. 이 경우 상품 한 단위에 대한 사회 전체의 한계지불의사는 한계생산비용보다도 작다. 따라서 Q_S^1에서 소비를 한 단위 줄이면 사회 전체의 편익이 줄어드는 정도보다도 비용이 감소하는 정도가 더 클 것이고, 사회 전체의 순편익을 증대시킨다. 반대로 경제 전체가 Q^*보다도 더 적은 Q_D^1에서 생산과 소비를 하고 있다면, 상품에 대한 한계지불의사가 한계생산비용보다도 더 크다. 따라서 소비량을 늘리면 편익 증가분이 비용 증가분보다 크고, 순편익이 증가하게 된다.

이와 같이 시장메커니즘은 경제 전체 순편익의 극대화를 유도하게 된다. 경제 전체 순편익의 극대화를 경제의 효율성 지표로 삼는 윤리적, 철학적 기준은 소위 파레토 최적 (Pareto optimum)이라는 개념에서 찾을 수 있다.6) 파레토 최적상태란 다른 사람의 후생을 현 수준에서 감소시키지 않고서는 어느 한 사람의 후생을 증대시키는 것이 불가능하도록 자원이 배분된 상태를 의미한다. 파레토 최적을 달성하지 못한 경제는 자원배분을 현재와 달리하여 누구도 후생이 감소하지 않는 상태에서 몇몇 구성원의 후생을 증대시킬 수 있다. 따라서 파레토 최적상태는 한 경제가 효율적이라고 평가받기 위해서는 최소한 충족되어야 할 기준이며, 자원의 배분형태를 규범적으로 평가하기 위해 경제학이 가장 일반적으로 사용하는 기준이다.

경제 전체의 순편익이 극대화되어 경제의 효율성이 달성되면 파레토 최적 상태가 형성된다. 일단 사회 전체의 순편익이 극대화되면, 자원의 배분을 변경하여 순편익을 더 이상 증대시키는 것이 불가능하다. 또한 순편익의 증가 없이는 다른 사람의 후생을 감소시키지 않으면서 몇몇 사람의 후생을 증대시키는 것도 불가능하다. 따라서 순편익을 극대화하는 효율적인 자원배분은 파레토 최적을 달성하며, 이러한 효율적인 자원배분은 시장메커니즘에 의해 달성된다.7)

---

6) 파레토 최적이란 용어는 20세기 초반에 활동했던 이탈리아 출신의 경제학자 파레토(V. Pareto)의 이름에서 유래한다.

7) 모든 경쟁시장균형이 파레토 최적이라는 이 주장은 후생경제학의 가장 중요한 정리 가운데 하나로서 후생경제학의 제1정리(the first theorem of welfare economics)라 불린다. 역으로 자원을 각 개인에게 적절히 재분배한 뒤 서로 자유거래를 하게 하면 어떤 파레토 최적상태도 시장메커니즘에 의해 달성될 수 있는데 이를 후생경제학의 제2정리라 한다. 제2정리는 제1정리에 비해 소비자들의 선호 등에 대한 좀 더 강한 가정을 필요로 한다. 이 두 정리에 관한 보다 자세한 설명을 원하는 독자들은 미시경제학 교재들을 참조하기 바란다.

01 생산량을 q라 할 때 어떤 기업의 비용은 $c(q) = 4q^2 + 12$와 같다.

(가) 이 기업의 한계비용곡선을 도출하라.

(나) 산출물 시장가격이 24라 하자. 이때 이 기업의 공급량은?

(다) (나)의 가격조건에서 이 기업이 얻는 생산자잉여를 구해보라.

02 어떤 상품의 수요곡선은 $p_D = 10 - 2Q$이고 공급곡선은 $p_S = 5 + 3Q$이다. 단 p_D와 p_S는 각각 소비자가 지불하는 가격과 생산자가 받는 가격이고, Q는 수량이다.

(가) 시장균형가격과 균형수량을 도출하라.

(나) 소비자잉여와 생산자잉여를 구하라.

04 CHAPTER 자원환경 이용에 있어 시장의 실패

제3장은 재화나 서비스의 자유로운 거래가 허용되는 시장에서는 시장메커니즘에 의해 자원이 가장 효율적으로 배분된다는 것을 설명하였다. 그러나 거래되는 것이 통상적인 상품이 아니라 자연환경이라면 시장메커니즘이 자원의 효율적인 배분을 달성하는 데 실패할 가능성이 매우 높아진다. 제3장에서의 설명과는 달리 재화나 서비스의 자발적인 거래가 이루어지는 시장에서 자원이 효율적으로 배분되지 못하게 되는 현상을 시장의 실패(market failure)라 부른다.

제4장은 시장메커니즘의 효율성은 거래대상이 되는 재화나 서비스에 대한 소유권이 완전하게 설정되어 있어야만 달성된다는 것을 설명하고, 환경재 이용에 있어서는 불완전한 소유권 설정으로 인해 시장실패가 발생한다는 것을 보인다. 특히 공공재적인 성격을 지니는 환경재의 이용이나 생산 및 소비행위에 외부효과가 개입된 경우, 그리고 재화의 소유권이 설정되지 않거나 어떤 집단에게 공동으로 부여되어 있는 경우에 발생하는 시장의 실패가 분석된다.

section 01 소유권과 시장메커니즘의 효율성

제3장은 재화나 서비스의 자유로운 거래가 허용되는 완전경쟁시장에서는 시장메커니즘에 의해 자원의 가장 효율적인 배분이 이루어진다는 것을 설명하였다. 시장이 효율적으로 작동한다는 것은 자신만의 목적을 달성하기 위해 개인들이 시장에서 행동할 때 그 행동의 결과 사회 전체 순편익이 최대가 되는 시장균형이 도출된다는 것을 의미한다. 즉 효율적인 시장에서는 사적 편익이 사회적 편익과 일치하고 사적 비용도 사회적 비용과 일치하여 시장에서 활동하는 개인의 이해가 사회의 이해로부터 이탈하는 현상이 발생하지 않는다.

그러나 시장메커니즘이 항상 이렇게 효율적인 자원배분을 달성할 수 있는 것은 아니다. 시장메커니즘이 효율성을 가지기 위해서는 각 개인의 선호나 생산기술이 특정한 조건을 충족하여야 하고, 시장이 완전경쟁적이며, 시장에 대한 완전한 정보가 각 개인에게 알려져 있어야 한다.1) 그리고 무엇보다도 시장에서 거래되는 재화나 서비스의 소유권이 완

---

1) 이들 조건에 대한 보다 자세한 설명은 일반 미시경제학 교과서들이 하고 있다. 시장정보가 완전

표 4-1 효율적인 소유권

소유권의 성질	의 미
배타성 (Exclusivity)	자원을 소유하고 이용함에 따라 발생하는 모든 편익과 비용은 그 자원의 소유주에게 귀속되고, 또한 자원의 소유주만이 그러한 편익을 누리거나 비용을 부담함
이전성 (Transferability)	모든 소유권은 자발적인 거래를 통해 다른 사람에게 이전될 수 있어야 함
실행가능성 (Enforceability)	자신이 보유한 소유권은 자신이 원하지 않을 경우 다른 사람에 의해 침해되지 않음

전하게 설정되어야만 시장은 효율적으로 작동한다. 환경재 이용에 있어 시장의 실패는 주로 이 마지막 조건, 즉 자원에 대한 소유권이 완전히 설정되어야 한다는 조건이 충족되지 않기 때문에 발생한다.

어떤 경제적 자원에 대한 소유권(property right)이란 소유자에게 부여된 자원이용에 관한 권리와 그 한계를 의미한다. 즉 소유권이란 특정 자원이 누구에게 소유되고, 그 소유자는 어느 정도까지 그 자원을 이용할 수 있는지를 나타낸다. 이러한 소유권의 주체는 개인이 될 수도 있고, 집단이나 국가가 될 수도 있다. 티이텐버그(Tietenberg, 2005)에 따를 경우 〈표 4-1〉과 같은 조건을 충족하는 소유권이 효율성을 보장하는 소유권이다.

즉 소유권은 배타적이어서 자원을 얻기 위해 대가를 지불한 사람만이 그 편익을 누릴 수 있어야 하고, 소유권 행사는 항상 가능하여 소유주가 원하지 않을 경우 그 권익이 침해되어서는 안 된다. 또한 소유권은 거래될 수 있어서 보다 높은 지불의사를 가지는 사람이 소유권을 획득할 수 있도록 해야 한다.

제3장에서 본 바와 같이 경제행위를 하는 각 개인은 주어진 시장가격에서 자신만의 만족도나 이윤을 극대화하기 위해 재화나 서비스에 대한 수요량과 공급량을 결정한다. 이러한 개별 수요량과 공급량이 합해져 시장수요량과 시장공급량이 결정되며, 시장은 이 둘이 균형을 이루도록 시장가격을 결정하는 역할을 한다. 소유권구조를 포함하여 위에서 언급된 효율성 전제조건들이 모두 충족될 경우, 이러한 시장균형에 의해 사회 전체의 순편익이 극대화된다.

(complete)하다는 것은 시장에서 거래행위를 하는 사람들 가운데 한 거래자가 다른 거래자들에 비해 상품의 질 등과 관련된 정보를 더 많이 보유하지 않고, 모든 거래자가 동일한 정도의 정보를 보유하고 있음을 의미한다.

1. 개방자원

앞서 언급한 대로 대부분의 환경재는 그 소유권이 시장의 효율성을 보장할 정도로 완전하게 설정되어 있지 못하다. 그 한 경우로서 각국 영해나 경제수역을 제외한 공해에서의 수산자원처럼 소유권 자체가 아예 설정되지 않는 개방자원(open-access resources)을 들 수 있다. 공해 수산자원의 소유권은 원칙적으로는 누구에게도 부여되어 있지 않다. 누구든지 능력과 의사만 있으면 어로행위를 통해 자원을 이용하는 것이 가능하다. 즉 이 자원은 지구상의 모든 사람에게 개방되어 있고, 선착순에 따라 배분된다. 지구의 대기권, 특정 국가에 편입되지 않은 극지방의 자원 등이 모두 개방자원에 해당되며, 또한 우리의 동·서·남해와 같은 연근해라 하더라도 정부가 내국인에 의한 어로행위를 제한하지 않을 경우 연근해는 내국인에 대해서는 개방자원이 된다.

〈그림 4-1〉은 이러한 개방자원 이용에 있어 발생하는 비효율성을 보여준다. 그림에서 가로축은 전 세계 바다에서 고래잡이를 하는 배의 수이고, 세로축은 고래잡이를 위해 배 1척당 지불해야 하는 비용이다. 논의를 간단히 하기 위해 모든 배의 크기나 형태는 동일하다고 가정하고, 배 1척을 운영하는 데 소요되는 비용은 일정하여 배 1척당 운영비인 평균

그림 4-1   개방자원시장의 비효율성

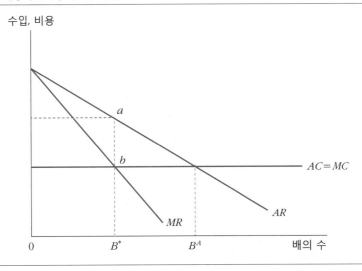

비용은 AC곡선과 같이 수평선으로 나타난다고 가정하자. 또한 평균비용이 일정하기 때문에 추가로 고래잡이에 투입되는 배가 지불해야 할 한계비용(MC)곡선 역시 평균비용곡선과 동일한 수평선이다.

그림에서 AR곡선은 배 1척이 고래잡이로부터 벌어들이는 수입을 나타내는 평균수입곡선이다. 평균수입은 전 세계가 벌어들인 총수입을 고래잡이 배의 수로 나누어준 것이다. 평균수입은 배의 수가 늘어날수록 줄어드는데, 그 이유는 포경선의 수가 많아질수록 바다 속 고래의 수가 줄어들고, 따라서 배 1척으로 잡을 수 있는 고래의 수가 점점 줄어들기 때문이다.

그림의 MR곡선은 배 1척이 추가로 고래잡이에 나설 경우 이 배가 얻는 수입을 나타내는 한계수입곡선이다. AR곡선이 우하향할 경우 MR곡선 역시 우하향하고 AR곡선보다 아래쪽에 위치하게 된다. 평균수입은 조업으로 얻은 전 세계의 총수입을 지금까지 조업하던 모든 배의 수로 나누어준 값인 반면, 한계수입은 현 수준에서 추가로 투입되는 1척이 얻는 수입이기 때문에 평균수입이 배의 수가 늘어나면서 하락할 경우 한계수입은 평균수입보다 더 적다.[2]

고래잡이로 인해 얻는 전 세계의 총이윤을 극대화하는 배의 수는 그림에서 B^*가 된다. B^*에서는 배 1척이 추가로 투입되면서 지불하는 한계비용과 이 배가 얻는 한계수입이 동일하므로 전 세계 고고기기시장의 총이윤이 극대화가 되는 것이다. 그러나 고래잡이가 누구에게나 허용될 경우 B^*보다도 더 많은 배가 조업을 하게 된다. 이는 B^*에서는 평균수입이 평균비용보다 커 배 1척당 $\overline{ab}$만큼의 이윤이 발생하기 때문이다. 양의 이윤이 발생하고 있기 때문에 현재 포경업을 하지 않는 사람도 포경업에 뛰어들려고 할 것이고, 기존 포경업자도 이윤이 발생하는 한 계속해서 배의 수를 늘려갈 것이다. 따라서 평균수입이 평균비용과 같아지는 B^A 수준까지 배의 수가 늘어나고, 개방자원인 고래의 지나친 남획이 발생하게 된다.

자원 이용이 누구에게나 허용되는 개방자원의 경우 〈그림 4-1〉과 같이 자원 남용문제가 항상 발생하게 되고, 시장이 효율적인 자원배분을 달성할 수 없게 된다. 개방자원시장에서 발생하는 이러한 실패는 정부나 국제기구 등이 시장에 개입할 당위성을 제공한다. 각

---

2) 고래잡이로 인해 전 세계가 벌어들인 총수입을 $TR(B)$라 하면, 이를 $TR(B) = AR(B)B$로 나타낼 수 있다. 한계수입은 총수입을 배의 수(B)에 대해 미분하여 도출하는데, 다음과 같은 관계를 가진다: $MR(B) = \dfrac{\Delta TR(B)}{\Delta B} = AR(B) + B\dfrac{\Delta AR(B)}{\Delta B}$. 평균수입은 배의 수가 늘어날수록 줄어들기 때문에 위 관계식의 맨 마지막 항은 음의 값을 가지고, 따라서 한계수입은 평균수입보다도 더 적다.

국 정부나 국제기구는 개방자원 이용에 있어서의 비효율성을 막기 위해 여러 가지 방법을 사용하는데, 예를 들어 B^*만큼의 배에 대해서만 조업권을 준 뒤 어업회사들이 서로 사고 팔 수 있도록 하되, 조업권을 갖지 못한 사람은 어로행위를 할 수 없도록 규제할 수도 있다. 또한 국제포경위원회(International Whaling Commission, IWC)와 같은 국제기구를 결성하여 몇 년간 고래를 잡지 않기로 합의하거나, 국가별로 연간 포획가능한 고래 수를 정해 이를 지키기로 하는 국제협약을 체결할 수도 있다. 기후변화협약을 통해 각국이 배출할 수 있는 이산화탄소의 양을 정하려는 국제적 노력도 대기라는 개방자원에 대한 보호정책이다.

원양 포경업 변천사

지금은 상업적 포경이 전면 금지되어 있다. 하지만 울주 반구대 암각화에서 볼 수 있듯이 인류는 선사시대부터 줄곧 고래를 식량, 기름, 뼈, 가죽을 얻기 위해 사냥해 왔다. 클라크와 램버선(Clark and Lamberson, 1982)에 의하면 그런 인류가 고래 전체를 멸종위기로 몰아넣는 데에는 불과 수십 년이면 충분했는데, 다음과 같이 일이 벌어졌다.

- 1860년 이전: 바람과 노를 이용한 항해, 손작살(hand harpoons) 사용
- 1860년: 증기선 도입, 작살대포(harpoon cannons) 사용
- 1904년: 남극대륙에 고래잡이 기지 설치
- 1920년대: 고래고기 가공선 도입, 높은 이윤으로 포경선 급증
- 1931년: 고래고기 과잉 공급으로 가격 급락
- 1960년대: 자원량 감소로 인해 고래 어획량 급감

즉 새로운 포획기술과 저장·가공능력이 발달하면서 불과 수십 년 사이 고래 개체 수는 급감했다. 이 때문에 1931년에는 포경업자 연합회에서 모든 종류의 고래를 청고래(흰수염고래, 대왕고래)를 기준단위로 환산한 쿼터를 회원사에 배분하기도 했으나 강제성이 없어 효과를 거두지 못했다. 1946년에 국제기구 IWC가 설립되어 포획기간, 포획량, 보호종에 대한 규제를 도입했지만, 총쿼터만 정하고 회원국별로 배분하지 않아 과당 포획경쟁만 초래했다. 그 뒤 쿼터제가 강화되었지만 1965년이 되면 쿼터의 기준이 되는 청고래 자체가 멸종위기에 몰릴 정도로 상황이 나빠졌다. 결국 1979년 밍크고래를 제외한 모든 고래의 원양포경업을 금지하는 극단적 결정이 내려진다.

비슷한 사례로, 미국 대평원의 버팔로, 즉 들소는 원래 3,000만 마리 정도 있었지만 거

의 멸종까지 갔다가 뒤늦은 보호 노력 끝에 위기에서 벗어날 수 있었다. 서부 개척 시기 철도 건설과 인구 이주 때문에 천천히 감소하던 개체 수가 가죽 가공술이 개발되고 시장까지 커지면서 1871년부터 급격히 줄어들었다. 당시 4명으로 구성된 한 팀이 매일 60마리를 사냥하고 가죽을 벗길 정도였으며, 불과 10여 년 후인 1880년대 말에는 100여 마리만 발견될 정도로 멸종위기에 몰렸다.

개방자원을 적절히 관리하지 못하면 그로 인한 멸종 사태는 한 종에만 국한되지 않는다. 테일러와 웨더(Taylor and Weder, 2024)는 지느러미를 얻기 위해 종류를 가리지 않고 포획하는 상어를 예로 들면서, 한 종의 개체 수가 줄면 그 수요가 다른 종으로 옮겨가기 때문에 다수 종이 모두 멸종위기에 몰릴 수 있음을 보여주었다. 지금까지 지구상에는 대멸종(Mass Extinction)이 다섯 차례 있었고 소행성 충돌, 화산활동, 기후변화 등의 자연적 요인에 의해 발생한 것으로 알려져 있다. 자원 이용 기술과 시장이 발달함에도 적절한 규제나 경제적 유인이 따르지 못한다면 제6차 대멸종은 인간에 의해 발생할 수도 있다.

2. 공유자원

공유자원(common-property resources)은 개방자원과 유사하면서도 소유권 측면에서 조금 다른 특징을 가진다. 개방자원이 소유권 자체가 아예 설정되지 않은 자원임에 비해 공유자원은 개인이 아니라 마을과 같이 비교적 적은 수의 구성원으로 이루어진 집단에게 소유권이 부여되는 자원이다. 예를 들어 스위스 농촌의 경우 농지는 예로부터 사유화되어 있으나 소나 양을 방목하는 알프스산맥의 초지는 마을이 공동으로 소유하고 있다. 이 경우 초지가 바로 공유자원이 된다.

공유자원 역시 그 소유권이 개인에게 부여된 것이 아니고, 소유권이 부여된 집단 내의 구성원은 원칙적으로 누구나 자원을 이용할 수 있기 때문에 개방자원과 마찬가지로 남용될 가능성이 크다. 특히 저개발국일수록 초지나 수자원과 같은 천연자원을 마을이나 부족이 공동으로 소유하는 경우가 많기 때문에 공유자원의 적절한 관리는 생존의 문제가 된다. 그 때문에 이 분야에 대한 연구가 많이 이루어지고 있다.3)

---

3) 가장 유명한 예로 최초의 여성 노벨경제학상 수상자인 오스트롬(Ostrom, 1990)의 저서를 들 수 있다. 오스트롬은 노벨상 수상의 계기가 된 이 책에서 전 세계 공유자원의 이용에 관한 다양한 사례들을 소개하고, 공유자원의 합리적 이용이 달성되기 위해서는 어떤 조건이 필요한지를 분석하고 있다.

공유자원 역시 아무런 규제를 하지 않으면 남용되기 때문에 소유권을 보유한 집단은 여러 가지 방법을 동원해 자원이용의 합리화를 추구한다. 이러한 수단은 공식적 수단과 비공식적 수단으로 대별된다. 공식적 수단은 자원 사유화를 추진하거나, 마을 구성원 전체가 동의하는 규칙을 만들어 이 규칙하에서 자원을 이용하게 하고, 위반 시 제재를 가하는 것 등이다. 반면 비공식적 수단은 마을 구성원들 사이에 존재하는 관습이나 전통을 이용하여 자원 이용형태를 결정하거나, 명시적인 규칙을 도입하지는 않지만 경제적 유인을 적절히 제공하여 공유자원의 남용을 막는 것이 된다. 이들 공식적, 비공식적 수단은 제4장 부록이 보다 자세히 설명한다.

한국에 광범위하게 존재하는 공유자원의 한 예로 서남해의 양식어장을 들 수 있다(김상구 외 2007; 우양호 2008). 어촌 앞바다에서 양식을 할 수 있는 권리는 흔히 어촌계라 불리는 마을의 조직에 부여되어 있다. 각 어촌계는 나름대로의 공식적, 비공식적 수단을 동원해 자기 관할의 양식장을 효율적으로 이용하려고 노력한다. 예를 들어 가구별로 양식장에서 차지할 수 있는 면적을 할당한 뒤, 상대적으로 유리하거나 불리한 위치가 있기 때문에 해마다 순서를 정해 양식장 내에서 각 가구가 차지하는 위치를 바꾸어주는 방법 등을 사용한다. 그러나 어촌계별로 양식장 운영의 효율성을 달성하는 데 큰 차이가 있는 것으로 알려져 있으며, 이러한 효율성 차이에는 각 어촌계가 갖고 있는 공식적, 비공식적 규제수단이 영향을 미칠 것이다.

공유자원의 비극(The Tragedy of the Commons)

인류는 개방자원이나 공유자원의 이용에 있어 개인의 자유로운 경제행위가 자원의 남용을 필연적으로 가져오게 된다는 사실을 이미 오래전부터 알고 있었다. 예를 들어 흄(Hume, 1739)과 같은 철학자는 자신의 저서에서 개인적 자원이용에 따른 자원의 남용을 경고하였고, 〈그림 4-1〉과 같은 분석은 이미 1950년대에 고든(Gordon, 1954)에 의해 행해진 바 있다. 그러나 개방자원이나 공유자원이 유발하는 시장실패를 가장 설득력 있게 설명하고, 그로 인한 자원의 고갈과 환경오염의 가능성을 경고함으로써 1960년대 이래의 환경보호운동에 큰 영향을 끼친 문헌은 하아딘(Hardin, 1968)이 1968년 *Science*지에 발표한 "공유자원의 비극"이라는 글이다. 이 에세이로 인해 공유자원의 비극이라는 용어는 개방자원이나 공유자원의 과잉이용과 그로 인한 자원의 고갈을 의미하는 일반명사가 되었다.

하아딘은 먼저 농민이 집단으로 소유하고 있는 목초지에서 소를 기르는 상황을 들어 〈그림 4-1〉과 같은 자원남용이 발생한다는 사실을 설명하였다. 이어 그는 공유자원의 과잉 이용은 기본적으로 각 개인이 자신의 이익만을 추구하여 자원 이용을 계속 늘리고자 하는 의사결정체계 내에 갇혀있기 때문에 발생한다고 보고, 이 문제는 공유자원을 분해하여 각 개인에게 할당하여 줌으로써만 해결될 수 있다고 주장하였다.

하아딘은 추가 사례들도 제시하는데, 예를 들어 천연자원의 부존량을 고려할 때 인구는 현 수준에서 더 늘어나지 않아야 할 것이나, 현실적으로 인구가 계속 늘고 있는 것은 개별 가족이 인구증가로 인한 비용을 완전히 부담하고 있지 않기 때문이다. 또한 오염물질 배출로 인한 편익은 개인이 배타적으로 차지하지만 환경훼손 비용은 일부만을 부담하기 때문에 하수나 화학물질, 방사능 등의 오염물질 배출량이 계속 늘어나고 있다.

인구증가나 환경오염의 경우에 있어서는 앞서 본 목초지의 경우와는 달리 개인에게 공유자원을 분배하여 문제를 해결하는 것이 불가능하다. 하아딘은 대신 각 개인이 자신의 행위로 인한 비용을 모두 직면하도록 강제적인 방법을 동원해야 하며, 출산이나 오염행위에 대한 과세와 같은 방법이 사용되어야 한다고 주장한다. 다시 말해 공유자원의 이용에 관한 한 개인 자유가 보장되는 것이 오히려 자원의 왜곡된 이용을 가져와 사회 전체의 후생을 감소시키므로 각 개인이 자신 행위로 인해 발생하는 비용 전부를 사회적인 강제를 통해 직면하게 하는 것이 필요하다는 것이다.

section 03 공공재시장의 비효율성

공공재(public goods)의 성격을 지니는 소비재도 소유권 설정이 불완전해 시장실패가 발생한다. 〈표 4-1〉과 같은 완전한 소유권에 비해 공공재에 대한 소유권은 두 가지 특징을 지닌다. 첫 번째 특징은 비배타성(nonexcludability)이다. 공공재의 경우 일단 공급이 되면, 그에 대한 대가를 지불하지 않은 사람도 소비할 수 있고, 이들의 소비를 막을 방법이 없다. 두 번째로 공공재는 비경합성(nonrivalness)을 가진다. 즉 어떤 사람이 특정 공공재를 소비한다고 해서 나머지 사람들이 소비할 수 있는 양이 줄어들지 않는다. 아름다운 자원경관이나 맑은 공기, 깨끗한 하천, 생물다양성 등과 같은 많은 환경재가 이러한 공공재의 성격을 가진다. 환경재가 아닌 공공재로는 해안가의 등대, 국토방위, 거리의 가로등과 같은 것들을 들 수 있다.

〈그림 4-2〉에서는 두 명의 소비자 A와 B가 있다. 공공재에 대한 소비자 A의 수요곡선은 d_A이고, 소비자 B의 수요곡선은 d_B이다. 소비자 B는 공공재에 대한 선호가 상대적으로 더 커 소비자 A에 비해 높은 수요를 가지고 있다. 공공재가 일반 시장재화와 다른 큰 차이는 시장수요곡선이 개별 수요의 수평 합이 아니라 수직 합으로 결정된다는 점이다. 공공재의 경우 비배타성과 비경합성으로 인해 일단 공급된 전체 양만큼을 모든 소비자가 동시에 소비하게 된다. 개별 소비자의 수요곡선은 공공재에 대해 각 소비자가 가지는 한계지불의사이고, 각 소비자는 공급된 공공재를 동시에 동일하게 소비하기 때문에 공공재 시장 전체의 한계지불의사는 이들 개별 한계지불의사를 수직으로 합해주어 도출한다.

〈그림 4-2〉에서 공공재를 한 단위 공급하는 데 필요한 한계비용이 MC와 같이 일정하다고 가정하자. 가장 바람직한 공공재의 생산 및 소비량은 사회 전체의 한계지불의사인 D선과 공공재 공급의 한계비용이 만나는 Q^*가 되어야 한다. Q^*에서는 공공재 생산의 한계비용 MC와 두 수요곡선 d_A 및 d_B의 높이 합이 일치한다. 그리고 수요곡선의 높이는 한 단위 더 소비함으로써 얻는 추가적인 편익, 즉 한계편익을 금액으로 나타낸 것으로서, $MB_A(Q)$와 $MB_B(Q)$와 같이 나타낼 수 있다. 그러므로 사회적 최적 공공재 생산 및 소비량은 두 한계편익의 합과 한계생산비가 일치하는 다음 조건을 충족하는 Q^*이다.

$$MB_A(Q^*) + MB_B(Q^*) = MC$$

이 공공재 효율성 조건은 새뮤얼슨조건(Samuelson condition)이라 불린다. 하지만 이 조건을 충족하는 효율적인 공공재 소비량 Q^*는 공공재의 생산 및 소비를 민간시장에 맡겨둘 경우 달성될 수가 없다.

예를 들어 어떤 공공재가 전혀 공급이 되지 않는 상황에서 소비자 A가 먼저 대가를 지불하고 공공재를 소비하려 한다 하자. 공공재 생산의 한계비용이 MC이므로 판매가격 역시 MC가 될 것이다. 소비자 A는 자신의 효용을 극대화하기 위해 공공재 가격과 자신의 한계지불의사 $MB_A(Q)$가 일치하는 q_A만큼을 구입할 것이다. A가 q_A를 소비하고 있을 때 통상적인 경우라면 소비자 B는 자신의 한계지불의사 $MB_B(Q)$와 가격이 일치하는 q_B만큼을 소비하고자 할 것이다. 그러나 공공재의 특성상 소비자 A가 이미 소비하고 있는 q_A는 소비자 B도 아무런 대가를 지불하지 않고 소비할 수 있다. 따라서 소비자 B는

그림 4-2 공공재시장의 비효율성

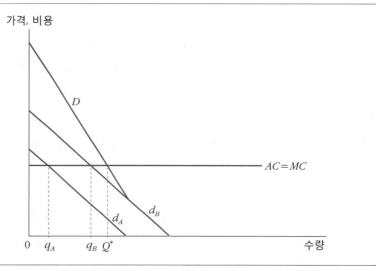

$q_B - q_A$만큼의 공공재만을 대가를 지불하고 구입하려 할 것이다. 그 결과 시장에 공급되는 공공재의 총량은 사회적 최적인 Q^*가 아니라 그보다 적은 q_B에 불과할 것이다.

한편 소비자 A 역시 공공재를 스스로 구입하지 않고 B가 먼저 구입하기를 기다린 후 이를 공짜로 이용하는 것이 훨씬 유리하다는 것을 알게 된다. 이와 같이 공공재는 다른 사람이 먼저 구입하면 추가적인 비용 부담 없이 남이 구입한 공공재를 무료로 사용할 수가 있기 때문에 각 개인은 자신이 먼저 공공재를 구입하기보다는 남이 구입할 때까지 기다린 뒤, 이를 공짜로 이용하고자 한다. 즉 모든 소비자가 무임승차자(free-rider)가 되려고 한다. 이러한 이유로 인해 공공재를 구매하기 위해 각 소비자가 시장에서 실제로 지불하는 금액은 사회적으로 보아 바람직한 수준만큼의 공공재를 공급하기 위해 필요한 금액보다도 적게 되고, 아름다운 경관이나 맑은 공기와 같은 공공재의 양은 사회적인 최적 수준보다도 더 적게 공급된다.

공공재를 시장에서 공급하게 할 때 위와 같은 시장의 실패가 발생한다면 이 문제는 어떻게 해결할 수 있을까? 먼저 지적해야 할 점은 비경합성과 비배제성을 모두 충족하는 재화나 서비스는 사실 찾기 어렵다는 점이다. 이 두 가지 성질을 모두 충족하는 재화나 서비스를 순수공공재(pure public goods)라 부르는데, 이 두 가지 성질 가운데 어느 한 가지만 제한적으로 가지는 비순수공공재(impure public goods)의 종류가 순수공공재보다 훨씬 더 많을 것이다. 〈표 4-2〉는 순수공공재와 비순수공공재를 비교하여 예를 들고 있다.

표 4-2 순수공공재와 비순수공공재

		경합성	
		있음	없음
배타성	있음	사유재 (노트, 아이스크림)	비순수공공재 (유선방송)
	없음	비순수공공재 (공원, 도로)	순수공공재 (국방, 지구온난화)

〈표 4-2〉의 분류에서 사유재나 배타성이 어느 정도 있는 비순수공공재의 경우 대가를 지불받고 공급하는 것이 가능하기 때문에 시장을 통한 거래가 가능하며, 공공재라는 이유로 반드시 정부가 시장에 개입할 필요는 없다.

비배타성과 비경합성을 강하게 가져 순수공공재라 분류될 수 있는 경우에 있어서도 시장을 통한 공공재 공급이 불가능한 것은 아니다. 시장을 통한 공급이 가능한 첫 번째는 공공재 수요자 간 선호도 차이가 매우 큰 경우이다. 공공재에 대한 수요의 크기는 소득이나 개인 선호도에 의해 결정된다. 〈그림 4-2〉와 같이 두 사람이 공공재를 소비하는 경우에 있어 A의 수요곡선은 왼쪽으로 더 이동하고, B의 수요곡선은 오른쪽으로 더 이동하여 두 사람의 공공재에 대한 선호 정도가 매우 큰 차이를 가지도록 해보자. 이 경우 B는 A가 공공재에 대해 기여하려는 바는 대단히 작은데 반해 공공재가 공급될 때 자신이 얻게 되는 편익은 크다는 것을 알고 있다. 따라서 A가 무임승차자가 되려 한다는 것을 알고 있지만, 자신도 무임승차자가 되어 공공재가 공급되지 않는 상황보다는 자신만이라도 공공재를 구입하는 것이 더 나으므로 대가를 지불하고 q_B를 구입한다. 그리고 이 경우 q_B는 사회적 최적 Q^*와 매우 가까운 값이 될 수 있다.

두 번째는 소비자들이 일종의 이타심(altruism)을 가지는 경우이다. 소비자들이 이타심을 가져 자신들의 공공재 소비는 물론 다른 사람의 소비로부터도 만족도를 얻는다면 사회 전체의 만족도와 자신의 만족도를 거의 동일시 하기 때문에 무임승차문제가 크게 완화될 수 있다. 공공재 수요에 있어서의 소비자들의 이타심 크기를 직접 확인하기는 힘들지만 각종 실험을 통해 어느 정도의 이타심이 존재한다는 것이 확인된 바 있다.[4]

세 번째는 일종의 유사이타심(warm-glow effect)을 가지는 경우이다. 유사이타심은 각

---

4) 레드야드(Ledyard, 1995)는 이러한 실험결과들을 종합하여 보여준다. 예를 들어 각 실험참가자가 자발적으로 내어놓는 금액의 합을 두 배로 키워 개인별 납부금액에 관계없이 모든 실험참가자에게 똑같이 나누어준다고 하자. 이 경우 무임승차욕구가 생기지만 실제로는 참가자의 30~70%가 공공재로 자기의 돈을 내어놓는다는 실험결과가 있다. 이러한 실험들은 제4부에서도 다시 논의된다.

개인이 다른 사람의 공공재 소비 자체로부터 만족도를 얻는, 그래서 자기와 남을 동일시하는 이타심의 단계에까지 이르지는 못하지만, 자신이 공동체의 공공재 공급에 기여했다는 사실을 남이 알아주거나, 아니면 이러한 선행을 했다는 사실 자체로부터 스스로 만족도를 얻을 때 나타난다. 이 경우에도 각 개인의 만족도는 자신의 공공재 소비량만에 의해 결정되는 것은 아니므로 무임승차욕구가 상당히 완화될 수 있다.

이상의 세 가지 조건은 모두 무임승차욕구를 완화시키고 따라서 정부개입 없이도 민간에 의한 자율적인 공공재 공급과 수요가 가능하도록 한다. 그러나 이들 효과들은 모두 무임승차문제를 완화할 뿐이지 완전히 제거하는 것은 아니다. 보다 근본적인 해결책으로 많은 국가가 시도하는 것이 바로 국가나 공기업 등이 직접 공공재를 공급하는 것이다. 즉 정부는 사회적 최적 수준의 공공재 공급량을 파악하여 이를 직접 공급하거나 아니면 민간이 공급하도록 강제할 수가 있다.

그러나 정부나 공공부문이 공공재를 공급할 때에도 많은 문제가 나타난다. 우선 교육이나 각종 보험상품처럼 민간도 어느 정도는 서비스를 공급하고 있는 상태에서 정부가 민간의 공급량이 부족하다는 이유로 세금을 걷어 추가로 서비스를 공급한다면, 각 개인은 정부에게 이용대금을 추가로 지불해야 하므로 민간으로부터 구입하던 서비스량을 줄이고자 한다. 즉 정부의 공공재가 민간 서비스를 밀어내는 부작용을 초래하게 된다.

뿐만 아니라 정부가 공공재를 공급하는 경우에는 어느 정도의 공공재가 적정한 수준이고, 각 개인에게 그 이용대금을 어떻게 차별·징수할 것인지도 결정해야 하는데 이는 매우 어려운 문제이다. 이 문제를 해결하기 위해 시도할 만한 것이 소위 린달균형(Lindahl equilibrium)을 찾는 것이다. 두 명이 함께 사용하는 공공재에 대한 수요를 도출하는데, 정부나 제3자가 나서서 전체 공공재 비용 중 A는 θ_A의 비율만큼, B는 $\theta_B(=1-\theta_A)$의 비율만큼 부담할 때 각각 어느 정도의 전체 공공재 구입량을 원하는지 물어본다고 하자. 두 사람이 원한다고 얘기하는 공공재량 Q_A와 Q_B는 서로 다르겠지만, (θ_A, θ_B)의 조합을 달리하며 계속 물어보아 결국 서로 일치하는 수요량 Q^*를 찾았다고 하고, 그때의 비용분담 비율을 (θ_A^*, θ_B^*)라 하자. 린달균형은 이 비용분담률과 서로 합의한 전체 공공재량의 조합 $(\theta_A^*, \theta_B^*, Q^*)$이다.

공공재의 시장가격이 P라 할 때 특정 θ_A가 제시되면 개인 A는 단위당 자신이 부담해야 하는 비용 $\theta_A P$와 공공재가 자신에게 주는 한계편익 $MB_A(Q)$가 일치하는 Q_A, 즉 $\theta_A P = MB_A(Q_A)$가 되는 Q_A를 제안할 것이다. 마찬가지로 개인 B는 $\theta_B P = MB_B(Q_B)$인 Q_B를 제시한다. (θ_A^*, θ_B^*)가 제시되었을 때 두 사람이 원하는 Q가 Q^*로 일치했다는 것은 이 두 가지 조건을 더할 때 $MB_A(Q^*) + MB_B(Q^*) = (\theta_A^* + \theta_B^*)P = P$를 의미하므로 결국 린달균형 $(\theta_A^*, \theta_B^*, Q^*)$에서는 새뮤얼슨조건이 충족된다.

린달균형은 존재할 경우 사회적으로 최적인 공공재가 공급되게 하지만, 그 균형을 실제로 찾는 것은 대단히 어렵다. (θ_A, θ_B) 조합을 수없이 제시하여 균형을 찾아내는 방법을 생각할 수 있지만 실행하기는 어렵다. 대안으로 각 개인에게 공공재에 대한 자신의 한계편익함수 $MB_A(Q)$와 $MB_B(Q)$를 말하게 하고 그 결과를 린달균형조건에 대입해 최적 $(\theta_A^*, \theta_B^*, Q^*)$를 찾아주겠다고 제안할 수 있다. 하지만 이때 각 개인은 본인의 비용 분담률을 줄이기 위해 한계편익을 숨기고 줄여서 얘기하는 선택을 할 것이다.

린달가격법에서 한 단계 더 나아가 각 개인이 공공재에 대해 가지고 있는 지불의사를 정확히 나타내도록 유도하는 방법도 물론 많이 개발되어 있다. 그중 가장 간단한 형태인 클라크-그로브스 메커니즘(Clarke-Groves Mechanism, Clarke 1971, Groves and Loeb 1975)을 검토하기로 하고, 두 소비자 A, B의 수질개선에 대한 지불의사를 각각 v^A, v^B라 하자. 정부가 수질개선사업에 대한 두 사람의 지불의사가 어느 정도인지를 물어보되, 이 사업이 공공재이므로 두 사람이 얘기하는 지불의사의 합이 사업비용 C보다 크면, 즉 $r^A + r^B \geq C$이면 사업을 시행하고 그렇지 않으면 시행하지 않는다고 하자. 이때 두 사람이 응답하는 지불의사 r^A, r^B가 각각 v^A, v^B와 일치하면 무임승차문제가 해결된 것이다.

수질개선사업이 실행될 경우 두 사람은 각각 T^A와 T^B의 비용을 부담해야 한다. 클라크-그로브스 메커니즘의 핵심은 사업이 시행될 경우 각 개인은 자신이 적어낸 지불의사에 해당되는 금액을 부담하는 것이 아니라 전체 사업비와 상대방이 적어낸 지불의사의 차액을 부담한다는 데 있다.[5] 즉 $T^A = C - r^B$이고, $T^B = C - r^A$이다. 개인 B의 지불의사 표시 r^B가 어떤 값으로 주어진 상태에서 발생할 수 있는 다음 두 가지 경우를 검토하자.

첫째, 개인 A의 실제 지불의사 v^A가 T^A보다 커서 $v^A - C + r^B \geq 0$인 경우이다. A가 ① 사실과 일치하게 $r^A = v^A$를 선택하면 사업은 시행되고 $v^A - T^A = v^A - [C - r^B](\geq 0)$의 이득을 얻는다. ② 사실과 다르게 $r^A + r^B < C$가 되도록 낮은 r^A를 드러내면 사업이 시행되지 않고 순이득은 0이다. ③ v^A보다 크든 작든 사실과 다른 r^A를 선택하되 여전히 $r^A - C + r^B \geq 0$의 조건을 충족하게 선택하면, 사업이 시행되고 ①의 경우와 동일한 이득을 얻는다. 이 경우 굳이 ③의 r^A를 선택할 이유는 없으므로 A는 결국 $r^A = v^A$를 선택한다.

---

5) 소비자가 여러 명일 경우 각 소비자는 전체 사업비에서 다른 사람이 적어낸 지불의사의 합을 뺀 금액을 비용으로 부담한다.

둘째, 개인 A의 실제 지불의사 v^A가 T^A보다 작아서 $v^A - C + r^B < 0$인 경우이다. A가 ① 사실대로 선호를 드러내면 사업은 시행되지 않고 순이득은 0이다. ② $r^A + r^B \geq C$가 되도록 높은 r^A를 거짓으로 드러내면 사업은 시행되고 $v^A - T^A = v^A - [C - r^B](< 0)$의 순이득, 즉 손실을 입는다. ③ $r^A \neq v^A$이되, 여전히 $r^A + r^B < C$를 충족하는 다른 지불의사를 드러내어도 사업이 시행되지 않으므로 순이득은 0이다. 따라서 A는 이 경우에도 $r^A = v^A$를 선택한다.

개인 B도 개인 A와 동일한 상황에 있으므로 결국 두 사람 모두 자신의 선호를 정확히 드러낸다. 그리고 위에서 본 바와 같이 개인 A는 개인 B의 지불의사 표시 r^B가 알려지든 그렇지 않든, 그리고 그 값이 얼마이든지 관계없이 항상 자신의 선호를 정확히 드러내려 한다. 이 역시 B에 있어서도 마찬가지이다. 클라크-그로브스 메커니즘에서는 지불의사를 낮추어 응답하면 자신의 실제 지불금액은 낮아지지 않으면서 공공재 공급여부에 관한 정부 결정은 자신의 원하는 바와 달라질 수 있기 때문에 각 개인은 실제 지불의사를 응답하려 한다.

그런데 이 방법은 문제를 하나 가지는데, 그것은 $r^A + r^B \geq C$이어서 사업이 시행될 때 분담금 합 $T^A + T^B = 2C - (r^A + r^B)$가 사업비용 C보다도 작고, 그래서 사업 적자가 발생한다는 것이다. 예를 들어 $C = 200$, $v^A = 50$, $v^B = 200$이라면 사업은 시행되겠지만 $T^A = 0$, $T^B = 150$이 되어 50의 적자가 발생한다. 정부는 사업 시행 여부와 관계없이 특정 금액을 각 개인으로부터 걷어 예산으로 보관했다가, 사업 시행 시 부족분을 지원하는 데 사용해 이 문제를 해결할 수 있다. 공공재에 대한 개인의 선호를 정확히 드러내게 하면서 수지균형 $T^A + T^B = C$까지 달성하는 방법을 찾는 것이 가장 좋을 것이다. 하지만 클라크-그로브스 메커니즘처럼 분담금 T^i가 자신의 지불의사 표시 r^i와 독립되게 결정되도록 하면서, 또한 동시에 항상 수지균형도 달성토록 하는 것은 불가능하다고 알려져 있다.[6]

---

6) 공공재 수요를 드러내게 하면서 수지균형을 달성토록 하기 위해서는 좀 더 정교한 다른 형태의 메커니즘 설계가 필요하다. 콘즈와 샌들러(Cornes and Sandler, 1996, 제7장~제9장)가 그러한 설계들에 대해 자세히 설명한다.

작물유전자원(Plant Genetic Resources for Food and Agriculture, PGRFA)은 환경적, 생태적 측면에서 보존될 필요가 있지만 동시에 작물 생산성과 식량증산에 크게 기여할 수 있다는 산업적 중요성도 가지고 있다. 실제로 유전자원의 다양성은 그동안 바람직한 형질을 가진 동식물을 선택·육종하여 농업생산성을 향상시키는 데 크게 기여하였고, 미국의 경우 1930년대 이후 주요 곡물 생산량 증가 요인 가운데 약 절반을 유전자개량이 차지한다(Rubenstein et al., 2005).

유전자원의 보존과 활용은 향후의 식량생산을 위해서도 중요할 것인데, 이는 인구증가, 소득상승과 도시화로 식량수요가 계속 증가할 것이며, 또한 기후와 병충해 양상의 변화로 인해 생산성을 유지·향상시키기 위해서는 기존의 육종스톡 외의 보다 새롭고 다양한 유전자가 필요할 것이기 때문이다. 이에 필요한 새로운 유전자는 기존의 상업화된 품종보다는 대개 야생종이나 농가보유종(landraces)으로부터 얻어진다. 통상 새로 개발되는 작물 신품종이 약 5년간 병충해 내성을 지님에 비해 신품종 육종에는 8~11년이 소요된다고 알려져 있다. 따라서 내성을 지속적으로 유지하는 것은 결코 쉽지 않다.

작물유전자원은 이처럼 농업생산성 향상에 있어 매우 중요한 자원인데, 그 보존 노력은 민간부문보다는 공공부문에 한정되어 이루어지고 있다. 보존되는 유전자원은 배타적인 소유권을 인정받기 어렵다는 공공재적인 성격을 가지기 때문에 자원을 보존하려는 인센티브를 시장기능을 통해 민간에게 부여하기가 어렵다. 또한 유전자원은 쉽게 이동되고 복제되며, 생물학적 지적소유권은 잘 보호되지 못하기 때문에 자원보유자가 다른 사람이나 기업이 자신의 권리를 침해하는 것을 막기가 어렵고, 따라서 민간에 의한 보존활동이 잘 이루어지지 않는다. 아울러 유전자원의 유용성은 실현되기 이전에는 매우 불확실하고, 자원보존을 위해서는 긴 시간이 소요된다는 점 역시 민간에 의한 자원보존 노력을 저해하는 요인이 된다.

공공부문의 자원보존과 활용노력은 크게 작물이 생산되던 현지에서 계속 경작하도록 하는 현지 내(in situ) 보존과, 현지 외(ex situ) 유전자은행(gene banks) 설치 및 운영을 위한 투자를 통해 이루어진다. 또한 보존노력뿐 아니라 유전자관련 새로운 발견(genetic invention)에 대한 지적소유권 부여원칙을 정하고, 유전물질을 국가 간 이전하는 문제에 관한 협정을 체결하여 자원의 보존 인센티브를 제고하려는 노력도 행하고 있다. 이러한 국제협약의 하나가 2004년 6월 29일부터 발효된 FAO의 식량·농업식물유전자원국제조약(ITPGRFA)인데, 이 조약은 작물유전자원의 다자간 교환원칙을 수립하고 유전자원을 이용하여 얻은 편익을 국가 간에 공유하는 원칙을 정하고 있다.

FAO의 이 조약은 유전자원에 대한 접근을 용이하게 한다는 점과 생명공학적 기술개발의 편익을 기술개발국이 유전자원 제공국과 공유하게 한다는 점에서 생명공학기술을 가진 선진국과 유전자원 기원중심지에 속하는 개발도상국의 이해를 모두 충족시켜 준다. 권오상(2006)은 각국의 조약가입행위를 통계분석해볼 때 이 조약은 선진국보다는 그동안 상대적으로 약자였던 기원중심지 개발도상국의 이해관계를 좀 더 강하게 반영하는 경향이 있음을 밝히고 있다.

section 04 외부효과

소유권이 배타성을 갖추지 못하여 발생하는 시장실패의 또 다른 경우로서 외부효과 (externality)의 문제가 있다. 외부효과에 관한 구체적 정의는 여러 가지이지만, 가장 일반적으로 받아들여지는 것은 보몰과 오우츠(Baumol and Oates, 1988, pp. 17~18)의 것이다. 이들에 의하면, 외부효과는 ① 어떤 개인 A의 후생 수준이 다른 사람 B의 의사결정에 의해 직접적인 영향을 받지만, ② B는 자신이 A의 후생에 미친 영향과 일치하는 만큼의 책임을 지거나 대가를 받지 않을 때 발생한다.

여기서 한 가지 주의하여야 할 점은 B의 행동으로 인해 A의 후생이 물리적인 관계를 통해 직접 영향을 받을 경우에만 외부효과가 발생하는 것이지 B의 행동이 시장을 거쳐 화폐나 금전적으로 A에게 미치는 영향을 외부효과라고 하지 않는다는 점이다.[7] 예를 들어 인근 공장에서 발생하는 폐수로 인해 양어장이 피해를 보았다면, 이것은 공장이 양어장의 생산성에 물리적으로 영향을 미쳐 발생한 후생변화이므로 분명히 외부효과이다.[8] 그

---

[7] 전자를 기술적 외부효과(technological externality), 후자를 화폐적 외부효과(pecuniary externality)라 부른다. 화폐적 외부효과는 시장실패를 유발하지 않는다.

[8] 이러한 물리적 관계를 수식으로 나타내어 보자. x_F를 양어장이 사용하는 투입물이라 하고, x_M을 공장의 투입물이라 하자. 공장이 외부효과를 유발할 경우 양어장과 공장의 산출량과 투입량 사이의 관계를 나타내는 생산함수는 각각 $q_F = f_F(x_F, x_M)$와 $q_M = f_M(x_M)$으로 나타나고, $f_F(x_F, x_M)$는 x_M의 감

그림 4-3 외부효과

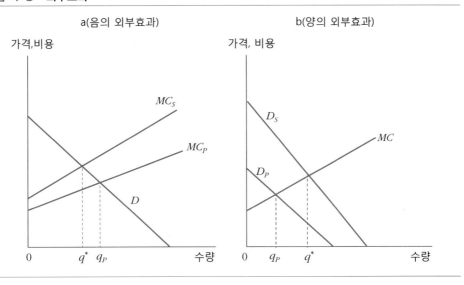

러나 한국이 자동차를 미국에 수출하면서 미국 자동차산업 노동자들의 실업이 늘어나고, 그로 인해 미국 노동자의 후생이 감소했다면 이것은 노동시장의 수급 변화로 인해 발생한 후생변화이지 외부효과의 결과는 아닌 것이다.

외부효과가 있을 경우 각 개인은 자신의 행위로 인해 발생한 편익을 자신이 전부 누릴 수가 없거나, 행위의 결과로 인해 발생한 비용의 전부를 자신이 책임지지 않기 때문에 시장의 실패가 발생한다. 이는 〈그림 4-3〉을 통해 살펴볼 수 있다. 〈그림 4-3a〉는 음의 외부효과가 발생하는 경우이다. 강변에 위치한 어떤 공장으로부터 배출되는 폐수로 인해 인근 양어장이 피해를 보고 있다. 이 그림은 공장의 한계비용곡선 MC_P와 공장 생산물에 대한 수요곡선 D를 보여주고 있다. 공장 경영주는 정부규제가 없다면 폐수로 인해 양어장이 피해를 입는 것에는 관심이 없다. 따라서 자신의 한계비용과 수요가 일치하는 q_P만큼을 생산할 것이다.

그러나 외부효과가 있을 경우 공장의 사적인 한계비용곡선 MC_P는 이 공장의 가동으로 인해 발생한 사회 전체의 비용곡선과 일치하지 않는다. 공장 가동으로 폐수가 발생하고, 그로 인해 양어장이 피해를 입으므로 사회적인 한계비용곡선은 사적 한계비용곡선보다도 더 높은 곳에 위치한 MC_S가 되어야 한다. 따라서 사회 전체 기준으로 바람직한 공장의 생산량은 q_P가 아니라 MC_S와 D가 만나는 q^*이다. 이렇게 오염과 같은 음의 외부

소함수이다. 따라서 공장주의 행위에 의해 양어장의 생산성이 직접적으로 영향을 받게 된다.

효과를 초래하는 생산자는 지나치게 많은 양을 생산하며, 지나치게 많은 오염물질을 배출한다.

〈그림 4-3b〉는 양의 외부효과가 발생하는 경우를 보여준다. 예를 들어 사과 과수원의 경우 사과를 생산하지만 사과 꽃이 피면 이웃 양봉업자의 벌꿀 생산에 도움이 된다. 즉 과수원 주인은 자신의 생산행위로 인해 의도하지 않더라도 양봉업자에게 이익을 주고 있는 것이다.9) 과수원 주인이 직면하는 사과에 대한 수요는 D_P이고 수요와 한계비용이 일치하는 q_P만큼의 사과가 과수원에서 생산된다. 그러나 사과 생산으로 인해 양봉업자가 이득을 보고 있기 때문에 사과에 대한 사회적인 수요는 D_P가 아니라 그보다 더 높은 D_S가 되어야 하고, 사회적으로 최적인 사과생산량도 q^*가 되어야 한다. 따라서 양의 외부효과를 유발하는 생산자의 경우 사회적으로 보아 바람직한 수준보다도 더 적은 양을 생산하는 시장실패를 초래한다.

section 05 시장의 실패 해결

우리는 환경재는 그 소유권 설정이 완전하지 못하여 각 개인에게 자유로운 이용을 허용할 경우 필연적으로 시장실패가 발생한다는 것을 확인하였다. 그렇다면 이러한 시장의 실패는 어떤 방법으로 제거할 수가 있는가? 시장의 실패를 제거하는 방법에 관한 논의는 곧 환경정책에 관한 논의라 할 수 있으므로 이들 방법에 대한 보다 구체적인 논의는 제3부에서 본격적으로 이루어진다. 여기에서는 이 방법들을 특히 외부효과를 중심으로 크게 세 가지로 분류하여 그 주요 특성만을 소개하기로 한다.

1. 사적 교섭을 통한 해결

외부효과, 특히 음의 외부효과가 존재할 경우 가해자와 피해자가 있게 마련이다. 제4절의 예에서는 강으로 폐수를 방류하는 공장이 가해자이고, 양어장을 운영하는 사람이 피

---

9) 과수원 주인과 양봉업자 사이의 관계는 외부효과 문헌에 자주 등장하는 유명한 예이다. 사실 과수원 주인이 양봉업자에게 양의 외부효과를 줄 뿐 아니라, 벌이 과수의 수정을 돕기 때문에 양봉업자도 과수원 주인에게 양의 외부효과를 주고 있다.

해자이다. 만약 외부효과문제에 관련된 가해자와 피해자의 수가 적고, 누가 가해자이며 누가 피해자인지를 명확히 알 수 있다면, 가해자와 피해자 간의 사적 교섭(private negotiation)을 통해 문제가 해결될 수 있다.

　　앞서 예를 든 공장과 양어장 간의 문제를 〈그림 4-4〉와 같이 다시 나타내어 보자. 그림에서 가로축은 공장이 배출하는 폐수의 양을 나타낸다. 공장이 폐수를 배출하는 것은 생산행위를 위해 필요한 과정이다. 즉 공장은 폐수에 대해 일종의 수요를 가진다. 공장이 폐수에 대해 가지는 그러한 수요를 곡선 D로 나타내자. 곡선 D는 공장 입장에서 폐수의 한계가치 즉, 폐수를 한 단위 더 배출하여 벌어들일 수 있는 수익을 나타낸다.

　　한편 배출된 폐수는 양어장의 생산성을 떨어뜨리며, 폐수가 늘어날수록 양어장이 입는 피해가 커지게 된다. 추가로 배출된 폐수 한 단위로 인해 양어장이 입는 한계피해를 나타내는 곡선을 MD라 하자.

　　만약 오염에 대한 규제가 전혀 없고, 가해자와 피해자 사이의 교섭도 없다면, 공장은 폐수의 한계가치가 0으로 되는 e_P까지 폐수를 배출할 것이다. 그러나 가해자와 피해자의 후생을 모두 고려할 경우 폐수의 한계가치와 한계비용(혹은 한계피해액)이 일치하는 사회적 최적인 e^*만큼만 배출되어야 하기 때문에 시장의 실패가 발생한다.

　　이런 상황에서 양어장 주인이 공장주에게 폐수 배출량을 한 단위 줄일 때마다 e^*에서의 폐수 한계가치와 동일한 p^*를 지불하겠다고 제의한다고 해보자. 이 제안이 성사되면 공장주는 폐수 한계가치와 단위당 보상액이 일치하는 e^*수준으로 배출량을 줄일 것이다. 공장주는 폐수 한계가치 곡선 아래의 면적 d만큼 손해를 보지만 면적 $d+e$만큼의 금액을 양어장 주인으로부터 받게 된다. 따라서 공장주는 면적 e만큼의 이득을 얻으므로 이 제안을 받아들인다.

　　한편 양어장 주인은 왜 이런 제의를 하는가? 양어장 주인은 이 제의를 함으로써 면적 $d+e$만큼을 공장주에게 지불해야 하지만 배출량이 e^*로 줄어 면적 $d+e+f$만큼의 피해 감소 효과를 얻는다. 따라서 양어장 주인은 면적 f만큼의 이득을 얻기 때문에 이런 제의를 한다. 이처럼 교섭이 성사되면 가해자와 피해자 모두가 이득을 얻고, 사회 전체로 보아 효율적 수준의 폐수만이 배출되며, 외부효과 문제가 해결된다.

　　여기서 한 가지 언급할 것은 양어장 주인이 줄어든 폐수 한 단위에 대해 지불하려는 금액은 정확히 p^*이지 그 이하도, 그 이상도 아니라는 것이다. 그 이유는 제시 금액이 p^*와 다를 경우 폐수의 가해자 한계가치와 피해자 한계피해가 서로 다른 수준에서 배출량이 결정되고, 따라서 추가 거래를 통해 양측이 다시 후생을 증대시킬 수 있기 때문이다.

그림 4-4   사적 교섭을 통한 시장의 실패 제거

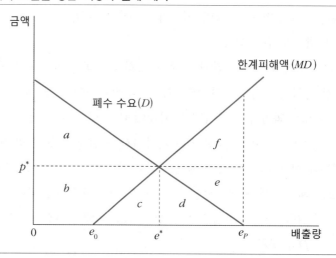

위에서 본 바와 같이 피해자가 가해자에게 외부효과를 유발하는 행위를 줄이는 대가로 특정 금액을 제시하는 교섭을 통해 외부효과 문제가 해결되고 사회 전체의 효율성이 달성될 수 있다. 그러나 우리는 여기서 두 가지 의문을 가질 수 있는데, 첫 번째는 왜 피해자가 가해자에게 보상을 해야만 하느냐이다. 두 번째 의문은 만약 어떤 이유로 인해 사적 협상을 하는 것이 불가능하다면 어떤 방법을 통해 시장의 실패가 제거될 수 있느냐 하는 것이다. 아래 내용은 이 두 가지 의문에 대한 설명이다.

2. 사법적 해결

외부효과가 존재할 때 이를 해결하기 위해 피해자는 가해자에게 보상을 전제로 외부효과 유발행위를 줄여줄 것을 제의할 수 있다. 그러나 사실 많은 피해자는 가해자의 외부효과 유발행위 자체가 있어서는 안 될 행위라고 생각할 것이고, 따라서 자신의 피해를 줄이기 위해 가해자에게 대가를 지불해야 한다는 사실을 인정하지 않으려 할 것이다. 이 경우 피해자가 취할 수 있는 행위는 가해자를 법정에 고소하는 것이다. 실제로 유조선 좌초나 간척사업으로 인해 망가진 어장의 피해를 보상받으려 어민들이 가해자를 상대로 소송을 거는 예를 볼 수 있다.

외부효과를 해결하기 위해 법원이 하는 역할은 크게 두 가지이다. 하나는 외부효과를 유발하는 행위를 할 권리와 외부효과 때문에 피해를 입지 않을 권리 가운데 어느 권리가 우선하는지를 판단하는 것이고, 두 번째는 판결을 통해 가해자가 피해자에게 입힌 피해에 대해서 보상할 것을 명령하는 것이다.

앞서 예를 든 공장주와 양어장의 경우를 보면, 공장주는 자유롭게 폐수를 방출하면서 조업하기를 원하겠지만, 양어장 주인은 자신은 공장주에게 피해를 입히지 않음에도 불구하고 공장주가 자신에게 피해를 입히는 것은 부당하다고 생각할 것이다. 이 상황에서 정부나 법원이 이 문제에 개입하지 않는다면 가해자인 공장주는 e_P수준의 폐수를 방류하면서 계속 공장을 가동할 것이고, 사적 협상이 이루어질 수 있는 유일한 경우는 양어장 주인이 폐수 감소를 전제로 특정 금액을 공장주에게 지급하는 것이다. 그러나 양어장 주인은 이러한 상황이 매우 불합리하다고 생각할 것이고, 따라서 공장주를 상대로 소송을 제기하여 공장가동을 중지시키고자 할 것이다. 이 경우 법원은 공장을 자유롭게 운영할 권리와 피해를 입지 않고 양어장을 운영할 권리 가운데 어느 것이 우선하느냐를 결정해야 한다.

법원이 공장주의 권리를 인정해 준다면 양어장 주인은 이를 수용하고 앞에서 본 바와 같이 사적 교섭을 통해 자신의 편익을 증대시키면서 시장의 실패를 제거할 수 있다. 반대로 법원이 양어장 주인의 권리를 인정해 준다면 이번에는 공장주가 먼저 사적 교섭을 시작해야 한다. 즉 공장주는 폐수를 배출하여 양어장 주인에게 피해를 입힐 권리가 없으므로 공장을 폐쇄하거나, 아니면 자신이 배출하는 폐수 단위당 특정 금액을 피해자에게 지불하고 폐수를 배출할 수 있는 권리를 획득해야만 한다.

그렇다면 법원은 어느 쪽 권리를 인정해 주어야 하는가? 이 물음에 대한 고전적 대답이 바로 유명한 코즈정리(Coase theorem, Coase 1960)이다. 코즈정리에 따르면, 사적 교섭에 관계된 사람의 수가 적고, 교섭에 소요되는 비용이 적을 경우 가해자와 피해자 누구의 권리를 인정해 주어도 협상을 통해 사회적으로 효율적인 자원배분이 달성될 수 있으며, 법원의 결정에 따라 달라지는 것은 가해자와 피해자 사이에 편익이 어느 쪽으로 더 많이 돌아가는지일 뿐이다. 따라서 코즈정리는 외부효과로 인한 시장실패가 발생하더라도 사적 교섭이 가능한 상황이라면, 국가는 여러 가지 규제수단을 동원해 시장에 개입하지 말고 단지 사법기능을 통해 권리가 가해자와 피해자 가운데 누구에게 부여되는지를 정하기만 하면 된다고 주장한다.

코즈정리가 의미하는 바를 〈그림 4-4〉를 통해 확인해 보자. 먼저 앞에서 권리가 공장주에게 부여될 경우 사적 교섭에 의해 효율적인 자원배분이 달성된다는 것을 이미 확인하였다. 반대로 권리가 피해자에게 부여되고, 그래서 공장주가 배출되는 폐수 한 단위당 p^*의 금액을 양어장 주인에게 지불할 것을 제의한다고 하자. 이 경우 피해자는 폐수의 한계피해액과 배출되는 폐수 한 단위에 대해 받는 금액이 일치하는 e^* 수준까지의 배출을 허용할 것이다.

이 교섭의 결과 가해자는 면적 $b+c$에 해당되는 금액을 피해자에게 지불하고, 대신 e^*의 폐수를 배출하여 면적 $a+b+c$만큼의 편익을 얻게 된다. 따라서 가해자는 공장을 폐쇄하기보다는 이 교섭을 성사시켜 면적 a만큼의 이득을 얻으려 한다. 한편 피해자는 e^*의 배출을 허용하여 면적 c의 피해를 입지만, 그 대가로 $b+c$의 금액을 지불받아 역시 교섭으로 인해 면적 b만큼의 이득을 보게 된다. 따라서 이 교섭은 성사가 되며 그 결과 사회적으로 효율적 수준 배출량인 e^*가 달성된다.

이상에서 본 바와 같이 코즈정리의 결론은 두 부분으로 구성되어 있다. 첫 번째 결론은 사적 교섭이 가능할 경우 정부개입 없이도 외부효과문제가 해결되고 효율적인 자원배분이 달성될 수 있다는 것이고, 두 번째 결론은 이때 달성되는 효율적인 자원배분은 가해자와 피해자의 권리 가운데 어느 쪽을 인정해 주어도 동일하다는 것이다. 그러나 코즈정리의 이 두 결론에 대한 강한 반론들도 있다.

코즈정리의 첫 번째 문제는 당연히 교섭에 관계된 사람 수가 많으면 교섭 자체가 불가능하거나 교섭비용 혹은 거래비용(transaction cost)이 너무 많이 소요될 것이고, 이 경우에는 사적 교섭을 통해 효율적 자원배분을 달성할 수 있다는 코즈정리가 적용되지 않는다는 점이다.

두 번째 문제는 피해자의 피해금액이나 가해자의 오염행위 편익을 정확히 산정하는 것이 어렵다는 점이다. 가해자와 피해자 사이의 교섭은 가해자가 얻는 편익과 피해자가 당하는 피해액을 기준으로 하여 이루어질 수밖에 없는데, 양어장이 입게 되는 피해액에 대한 객관적인 근거가 없을 경우 이를 산정하는 것이 쉽지 않고, 양어장 주인에게 스스로 그 피해액을 말하게 하면 피해를 과장할 가능성이 있다. 또한 가해자가 여러 명이거나 자연적인 오염과 외부효과에 의해 발생하는 오염을 분리하는 것이 쉽지 않을 경우에는 오염의 책임을 규명하는 것이 어려워진다.

세 번째 문제는 피해자가 여러 명이면서 이들 피해자의 권리가 인정될 때 발생하는 타협거부문제(holdout problem)이다.[10] 피해를 입는 양어장이 10개가 있고, 피해자인 양어장의 권리가 인정된다고 하자. 공장이 배출하는 폐수 1단위가 각 양어장에게 1백만 원씩 피해를 입힌다고 하면, 공장은 각 양어장에게 1백만 원씩 총 1천만 원을 지불해야 1단위의

---

10) 세 번째 타협거부문제와 네 번째 무임승차문제에 대한 설명은 그루버(Gruber, 2005)의 설명을 참조하여 작성하였다.

폐수를 배출할 수 있다. 9개의 양어장이 각각 1백만 원씩 받고 1단위의 폐수 추가 배출에 이미 동의하였다고 하자. 마지막 양어장은 자신이 동의하지 않으면 공장주는 이미 9백만 원을 지불했지만 여전히 폐수를 배출하지 못한다는 것을 알고 있다. 따라서 이 양어장은 1백만 원이 아니라 그보다 더 많은 금액을 주지 않으면 배출에 동의하려고 하지 않는다. 이 마지막 양어장뿐 아니라 다른 모든 양어장들도 마지막 교섭대상이 될 경우 이처럼 자신들이 협상에서 우위를 점하게 된다는 것을 알고 있고, 따라서 모든 양어장이 자신들이 입는 피해액에 해당되는 보상금을 준다고 해도 교섭에 응하려 하지 않는 문제가 발생한다.

　네 번째 문제는 피해자가 여러 명이지만 가해자의 권리를 인정해 줄 때 발생하는 무임승차문제이다. 역시 10개의 양어장이 있지만 이번에는 가해자인 공장의 권리가 인정된다고 하자. 교섭결과 10단위의 폐수를 줄이는 것이 사회적으로 효율적이고, 공장은 각 양어장으로부터 1천만 원씩 총 1억 원을 받고 배출량을 10단위 줄이기로 동의했다고 하자. 10개의 양어장 가운데 9개가 각 1천만 원씩 공장에게 이미 지불하였고, 따라서 공장은 9단위의 폐수배출을 줄였다고 하자. 마지막 양어장은 자신도 1천만 원을 지불하고 1단위의 폐수배출을 마저 줄일 것인지 아닌지를 결정해야 한다. 그런데 공장이 이미 줄인 9단위의 폐수배출로 인해 아직 보상금을 지불하지 않은 마지막 양어장도 이미 혜택을 보고 있다. 배출량을 줄여나갈수록 양어장이 얻는 한계편익이 감소하는 상황에서 이 양어장에게는 마지막 1단위의 배출저감은 1천만 원보다는 더 낮은 가치를 가질 수가 있고, 따라서 이 양어장은 합의대로 1천만 원을 지불하지 않을 가능성이 있다. 이 양어장이 1천만 원을 지불하고 배출을 1단위 더 줄이면 이 양어장은 물론 나머지 양어장도 혜택을 보기 때문에 사회 전체로 볼 때는 1천만 원을 지불하고 1단위의 폐수를 추가 저감해야 한다. 하지만 이 양어장은 그 비용을 자신만이 부담해야 하므로 이에 응하지 않으려 할 것이다. 문제는 다른 양어장 역시 이와 똑같은 상황에 있고, 따라서 역시 자신이 가해자에게 보상하기보다는 남이 먼저 해주기를 기다리는 무임승차자가 되려 한다는 점이다.

　다섯 번째 문제는 코즈정리의 두 번째 결론이 가지는 문제로서, 이 정리가 소위 소득효과(income effect)를 인정하지 않는다는 점이다. 가해자와 피해자 가운데 누구의 권리를 정부나 법원이 인정하느냐에 따라 가해자와 피해자의 소득이나 이윤이 달라지는데, 가해자의 오염 배출에 대한 수요곡선이나 피해자의 한계피해곡선은 이들의 소득수준에 의해서도 영향을 받는다. 따라서 어느 쪽의 권리를 인정하느냐에 따라 수요곡선이나 한계피해곡선의 위치가 달라지기 때문에 법원의 판결이 달라지면서 사적 교섭을 통해 달성되는 오염물질 배출량 역시 달라진다. 즉 소득효과를 고려할 경우 코즈정리의 대칭성이 무너지는 것이다.

　　마지막으로, 현실적인 측면에서 볼 때도 코즈정리는 문제점을 가지고 있다. 코즈정리의 결론대로 만약 법원이 가해자의 권리를 인정해 주어도 사회적인 효율성을 달성하는 데 전혀 문제가 없으므로 실제로 법원이 가해자의 권리를 인정해 준다고 하자. 이 경우 오염물질을 많이 배출하는 업소는 오염물질 배출 행위 자체를 하나의 수익성이 높은 사업으로 인식하게 된다. 따라서 오염업소는 다른 사업장이나 주거지로부터 멀리 떨어진 곳에서 사업하기보다는 오히려 이들 피해자 가까이에서 사업을 한 뒤, 교섭을 통해 배출량을 줄이는 대가로 추가적인 편익을 취하고자 할 것이다. 이러한 상황은 분명히 사회적인 효율성을 달성하는 상황은 아니다.

　　법원은 코즈정리가 제시하는 바와 같이 외부효과의 가해자와 피해자의 권리 중 누구의 권리가 우선하는지를 판정할 수도 있지만, 여기에서 더 나아가 판결을 통해 외부효과로 인한 피해보상을 구체적으로 명령하여 문제를 해결할 수도 있다. 이 경우 피해자가 자신이 입은 피해에 대해서 소송을 하고, 법원은 피해자의 주장이 정당하다고 판단될 경우 가해자로 하여금 피해액만큼을 정확히 피해자에게 보상할 것을 명령한다. 〈그림 4-4〉에서 아무런 규제가 없다면 공장주는 e_P의 폐수를 배출한다. 이 경우 피해자는 면적 $c + d + e + f$ 만큼의 피해를 입고 있으므로 가해자는 법원의 판결에 의해 피해자에게 이 금액을 지불하여야 한다.

　　이러한 사법제도에서 가해자는 어느 정도의 오염물질을 배출할 것인가? 우선 e_0 수준까지의 배출로 인해서는 환경피해가 없으므로 가해자의 보상의무도 없다. 따라서 가해자는 당연히 e_0 수준까지는 폐수를 배출할 것이다. 그러나 가해자는 이 수준에서 멈추지는 않을 것이다. 폐수 배출량이 e_0와 e^* 사이의 어떤 수준에 있을 경우 한 단위 폐수를 더 배출함으로 인해 가해자가 피해자에게 보상해야 되는 금액인 피해자의 한계피해금액은 배출로 인해 가해자가 얻는 한계편익보다도 작다. 따라서 가해자는 피해자에게 보상하는 한이 있더라도 e^* 수준까지는 배출량을 늘리고자 할 것이다. 하지만 가해자는 e^*보다도 많은 양의 폐수를 배출하지는 않는데, 그 이유는 이 경우 폐수 배출로 인한 한계편익보다도 보상해야 하는 한계비용이 더 크기 때문이다. 따라서 이 두 번째 사법적 조치를 통해서도 사회적 관점에서 효율적 배출량인 e^*가 달성될 수 있다. 이 사법적 조치에 관해서는 제11장에서 다시 논의하기로 한다.

3. 제도적·행정적 규제

시장의 실패를 제거하는 방법 가운데 앞의 두 소절에서 소개된 방법들은 모두 소위 거래비용이 매우 적을 경우에만 사용될 수 있는 방법이다. 다시 말해 외부효과문제에 개입된 사람의 수가 적고, 환경문제의 인과관계가 뚜렷하며, 당사자 간의 합의나 법원의 판결을 끌어내는 데 필요한 비용이 매우 적어야 한다. 그러나 많은 환경문제에서는 관계된 사람의 수가 많고, 외부효과의 인과관계도 불분명한 것이 사실이다. 이 경우에는 환경문제 각각의 사안에 대해 당사자 간 합의나 법원판결을 끌어내어 시장의 실패를 제거하는 것이 오히려 비효율적일 수 있다. 교섭비용이 많이 소요되는 경우에는 유사한 모든 환경문제에 대해 일률적으로 적용되는 규칙을 정해 강제로 지키게 하여 시장의 실패를 제거하거나 완화하는 것이 더 효율적일 것이다. 환경문제의 해결을 위해 실제로 사용되는 대부분의 수단은 바로 이러한 제도적 규제에 해당되며, 이에 관한 보다 자세한 내용은 제3부에서 다루기로 한다.

시장의 실패를 제거하기 위한 제도적 규제 가운데서 가장 대표적인 예가 오염자에 대해 세금이나 과태료를 부과하는 방법이다. 예를 들어 〈그림 4-4〉와 같은 외부효과문제에 있어 정부가 오염유발자가 배출하는 폐수 단위당 p^*의 세금을 매긴다고 하자. 이 경우 오염자는 당연히 폐수의 단위당 비용인 p^*와 폐수의 한계가치가 일치하는 e^*만큼의 폐수를 배출할 것이다.

다른 한 가지 방법으로 정부가 폐수배출업소에 대해 e^*이하의 폐수만을 배출하도록 의무화하여 사회적 최적을 달성할 수 있다. 즉 배출업소는 e^*까지는 배출할 수 있지만, 그 이상을 배출할 경우에는 상당한 금액의 벌금을 납부해야 하거나, 공장 폐쇄, 심지어 업주의 구속과 같은 벌칙을 받게 된다.

ESG: 민간 기업의 자발적 환경개선 노력

환경문제를 해결하는 데 있어 시장의 역할이 제한적이기 때문에 위에서 본대로 정부가 적절한 방식으로 민간의 경제활동에 개입하고 각종 규제를 도입한다. 그러나 민간 기업이 지속가능한 환경관리를 위해 스스로 노력하는 움직임도 최근 강화되고 있다. 이러한 움직임은 ESG 경영이라 불리는데, ESG는 환경(Environmental), 사회(Social), 지배구조(Governance)

의 영문 머리글자를 따온 것이다. '환경'은 기후변화와 자원남용을 막는 것을 의미하며, '사회'는 인권이나 근로조건, 고용관계 등을 의미하고, '지배구조'는 청렴성, 의사결정 구조의 건전성, 납세 의무를 포함한다. ESG 경영과 유사한 개념으로서 기업의 사회적 책임(CSR, Corporate Social Responsibility)이 있다.

기업이 ESG 경영을 도입하도록 유도하는 대표적인 경로는 대규모 자산운용사와 투자기금(예: 노르웨이 국부펀드, 한국 국민연금기금)이 투자 결정을 할 때 기업의 지속가능성을 판단기준으로 반영하겠다는 것이다. 투자자들이 이런 동향을 보이기 때문에 신용평가회사들은 기업 등급 평가 시 ESG 실적을 반영하고 있으며, 각국 정부는 ESG 정보나 지속가능경영 보고서의 공시 의무화를 제도화하고 있다. ESG 활동 강화는 투자를 받는 데 유리함은 물론 소비자들의 기업 호감도를 높여 경영 실적을 높이는 데 기여할 수 있다. ESG 경영은 또한 기업혁신을 자극하고 에너지 효율 개선과 생산비 절감, 제품 품질 향상에도 기여할 수 있다.

따라서 ESG 경영은 민간 기업이 자발적으로 선택하는 친환경적 행위이지만 기업의 이타심 때문에 채택되는 것은 아니다. 사업 여건 자체가 ESG 활동을 강화하는 것이 스스로에게 유리하도록 바뀌기 때문에 기업은 이를 선택하는 것이다. 마찬가지로 ESG 경영을 강조하는 투자사들도 실제 투자수익을 감안하지 않을 수 없을 것이다. 따라서 이런 성격을 지니는 ESG 경영이 앞으로 계속 강화되고 환경문제 해결에 근본적으로 기여할 것인지, 아니면 일시적인 작은 영향만을 미칠 것인지에 대해서는 전망이 엇갈린다.[11]

아울러 기업은 ESG 경영이 강조되는 상황에서 다분히 전략적인 행동을 한다는 점도 감안해야 한다. ESG 실적이 문제가 될 정도의 기업은 대개 규모가 크며, 이런 기업들은 시장에서 소비자를 모으고 기업 간 경쟁에서 우위를 점하기 위해 치열한 노력을 벌인다. 따라서 ESG 관련 기업 의사결정도 그러한 전략적 행동의 한 부분으로 이루어질 것이다.

소비자 i가 기업 j의 제품을 구매할 때 $u_i^j = v_j - p_j - \beta|x_i - l_j|$와 같은 만족도를 얻는다고 하자. v_j는 품질을 반영해 소비자들이 이 기업 제품에 부여하는 가치이다. p_j는 기업 j가 정하는 판매가격이고, x_i는 소비자 취향으로서 소비자별로 다르다. 그리고 l_j는 기업 j 자체의 친환경성 이미지로서 이미 정해진 값이다. l_j도 기업별로 다르다. β는 소비자 취향과 기업 이미지가 다른 정도, 즉 기업 거부감 정도인 $|x_i - l_j|$를 만족도 감소로 전환하는 상수이다. 각 소비자는 제품 품질 v_j와 가격 p_j, 그리고 기업 이미지 l_j를 감안하고, 자신의 취향

---

11) ESG 활동이 기업 수익성이나 주식 가치를 실제로 높이는지에 관한 실증분석의 결론도 엇갈린다. 관련하여 *International Journal of Corporate Social Responsibility*와 같은 전문 학술지도 있다.

x_i를 반영하여 u_i^j를 최대가 되게 하는 기업의 제품을 구매한다. 기업이 ESG 경영은 하지 않는다면 판매가격 p_j를 정하는 방식으로 서로 경쟁하며, 따라서 기업 j의 판매량 n_j에는 다른 기업의 판매가격 선택도 영향을 미친다.

만약 기업 j가 ESG 활동도 하고 그 정도를 ϵ_j라 하면, 이윤 $\pi_j = (p_j - c_j)n_j - \tau\epsilon_j$를 극대화하는 가격 p_j와 ESG 활동 ϵ_j를 선택한다. c_j는 단위 생산비, τ는 ESG 단위 비용이다. 경쟁기업도 마찬가지 선택 문제를 가진다. 기업 j의 ESG 활동은 ① 소비자의 자사에 대한 거부감을 $|x_i - l_j| - \epsilon_j (\geq 0)$로 줄여 판매량 n_j를 늘린다. ② 투자자금 획득을 원활히 하고 생산성을 높여 c_j를 줄일 수 있다. ③ 제품 품질(예: 친환경성) 향상을 통해 소비자 선호도 v_j를 높일 수 있다. ④ 그러나 ESG 활동비 τ에 따른 추가 비용을 유발한다.

현재 기업들은 ESG 활동 없이 제품가격만을 정하는 방식으로 서로 경쟁하고 있다고 하자. 카차마카스와 산체스-카르타스(Katsamakas and Sanchez-Cartas, 2023)는 기업들이 이러한 가격경쟁에 추가하여 ESG 활동에도 투자할 것인지, 한다면 얼마나 할 것인지를 컴퓨터 시뮬레이션하였다. 분석에 의하면, ① ESG 투자가 기업 거부감을 $|x_i - l_j| - \epsilon_j$로 줄이는 역할만 한다면 기업들은 ESG 투자를 하지 않는다($\epsilon_j = 0$), 이는 ESG 활동보다는 기존에 하고 있던 전략적 가격 선택 방식이 시장점유율 유지에 더 효과적이기 때문이다. ② ESG 활동으로 해당 기업 거부감 감소는 물론, c_j의 하락이나 v_j의 상승까지 발생하면 각 기업은 ESG에 투자한다($\epsilon_j > 0$). ③ ②의 경우에 있어 ESG 투자로 기업 간 경쟁이 심해지고 따라서 이윤은 오히려 줄어들지만, 서로 간의 경쟁 때문에 그래도 ESG를 선택한다. ④ ②의 조건이 충족되어 기업들이 ESG 활동을 하면 소비자들은 ESG 활동이 없을 때에 비해 후생 증대를 얻는다. ⑤ 기업간 이질성이 크고 시장점유율 면에서 상대적으로 우위에 있는 기업이 있다면, ESG 활동 결과 시장 대부분을 장악하는 승자독식 현상이 나타날 수 있고 독점 문제가 심화될 수 있다.

따라서 기업들은 사실 여러 조건이 충족될 때 ESG 활동에 동참하려 하며, 여기에는 환경적 요소 외에도 시장구조, 소비자 선호, 기술구조 등이 복합적으로 영향을 미친다. 그러나 서로 경쟁하는 기업들이 ESG 활동을 하면, 소비자들은 후생 증대를 얻을 가능성이 크다. 이상의 결론은 물론 적용된 많은 가정에 의존하고 있다.

공유자원은 그 소유권이 개인이 아닌 마을이나 부족과 같은 비교적 적은 수의 구성원을 가진 집단에게 부여되는 자원이다. 개방자원과 마찬가지로 이러한 자원도 남용될 여지가 크다. 자원을 소유한 집단은 어떻게 하면 그 구성원 전체의 후생을 극대화할 수 있는 수준만큼의 자원을 이용하도록 하며, 최적 수준의 자원 이용량을 각 구성원에게 어떻게 분배할지를 고민해야 한다. 본 부록은 이 분야에 관한 연구 가운데 시브라이트(Seabright, 1993)의 논문에 기초하여 공유자원의 관리에 관한 이론을 소개한다.

1. 공유자원 이용에 있어서의 비효율성

공유자원 남용이라는 문제의 성격은 게임이론(game theory)에서 사용되는 〈표 4-A-1〉과 같은 도구가 잘 나타낸다.

표 4-A-1 공유자원의 남용

		B	
		협조	비협조
A	협조	4, 4	-10, 5
	비협조	5, -10	0, 0

자원이 개인 A와 B에 의해 공동으로 소유되고 있다. A와 B가 서로 협조하여 둘의 후생 합을 극대화하는 정도의 자원만을 이용하면 각각 4의 순편익을 얻는다. 그러나 각자 자신만의 이익을 극대화하기 위해 경쟁적으로 자원을 이용하면 두 사람 모두 0의 순편익을 얻게 된다. 반면 개인 A는 전체의 후생을 생각해 자원이용을 자제하나, 개인 B는 여전히 자신만의 이익을 극대화하고자 할 경우 B는 A가 이용하지 않고 남긴 자원까지도 이용한다. 이 경우 A는 자원 사용을 자제함으로 인해 손해를 볼 뿐 아니라, B가 비협조적으로 행동하여 전체 자원 이용이 커짐으로 인해 발생하는 피해까지 당하게 된다. 그 결과 A는 −10의 순편익을 얻고 B는 5의 순편익을 얻게 된다. 반대로 A가 비협조적이고 B가 협조적일 경우 순편익은 각각 5와 −10이 된다.

〈표 4-A-1〉은 게임이론에서 용의자의 딜레마(prisoners' dilemma)라 부르는 상황이다.

표를 보면, 개인 A 입장에서는 B가 협조적일 경우 자신도 협조적으로 행동하면 4의 이득을 얻는 반면, 자신은 비협조적으로 행동하면 5의 이득을 얻는다. 한편 B가 비협조적일 경우에는 A는 협조적으로 행동하면 -10을, 그리고 비협조적으로 행동하면 0을 얻는다. 따라서 개인 A는 개인 B가 어떤 선택을 하든 상관없이 비협조를 선택하는 것이 더 유리하다. 마찬가지로 B 역시 A가 어떤 선택을 하든지 상관없이 비협조를 선택하는 것이 더 유리하다. 그 결과 (비협조, 비협조)가 선택되고, 두 사람 모두 0의 이득을 얻게 된다. 이처럼 각 개인은 서로의 이해를 조정하고 협조를 할 경우 각각 4의 이득을 얻어 집단 전체의 후생을 극대화할 수 있음에도 불구하고, 자신만의 이득을 추구하고자 비협조적인 자원 이용을 선택한다. 그 결과 자원은 남용되고 공유자원의 비극이 발생한다.[12]

2. 비공식적 수단을 통한 자원이용의 합리화 추구

공유자원 이용을 연구하는 경제학자들은 공식적으로 설정된 규칙이나 법규 없이도 구성원 서로 간에 자원을 합리적으로 이용하도록 유도하는 경제적 유인이 있느냐의 여부에 관심을 기울이고 있다. 그러한 경제적 유인을 제공하는 비공식적 방법으로서, 마을이나 부족과 같은 집단의 전통이나 관습, 규범 등을 이용할 수 있다.

〈표 4-A-1〉과 같은 게임이 1회만 시행된다면, 구성원 모두는 비협조적인 태도를 취하고, 자원은 남용된다. 그러나 공유자원이 경제에서 중요한 역할을 하는 저개발국에 있어서, 집단의 구성원들은 대개 대대로 한 마을에 거주하는 경향이 있다. 이 경우에는 〈표 4-A-1〉과 같은 게임이 무수히 많이 반복해서 시행된다고 보아야 한다. 이렇게 자원이용에 관한 의사결정이 무수히 반복될 경우 〈표 4-A-1〉과 같은 자원이용 게임이 1회만 시행될 때와는 전혀 다른 결론이 도출될 수 있다.[13]

자원이용 결정이 계속해서 반복될 경우 각 구성원의 의사결정은 과거에 구성원들이 어떤 의사결정을 했는지에 의해서도 영향받을 것이다. 예를 들어 구성원들이 지금까지는

---

12) 만약 여러 명의 자원이용자가 있다면 이 가운데 일부는 서로 협조적으로 자원을 이용하겠지만 나머지 이용자는 누구와도 협조하지 않고 경쟁적으로 자원을 이용할 수도 있다. 공유자원 이용에 있어 이러한 부분적인 조정균형(partial coordination equilibrium)이 성립가능한지를 검토하는 권오상(Kwon, 2006), 밀러와 뉴이와(Miller and Nkuiya, 2016) 외 많은 연구들이 있다.

13) 공유자원 이용에 관한 많은 사례를 분석한 오스트롬(Ostrom, 1990)에 따르면, 마을의 구성원이 고정되어 있어서 동일한 구성원에 의한 의사결정이 계속 반복되는 마을이 인구이동이 심하여 구성원이 자주 바뀌는 마을에 비하여 공유자원비극을 초래하는 경우가 훨씬 드물다.

모두 서로 협조적이어서 자원이 남용되지 않았다면 이번에도 역시 협조를 하지만, 만약 어느 한 사람이라도 과거에 비협조적인 행동을 하였다면 이에 대한 일종의 보복으로서 다른 사람들 역시 비협조적인 선택을 한다고 해보자.[14] 이 경우 어떤 개인이 어느 한 해에 다른 구성원들이 협조적일 때 자기 혼자만 비협조적으로 자원을 많이 사용하면 그 해에는 큰 이득을 얻을 수 있지만, 다음 해부터는 다른 구성원들 역시 비협조적으로 나올 것이기 때문에 손실을 볼 것이다. 따라서 만약 비협조적으로 행동함으로 인해 얻는 일시적 이득보다 보복으로 인한 미래의 손해가 더 클 경우 각 구성원은 계속해서 협조적으로 자원을 이용하려고 할 것이다.

위의 주장을 〈표 4-A-1〉을 통해 다시 확인할 수 있다. 과거의 모든 해에 있어서는 A와 B 모두가 협조적인 선택을 했었다고 가정하자. 만약 이번에도 A가 협조적인 선택을 하여 자원이용을 자제한다면 미래에 B로부터 보복을 당할 염려가 없고, 따라서 A가 지금부터 계속해서 얻게 되는 순편익의 현재가치의 합은 다음과 같다.

$$4 \;+\; \delta 4 \;+\; \delta^2 4 \;+\; \delta^3 4 \;+\; \cdots \;=\; \frac{4}{1-\delta}$$

단 δ는 할인요소로서 내년의 순편익 1의 현재가치는 δ라는 의미를 가진다. 대개 사람들은 소득을 미래에 받기보다는 지금 당장 받기를 원하므로 δ는 1 미만의 값을 가진다.

반면 A가 이번에는 과거와 달리 비협조적으로 행동하면 4보다 더 큰 5의 순편익을 얻는다. 그러나 A의 이러한 행위로 인해 내년에는 B의 보복이 뒤따르게 되고, 따라서 내년부터는 A와 B 모두가 비협조적으로 행동하여 공유자원의 비극이 발생한다. 이 경우 A가 얻게 되는 순편익의 현재가치의 합은 다음과 같다.

$$5 \;+\; \delta 0 \;+\; \delta^2 0 \;+\; \delta^3 0 \;+\; \cdots \;=\; 5$$

위의 두 결과를 비교하면, $\delta \geq 0.2$라면 A는 금년에도 협조적으로 자원을 이용하는 것이 더 유리하다. B 역시 마찬가지의 상황에 있기 때문에 자원 이용이 무수히 반복될 경우 공유자원의 비극은 발생하지 않게 된다.

위의 예는 비공식적으로 경제적 유인을 제공하여 공유자원의 남용을 막는 한 가지 예에 불과한 것이지만 몇 가지 시사점을 제공한다. 우선 위와 같은 반복게임에서 각 구성원

---

14) 반복게임에서 사용되는 이러한 의사결정원칙을 게임이론에서는 방아쇠 전략(trigger strategy)이라 부른다.

이 협조적인 자원이용을 계속 선택하기 위해서는 단기적인 이득을 챙기기 위해 비협조적인 선택을 했을 때 그 때문에 미래에 발생하는 다른 구성원들의 보복이 매우 위협적이고, 또한 미래의 후생에 미치는 영향이 아주 심각하여야 한다. 예를 들어 식수와 같이 공유자원의 비극이 발생하면 구성원 생존에 치명적인 영향을 줄 수 있는 자원인 경우 협조적인 자원이용이 지속될 가능성이 상대적으로 크다. 또한 각 구성원이 미래에 발생하는 후생변화에 대해서 비교적 큰 가치를 부여하여야 협조적 선택이 이루어질 수 있다. 즉 위의 예에서 δ의 값이 충분히 커야 한다.

둘째, 어떤 구성원이 비협조적인 선택을 할 경우 다른 구성원이 사용할 수 있는 보복수단이 현실적이어야 한다. 만약 그 보복을 사용함으로 인해 보복을 사용하는 사람 역시 보복을 사용하지 않을 경우보다도 오히려 더 손해를 본다면, 이러한 보복은 실제로 선택될 수 없고, 보복은 단지 비현실적인 위협에 불과하다. 이런 경우에는 위와 같은 반복적인 자원이용에 있어서도 협조적인 자원이용이 선택되지 않는다.

마지막으로 경제적 의사결정이 무한히 반복되거나, 또는 유한한 경우라도 몇 번이나 의사결정이 이루어지는지가 불확실할 경우에만 위의 예와 같은 협조적 선택이 이루어질 수 있다.15) 따라서 마을의 구성원들이 안정적으로 유지되어야 하고, 구성원들 가운데 자신이 곧 이 마을을 떠날 것이라 믿는 사람의 수가 적어야 한다.

3. 공식적 수단을 통한 자원이용의 합리화 추구

공유자원의 합리적 이용을 추구하기 위해 자원을 소유한 전체 집단은 구성원이 모두 따를 수밖에 없는 공식적 규칙 등을 설정할 수 있다. 이러한 공식적인 수단은 크게 다음 세 가지로 대별된다.

가. 사유화

공유자원의 비극을 막는 가장 근본적인 방법은 자원을 각 구성원에게 배분하여 사유화하는 것이다. 공유자원을 많이 보유한 저개발국에서는 과거에는 시장 경제체제가 제대로 도입되지 않아 사유화가 힘들었지만, 갈수록 시장 경제체제로의 편입이 늘어나면서 공유자원 사유화가 많이 등장하고 있다.

---

15) 비록 반복게임이라 하더라도 게임이 몇 번 반복되는지를 구성원들이 정확히 알고 있다면 비협조적 행동만이 선택된다는 사실을 확인해보기 바란다.

나. 이용권의 배분

공유자원의 완전한 사유화가 힘들 경우 자원 소유권은 집단 전체가 계속 보유하되, 그 이용권은 각 개인에게 배분할 수 있다. 이 경우 각 개인은 자신이 이용할 수 있는 자원의 양을 배분받으며, 자신이 배분받은 한도 내에서는 자유로이 자원을 이용할 수 있다. 이 제도는 자원 사용권을 배분함으로써 실질적인 사유화를 추구한다. 이 제도는 자신에게 배분된 수준 이상의 자원을 이용하면 경제적 제재뿐 아니라 마을로부터의 추방과 같은 매우 강한 비경제적 제재까지도 당하도록 규칙이 정해진 경우에 효과적으로 운영되는 것으로 알려져 있다.

다. 자원이용의 전문화

집단은 구성원 중 일부를 선발하여 이들에게 공유자원 이용을 감독·관리하게 할 수 있다. 따라서 일종의 정부 조직이 형성되며, 이들 자원관리 전문인들은 통상적인 생산행위에서는 면제되고, 자신들이 행한 자원관리 임무의 대가를 다른 구성원들로부터 받는다. 이 제도는 자원관리를 소수의 전문인에게 맡겼을 때 업무의 전문화로 인해 효율성이 크게 높아지는 경우 채택될 가능성이 높다.

부록 2 / 공공재의 공급과 소비

본문에서 논의된 공공재 시장균형의 특성은 간단한 수학모형과 게임이론을 활용해서 설명할 수 있다. 개인 A는 사유재 소비량 x^A와 공공재 소비량 G^A로부터 만족을 얻고, 그 만족도 수준을 효용함수 $u(x^A, G^A)$의 값으로 나타낸다고 하자. 사유재의 시장가격은 1이고, 공공재의 한계생산비 혹은 가격은 p이다. 소득을 m^A라 할 때, 이 사람은 $x^A + pG^A = m^A$라는 예산제약을 가진다. 이를 효용함수에 대입할 경우 A는 다음 문제를 푸는 G^A를 선택한다.

$$\max \ u(m^A - pG^A, G^A) \quad \cdots\cdots\cdots\cdots\cdots\cdots\cdots\cdots\cdots\cdots\cdots\cdots\cdots \boxed{4\text{-}1}$$

식 (4−1)의 효용을 극대화하는 조건은 다음과 같다.

$$\frac{MU_G^A}{MU_x^A} = MRS^A = p$$ ·· **4-2**

식 (4−2)에서 MU_G^A와 MU_x^A는 각각 공공재와 사유재를 한 단위 더 소비함에 따라 얻게 되는 추가적인 효용증가분 즉 한계효용을 나타내고, MRS^A는 따라서 공공재를 한 단위 더 얻기 위해 포기하고자 하는 사유재의 양을 나타내는 두 재화 사이의 한계대체율 (marginal rate of substitution)이다. 식 (4−2)의 한계대체율은 공공재를 한 단위 더 소비하기 위해 기꺼이 포기하고자 하는 사유재의 양을 나타내며, 공공재 소비의 한계편익이라 해석된다. 반면 가격 p는 사유재 가격 대비 공공재의 가격을 나타내고, 따라서 사유재 대신 공공재를 한 단위 더 소비하기 위해 소비자가 지불해야 하는 한계비용을 나타낸다. 식 (4−2)는 소비자의 최적 선택은 공공재 소비의 한계편익과 한계비용이 일치하는 수준에서 이루어진다는 것을 의미한다.

이제 또 다른 소비자 B가 있다고 하자. 공공재의 특성상 A의 만족도는 자신이 구입하는 공공재량 G^A뿐 아니라 B가 구입하는 공공재량 G^B에 의해서도 영향을 받게 된다. A의 효용함수가 $u(x^A, G^A + G^B) = \ln x^A + \ln(G^A + G^B)$와 같다고 하자.[16] 이 경우 A는 B의 공공재 수요량 G^B는 주어진 것으로 보고 자신의 공공재 소비량 G^A를 결정하고, B 역시 A의 공공재 수요량 G^A는 주어진 것으로 보고 자신의 공공재 소비량 G^B를 결정한다.[17] 즉 두 사람은 상대방이 구입하는 공공재의 양에 의해 자신의 만족도가 영향을 받는다는 사실을 감안하여 자신의 만족도를 극대화하는 소비량을 선택한다.

만약 공공재의 가격이 2이고, A의 소득이 100이라면 $\ln(100 - 2G^A) + \ln(G^A + G^B)$를 극대화하는 G^A는 $G^A = \dfrac{50 - G^B}{2}$와 같이 도출된다. 따라서 상대방이 공공재 수요를 많이 할수록 A는 자신이 구입하는 양을 줄이며, 무임승차욕구가 존재함을 알 수 있다. B 역시 A와 동일한 소득과 효용함수를 가진다고 하자. B의 문제 역시 풀면 B는 $G^B = \dfrac{50 - G^A}{2}$와 같이 공공재 수요를 가진다. 이 두 가지 효용극대화조건이 모두 충족되는 공공재 수요

---

16) 이하의 예는 그루버(Gruber, 2005)가 사용한 효용함수 형태를 변형하여 적용한 것이다.

17) 이렇게 각 참여자가 상대방의 선택이 주어진 상태에서 자신의 최적 선택을 찾을 때 형성되는 균형을 내쉬균형(Nash equilibrium)이라 부른다. 부록 1에서 도출한 공유자원의 남용이 나타나는 균형 역시 내쉬균형임을 쉽게 확인할 수 있다.

량을 구하면 $G^A = G^B = \frac{50}{3}$임을 알 수 있다. 즉 각 개인이 자율적으로 공공재를 구입하게 하면 사회 전체로는 $\frac{100}{3}$만큼의 공공재가 공급되고 소비된다.

그렇다면 사회적으로 최적인 공공재의 공급량과 소비량은 어느 정도일까? 식 (4-2)의 좌변은 공공재 소비의 한계편익이고 우변은 한계비용이다. 공공재는 특성상 일단 공급되면 두 소비자가 모두 같은 양을 소비할 수 있기 때문에 사회적 기준으로 보면 공공재 소비의 한계편익은 두 소비자의 한계편익의 합과 같고 이것이 공공재 공급의 한계비용인 p와 일치하여야 한다. 즉 다음이 사회적 최적 조건, 혹은 새뮤얼슨조건이다.

$$\frac{MU_G^A}{MU_x^A} + \frac{MU_G^B}{MU_x^B} = MRS^A + MRS^B = p \quad \cdots\cdots\cdots\cdots\cdots\cdots\cdots\cdots\cdots\cdots\cdots\cdots\cdots\cdots \textbf{4-3}$$

우리의 예를 식 (4-3)에 대입하면 사회적으로 최적인 공공재 공급 및 소비량은 $\frac{150}{3}$임을 알 수 있고, 따라서 자율에 맡길 경우 공공재 수요는 사회적 최적에 비해 $\frac{50}{3}$만큼 적게 나타난다는 것을 확인할 수 있다.

이제 개인 A의 소득은 150이고 개인 B의 소득은 50이라 하자. 즉 사회 전체의 소득은 앞의 예와 동일하지만 이제는 그 분포가 달라서 개인 간 이질성이 커졌다. 이 조건에서 두 사람이 각각 공공재 수요량을 나타내게 하면 $G^A = \frac{75 - G^B}{2}$이고 $G^B = \frac{25 - G^A}{2}$인 관계를 충족하여야 한다. 이 두 조건을 모두 충족하는 수요량은 $G^A = \frac{125}{3}$이고 $G^B = -\frac{25}{3}$이다. 공공재의 수요량이 마이너스 값을 가질 수는 없으므로 B의 수요량은 0이라 보아야 할 것이다. 따라서 이 경우 A가 공공재 전량을 구매하고, 그 수요량 $\frac{125}{3}$만큼의 공공재가 공급되고, 두 사람 모두 이 수준의 공공재를 소비하게 된다. 즉 본문에서 설명한 바와 같이 두 사람의 공공재에 대한 수요가 이질적으로 될 경우 사회 전체의 소득수준은 동일하더라도 공공재의 공급량은 더 늘어나게 되고 사회적 비효율성은 줄어들 수 있다.

마지막으로 두 사람의 소득이 모두 100인 상황에서 민간에게 맡겨둘 경우 사회적 최적인 $\frac{150}{3}$이 아닌 $\frac{100}{3}$만큼의 공공재가 공급되는 문제가 발생하기 때문에 정부가 이를 해결하고자 부족분인 $\frac{50}{3}$만큼을 강제로 공급하되, 그 비용 $\frac{100}{3}$의 절반인 $\frac{50}{3}$만큼을 각자가 부담하도록 한다고 하자. 이 경우 A의 예산제약은 $x^A + 2G^A = 100 - \frac{50}{3}$으로 바뀌고 A의 효용함수는 $\ln(x^A) + \ln\left(G^A + G^B + \frac{50}{3}\right)$로 바뀐다. 식 (4-2)의 효용극대화 조건을 이 문제에 대해 적용하고, 동일한 문제를 B에 대해서도 풀면 최적 G^A와 G^B는 각각 $\frac{25}{3}$로 바뀐다. 따라서 두 사람의 수요량과 정부가 강제로 공급하는 $\frac{50}{3}$의 공공재 공급량을 모두 합하면 정부가 개입함에도 불구하고 정부 개입 없이 민간이 자발적으로 공공재를 구입할 경우의 공급량인 $\frac{100}{3}$만큼만 공급되게 된다. 정부개입으로 인해 각 개인은 정부에게 공공재 이용대금을 추가로 지불하여야 하므로 민간으로부터 구입하던 공공재량을 줄이고자 하며, 따라서 정부의 공공재가 민간의 공공재를 밀어내는 부작용이 발생함을 확인할 수 있다.[18]

---

[18] 민간에 대한 수요량이 정부의 강제 공급량만큼 정확히 줄어들어 정부 공급량이 민간 수요량을 완전히 밀어내는 것은 여기에서의 예와 같은 특수한 경우에만 발생할 것이다.

01 세 명의 입주자 A, B, C가 있는 아파트에서 관리인을 고용하려고 한다. 아래의 표에 나타나 있는 관리인을 한 명 더 고용함에 따른 월별 한계편익 혹은 한계지불의사는 입주자별로도 다르고 고용되는 관리인 수에 따라서도 달라진다.

한계편익	고용인원			
	0명	1명	2명	3명
A	35만원	30만원	25만원	20만원
B	30만원	25만원	20만원	10만원
C	20만원	15만원	15만원	10만원
합계	85만원	70만원	60만원	40만원

관리인은 주당 몇 시간씩 일하는 아르바이트 요원이고, 노동시장에서의 임금은 60만 원이라고 하자. 입주자 전체의 만족도 극대화를 위해서는 총 몇 명의 관리인을 고용하여야 하나? 만약 각 주민이 개별적으로 관리인을 고용한다면 몇 명을 고용할 것인가? 이 상황에서의 린달균형과 그 균형에서의 주민별 관리인에 대한 지출액을 도출하라.

02 어떤 지역에 두 명의 소비자 A와 B가 살고 있다. 공기의 질을 q라 하면, A의 공기질에 대한 한계지불의사를 p라 할 경우 공기질에 대한 A의 수요는 $q_A = 1 - p$와 같이 나타난다. 마찬가지로 p를 공기질에 대한 B의 한계지불의사라 할 경우 B의 공기질에 대한 수요는 $q_B = 2 - 2p$와 같다. 다시 p를 공기질 공급의 한계비용이라 하면, 그 공급함수는 $q = p$와 같다고 하자.

(가) 공기질에 대한 두 개인의 수요함수로부터 사회 전체의 수요함수를 도출하라.

(나) 사회적 기준으로 볼 때 최적의 공기질은 어느 정도 수준인지를 보여라.

(다) 만약 공기질이 민간기업에 의해 공급된다면 시장균형은 어떻게 형성되는가?

03 어떤 기업의 비용함수는 생산량을 Q라 할 때 $c = 2Q^2$과 같다. 이 기업 제품의 단위당 가격은 32라 하자. 이 기업이 생산을 하면 인근 양어장이 피해를 입고, 그 피해함수는 $D = 7Q + 0.5Q^2$과 같다.

(가) 기업이 자유로이 작업할 수 있는 권리가 완전히 허용된다고 하자. 양어장이 아무런 조치를 취하지 않으면 기업의 생산량은 얼마인가? 양어장이 기업의 생산량 감소를 전제로 협상을 시작하여 타협이 이루어지면 기업의 생산량은 어느 정도가 될 것인가? 이때 기업의 생산량 조절을 대가로 특정 금액을 한꺼번에 양어장이 지불한다면 최대 얼마에서 최소 얼마까지 지불할 수 있는가?

(나) 이제 반대로 양어장이 피해를 당하지 않을 권리가 완전히 보호된다고 하자. 이때 양자 간 협상이 없다면 기업은 어느 정도의 생산을 할 것인가? 기업이 양어장에게 협상을 제안한다면 생산량은 어떻게 변할 것인가? 역시 기업이 양어장에게 생산량 변화 대가를 한꺼번에 지불한다면 그 금액은 최대 얼마에서 최소 얼마까지인가?

(다) 이제 (나)의 경우에서 양자 간 협상이 총액을 지불하는 것이 아니라 산출물 1단위당 특정 금액을 지불하는 것이라면 이때 단위당 지불액은 얼마인가? 그리고 이때 지불되는 총액은 어느 정도인가?

04 양봉업자와 과수업자가 서로 이웃하고 있다. 양봉업자가 보유한 벌통의 수를 H라 한다면, $1H$는 20의 가치를 지니는 꿀을 생산한다. 양봉업자의 비용함수는 $TC = H^2 + 10H + 10$과 같다. 이 지역은 자연적인 과수 수정이 잘 이루어지지 않아 양봉이 과수 수정에 도움을 주며, 벌통 1개가 1,000평의 과수를 수정시킨다. 양봉이 없을 경우 과수업자는 1,000평당 10의 비용을 지불하고 인공수정을 하여야 한다.

(가) 과수업자의 입장을 고려하지 않는다면 양봉업자는 몇 개의 벌통을 가질 것인가?

(나) 사회적으로 최적인 벌통의 수는?

(다) 교섭비용이 크지 않다면 서로 간의 교섭이 어떻게 진행될 것이며 그 결과는 어떠할까?

참고문헌

- 권오상(2006), "FAO 식량·농업식물유전자원국제조약의 성격과 각국의 가입행위 분석," 『농업경제연구』 47: 69−92.

- 김상구·강윤호·강은숙·우양호(2007), "어촌계 공동어장 관리실태 분석: 공유자원 관리관점에서," 『국제해양문제연구』 18: 101−121.

- 우양호(2008), "공유자원 관리를 위한 제도적 장치의 성공과 실패요인: 부산 가덕도 어촌계의 사례비교," 『행정논총』 46: 173−205.

- Baumol, W. J. and W. E. Oates, (1988), *The Theory of Environmental Policy*, 2nd ed., Cambridge University Press.

- Clark, C. W. and R. Lamberson, (1982), "An Economic History and Analysis of Pelagic Whaling," *Marine Policy* 6: 103−120.

- Clarke, E. H. (1971), "Multipart Pricing of Public Goods," *Public Choice* 11: 17−33.

- Coase, R. (1960), "The Problem of Social Cost," *The Journal of Law and Economics* 3: 1−44.

- Cornes, R., and T. Sandler (1996), *The Theory of Externalities, Public Goods and Club Goods*, 2nd ed., Cambridge University Press.

- Gordon, S. H. (1954), "The Economic Theory of a Common Property Resource: The Fishery," *Journal of Political Economy* 62: 124−142.

- Groves, T. and M. Loeb (1975), "Incentives and Public Inputs," *Journal of Public Economics* 4: 211−226.

- Gruber, J. (2005), *Public Finance and Public Policy*, Worth Publishers.

- Hardin, G. (1968), "The Tragedy of the Commons", *Science* 162: 1243−1248.

- Hume, D. (1739), *A Treatise of Human Nature*, Reprint, London, J. M. Dent. (1952).

- Katsamakas, E., and M. J. Sanchez−Cartas (2023), "A Computational Model of the Competitive Effects of ESG," *PLoS ONE* 18(7): e0284237.

- Kwon, O. S. (2006), "Partial International Coordination in the Great Fish War," *Environmental and Resource Economics* 33: 463−483.

- Ledyard, J. O. (1995), "Public Goods: A Survey of Experimental Research," in J. H. Kagel and A. E. Roth, eds., *The Handbook of Experimental Economics*, Princeton University Press.

- Miller, S. and B. Nkuiya (2016), "Coalition Formation in Fisheries with Potential Regime

Shift," *Journal of Environmental Economics and Management* 79: 189−207.

● Ostrom, E. (1990), *Governing the Commons: The Evolution of Institutions for Collective Action*, Cambridge University Press.

● Rubenstein, K. D., P. Heisey, R. Shoemaker, J. Sullivan and G. Frisvold (2005), "Crop Genetic Resource: An Economic Appraisal," *Economic Information Bulletin* No. 2, USDA.

● Seabright, P. (1993), "Managing Local Commons: Theoretical Issues in Incentive Design," *Journal of Economic Perspectives* 7: 113−134.

● Taylor, S. M., and R. Weder (2024), "On the Economics of Extinction and Possible Mass Extinctions," *Journal of Economic Perspectives* 38: 237−259.

● Tietenberg, T. (2005), *Environmental and Natural Resource Economics*, 7th ed., Harper and Collins.

제2부는 환경재의 이용과 관련된 경제행위에 있어서는 소유권의 불완전한 설정으로 인해 시장실패가 발생하고, 이를 제거하기 위해서 정부가 시장에 개입할 필요가 있다는 사실을 보였다. 그러나 정부가 시장의 실패를 해결하기 위해 현실적으로 사용할 수 있는 환경정책은 매우 다양하며, 이 가운데 어느 정책을 사용하느냐에 따라 정책의 효율성과 성과도 달라진다. 따라서 제5장은 이들 다양한 환경정책의 장·단점을 평가하기 위해 사용될 수 있는 판단기준으로는 어떤 것들이 있는지를 살펴본다. 이어서 제6장부터 제8장까지는 환경정책으로 가장 많이 분석되고 사용되는 직접규제, 배출부과금제, 배출보조금제, 배출권거래제 등에 관한 이론적, 경험적 측면들을 살펴본 뒤, 이러한 제도들이 제5장에서 논의된 평가기준을 통해 볼 때 어떤 장·단점을 갖는지를 검토한다. 제9장은 환경규제에 필요한 정보가 불확실하거나, 정보가 규제자와 오염원 사이에 비대칭적으로 분포되어 있을 경우에 발생하는 문제들을 살펴본다. 제10장은 환경정책의 선택 과정, 중앙정부와 지방정부에 의해 각각 입안되고 실행되는 환경정책의 장·단점, 그리고 환경정책이 소득분배에 미치는 영향에 대해 논의한다. 제11장은 사법적 절차인 피해보상판결을 통해 환경문제를 해결하는 방법이 환경문제 해결책의 하나로서 어떤 평가를 받을 수 있는지를 논의한다. 그리고 마지막 제12장은 한국의 환경정책에 대해 논의한다.

환경정책의 수립과 집행

제4장에서 우리는 환경재 이용에 있어서는 시장의 실패가 발생할 수 있고, 이를 개선하기 위해서는 시장과는 별도로 정부나 사법기구와 같은 또 다른 조정자가 필요하다는 사실을 보았다. 그러나 환경문제 해결을 위해 정부가 현실적으로 사용할 수 있는 수단은 다양하고, 정부가 구체적으로 어느 수단을 어느 정도까지 사용할 것인가를 결정하기 위해서는 환경정책이 야기할 여러 가지 효과를 종합적으로 검토하여야 한다. 제5장은 구체적인 환경정책을 수립·시행할 때 정부가 고려해야 할 사항에는 어떤 것들이 있으며, 바람직한 환경정책이 갖추어야 할 조건에는 어떤 것들이 있는지를 검토한다.

section 01 오염피해와 저감비용

시장의 실패로 인해 발생하는 지나친 환경오염을 막기 위해서 정부가 사용하는 모든 환경정책은 그 효과에 있어 사회 전체의 후생을 증가시키는 측면과 감소시키는 측면을 동시에 가진다. 환경정책이 입안되어 시행되면 먼저 환경오염이 줄어들고, 따라서 오염으로 인한 피해가 감소한다. 반면 오염자는 자신의 생산행위를 축소하거나, 아니면 가지고 있는 생산자원 가운데 일부를 오염을 줄이는 행위에 사용하여야 한다. 따라서 모든 환경정책은 오염피해를 감소시키는 동시에 경제적 비용을 수반한다고 할 수 있다.

환경정책의 평가를 위해서는 환경정책이 야기하는 오염피해의 감소(혹은 후생의 증대)와 비용의 증가를 일차적으로 분석하여야 한다. 따라서 우리는 환경정책을 평가하는 기준을 논의하기 이전에 환경정책의 편익과 비용을 나타내는 수단을 먼저 검토한다.

1. 오염피해

오염피해란 제2장에서 설명한 대로 환경오염이 사람과 생태계에 미치는 모든 피해를 의미한다. 오염피해는 다양한 경로를 통해 발생한다. 예를 들어 대기가 오염되면 공기를 흡입하는 사람들의 호흡기질환이 증가하며, 산성비로 인해 건물이나 구조물의 훼손이 가

그림 5-1 한계오염피해곡선(배출량 기준)

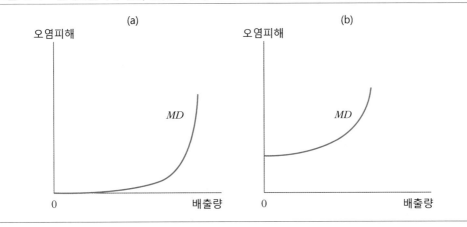

속화되고, 동식물이 피해를 입기도 한다.

자연환경이 오염된 정도와 그로 인해 발생한 피해의 관계를 나타내는 것을 피해함수 (damage function)라 부른다.[1] 통상적으로 오염은 여러 종류의 피해를 복합적으로 유발하 므로 이들 피해를 모두 합하여 전체 피해 정도로 나타내기 위해서는 모든 종류의 피해에 적용되는 공통의 단위가 필요하다. 각기 다른 피해를 모두 화폐단위로 표시하면 모든 피해 를 합해 주는 것이 가능하다. 따라서 우리는 피해함수를 환경오염이 유발하는 피해를 화폐 단위로 나타내는 것이라 정의한다.

피해함수에서의 오염의 정도를 나타내는 척도로서 오염물질 배출량을 사용할 수도 있고, 오염물질이 환경에 축적된 정도를 나타내는 오염도를 사용할 수도 있다. 전자의 경 우 피해함수는 배출된 폐기물량과 발생하는 피해의 관계를 나타내고, 후자의 경우에는 오 염물질이 환경에 축적된 정도와 그로 인해 발생하는 피해의 관계를 나타낸다.

또한 오염피해는 한계피해(marginal damage)와 총피해(total damage)로 구분된다. 한계 피해는 오염도나 배출량이 한 단위 더 늘어나면서 추가로 발생하는 피해이고, 총피해는 특 정 수준의 오염도나 배출량이 유발한 전체 피해로서, 그 수준의 오염도가 발생하는 과정에 서 나타난 한계피해를 모두 더해준 것이다.

〈그림 5-1〉의 MD곡선은 배출량을 기준으로 나타낸 한계오염피해곡선이다. 오염물 질 배출량이 적을 경우에는 오염에 대해 민감한 사람이나 생물만 피해를 입으므로 한계피 해가 작으나, 배출량이 많아지면 대부분의 사람이나 생물이 피해를 입게 되어 피해가 커지

---

1) 오염피해를 당하는 것이 생물일 경우 복용량-반응함수(dose-response function)라 부르기도 한다.

그림 5-2 한계오염피해곡선(오염도 기준)

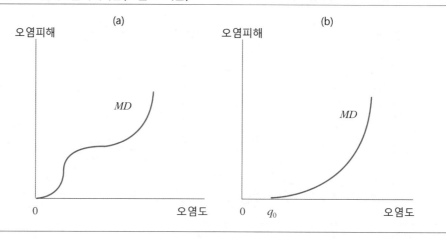

므로 한계오염피해곡선은 통상적으로 배출량에 대해 증가하는 것으로 나타난다. 그러나 실제 한계오염피해곡선은 여러 다양한 형태를 가질 것이다. 예를 들어 독성이 약한 오염물질의 경우 배출량이 적을 때에는 오염피해가 거의 없다가 배출량이 늘어나면서 점차 급속히 증가하는 형태로 바뀔 것이다(〈그림 5-1a〉). 반면 독성화학물질처럼 소량만으로도 환경피해를 유발하는 경우에는 배출량이 0인 수준에서도 한계피해는 양의 값을 가질 수 있다(〈그림 5-1b〉).

같은 정도의 독성을 가진 폐기물이 동일한 양만큼 배출되어도 그로 인한 피해는 폐기물이 배출되는 공간적, 시간적 환경에 따라 다르게 나타난다. 예를 들어 인구밀집지역에 배출된 SO_2 한 단위는 인구가 별로 없는 지역에 배출된 SO_2 한 단위에 비해 더 큰 오염피해를 유발할 것이다. 또한 같은 양의 폐수라도 비가 많이 오는 여름에 하천으로 배출되었을 때가 겨울에 배출될 때보다도 더 적은 오염피해를 유발할 것이다.

오염도를 기준으로 한 오염피해곡선은 〈그림 5-2〉처럼 나타난다. 〈그림 5-2a〉의 경우 오염도가 증가하는 초기에는 민감한 사람들이 영향을 받아 한계피해가 급속히 증가하다가 민감한 사람들이 모두 피해를 입고난 후부터는 완만히 증가한다. 그러나 오염도가 매우 심해지면 모든 사람들이 영향을 받으므로 한계피해가 다시 급속히 증가한다. 〈그림 5-2b〉의 경우는 독성이 낮은 폐기물에 의한 피해를 나타내는데, q_0수준까지의 오염은 피해를 유발하지 않지만 오염도가 q_0를 넘어서면 오염피해가 나타나는 경우를 보여주고 있다. 즉 q_0는 일종의 임계치로서 이 수준까지의 오염도는 직접적인 오염피해를 유발하지 않는다.

한편 환경정책으로 인해 발생한 오염피해의 변화를 폐기물 배출량이나 오염도의 변

그림 5-3 저감량과 한계편익

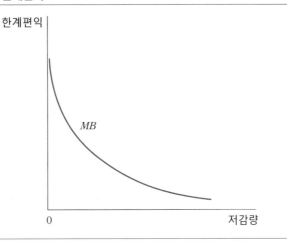

화를 기준으로 하지 않고 오염자가 줄인 배출량을 기준으로 측정할 수도 있다. 이 경우에는 환경정책의 효과를 줄어든 배출량과 그로 인해 감소한 오염피해, 즉 사회적 편익 간의 관계를 통해 나타낸다. 〈그림 5-3〉의 가로축은 환경정책이 없을 때 오염자가 배출하던 배출량에서 환경정책의 도입으로 인해 실제로 배출한 배출량을 빼준 값, 즉 오염물질의 저감량(abatement)을 나타낸다. 그림의 세로축은 오염물질 배출량이 한 단위 더 감소하면서 발생한 한계편익(MB)을 나타낸다. 〈그림 5-3〉의 한계편익곡선도 다양한 형태를 가질 수 있으나, 통상적으로 높은 수준의 배출량에서 한 단위의 배출량을 줄였을 때의 한계편익이 크고, 오염물질 감소량을 늘려갈수록 한계편익은 감소한다. 따라서 〈그림 5-3〉의 한계편익곡선은 우하향한다.

2. 저감비용

환경정책에 호응하기 위해 오염원이 배출량을 줄이려면 비용이 발생한다. 이를 저감비용(abatement cost)이라 부른다. 저감비용함수는 배출량, 오염도, 저감량 가운데 한 가지와 이를 효율적으로 달성하는 데 필요한 비용과의 관계를 나타낸다. 저감비용 역시 오염을 유발하는 산업이나 기업체의 기술적인 특성에 따라 다양한 형태를 가진다.

한계저감비용곡선을 오염물질 저감량을 기준으로 나타낼 경우에는 〈그림 5-4a〉처럼 우상향한다. 배출량을 줄여나갈 때 오염자가 처음에는 비교적 손쉽고 비용이 적게 드는 방법을 사용하지만, 배출량을 더 줄이기 위해서는 새로운 설비를 설치하거나 생산공정 자체를 완전히 바꾸는 등, 보다 비용이 많이 드는 과정을 거쳐야 하기 때문이다. 반면 한계저

그림 5-4 한계저감비용

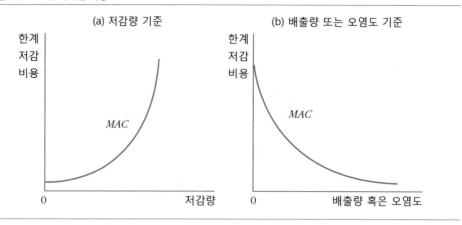

(a) 저감량 기준

한계
저감
비용

MAC

0   저감량

(b) 배출량 또는 오염도 기준

한계
저감
비용

MAC

0   배출량 혹은 오염도

그림 5-5 지역이나 산업 전체의 한계저감비용

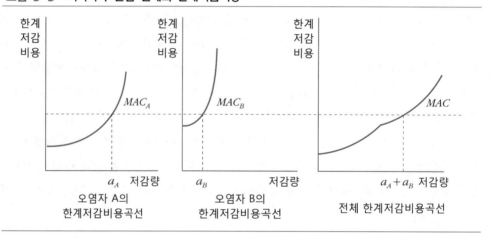

한계
저감
비용

MAC_A

a_A 저감량

오염자 A의
한계저감비용곡선

한계
저감
비용

MAC_B

a_B 저감량

오염자 B의
한계저감비용곡선

한계
저감
비용

MAC

$a_A + a_B$ 저감량

전체 한계저감비용곡선

감비용곡선을 배출량이나 오염도를 기준으로 나타낼 경우에는 마찬가지 이유로 인해 〈그림 5-4b〉의 *MAC*곡선처럼 통상적으로 우하향한다.

한편 동일한 오염물질을 배출하는 기업으로 구성된 산업 전체나 지역 전체의 오염물질 배출량이나 저감량과 전체 한계저감비용과의 관계를 알 필요가 있을 경우에는 제3장의 시장공급곡선을 도출할 때와 마찬가지로 각 기업의 한계저감비용곡선을 수평으로 합해 주어야 한다(〈그림 5-5〉). 전체 한계저감비용곡선을 이렇게 구할 경우 산업이나 지역 전체의 저감량은 각 기업의 한계저감비용이 동일하도록 각 기업에게 분배된다. 또한 각 오염원의 한계저감비용이 일치하도록 전체 저감량이 분배된다는 것은 산업이나 지역 전체의 저감량을 가장 적은 전체 비용으로 줄인다는 것을 의미한다.

등한계원칙(equi-marginal principle)

　　동일한 종류의 오염물질을 배출하는 다수의 오염원이 존재하는 어떤 지역이나 산업 전체가 줄이고자 하는 배출량이 있을 때, 이 전체 배출량을 각 오염원의 한계저감비용이 동일하도록 오염원에게 배분하여야 전체 저감비용이 최소가 된다는 사실을 등한계원칙이라 부른다. 등한계원칙은 환경정책의 효율성을 평가할 때 매우 중요하게 사용되는 개념이므로 이에 대한 간단한 수학적 증명을 살펴보자. 여기에서 사용되는 수학적 방법은 제약하의 최적화기법이라 불리는 방법으로서, 보다 자세한 내용을 알기 위해서는 경제수학 교재를 참조하기 바란다(예: Chiang and Wainwright, 2005).

　　어떤 지역에 N개의 오염원이 있고, 오염규제가 없을 때 각 오염원은 $e_1^0, e_2^0, ..., e_N^0$만큼의 오염물질을 배출하고 있다고 하자. 지역 전체에서 줄이고자 하는 오염물질 배출량은 A이다. 우리는 A를 어떻게 각 오염원에게 배분하여야 지역 전체의 저감비용이 최소가 되는지를 알려고 한다. 각 오염원에게 돌아가는 저감량이 $a_1, a_2, ..., a_N$이라 하자. 단 수학적 편의를 위해 모든 오염원은 규제가 도입되기 전에 자신이 배출하던 양보다는 더 적은 양을 저감하며, 또한 목표달성을 위해 모든 오염원은 조금씩이라도 오염물질을 저감해야 한다고 가정한다. 즉 모든 i에 대해 $0 < a_i < e_i^0$를 가정한다. 이때 각 오염원이 부담해야 하는 저감비용함수는 $AC_1(a_1), AC_2(a_2), ..., AC_N(a_N)$이다. 각 오염원은 서로 다른 생산기술을 가지기 때문에 저감비용함수 역시 서로 다를 수 있다.

　　전체 저감비용을 최소화하는 오염원별 저감량을 찾기 위해서는 $A = \sum_{i=1}^{N} a_i$라는 제약조건하에서 $\sum_{i=1}^{N} AC_i(a_i)$를 최소화하여야 하며, 이는 다음과 같은 라그랑지안(Lagrangian) 함수를 활용하는 문제로 바꿀 수 있다.

$$\mathrm{L} = \sum_{i=1}^{N} AC_i(a_i) + \lambda \left[A - \sum_{i=1}^{N} a_i \right]$$

　　위 식에서 λ는 라그랑지 승수라 불리며, 전체 저감량 A가 한 단위 늘어나면서 증가하는 전체 저감비용을 의미한다. 전체 저감비용은 L을 각 a_i에 대해 미분을 취한 값이 모두 0이 되도록 a_i들을 구할 때 최소가 된다. 이러한 최소화 조건은 다음과 같이 다시 쓸 수 있다.

$$MAC_1(a_1) = MAC_2(a_2) = \cdots = MAC_N(a_N) = \lambda$$

　　따라서 목표 저감량 A를 각 오염원의 한계저감비용이 동일하도록 배분할 때 전체 저감비용이 최소가 되고, 이때 각 오염원의 한계저감비용은 전체 한계저감비용과 동일하다.

3. 환경의 최적 이용

위에서 설명된 환경정책의 편익과 비용을 나타내는 개념들을 이용해 사회적으로 바람직한 수준의 오염물질 배출량이나 저감량을 도출할 수 있다. 먼저 오염물질 배출량을 기준으로 할 경우 최적 배출량 혹은 효율적인 배출량은 오염물질 배출로 인한 한계오염피해와 오염물질 배출을 한 단위 줄이는 데 소요되는 한계저감비용이 같게 되는 배출량이다. 이는 〈그림 5-6a〉의 e^*로 표시된다. 현 배출량이 e^*보다 크다면 한 단위의 배출감소로 인한 오염피해 감소분이 저감비용보다 크기 때문에 배출량을 줄여야 사회 전체 순편익이 늘어난다. 반대로 배출량이 e^*보다 작다면 배출을 늘리면서 절약되는 저감비용이 그 때문에 늘어나는 피해액보다 더 크다. 따라서 이 경우에는 배출량을 늘려야 한다. 한편 사회적 최적 저감량은 저감의 한계편익과 한계저감비용이 일치하는 수준에서 결정되며, 이는 〈그림 5-6b〉의 a^*로 표현된다.[2]

최적 배출량이나 최적 저감량은 한계피해곡선, 한계저감비용곡선, 한계편익곡선 등이 변하면 달라진다. 예를 들어 〈그림 5-7a〉에서 MD_1은 인구가 적은 지역의 한계피해곡선이고 MD_2는 인구가 상대적으로 많은 지역의 한계피해곡선이다. 따라서 피해 인구가 많

그림 5-6 최적 배출량과 최적 저감량

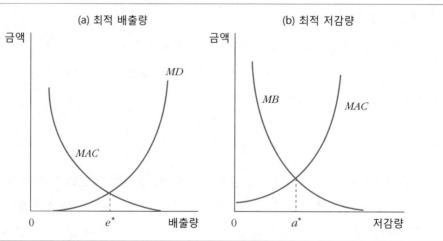

---

2) 이때의 최적 배출량은 오염물질을 배출하며 생산되는 한 가지 상품만을 고려할 때의 최적 배출량이고, 따라서 부분균형(partial equilibrium) 최적 배출량이다. 여러 상품이 생산될 경우의 일반균형 (general equilibrium) 최적 배출량은 제5장의 부록과 제19장의 무역과 환경에 관한 논의에서 다루어진다.

그림 5-7   한계오염피해곡선과 한계저감비용곡선 이동의 효과

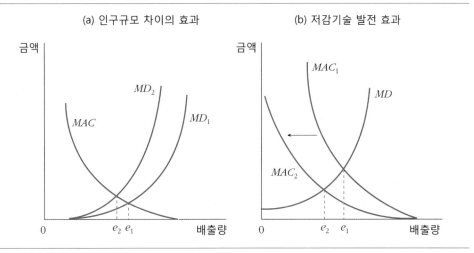

(a) 인구규모 차이의 효과

(b) 저감기술 발전 효과

은 지역에서의 최적 오염물질 배출량이 인구가 적은 지역에서보다 적어야 한다는 것을 알
수 있다.

아울러 저감기술이 발전하면 배출량을 줄이는 데 필요한 한계비용을 나타내는 곡선
이 〈그림 5-7b〉의 MAC_1에서 MAC_2로 하향 이동한다. 이러한 기술발전이 발생하면 배
출량 감소를 위해 사회가 지불하는 비용이 줄어들기 때문에 배출량을 더 줄이고 저감량을
더 늘리면 사회 전체의 후생이 증가한다.

---

section 02   환경정책의 평가기준

제1절은 사회적으로 최적인 오염물질 배출량이나 저감량을 도출하는 방법을 설명하
였다. 그러나 시장의 실패로 인한 지나친 환경오염을 방지하기 위해 실제로 사용되고 있는
정책들은 정책을 수립하고 집행하는 데 필요한 정보가 제한되거나 정책의 집행비용이 지
나치게 높은 문제 등으로 인해 제1절에서 보여준 사회적 관점에서의 최적 환경이용을 항
상 달성하지는 못한다. 따라서 실제 정책들의 장·단점을 평가하기 위해서는 사회적 관점
에서의 최적성뿐만 아니라 여타 다양한 평가기준들도 사용할 필요성이 있다. 제2절은 현
재 사용되고 있는 여러 환경정책들을 소개하고 이어서 최적성 외에도 이들 정책들을 평가

하기 위해 사용될 수 있는 기준들에 대해 설명한다.

1. 환경정책의 종류

현재 각국이 사용하고 있는 환경정책에는 많은 종류가 있으며, 서로 다른 정책이 동일한 오염물질의 배출규제를 위해 결합되어 사용되는 경우도 흔히 있다. 주요 환경정책들은 〈표 5-1〉과 같이 분류된다.

표 5-1 환경정책의 종류

분류기준	정책명	특징
경제적 유인이 없는 제도적 규제	직접규제	환경기준을 사용하여 규제
경제적 유인이 있는 제도적 규제	부과금제도, 보조금제도	가격변화를 이용해 오염규제
	배출권거래제도	수량제한을 통해 오염규제
사법적 규제		피해보상판결을 통해 규제

제4장 제5절에서 논의한 바와 같이 사적 교섭을 제외한 오염규제수단은 크게 사법적 수단과 제도적·행정적 규제로 나눌 수 있다. 제도적·행정적 규제는 다시 경제적 유인을 통해 오염을 규제하느냐 아니면 경제적 유인보다 더 직접적인 환경기준을 오염원이 의무적으로 따르게 하느냐에 따라 구분된다. 경제적 유인을 이용한 규제정책은 다시 오염물질이나 생산물의 가격변화를 통해 오염규제를 달성하고자 하는 부과금제도나 보조금제도와, 배출량을 수량적으로 제한하려는 배출권거래제로 분류할 수 있다. 이들 제도의 운영 원리와 특징은 제6장~제11장에서 살펴보기로 하고, 여기에서는 이들 다양한 정책들을 평가할 수 있는 기준을 설명하기로 한다.

2. 효율성 기준

환경정책이 효율적이어야 한다는 것은 그 정책의 결과 〈그림 5-6〉과 같이 사회적 관점에서 최적인 배출량이나 저감량이 달성되어야 함을 의미한다. 즉 정책 시행의 결과 오염물질 배출로 인한 한계피해와 배출감소를 위한 한계비용이 일치하는 수준까지 오염물질이 배출되거나 저감되어야 한다. 이 기준이 충족될 때 사회 전체의 순편익이 극대가 되므로 가장 바람직한 환경정책을 찾았다고 할 수 있다.

사회적으로 최적인 오염물질 배출량을 달성하는 정책을 입안하기 위해서는 오염으로 인한 피해함수와 배출저감의 비용함수를 정책당국이 완전히 파악하여야 한다. 특히 사회적 피해함수의 경우 이를 실증적으로 분석하기가 매우 어려운 것으로 알려져 있다. 정책당국이 피해함수를 완전히 파악하지 못하면 당연히 최적 배출량을 정책적으로 유도할 수가 없다.

정책당국이 피해함수에 대한 정보를 가지고 있지 않을 때 차선의 효율성 기준으로 사용하는 것이 비용효과성(cost-effectiveness)이다. 어떤 정책이 비용효과적이라는 것은 정부가 목표로 하는 저감 수준을 가장 적은 비용을 들여 달성하거나, 역으로 주어진 비용을 들여 가장 많은 오염물질을 줄이는 정책임을 의미한다.[3] 최적 정책을 찾기 위해 오염의 피해와 저감비용을 모두 파악하는 것이 힘들기 때문에 비용효과성은 최선의 효율성 기준은 될 수 없지만 오히려 보다 현실적인 기준이 될 수 있다.

3. 형평성

환경정책이 실제로 도입되어 시행될 수 있기 위해서는 어느 정도의 형평성을 갖추어야 한다. 형평성이란 일종의 도덕적 판단에 따른 것으로 환경정책의 편익이 얼마나 공평하게 사회 구성원들 사이에 배분되느냐를 의미한다. 실제로 상당수 환경정책이 효율성 기준은 충족할지 모르지만 경제 내의 부유한 계층에게 더 많은 이득이 돌아가도록 유도하는 속성을 가지기 때문에 비판받고 있다.[4] 환경정책이 형평성을 잃을 경우 정책의 효과로부터 상대적으로 소외되는 계층의 반발로 인해 도입되기가 어려워진다. 따라서 바람직한 환경정책을 선택하기 위해서는 환경정책의 전체적인 효율성뿐만 아니라 그 정책이 각 계층에 미치는 상대적인 영향 역시 분석하여야 한다.

두 가지 서로 다른 정책을 비교할 때, 한 정책이 다른 정책보다도 효율성과 형평성 측면 모두에서 우월하다면 정책선택에 어려움이 없으나, 한 정책이 효율성 측면에서는 다른 정책보다도 우월하나, 반대로 형평성 측면에서는 더 못하다면 두 정책 간의 선택이 매우 어려워진다. 이 경우에는 사회 전체의 윤리적 기준에 보다 가까운 정책을 선택할 수밖에 없다고 하겠다.

---

3) 사회적으로 최적인 오염도를 달성하는 정책은 자동적으로 비용효과적이다. 그러나 비용효과성은 오염으로 인한 피해를 고려하지 않은 상태에서 정의되기 때문에 비용효과적인 정책이라고 해서 반드시 사회적 최적을 달성하는 것은 아니다.
4) 환경정책이 소득분배에 미치는 영향에 관해서는 제10장에서 종합적으로 논의하기로 한다.

4. 기술개발의 촉진

〈그림 5-7b〉는 기술개발로 인해 한계저감비용이 하락했을 때 발생하는 효과를 보여주고 있다. 한계저감비용이 하락하면 최적 배출량 수준이 낮아지므로 정책당국은 보다 높은 환경질을 목표로 정책을 입안할 수 있고, 전반적인 환경질이 향상된다. 이런 의미에서 오염물질을 저감하는 기술의 개발은 대단히 중요하며, 기술개발을 촉진하는 정책이 그렇지 못한 정책에 비해 우월하다 할 수 있다.

환경정책을 입안하는 것은 행정당국이지만 그러한 정책에 반응하여 구체적인 저감기술이나 방법을 선택하는 것은 민간오염자이다. 따라서 정책은 민간기업이 저감비용 절감을 위한 기술개발에 투자할 유인을 제공할 수 있어야 한다. 또한 정책이 자주 바뀌면 장래의 불확실성으로 인해 민간기업이 투자를 꺼리게 되므로 정책이 안정적으로 집행되어야 한다. 그리고 오염저감기술을 개발하여 판매하는 환경기술산업이 육성될 수 있는 환경도 만들어져야 한다.

5. 감시 및 감독비용

환경정책은 흔히 각 오염원이 배출할 수 있는 배출량의 상한을 정하거나, 배출량에 대해 부과금을 매기거나, 아니면 배출감소를 위한 시설을 설치하게 하는 방식 등을 사용한다. 그러나 정부가 이러한 기준들을 정하여 시행하여도 오염원이 정부 기준을 모두 준수한다는 보장이 없다. 오염원은 비용절감을 위해 가능하면 배출상한을 어기고자 하며, 정부가 요구하는 시설을 설치하지 않거나 설치하더라도 가동하지 않으려 할 것이다.

각 오염원이 정부가 정한 규정을 위반하고 싶은 동기를 항상 가지고 있으므로 정부는 오염원들이 규정을 준수하도록 유도하기 위해 노력하여야 한다. 이러한 노력에는 비용이 수반되고, 어떤 정책을 사용하느냐에 따라 정책집행에 소요되는 비용이 달라진다. 따라서 오염자로 하여금 정책을 실제로 따르도록 유도하는 것이 얼마나 수월한지도 환경정책의 장·단점을 평가할 때 반드시 고려해야 할 내용이다.

규제준수의 감시

환경정책이 도입되면 오염원은 자신의 실제 배출량을 의무적으로 기록하여야 한다. 행정당국은 오염원들이 기록한 배출량을 정기적으로 검사하고, 또한 실제 배출량을 감시하여 기록된 양과 일치하는지를 확인한다.

규제준수를 유도하는 조치는 크게 두 가지 절차로 나뉜다. 첫 번째 절차는 오염원들이 실제로 배출하는 오염물질량이 규정과 일치하는지를 감시하는 것이고, 이어서 두 번째 단계는 법을 어긴 것으로 판명된 오염자를 처벌하는 절차이다.

위에서 언급한 바와 같이 정부가 오염배출량을 감시하고 위반자를 처벌할 경우, 오염자는 규정을 위반하여 얻는 이득과 적발되었을 때 감당해야 하는 벌금 등을 고려하여 기대이윤을 극대화하도록 배출량을 결정한다. 이런 상황에서 정부가 어떻게 하면 오염자가 규제를 준수하는 비율을 높일 수 있느냐에 대해서는 많은 연구가 진행되어 오고 있다.

그중 한 가지 결론을 소개하면, 모든 오염원에게 동일한 감시 횟수나 벌금액 등을 적용하기보다는 오염원을 몇 개의 집단으로 차등화하여 관리하는 것이 규제준수를 유도하는 데 더 효율적이다. 예를 들어 오염원을 두 개의 그룹으로 나누어 첫 번째 그룹은 일종의 모범그룹으로서 배출량에 대한 감시 횟수도 적게 하고, 적발 시 벌금액도 적게 부과하지만, 두 번째 그룹에 대해서는 자주 감시하며, 적발 시 높은 벌금액을 부과한다. 다만 모범그룹에 속한 오염원이 적발되면 이 오염원은 모범그룹에 속할 자격을 상실하고 두 번째 그룹으로 편입된다. 그리고 두 번째 그룹에 속한 오염원이 몇 회의 감시 결과 규제를 항상 잘 준수하고 있는 것으로 밝혀지면, 이 오염원은 모범그룹으로 편입될 수 있다. 이렇게 차등화된 감시제도를 사용하면 각 오염원은 모범그룹으로 분류되었을 때 누릴 수 있는 이점을 잃지 않기 위해 획일적인 관리가 시행될 때에 비해 규제를 더 잘 지키고자 한다(Harrington, 1988).

이러한 차등화된 관리는 한국에서도 실제로 사용되고 있다. 오염물질의 현저한 감소, 자원과 에너지의 절감, 제품의 환경성 개선, 녹색경영체제의 구축 등을 통해 환경개선에 기여하는 오염원을 『녹색기업』으로 지정하여 사업 허가를 신고로 대체하게 하거나, 녹색기업임을 기업홍보에 사용할 수 있는 특혜를 부여한다. 하지만 녹색기업이 불법 배출을 하거나 하면 그 자격을 박탈당할 수 있다(환경부 고시, 『녹색기업 지정제도 운영규정』).

규제위반과 감시행위: 게임이론의 적용

규제정책이 실행될 때 오염원은 가능한 한 규제를 어겨 이득을 얻으려 하지만 반대로 규제당국은 오염원이 위반하지 않기를 원한다. 이러한 오염원과 규제당국의 전략적 관계는 간단한 게임이론을 적용하여 알아볼 수 있다.

오염원은 규제를 위반할 경우 g의 이득을 얻고, 그 때문에 오염피해가 d만큼 발생한다. 위반이 적발되면 오염원은 벌금으로 p를 납부해야 한다($p > g$). 규제당국이 오염원 행위를 단속·감시하려면 비용 c를 지불해야 한다. 위반이 있는데도 당국이 감시를 하지 않아 발생하는 d의 오염피해도 정부 비용이다. 불법행위 중에 당국이 감시하여 적발되면 불법행위가 중단되기 때문에 오염피해액이 s만큼 줄어든다($s > c$).

정리하면, 오염원과 규제당국이 각각의 선택으로부터 얻는 편익 혹은 보수들의 조합은 아래의 표와 같다.

		규제당국	
		감시	감시 안 함
오염원	위반	$-p+g,\ s-d-c$	$g,\ -d$
	위반 안 함	$0,\ -c$	$0,\ 0$

이상의 전략적 행위 가운데 어떤 것이 선택될지를 게임이론이 제시하는 내쉬균형(Nash equilibrium)을 찾아 확인해 보자. 내쉬균형은 모든 행위자에 있어 상대방이 선택을 바꾸지 않는 상태에서 자신만이 선택을 바꾸어 더 큰 이득을 얻는 것이 불가능한 상태를 의미한다. 위의 상황에서 오염원은 위반행위를 하거나 하지 않는 선택을 하고, 정부는 감시하거나 하지 않는 선택을 할 경우에는 내쉬균형이 존재하지 않는다. 예를 들어 (위반, 감시)의 경우 당국이 감시하는 상황에서 오염원이 위반하지 않는 것으로 선택을 바꾸면 편익이 $-p+g$에서 0으로 늘어나고, 따라서 (위반, 감시)는 내쉬균형이 될 수가 없다. 마찬가지로 다른 세 가지 선택조합도 모두 내쉬균형이 될 수 없음을 확인해 보기 바란다.

그러나 오염원과 규제당국이 소위 혼합전략(mixed strategy)을 선택한다면 최소한 하나의 내쉬균형이 존재한다. 혼합전략에서는 오염원은 확률 x만큼의 빈도로 위반행위를 하고, 확률 $1-x$만큼의 빈도로 위반행위를 하지 않으며, 규제당국은 확률 y만큼의 빈도로 감시하고, 확률 $1-y$만큼의 빈도로 감시하지 않는다. 혼합전략의 균형에서는 규제당국이 감시할 때 예상할 수 있는 편익과 하지 않을 때 예상할 수 있는 편익이 일치해야 한다. 그렇지 않고 어느 한 선택의 예상편익이 크다면 항상 그쪽을 선택해 버릴 것이다. 감시를 선택할 때 당국의 예상편익은 $x(s-d-c)+(1-x)(-c)$이고, 감시하지 않을 때 예상편익은 $x(-d)$이다. 이 두 예상편익이 일치하기 위해서는 $x=\dfrac{c}{s}$의 관계가 성립하여야 한다.

마찬가지로 오염원 역시 규제를 위반할 때의 예상편익과 준수할 때의 예상편익이 일치해야 한다. 위반할 때의 예상편익은 $y(-p+g)+(1-y)g$이고, 규제준수할 때의 예상편익은 0이다. 따라서 내쉬균형에서는 $y=\dfrac{g}{p}$의 관계가 충족되어야 한다.

즉 내쉬균형에서 오염원은 $x=\dfrac{c}{s}$의 확률로 위반행위를 하고, 규제당국은 $y=\dfrac{g}{p}$의 확률로 오염원을 적발하려는 시도, 즉 단속을 한다. 오염원이 위반행위를 할 확률 x는 정부의 감시비용($=c$)이 클수록 높아지고, 위반행위를 적발하여 중단시킴으로써 오염피해를 줄여줄 수 있는 정도($=s$)가 클수록 줄어든다. 감시비용이 적거나 불법행위를 중단시켜 얻는 이득이 클 경우 규제당국이 감시할 때 얻는 편익이 크고, 따라서 감시하려는 인센티브가 커지게 된다. 이 경우 오염원은 법규를 위반하려는 시도를 덜 하게 된다.

한편 규제당국이 오염원의 위반행위를 적발하고자 시도하는 빈도 y는 위반행위를 하여 얻는 이득($=g$)이 클수록 커지고 반대로 적발 시 납부해야 하는 벌금액($=p$)이 클수록 작아진다. 오염원이 불법행위로부터 얻는 이득이 크거나 적발 시 납부해야 하는 벌금액이 적을 경우 위반행위를 할 인센티브가 커지게 된다. 따라서 이 경우 정부는 오염원의 위반행위를 막기 위해 보다 자주 감시·감독하여야 한다.

6. 윤리적 기준

앞에서 논의된 형평성 기준은 부의 분배에 관한 사회 전체의 윤리적 판단을 따라야 한다. 환경정책평가 기준 중에는 형평성 외에도 윤리적 판단이 필요한 것들이 더 있다. 그 대표적인 것이 오염자부담원칙(polluter pays principle)의 문제이다. 오염자부담원칙이란 바람직한 환경수준을 유지하기 위해 정부가 사용하기로 한 오염방지 및 제거수단을 시행하는 데 소요되는 비용을 모두 오염자가 부담해야 한다는 원칙이다. 반면 피해자부담원칙(victim pays principle) 혹은 수혜자부담원칙(beneficiary pays principle)은 환경질 개선에 소요되는 비용을 환경피해가 줄어들어 이득을 보는 오염피해자가 부담해야 한다는 원칙이다.

예를 들어 팔당 상수원의 오염문제를 생각해 보자. 팔당호 오염에 관한 한 팔당호 수원지 부근에서 농업생산을 하거나 음식점을 운영하는 사람이 오염자이고, 팔당호로부터 공급된 수돗물을 먹는 서울시민이 피해자이다. 팔당호 수질을 개선하는 데 오염자부담원칙을 적용하면 농민이나 음식점 주인이 폐업을 하거나 오염물질 배출량을 줄이기 위한 노력을 해야 하고 그 비용도 부담하여야 한다. 그러나 수혜자부담원칙을 적용하면 수질 개선으로 이득을 보는 서울시민이 그 비용을 부담해야 한다. 이 경우 팔당호 부근 생산자들이 보다 환경친화적으로 경제행위를 하는 데 필요한 비용을 서울시민이 수돗물값을 인상하거나 해서 보상하여야 한다. 두 원칙 가운데 어느 원칙을 적용하든 경제적 효율성 측면에서는 큰 차이가 없다면, 정부는 서울시민이 깨끗한 물을 마실 권리와 팔당호 주변 생산자가 경제행위를 할 권리 가운데 어느 쪽이 우선하는지를 선택해야 한다. 이러한 선택은 국민 전체의 윤리적 판단을 따라야 할 것이다.

오염자부담원칙

오염자부담원칙과 같은 윤리적 판단기준은 환경정책을 실시하는 데 필요한 정보의 양이나 비용수준, 정책에 대한 반발의 정도, 사회의 기타 법적, 제도적 구조와의 상충 여부 등을 포함하는 환경정책의 행정효율성 및 실행성(administrative efficiency and practicability)과 관련된 개념이다. 오염자부담원칙은 1970년대 초반 OECD가 도입함으로써 일반화되었다. OECD는 바람직한 환경수준을 유지하기 위해 오염방지 및 제거 수단을 시행하는 데 드는 비용을 모두 오염자가 부담해야 한다는 원칙을 세우고, 이를 오염자부담원칙이라 정의하였다. 아울러 제거하고 남은 잔여 물질 때문에 발생하는 피해를 오염자가 보상하는 것도 이 원칙에 해당된다고 보았다.

개별정책이 오염자부담원칙에 합당한 것인지를 실제로 판단하는 데에는 몇 가지 모호한 점이 개입되어 있다. 그렇지만 오염을 유발한 자가 피해 복구비용을 부담해야 한다는 점에서 이 원칙은 대부분 사회에서의 법 감정과 일치하는 장점이 있다. 따라서 현재 각국의 환경정책은 대부분 표면적으로는 이 원칙을 표방하고 있고, 많은 환경정책이 오염자로부터 세금이나 벌칙금을 징수한 뒤 환경개선사업에 사용하는 형태를 띠고 있다. 그러나 여러 나라에서 농민도 보호하고 환경오염도 줄이기 위해 환경피해 가능성이 높은 지역의 농민이 경작을 포기하거나 영농방식을 개선할 경우 보조금을 주는 것과 같이, 수혜자부담원칙이 적용되는 정책 사례 역시 많이 발견할 수 있다.

7. 기타 평가기준

환경정책을 평가하기 위해서는 위에서 살펴본 다섯 가지 기준 외에도 여러 추가 기준을 적용할 수 있다. 그런 추가 기준 중 하나가 정책이 오염자로 하여금 경제 여건 변화에 탄력적으로 반응할 수 있게 하느냐의 조건, 즉 신축성(flexibility) 조건이다. 환경정책은 정부가 도입하지만 정책하에서 가장 효율적인 방법을 동원하여 배출량을 줄이는 역할은 개별 오염자가 담당한다. 오염자가 기술이나 시장 여건의 변화에 탄력적으로 반응할 여지를 많이 부여하는 정책일수록 오염자로 하여금 저감비용을 절약할 수 있게 한다.

정부가 정책을 수립하여 집행할 때 이익집단의 로비나 관료집단의 특성으로 인해 정부의 실패가 발생하고, 경우에 따라서는 정부개입이 오히려 사회 전체 후생을 감소시킬 수 있다. 이런 측면에서 볼 때 "정부의 실패"가 발생할 가능성이 적어야 한다는 것 역시 하나의 정책선택 기준으로 작용할 수 있다.

부록 / **오염행위의 최적 규제**

앞에서 우리는 최적의 배출량은 오염의 한계피해와 오염물질 한계저감비용이 일치하는 수준의 배출량이라는 것을 보았다. 이러한 최적 오염수준을 보다 일반적인 상황을 가정하고 도출할 수 있는데, 아래에서는 다수의 생산자와 피해자가 존재하는 일반균형(general equilibrium)에서의 최적 정책을 찾는 방법을 보여 준다.5) 다수 오염원과 피해자가 존재하는 경우를 분석하기 위해서는 수학모형에 의존할 수밖에 없지만, 이 부록이 제시하는 방법은 외부효과가 존재할 때의 파레토 최적을 찾아내고 최적 정책개입을 도출하는 데 일반적으로 사용할 수 있는 유용한 방법이다.

두 명의 소비자 겸 오염피해자가 있고, 또한 서로 다른 상품을 생산하면서 오염을 유발하는 두 기업 혹은 오염원이 있다고 하자. 소비자는 소비행위는 물론 이미 발생된 오염으로부터의 피해를 줄이기 위한 회피행위(averting behavior)도 할 수 있다. 기업은 생산과

---

5) 아래의 분석모형은 수년 전 작고한 오우츠(W. E. Oates) 교수가 생전에 본인 수업에 사용하기 위해 만든 것을 변형한 것이다.

정에서 통상적인 투입요소와 함께 오염물질을 필요로 한다. 이러한 경제는 다음 수식들로 표현된다.

$$U_A = U_A(X_A, Y_A, Z_A) \quad \text{5-1}$$

$$U_B = U_B(X_B, Y_B, Z_B) \quad \text{5-2}$$

$$X = X(L_X, S_X) \quad \text{5-3}$$

$$Y = Y(L_Y, S_Y) \quad \text{5-4}$$

$$Z_A = Z_A(S_X + S_Y, L_A) \quad \text{5-5}$$

$$Z_B = Z_B(S_X + S_Y, L_B) \quad \text{5-6}$$

$$L_0 = L_X + L_Y + L_A + L_B \quad \text{5-7}$$

$$X = X_A + X_B \quad \text{5-8}$$

$$Y = Y_A + Y_B \quad \text{5-9}$$

식 (5-1) 과 식 (5-2)는 두 소비자 A와 B의 소비 만족도를 나타내는 효용함수들이다. X_A와 Y_A는 A가 소비하는 두 가지 상품의 소비량을 각각 나타내고, Z_A는 A가 오염물질에 노출된 정도를 나타낸다. 마찬가지의 해석을 B에 대해서도 할 수 있다.

식 (5-3)과 식 (5-4)는 두 기업의 생산함수를 나타낸다. 식 (5-3)에서 L_X와 S_X는 각각 소비재 X의 생산에 사용된 노동이나 자본과 같은 통상적인 투입요소와, 생산과정에서 배출된 오염물질의 양을 나타낸다. 마찬가지의 해석이 식 (5-4)에게도 적용된다.

식 (5-5)와 식 (5-6)은 두 소비자가 오염물질에 노출되는 정도를 나타낸다. A가 오염물질에 노출되는 정도는 두 기업이 배출한 오염물질의 합인 $S_X + S_Y$에 의해 결정되지만, 동시에 A의 회피행위 L_A에 의해서도 영향을 받는다. 즉 Z_A는 L_A가 늘어나면 줄어든다. 상대적으로 오염도가 낮은 지역으로 이사하는 행위 등이 회피행위의 예가 될 것이다.

식 (5-7)은 자원부존량에 관한 제약이다. 노동이나 자본 등과 같은 자원의 총량 L_0는 두 가지 소비재 생산에 각각 이용되거나 아니면 두 소비자의 회피행위에 사용되어야 한다.

마지막으로 식 (5-8)과 식 (5-9)는 소비재의 분배형태를 나타낸다. 생산된 소비재는 두 소비자에 의해 분할·소비되어야 한다.

이상과 같이 소비재가 생산되면서 동시에 환경오염도 발생하고, 또한 오염피해를 줄이는 행위까지도 가능할 때 각 자원은 어떻게 활용되는 것이 사회적으로 보아 최적일까? 즉 위와 같은 경제에 있어 파레토 최적은 무엇일까? 파레토 최적은 이미 앞에서 정의된 바와 같이 다른 구성원의 후생을 줄이지 않으면서 특정 구성원의 후생을 늘리는 것이 불가능할 때 발생한다. 달리 표현하면 다른 구성원의 후생은 특정 수준에 묶어둔 채 어느 한 구성원의 후생을 최대한 크게 만들면 파레토 최적이 달성된다. 물론 이 과정에서 경제 내의 부존자원 제약이나 기술적 제약이 모두 반영되어야 한다. 파레토 최적을 도출하기 위해 다음 식을 극대화할 수 있다.

$$
\begin{aligned}
\varPhi = {}& U_A(X_A, Y_A, Z_A) + \lambda_1[U_B(X_B, Y_B, Z_B) - U_B^0] \\
& + \lambda_2[X_A + X_B - X(L_X, S_X)] + \lambda_3[Y_A + Y_B - Y(L_Y, S_Y)] \\
& + \lambda_4[L_0 - L_X - L_Y - L_A - L_B] \quad\text{5-10}
\end{aligned}
$$

식 (5-10)은 소비자 B의 후생은 U_B^0으로 고정한 상태에서 소비자 A의 후생을 극대화하되, 이 과정에서 자원의 부존 및 생산기술 관련 제약을 모두 반영하도록 하고 있다. 파레토 최적을 위해서는 식 (5-10)을 극대화하는 $X_A, X_B, Y_A, Y_B, S_X, S_Y, L_A, L_B, L_X, L_Y$를 구하여야 한다. 식 (5-10)을 이들 변수들로 미분한 것을 0으로 만들기 위해서는 다음 네 조건이 성립해야 함을 확인해 보기 바란다.

$$
-\left(\frac{\frac{\varDelta U_A}{\varDelta Z_A}\frac{\varDelta Z_A}{\varDelta S_X}}{\varDelta U_A / \varDelta X_A} + \frac{\frac{\varDelta U_B}{\varDelta Z_B}\frac{\varDelta Z_B}{\varDelta S_X}}{\varDelta U_B / \varDelta X_B} \right) = \frac{\varDelta X}{\varDelta S_X} \quad\text{5-11}
$$

$$
-\left(\frac{\frac{\varDelta U_A}{\varDelta Z_A}\frac{\varDelta Z_A}{\varDelta S_Y}}{\varDelta U_A / \varDelta Y_A} + \frac{\frac{\varDelta U_B}{\varDelta Z_B}\frac{\varDelta Z_B}{\varDelta S_Y}}{\varDelta U_B / \varDelta Y_B} \right) = \frac{\varDelta Y}{\varDelta S_Y} \quad\text{5-12}
$$

$$
\frac{\varDelta U_A}{\varDelta Z_A}\frac{\varDelta Z_A}{\varDelta L_A} = \frac{\varDelta U_A}{\varDelta X_A}\frac{\varDelta X}{\varDelta L_X} = \frac{\varDelta U_A}{\varDelta Y_A}\frac{\varDelta Y}{\varDelta L_Y} \quad\text{5-13}
$$

$$
\frac{\varDelta U_B}{\varDelta Z_B}\frac{\varDelta Z_B}{\varDelta L_B} = \frac{\varDelta U_B}{\varDelta X_B}\frac{\varDelta X}{\varDelta L_X} = \frac{\varDelta U_B}{\varDelta Y_B}\frac{\varDelta Y}{\varDelta L_Y} \quad\text{5-14}
$$

식 (5−11)의 우변은 X를 생산하는 기업에 있어 오염물질인 S_X의 한계생산성이다. 좌변의 첫 번째 항인 $-\dfrac{\frac{\Delta U_A}{\Delta Z_A}\frac{\Delta Z_A}{\Delta S_X}}{\Delta U_A/\Delta X_A}$는 S_X가 늘어남으로 인해 A의 오염물질에 대한 노출이 커지고 그로 인해 A의 후생이 줄어드는 정도를 A가 소비재 X_A를 소비하여 얻는 한계효용으로 나누어준 것의 음의 값이다. 즉 이 항은 오염물질 S_X와 통상적인 소비재 X_A의 한계대체율의 음의 값으로서 소비자 입장에서는 S_X가 한 단위 더 배출되어 발생하는 한계피해이다. 마찬가지로 식 (5−11)의 두 번째 항은 두 번째 소비자 B가 S_X 한 단위 증가로 인해 입게 되는 한계피해를 나타낸다. 따라서 식 (5−11)은 오염물질이 한 단위 더 배출되어 발생하는 두 소비자의 한계피해의 합, 즉 사회적 한계피해인 좌변과 오염물질이 생산에 기여하는 한계가치인 우변이 일치하는 수준에서 오염물질 배출량이 결정되어야 한다는 것을 의미한다. 식 (5−11)의 우변은 달리 표현하면 배출을 한 단위 줄이면 잃어버리게 되는 생산손실, 즉 한계저감비용이고 좌변은 달리 표현하면 배출 한 단위 감소로 인해 얻게 되는 피해의 감소, 즉 배출저감의 한계편익이다. 따라서 식 (5−11)은 본문에서 주장한 바와 같이 오염저감의 한계비용과 한계편익이 일치하는 수준에서 최적 오염행위가 이루어져야 함을 의미한다. 마찬가지의 해석을 Y산업에서 발생하는 오염물질 S_Y에 대해서도 할 수 있으며, 이는 식 (5−12)에 의해 표현된다.

식 (5−13)의 첫 번째 항은 자원이 소비자 A의 오염회피행위에 사용될 때 A의 후생이 늘어나는 정도를 나타낸다. 두 번째 항은 자원이 X 생산에 사용되고 그로 인해 A의 X 소비가 증가하여 늘어나는 후생이다. 마지막 항은 자원이 Y 생산에 사용되어 A가 얻게 되는 후생 증가이다. 이 세 항이 모두 일치한다는 것이 자원의 효율적 이용에 필요한 조건이 된다. 마찬가지의 해석을 소비자 B에 대해서도 할 수 있으며, 이는 식 (5−14)가 나타낸다.

그렇다면 이러한 파레토 최적조건이 실제로 시장에서 달성될 것인가? 소비자 A의 최적 선택문제를 다음과 같이 설정해 보자.

$$\Phi_A = U_A[X_A, Y_A, Z_A(S_X + S_Y, L_A)] + \lambda_A[P_X X_A + P_Y Y_A + wL_A - I_A] \cdots \boxed{5\text{-}15}$$
단, P_X, P_Y, w은 시장에서 형성되는 X, Y, L의 가격이고 I_A는 A의 소득임.

이러한 효용극대화문제를 풀기 위해 A는 다음의 조건을 충족하여야 한다.

$$\frac{\Delta U_A}{\Delta Z_A}\frac{\Delta Z_A}{\Delta L_A}=\frac{\Delta U_A}{\Delta X_A}\frac{w}{P_X}=\frac{\Delta U_A}{\Delta Y_A}\frac{w}{P_Y} \quad \text{..} \quad \textbf{5-16}$$

아울러 완전경쟁시장에서 기업은 투입요소 가격이 그 투입요소를 한 단위 추가로 사용하여 얻을 수 있는 산출물의 가치와 일치하도록 생산량과 투입요소 사용량을 선택한다. 즉 $w=P_X\frac{\Delta X}{\Delta L_X}=P_Y\frac{\Delta Y}{\Delta L_Y}$이다. 이 조건을 식 (5-16)에 대입하면 결국 식 (5-16)은 식 (5-13)과 일치한다는 것을 확인할 수 있다. 마찬가지로 소비자 B의 효용극대화 문제를 풀어 B의 최적화 행위가 식 (5-14)를 만족한다는 것을 확인할 수 있다. 따라서 외부효과를 유발하지 않고 외부효과의 피해자이기만 한 소비자의 경우 이들의 행위가 사회적 최적 조건을 충족하기 때문에 이들의 행위를 규제할 필요도 없고 이들에 대한 피해보상도 불필요하다.

그렇다면 오염자인 기업의 경우는 어떠한가? 기업의 행위는 정부가 어떤 정책을 사용하느냐에 따라 달라지는데, 여기서는 정부가 오염물질 배출에 대해 세금 혹은 배출부과금을 징수한다고 하자. 배출되는 오염물질 단위당 t의 세금이 부과된다고 가정하면 기업 X는 이윤극대화를 위해 다음을 최대로 만드는 L_X와 S_X를 선택한다.

$$\Phi_X = P_X X(L_X, S_X) - wL_X - tS_X \quad \text{..} \quad \textbf{5-17}$$

기업의 이윤극대화 행위는 다음의 조건을 충족한다.

$$w=P_X\frac{\Delta X}{\Delta L_X}, \ t=P_X\frac{\Delta X}{\Delta S_X} \quad \text{..} \quad \textbf{5-18}$$

기업의 최적화 행위를 나타내는 조건 중 두 번 째 조건인 $t=P_X\frac{\Delta X}{\Delta S_X}$와 사회적 최적 조건인 식 (5-11)을 비교하면, 기업에게 부과되는 배출부과금은 다음을 만족하여야 함을 확인할 수 있다.

$$t=-P_X\left(\frac{\dfrac{\Delta U_A}{\Delta Z_A}\dfrac{\Delta Z_A}{\Delta S_X}}{\Delta U_A/\Delta X_A}+\frac{\dfrac{\Delta U_B}{\Delta Z_B}\dfrac{\Delta Z_B}{\Delta S_X}}{\Delta U_B/\Delta X_B}\right) \quad \text{..} \quad \textbf{5-19}$$

우리는 이미 사회적 최적 조건을 도출하면서 $-\left(\dfrac{\dfrac{\Delta U_A}{\Delta Z_A}\dfrac{\Delta Z_A}{\Delta S_X}}{\Delta U_A/\Delta X_A}+\dfrac{\dfrac{\Delta U_B}{\Delta Z_B}\dfrac{\Delta Z_B}{\Delta S_X}}{\Delta U_B/\Delta X_B}\right)$ 가 오염물질 배출량이 한 단위 더 늘어 발생하는 한계피해를 그로 인해 증가하게 되는 X 생산량을 단위로 하여 표시한 것임을 확인하였다. 여기에 X의 단위당 가격 P_X를 곱해주면 이 한계피해는 화폐액으로 환산되고, 따라서 식 (5-19)는 결국 기업이 유발하는 한계피해액에 해당되는 만큼을 조세나 부과금의 형태로 오염물질에 부과하여야 사회적 최적이 달성됨을 의미한다. 최적 조세가 부과될 때의 기업 Y의 반응도 마찬가지 방법으로 분석할 수 있다.

위의 분석 내용은 몇 가지 시사점을 제공한다. 첫째, 이미 본문에서 언급된 바와 같이 최적의 환경 이용은 오염저감으로 인해 얻게 되는 한계편익 혹은 한계피해의 감소와 이를 위해 지불해야 하는 생산감소 혹은 한계저감비용과 일치하는 수준에서 얻어진다. 둘째, 제 4장에서 소개된 코즈정리의 주장과는 달리 최적의 환경이용을 위해서는 오염원과 피해자가 차별화된 대접을 받아야 한다. 오염이나 외부효과를 유발하는 오염원, 즉 우리 예에서의 기업은 '규제'되어야 하지만 오염을 유발하지 않는 소비자에게는 어떤 '규제'도 그리고 '보상'도 불필요하다. 즉 외부효과의 원인 제공자는 정부 규제 대상이 되지만 외부효과를 유발하지 않는 사람에 대해서는 정부가 개입할 필요 없이 그들 스스로 최적의 선택을 하도록 허용하면 된다는 것이다.

01 두 기업이 오염물질을 배출하고 있다. 기업의 배출감소량을 a라 할 때, 각 기업의 한계저감비용은 각각 $MAC_1 = 200a_1$과 $MAC_2 = 100a_2$이다. 오염규제가 없을 때 기업은 각각 20단위의 오염물질을 배출하고 있다. 즉 이 지역의 총 오염물질 배출량은 40이다. 만약 정부가 비용효과성을 달성하면서 이 지역의 전체 배출량을 21단위 줄이고자 한다면($a_1 + a_2 = 21$), 각 기업에게는 어느 정도의 배출량이 허용되어야 하는가?

02 연탄공장이 오염물질을 배출하는 어떤 지역에 연탄공장 근로자와 일반인의 두 집단이 살고 있다. e를 오염물질 배출량이라 하면, 근로자에게는 오염피해에서 근로소득을 뺀 순 피해가 e^2만큼 발생한다. 일반인에게는 근로소득 없이 오염피해만 $3e^2$만큼 발생한다. 연탄공장의 오염물질 저감비용은 $20e - e^2$와 같다.

(가) 두 집단을 모두 포함하여 이 지역 전체의 한계피해를 도출하라.

(나) 이 지역의 가장 바람직한 수준의 오염물질 배출량을 구하라.

(다) 정부 규제나 사적 교섭이 없을 경우의 오염물질 배출량을 구하라.

- Chiang, A. C. and K. Wainwright (2005), *Fundamental Methods of Mathematical Economics*, 4th ed., McGraw−Hill.

- Harrington, W. (1988), "Enforcement Leverage When Penalties are Restricted," *Journal of Public Economics* 37: 29−53.

06 CHAPTER 직접규제

직접규제(command and control)란 사회적으로 바람직한 수준의 환경질을 달성하기 위해 오염원이 해야할 행위를 구체적인 법률로 정하고, 사법권, 경찰력, 벌금, 행정조치 등과 같은 수단을 동원해 이를 지키도록 하는 환경정책을 의미한다. 직접규제는 정책당국이 설정한 환경기준(environmental standards)을 의무적으로 지킬 것을 오염원에게 요구한다.

환경기준을 설정하여 오염행위를 통제하는 것은 실행 과정이 비교적 단순하고 직접적이며, 정책의 목표를 명확히 표현할 수 있다는 장점을 가진다. 또한 환경기준 위반 행위자를 처벌하는 절차를 포함하고 있으므로 환경오염은 비도덕적이라는 윤리의식과도 부합되는 정책이다. 이런 이유로 인해 환경기준을 통해 시행되는 직접규제는 각국이 가장 많이 사용하고 있는 환경정책이다.

하지만 직접규제는 경제적 유인을 통해 오염원 스스로 배출량을 효율적으로 줄이도록 유도하는 정책은 아니다. 직접규제는 정책당국이 설정한 기준을 의무적으로 지키도록 요구하기 때문에 배출감소를 위해 오염원이 취할 수 있는 선택 폭을 매우 제한하는 정책이다. 따라서 이 제도는 정책당국에게는 많은 재량권과 신축성을 부여하는 반면, 오염원 입장에서는 대단히 경직된 제도라 할 수 있다. 이런 이유로 인해 직접규제는 효율성 측면에서 많은 문제점을 가지고 있는 정책이며, 환경경제학자들에 의해 지속적으로 비판받아 온 정책이다.

section 01 환경기준

정책당국이 지정하는 환경기준에는 배출기준, 오염도기준, 기술기준의 세 가지가 있다.

1. 배출기준

성과기준(performance standards)이라 불리기도 하는 배출기준(emission standards)은 각 오염원이 배출할 수 있는 오염물질 배출량의 상한을 의미한다. 배출기준은 오염원에게 적용되는 배출상한만을 명시할 뿐이지 오염원이 어떤 방법이나 과정을 통해 배출하느냐 하는 것은 문제 삼지 않는다. 또한 배출기준을 이용한 정책이 실시되면 각 오염원은 법으로 정해진 배출상한을 준수하기만 한다면 자신이 위치한 지역의 실제 오염도가 심하게

표 6-1 **배출기준의 종류**

배출기준의 종류	적용 예
배출률	톤/시간
배출농도	폐수단위당 BOD수준(ppm)
폐기물 총량	시간당 배출량×배출농도×총배출시간
원단위	SO_2배출량/전력생산량
투입물의 폐기물 함유량	발전용 석탄의 황함유량
오염물질 제거율	폐수 방류 전 x%의 오염물질 제거

자료: Field(1997).

나타나더라도 이에 대해 책임질 필요가 없다.

오염물질의 종류나 경제행위의 특성에 따라서 배출량을 측정하는 방법이 달라지므로 배출기준은 〈표 6-1〉처럼 여러 가지 형태로 적용된다. 이와 같은 배출기준은 한국에서도 환경정책으로 사용되고 있다. 예를 들어 배출률이나 배출농도는 수질오염이나 대기오염규제에 흔히 사용되고 있으며, 생산된 산출물 단위당(혹은 생산된 산출물의 단위 가치당) 오염물질 배출량을 나타내는 원단위는 산업별 환경정책의 목표 수치로서 자주 이용된다. 그리고 대기오염정책 가운데 하나로 사용되고 있는 황성분이 적은 유류를 사용할 것을 의무화하는 정책은 투입물의 폐기물 함유량을 규제하는 정책으로 분류할 수 있다.

2. 오염도기준

오염도기준(ambient standards)은 자연환경에 축적된 오염물질량의 허용된 상한을 의미한다. 서울시 대기 중 SO_2 농도의 상한선이나 한강수계의 BOD 상한선 같은 것들이 오염도기준에 해당된다. 오염도기준을 적용할 때는 흔히 오염도를 측정하는 지점(receptor site)을 정한 뒤 이 지점에서의 오염물질 축적량이 정책 목표로 정한 상한선을 넘지 않도록 한다.

오염도기준은 특성상 기준의 달성 의무를 오염원에게 직접 명령할 수는 없고, 앞서 설명한 배출기준을 정하거나 혹은 뒤에서 설명할 기술기준을 이용하여 정부가 목표로 하는 오염도를 달성하도록 유도하여야 한다. 즉 오염도기준은 단독으로 실행되는 것이 아니라 배출기준이나 기술기준을 매개로 하여 실행된다. 정부가 배출기준을 이용하여 오염도기준을 실행하기 위해서는 각 오염원이 배출하는 배출량이 어떤 경로를 통해 오염도 측정지점의 오염도에 얼마나 영향을 주는지를 파악할 수 있어야 한다. 또한 기술기준을 매개로 하

그림 6-1 배출량과 오염도의 관계

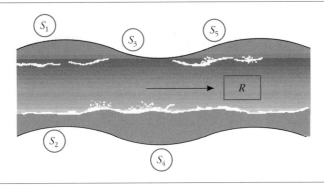

여 오염도기준을 달성하고자 할 경우에도 기술기준 부과로 인해 각 오염원의 배출량이 줄 어드는 정도를 파악하고, 이러한 배출량 감소가 오염도에 미치는 영향을 파악하여야 한다.

배출기준을 매개로 하여 오염도기준을 실행하는 과정을 좀 더 체계적으로 살펴보기 위해 〈그림 6-1〉과 같이 왼쪽에서 오른쪽으로 흐르고 있는 강물에서 발생하는 수질오염을 고려해 보자. 오염도기준이 설정된 오염도 측정지점은 그림의 R지점이다. R지점의 수질 오염도는 S_1에서 S_5에 이르는 상류의 오염원이 배출하는 오염물질 배출량에 의해 영향을 받는다. 정부가 R지점에서의 목표오염도를 달성하기 위해서는 각 오염원이 줄여야 할 배 출량을 배출기준을 통해 정해주어야 하고, 이를 위해서 정부는 각 오염원의 실제 배출량이 R에서의 오염도에 어떤 영향을 주게 되는지를 파악하여야 한다.

배출량이 오염도에 미치는 영향은 간단한 수식을 통해 표현할 수 있다. 어떤 지역에 N개의 오염원이 있다고 하자. 각 오염원이 배출하는 배출량을 $e_1,\dots,e_N$으로 나타내고, 오 염도 측정지점에서의 오염도를 Q로 나타내자. 측정지점에 축적되는 오염물질은 오염원이 배출한 오염물질뿐 아니라 자연적인 요인이나 N개의 오염원 외의 규제지역 밖의 오염자 가 배출한 오염물질량에 의해서도 축적될 수가 있다. 이러한 기타요인에 의해 축적되는 오 염물질량을 B라고 하자. 측정지점의 오염물질량은 다음과 같이 표현된다.

$$Q = \sum_{i=1}^{N} d_i e_i + B \quad\text{6-1}$$

식 (6-1)에서 d_i는 i번째 오염원이 오염물질을 한 단위 배출했을 때 그 중 측정지점 에 실제로 축적되는 양을 의미하며, 전이계수(transfer coefficient)라 불린다. 전이계수는 오 염원의 배출량과 측정지점 오염도의 관계를 파악하는 데 있어 매우 중요한 역할을 한다. 측정지점과 아주 가까이 위치한 오염원들이 서로 동질적인 오염물질을 배출할 경우 이들의 전이계수는 서로 동일하고, 1에 가까운 값을 가질 것이다. 그러나 비교적 넓은 지역에 산재한 오염원들이 측정지점의 오염도에 미치는 영향을 파악하고자 할 경우나, 오염원들이 배출하는 오염물질의 농도가 서로 다를 경우에는 각 오염원의 전이계수는 서로 다른 값을 가질 것이다.

오염물질이 자연환경으로 배출되면 자연의 자정능력에 의해 그 농도가 약해지므로 오염원들의 배출농도가 서로 같다고 하더라도 측정지점에서 멀리 떨어진 오염원의 전이계수가 측정지점에 가까운 오염원의 전이계수보다 더 작은 값을 가질 것이다. 각 오염원이 배출한 오염물질이 자연환경의 오염도에 미치는 영향이 서로 동일할 경우 이러한 오염물질을 동질적 오염물질(uniformly mixed pollutant)이라 하고, 반대로 어느 오염원에 의해 배출되었느냐에 따라 오염도에 미치는 영향이 달라지는 오염물질을 이질적 오염물질(nonuniformly mixed pollutant)이라 부른다.

다수 측정지점의 오염도 결정

많은 경우 정책당국은 오염도를 여러 개의 지점에서 정기적으로 측정하며, 각 측정지점에 대해 동일하거나 서로 다른 오염도기준을 설정한다. 한국의 물환경측정망에서는 전국 1,953개소의 수질이 측정되며, 대기질의 경우도 대기측정망이 수도권에만 43개소가 있다.

측정지점이 많을 경우 각 오염원의 배출량과 각 측정지점의 오염도와의 관계를 나타내기 위해 식 (6−1)을 행렬을 사용하여 확장하는 것이 편리하다. N개의 오염원이 있고, M개의 측정지점이 있다고 하자. 각 측정지점의 오염도를 $q_1, ..., q_M$으로 나타내고, 각 측정지점에서의 자연적 및 기타요인에 의한 오염도를 $b_1, ..., b_M$으로 나타내자. 이러한 오염도들과 각 오염원의 배출량을 모두 모아 다음과 같은 세 개의 열벡터로 표현할 수 있다.

$$Q = \begin{pmatrix} q_1 \\ . \\ . \\ . \\ q_M \end{pmatrix}, \quad B = \begin{pmatrix} b_1 \\ . \\ . \\ . \\ b_M \end{pmatrix}, \quad E = \begin{pmatrix} e_1 \\ . \\ . \\ . \\ e_N \end{pmatrix}$$

한편 전이계수를 모아 다음과 같은 $N \times M$ 행렬을 구성할 수 있다. 이렇게 전이계수로 구성된 행렬을 확산행렬(diffusion matrix)이라 부른다.

$$D = \begin{pmatrix} & & \vdots & & \\ & & \vdots & & \\ \cdots & & d_{ij} & \cdots & \\ & & \vdots & & \\ & & \vdots & & \\ & & \vdots & & \end{pmatrix}$$

확산행렬 D의 원소 d_{ij}는 i번째 오염원에서 배출한 한 단위의 오염물질이 j번째 측정지점에 축적되는 양을 나타낸다. D의 전치행렬(transpose)이 D^T라면, 위의 확산행렬 및 벡터들을 이용하여 다수 측정지점의 오염도 결정모형을 다음의 식으로 나타낼 수 있다.

$$Q = D^T E + B \quad\text{··} \quad \boxed{6\text{-}2}$$

3. 기술기준

기술기준(technology standards)은 오염원이 경제행위를 하면서 사용하는 생산기술이나 생산절차에 대해 규제하는 정책이다. 축산농가로 하여금 폐수처리를 위해 특정 성능을 가진 정화시설을 의무적으로 설치하게 한다든가, 자동차에 촉매변환기(catalytic converter)를 의무적으로 장착하게 하거나, 공장에 탈황시설을 설치하게 하는 것 등이 바로 기술기준에 해당된다. 또한 황성분이 적은 연료를 의무적으로 사용토록 하는 정책은 투입물의 폐기물 함유량을 규제하는 배출기준의 하나로 볼 수도 있지만, 일종의 기술기준으로 분류할 수도 있다.

기술기준은 배출기준과는 달리 오염물질을 얼마나 배출하느냐에 대한 규제가 아니라 어떻게 배출하느냐에 대한 규제이다. 배출기준에서는 정부가 정한 배출량 상한을 오염원이 충족할 수만 있다면, 어떤 방식으로 생산행위를 하고 어떤 생산기술을 채택할 것인가 하는 문제는 전적으로 오염원이 선택할 수가 있다. 그러나 기술기준은 오염원이 사용할 수 있는 기술 자체를 정부가 규제하기 때문에 오염원 입장에서는 배출기준보다도 더 경직된 정책이다.

1. 기준의 설정

배출기준을 설정하여 사회적으로 바람직한 수준의 환경오염을 달성하고자 할 때 정부는 어느 정도의 배출상한을 설정하여야 하는가? 그 해답은 물론 〈그림 6-2〉의 e^*처럼 오염물질 배출로 인한 사회적 한계피해와 오염물질 저감의 사회적 한계비용이 일치하는 수준의 배출량을 배출상한으로 정하는 것이다. 마찬가지로 오염도기준을 적용한다면 오염도를 기준으로 하였을 때의 사회적 한계저감비용과 한계피해액이 일치하는 수준에서 목표 오염도를 정하고, 이를 달성하는 데 필요한 배출기준이나 기술기준을 설정하여야 한다.

〈그림 6-2〉와 같은 배출기준을 사용한 직접규제에서는 오염원이 배출할 수 있는 배출량을 정책당국이 직접 결정해 주어야 하므로 정책당국은 사회적으로 최적인 수준의 배출량을 정확히 파악하여야 한다. 그러나 현실에 있어 오염의 사회적 한계피해곡선과 한계저감비용곡선을 완전히 파악하기는 어렵다. 경제 전체에는 매우 많은 수의 소비자가 있고, 이들 소비자가 생산자의 오염행위로 인해 입는 피해를 정부가 정확히 집계한다는 것은 아주 어려운 작업이다. 마찬가지로 각 생산자 역시 서로 다른 기술과 경영 특성을 가지므로 이들 개별 생산자의 오염저감비용을 정부가 모두 알 수는 없는 것이다.

e^*와 같이 사회적 최적 수준의 배출량을 상한으로 정하는 것이 기술적으로 어렵다면

그림 6-2 최적 배출기준

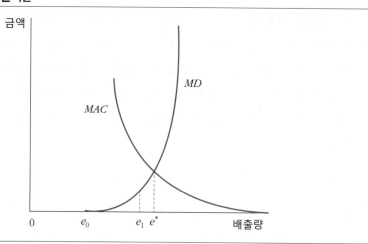

정부는 대안으로서 몇 가지 다른 기준을 적용할 수 있다. 예를 들어 〈그림 6-2〉처럼 어떤 오염물질이 일종의 임계치를 가져 배출량이 e_0이하일 경우에는 피해가 거의 없다고 판단될 경우에는 그 임계치 e_0를 배출상한으로 정할 수 있다. 만약 〈그림 6-2〉의 e_1과 같이 갑자기 사회 전체의 피해가 급격히 늘어나기 시작하는 수준의 배출량이 있다면, 사회적으로 보아 최적은 아니지만 이러한 수준의 배출량을 배출상한으로 정할 수도 있다.

이상의 두 가지 대안 외에도 정책당국은 적절하다고 판단되는 배출량을 정해 이를 기준으로 배출상한을 결정할 수 있다. 그러나 배출로 인한 한계피해곡선과 한계저감비용곡선을 모른다면 이러한 모든 배출기준이 사회적으로 효율적인 오염 상태를 달성할 수는 없다. 마찬가지로 오염도기준이나 기술기준을 사용할 경우에도 정책당국은 개별 경제주체의 한계저감비용이나 한계피해곡선을 완전히 파악할 수 있어야 최적의 오염규제를 달성할 수 있다.

2. 환경기준의 획일성과 비효율성

환경기준을 적용할 때 어떤 오염원에게는 보다 강한 기준을 적용하고 다른 오염원에게는 약한 기준을 적용하면 형평성의 문제가 발생하며, 또한 행정당국이 오염원을 유형별로 분류하는 것도 쉽지 않다. 따라서 환경기준은 대개 모든 오염원에게 동일하게 적용된다. 배출기준이나 기술기준은 모든 오염원에 대해서 동일한 배출상한을 부여하거나 동일한 오염물질 저감기술을 사용하도록 한다. 오염도기준을 실시할 경우에는 전국에 걸쳐 동일한 오염도를 정해 놓고 이를 달성하고자 한다.

모든 오염원이나 지역에 대해 획일적인 환경기준을 적용하면 직접규제는 효율성을 가질 수 없다. 우선 오염도기준을 전국에 걸쳐 획일적으로 실시하는 경우를 생각해 보자. 〈그림 6-3〉에서 MD_U는 인구가 밀집된 도시지역에서 발생하는 오염으로 인한 한계피해곡선이다. 그리고 MD_R은 인구가 비교적 적은 농촌지역의 한계피해곡선이다. 도시와 농촌에서 발생하는 오염으로 인한 피해의 정도는 서로 다르지만 두 지역의 오염저감비용은 동일하다고 가정하자. 〈그림 6-3〉에서 볼 때 농촌지역에서 달성되어야 할 오염도는 q_R인 반면 도시지역에서 달성되어야 할 오염도는 q_U이다. 즉 동일한 정도의 오염도라 하더라도 인구 밀집지역에서 발생하는 피해가 더 크기 때문에 인구 밀집지역에서의 오염도기준이 더 강해야 하고, 따라서 효율성을 얻기 위해서는 오염도기준이 지역별로 차등 적용되어야 한다. 그러나 앞서 밝힌 바대로 형평성의 문제나 정책실행의 어려움으로 인해 이렇게 차등

그림 6-3   획일적인 오염도기준의 비효율성

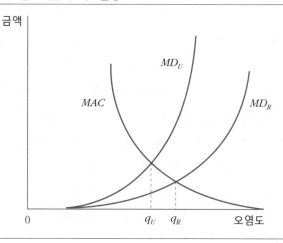

화된 환경기준을 실제로 시행하기는 쉽지 않다.

제5장에서 언급한 바와 같이 환경정책이 사회적으로 최적인 오염수준을 달성하는 것은 현실적으로 힘들기 때문에 차선책으로서 정부가 목표로 하는 전체 배출량 감소를 가장 적은 비용으로 달성할 수 있는 방법을 찾을 필요가 있다. 즉 바람직한 환경기준은 사회적 최적을 달성할 수는 없더라도 최소한 비용효과적이어야 한다. 제5장 제1절에서 어떤 지역 전체나 산업 전체의 동질적인 오염물질의 배출량을 가장 적은 비용으로 저감하기 위해서는 전체 저감량을 각 오염원의 한계저감비용이 같도록 배분해야 한다는 사실을 보았다. 즉 환경기준은 등한계원칙을 충족하도록 설정되어야 비용효과성을 달성한다.

정부가 각 오염원에게 획일적인 배출기준을 적용하면 등한계원칙과 비용효과성을 얻을 수 없다는 사실을 〈그림 6-4〉의 예를 들어 확인해 보자. 어떤 지역에 동질적 오염물질을 배출하는 두 오염원이 있고, 정부가 이 지역에서 줄이고자 하는 총배출량은 A이다. 그림의 가로축 가장 좌측을 원점으로 하여 오른쪽으로 갈수록 증가하는 수치는 오염원 1의 저감량이다. 반면 그림의 가로축 가장 우측을 원점으로 하여 왼쪽으로 증가하는 수치는 오염원 2의 저감량이다. MAC_1과 MAC_2는 각각 오염원 1과 오염원 2의 한계저감비용곡선이며, 각 오염원의 저감량에 대해 값이 증가한다. 두 오염원은 기술수준이 같지 않기 때문에 서로 다른 한계저감비용곡선을 가진다.

〈그림 6-4〉에 등한계원칙을 적용할 경우, 이 지역 전체의 저감량 A를 최소의 비용으로 저감하기 위해서는 두 오염원의 한계저감비용이 일치하도록 오염원 1과 오염원 2의 저감량을 결정하고, 이를 각 오염원에게 배출상한으로 부과하여야 한다. 그림에서는 $MAC_1(a_1^*)$

그림 6-4　획일적인 배출기준의 비효율성

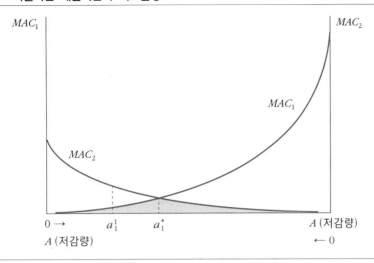

$= MAC_2(A-a_1^*)$가 성립하기 때문에 오염원 1에게는 a_1^* 만큼을 저감하도록 하고, 오염원 2에게는 나머지 $A-a_1^*$만큼을 저감하도록 할 때 전체 저감비용이 최소가 된다.

정책당국이 a_1^* 대신 a_1^1 만큼을 오염원 1에게 저감하도록 하고, 나머지 $A-a_1^1$을 오염원 2에게 저감하도록 한다고 가정해보자. 이 경우 $MAC_1(a_1^1) < MAC_2(A-a_1^1)$이 되어 오염원 2의 한계저감비용이 더 크다. 따라서 한계저감비용이 더 큰 오염원 2의 저감량을 줄이고 대신 오염원 1의 저감량을 더 늘리면, 오염원 2의 저감량 감소로 인한 비용 절감분이 오염원 1의 저감량 증대로 인한 비용 증가분보다도 더 크기 때문에 이 지역의 총 저감비용이 감소한다. 마찬가지로 오염원 1에게 a_1^*보다도 더 많은 저감량을 요구할 경우에도 오염원 1의 한계저감비용이 오염원 2의 한계저감비용보다 더 크므로 지역 전체의 저감비용이 최소가 되지 않는다. 따라서 지역 전체의 저감비용은 두 오염원의 한계저감비용이 동일한 경우에만 최소가 되고, 이 최소화된 전체 저감비용은 〈그림 6-4〉의 색칠한 면적에 해당된다.

〈그림 6-4〉의 상황에서 직접규제가 실시되기 전에 오염원 1은 e_1^0만큼의 오염물질을 배출하고, 오염원 2는 e_2^0만큼을 배출하고 있었다고 가정하자. 이 경우 비용효과성을 획득하기 위해서는 오염원 1에게는 $e_1^0 - a_1^*$만큼의 배출상한이 부과되어야 하고, 오염원 2에게는 $e_2^0 - (A-a_1^*)$만큼의 배출상한이 부과되어야 한다. 이러한 비용효과적 배출기준을 적용할 수 있는 유일한 경우는 정책당국이 두 오염원의 한계저감비용곡선을 완전히 알고 있고, 이에 따라서 각 오염원에 대해 차등화된 배출상한을 부과할 때이다. 그러나 정책당국

이 각 오염원의 개별 저감비용함수를 파악하지 못한 상태에서 획일적인 배출상한을 부여할 경우 정부가 배정하는 배출상한이 비용효과적인 배출상한인 $e_1^0 - a_1^*$ 및 $e_2^0 - (A - a_1^*)$와 동시에 일치할 가능성은 거의 없다고 보아야 한다.

한편 기술기준을 사용한 직접규제 역시 비용효과성을 충족할 수가 없다. 각 오염원이 서로 다른 기술을 가질 경우 오염물질 저감을 위해 각기 다른 기술이나 방법을 사용하여야 하며, 따라서 비용효과성을 달성하기 위해서는 오염원별로 서로 다른 기술기준이 부과되어야 한다. 그러나 정책당국이 모든 오염원의 저감기술을 알지 못하는 상황에서는 차등화된 효율적 기술기준을 부과할 수 없고, 대신 획일적인 기술기준이 각 오염원에게 적용되면 비용효과성은 역시 충족되지 않는다.

환경기준을 설정하는 방식으로 실시되는 직접규제가 비용효과성을 충족하지 못한다는 점은 직접규제가 다음의 두 장에서 살펴볼 경제적 유인을 이용한 환경정책에 비해 가지는 가장 큰 단점이다. 직접규제가 이렇게 비용효과성을 충족하지 못하는 이유는 정책의 특성상 오염원의 자발적인 행동을 통해 등한계원칙이 달성되도록 유도하는 메커니즘을 가지지 못하기 때문이다. 직접규제에서는 오염원이 저감량이나 저감수단을 스스로 결정하지 못하고, 정부에 의해 설정된 기준을 의무적으로 따라야 하기 때문에 비용효과성 달성 책임이 모두 정부에게로 돌아간다. 그러나 정부는 비용효과성 달성을 위해 필요한 양만큼의 정보를 가질 수 없고, 따라서 비용효과성을 얻을 수 있는 환경기준을 설정할 수가 없는 것이다.

직접규제의 비효율성

획일적인 환경기준을 적용하는 직접규제는 이론적으로 보아 각 오염원의 저감기술 차이를 무시하기 때문에 정부가 목표로 하는 전체 저감량을 가장 적은 비용으로 달성할 수가 없다. 이러한 이론적 결론이 실제 경제현상에 있어서도 관측되는지를 확인하기 위해 직접규제하의 전체 저감비용이 비용효과적인 전체 저감비용에 비해 어느 정도로 과다한지를 경험적으로 확인하고자 하는 연구가 주로 미국을 중심으로 이루어져 왔다.

세스킨 외(Seskin et al., 1983)는 이들 실증분석 가운데 가장 오래되고 유명한 연구이다. 이 연구는 미국 시카고지역에 있어서 NO_2에 의한 대기오염 감소정책을 실증분석하였다. 이 연구는 정부가 시카고지역에 몇 개의 대기오염 측정지점을 정한 뒤, 이 측정지점들에서의 오염도가 특정 수준 이하라야 한다는 오염도기준을 설정하는 경우를 분석한다. 모든 측정지점에서의 오염도가 규제수준 이하가 되도록 하기 위해서는 각 오염원이 NO_2의 배출량을 줄여야 한다. 각 오염원의 배출량과 각 측정지점의 오염도와의 관계는 식 (6-2)와 같은 모형을 통해 파악될 수 있다.

세스킨 외는 각 측정지점에서의 오염도기준을 달성하기 위해 정부가 사용하는 정책별 소요비용을 분석하였다. 이들은 방대한 자료를 이용하여, 오염도기준을 달성하는 데 소요되는 지역 전체의 저감비용을 최소화하도록 각 오염원의 배출량을 줄여나갈 경우 소요되는 비용이 얼마인지를 계산하였다. 이어서 정부가 각 오염원을 몇 개의 그룹으로 나누어 각 그룹별로 동일한 기술기준을 적용하여 오염도기준을 달성할 때와, 각 그룹별로 동일한 배출 상한을 적용하여 오염도기준을 달성할 경우에 각각 발생하는 지역 전체 저감비용을 계산하였다. 그 결과는 〈표 6-2〉에 정리되어 있다.

표 6-2 **최소저감비용과 직접규제 저감비용의 비교**

정책명	전체 저감비용(백만 달러)	최소비용 대비 비율(%)
비용효과정책(최소비용)	9	100
기술기준	130	1,444
배출기준	66	733

자료: Seskin et al(1983).

〈표 6-2〉가 보여주는 바와 같이 직접규제는 오염도기준을 달성하는 데 필요한 지역 전체의 저감비용을 최소화하지 못하며, 최소비용의 7.3~14.4배의 비용을 필요로 한다. 이는 유사한 분석을 시도한 다른 많은 연구에서도 나타나고 있는 공통된 결과이다.

한편, 오우츠 외(Oates et al., 1989)는 직접규제의 비효율성을 위의 절차처럼 분석하는 연구관행을 비판하는 논문을 발표하였다. 이 연구는 직접규제를 실시할 경우 정부는 대개 목표로 하고 있는 환경질을 초과달성한다는 데 주목한다. 어떤 도시에 다수의 대기오염도 측정지점이 있고 이 모든 지점에서 정부가 부여한 오염도기준을 달성하되, 연료사용 등과 관련하여 획일적으로 부과되는 기술기준을 적용한다고 하자. 정부는 이때 목표오염도를 달성하기가 가장 어려운 지역에서도 목표를 달성할 수 있는 정도의 강한 기술기준을 적용하여야 한다. 따라서 나머지 측정지점에서는 오염도목표를 초과달성하는 환경개선이 이루어진다. 반면 비용효과적인 정책수단이 있다면 이 정책은 신축성을 가지기 때문에 오염원들로 하여금 모든 오염도 측정지점에서 정확히 목표오염도를 달성하도록 유도할 것이다.

직접규제가 동일한 오염도기준을 목표로 해도 그 속성상 비용효과적인 제도보다 더 높은 환경질을 실제로 획득하게 된다면, 그로 인해 줄어든 사회적 피해금액을 직접규제의 전체 저감비용에서 빼주어야 진정한 직접규제 비용을 구할 수 있다. 오우츠 외는 이상의 가설하에서 볼티모어지역의 먼지 배출문제를 분석하되, 배출시설을 유사한 것끼리 묶어 다수 오염원으로 분류하고 23개 측정지점의 목표오염도 달성문제를 분석하였다. 이들은 목표오염도를 달리하는 여러 실험을 했을 때 직접규제에서는 실제로 상당수 측정지점에서 목표오염도가 초과달성됨을 확인하였다. 따라서 동일 목표오염도를 유지해도, 시 전체의 평균 대기질이 비용효과적인 정책을 추진할 때보다 기술기준을 적용할 때가 더 양호하다는 것을 보여주었다. 이들은 또한 실제 달성 오염도 차이까지 반영하면 기술기준을 적용했을 때의 정책 순편익이 이론적인 비용효과적 정책의 순편익과 거의 비슷한 수준임을 보여주었다.

이처럼 동일한 목표오염도가 설정되어도 실제 달성하는 오염도가 두 가지 유형의 정책에서 서로 다르다면, 사실 사회적 최적 오염도기준 자체가 직접규제와 경제적 유인제도 중 무엇을 적용하느냐에 따라 달라질 필요가 있다.

최적가용기법 연계배출수준(BAT-AEL): 한국의 배출기준

배출기준과 같은 직접규제를 도입할 때 정부는 오염원의 기술 조건과 오염물질의 위해성 등, 많은 내용을 고려한다. 관련하여 한국에서는 최적가용기법 연계배출수준(Best Available Techniques Associated Emission Levels)을 추정하여 규제에 활용하고 있다. 각 오염원은 전체 공정에서 한 가지가 아니라 여러 종류의 오염물질을 배출한다. 따라서 개별 오염원이 배출하는 대기, 수질, 토양 등 여러 종류의 오염물질 배출량을 통합적으로 관리하기 위해 『통합환경허가제도』를 적용하고 있는데, 여기에 사용되는 배출기준 산정에 중요한 역할을 하는 것이 최적가용기법 연계배출수준이다.

최적가용기법(BAT)은 기술적으로 효율적이면서도 경제적으로 우수한 오염원의 생산 및 저감기법을 의미하며, 이에 대해서는 기준서가 마련되어 있다. 기준서는 업종별(발전, 소각, 철강, 비철금속, 유기화학 등)로 작성된다. 환경전문가, 산업계 종사자 및 공정전문가, 공무원들이 참여하는 기술작업반이 기준서를 작성하며, 기준서는 약 5년마다 주기적으로 수정·보완된다. 신청된 사업허가는 이 기준서를 반영하여 허가여부가 검토된다.

연계배출수준(AEL)은 사업장에서 BAT를 적용하는 정상운전 시 발생할 수 있는 여러 오염물질의 배출농도 수준을 의미하는데, 현장 조사와 연구 성과를 반영해 추정한 배출 농도 하한값과 상한값으로 제공된다. 하한값은 BAT 적용 시 기술적으로 달성할 수 있는 최저의 배출농도를 나타내고, 상한값은 BAT를 정상적으로 적용했을 때 배출될 수 있는 최대 오염물질 농도를 의미한다. 관측된 배출농도 중 비정상적으로 높은 값들은 상한값 산정에 포함되지 않는다. 이렇게 추정된 상한값이 배출기준 및 사업장별 허가기준의 가이드라인으로 작용한다. 각 업종별 BAT 기준서와 AEL 추정치는 정부 발간물로 발행된다.

3. 직접규제와 기술혁신 유인

직접규제는 앞에서 살펴본 바와 같이 오염원이 선택할 수 있는 대안을 매우 제한하고, 또한 기술적 조건이 다른 모든 오염원에 대해 획일적으로 적용되기 때문에 신축성과 비용효과성면에서 약점을 가지고 있는 정책수단이다. 그렇다면 직접규제는 오염저감에 필요한 비용을 감소시킬 수 있는 새로운 기술을 개발하고자 하는 경제적 유인은 오염원에게 적절히 제공하고 있는가? 결론부터 말하면, 직접규제는 신축성의 결여로 인해 장기적인 기술혁신 유인을 제공하는 데 있어서도 한계를 많이 가지는 규제수단이다.

먼저 엄격한 기술기준을 사용하여 환경오염을 규제할 경우에는 기술혁신 유인이 전혀 제공되지 않는다. 기술기준에서는 각 오염원은 정부가 정한 생산기술이나 저감기술, 저감과정 등을 반드시 거쳐야 한다. 따라서 개별 오염원이 좀 더 적은 비용으로 오염물질 배출량을 줄일 수 있는 저감기술을 개발하거나, 생산과정에서 발생하는 오염물질 배출량을 줄일 수 있는 생산기술을 개발하여도 정부가 승인하지 않는 한 이를 사용할 수가 없다. 이런 특성으로 인해 기술기준은 단기적으로 경직적일 뿐 아니라 장기적인 기술혁신의 유인도 제공하지 못한다.

반면 정부가 배출기준을 사용할 경우에는 오염원이 배출하는 오염물질의 양만이 문제가 되지 배출방법은 규제되지 않는다. 따라서 각 오염원은 자신의 저감비용을 줄일 수 있는 방법을 찾고자 노력할 것이고, 어느 정도의 기술혁신 유인이 발생한다. 그러나 이 경우에도 다음의 두 장에서 살펴볼 경제적 유인제도들에 비해 더 적은 기술혁신 유인이 제공된다.

〈그림 6-5〉에서 오염원의 최초 한계저감비용곡선은 MAC_1이고, 최초의 배출기준은 e_1이다. 환경규제가 없을 때의 배출량은 e_0이다. 저감기술 혁신이 발생할 경우 한계저감비용곡선이 MAC_2로 하향 이동한다고 하자. 정부가 기술혁신 후에도 여전히 e_1을 배출한도로 정할 경우 기술혁신으로 인해 이 오염원의 총저감비용은 면적 $a+b$에서 b로 줄어들

그림 6-5 환경기준과 기술혁신유인

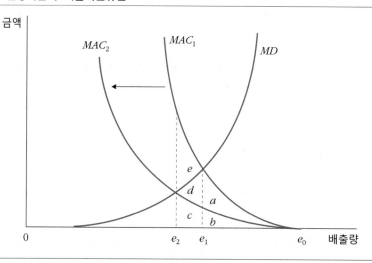

고, 기술혁신의 이득은 면적 a이다. 따라서 기술혁신을 위한 투자비용이 면적 a보다도 적을 경우에는 이 오염원은 기술개발을 위해 노력할 것이다.

그러나 오염원이 기술혁신을 통해 저감비용을 낮추었을 때 정부가 배출기준을 다시 변경한다면 보다 복잡한 문제가 발생한다. 〈그림 6-5〉와 같은 상황에서 새로운 한계저감비용곡선 MAC_2에서는 최적 배출량이 e_1이 아니라 e_2이므로 기술혁신 후 정부가 배출상한을 e_2로 줄일 것으로 예측된다고 가정하자. 기술혁신 후 이 예측이 실현되면 총저감비용은 면적 $a+b$에서 면적 $b+c$로 변하게 되고, 기술혁신으로 인해 절감되는 저감비용은 면적 $a-c$가 된다. 배출기준이 고정된 상태에서는 기술혁신으로 인해 면적 a만큼의 저감비용 절감이 발생하지만, 기술혁신의 결과 배출상한이 낮추어지면서 추가로 면적 c만큼의 저감비용이 소요되게 된다. 한계저감비용곡선의 형태에 따라서는 면적 c가 면적 a보다도 클 수가 있고, 배출기준의 강화로 인해 기술혁신의 유인이 사라질 수도 있다.

환경정책의 기술혁신효과와 관련하여 자주 언급되는 용어로서 기술강제원칙(technology forcing principle)이라는 것이 있다. 기술강제원칙은 정부가 필요 이상으로 강한 환경기준을 설정하면 오염원이 저감비용 부담을 줄이고자 기술혁신에 힘쓰게 되고, 그 결과 사회 전체의 저감비용이 감소되면서 장기적으로는 사회적 편익이 증대된다는 논리이다. 이 주장의 근거를 〈그림 6-5〉에서 찾을 수 있다. 정부가 현재의 한계저감비용이 MAC_1임에도 불구하고 사회적으로 효율적인 e_1보다도 더 적은 e_2의 배출만을 허용한다고 가정하자. 최초의 기술수준에서는 면적 $a+b+c+d+e$의 저감비용이 소요되지만 기술혁신이 발생할 경우 저감비용이 면적 $b+c$로 대폭 줄어든다. 따라서 이 경우에는 기술혁신의 비용절감 효과가 면적 $a+d+e$로 늘어나면서 기술혁신의 유인이 커지는 것이다.

그러나 기술강제원칙은 타당한 측면만 가지고 있는 것은 아니다. 환경기준이 오염원 입장에서 너무 강하면 오염원은 그 기준의 부당성을 들어 정책의 도입을 저지하거나 보다 완화된 정책도입을 위해 노력할 것이며, 이 과정에서 상당한 정책적 불안정성과 사회적 손실이 발생할 수 있다.

한편 저감기술의 개발은 오염원 자신이 아니라 이 기술을 개발하여 공급하는 것을 사업대상으로 하는 환경기술기업에 의해 이루어질 수도 있다. 환경기술기업이 새로운 환경기술을 개발하고자 하는 노력도 정책에 의해 영향을 받는다. 만약 정부가 기술기준을 사용한다면, 환경기술기업이 새로운 저감기술을 개발하여도 정부 기준이 바뀌지 않는 한 이를 오염원들이 구입할 이유가 없다. 따라서 기술기준은 환경기술기업의 설립 자체를 막을 수도 있다.

반면 배출기준이 사용되고 있을 경우에는 환경기술기업이 개발한 저감기술의 비용절감 효과가 뚜렷할 경우 오염원은 이를 구입하여 비용을 절약하고자 할 것이다. 이 경우 정부의 배출량 규제가 강하면 강할수록 새로운 기술도입으로 인한 저감비용 절감효과가 커지게 되고, 오염원의 새로운 기술에 대한 수요가 커져 환경기술기업의 투자 역시 커지게 된다.

기술강제와 미국의 자동차 배기가스 규제

기술강제는 현 기술로는 불가능하거나 비용이 너무 많이 드는 저감대책을 도입하게 강제하는 규제이다. 그러므로 규제당국과 오염원 간의 갈등과 그에 따른 전략적 행동을 촉발한다. 이 원칙이 효과를 얻으려면 생산자가 R&D를 통해 기술수준을 높이고 저감비용을 크게 낮추는 방법밖에 없다. 생산자가 실제로 이런 투자를 하게 하는 데에는 여러 요인이 영향을 미치겠지만 최소한 첫째, 정부 의지가 확고하여 향후 규제가 흐지부지될 가능성이 없음을 확실히 인식시켜야 하고, 둘째, 생산자 간 경쟁 때문에 R&D에 투자하지 않을 경우 시장을 잃게 될 것을 염려하는 상황이 형성되어야 한다.

제라드와 레이브(Gerard and Lave, 2005)는 1970년대 미국 자동차기업에 적용된 배기가스관련 기술강제 사례를 분석하였다. 미국 의회는 1970년 대기보전법(Clean Air Act)을 통해 1975년 신차의 대당 탄화수소(HC)와 일산화탄소(CO) 배출량은 1970년 배출량에서 90%를 삭감하고, 1976년 신차부터는 질소산화물(NO$_x$) 배출량도 90%를 줄이도록 강제하였다. 당시로서는 이러한 저감기준은 10년 후인 1980년에도 달성하기 어려운 것으로 인식되고 있었다. 의회는 자동차회사들이 저감기술을 이미 개발하고도 생산비 인상 때문에 사용하지 않는다고 의심하여 정책도입을 강행하였고, 위반 시 자동차 판매가격의 2배에 해당되는 벌금을 물리도록 하였다.

큰 폭의 배출저감을 위해서는 연소촉매장치(catalytic converter)를 장착하는 것이 필요했는데, 그 비용과 지나치게 높은 배출기준을 우려하는 자동차회사들이 소송을 제기하였다. 이에 법원이 기준적용 시기를 1978년으로 미루어주되, 좀 더 완화된 기준을 그 이전 연도에 대해 적용하도록 하는 등의 우여곡절이 있었다. 그러나 연소촉매장치의 도입에도 불구하고 1978년 신차도 기준을 충족하지 못하고 특히 NO$_x$ 저감이 부진하여, 제작된 자동차가 출고되지 못하는 사태까지 발생하였다. 결국 당초 1975년, 76년을 목표로 했던 기준적용이 1980년, 81년으로 미루어지고, 1970년대 말 제조회사들은 좀 더 강력한 저감기능을 가진 3원촉매(three-way catalyst)를 장착하는 선택을 한다.

이 10년에 걸친 소동 끝에 1975년에 비해 1985년에는 차량 총 운행거리가 34% 늘어났지만 세 가지 오염물질 배출량은 모두 줄어드는 성과를 거두었다. 따라서 미국 의회의 시도는 촉매장치라는 저감기술 채용을 통해 배출량을 줄이도록 하는 데에는 성공적이었다. 하지만 이 기술강제가 유류세 부과, 배기가스에 대한 엄격한 검사와 유지관리 시스템 도입과 같은 일반적인 환경정책보다 더 적은 비용으로 그러한 성과를 달성했는지는 상당히 의심스럽다. 제라드와 레이브는 다른 연구자들의 분석결과를 인용하며 당시 수송부문 대기오염 규제 비용이 편익의 20배에 달할 정도로 정책이 효율적이지 못했음을 지적한다. 또한 이러한 기술강제는 GM과 포드에 비해 저감기술 개발에 뒤졌던 크라이슬러 자동차가 시장에서 크게 위축되고, 상대적으로 배출량이 적었던 일본 자동차의 미국 시장 점유율을 높이는 계기로도 작용했다.

4. 정책집행의 용이성

앞에서 살펴본 환경정책 평가기준들을 통해 볼 때 직접규제는 효율성이나 신축성, 기술혁신을 자극하는 면에서 많은 단점을 지니고 있다. 그러나 직접규제가 후에 살펴볼 경제적 유인을 이용한 제도에 비해 가지는 장점도 있는데, 그것은 규제를 실제로 집행하는 데 소요되는 비용이 적고, 정책을 집행하는 행정당국에게 많은 신축성과 재량권이 부여된다는 점이다. 이러한 장점이야말로 직접규제가 이론적 결함에도 불구하고 현실적으로 가장 많이 선택되어 사용되고 있는 이유라 할 수 있다.

정부가 환경기준을 설정하여도 각 오염원이 이러한 기준을 모두 준수한다는 보장이 없다. 따라서 정부는 각 오염원이 규제를 준수하고 있는지를 감시하고, 또한 규제 위반을 막기 위해 적발된 오염자를 제재하는 업무를 행해야 한다. 이런 모든 업무가 인력이나 장비를 필요로 한다. 따라서 엄밀하게 말하면 오염정책의 비용은 오염원의 저감비용뿐 아니라 감시 및 감독비용처럼 정책당국이 정책집행을 위해 지불하는 행정비용을 모두 합한 것이라야 한다. 직접규제가 오염원의 저감비용의 측면에서는 여타 정책보다 불리하다 하더라도 정책집행비용을 절감하는 장점을 가진다면, 직접규제가 보다 우월한 정책이 될 수도 있다.

직접규제에서는 정책당국이 많은 재량권을 가지기 때문에 정부 입장에서 바람직하다고 생각되는 환경기준을 정하여 이를 일률적으로 모든 오염원에 대해 적용할 수가 있다. 뿐만 아니라 각 오염원의 행위를 감시할 때도 법에 의해 일률적으로 규정된 환경기준을 각 오염원이 실제로 지키고 있는지를 감시하기만 하면 된다. 이 모든 업무가 보다 복잡한 경제적 유인제도를 사용하는 여타 정책을 집행할 때에 비해서는 간단하기 때문에 제한된 예산과 인력으로 운영되는 정부 입장에서는 직접규제가 더 선호될 만하고, 현실적으로 실행될 수 있는 유일한 정책수단이 되기도 한다. 이런 이유로 직접규제가 가장 흔히 사용되는 환경정책이 되고 있다.

그러나 각종 과학기술이 발달하고 환경정책에 관한 연구 및 정책 경험이 축적되면서 환경정책 집행에 관한 기술이 발전하고 있고, 정책집행비용 또한 절감되고 있으므로 직접규제가 가지는 정책 편의성의 장점은 시간이 지나면서 점차 줄어들 것으로 예상된다.

거래비용과 환경정책 선택

환경정책의 집행비용은 정책관련 거래비용(policy-related transaction costs, PRTCs)의 일부를 이룬다. 정책관련 거래비용은 정책의 실행과정에서 정부 간, 정부 내, 민간과 정부 간, 그리고 정책 프로그램에 참여하는 사람들 사이에 발생하는 모든 종류의 비용을 의미한다.

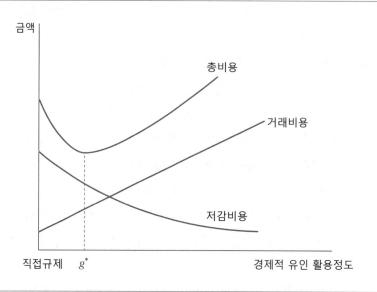

그림 6-6 거래비용과 정책선택

(그래프 내 라벨)
금액
총비용
거래비용
저감비용
직접규제 g^*
경제적 유인 활용정도

이 비용에는 정책실행 이전에 관련 정보를 수집하기 위해 지출하는 비용, 정책 설계에 소요되는 비용, 정책 수혜자의 선정에 필요한 비용, 편익의 분배와 관련된 비용, 각종 감시 및 감독비용, 정책효과의 평가비용 등이 포함된다. 따라서 원칙적으로는 환경정책이 가져다주는 편익인 환경개선효과와 이를 수행하기 위해 오염원들이 지불하는 저감비용뿐 아니라 정책관련 거래비용까지도 감안해야 적절한 정책 형태와 수준을 결정할 수 있다. 편익이나 저감비용 측면에서 강점을 가지는 정책이라 하더라도 이를 수행하기 위해 필요한 거래비용이 너무 크다면 그 정책은 실제로 선택되기 어려워지는 것이다.

위에서 이미 주장하였고 다음 제7장에서 보다 자세히 보겠지만, 경제적 유인을 사용하는 제도는 직접규제에 비해 동일한 오염저감에 필요한 저감비용을 많이 줄여줄 수 있다. 〈그림 6-6〉에서 가로축은 특정 정책이 경제적 유인제도를 활용하는 정도를 나타낸다. 따라서 직접규제는 원점에 위치하고, 오른쪽으로 갈수록 부과금 등의 경제적 유인제도를 사용하는 정도가 크다. 위에서의 논의를 받아들인다면 정책도입에 따른 저감비용은 경제적 유인을 사용하는 정도가 클수록 작아진다. 따라서 저감비용은 그림에서처럼 우하향하는 그래프로 나타낼 수 있다. 즉 순전히 직접규제에 의존하는 정책은 비용효과성 측면에서 가장 열등한 정책이고 가장 많은 저감비용을 필요로 한다.

반면 정책을 설계하고 이익집단 간의 합의를 도출하며, 오염원들의 실제 행위를 감시·감독하는 데 소요되는 비용, 즉 거래비용은 비교적 단순한 형태의 정책인 직접규제를 실행할 때가 가장 낮고 보다 정밀한 경제적 유인제도를 사용할수록 증가한다. 정책으로 인한 저감비용과 정책의 거래비용을 합한 총비용이 최소가 되는 정책을 가장 좋은 정책이라 한다면 그림에서 g^*에 해당되는 정책이 사회적 최적이 된다. 즉 비용효과성 측면에서 직접규제는 매우 열등한 정책이지만 거래비용까지 감안할 경우 반드시 경제적 유인에만 의존하는 정책이 선택되지는 않고 오히려 직접규제에 가까운 정책이 선택될 수도 있다.

최적 정책의 형태와 수준을 결정함에 있어 거래비용까지 반영하는 것은 위에서 살펴본 바와 같이 당연히 이루어져야 하지만 현실에 있어 각 정책의 거래비용을 계측하는 것은 대단히 어렵다. 거래비용에 관한 많지 않은 분석사례 가운데 하나인 멕칸과 이스터(McCann and Easter, 1999)의 연구는 미국 미네소타강의 수질을 개선하는 다양한 방안별 거래비용을 조사한 연구이다. 이 연구는 미네소타강의 인(P) 오염도를 현 수준에서 40% 감소시키는 방안으로 인을 배출하는 비료의 가격을 조절하는 방안, 친환경적 경작관행에 대한 교육·훈련을 강화하는 방안, 모든 경작지의 경운방식을 친환경적으로 하도록 하여 인의 배출을 줄이는 방안, 환경적으로 민감한 지역에서의 경작을 제한하고 대신 보상하는 방안 등, 네 가지 방안의 거래비용을 추정하되, 각 방안을 수행하기 위해 얼마나 많은 인력이나 관련 비용이 필요할 것인지를 정책 담당자를 대상으로 설문조사하였다.

분석결과에 의하면 동일한 수준의 목표를 달성하는 데 있어 위에서 열거된 방식 순서별로 적은 거래비용이 소요되었고, 그 금액은 0.94백만 달러, 3.11백만 달러, 7.85백만 달러, 9.37백만 달러였다. 따라서 생산과정이나 기술을 규제하거나 농민이 교육·훈련받도록 하는 정책은 거래비용이 비교적 높고, 오염물질을 유발하는 물질인 비료의 가격을 변화시키는 것이 거래비용 측면에서 훨씬 더 효과적이라 할 수 있다.

멕칸과 이스터의 분석은 거래비용을 감안할 때 정책에 대한 평가가 많이 달라질 수 있다는 예를 보여준다. 정책 자체의 정밀성을 따지자면 환경적으로 민감한 지역만의 경작을 제한하거나 농민을 교육·훈련시키는 정책이 더 우월할 수가 있고, 환경적으로 민감하든 하지 않든 모든 지역에서의 비료가격을 높이는 것은 상대적으로 정밀성이 떨어지는 정책이다. 그러나 거래비용 측면에서 볼 때 비료가격을 조절하는 정책은 다른 어떤 정책보다도 큰 장점을 가지고, 따라서 이 정책이 가장 효과적인 정책으로 선택될 수가 있는 것이다.

01 두 기업이 오염물질을 배출하고 있다. 각 기업의 배출감소량을 $a_i(i = 1,2)$라 할 때, 각 기업의 한계저감비용은 각각 $MAC_1 = 100a_1$과 $MAC_2 = 50a_2$이다. 오염규제가 없을 경우 각 기업은 각각 30단위의 오염물질을 배출하고 있다고 가정하자. 즉 이 지역의 총 오염물질 배출량은 60이다.

(가) 만약 정부가 비용효과성을 달성하면서 이 지역의 전체 배출량을 절반 수준 인 30단위로 줄이고자 한다면 각 기업에게는 어느 정도의 배출량이 허용되 어야 하는가?

(나) 만약 오염도 측정지점에서의 오염도기준이 지수로 30이고 각 기업의 전이 계수가 각각 1과 0.5라면 비용효과성을 달성하기 위해 각 기업에 어느 정도 의 배출량 감소를 지시하여야 하는가? (단 이 두 오염원 외의 오염원은 없 는 것으로 가정한다).

참고문헌

- Field, B. C. (1997), *Environmental Economics: An Introduction*, 2nd ed., McGraw-Hill.

- Gerard, D., and L. B. Lave (2005), "Implementing Technology-forcing Policies: The 1970 Clean Air Act Amendments and the Introduction of Advanced Automotive Emissions Controls in the United States," *Technological Forecasting & Social Change* 72: 761-778.

- McCann, L. and K. W. Easter (1999), "Transaction Costs of Policies to Reduce Agricultural Phosphorous Pollution in the Minnesota River," *Land Economics* 75: 402-414.

- Oates, W. E., P. R. Portney, and A. M. McGartland (1989), "The Net Benefits of Incentive-Based Regulation: A Case Study of Environmental Standard Setting," *American Economic Review* 79: 1233-1242.

- Seskin, E. P., R. J. Anderson, Jr., and R. O. Reid (1983), "An Empirical Analysis of Economic Strategies for Controlling Air Pollution," *Journal of Environmental Economics and Management* 10: 112-124.

배출부과금과 보조금

제6장에서 살펴본 직접규제는 정책당국이 설정한 환경규제를 오염원들이 의무적으로 지키도록 강제하는 환경정책수단이다. 따라서 이 정책은 정책당국에게는 많은 재량권을 부여하지만 오염원 입장에서는 지나치게 경직된 제도이다. 반면 제7장과 제8장에서 살펴볼 배출부과금·보조금제도와 배출권거래제는 모두 오염원에게 어떤 경제적 유인을 제공하여 오염원 스스로 배출량이나 배출방법을 선택하게 하는 제도이다. 경제적 유인을 포함하느냐 그렇지 못하느냐에 따라 환경정책은 효율성 측면에서 매우 다른 결과를 가져오게 된다. 제7장에서는 경제적 유인제도 가운데서도 오염원이 접하는 가격변수의 변화를 통해 바람직한 환경이용형태를 달성하고자 하는 배출부과금제와 보조금제에 관해 알아본다.

section 01 배출부과금제도

1. 배출부과금의 부과 원리

배출부과금(emission charge 혹은 emission tax)은 오염원으로 하여금 스스로 오염물질 배출량을 줄이도록 정책당국이 제공하는 경제적 유인의 한 형태이다.[1] 배출부과금제도에서는 오염원은 자신의 배출량을 스스로 결정할 수 있고, 또한 오염물질 배출을 위해 어떤 방식도 선택할 수 있다. 다만 오염원은 자신이 배출하는 오염물질에 대해 단위당 특정 금액의 부과금이나 수수료를 정부에 납부해야 한다. 따라서 이 제도에서는 오염원은 자신의 배출량과 배출방법을 스스로 결정하되, 가장 유리한 배출량과 배출방법을 찾기 위해 끊임없이 노력하게 된다.

배출부과금이 작동하는 원리와 직접규제와의 차이점은 〈그림 7-1〉을 통해 살펴볼 수

---

1) 많은 문헌이 배출부과금을 조세의 일종으로 해석하기도 하고 우리 역시 두 개념을 구분하지 않고 사용하지만, 엄밀히 얘기하면 조세(taxes)와 부담금 혹은 부과금(charges)은 서로 차이가 있다. 소득세와 같은 조세는 정부가 강제로 부과하며, 납세자가 자신이 내는 세금액과 비례하는 공공서비스를 반드시 받는 것은 아니다. 반면 부담금이나 부과금은 강제성이 있다고 하여도 그 부담액에 비례하는 대가를 정부로부터 받는다. 따라서 배출부과금은 조세보다는 요금이나 수수료(fees)에 가깝다.

그림 7-1 배출부과금의 효과

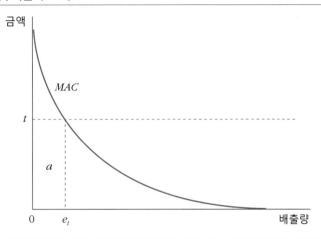

있다. 〈그림 7-1〉에서 정부가 오염원이 배출하는 오염물질 단위당 t만큼의 부과금을 징수한다고 하자. 이 경우 오염원은 자신이 배출하는 배출량을 자유롭게 결정할 수 있지만, 이제 오염물질은 더 이상 공짜가 아니라 단위당 t의 가격을 가지게 된다.

오염원은 그림에서 e_t만큼의 오염물질을 배출하고자 할 것이다. 배출량이 e_t보다도 적을 경우에는 이 오염원 스스로 배출을 한 단위 줄이기 위해 지불하는 한계저감비용이 오염물질을 한 단위 더 배출하기 위해 지불해야 하는 부과금보다도 더 크다. 따라서 이 경우 오염원은 배출량을 더 늘려서 비용을 절감하고자 한다. 반면 배출량이 e_t보다도 더 많은 경우에는 한계저감비용이 단위당 부과금보다 작으므로 배출량을 줄이고 부과금 납부액을 줄이는 것이 더 유리하다. 따라서 배출부과금제도에서는 오염원은 자신의 한계저감비용과 단위당 부과금이 일치하는 수준에서 배출량을 스스로 결정한다.

그렇다면 정부는 어떤 기준을 가지고 배출량 단위당 부과금을 결정해야 하는가? 사회적으로 최적인 배출량을 달성하기 위해서는 〈그림 7-2〉와 같이 한계저감비용과 사회적 한계피해가 일치하는 e^*만큼의 배출량을 오염원이 선택하도록 단위당 t^*의 부과금을 매겨야 한다. 최적 부과금 t^*가 부과될 경우 오염원은 자신이 선택한 배출량 e^*에서 발생한 사회적 한계피해와 동일한 만큼의 부과금을 납부하게 된다.[2]

---

[2] 오염으로 인한 외부효과문제를 해결하기 위해 오염원이 자신의 행위로 인해 발생한 사회적 한계피해만큼을 단위 배출량당 세금의 형식으로 납부하도록 하는 것을 피구세(Pigouvian tax)라 부른다. 피구(A. C. Pigou)는 1930년대에 외부효과에 관한 많은 저작을 남긴 경제학자이다. 문헌에 따라서는 배출부과금제도를 피구세제도라 부르기도 한다. 그러나 앞의 각주에서 밝힌 바대로 부과금은 세금과는 구분되는 측면이 있다.

그림 7-2 최적 배출부과금

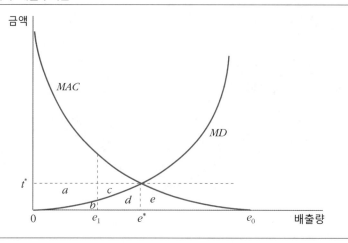

t^*의 부과금이 부과되면 환경정책이 도입되기 전과 비교할 때 오염원은 두 가지 경로를 통해 비용을 부담하게 된다. 첫 번째 비용은 부과금 도입으로 인해 배출량을 줄이게 되면서 부담하는 저감비용이다. 〈그림 7-2〉에서 이 오염원은 부과금제가 도입되기 전에 e_0 만큼의 오염물질을 배출하고 있었으나, t^*가 부과되면 배출량을 e_0에서 e^*로 줄이게 되고, 이러한 배출감소를 위해서는 면적 e에 해당되는 저감비용을 감당해야 한다. 오염원이 부담하는 두 번째 비용은 e^*만큼의 오염물질을 배출하기 위해 지불해야 하는 부과금액인 면적 $a+b+c+d$이다. 따라서 부과금제도의 도입으로 인해 오염원은 저감비용과 부과금액의 합인 면적 $a+b+c+d+e$에 해당되는 비용을 부담하게 된다.

여기서 한 가지 주목할 것은 오염원이 e^*만큼의 배출을 할 경우 그로 인해 발생한 사회적 피해보다도 더 많은 금액을 부과금으로 납부하고 있다는 점이다. 오염원이 e^*의 배출을 하여 발생하는 사회적 피해는 면적 $b+d$에 해당된다. 반면 오염원이 부과금으로 지불하는 금액은 면적 $a+b+c+d$이므로 오염원은 면적 $a+c$만큼의 금액을 과잉부담하고 있는 것이다. 부과금은 오염물질을 배출하는 대가로 오염원이 사회에 대해 지불하는 금액으로, 일종의 부의 이전이라 볼 수 있다. 부과금제도에서 오염원은 자신이 사회에 입힌 피해보다도 더 많은 금액을 지불하고 있으므로 억울하다고 생각할 수 있다.

오염원 혹은 오염자가 사회에 지불하는 과잉 부담금을 줄여주기 위해서 필드(Field, 1997)의 제안처럼 일종의 이단계 배출부과금제도(two-part emission charge)를 사용할 수 있다. 예를 들어 〈그림 7-2〉에서 e_1 수준까지의 오염물질 배출량에 대해서는 부과금을 징수하지 않으나, 배출량이 e_1을 넘어서면 실제 배출량과 e_1의 차이만큼의 배출량에 대해 단위당 t^*의 부과금을 징수한다. 이 경우 오염원은 여전히 사회적 최적인 e^*의 배출량을 선택하지만, 사회에 지불하는 금액은 면적 $c+d$로 감소하고, 따라서 오염원이 사회에 과잉 지불하는 금액도 면적 $c-b$로 줄어들게 된다. 또한 정책당국은 e_1의 수준을 변경시켜 오염원이 납부해야 하는 부과금 총액을 조절할 수 있다.

2. 배출부과금제도의 비용효과성

위에서 살펴본 바와 같이 정책당국은 오염으로 인한 사회적 한계피해와 오염물질 저감의 한계비용이 일치하는 수준에서 결정되는 최적 부과금을 오염원이 납부하게 하여 사회적으로 가장 효율적인 오염수준을 달성할 수 있다. 그러나 최적 부과금을 결정하기 위하여 정부는 오염으로 인한 사회적 피해와 저감비용에 관한 모든 정보를 알고 있어야 하는데, 정부로 하여금 이 정도의 정보를 갖도록 기대하기는 어렵다.

정부가 최적 부과금률을 결정하는 데 필요한 모든 정보를 알지 못할 경우에는 대개 임의의 부과금률을 설정해 이를 모든 오염원에게 일률적으로 적용한다. 제6장에서 우리는 직접규제하에서도 정부가 최적 환경기준을 모를 경우에는 임의의 기준을 설정하여 이를 획일적으로 모든 오염원에 대해 적용하게 되는데, 이 경우에는 비용효과성이 달성되지 못한다는 것을 보았다. 그러나 배출부과금제가 실시되면 직접규제와는 달리 정부가 임의의 부과금률을 모든 오염원에게 획일적으로 적용하여도 비용효과성이 달성될 수 있으며, 이것이 바로 부과금제가 직접규제에 비해 가지는 큰 장점이다.

가. 배출부과금제의 비용효과성: 동질적 오염물질

동질적 오염물질을 배출하는 다수의 오염원에게 동일한 부과금률을 적용할 경우에 비용효과성이 저절로 달성된다는 사실은 〈그림 7-3〉을 통해 확인할 수 있다. 어떤 지역에 두 명의 오염원이 있고 모두 동질적인 오염물질을 배출한다고 가정하자. 환경정책이 도입되기 전에 두 오염원은 각각 e_1^0와 e_2^0의 오염물질을 배출하였으며, 그 합을 E^0라 하자. 〈그림 7-3〉에서 원점의 오른쪽에 있는 곡선은 오염원 1의 배출량과 한계저감비용의 관계를 나타내고, 원점 왼쪽의 곡선은 오염원 2의 배출량과 한계저감비용 간의 관계를 보여주고 있다.

정부가 최적 부과금이 어느 정도인지를 모르는 상태에서 t^1의 부과금을 두 오염원의 배출량 1단위에 대해 획일적으로 부과한다고 하자. 이 경우 두 오염원은 t^1의 부과금과 자

그림 7-3 배출부과금의 비용효과성(동질적 오염물질)

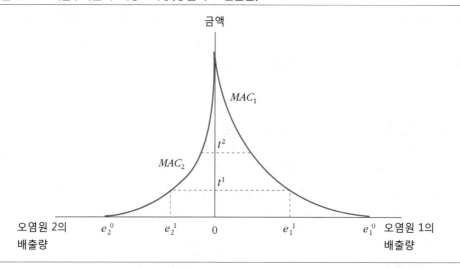

신의 한계저감비용이 일치하는 e_1^1과 e_2^1의 배출량을 각각 선택한다. 이때 오염원 1은 $e_1^0 - e_1^1$만큼의 오염물질을 저감하고, 오염원 2는 $e_2^0 - e_2^1$만큼을 저감하여 총저감량은 $E^0 - (e_1^1 + e_2^1)$이 된다.

지역 전체가 줄이는 배출량을 가장 적은 비용으로 저감하기 위해서는 각 오염원의 한계저감비용이 일치하도록 각 오염원에게 저감량이 배분되어야 한다. 그림에서처럼 t^1의 부과금이 두 오염원에게 획일적으로 적용되면, 두 오염원은 자신의 한계저감비용과 t^1이 일치하는 수준의 배출량을 선택하기 때문에 두 오염원의 한계저감비용이 일치하게 되고, 따라서 이들이 선택한 배출량은 총저감량 $E^0 - (e_1^1 + e_2^1)$을 가장 적은 비용으로 저감하는 배출량이다. 배출부과금제도에서는 정부가 어떤 부과금률을 획일적으로 적용해도 각 오염원 스스로 이 부과금률에 자신의 한계저감비용을 맞추어 배출량과 저감량을 결정하기 때문에 비용효과성이 항상 달성되고, 따라서 정부는 개별 오염원의 한계저감비용에 대한 지식이 없이도 비용효과성을 얻을 수 있다.

정부가 개별 오염원의 한계저감비용을 모르는 상태에서 목표로 하는 배출감소량을 달성하기 위해서는 순차적으로 부과금률을 변경하는 방법을 사용할 수 있다. 예를 들어 〈그림 7-3〉에서 정부가 t^1의 부과금을 적용한 결과 발생하는 전체 저감량 $E^0 - (e_1^1 + e_2^1)$이 정부가 목표로 하는 저감량에 미치지 못한다고 가정해 보자. 이 경우 정부는 예를 들어 t^2로 부과금률을 인상하고, 그 결과 발생하는 저감량이 정부의 목표와 부합되는지를 확인한다. 정부는 이런 식으로 부과금률을 바꾸어 가며 지역 전체의 배출량이 정부 목표를 충족하도록 유도해 갈 수 있다. 그리고 이 과정에서 각 오염원이 선택하는 모든 저감량은 비용효과성을 충족하게 된다.

나. 이질적 오염물질의 비용효과적 규제

모든 오염원이 배출한 오염물질이 단위당 동일한 정도의 환경오염을 유발할 경우에는 오염물질들은 서로 동질적이며, 앞에서 살펴본 바와 같이 모든 오염원에 대해 획일적으로 적용되는 배출부과금은 비용효과성을 충족한다. 그러나 각 오염원이 배출한 오염물질이 환경오염에 미치는 정도가 서로 다르다면 위의 결론은 수정되어야 한다. 제6장에서 오염도기준을 설명하면서 언급한 것처럼 오염물질 배출량이 어떤 지역의 오염도에 미치는 영향은 오염물질 배출농도나 오염원과 피해가 발생하는 지점 간 거리 등의 변수에 의해 영향을 받는다. 오염물질이 이질적이라면 각 오염원이 배출한 오염물질 한 단위가 유발하는 오염의 정도가 서로 다르므로, 비용효과성은 단순히 각 오염원의 한계저감비용이 동일하다고 해서 충족되지는 않는다.

오염원별 배출량이 오염도에 영향을 미치는 정도가 다를 경우 비용효과성은 각 오염원이 지불한 한 단위의 배출저감비용이 유발하는 오염물질 저감량이 동일할 경우 달성되는 것이 아니라, 각 오염원이 지불한 한 단위의 비용이 유발하는 한계적인 오염도 감소분이 모든 오염원에 대해서 동일해야 달성된다.

예를 들어 오염원 1이 배출하는 오염물질 한 단위가 오염원 2에 비해 오염도에 두 배의 영향을 준다면, 즉 오염원 1의 전이계수가 오염원 2의 전이계수의 두 배라면, 오염원 1에 대해 부과되는 부과금률은 오염원 2에 부과되는 부과금률의 두 배가 되어야 한다. 정부가 이렇게 차등화된 부과금률을 적용하면 각 오염원은 자신의 한계저감비용과 자신의 부과금률이 동일한 수준에서 배출량을 결정하므로 오염원 1의 한계저감비용이 오염원 2의 한계저감비용의 두 배인 수준에서 각 오염원의 배출량이 결정된다. 오염원 1이 한 단위 배출감소를 위해 지불하는 금액이 오염원 2가 지불하는 금액의 두 배이고, 다시 오염원 1의 한 단위 저감이 오염도에 미치는 영향은 오염원 2의 저감에 비해 두 배이므로, 결국 위와 같은 차등화된 부과금제도에 의해 각 오염원이 지불한 비용이 각각 유발하는 오염도 감소분이 동일하게 되는 것이다. 이상의 내용은 아래의 보론을 통해 수학적으로 확인할 수 있다.

이질적 오염에 있어 비용효과적인 부과금제도

오염피해가 발생하는 어떤 지역의 오염도에 영향을 미치는 오염원이 N개라 가정하자. 배출규제가 없을 때의 각 오염원 배출량을 $e_1^0, ..., e_N^0$으로 나타내고, 규제도입 시 각 오염원이 저감하는 양을 $a_1, ..., a_N$으로 나타내자. d_i를 전이계수라 하고, B를 피해지역에 발생하는 오염도 가운데 위의 오염원의 배출량과 관계없이 자연적으로 발생하는 오염도라 하며, Q를 실제 오염도라 할 경우 오염도와 저감량 간의 관계는 다음과 같이 표현된다.

$$Q = \sum_{i=1}^{N} d_i \left(e_i^0 - a_i \right) + B \quad \text{......................} \boxed{7\text{-}1}$$

정부가 목표로 하는 오염도를 $\overline{Q}$라 하자. 비용효과적인 정책이란 $\overline{Q}$를 최소의 저감비용을 들여 달성하는 정책이다. 따라서 비용효과적인 저감량 $a_1, ..., a_N$을 결정하기 위해서는 전체 저감비용 $\sum_{i=1}^{N} AC_i(a_i)$를 목표오염도를 달성한다는 제약하에서 최소화하여야 하며, 이를 위해 다음과 같은 라그랑지안 함수를 사용할 수 있다.

$$\mathrm{L} = \sum_{i=1}^{N} AC_i(a_i) + \lambda \left[\sum_{i=1}^{N} d_i \left(e_i^0 - a_i \right) + B - \overline{Q} \right] \quad \text{.................} \boxed{7\text{-}2}$$

단 λ는 라그랑지안 승수로서 오염피해지역의 오염물질 축적량을 한 단위 더 줄이기 위해 소요되는 전체 저감비용의 증가분이다. 전체 저감비용이 최소가 되기 위해서는 다음 조건들이 충족되어야 한다.

$$\frac{MAC_1(a_1)}{d_1} = \cdots = \frac{MAC_N(a_N)}{d_N} = \lambda \quad \text{.................} \boxed{7\text{-}3}$$

따라서 비용효과성이 충족되기 위해서는 각 오염원의 한계저감비용과 전이계수의 비율이 동일하여야 하고, 이 비율은 피해지역의 오염도를 한 단위 더 줄이는 데 소요되는 전체 저감비용과 같아야 한다.

한편 어떤 i번째 오염원에게 t_i의 부과금률이 적용되고, 이 오염원이 a_i의 저감량을 선택한다면, 이 오염원의 저감비용은 $AC_i(a_i)$이고, 부과금 납부액은 $t_i(e_i^0 - a_i)$이다. 이때 오염원은 자신의 총비용인 $AC_i(a_i) + t_i(e_i^0 - a_i)$를 최소화하는 저감량을 선택하고자 할 것이며, 그 최소화 조건은 $MAC_i(a_i) = t_i$이다. 따라서 각 오염원에 대해 그 오염원의 전이계수와 비례하도록 차등화된 부과금률이 적용될 경우, 각 오염원의 비용최소화 행위에 의해 식 (7-3)의 비용효과성 조건이 자동적으로 충족된다.

다. 구획화

위에서 살펴본 바와 같이 오염물질이 이질적인 성격을 지녀 각 오염원이 배출하는 오염물질이 피해가 발생하는 지역에 영향을 미치는 정도가 서로 다르다면 오염원별로 차등화된 부과금률을 적용하여야 비용효과성이 충족된다. 그러나 현실적으로 정부가 모든 오염원의 전이계수를 정확히 알 수는 없다.

구획배출부과금제(zonal emission charge)는 각 오염원의 전이계수를 완전히 모르는 경우에 획일적인 부과금률을 적용함으로써 발생할 수 있는 비효율성을 완화하고자 사용되는 정책수단이다. 이 제도에서는 오염이 발생하는 전체 지역을 몇 개의 구획으로 나눈 뒤, 동일한 구획에 포함되는 오염원들에 대해서는 동일한 부과금률을 적용하되, 서로 다른 구획 간에는 오염에 미치는 영향에 따라 차등화된 부과금률을 적용한다.

예를 들어 〈그림 7-4〉에서 구획 2의 오염원들은 피해지역에 가깝기 때문에 평균적으로 보아 구획 1의 오염원들에 비해 두 배 정도 큰 전이계수를 가질 것이라 추측된다면, 정부는 구획 2의 오염원들에 대해서는 동일한 부과금률을 적용하되, 구획 1의 오염원들에 공통적으로 적용되는 부과금률의 두 배에 해당하는 부과금률을 적용하여야 한다. 이 제도는 비용효과성을 달성할 수는 없으나, 오염물질이 이질적임에도 불구하고 획일적인 부과

그림 7-4 구획배출부과금제

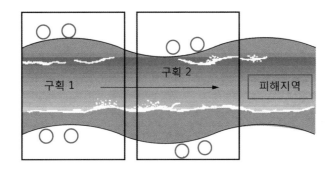

금률을 적용함으로써 발생하는 비효율성을 어느 정도 줄여줄 수 있다.

3. 배출부과금제의 기술혁신 유인

배출부과금제도는 단기적으로 보아 비용효과성을 달성하는 데 있어 직접규제보다 유리할 뿐 아니라 장기적으로 저감기술의 발전을 유도하는 데도 효과적이다. 〈그림 7-5〉에서 오염원이 새로운 저감기술을 개발하면 한계저감비용곡선이 MAC_1에서 MAC_2로 하향 이동한다. 정부가 t의 부과금률을 적용할 경우 기술혁신이 없을 때 오염원은 e_1의 배출량을 선택하여 면적 $d+e$의 저감비용을 지불하고, 부과금으로는 면적 $a+b+c$를 지불한다. 기술혁신 후에도 정부가 t수준의 부과금률을 유지한다면,[3] 기술혁신으로 인해 오염원은 e_2의 배출량을 선택하고, 저감비용으로는 면적 $b+e$를, 부과금으로는 면적 a를 지불한다. 따라서 기술혁신으로 인해 오염원은 면적 $c+d$만큼의 이득을 얻게 된다.

부과제와 직접규제가 제공하는 기술혁신의 유인을 서로 비교하기 위해 기술혁신이 있기 전에 정부가 e_1의 배출기준을 적용한다고 하자. e_1이 배출기준으로 계속 유지된다고 가정할 경우, 직접규제하에서 기술혁신으로 인해 발생하는 생산자의 비용절감은 면적 d이고, 이는 배출부과금제도에서 얻어지는 기술혁신의 이득인 면적 $c+d$보다도 작다. 따라서

그림 7-5 배출부과금제의 기술혁신 유인

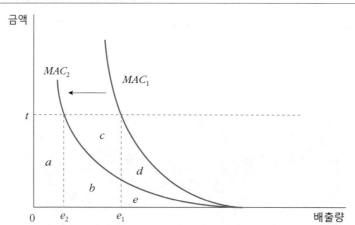

---

3) 기술혁신으로 인해 최적 부과금률이 혁신 전에 비해 낮아진다. 정부가 기술혁신 후 사회적 최적을 달성하기 위해 부과금률을 낮춘다면 오염원이 얻는 기술혁신 이득이 더 커진다는 것을 확인해 보기 바란다.

동일한 수준의 오염물질을 배출하도록 유도하는 배출부과금제도와 직접규제가 각각 기술 혁신을 유도하는 유인의 크기를 비교하면, 배출부과금제도가 더 큰 유인을 제공한다.

직접규제에서는 오염원은 규제를 따르기 위해 저감비용만을 지불함에 반해 배출부과 금제에서는 저감비용뿐 아니라 부과금까지 납부하고 있다. 〈그림 7-5〉가 보여주는 바와 같이 부과금제에서 기술혁신이 일어나면 오염원은 배출량을 줄일 수 있고, 따라서 저감비용과 함께 부과금 납부액도 추가로 줄일 수 있다. 이런 이유로 인해 배출부과금제도는 직접규제에 비해 기술혁신 유인을 더 많이 제공한다.

기술혁신과 관련하여 부과금제도가 직접규제에 비해 가지는 또 다른 장점으로, 기술혁신이 발생할 때 정부가 부과금률을 높이지 않아도 오염물질 배출량이 저절로 줄어든다는 점이 있다. 제6장에서 설명한 바와 같이 직접규제를 사용할 경우 배출기준을 강화하지 않는 한 기술혁신이 발생하여도 배출량이 줄어들지 않는다. 만약 기술혁신 발생 후 정부가 배출기준을 강화하여 배출량을 〈그림 7-5〉의 e_2로 줄이고자 한다면 오염원의 이득은 면적 $d-b$로 줄어들어 기술혁신 유인이 아주 작아진다. 반면 부과금제도는 직접규제에 비해 더 강한 기술혁신 유인을 제공하고, 또한 추가 규제 없이도 기술혁신 후 배출량이 e_2로 감소되게 한다.

기술투자와 오염규제

기술혁신은 효과적인 오염관리를 위해 대단히 중요한데, 과연 개별 기업이 사회적으로 최적 수준의 기술혁신을 얻고자 노력할지에 의문을 가질 수 있다. 기업의 저감비용을 $c(e,k)$라 하자. 여기서 e는 배출량, k는 기술개발을 위한 투자비이다. e와 k는 모두 늘어날수록 비용을 줄인다. 사회적 비용은 저감, 기술투자, 그리고 오염관련 비용을 모두 합한 $c(e,k)+k+D(e)$이므로 이를 최소로 하는 e와 k를 기업이 선택해 주는 것이 가장 좋다. 이를 e와 k에 대해 각각 미분하면 사회적 최적에서는 $\frac{\Delta c}{\Delta e}+\frac{\Delta D}{\Delta e}=0$이고, $\frac{\Delta c}{\Delta k}+1=0$이 되어야 한다. 즉 한계저감비용 $-\frac{\Delta c}{\Delta e}$는 한계피해 $MD(e)$와 일치하고, 투자로 비용이 절감되는 정도 $-\frac{\Delta c}{\Delta k}$는 단위당 투자비 1과 같아야 한다.

정부가 부과금을 오염물질 단위당 t만큼 부과한다고 하자. 기업은 비용 $c(e,k)+te+k$를 최소가 되게 하는 e와 k를 선택하는데, 이는 각각 $\frac{\Delta c}{\Delta e}+t=0$, $\frac{\Delta c}{\Delta k}+1=0$을 충족한다. 따라서 정부는 한계피해액과 같은, 즉 $MD(e)=t$인 부과금 t만을 적용해 기업이 사회적 최적 수준의 오염물질을 배출하고 기술개발비를 집행하게 만들 수 있다.

하지만 현실에 있어 기술혁신문제는 이렇게 단순하지가 않다. 기술혁신의 중요 특성 중 하나로 파급효과(spillovers)가 있다. 즉 특정 기업의 기술개발투자는 다른 기업의 저감비용도 감소시키는 긍정적인 역할을 한다. 이러한 긍정적인 역할은 사실 양($+$)의 외부효과인데, 개별 기업은 자신의 기술투자가 다른 기업의 저감비용도 낮춘다는 것을 고려하지 않으므로 또 다른 시장실패 요인이 된다. 이제 두 기업이 있다고 하자. 기업 1의 저감비용은 $c(e_1, k_1 + \alpha k_2)$와 같다. αk_2 때문에 기업 2의 투자비 k_2도 기업 1의 저감비용에 영향을 미친다($0 < \alpha < 1$). 마찬가지로 기업 2의 저감비용은 $c(e_2, k_2 + \alpha k_1)$와 같다. 만약 두 기업이 아주 유사해서 비용구조에 차이가 없다면 사회 전체의 비용은 다음과 같다.

$$SC = 2c(e, K) + 2k + D(E), \ 단 \ E = 2e, \ K = (1 + \alpha)k$$

K는 파급효과를 포함하여 각 기업의 저감비용에 영향을 미치는 유효(effective) 기술투자액이다. SC를 e와 k에 대해 각각 미분한 것이 0이 되는 조건, 즉 사회적 최적조건은 $\frac{\Delta c}{\Delta e} + \frac{\Delta D}{\Delta E} = 0$와 $\frac{\Delta c}{\Delta K}(1 + \alpha) + 1 = 0$이다. 오염행위는 음($-$)의, 그리고 기술투자는 양($+$)의 서로 다른 외부효과를 유발하므로, 이 둘을 모두 해결하기 위해서는 서로 다른 두 가지 정책수단이 필요하다. 그래서 정부가 오염문제는 배출부과금으로 해결하고 기술투자의 외부효과는 투자비를 s비율만큼 보조해 해결하려 한다 하자. 그러면 기업 i의 비용은 $c(e_i, k_i + \alpha k_j) + te_i + (1 - s)k_i$이고, 이를 최소화하는 행동은 $\frac{\Delta c}{\Delta e} + t = 0$와 $\frac{\Delta c}{\Delta K} + 1 - s = 0$을 충족하는 것이다. 즉 개별 기업은 다른 기업의 기술투자액은 주어진 것으로 보고 자신의 투자액만 비용을 최소화하도록 선택한다.

따라서 정부가 $t = \frac{\Delta D}{\Delta E} = MD(E)$의 부과금과 $s = -\alpha \frac{\Delta c}{\Delta K}$의 개발비 보조를 도입하면 사회적 최적 행동을 기업이 선택하게 유도할 수 있다. 즉 오염에 대한 부과금과 기술투자에 대한 보조금이라는 두 가지 정책을 적절히 조합해야 한다. 하지만 어떤 이유로 정부가 개발비 보조정책을 사용할 수 없고 배출규제만 해야 한다면 어떤 일이 벌어질까? 이 경우 정부는 사회적 최적을 유도할 수는 없지만 차선(second-best)의 선택은 할 수 있다. 위의 사회적 비용 SC를 정부가 사용할 수 있는 유일한 정책수단인 배출부과금 t로 미분하면 최소화조건으로 다음을 얻는다.

$$\frac{\Delta SC}{\Delta t} = 2\left[\frac{\Delta c}{\Delta e} + \frac{\Delta D}{\Delta E}\right]\frac{\Delta e}{\Delta t} + 2\left[\frac{\Delta c}{\Delta K}(1 + \alpha) + 1\right]\frac{\Delta k}{\Delta t} = 0$$

위의 미분에서 $\Delta e / \Delta t$와 $\Delta k / \Delta t$는 정부가 배출부과금 t만 사용할 때 각 기업의 오

염물질 배출과 기술투자가 그에 반응하는 정도를 나타낸다. 기업은 부과금만 있을 경우 $\frac{\Delta c}{\Delta e} + t = 0$와 $\frac{\Delta c}{\Delta K} + 1 = 0$가 성립하게 반응하므로 이를 위의 미분결과에 대입하면 다음을 도출할 수 있다.

$$t = MD(E) + \alpha \frac{\Delta c}{\Delta K} \frac{\Delta k/\Delta t}{\Delta e/\Delta t}$$

우변의 첫 번째 항은 오염의 한계피해이고, 두 번째 항은 파급효과를 가지는 기술혁신 투자를 늘리도록 유도하기 위해 필요한 것이다. t가 커지면 e는 감소하고($\Delta e/\Delta t < 0$), 기술혁신의 이득이 커져 k는 늘어난다($\Delta k/\Delta t > 0$, 〈그림 7-5〉). 그리고 비용 c는 K에 대해 감소하므로($\Delta c/\Delta K < 0$) 이 전체 항은 0보다 크다. 따라서 기술개발의 파급효과가 있는 상태에서 배출부과금만 사용할 수 있다면, 기술개발을 자극하기 위해 오염의 한계피해보다도 더 큰 부과금이 적용되어야 한다.

사실 오염원은 저감기술을 위에서처럼 직접 개발할 수도 있고, 전문 개발업체가 만든 기술을 비용을 지불하고 구입할 수도 있다. 이러한 신기술 채택행위도 환경정책의 유형과 강도에 의해 영향을 받는다. 또한 이 경우 환경기술산업의 시장구조가 어떠한지도 중요한 문제가 된다. 환경기술개발의 경제적 유인에 관한 보다 자세한 논의는 파노이프와 레콰트 (Phaneuf and Requate, 2017)의 제11장을 참고할 수 있다.

4. 높은 정책 집행비용과 대안

배출부과금제도는 단기적인 효율성과 장기적인 기술혁신 유인의 측면에서 볼 때 직접규제에 비해 더 우월한 제도이다. 그럼에도 불구하고 직접규제가 현실 정책으로 여전히 많이 사용되고 있는 이유는 부과금제도를 실행하기 위해 소요되는 비용이 직접규제비용에 비해 훨씬 더 클 수 있기 때문이다. 직접규제에서는 정부는 법이 정한 배출기준이나 기술기준을 오염원이 실제로 잘 준수하고 있는지를 간헐적으로 조사하기만 하면 된다. 반면 부과금제도에서는 정부는 각 오염원이 배출한 배출총량을 파악할 수 있어야 하고, 이를 위해서 원칙적으로는 각 오염원의 배출량을 실시간 계측하여야만 한다. 특히 오염의 경로가 쉽게 파악되지 않는 비점원오염의 경우 어느 오염원이 오염물질을 얼마나 배출하고 있는지를 파악할 수가 없고, 이 경우 배출부과금제도의 사용 자체가 어려워진다.

아래에서 살펴볼 두 가지 정책은 정부가 배출부과금제도가 가지는 장점을 어느 정도 보유하면서도 정책 집행비용을 절약하기 위해 흔히 사용하는 정책들이다.

가. 제품부과금 혹은 상품세(product charge)

각 오염원이 배출하는 오염물질량을 정부가 지속적으로 직접 계측하는 것은 어렵다. 하나의 대안으로서 〈그림 7-6〉처럼 정부는 생산과정에서 많은 오염물질을 배출하는 어떤 제품에 대해 제품 단위당 특정 금액의 세금을 매길 수가 있다. 그림에서 MB곡선은 이 상품에 대한 사회적 수요곡선 혹은 한계편익곡선이다. 이 기업은 완전경쟁시장에 속한 기업으로서 자신의 생산량이 늘어나도 시장가격이 변하지 않기 때문에 수평의 수요곡선을 가지고 있다. MC_P곡선은 제품 공급자의 한계비용곡선이다. 정부규제가 없을 경우 생산자는 Q_P만큼의 제품을 생산할 것이다. 그러나 이 상품 생산과정에서 오염물질이 배출된다면 Q_P는 사회 전체 기준으로는 너무 많은 생산량이다.

이 제품의 특성상 한 단위를 생산하기 위해서는 어느 정도의 오염물질을 배출하는지 알고, 오염물질 배출로 인해 어느 정도의 사회적 손실이 발생하는지를 안다면, 정부는 제품생산으로 인해 발생하는 사회적 한계피해액을 제품 공급곡선에 더해주어 MC_S와 같은 곡선을 구할 수 있다. 이 곡선은 오염 피해까지 반영하는 사회적 한계비용곡선이다. 따라서 이 제품의 최적 생산량은 Q_P보다도 적은 Q_S가 되어야 한다.

Q_S만큼의 생산을 유도하기 위하여 정부가 Q_S에서의 사회적 한계비용과 사적 한계비용의 차이인 t를 제품 단위당 세금의 형태로 부과한다고 하자. 이 경우 기업의 한계비용곡선은 t만큼 상향 평행 이동하게 되고, 그 결과 기업은 사회적 최적인 Q_S를 실제로 선택

그림 7-6　오염저감을 유도하기 위한 상품세

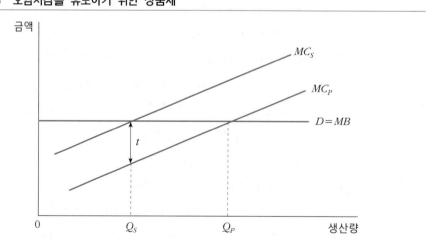

할 것이다.4)

규제당국이 생산자가 배출한 오염물질 총량을 계측하는 것은 힘들 것이나 생산한 제품의 수를 파악하는 것은 상대적으로 쉬운 일일 것이다. 정부는 환경관련 조세 외의 다양한 세금을 기업으로부터 징수하고 있고, 이를 위해서도 이미 기업의 제품생산 및 판매행위를 파악하고 있다. 따라서 배출부과금 대신 제품부과금이나 상품세를 징수할 경우 행정당국은 오염물질 배출량에 관한 정보를 추가로 얻지 않아도 기업이 생산량을 줄이고 오염물질 배출량을 줄이도록 유도할 수가 있다.

이렇게 이 제도는 비교적 낮은 정책 집행비용만을 지불하고도 배출부과금제도와 유사한 효과를 거둘 수 있다. 그러나 이 제도는 대신 배출부과금제도에서는 없는 또 다른 비용을 유발할 수 있다. 생산자는 오염물질 배출량을 줄이기 위해 제품의 생산량을 줄일 수도 있고, 생산량은 줄이지 않고 생산공정을 수정하거나 연료를 바꾸는 등의 선택을 할 수도 있다. 배출부과금제도를 실시하면 생산자는 이 가운데 자신에게 가장 유리한 방법을 선택해 배출량을 줄인다. 반면 정부가 제품부과금을 부과하면 생산자는 반드시 생산량을 줄여서 배출량을 줄여야 하고, 배출감소를 위해 생산자가 선택할 수 있는 수단은 더 제한되게 된다. 제품부과금이 가지는 이러한 경직성이 비효율성의 또 다른 원인이 될 수 있다.

쌀과 논, 어디에 보조하나?

농업은 다른 산업과 마찬가지로 시장에서 거래되는 농산물, 즉 시장재를 생산하면서 동시에 시장에서 거래되지 않는 비시장재도 공급하며, 따라서 농산물에 대한 가치평가나 농업정책을 수립할 때 이들 비시장재에 대한 영향까지 고려해야 한다는 시각이 있다. 예를 들어 쌀 농업의 경우 여름철 집중 호우기에 많은 양의 물을 논에 가두어 댐이 하는 것과 같은 홍수조절 역할을 하고, 농촌은 많은 문화적·역사적 자산을 보유하고 있으며, 농업은 인구의 적절한 분산과 국토의 균형발전, 식량위기 대처능력 확보와 같은 편익을 제공한다는 것이다.

이렇게 농업생산이 농산물공급 외에 추가로 사회에 기여하는 바를 농업의 다원적 기능(multifunctionality of agriculture)이라 하는데, 과연 이러한 기능을 농업생산이 사회에게 제

---

4) 정부가 사회적 한계비용곡선을 모르더라도 임의의 상품세율을 적용하여 생산량을 줄이고 오염물질 배출량을 감소시킬 수 있다.

공하는 긍정적 편익이라 볼 수 있는지, 그리고 이러한 기능에 대한 보상을 위해 정부가 농업에 대한 보호조치를 취하는 것이 적절한 지에 대해서는 많은 논란이 있다.5) 한국이나 일본, 유럽의 일부 농산물 수입국들은 개방화로 인해 자국 농업생산이 감소하고 따라서 농업의 이러한 추가기능이 위축되는 것을 우려하고 있는 반면, 호주나 뉴질랜드와 같은 전통적인 농산물 수출국은 수입국들이 농업의 다원적 기능을 강조하는 것은 무역장벽을 설치하기 위한 변명에 불과하다는 입장이다(Freeman and Roberts, 1999).

농업생산이 다원적 기능을 공급하는 것이 분명하고, 또한 이들 기능이 공공재이거나 긍정적인 외부효과라면 적절히 보상하는 것이 필요할 것이다. 그러나 그렇다 하더라도 이들 기능에 대해 어떻게 보상할 것이냐 하는 점은 여전히 중요한 문제로 남는다.

OECD와 같은 국제기구는 농업의 다원적 기능은 논이나 농촌인구와 같은 농업 투입요소로부터 발생하는 것이지 농업 생산과정 자체나 쌀과 같은 농산물로부터 발생하는 것은 아니라고 본다. 따라서 다원적 기능을 보상하고 싶으면 농산물 생산량과 연계되지 않게 농민들에게 직접 소득보조를 하거나 아니면 보유 농지에 대한 보상금을 지급하면 된다는 입장이다. 이렇게 함으로써 농산물 시장이 왜곡되는 부작용을 막을 수 있다는 것이다.

이에 대해 제기되는 반론으로, 농민이나 농지 등이 사회에 제공하는 비시장적 편익을 정확히 측정하여 그 대가를 지급하고 적절한 생산 행위를 하도록 유도하는 데에는 너무나 많은 정보와 거래비용이 소요될 것이기 때문에 각국이 지금까지 해오던 것처럼 농산물가격을 적절히 높게 유지해 주는 것이 훨씬 더 효과적이라는 주장이 있다(Vatn et al., 2002).

농업정책 분야에서 이루어지는 이상의 논쟁은 사실 외부효과 그 자체인 오염물질을 대상으로 배출부과금제를 실시할 것인지 아니면 오염물질의 정확한 배출량을 파악하기 힘들기 때문에 대신 제품부과금을 시장재인 산출물에 부과할 것인지의 선택문제와 거의 같은 성격을 가진다. 다만 농업 쪽에서의 논의는 오염과 같은 부정적 외부효과에 대한 규제가 아니라 긍정적 외부효과라 주장되는 다원적 기능에 대한 보상문제를 다룬다는 차이가 있고, 여기에 농산물시장 개방이라는 국제적 경제문제까지 얽혀있다는 차이 정도가 있을 뿐이다.

---

5) 농업의 이러한 비시장적 기능은 세계무역기구(WTO)에서의 농업부문 시장개방 협상에서도 주요 쟁점이며, 특히 OECD에서는 수년간 이와 관련된 연구 작업을 하였었다(OECD, 2005).

나. 폐기물예치금제도

폐기물예치금제도(deposit-refund system)는 한국에서는 2003년 이후부터는 생산자 책임재활용제도라 불리는 제도로서 음료수용 병이나 캔, 페트병 등에 대해 시행되고 있고, 심지어 자동차에 대해 시행되기도 한다. 폐기물예치금제도는 재활용이 가능한 원료의 재활용을 촉진하고, 독성이 강한 물질이 무단으로 버려졌을 때 발생할 환경오염을 방지하기 위해 시행되는 정책이다. 그러나 환경정책 측면에서 볼 때 폐기물예치금제도가 가지는 큰 장점은 정책 집행비용을 크게 절약할 수 있다는 점이다.

예를 들어 음료수병의 경우 음료수 생산자가 빈 병 회수 및 재활용과 관련된 예치금을 납부한다. 음료수 생산자가 자신이 판매한 음료수의 빈 병을 회수하여 재활용할 경우에는 자신이 이미 예치한 금액을 되돌려 받게 되나, 회수하지 못한 병에 대해서는 예치한 금액을 포기하여야 한다.

〈그림 7-7〉에서 음료수 생산자가 특정 기간 판매한 음료수가 100병이라 하자. 그림에서 가로축은 100개의 음료수병 가운데 생산자가 수거하지 않아 그냥 버려지게 되는 병의 수이다. 그림에서 MB곡선은 생산자가 빈 병을 수거하지 않아 얻는 한계편익을 나타내는데, 이는 생산자가 병을 수거하는 데 소요되는 인적 및 시간적 비용을 절감하여 얻는 편익이다. 생산자는 한계편익이 0이 되는 Q_P만큼의 병을 그냥 버리고자 할 것이다. 그러나 생산자가 빈 병을 수거하지 않으면 쓰레기 배출량이 늘어나므로 병을 그냥 버리는 행위의 사회적 한계비용은 0이 아니라 MC_S곡선과 같은 우상향하는 곡선으로 나타난다. 사회적

그림 7-7 **폐기물예치금제도**

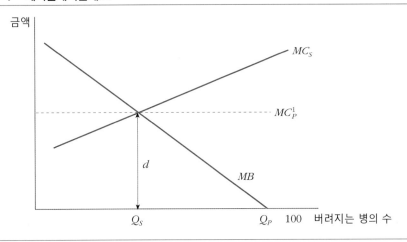

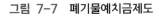

관점에서 볼 때는 음료수 생산자는 자신이 판매한 음료수병 가운데 $100 - Q_S$만큼을 수거하여야 하나, 실제로는 $100 - Q_P$만큼만을 수거하므로 시장의 실패가 발생한다.

이제 정부가 생산된 음료수 1병당 d만큼의 예치금을 생산자에게 부과한다고 가정하자. 생산자는 병을 수거하지 않으면 예치금을 포기하여야 하므로 그냥 버리는 병의 한계비용이 d만큼 상향 평행 이동하여 MC_P^1와 같이 되고, 그 결과 사회적 최적인 $100 - Q_S$만큼의 병을 수거하게 된다.

이상에서 본 바와 같이 예치금제도는 배출부과금제도처럼 적절한 경제적 유인을 제공하여 효율적인 환경이용을 유도할 수 있다. 예치금제도는 재활용해야 할 제품을 판매하거나 구매하는 모든 사람에게 일단 먼저 벌칙을 부여한 뒤, 이 사람이 재활용을 하지 않아 실제로 환경을 오염시킨 경우에는 그 벌칙을 그대로 유지하고, 반대로 재활용하여 환경을 오염시키지 않은 것으로 밝혀지면 예치금을 반환하여 벌칙을 철회한다.

예치금제도에서는 정부는 잠재적 오염원에게 일단 벌칙을 부과하는 동시에 벌칙을 벗어나는 방법을 제공함으로써, 정부가 오염원의 행위를 일일이 감시해야 하는 부담에서 해방될 수 있다. 만약 음료수병의 투기를 막기 위해 정부가 부과금제도를 사용한다면 정부는 음료수를 소비하는 수없이 많은 이들이 무단으로 버린 음료수병의 수를 일일이 조사하여야 한다. 그러나 예치금제도에서는 '사전 예치 – 재활용 시 반환'이라는 절차를 통해 이러한 감시 없이도 빈 병이 버려지도록 행위를 한 사람에게는 그에 상응하는 벌칙을 내리고, 오염을 유발하지 않은 사람에게는 벌칙을 주지 않게 된다. 이런 특징으로 인해 예치금제도는 음료수병처럼 사용 과정에서 오염을 유발하되, 매우 광범위하게 사용되어 행정당국이 일일이 오염행위를 감독할 수 없는 제품에 주로 적용된다.

section 02   보조금제도

배출부과금제도는 오염물질을 배출하는 오염원에게 책임을 물어 부과금을 징수하며, 부과금 부담 때문에 오염원들이 배출량을 줄이게 하는 정책이다. 부과금제도는 철저히 오염자부담원칙에 입각한 제도로서 오염원의 환경 훼손 권리를 인정하지 않는다. 그러나 실제로 사용되고 있는 정책 중에는 반대로 오염원의 오염 권리를 인정하는 제도들도 많이 있다. 이들 제도는 오염원에게 특정 수준까지는 오염물질을 배출할 권리를 인정해 주고, 오염원이 자신이 부여받은 권리 가운데 일부를 포기할 경우에는 보조금을 주어 보상하는 방식을 사용한다. 보조금제도는 오염문제 해결에 있어 수혜자부담원칙이나 피해자부담원칙에 가까운 정책이라 할 수 있는데, 크게 오염저감시설에 대한 보조정책과 저감량에 대한 보조정책으로 나눌 수 있다.

1. 저감시설에 대한 보조

오염물질 발생량을 줄이는 데 필요한 시설을 오염원이 설치할 때 그 비용의 일부를 정부가 보조하는 정책은 상당히 흔하다. 예를 들어 축산폐수를 줄이기 위해서는 폐수 정화시설을 설치할 필요가 있다. 그러나 영세한 축산농가가 고가의 정화시설을 설치하는 것은 힘들기 때문에 정부가 정화시설에 대해 각종 보조나 저리의 융자를 해주는 경우가 있으며, 이 정책이 바로 저감시설에 대한 보조정책이 되는 것이다. 전기자동차 구입 시 정부가 주는 지원금 역시 이에 해당될 것이다.

〈그림 7-8〉에서 가로축은 축산폐수 정화시설의 규모를 나타낸다. MC선은 폐수 정화시설을 생산하는 데 소요되는 한계비용으로서 정화시설 생산업자의 공급곡선이다. 따라서 축산농가는 정화시설 규모당 P_0의 가격을 지불해야 한다. MB_P는 정화시설을 구입하는 축산농가가 정화시설에 대해 갖는 한계가치이다. 이는 정화시설 설치로 인해 가축 및 사람

그림 7-8 저감시설에 대한 보조금

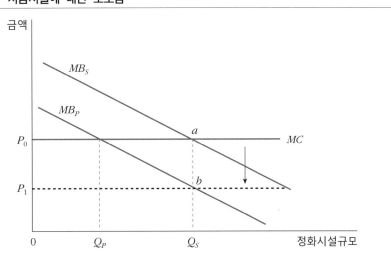

의 질병이 감소하고 쾌적함이 증가하여 발생하는 편익이다. 폐수 정화시설이 설치되면 해당 농가 외의 사람들이 당하는 오염피해도 방지할 수가 있으므로 정화시설에 대한 사회적 한계가치는 축산농가의 사적 가치보다도 더 클 것이다. 따라서 시설에 대한 사회적 한계가치를 나타내는 MB_S곡선은 MB_P보다 더 높이 위치하고 있다. 즉 정화시설은 일종의 양의 외부효과를 유발한다.

사회적으로는 Q_S규모의 정화시설이 설치되어야 하지만 정부가 아무런 조치를 취하지 않을 경우 축산농가의 사적 수요곡선과 정화시설 공급곡선이 만나는 수준인 Q_P규모의 정화시설이 설치될 것이다. 이제 농가가 폐수 처리시설을 설치하면 정부가 규모당 $\overline{ab}$에 해당되는 보조금을 지불한다고 하자. 이 경우 축산농가 입장에서는 정화시설의 단위 규모당 실질 구입가격이 $\overline{ab}$만큼 하락하여 P_1이 되고, 따라서 사회적 최적인 Q_S규모의 시설을 설치할 것이다.

저감시설에 대한 보조금제도는 오염자의 수익성을 저해하지 않으면서도 오염피해를 줄일 수 있으므로 산업에 대한 보호와 환경오염 완화를 동시에 추구하기 위해 자주 사용되는 정책이다. 그러나 저감시설에 대한 보조는 제품부과금이나 상품세를 통해 배출량을 규제하고자 하는 정책과 마찬가지로 비교적 경직된 제도이다. 축산농가가 폐수 배출량을 줄이기 위해서는 정화시설을 설치하여 분뇨를 정화한 후 방류할 수도 있고, 축산분뇨를 처리하여 비료로 만들 수도 있으며, 기타 생산관행을 바꿀 수도 있다. 저감시설에 대한 보조 정책은 오염원이 취할 수 있는 다양한 저감노력 가운데 단지 한 가지 방법에 대해서만 지원하므로 오염원이 취할 수 있는 선택의 폭을 제한하게 된다.

2. 저감보조금

저감시설에 대한 보조가 가지는 경직성을 완화하면서 동시에 오염원을 보호하는 정책으로서 저감량에 대한 보조정책이 있다. 정부는 오염물질 배출상한을 부여하고, 오염원은 이 상한 내에서는 자유로이 오염물질을 배출할 수 있다. 만약 오염원이 정부가 부여한 상한보다도 더 적은 양을 배출한다면, 그 차이에 대해 단위당 특정 금액만큼의 보조금을 정부가 오염원에게 지불하며, 이를 저감보조금(emission subsidy)이라 부른다.

〈그림 7-9〉에서 정부 개입이 없을 때 오염원이 배출하는 오염물질량을 e_0라 하자. 제1절에서 살펴본 바와 같이 정부가 배출량 단위당 $\overline{0a}$만큼의 배출부과금을 징수하면, 이 오염원은 사회적 최적인 e^*수준의 오염물질을 배출한다. 반대로 정부가 오염원에게 자유로

그림 7-9 저감보조금

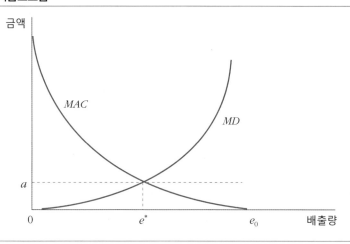

이 오염물질을 배출할 수 있도록 하되, e_0보다도 더 적은 양을 배출하면 그 저감량에 대해서는 단위당 $\overline{0a}$만큼의 보조금을 지급한다고 하자. 이 경우에도 오염원은 사회적 최적인 e^*를 선택할 것이다. 그 이유는 e^* 이상의 배출량 수준에서는 배출을 한 단위 줄이면서 얻는 $\overline{0a}$의 보상이 한계저감비용보다 더 크므로 배출을 줄이고자 하고, 반대로 e^* 이하의 배출량 수준에서는 보조금이 한계저감비용보다 더 작으므로 배출량을 늘리고자 하기 때문이다. 따라서 보조금제도를 사용하여도 배출부과금제도와 마찬가지로 사회적으로 최적인 배출량을 유도할 수 있다.

3. 배출부과금과 저감보조금의 대칭성과 비대칭성

〈그림 7-9〉가 보여주듯이 동일 수준의 배출부과금과 저감보조금은 완전히 동일한 배출량을 유도한다. 이때 발생하는 유일한 차이는 보조금을 줄 경우에는 오염원의 소득이 늘어나지만, 부과금을 징수할 때는 반대로 소득이 줄어든다는 점이다. 이렇게 오염원의 권리를 인정하든 책임을 묻든 사회적 효율성이나 달성되는 오염도 측면에서는 차이가 발생하지 않는다는 결론은 제4장에서 살펴본 사적 교섭에 있어서의 코즈정리와 동일한 결론이라 할 수 있다.

그러나 사적 교섭에서 소득효과를 고려하면 코즈정리의 대칭성이 무너지듯이 좀 더 일반적인 상황에서는 배출부과금과 저감보조금 사이의 대칭성 역시 무너지게 된다. 〈그림 7-9〉의 상황처럼 특정 산업이 항상 하나의 오염원으로만 구성되어 있거나 다수의 오염원이 존재하더라도 이 산업 내 기업의 수가 더 이상 변하지 않는다면 배출부과금과 저감보조금의 대칭성이 유지된다. 그러나 보다 장기적으로 보면, 저감보조금을 기업에 줄 경우에는 배출부과금을 징수할 경우에 비해 기업의 이윤이 늘어나게 되고, 이 때문에 새로운 기업이 산업에 진입하게 된다. 따라서 저감보조금을 줄 경우에는 부과금제도를 시행할 때 비해 장기적으로 산업 전체의 생산량이 늘어나고, 이 산업에서 배출하는 오염물질량 역시 더 많아지게 된다.

그렇다면 기업의 진입과 탈퇴가 자유로운 장기에 있어서는 저감보조금과 배출부과금 사이의 대칭성이 전혀 성립하지 않는가? 부과금제도나 보조금제도가 시행되는 방식을 변경할 경우 양자 사이에 장기에도 대칭성이 성립될 수 있다(피지(Pezzey), 1992). 보조금제도의 실행으로 산업 전체 배출량이 부과금제도가 실행될 때 비해 더 늘어나는 것을 막기 위해서는 산업 전체에 허용된 배출량을 고정시킬 필요가 있다. 이를 위해서는 정책이 시행되는 최초 시점에 정부가 그 당시 이 산업에 소속된 기업들이 배출할 수 있는 상한을 정해주되, 상한의 합이 변하지 않도록 하여야 한다.

최초 시점에 이 산업에 존재하던 기업은 자신이 부여받은 상한보다 더 적은 양을 배출할 경우 저감량에 대해 보조금을 받고, 배출상한보다도 더 많은 양의 배출을 할 경우에는 그 차이만큼을 부과금으로 정부에 납부하여야 한다. 그러나 새로이 이 산업에 진입하는 기업은 배출상한을 부여받지 못하고, 자신이 배출한 양 전체에 대해 부과금을 지불하여야 한다. 만약 새로이 진입한 기업이 배출상한을 얻어서 자신의 저감량에 대해 보조금을 받고자 한다면 기존 기업으로부터 배출상한을 구입하여야 한다.[6]

이렇게 수정된 제도에서 산업에 처음부터 소속되어 있던 어떤 기업이 부여받은 배출상한을 $\bar{e}$라 하자. $\bar{e}$가 〈그림 7-9〉의 e_0와 같으면 이 기업 입장에서는 저감보조금제도가 시행되는 것이고, $\bar{e}$가 0이면 배출부과금제도가 시행되는 것이다. 이 기업이 저감량에 대해 지불받는 단위 보조금을 s라 하자. s는 〈그림 7-9〉의 $\overline{0a}$처럼 최적 배출량에서의 한계피해액과 같은 금액이다. 이 기업이 실제로 배출하기로 결정하는 배출량을 e라 하면, 위와 같이 수정된 제도에서는 이 기업이 정부로부터 보조받는 금액은 $s(\bar{e}-e)$이다. 기업은 e가 $\bar{e}$보다 작을 경우에는 정부로부터 보조를 받으며, 그 반대의 경우에는 부과금을 납부하여야 한다.

한편 새로 진입하는 기업이 기존 기업으로부터 배출상한을 구입할 경우 배출상한의

---

6) 이와 같은 수정된 제도는 배출부과금제/저감보조금제와 제8장에서 살펴볼 배출권거래제가 혼합된 제도라고 할 수 있다.

가격은 어느 정도가 될 것인가? 배출상한을 판매하는 기업은 배출상한을 그대로 보유한 채 실제 배출량을 줄이면 정부로부터 받는 금액이 배출 단위당 s이므로 판매하는 배출상한 단위당 최소한 s의 금액은 받으려 할 것이다. 반면 새로 진입하는 기업이 배출상한을 구입하지 않은 채 오염물질을 배출하면 단위당 s의 배출부과금을 정부에 납부하면 되므로 이 기업은 배출상한을 구입할 때 단위당 s 이상은 지불하지 않으려 할 것이다. 따라서 거래되는 배출상한의 단위당 가격은 s가 되어야 한다.

　　이와 같은 상황에서 기업의 진입이 자유로운 장기에 있어서도 〈그림 7-9〉와 같은 최적 오염량이 달성되고, 또한 배출부과금제를 사용하나 저감보조금제를 사용하나 배출량은 같다는 사실을 확인해 보자. 어떤 기업이 e의 오염물질을 배출하고 Q만큼의 산출물을 생산할 때 부담하는 생산비가 $c(Q,e)$라면, 이 기업이 산업을 떠나지 않고 생산함으로 인해 부담하는 총기회비용은 다음과 같다.

$$c(Q,e) - s(\overline{e} - e) + s\overline{e} \;=\; c(Q,e) + se \quad\text{·······················} \boxed{7\text{-}4}$$

　　식 (7-4)에서 $c(Q,e) - s(\overline{e} - e)$는 순생산비용으로서 생산비용에서 기업이 정부로부터 받는 보조금을 빼준 것이다. 그리고 $s\overline{e}$는 이 기업이 배출권을 다른 기업에 판매하지 않고 산업에 계속 머무르면서 입게 되는 손실이다. s가 최적 오염량에서의 오염의 한계피해액이기 때문에 기업이 느끼는 자신의 총기회비용 $c(Q,e) + se$는 이 기업이 e의 오염물질을 배출하면서 Q를 생산할 때 발생하는 사회적 비용과 완전히 동일하다. 따라서 장기에도 기업의 외부효과는 완전히 내부화되어 기업이 자신이 배출한 오염물질이 유발하는 사회적 피해까지도 인식하게 되고, 그로 인해 사회적 최적이 달성된다.

　　뿐만 아니라 기업이 최소화하고자 노력하는 기회비용 $c(Q,e) + se$는 최초에 허용된 배출량인 $\overline{e}$에 의해 영향을 받지 않는다. 따라서 정부가 최초의 기업에게 e_0를 배분하여 순수한 저감보조금제를 사용하든 아니면 0의 배출권리만을 배분하여 순수한 배출부과금제를 사용하든, 기업의 배출량 및 진입과 탈퇴에 관한 의사결정은 영향을 받지 않게 되고, 부과금제와 보조금제 사이에는 코즈정리가 의미하는 완전한 대칭성이 성립하게 된다.

　　지금까지 살펴본 여러 경제적 유인제도 중에서도 배출부과금이나 제품부과금은 각각 오염물질과 오염을 유발하는 제품에 대해 부과되는 일종의 조세로서, 오염물질 배출저감을 유도하면서도 단기적으로 비용효과적이고 장기적으로 기술혁신을 자극하는 등, 직접규제에 비해 많은 장점을 가진다. 이들 환경관련 부과금 혹은 조세의 여러 특성과 관련하여 최근 조명을 받게 된 것이 다른 제도와는 달리 정책 시행의 결과 정부의 재정수입이 발생하고, 이 때문에 환경개선은 물론이고 조세제도의 효율성 개선이라는 추가적인 편익도 얻을 수 있다는 주장이다.

　　정부는 재정수입이 있어야 국방, 공교육, 복지, 환경개선 등 여러 공공사업이나 정책을 시행할 수 있다. 재정수입은 국가 자체가 어떤 사업을 해 벌어들일 수도 있지만 대개는 조세를 통해 국민으로부터 걷어간다. 조세는 따라서 민간으로부터 정부로 이전된 소득이라 할 수 있는데, 문제는 조세를 걷어가는 과정에서 정부가 시장에 개입하게 되고, 이 때문에 의도하지 않은 경제적 손실이 발생한다는 점이다.

　　반면 환경 관련 조세는 주목적이 오염물질 배출감소를 유도하는 데 있는데, 시행 결과 정부가 다른 방식으로라도 결국 걷어야 할 정부 수입이 일종의 부산물로서 얻어지게 된다. 따라서 이 환경세 수입을 적절히 활용하게 되면 정부가 재정수입을 목적으로 걷어야 하는 여타 조세가 줄어들기 때문에 조세를 걷어가는 과정에서 발생하는 경제적 손실도 줄어드는 추가적 편익이 발생할 수 있다는 것이다. 환경세의 이중편익가설이란 그와 같은 추가 편익에 대한 논의를 의미한다.

　　상품에 대해 부과되는 재정수입 목적의 세금들과 비교할 수 있도록 환경관리를 위해 오염물질에 부과금을 징수하는 경우보다는 오염 유발 상품에 대해 제품부과금(product charge)이나 상품세(commodity tax)를 부과하는 경우를 논의해 보자. 아래에서 오염을 유발하지 않는 일반 상품에 대한 조세가 왜 경제적 손실을 초래하는지를 먼저 살펴보고, 이어서 일반 상품과 오염을 유발하는 상품에 대해 동시에 조세를 부과할 때 발생할 수도 있는 환경세의 이중편익에 대해 논의한다.

1. 조세의 초과부담

일단 환경문제는 없다고 가정하고, 어떤 종류의 외부효과도 존재하지 않는다고 하자. 정부는 조세를 걷어갈 때 소비자로부터 1인당 특정 금액을 정액(lump-sum)으로 직접 떼어가거나 아니면 소비자가 구입하는 상품에 대해 세금을 매길 수가 있다. 전자의 경우 소비자가 사용할 수 있는 소득이 세금만큼 줄어들지만 소비자들이 구입하는 상품의 가격은 바뀌지 않는다. 그러나 후자의 경우 소득은 그대로이지만 세금이 부과되는 상품의 가격은 세금이 부과되지 않거나 적게 부과되는 상품에 비해 상대적으로 더 높아져 상품 간 상대가격의 변화가 발생하고, 또한 생산자가 받아 가는 가격과 소비자가 지불하는 가격도 서로 일치하지 않아 세금만큼의 차이가 발생하게 된다.

〈그림 7-10〉에서 최초의 시장공급곡선 S와 시장수요곡선 D가 있다. 수요곡선과 공급곡선이 일치하는 수량과 가격인 (Q^*, P^*)에서 시장균형이 달성되고, 외부효과가 없으므로 시장균형은 사회적인 순편익을 극대화한다. 이제 정부가 판매되는 제품 한 단위에 대해 t만큼의 세금을 부과한다고 하자. 이 세금이 부과되면, 소비자가 지불하는 가격과 생산자가 수취하는 가격 사이에는 t만큼의 차이가 나타나게 된다. 그림에서 수요곡선 상의 소비자가격과 공급곡선 상의 생산자가격 사이의 격차가 t가 되는 생산량은 Q_1이고, 이때의 소비자가격은 P_D이지만 생산자가격은 여전히 P^*이다$(P_D - P^* = t)$.

이러한 조세가 사회후생에 미치는 효과를 살펴보자. 상품세를 부과하면 소비자는 과거보다 더 적은 소비재를 더 높은 가격으로 구입하고, 그 결과 면적 $A + B$에 해당되는 소

그림 7-10 조세의 초과부담

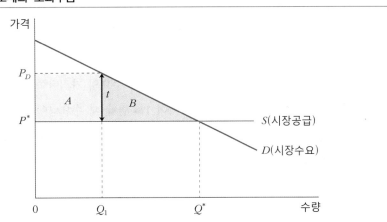

비자잉여의 손실을 입게 된다. 생산자는 과거보다 더 적은 양을 생산하지만 수평의 공급곡선, 즉 한계생산비를 가져 생산자잉여는 항상 0이기 때문에 후생에 변화가 없다.7) 정부는 판매되는 Q_1에 대해 단위당 t의 세금을 부과하므로 면적 A만큼의 조세수입을 얻는다. 즉 정부는 면적 A만큼의 조세수입을 얻고자 하지만 이를 상품세를 부과해 달성하고자 하면 시장을 교란해 소비자에게는 세금 외에 추가로 면적 B에 해당되는 피해를 입히게 되며, 이것이 조세가 유발하는 사회적 손실, 즉 조세의 초과부담(excess burden)이다.

만약 정부가 소비자가 어떤 소비행위를 하든 관계없이 면적 A에 해당되는 금액을 일괄 징수하는 정액세 혹은 일괄세(lump-sum tax)를 상품세 대신 도입하면, 상품에 세금을 매겨서 발생하는 이와 같은 추가 비용을 피할 수 있다.

초과부담을 유발하는 상품세를 징수할 때 그 품목이 하나뿐이라면 세율 t는 정부가 필요로 하는 조세수입을 얻도록 해주는 수준에서 결정하면 된다. 그러나 여러 품목에 대해 세금이 부과될 경우에는 동일한 조세수입이 다양한 세율조합을 통해서 얻어질 수 있기 때문에 품목별로 어떤 세율을 적용할지를 결정해야 한다. 그 방법은 물론 〈그림 7-10〉처럼 각 상품 소비에서 발생하는 조세 초과부담을 모두 합한 것을 최소로 하는 세율을 적용하는 것이다.

〈그림 7-10〉의 면적 B와 같은 조세의 초과부담은 상품세가 부과되는 모든 상품의 시장에서 발생할 것이지만, 동일한 세율이 적용된다면 수요곡선의 기울기가 가파르고 상품수요가 가격에 대해 둔감하게 반응할수록 면적 B가 작아진다는 것을 쉽게 확인할 수 있다. 이는 가격에 대해 둔감한 상품의 경우 조세부과로 인해 시장가격이 왜곡되어도 소비자의 수요량이 잘 변하지 않아 시장균형 수량 자체가 정부 개입 이전의 사회적 최적 수준에서 크게 벗어나지 않기 때문이다. 따라서 여러 개의 상품에 대해 세금을 부과할 때에는 수요가 가격에 대해 민감하게 반응하는 상품일수록 낮은 세율을 적용하고, 반대로 과세로 인해 가격이 바뀌어도 수요가 잘 변하지 않는 상품에 대해서는 높은 세율을 적용해야 모든 상품시장에서 형성되는 면적 B의 합이 최소가 될 것이다.

상품수요가 가격에 대해 반응하는 정도는 흔히 수요의 가격탄력성(price elasticity of demand)을 통해 측정하는데, 이는 상품가격이 1% 변할 때 수요량이 몇 % 변하는지를 나타낸다. 만약 상품 수요들이 서로 독립적이어서 각 상품의 수요가 해당 상품 외의 여타 상품의 가격변화에 의해서는 별 영향을 받지 않는 상황이라면, 상품세 부과의 초과부담을 가

---

7) 공급곡선이 우상향하여 생산자잉여가 발생하는 경우에도 아래와 같은 결론을 내릴 수 있다.

장 적게 하기 위해서는 각 상품에 대해 부과되는 조세의 가격대비 비율 즉, $\frac{t_i}{P_{Di}} = \frac{t_i}{P_i + t_i}$ 가 해당 상품의 수요의 가격탄력성(의 음의 값)에 정확히 반비례하게 정해주어야 한다.

정부가 필요로 하는 만큼의 조세수입을 가격대비 세율이 수요의 가격탄력성과 반비례하도록 설정하여 얻게 하는 조세를 램지세(Ramsey tax)라 부른다. 램지세는 일괄세처럼 사회적 손실없이 조세를 징수할 수는 없지만, 상품세 중에서는 정부의 목표 세입을 최소의 사회적 비용으로 얻게 하는 것이기 때문에 차선의 정책(second-best policy)이라 할 수 있다.

2. 환경세의 이중편익가설

이상에서 본 바와 같이 상품세보다는 일괄세를 징수하는 것이 세수 확보라는 정부의 목표를 사회적 손실을 덜 유발하면서 달성하는 방법이다. 그러나 개인이 일을 해서 얼마를 벌든, 어떤 소비를 하든 상관없이 고정된 금액을 떼어가서 정부 재정을 모두 충당하는 것은 비현실적이기 때문에 정부는 결국 많은 종류의 상품세도 징수한다.

외부효과와 관계없이 정부 세입을 얻는 수단으로 징수되는 일반 상품세가 〈그림 7-10〉에서와 같은 사회적 손실을 유발함에 반해, 환경세는 외부효과 완화라는 사회적 이득을 얻으면서 목적하지 않았던 세입도 함께 얻는다. 이렇게 얻어진 환경세입만큼 일반 상품세 징수액을 줄여주면 환경이 개선됨은 물론이고 일반 상품세가 유발하던 조세의 초과부담이라는 손실까지 줄여줄 수 있어 일거양득의 효과가 발생할 수 있고, 이것이 바로 환경세의 이중편익가설이다. 그러나 이 가설의 타당성에 대한 논의는 그리 단순치가 않다.

환경세의 이중편익은 크게 약이중편익(weak double dividend)과 강이중편익(strong double dividend)으로 구분된다. 세 가지 상품 x_0, x_1, x_2가 있다고 하자. 이 중 x_0, x_1 두 가지 상품은 생산과 소비과정에서 오염을 유발하지 않는 '청정재'이고, 마지막 x_2는 외부효과를 유발하는 '오염재'이다. x_0에 대해서는 세금이 없어 항상 $t_0 = 0$이고, 또 다른 청정재인 x_1과 오염재인 x_2에 대해서 상품세가 각각 부과되어 $t_1 > 0$이고 $t_2 > 0$이라 하자. 청정재는 오로지 정부세입을 위해, 그리고 오염재는 외부효과 제거를 위해 과세되고 있다. 문제는 정부세입을 얻는 것이 목적이 아님에도 불구하고 오염재 x_2에 대해 부과된 상품세 t_2 때문에 걷힌 세입을 어떻게 활용할 것인가 하는 점이다.

약이중편익가설은 현재 특정 세액이 오염재 x_2로부터 걷어지고 있는 상황에서, 그 세입을 그냥 소비자에게 똑같이 환급할 수도 있고, 그 세입만큼 청정재 x_1에 부과되는 세금액을 줄여줄 수도 있는데, 전자보다는 후자를 선택했을 때의 사회적 후생이 더 커진다는 주장이다. 즉 환경세입을 징수과정에서 초과부담문제를 유발하는 다른 세입을 대체하도록 활용하면 환경개선효과에 더하여 다른 조세 징수과정에서 발생하는 초과부담을 줄이는 추가 편익까지 얻게 된다. 이를 환경세의 세입재활용효과(revenue-recycling effect)라 부른다.

배출부과금제도가 경제에 대해 이러한 추가적인 기여를 할 수 있기 때문에 전통적으로 유럽 국가들은 환경정책으로서 부과금제도를 선호해 왔으며, 부과금수입을 환경관리나 여타 정부활동을 위한 재원으로 활용해 왔다. 각종 부과금수입은 한국에서도 환경예산의 주된 세입원이 되고 있다. 이러한 환경세의 약이중편익가설에 대해서는 큰 반론이 없고, 비교적 쉽게 인정할 수 있는 환경세의 추가편익이라 할 수 있다. 문제는 다음의 강이중편익가설이다.

강이중편익가설은 현재 청정재 x_1과 오염재 x_2에 대한 세율 t_1과 t_2가 정해져 있고 그 세입으로 정부가 원하는 만큼의 공공사업을 실행하고 있는데, 세율구조를 바꾸어 t_1은 낮추고 대신 t_2를 높여 현재 정부가 얻는 만큼의 세입을 계속 얻게 한다면, 이는 결국 환경도 개선하고 조세징수의 효율성까지 높여 국가 전체의 편익을 늘린다는 가설이다. 즉 현재보다 더 높은 환경세를 부과하면, 그 첫 번째 편익으로 환경개선효과가 나타나고, 그 두 번째 편익으로 비효율적인 청정재 세금이 줄어드는 조세 효율성 개선효과가 나타난다는 것이다.

이렇게 환경세 증대의 편익이 두 가지라는 가설은 좀 더 구체적으로는, 오염을 유발하는 산업에는 지금까지 얘기해 왔던 것처럼 오염의 사회적 한계피해에 해당되는 만큼의 세금 혹은 부과금을 매길 것이 아니라 환경세의 두 번째 편익을 얻기 위해 그보다 더 높은 세율을 적용해야 한다는 주장으로까지 확대된다. 따라서 강이중편익가설은 결국 외부효과나 오염이 존재하는 상황에서 조세징수의 효율성까지 감안할 때의 적정 세율이 무엇이냐는 논의가 된다.

강이중편익가설이 주장하는 바와 같이 현재의 조세체계를 개혁하여 환경세율을 더 높이고 그만큼 청정재에 대한 세금을 낮추면 환경개선과 동시에 조세징수의 효율성까지 높아지게 될까? 그에 대한 답은 당연히 현재의 세율이 어떠하냐에 달려있다. 현재의 환경세가 환경세의 두 번째 편익, 즉 조세 효율성 개선편익까지 유발할 정도로 낮다면, 환경세 증대는 두 가지 편익을 모두 유발할 것이다. 그러나 현재의 환경세율이 이미 충분히 높은 상태인데 추가로 환경세율을 더 높이면 환경개선효과는 있겠지만 조세징수의 비효율성은 더 높아질 수가 있다.

따라서 강이중편익가설은 사실 이론적인 논의도 중요하지만 경험적으로 확인할 문제이고, 이에 대해서는 국내에서도 임종수·김용건(2010)과 같은 실증분석이 시행된 바가 있다. 다만 에너지 등 여러 상품에 대해 부과되는 현행 세금이 특별한 원칙 없이 대단히 다양한 정부 활동을 위한 재원으로 동시에 사용되도록 설계되어 있기 때문에 환경적 측면에서도, 그리고 조세구조의 효율성 측면에서도 미흡한 점이 있을 수는 있다. 이런 이유로 환경관련 세율은 높이고, 대신 노동 등에 부과되는 여타 세금은 줄이자는 소위 친환경적 조세구조개편(environmental tax reform) 주장이 크게 대두된 바 있다.[8]

이제 강이중편익가설관련 주장 중 가장 많은 관심을 끌었던 주장, 즉 환경세의 두 번째 편익까지 감안하면 오염의 한계피해액보다도 더 높은 세금이나 부과금을 오염재에 대해 적용해야 한다는 주장을 검토하자. 이 문제는 결국 외부효과가 있을 때 최적의 상품세 조합이 어떠하냐의 문제가 된다.

만약 일괄세를 통해 정부 세입을 전부 얻는 것이 가능하다면 조세를 징수함에 따른 사회적 손실이 발생하지 않는다. 이 경우에는 청정재인 x_0와 x_1에 대해 적용되는 세율 t_0와 t_1은 모두 0으로 하여 상품세 부과에 따른 사회적 손실을 방지해야 한다. 또한 오염재 x_2의 경우에는 정확히 그 외부효과를 제거할 수 있도록 세율이 정해져야 하고, 사회적 최적 수준에서의 추가 상품생산에 따른 한계피해액을 t^*라 할 때 오염재의 세율은 이와 일치하게 해야 한다. 즉 $t_0 = t_1 = 0$과 $t_2 = t^*$가 바로 최선(first−best)의 정책 조합이다. 정부가 필요로 하는 조세수입액과 환경부담금 수입 간의 차이는 일괄세로 징수하면 된다.

우리가 관심 있는 것은 일괄세를 사용하는 것이 불가능한 경우이다. 이 경우의 바람직한 조세, 즉 차선의 조세에서는 외부효과를 유발하는 상품과 그렇지 않은 상품 사이에 일종의 비대칭성이 존재한다. 세 가지 세율 중 $t_0 = 0$으로 고정되어 있어 t_1과 t_2만 선택하는 경우를 생각해 보자. 이 조건하에서 청정재 x_1에 대한 바람직한 세율 t_1은 앞에서 설명한 램지세처럼 오로지 조세의 시장교란 효과만을 반영하여 결정된다. 그러나 외부효과를 유발하는 오염재 x_2에 대한 세율 t_2는 두 부분으로 구성되어야 하는데, 첫 번째는 외부효과 즉 오염피해를 줄이도록 하는 부분이고(=외부효과 부분), 두 번째는 청정재 x_1과 마찬가지로 조세로 인한 시장교란 효과를 반영하는 부분(=램지 부분)이다. 따라서 오염재의 경우 이 두 부분을 모두 합한 세액이 오염의 한계피해액보다도 더 커야 하는지가 문제의 핵심이다.[9]

---

8) 유럽과 아시아에 있어서 친환경적 조세개편관련 경제분석 사례는 모리 외(Mori et al., 2014)에서 얻을 수 있다.

9) 즉 차선의 정책에 있어 오염재에 대한 세율이 피구세보다 더 커야 하는지의 여부이다.

일괄세를 사용할 수 없고 상품세만 적용할 수 있을 때 오염재의 차선의 세율 t_2가 한계피해액보다 더 커야 한다는 주장에 대해서는 약이중편익이 존재한다는 것에 동의해 왔던 많은 경제학자들이 긍정적이었다. 그러나 그러한 믿음을 크게 바꾸어 놓은 연구결과가 보벤버그와 드무이(Bovenberg and De Mooij, 1994)에 의해 제시되었다. 이들은 오염재 역시 세금을 매기면 시장을 교란하게 되는 램지 부분이 있고, 이것까지 감안하면 오염재에 대한 차선의 세율은 오염의 한계피해액보다 오히려 더 낮아야 함을 보여주었다. 그러나 이들의 결론 역시 적용된 가정을 바꾸면 달라진다는 비판을 받았다.

다수 상품에 대해 조세가 부과될 때 오염재에 대한 차선의 세율이 사회적 최적에서의 오염의 한계피해액보다 더 커야 하는지는 사실 잘 설정된 논점이 아니라는 지적도 있다. 조세는 상품의 가격 비율을 바꾸기 때문에 적정 조세율을 얘기할 때 관례적으로 하나의 상품에 대해서는 조세가 부과되지 않는다고 가정한다. 우리의 예에서는 x_0가 그러한 상품이었다. 그러나 어느 상품에 대해 세금이 부과되고 어느 상품에는 부과되지 않느냐를 가정하는 방법은 사실 대단히 많다. 예를 들면 x_0에 대한 세율은 0이 아니라 $\bar{t}_0(>0)$가 되게 묶어 두고, 이어서 나머지 두 상품의 적정 세율을 도출할 수 있다. x_0에 대한 세율을 0으로 두나 0보다 큰 $\bar{t}_0$로 두나 차선의 조세를 찾아내면 소비자에게 동일한 후생을 얻도록 할 수 있지만, 이때 두 상품 x_1과 x_2에 대한 차선의 세율 t_1과 t_2는 두 경우에 있어 각기 달리 계산된다. 즉 사회적 최적에서의 오염의 한계피해는 그 수치가 절대적으로 정해져 있는 일종의 실변수(real variable)이지만, 차선책에서의 상품 적정 세율은 비과세 품목을 어떻게 정하느냐에 따라 그 수치가 달라지는 상대적 의미만을 지니는 변수이기 때문에 양자를 비교하는 것 자체가 적절치 않다는 것이다(숍(Schöb), 2007).

강이중편익가설과 관련하여, 오염상품에 대한 조세가 그 상품의 한계오염피해보다 더 커야만 하는지에 대해서는 이처럼 서로 다른 의견들이 있다. 어느 국가도 현재의 조세체계가 외부효과 문제와 조세징수 효율성 모두를 감안할 때 최적이라 자신할 수는 없을 것이다. 따라서 현 조세체계를 개편해 환경세율을 높이는 대신 여타 세율은 낮출 때 환경개선 효과와 조세 효율성 개선 효과를 모두 얻을 것인지는 실증적으로 확인할 필요가 있다.

정부 재정수입과 차선의 환경세

본문에서 설명한 바와 같이 다수 소비재가 있을 때 환경개선을 위해서든 세수를 위해서든 특정 상품에 세금을 부과하면, 해당 상품은 물론이고 다른 상품 소비량도 소비의 대체효과나 보완관계에 의해서 달라진다. 자기가격이나 교차가격에 대한 반응의 방향과 정도에 따라서 차선의 조세 수준은 달라지기 때문에 이를 도출하는 과정은 상당히 복잡하다. 하지만 램지세에 적용했던 바와 같이 상품 소비에 있어 교차가격 효과가 없다고 가정하고, 또한 오염도가 상품 소비에 역으로 영향을 미치는 피드백도 없다고 가정할 경우에는, 비교적 이해하기 쉬운 형태로 차선의 조세를 도출할 수 있다.

본문 설명처럼 x_0, x_1, x_2의 세 가지 상품이 있는데 x_0와 x_1은 청정재이고, x_2는 오염재이다. 그리고 x_0에 부과되는 세금은 항상 $t_0 = 0$이다. 이 분야의 저명한 노르웨이 경제학자 샌드모 교수(Sandmo 2000, pp. 97~100)는 이상의 가정하에서는 x_1과 x_2에 부과될 차선의 조세가 다음 조건을 충족함을 보여주었다.

$$\frac{t_1}{q_1} = \alpha \frac{-1}{\epsilon_{11}}, \quad \frac{t_2}{q_2} = \alpha \frac{-1}{\epsilon_{22}} + (1-\alpha)\frac{\delta}{q_2}$$

위에서 $\epsilon_{ii} = \frac{\Delta x_i / x_i}{\Delta q_i / q_i} (<0)$는 수요의 가격탄력성으로서, 세금을 포함하는 소비자가격 q_i가 1% 변할 때 소비량이 몇 % 변하는지를 나타낸다. δ는 x_2 한 단위 생산이 초래하는 한계피해액으로서 고정되었다고 가정하자. $\alpha = \frac{\mu - \lambda}{\mu}$인데, μ는 정부세입 한 단위가 가지는 사회적 가치이고, λ는 소비자소득 한 단위가 가지는 사회적 가치이다. 개인소득을 정부 세입으로 바꾸는 과정에서 〈그림 7-10〉이 보여준 바와 같은 사회적 손실, 즉 초과부담이 발생하기 때문에 이미 정부로 이전된 한 단위 소득은 이전되지 않은 개인소득보다 더 높은 사회적 가치를 가진다. 즉 $0 < \alpha < 1$이다. 위의 세율은 정부 목표세입을 충족한다는 제약하에서 소비자후생을 극대화하도록 도출된 차선의 세율이다.

이상과 같이 도출된 차선의 조세는 몇 가지 중요한 해석을 하게 한다. 첫째, 오염을 유발하지 않는 x_1에 대해서는 오염의 책임을 묻지 않아야 하고, 본문에서 얘기한 오염이 없을 때 적용되는 램지세, 즉 조세의 초과부담을 최소화하는 세율이 적용되어야 한다. 이 세율은 수요가 비탄력적일수록 높다.

둘째, 오염을 유발하는 x_2의 세율은 역시 본문에서 지적한 바와 같이 램지세 부분과 피구세 부분이 각각 α와 $1-\alpha$를 가중치로 하는 가중합으로 구성되어 있다. 따라서 오염재는 세금 징수의 초과부담 문제를 고려하면서 동시에 오염피해도 감안해서 그 세율을 정한다.

셋째, $\alpha = 0$이면, $\mu = \lambda$로서 정부세입의 단위당 사회적 가치는 개인소득의 단위당 사회적 가치와 동일한데, 이 경우 $t_1 = t_1^* = 0$이고, $t_2 = t_2^* = \delta$이다. $\mu = \lambda$라는 것은 일괄세를 제한 없이 적용할 수 있어 조세를 걷는 과정에서 초과부담이 발생하지 않는다는 것을 의미한다. 따라서 이때에는 차선의 조세가 아니라 사회적 최적 조세를 부과할 수 있다.

넷째, $\alpha = 1$이면 이는 $\mu \rightarrow \infty$를 의미하는데, 이때에는 $t_2 = \dfrac{-1}{\epsilon_{22}}$가 되어 오염책임을 세금으로 묻지 않아야 한다. 즉 세금 징수의 시장교란 효과로 인한 초과부담이 극단적으로 크다면, 오염이 있어도 램지세 부분만 유효하게 고려해 세율을 정해야 한다.

다섯째, $t_P = \delta$, 즉 한계피해와 일치하는 세율과의 크기 비교 문제이다. $\dfrac{t_2}{q_2} = \dfrac{t_P}{q_2}$ $+ \alpha \left(\dfrac{-1}{\epsilon_{22}} - \dfrac{\delta}{q_2} \right)$의 관계가 성립한다. 따라서 오염재 x_2의 수요가 충분히 비탄력적이라 세금을 $t_P = \delta$에서 더 올려도 초과부담이 거의 증가하지 않는다면, $\dfrac{-1}{\epsilon_{22}} > \dfrac{\delta}{q_2}$의 조건이 성립하므로 차선의 세율 t_2는 t_P보다 커야 한다. 하지만 그 반대일 경우에는 더 작아야 한다.

section 04 독점기업에 대한 최적 환경세

지금까지 논의된 모든 내용은 제품시장이 무수히 많은 생산자가 참여하는 완전경쟁시장임을 가정하고 있다. 현실 경제를 보면 시장 전체 공급량의 대부분을 차지하는 독점기업들이 있다. 독점기업은 완전경쟁시장 기업과 달리 생산량 결정을 통해 시장가격에 영향을 미칠 수 있고, 그 영향력을 최대한 이용하여 이윤을 극대화하고자 한다. 독점화된 시장에서는 기업이 완전경쟁시장에 비해 더 적은 양의 제품을 공급하고, 시장가격은 더 높아진다. 따라서 독점으로 인한 사회적 손실이 발생하고, 이를 독점의 사회적 비용이라 부른다.

생산과정에서 오염물질을 배출하는 오염원의 행위를 배출부과금과 같은 환경세를 통해 규제하면, 이 생산자는 생산비가 올라가게 되므로 생산량을 줄이게 된다. 완전경쟁시장의 기업에 부과된 환경세는 생산량과 배출량을 줄여 사회적 후생을 증대시키는 순기능만을 한다. 그러나 독점기업의 경우 이미 완전경쟁시장에 비해 더 적은 양의 제품만을 공급하고 있는데, 여기에 환경세를 적용하면 생산량이 추가로 더 줄어들게 되고, 자칫하면 오염규제로 인해 사회적 후생이 더 줄어들 수도 있다. 즉 독점기업에 대한 오염규제 시에는 환경세 적용으로 인해 외부효과가 줄어들어 발생하는 후생 증대와 생산량이 줄어들면서 더욱 늘어나는 독점의 사회적 비용을 모두 고려해야 하는 것이다.

1. 독점의 사회적 비용

먼저 독점기업의 의사결정모형을 〈그림 7-11〉을 통해 살펴보자. 완전경쟁기업의 경우 생산량을 바꾸어도 시장가격이 변하지 않기 때문에 자신이 생산한 제품의 수요곡선이 수평이다. 하지만 독점기업은 그 공급량이 시장 전체의 공급량과 같으므로 수요곡선이 우하향한다. 이 수요곡선은 독점기업이 한 단위 제품에 대해 수취할 수 있는 가격, 즉 평균수입(average revenue, AR)곡선이다. 따라서 독점기업이 얻는 총수입은 $TR(Q) = AR(Q)Q$이며, 한 단위 생산을 늘리면서 얻게 되는 한계수입(marginal revenue, MR)은 다음과 같다.

$$MR(Q) = \frac{\Delta TR(Q)}{\Delta Q} = AR(Q) + \frac{\Delta AR(Q)}{\Delta Q}Q \quad \cdots\cdots\cdots\cdots\cdots\cdots\cdots\cdots \boxed{7\text{-}5}$$

독점기업의 경우 $\frac{\Delta AR(Q)}{\Delta Q} < 0$ 이므로, 한계수입곡선은 그림처럼 평균수입곡선보다 아래쪽에 위치한다.

독점기업의 사적인 한계생산비가 MC_P로 일정하다고 가정하자. 기업의 이윤은 한계수입과 한계비용이 일치하는 점 Q_M을 생산할 때 극대가 되고, 이때 소비자는 단위당 P_M의 가격을 지불한다. 그러나 만약 독점기업이 완전경쟁기업처럼 행동한다면, 수요곡선과 한계비용곡선이 만나는 Q_C를 생산하여야 하고, 이때의 가격은 P_C이다.

그림 7-11　독점기업의 오염규제

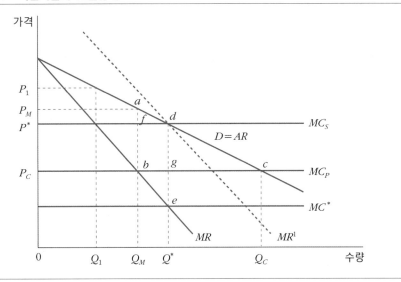

독점의 사회적 비용은 이와 같이 기업이 자신의 이윤을 극대화하기 위해 완전경쟁적 행위에 비해 더 적은 양을 생산하기 때문에 발생한다. 독점기업이 Q_C가 아닌 Q_M을 생산함으로써 소비자는 면적 $P_M a c P_C$에 해당되는 소비자잉여를 상실한다. 반면 독점기업은 Q_C를 생산할 경우에는 이윤을 얻을 수 없으나, Q_M을 생산함으로써 면적 $P_M a b P_C$에 해당되는 이윤을 얻는다. 따라서 사회 전체에 발생하는 독점의 사회적 비용은 면적 acb가 된다.

2. 독점기업에 대한 최적 환경세

독점기업에 대한 최적 규제는 기업이 오염저감을 위한 별도의 조치를 취할 수 없어 배출저감이 생산량감소를 통해서만 이루어지는 경우와, 저감기술이 존재해 같은 양을 생산하더라도 저감기술 선택에 따라 배출량이 달라지는 경우로 구분해서 생각할 필요가 있다.

먼저 오염물질 배출량이 예를 들어 $e = \theta Q$처럼 생산량에 완전히 비례한다 하자. 이 경우에는 오염에 따른 사회적 비용도 산출량 Q를 이용해 나타낼 수 있고, 이를 〈그림 7-11〉의 산출물 선택행위에 반영할 수 있다. Q 단위당 한계피해를 MC_P에 더해준 사회적 한계비용곡선이 MC_S라면, 사회적으로 최적인 생산량은 이 제품의 사회적 가치를 나타내는 수요곡선과 사회적 한계비용인 MC_S곡선이 만나는 Q^*가 되어야 하고, 이때의 시장가격은 P^*이다. 따라서 〈그림 7-11〉에서 최적 생산은 정부가 아무런 규제를 사용하지 않을 때 생산되는 Q_M보다 오히려 더 늘어나야 한다. 물론 이는 〈그림 7-11〉에서만 성립하는 결과이고, 각 곡선의 위치나 형태에 따라서는 독점기업이 생산량을 줄이도록 해야 하는 경우도 있다.

기업의 선택을 보자. 정부가 한계비용을 MC_S로 높여 외부효과를 제거하고자 $P^* - P_C$의 제품부과금을 부과하면, 기업은 MC_S와 한계수입곡선이 만나는 Q_1으로 생산량을 줄이며, 따라서 사회적 최적 Q^*와의 괴리가 더 커진다. 이 문제를 해결하기 위해 단위당 $\overline{de}$에 해당되는 음($-$)의 제품부과금 혹은 보조금을 동시에 지급하면, 한계수입곡선은 폭 $\overline{de}$만큼 평행 이동하여 MR^1이 되고, $MC_S = MR^1$을 충족하는 사회적 최적 Q^*가 생산된다. 이때 소비자가격은 P^*이다. 이처럼 최적의 오염규제와 독점규제가 각각 $P^* - P_C$의 부과금과 $\overline{de}$의 보조금을 필요로 한다. 하지만 둘 다 양($+$) 혹은 음($-$)의 제품부과금이므로 이 두 가지 규제수단을 각각 도입하지 않고 그 순효과인 $[(P^* - P_C) - \overline{de}]$만큼의 제품부과금(이 경우에는 보조금)만 적용해도 사회적 최적은 달성된다. $\overline{de}$의 보조금은 한계수입을 MR^1으로 높인다고 해석할 수도 있지만 사실 생산비를 그 만큼 낮춘다고 해석할 수도 있다. 이 해석에 따르면 $[(P^* - P_C) - \overline{de}]$의 제품부과금/보조금은 MR은 불변인 채 한계생산비를 수평선 MC^*로 이동시키고, $MR = MC^*$인 Q^*가 선택되게 한다. 이때 사회적 최적 배출량은 $e^* = \theta Q^*$가 된다. 그리고 $P^* - P_C$는 사회적 최적 생산량 Q^*에서의 오염의 한계피해액과 같고 $\overline{de}$는 사회적 최적 생산량 Q^*에서 평균수입과 한계수입의 격차이기도 하므로, 최적 제품부과금은 다음처럼 나타낼 수도 있다.

$$\tau = MD(Q^*) - [AR(Q^*) - MR(Q^*)]$$

이상 가정한 바와 같이 오염물질 배출량이 생산량에 비례하는 경우에는 0보다 크거나 작을 수도 있는 제품부과금 한 가지만으로 독점과 오염문제를 모두 해결할 수 있다. 이는 산출량과 배출량이 비례하기 때문에 오염문제도 결국 산출량 조절을 통해 해결할 수 있기 때문이다. 하지만 같은 양을 생산하더라도 오염물질 배출량이 달라지게 저감행위를 할 수 있다면, 배출저감은 반드시 산출량감소를 통해 이루어지지는 않는다. 이 경우에는 생산자는 산출량 Q와 배출량 e를 각각 선택하는 2차원의 선택문제를 가지고 있다. 따라서 생산자가 사회적 최적 생산량과 최적 배출량을 모두 선택하도록 유도하기 위해서는 정책도 2차원이 되어야 하고 정책변수도 두 개가 되어야 한다. 즉 제품부과금/보조금은 독점문제를 제거하는 생산량을 선택하도록 제시되어야 하고, (제품부과금이 아닌) 배출부과금은 오염의 외부효과를 제거하도록 제시되어야 한다.

배출량이 생산량과 별도로 선택됨에도 불구하고 제품부과금이나 배출부과금 중 한 가지만 사용하면 오염문제와 독점문제를 완전히 해결하지는 못하는 차선책만 구할 수 있다. 만약 배출부과금만으로 독점문제까지 고려하고자 한다면 차선의 배출부과금은 다음과 같아야 하고, 이의 도출과정은 〈그림 7-11〉에 관한 수학적 설명과 함께 부록으로 제시되어 있다.

$$t_B = t_P - \left| (AR - MR)\frac{\Delta Q}{\Delta e} \right|$$

위 식에서 t_B는 차선책으로서의 최적 e 단위당 배출부과금이고, t_P는 오염물질 배출로 인해 발생하는 사회적 한계피해액으로서 완전경쟁기업에 부과되는 배출부과금이다. 우변 두 번째 항은 t_P를 부과했을 때 생산량이 줄어들어 독점의 피해가 커지는 것을 감안하기 위해 도입되는 부분이다. $t_B < t_P$이므로 독점은 적용되는 배출부과금을 줄이고, 그 정도는 기업이 가지는 독점력이 클수록, 즉 AR과 MR의 차이가 클수록 커지게 된다. AR

과 MR은 산출물공간에서 발생하는 두 가지 수입곡선의 격차이므로, 위 공식에서 오염의 한계생산성 $\frac{\Delta Q}{\Delta e}$는 오염물질에 대해 부과되는 배출부과금의 영향을 산출물에 대한 영향으로 전환하는 역할을 한다.

한편 시장은 생산자가 반드시 하나일 때만 독점화가 되는 것은 아니다. 둘 이상의 생산자가 있어도 각 생산자가 자신의 제품가격을 설정할 수 있다면 시장은 독점화가 된다. 이런 시장의 유형으로 과점시장(oligopoly)을 흔히 든다. 독점력을 가진 둘 이상의 생산자가 있으면 이들은 소비자의 수요를 반영해 독점이윤을 얻으려 하지만 동시에 높은 시장점유율을 얻기 위해 자기들 간의 경쟁과 전략적 행동도 한다. 둘 이상 기업 간의 전략적 행동이 개입되어 있으며, 기업이 제품생산비나 저감비용 측면에서 서로 이질적이면 환경정책의 효과는 여러 가지 변수에 의해 영향을 받는다. 이 경우 배출부과금과 같은 환경정책은 기업의 비용구조를 바꾸고 상대적 경쟁력에도 영향을 주기 때문에 완전경쟁기업이나 유일한 독점기업의 경우와는 상당히 다른 반응을 유발할 수 있다. 예를 들면 환경규제 때문에 경쟁기업에 비해 비용측면에서 상대적으로 유리해진 기업은 오히려 생산량과 배출량을 늘릴 수가 있다. 이 때문에 산업 전체 배출량은 환경규제 때문에 오히려 늘어날 수도 있고 줄어들 수도 있다. 또한 정책에 반응하여 기업이 시장에 새로 진입하거나 시장을 떠나는 의사결정도 이루어진다. 그러므로 최적의 정책수준을 도출하는 것도 복잡해진다. 과점시장에서의 오염규제에 대한 생산자 반응과 최적 규제수준을 엄밀히 분석하는 것은 본서의 범위를 벗어나는 것이지만, 배출부과금과 같은 가격유인을 사용하는 환경정책의 효과가 산출물시장의 구조에 따라 다양하게 나타날 수 있음을 인식하는 것은 중요하다.[10]

부록 / 독점기업의 오염규제

1. 저감기술이 없는 경우

$e = \theta Q$처럼 정해지고, 기업이윤은 $\pi = P(Q)Q - c(Q) - \tau Q$와 같다. τ는 산출물에

---

10) 이에 관한 보다 자세한 논의는 예를 들어 파노이프와 레콰트(2017)의 제6장을 참고할 수 있다.

대해 부과되는 제품부과금이다. 이윤을 미분하면 기업의 최적행위조건은 $P(Q) + \dfrac{\Delta P(Q)}{\Delta Q} Q = \dfrac{\Delta c(Q)}{\Delta Q} + \tau$ 가 된다. 좌변은 $MR(Q)$, 우변은 부과금을 포함하는 한계비용이다. $D(e)$가 배출로 인한 피해라면, 정부는 생산량이 $P(Q) = \dfrac{\Delta c(Q)}{\Delta Q} + \dfrac{\Delta D(e)}{\Delta e} \dfrac{\Delta e}{\Delta Q} = \dfrac{\Delta c(Q)}{\Delta Q} + \theta \dfrac{\Delta D(e)}{\Delta e}$ 의 조건을 충족하기를 원한다. 즉 최적 생산량에서는 소비자가 부여하는 산출물의 한계가치인 가격이 한계생산비와 한계피해를 합한 것과 같아야 한다. 기업의 행위와 사회적 최적이 일치하기 위해서는 제품부과금은 $\tau = \theta \dfrac{\Delta D(e)}{\Delta e} + \dfrac{\Delta P(Q)}{\Delta Q} Q$ 가 되어야 한다. 첫 번째 항은 산출량 한 단위 증가가 초래하는 오염피해이고, 두 번째 항은 독점력을 반영하는 것인데, 〈그림 7-11〉에서는 각각 $(P^* - P_C)$와 $-\overline{de}$에 해당된다. 식 (7−5)에서 우리는 $\dfrac{\Delta P(Q)}{\Delta Q} Q$는 $MR(Q) - AR(Q)$, 즉 한계수입과 평균수입의 차이이고 독점력을 나타냄을 확인하였다. 두 번째 항은 이 독점력을 반영한다.

2. 저감기술이 있는 경우

이제 비용은 생산비와 저감비용을 합해 $c(Q,e)$와 같다. 저감노력 없이 생산할수록 생산비가 절감되므로 Q가 주어져 있을 때 c는 e에 대해 감소한다. 본문에서의 논의대로 음의 제품부과금 즉 보조금을 s, 배출부과금을 t로 부과한다면, 이윤은 $\pi = [P(Q) + s]Q - c(Q,e) - te$와 같다. 기업은 이제 Q와 e를 각각 선택하므로 이 두 변수로 이윤을 각각 미분하여 0으로 두면 $[P(Q) + s] + \dfrac{\Delta P(Q)}{\Delta Q} Q = \dfrac{\Delta c(Q,e)}{\Delta Q}$와 $-\dfrac{\Delta c(Q,e)}{\Delta e} = t$가 된다. 첫 번째 조건은 [한계수입=한계생산비]의 조건, 두 번째 조건은 [한계저감비용=배출부과금]의 조건이다. 정부는 이제 $P(Q) = \dfrac{\Delta c(Q,e)}{\Delta Q}$와 $-\dfrac{\Delta c(Q,e)}{\Delta e} = \dfrac{\Delta D(e)}{\Delta e}$가 달성되기를 원한다. 첫 번째는 산출물의 소비자 가치가 생산자의 한계생산비와 일치하게 하고, 두 번째 조건은 한계저감비용이 오염의 한계피해와 일치하도록 한다. 따라서 $t = \dfrac{\Delta D(e)}{\Delta e}$, $s = -\dfrac{\Delta P(Q)}{\Delta Q} Q$로 정책변수가 설정되면 사회적 최적이 유도된다. 즉 배출부과금 t는 오염의 한계피해와 일치해야 하고, 산출량에 대한 보조금 s는 $MR(Q)$와 $AR(Q)$가 달라서 발생하는 독점력의 문제를 제거하도록 고안되어야 한다.

3. 환경정책변수만 사용할 경우

만약 s는 없이 환경정책만을 사용해 생산량과 배출량을 모두 통제하려 하면, 기업의 이윤은 $\pi = P(Q)Q - c(Q,e) - te$이다. 생산자는 여전히 Q와 e 두 가지 변수를 선택할 수 있으므로 각각 미분하면 최적 행위는 $P(Q) + \dfrac{\Delta P(Q)}{\Delta Q}Q = \dfrac{\Delta c(Q,e)}{\Delta Q}$와 $-\dfrac{\Delta c(Q,e)}{\Delta e} = t$의 조건을 따른다. 정부는 t 하나로 $Q(t)$와 $e(t)$를 모두 움직여 사회적 최적을 달성하려 하므로 $\left[P(Q) - \dfrac{\Delta c(Q,e)}{\Delta Q}\right]\dfrac{\Delta Q}{\Delta t} = \left[\dfrac{\Delta D(e)}{\Delta e} + \dfrac{\Delta c(Q,e)}{\Delta e}\right]\dfrac{\Delta e}{\Delta t}$의 조건을 충족하는 t를 선택하려 한다. 좌변은 t 증가에 따른 Q 변화 $\dfrac{\Delta Q}{\Delta t}$에 Q의 사회적 순편익인 [가격 − 한계생산비]를 곱한 것이다. 우변은 t 증가에 따른 e 변화 $\dfrac{\Delta e}{\Delta t}$에 e의 순피해액인 [한계피해액 − 저감비용의 한계절감분]을 곱한 것이다. 따라서 이 두 효과가 일치할 때 최적의 t가 얻어진다.

이 조건은 정부가 두 가지 정책변수를 사용할 수 있을 때 목표로 하는 사회적 최적 조건과는 다르기 때문에 차선의 조건이 된다. 차선의 조건을 독점기업 행위와 결합하면 본문에서처럼 다음이 도출된다.

$$t_B = \frac{\Delta D(e)}{\Delta e} + \frac{\Delta P(Q)}{\Delta Q}Q\frac{\Delta Q/\Delta t}{\Delta e/\Delta t} = t_P - \left| (AR - MR)\frac{\Delta Q}{\Delta e} \right|$$

01 어떤 제품의 시장가격 P와 시장 전체의 소비량 Q는 $P = 20 - Q$의 관계를 맺고 있다. 즉 이 직선은 수요곡선을 나타낸다. 제품생산의 한계비용은 $MC = 5 + Q$와 같다고 하고, 제품이 1 단위 생산될 때 발생하는 한계피해는 $MD = Q$와 같다고 하자.

(가) 제품시장이 완전경쟁적이고 정부규제가 없다면, 생산량과 시장가격은 각각 어떻게 되는가?

(나) 사회적 최적 생산량과 그때의 시장가격을 구하라.

(다) 정부가 이 제품에 대해 제품부과금을 부과한다면 최적 제품부과금은 얼마인가?

(라) 만약 이 시장이 한 명의 공급자만 있는 독점시장이라면 이 시장의 균형가격과 균형생산량은 어떻게 되는가?

(마) 시장이 독점화되었을 때의 최적 제품부과금을 도출하라.

(바) 이 시장에 정부가 전혀 개입하지 않는다고 하자. 이 시장이 완전경쟁적일 때와 독점일 때의 사회적 순편익이 각각 어떻게 되는지를 계산하라.

02 어떤 산업에 있어 대표적인 기업의 생산비는 q를 생산량이라 할 때 $c(q) = 3q^2 + 12$와 같다. 즉 12는 고정비용이고, $3q^2$는 가변비용이다. 이 산업의 기업들은 1단위 생산을 할 때 1단위의 오염물질을 배출한다고 하자.

(가) 이 산업의 기업들로부터 배출량당 0.5의 배출부과금을 징수한다고 하자. 배출부과금을 징수하게 되면 기업의 비용함수는 $c_t(q) = 3q^2 + 12 + 0.5q$가 된다. 이때의 기업의 한계생산비와 평균생산비를 q의 함수로 나타내라.

(나) 정부 규제가 도입되기 이전 기업들은 6단위의 오염물질을 배출하고 있었다. 정부가 6단위에서 오염물질 배출량을 한 단위씩 줄일 때마다 단위당 0.5의 보조금을 지급한다고 하자. 이때의 비용함수는 $c_s(q) = 3q^2 + 12 - 0.5(6 - q)$ $= 3q^2 + 9 + 0.5q$가 된다. 기업의 한계생산비와 평균생산비를 q의 함수로 나

타내라.

(다) 이 산업의 시장가격이 일정하게 유지되는 상태에서 정부가 배출부과금제를 실행할 때와 배출보조금제를 실행할 때 기업의 생산량과 오염물질 배출량이 달라지는가?

(라) 기업의 진입과 탈퇴가 자유로운 장기에 있어 시장가격은 생산량에 따라 달라지며, 각 기업은 평균생산비가 최하가 되는 수준에서 생산한다. 정부가 배출부과금과 배출보조금을 각각 적용할 때 기업의 장기 최적 생산량과 그때의 평균비용을 구하라.

(마) 이 산업의 생산량이 늘어나거나 줄어들어도 이 산업이 구입하는 투입요소 가격은 변하지 않는다고 하자. 즉 이 산업 전체의 공급곡선은 수평선인데, 기업이 설비규모와 진입 및 탈퇴에 관한 의사결정을 자유로이 할 수 있는 장기에 있어 산업 전체의 공급곡선은 각 기업의 평균생산비의 최하점에서의 수평선이 된다. 이 산업이 생산하는 제품의 시장수요량을 Q, 시장가격을 P라 할 때 시장수요곡선이 $P = 60 - Q$와 같다고 하자. 정부가 배출부과금과 배출보조금을 각각 적용할 때의 산업 전체의 생산량을 구하라. 산업 전체 오염물질 배출량은 어떻게 되는가?

03 청량음료 생산자는 새 병($=v$)을 구입하거나 병을 재활용($=r$)할 수 있다. 청량음료의 판매가격은 1이고, 생산함수는 $100 - 3r^2 + 4r + 2vr - 5v^2 + 48v$와 같다. 새 병의 구입가격은 2이고, 재활용 병을 사용하는 데에도 역시 2의 비용이 든다.

(가) 정부규제가 없다면 청량음료 생산자는 몇 개의 새 병을 구입하고 몇 개의 재활용 병을 생산에 이용할 것인가? 즉 청량음료 생산자의 최적 v와 r을 구하라.

(나) 재활용하지 않고 새 병을 구입할 때마다 2의 사회적 비용이 발생하기 때문에 정부가 새 병 단위당 2의 부과금을 청량음료 생산자로부터 징수한다고 하자. 단 재활용되는 병에 대해서는 아무런 조치를 취하지 않는다. 이때에는 몇 개의 새 병이 사용되고 몇 개의 재활용 병이 사용될 것인가?

(다) 이제 새 병을 구입할 때마다 2의 부과금을 징수하면서 동시에 재활용 병을 이용할 때마다 2의 보조금을 지급한다고 하자. 이때에는 몇 개의 새 병이 사용되고 몇 개의 재활용 병이 사용되는가?

(라) 버려지는 병, 즉 구입되는 새 병과 재활용되는 병의 수의 차이인 $v - r$은 위
　　의 세 가지 경우에 어떤 순서로 많은가?　그 이유를 설명할 수 있나?

(마) $v - r$의 차이 외에 환경정책의 좀 더 다양한 측면을 감안해 (나)와 (다)의 장
　　단점에 대해 논의해 보라.

참고문헌

- 임종수·김용건(2010), "우리나라의 조세중립적 탄소세 도입의 이중배당 효과,"『자원·환경경제연구』19: 45-80.

- Bovenberg, L. A., and R. A. De Mooij (1994), "Environmental Levies and Distortionary Taxation," *American Economic Review* 84: 1085-1089.

- Field, B. C. (1997), *Environmental Economics: An Introduction*, 2nd ed., McGraw-Hill.

- Freeman, F. and I. Roberts (1999), *Multifunctionality: A Pretext for Protection, ABARE Current Issues*, Canberra, Australia.

- Mori, A., P. Ekins, S. Lee, S. Speck and K. Ueta, eds., (2014), *The Green Fiscal Mechanism and Reform for Low Carbon Development: East Asia and Europe*, Routledge.

- OECD (2005), *Policy Related Transaction Costs and Policy Choice: Main Report*, Committee for Agriculture.

- Pezzey, J. (1992), "The Symmetry between Controlling Pollution by Price and Controlling It by Quantity," *Canadian Journal of Economics* 25: 983-991.

- Phaneuf, D. J. and T. Requate (2017), *A Course in Environmental Economics: Theory, Policy, and Practice*, Cambridge University Press.

- Sandmo, A. (2000), *The Public Economics of the Environment*, Oxford University Press.

- Schöb, R. (1997), "Environmental Taxes and Pre-Existing Distortion: The Normalization Trap", *International Tax and Public Finance* 4: 167-176.

- Vatn, A., V. Kvakkestad and P. K. Rørstad (2002), *Policies for Multifunctional Agriculture: Trade-Off between Transaction Costs and Precision*, Report 23, Department of Economics and Social Sciences, Agricultural University of Norway.

배출권거래제

현재 가장 주목받는 환경정책인 배출권거래제는 배출부과금제와 마찬가지로 경제적 유인책이지만, 가격변수인 부과금이 아니라 수량변수인 배출권을 주 정책수단으로 사용한다는 차이를 가진다. 배출권은 오염원 간에 거래되게 하여 배출량의 효율적인 배분이 발생하도록 유도한다.

배출권거래제는 이론적으로 볼 때 배출부과금제가 가지는 단기적인 비용효과성과 장기적인 기술혁신 유인을 모두 가지고 있고, 동시에 규제당국과 오염원이 계속 접촉할 필요도 없는 매우 혁신적인 규제제도이다. 그러나 이 제도는 배출권시장이라는 또 다른 시장을 만들고 운영하기 때문에 실행 과정에서 다른 제도에는 없는 문제에 직면하게 된다.

아래에서는 배출권거래제 관련 이론을 먼저 검토한 뒤, 이 제도 실행 시 나타나게 되는 문제점들과 그 해결 방안을 살펴본다. 이어서 전 세계 각국에서 실시된 정책 예와 성과를 소개한다.

section 01 배출권거래제의 실행원리와 효율성

배출권거래제(transferable discharge permit system 혹은 marketable emission permit system)는 배출부과금제와 마찬가지로 오염원에게 경제적 유인을 제공하여 효율적인 환경 이용을 유도하기 위해 고안된 제도이다. 이 제도는 효율성 측면에서 볼 때 배출부과금제와 매우 유사하지만, 구체적인 실행 방식에 있어서는 큰 차이점도 가진다.

우선 배출부과금제가 조세 혹은 부과금이라는 가격변수를 변화시켜 오염행위를 조절하는 데 반해, 배출권거래제는 오염과 관련된 수량을 직접 조절하는 정책이다. 이 제도에서는 정부는 목표 달성에 필요한 전체 배출가능량을 먼저 정한 뒤, 이를 오염원들에게 분배하여 각 오염원이 배출할 수 있는 상한을 결정하여 준다. 이상의 절차는 배출기준을 이용한 직접규제와 같다. 그러나 배출권거래제가 직접규제와 가지는 근본적인 차이는 각 오염원이 자신이 소유한 배출권리(permit to emit pollutants)를 서로 사고팔 수 있다는 점에 있다.[1]

---

1) 전체 배출상한(cap)을 정한 후 이를 배출권으로 나누어주고 다시 거래하게 한다는 특성 때문에 배출권거래제를 cap-and-trade system이라 부르기도 한다.

각 오염원은 자신이 원하는 만큼의 오염물질을 배출하려면 그 배출량만큼의 배출권을 가지고 있어야 한다. 자신이 현재 소유한 배출권이 원하는 배출량보다도 적을 경우, 이 오염원은 다른 오염원으로부터 부족분만큼의 배출권을 구매해야 한다. 따라서 배출권거래제에서는 배출권이 시장에서 자유롭게 거래되는 또 다른 형태의 자산으로 등장하게 된다. 통상적으로 배출권에는 그것을 소유한 오염원이 배출할 수 있는 오염물질의 종류와 정해진 기간 배출할 수 있는 양이 명시되어 있으며, 그 가격은 정부가 결정하는 것이 아니라 배출권시장에서 결정된다.

배출권거래제가 가지는 두 번째 특징은 배출부과금제에 비해 보다 민영화 내지 분권화된 제도라는 점이다. 이 제도에서는 정부와 개별 오염원이 직접 접촉할 필요성이 줄어든다. 배출부과금제도에서는 각 오염원이 자신이 배출한 오염물질량에 해당되는 부과금을 정부에 납부해야 하므로 각 오염원과 정부가 계속 접촉해야 한다. 반면 배출권거래제에서는 정부의 역할은 목표로 하는 전체 배출량을 정하여 이를 각 오염원에게 배출권의 형태로 분배하는 것으로 일단 끝난다. 그 후 배출권가격이 어떻게 설정되고, 누가 얼마나 배출권리를 보유하느냐 하는 문제 등은 오염원 간의 거래에 의해 결정된다. 배출권의 총량을 정해 분배해 준 뒤에는 정부는 오염원들이 자신들이 보유한 배출권보다 더 많은 양의 오염물질을 배출하지 않도록 감시하는 의무만 가지게 된다.[2]

배출권거래제는 지금은 특히 온실가스 배출규제에 광범위하게 사용되고 있으나, 이 제도가 처음 도입된 미국에서조차도 1970년대 말부터 부분적으로 조심스럽게 도입되기 시작한 비교적 새로운 환경관리제도이다. 그러나 경제학자들은 배출권을 거래할 수 있는 시장을 개설하여 환경을 효율적으로 관리할 수 있다는 아이디어를 상당히 오래전부터 가지고 있었다. 이 제도를 설득력 있게 추천한 최초의 문헌은 데일즈(Dales, 1968)의 저서이며, 곧이어 몽고메리(Montgomery, 1972)는 이 제도의 효율성을 이론적으로 증명한 바 있다. 최근에 와서 배출권제도는 이론적 분석대상을 넘어서 가장 각광받는 환경정책으로 등장하고 있다. 데일즈의 저서(pp. 107~108)에서 따온 다음의 글이 이 제도의 특징을 잘 나타낸다.

"이 에세이가 제시하는 방법은 지금까지 논의하였던 (다른) 제도들의 문제점들을 해결하기 위해 고안된 것이다. (이 에세이는) 거래가 가능한 오염물질을 배출할 수 있는 권리를 설정할 것을 제안한다. 정부는 지역단위로 발행될 오염권

---

2) 이런 특성으로 인해 배출권거래제는 외부효과를 당사자 간의 자발적 교섭에 의해 해결할 것을 권장하는 코즈정리로부터 파생된 제도라 볼 수도 있다.

(pollution rights)의 양을 정함으로써 어떤 오염수준도 원하는 대로 선택할 수 있고, 오염권의 양은 5년 혹은 10년 단위로 바꿀 수 있다. 거래가능한 권리는 명시적으로 어떤 가격을 가지게 되기 때문에 배출권이 거래되는 시장을 설립하는 것은 쉬운 일이다. 또한 공개시장에서 권리를 사고파는 행위를 통해 오염물질을 하천이나 대기로 배출할 수 있는 권리의 가격이 설정되면 이를 통해 이론적으로는 서로 다른 오염원 간에 가장 효율적으로 오염저감행위를 배분하게 된다. 즉 시장은 필요한 만큼의 오염물질 저감을 가장 적은 사회적 비용을 지불하고 달성하게 한다. (중략) 마지막으로 배출권시장은 다른 제도들에 비해 훨씬 적은 행정비용만을 필요로 할 것으로 보인다."

1. 동질적 오염에 대한 적용: 배출량기준 거래제

제7장은 배출부과금제도가 시행될 때 비용효과성을 달성하기 위해서는 오염물질이 동질적이냐 아니면 이질적이냐에 따라 시행되는 방식이 달라져야 한다는 것을 보였다. 마찬가지로, 배출권거래제에 있어서도 제도가 효율적으로 시행되기 위해서는 동질적 오염물질과 이질적 오염물질에 대해 각기 다른 시행방식이 필요하다.

동질적 오염물질에 대해 시행되는 배출권거래제는 배출량기준 거래제(emission permit system, EPS)라 불리는데, 이 거래제에서는 오염원이 참여하는 시장이 단 하나 존재하며, 오염원이 가지고 있는 모든 배출권은 동일한 가격을 가지고 1:1로 거래된다. 온실가스가 전형적인 동질적 오염물질로 간주된다.

예를 들어 A라는 오염원이 B라는 오염원이 가지고 있는 이산화탄소를 정해진 기간 내 10톤 배출할 수 있는 권리를 20만 원에 구입하였다면, A는 10톤의 이산화탄소를 추가로 더 배출할 수 있고, B는 반대로 10톤의 배출을 줄여야 한다. A와 B사이의 거래가격인 20만 원/10톤은 이 배출권시장에 참여한 다른 모든 거래자 간 거래에서도 동일하게 형성될 것이다. 왜냐하면 B보다 더 낮은 가격을 제시하는 배출권 보유자가 있으면 A는 그 사람으로부터 구입할 것이기 때문이다.

정부는 이 제도를 시행하기 위해서 개별 오염원에 관한 많은 정보를 필요로 하지 않는다. 정부가 목표로 하는 이 지역 전체 저감량이 있으면, 정부는 현재의 전체 배출량에서 목표 저감량을 빼준 만큼의 배출권을 오염원에게 무상이나 경매 등을 통해 분배하면 되고, 배출권의 시장가격은 오염원 간의 거래에 의해 결정되며, 아울러 비용효과성까지도 충족

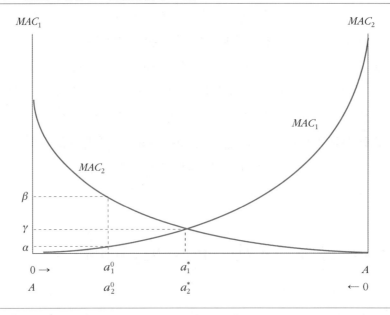

그림 8-1　배출권거래제의 효율성(동질적 오염)

된다.

　〈그림 8-1〉처럼 두 오염원이 시장을 형성한다고 가정하고, 환경정책이 도입되기 전의 오염원 배출이 e_1^0와 e_2^0라 하자. 정부는 이 지역에서 A만큼의 오염물질을 저감하고자 한다. 즉 정부는 $e_1^0 + e_2^0 - A$만큼의 오염물질이 이 지역에서 배출되어야 한다고 생각하고, 이 양만큼을 배출권으로 두 오염원에게 분배한다. 정부가 나름의 기준을 갖고 오염원 1에게는 r_1^0를, 오염원 2에게는 r_2^0를 배출권으로 분배했다고 가정하자 $\left(r_1^0 + r_2^0 = e_1^0 + e_2^0 - A\right)$.

　〈그림 8-1〉에서 우측으로 진행되는 가로축 위의 값은 배출권거래제 도입으로 인한 오염원 1의 저감량을 나타내고 좌측으로 진행되는 값은 오염원 2의 저감량을 나타낸다. r_1^0와 r_2^0를 최초에 두 오염원에게 각각 분배하였으므로, 두 오염원의 거래제 시행 시점의 저감량은 각각 $a_1^0 (= e_1^0 - r_1^0)$와 $a_2^0 (= e_2^0 - r_2^0)$이다. 이때 $MAC_1(a_1^0) = \alpha < MAC_2(a_2^0) = \beta$가 되어, 오염원 2의 한계저감비용이 더 크다는 것을 알 수 있다.

　이러한 상태에서 배출권의 시장이 형성되고, 오염원 2가 β와 α 사이의 어떤 값을 가격으로 해서 오염원 1로부터 배출권을 더 구입할 것을 제안한다고 하자. 이 제안이 성사되어 오염원 2의 배출량이 늘어나면, 제시되는 가격이 오염원 2의 한계저감비용인 β보다도 작기 때문에 오염원 2는 당연히 이득을 보게 된다. 오염원 1의 경우에는 자신의 한계저감비용보다도 오염원 2가 제시하는 금액이 더 높으므로 이 제안을 받아들여 배출권의 일부를 오염원 2에게 넘겨주고 저감량을 늘리는 대신, 배출권 판매로 인한 수입을 얻으면 더 큰 이득을 보게 된다. 따라서 이 거래는 성사가 되며, 두 오염원의 한계저감비용이 일치하는 a_1^*와 $a_2^*(=A-a_1^*)$가 달성될 때까지 거래가 이루어질 것이다. 이 균형점에서는 두 오염원의 한계저감비용이 일치하고, 그 한계저감비용은 배출권의 시장가격인 γ가 된다.

이상에서 본 바와 같이 동질적 오염물질에 대해 적용되는 배출권거래제에서는 각 오염원의 한계저감비용이 서로 다를 경우 이 상황 자체가 오염원의 자발적인 배출권 거래를 유발하고, 그 결과 각 오염원의 한계저감비용이 동일화되어 비용효과성을 충족하게 된다. 아래의 보론은 이 내용을 간단한 수학모형을 이용해 분석하고 있다.

배출량기준 거래제의 비용효과성

어떤 지역에서 동질적인 오염물질을 배출하는 오염원이 N개가 있고, 각 오염원은 규제가 도입되기 전에 $e_i^0(i=1,...,N)$의 오염물질을 배출하고 있었다. 정부는 이 지역에서 총 A만큼의 오염물질을 저감하고자 한다. A를 가장 적은 저감비용으로 줄이기 위해서 각 오염원에게 할당되어야 할 저감량을 찾으려면 다음의 라그랑지안 문제를 풀어야 한다.

$$L = \sum_{i=1}^{N} AC_i(a_i) + \lambda \left[A - \sum_{i=1}^{N} a_i \right] \quad \text{······················· 8-1}$$

식 (8-1)을 최소화하는 조건은 다음과 같다.

$$MAC_i(a_i) = \lambda \ (i=1,...,N) \quad \text{······································ 8-2}$$

한편 i번째 기업이 배출권거래제가 시행되는 시점에 r_i^0에 해당되는 배출권을 얻었다고 하자. 배출권 시장가격이 P라면, 이 기업이 최소화하려는 순비용은 $AC_i(a_i) - P\left[r_i^0 - (e_i^0 - a_i)\right]$이다. 이 비용은 기업이 선택한 저감량 a_i에 의해 결정되는 저감비용 $AC_i(a_i)$에서 이 기업이 배출권을 판매하여 벌어들인 수입인 $P\left[r_i^0 - (e_i^0 - a_i)\right]$를 빼준 것이다(배출권을 추가 구입할 경우에는 그 비용을 더한 것이다). 이 마지막 항이 배출권 거래로 인한 수입이 되는 이유는 $(e_i^0 - a_i)$가 기업이 실제 배출하는 배출량이고, 따라서 기업이 보유한 배출권 r_i^0에서 실제 배출량을 빼준 것이 기업의 배출권 판매량이 되기 때문이다. 각 기업이 자신의 순비용을 최소화하기 위해 선택하는 저감량은 다음 조건을 충족해야 한다.

$$MAC_i(a_i) = P \quad (i = 1, \dots, N) \quad \cdots\cdots\cdots\cdots\cdots\cdots\cdots\cdots\cdots\cdots\cdots\cdots \quad \boxed{8\text{-}3}$$

개별기업이 선택하는 조건인 식 (8-3)과 전체 저감비용 최소화에 필요한 식 (8-2)를 비교해 보면, $P = \lambda$인 한 개별기업 행위에 의해 비용최소화가 달성된다. 배출권가격 P는 시장균형가격이므로 모두에게 동일하며, 또한 〈그림 8-1〉이 보여주듯이 배출권 시장가격은 균형에서 각 오염원의 한계저감비용과 일치한다. 또한 식 (8-2)는 효율적인 저감을 이룰 경우 λ 역시 각 오염원의 한계저감비용과 동일해야 한다는 것을 의미한다. 따라서 $P = \lambda$가 성립한다.

2. 이질적 오염에 대한 적용: 오염도기준 거래제

제7장은 오염물질이 오염원 간에 이질적이라면 효율적인 배출부과금은 오염원별로 달라야 하고, 각 오염원 배출량이 피해지역에 유발하는 오염도를 반영해야 함을 보였다. 마찬가지로 배출권거래제에서도, 이질적 오염물질에 대해 배출량기준 거래제처럼 각 오염원이 보유한 배출권의 1:1 거래를 허용하면 배출권거래제는 비용효과성을 충족할 수 없다.

두 오염원이 피해지역 오염도에 영향을 미치고 있으나, 오염원 1은 오염원 2에 비해 피해지역에서 멀리 떨어져 있어 같은 양의 오염물질을 배출하여도 오염원 2에 비해 피해를 유발하는 정도가 작다고 하자. 이 상황에서 정부가 목표 오염도를 정한 뒤, 이를 달성하는 전체 배출량을 산정해 오염원별로 나누어 주고 배출량기준 거래제를 시행한다고 하자. 만약 오염원 2가 오염원 1로부터 배출권을 구입하게 되면, 전체 배출량은 정부가 배포한 양과 같지만 그 가운데 오염원 2가 차지하는 비중이 더 커진다. 따라서 이 경우 피해지역 오염도는 정부가 당초 목표했던 오염도를 넘어서게 되고, 정책목표가 달성될 수 없게 된다.

오염물질이 이질적일 때에도 목표 오염도를 최소 비용으로 달성하기 위해서는 정책구조가 달라져야 하고, 이때 적용될 수 있는 정책이 오염도기준 거래제(ambient permit system, APS)이다. 오염도기준 거래제는 각 오염원의 배출권을 배출량이 아닌 각 오염원이 유발하는 오염도에 기초하여 부여한다. 즉 배출권은 오염물질의 배출량 자체가 아니라 각 오염원이 피해지역에 축적할 수 있는 오염물질의 양을 기준으로 설정된다. 배출권이 오염도를 기준으로 설정되면 피해지역에 축적되는 오염물질의 양이 일정하게 고정되므로 배출량을 기준으로 시행되는 거래제에서처럼 오염도가 배출권이 거래될 때마다 달라지는 문제가 발생하지 않는다.

앞의 예에서 오염원 1의 전이계수는 0.5이고 배출 오염물질의 절반만이 피해지역에 축적되나, 오염원 2의 전이계수는 1이라서 배출된 양 모두가 피해지역에 축적된다고 하자. 이 상황에서 오염원 2가 오염원 1로부터 오염도를 기준으로 한 배출권을 한 단위 구입하면, 오염원 2는 자신의 배출량을 한 단위 더 늘릴 수 있다. 반대로 오염원 1이 오염원 2가 가진 오염도기준 배출권을 한 단위 구입하면, 오염원 1은 배출량을 두 단위 더 늘릴 수 있다. 이처럼 오염도를 기준으로 배출권을 부여하면 오염도를 기준으로 한 배출권의 가격은 모든 오염원에게 동일하지만 배출량 측면에서 볼 때는 한 단위의 배출량을 늘리기 위해 지불해야 되는 비용이 각 오염원의 전이계수와 비례하게 되고, 따라서 효율성조건이 충족되게 된다.

이처럼 오염도기준 거래제는 오염물질이 이질적이어도 비용효과성을 달성할 수 있다. 그러나 완전한 의미의 오염도기준 거래제를 실제로 실행하는 것은 거의 불가능하며, 실제로 관측되는 모든 배출권거래제는 배출량기준 거래제 형식을 취하고 있다. 우선 오염도기준 거래제를 실행하기 위해서는 정부는 각 오염원의 전이계수를 완전히 파악할 수 있어야 하나, 이는 어려운 일이다. 그보다 더 심각한 문제는 오염피해를 입는 지역이 여러 군데일 때 발생한다. 〈표 8-1〉과 같이 두 오염원이 있고, 피해가 발생하는 지역도 두 군데일 경우의 문제를 살펴보자.

〈표 8-1〉에서 피해지역 1 기준으로 두 오염원의 전이계수 비율은 0.5:1이지만 피해지역 2 기준으로는 0.1:0.5가 된다. 이렇게 두 지역에 미치는 각 오염원 배출량 영향의 상대적 크기가 다를 경우 정부는 피해지역별로 서로 독립된 오염도기준 배출권시장을 설립하여야 한다. 정부는 각 피해지역에서의 목표 오염도를 선택하여 이를 기준으로 오염도기준 배출권의 총수를 결정하고 이를 오염원에게 분배한다. 따라서 이 경우 오염도기준 배출권이 거래되는 시장은 두 개가 되어야 한다.

오염원 2가 현재 배출할 수 있는 양보다 한 단위 더 많이 배출하려 한다고 하자. 오염

표 8-1 두 오염원과 두 피해지역 간의 전이계수

오염원＼피해지역	피해지역 1	피해지역 2
오염원 1	0.5	0.1
오염원 2	1	0.5

원 2가 한 단위의 오염물질을 더 배출하면, 피해지역 1의 오염도는 한 단위 더 증가하고, 피해지역 2의 오염도는 0.5가 더 증가한다. 따라서 오염원 2는 피해지역 1의 배출권시장에서 오염원 1로부터 1단위의 오염도기준 배출권을 구입해야 하고, 피해지역 2의 배출권시장에서는 0.5단위의 배출권을 구입해야 한다. 이렇게 피해지역 수만큼의 배출권시장이 형성되면 각 피해지역의 목표 오염도는 정부가 원하는 수준에서 유지될 수 있다.

오염피해가 발생하는 지역이 다수이고, 정부가 이 모든 피해지역에서의 목표 오염도를 설정하여 관리하고자 할 경우 오염원들은 모든 피해지역에서 형성되는 배출권시장에 일일이 참여해야 한다. 따라서 APS에서는 각 오염원은 엄청난 거래비용을 부담하여야 하고, 이러한 특성이 완전한 형태의 오염도기준 배출권거래제를 실제로 시행하는 것을 막는 요인이 된다.

오염도기준 거래제의 비용효과성

어떤 지역에 N개의 오염원이 있고, 오염도가 측정되는 지점이 M개가 있다고 하자. i번째 오염원이 배출한 한 단위의 오염물질이 j번째 측정지점 혹은 피해지점의 오염으로 축적되는 양을 d_{ij}라 하자. 오염원 i의 정책도입 이전 배출량을 e_i^0라 하고, 도입 후 저감하는 양을 a_i라 하자. B_j는 j번째 측정지점에 자연적 요인으로 축적되는 오염도이다. j번째 측정지점의 오염도를 Q_j라 하면, 각 오염원의 저감량과 Q_j 간에는 다음 관계가 성립한다.

$$Q_j = \sum_{i=1}^{N} d_{ij}(e_i^0 - a_i) + B_j \quad (j=1,...,M) \qquad \text{8-4}$$

j번째 측정지점의 목표오염도를 $\overline{Q_j}$라 하자. 각 측정지점의 목표오염도를 모두 준수하면서 총저감비용을 최소화할 수 있는 저감량을 찾기 위해 다음의 라그랑지안을 검토하자.

$$L = \sum_{i=1}^{N} AC_i(a_i) + \sum_{j=1}^{M} \lambda_j \left[\sum_{i=1}^{N} d_{ij}(e_i^0 - a_i) + B_j - \overline{Q_j} \right] \qquad \text{8-5}$$

위 문제는 M개의 제약조건을 포함하며, λ_j는 각 측정지점에서의 제약조건을 반영하기 위해 필요한 라그랑지안 승수로서, 각 측정지점의 오염물질 축적량을 한 단위 더 줄이는 데 필요한 최소 저감비용이다. 식 (8-5)를 최소화하는 필요조건은 다음과 같다.

$$MAC_i(a_i) = \sum_{j=1}^{M} \lambda_j d_{ij} \quad (i=1,...,N) \qquad \text{8-6}$$

이제 정부가 M개의 오염도기준 배출권시장을 형성하여 오염원으로 하여금 배출권을 거래하게 하되, 최초에 오염원 i에게 배분된 j번째 오염도기준 배출권을 q_{ij}^0라 하자. q_{ij}^0는 오염원 i가 j번째 측정지점에 축적할 수 있는 오염물질의 양을 나타낸다. j번째 시장에서의 배출권가격을 P_j라 하면 i번째 오염원의 순비용은 다음과 같다.

$$AC_i(a_i) - \sum_{j=1}^{M} P_j \left[q_{ij}^0 - d_{ij}(e_i^0 - a_i) \right] \quad \text{·····························} \quad \boxed{8\text{-}7}$$

위 식의 첫 번째 항은 저감비용이고, 두 번째 항은 i번째 오염원이 자신에게 부여된 오염도기준 배출권 가운데 사용하지 않고 판매하여 얻은 수입이다. 각 오염원은 자신의 순비용을 최소화하는 저감량을 결정하며, 비용최소화는 다음 조건에서 이루어진다.

$$MAC_i(a_i) = \sum_{j=1}^{M} P_j d_{ij} \quad (i = 1, ..., N) \quad \text{·····················} \quad \boxed{8\text{-}8}$$

식 $(8-6)$과 식 $(8-8)$을 비교하면, $P_j = \lambda_j (j = 1, ..., M)$인 한 오염도기준 거래제에 의해 효율성조건이 충족되게 된다. λ_j는 각 오염원이 j번째 측정지점에 축적하는 오염물질을 한 단위 더 줄일 때 부담해야 하는 저감비용인데, 이는 j번째 배출권시장에서의 거래에 의해 가격 P_j와 동일하게 되고, 따라서 효율성조건은 충족되게 된다.

3. 기술혁신유인: 동태적 효율성

앞에서 살펴본 바와 같이 오염물질이 동질적이든 이질적이든 적절히 설계되고 실행될 경우 배출권거래제는 이론적으로는 배출부과금제도와 동일한 비용효과성이나 효율성을 가진다. 마찬가지로 오염물질 저감을 위해 필요한 기술혁신의 자극 강도 측면에서도 배출권거래제는 부과금제와 동일한 정도의 평가를 받을 수 있다. 배출권거래제가 직접규제에 비해 더 강한 기술혁신 유인을 가지는 것은 기술혁신으로 저감비용과 배출권 구입비를 모두 절약할 수 있기 때문이다.

〈그림 8-2〉에서는 배출량기준 거래제가 시행되고 있고, 배출권 시장가격은 P이다. 오염원은 배출권의 시장가격과 한계저감비용이 일치하는 e_1의 배출량을 선택하며, 이때 저감비용으로는 면적 $d + e$를 지출하고, e_1만큼의 배출권을 시장에서 구입했다면 면적 $a + b + c$를 지출한다.[3] 따라서 오염원의 총비용은 면적 $a + b + c + d + e$이다.

---

[3] 오염원이 배출권을 정부로부터 무상으로 받았다 하더라도 아래의 결론은 달라지지 않는다는 사실을 확인해 보기 바란다.

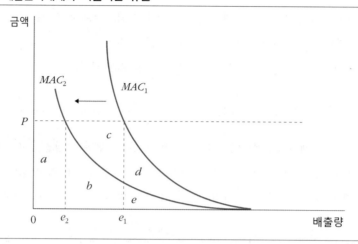

그림 8-2   배출권거래제의 기술혁신 유인

　　이제 기술혁신으로 인해 한계저감비용이 MAC_2로 하락하였고, 배출권시장이 완전경쟁적이어서 이 오염원이 기술혁신을 이룩하여도 배출권의 시장가격은 변하지 않는다고 가정하자. 기술혁신 후에는 오염원이 e_2만큼의 오염물질을 배출한다. 그 결과 저감비용은 면적 $b + e$로 변하게 된다. 또한 오염원의 배출량이 e_1에서 e_2로 줄어들었고, 이 오염원은 불필요해진 배출권을 시장에 팔아 면적 $b + c$만큼의 비용을 추가로 줄일 수 있게 된다. 따라서 기술혁신의 최종 이득은 면적 $c + d$가 되고, 이 면적은 제7장에서 살펴본 바와 같이 배출당 P의 부과금을 납부하는 배출부과금제에서 얻어지는 기술혁신의 이득과 동일하다. 배출부과금제와 마찬가지로 배출권거래제에서도 기술혁신 후 개별 오염원의 배출량이 줄어든다.

section 02   배출권거래제의 구체적인 실행 방안

　　배출권거래제는 이론적으로 볼 때 단기적인 비용효과성과 장기적인 기술혁신 유인을 모두 가지고 있고, 동시에 규제당국과 오염원이 자주 접촉할 필요도 없는 매우 혁신적인 규제제도이다. 그러나 이 제도는 배출권시장이라는 또 다른 시장을 만들고 운영하기 때문에 이를 구체적으로 실행하는 데에는 다른 제도에는 없는 장애 요인들이 나타난다. 이러한 장애 요인들과 그 현실적 해결 방안들은 아래와 같이 정리된다.

1. 오염물질의 이질성으로 인한 문제

앞에서 살펴본 바와 같이 오염물질이 이질적일 경우 배출량기준 거래제는 비용효과성을 달성할 수 없고, 오염도기준 거래제가 실행되어야 한다. 그러나 역시 이미 앞에서 설명한 바와 같이 완전한 형태의 오염도기준 거래제는 실제로는 시행되기 어렵다. 수도권 대기오염도를 줄이고자 한다면, 정부는 측정망 내 측정 지점별로 목표 오염도를 정하고 이를 모두 달성하고자 할 것이다. 이 경우 원칙적으로는 측정 지점 수와 일치하는 숫자만큼의 오염도기준 배출권시장을 설립해야 하지만, 이는 현실적이지 않다. 이 문제를 해결하기 위해 아래의 몇 가지 대안을 사용할 수 있을 것이다.

가. 이질적 오염물질에 대해 적용되는 배출량기준 거래제

오염물질의 이질성을 감안해 정책을 설계하는 것이 어렵다면 가장 손쉬운 대안은 이 문제를 아예 무시하는 것이다. 즉 오염물질이 이질적임에도 불구하고 오염도기준 거래제가 아닌 배출량기준 거래제를 사용하는 방안을 검토할 수 있다. 이 경우 배출량기준 거래제를 대신 사용함으로써 오염도기준 거래제를 정확히 사용할 때에 비해 어느 정도나 사회적 비용이 발생하는지가 관건이 된다. 이 비용이 오염도기준 거래제를 무리하게 사용함에

표 8-2 이질적 오염물질의 배출저감 비용 비교

오염물질	적용지역	직접규제비용/ EPS비용	EPS비용/ APS비용
먼지	세인트루이스	1.33~6.00	1.67~4.51
아황산가스	유타, 콜로라도, 아리조나, 뉴멕시코 접경지역	1.70	2.50
황산화물	로스엔젤레스	1.05	1.07
아황산가스	오하이오주	0.91	1.40
먼지	볼티모어	2.50	1.88
질소산화물	볼티모어	0.69	8.64
질소산화물	시카고	0.42	33.9
아황산가스 먼지	델라웨어주	0.83 11.10	21.3 1.97
먼지	산티아고, 칠레	1.25	8.00

자료: Tietenberg(2006), pp. 82~83.

따라 발생하는 각종 거래비용이나 행정비용보다 더 적다면 배출량기준 거래제를 효과적인 대안으로 인정할 수 있다.

〈표 8-2〉는 미국, 칠레 등에 있어 특정 지역의 목표 오염도를 달성하기 위해 직접규제를 사용하는 방법, 직접규제 대신 오염도기준 배출권거래제(APS)를 사용하는 방법, 오염물질의 이질성에도 불구하고 배출량기준 거래제(EPS)를 대신 사용하는 방법 세 가지 경우에 있어 각각 발생하는 배출저감비용을 비교하여 보여준다. 이 자료는 티이텐버그(Tietenberg, 2006)가 여러 연구의 결과를 정리한 것이다.

〈표 8-2〉는 오염도가 측정되는 지점들에서 동일한 목표 수준 오염도를 달성하기 위해 직접규제제도를 사용할 경우와 배출량기준 거래제를 사용할 경우의 저감비용 비율과 배출량기준 거래제와 오염도기준 거래제를 사용할 경우의 저감비용 비율을 각각 보여준다. 〈표 8-2〉의 마지막 열에 정리되어 있는 분석결과를 보면, 오염물질이 이질적임에도 불구하고 오염도기준 거래제가 아닌 배출량기준 거래제를 사용하면 전체 저감비용이 7%에서 3,290%까지 더 소요된다. 즉 배출량기준 거래제가 오염도기준 거래제를 대체할 수 있는지는 대상 오염물질이나 지역별로 크게 다르다는 점을 확인할 수 있다.

한편 〈표 8-2〉의 세 번째 열을 보면 동일 오염도를 달성함에 있어 직접규제보다는 오염물질의 이질성을 무시하더라도 배출량기준 거래제를 사용할 경우에 저감비용이 더 적게 소요된다. 그러나 몇몇 사례에 있어서는 오히려 직접규제가 더 적은 비용을 필요로 한다. 오염물질이 이질적이라면 동일한 오염도를 달성하기 위해서 실제로 줄여야 하는 오염물질 배출량은 어떤 정책을 사용하느냐에 따라 다르게 된다. 배출량기준 거래제가 오염물질 이질성 때문에 목표 오염도 달성을 위해 직접규제보다 더 많이 줄여야 한다면 직접규제의 저감비용이 더 적을 수 있다.

나. 구획배출권거래제

이질적 오염물질을 배출부과금제도를 이용해 규제할 때 전체 지역을 몇 개의 구획으로 나누어 차등화된 부과금을 부과하는 것과 마찬가지로 배출권거래제 역시 구획화할 수 있다. 구획배출권거래제(zonal emission permit system)는 전체 관리지역을 몇 개의 구획으로 분리한 뒤, 각 구획 내의 모든 오염원은 배출량기준 거래제에 의해 배출권을 1:1로 거래하게 한다. 그러나 서로 다른 구획 간의 배출권 거래는 원칙적으로는 금지한다.

전체 규제지역을 몇 개의 지리적 그룹으로 나누면 구획 내의 동질성이 향상되기 때문에 오염물질이 이질적이어서 발생하는 문제를 많이 줄여줄 수 있다. 그러나 서로 다른 구획 간의 거래를 금지하게 되면 오염원들이 서로 간의 거래를 통해 효율성을 추구할 수 있는 기회를 제한하게 되므로 이로 인한 비용이 추가로 발생하게 된다. 즉 구획화는 동시에 해결하기 어려운 두 가지 문제를 고려해야만 하는데, 하나는 오염물질의 동질성을 확보하기 위해 가능한 한 작게 구획을 설정해야 한다는 것이고, 또 다른 하나는 배출권 거래의 효율성을 확보하기 위해서는 가능한 한 많은 거래 기회를 오염원에 제공해야 한다는 것이다. 후자를 적절히 고려하지 못한 상태에서 구획화를 시도하여 단일 구획 내의 오염원 수가 줄어들고, 배출권시장이 비경쟁적으로 바뀌게 되면 사회적 비용이 크게 발생할 수 있다. 아울러 구획화된 제도를 실행하면 구획별로 배출권 상한을 정해 배포해야 하는데, 이도 어려운 문제이다.

서로 다른 구획 간의 거래를 완전 금지하는 것이 이상과 같은 문제를 가지기 때문에 구획화된 제도를 실행하되 제한된 형태로나마 구획 간 거래를 허용하는 방안을 생각해 볼 수 있다. 이때 구획 간 거래는 당연히 1:1로 이루어질 수 없고 정부가 교환 비율을 정해주어야 한다.

한 예로 RECLAIM이라 불리는 미국 남캘리포니아의 대기오염 관리제도는 설계 당시 대상 지역을 해안지역과 내륙지역으로 구분하고, 내륙지역에 위치한 오염원이 해안지역의 배출권시장에서 배출권을 구매하는 것은 허용하지만 그 반대의 경우는 허용하지 않았다. 이렇게 거래를 한 방향으로만 제약하는 이유는 대기 흐름이나 지형 여건으로 인해 해안의 오염물질이 내륙으로 쉽게 이동하지만 내륙의 오염물질은 해안으로 잘 이동하지 않기 때문이다.

쌍방향의 거래를 허용한다면 서로 다른 두 구획의 평균적인 전이계수가 얼마나 다른지를 반영하여 교환 비율을 정해줄 수 있다. 그러나 이 경우 오염도 목표지점이 다수라면 어떤 지점으로의 전이계수를 기준으로 교환 비율을 결정할 것인가가 문제 된다. 오염원 i가 총 M개의 오염도 목표지점에 영향을 미치고 있고, 한 단위 오염물질 배출이 j번째 목표지점에 d_{ij}만큼의 오염도를 축적한다면(즉 전이계수가 d_{ij}라면), 이 오염원이 배출량을 늘리거나 줄일 때 단위당 교환 비율을 다음과 같은 가중 평균치로 정해줄 수 있다.

$$\sum_{j=1}^{M} \lambda_j d_{ij}$$ ……………………………………………………………… (8-9)

식 (8-9)에서 λ_j는 일종의 가중치로서 j번째 목표지점의 오염도를 줄이는 것이 사회적으로 얼마나 가치가 있는지 혹은 얼마나 어려운지를 나타내는 지표이다.

다. 단일 오염도기준 배출권시장

이질적 오염물질에 대해 배출량기준 거래제를 실행하는 것과 구획화된 거래제를 실행하는 것이 모두 문제점을 가진다면 특히 오염이 심한 지점을 기준으로 각 오염원의 전이계수를 구하고, 이에 따라 배출권 교환비율을 정해줄 수 있다. 이 경우 기준이 되는 지점에 가까운 오염원이 배출을 줄이면 보다 멀리 떨어진 오염원은 대신 보다 많은 배출을 늘릴 수 있다.

이 방식은 오염이 상대적으로 덜 심한 지역의 경우 기준 지점의 오염이 개선되면서 간접적으로 환경이 개선되는 효과를 얻을 수 있지만, 시간이 지날수록 제도의 장점이 사라지는 문제를 가진다. 오염이 심한 기준 지점만을 반영해 교환 비율이 결정되면 새로운 오염시설은 모두 이 기준 지점으로부터 멀리 위치하여 보다 싼 가격에 배출하려 할 것이다. 그 결과 시간이 지날수록 기준 지점 외의 오염이 심해질 것이고, 따라서 기준 지점의 특성이 소멸되고 정책효과도 약화될 것이다.

2. 배출권거래의 동태적 측면

배출권거래제를 실제로 실행할 때에는 지리적, 공간적 측면뿐 아니라 시간적 문제까지 고려해야 한다. 수질이든 대기질이든 관측되는 오염도는 시간이 지나면서 변하는데, 늘어나거나 줄어드는 경향성을 가질 수도 있고, 계절별로 주기적으로 달라질 수도 있다. 이렇게 계측되는 오염도가 시간이 지나면서 달라지게 하는 주요인 중 하나는 물론 배출량 자체의 시간적 변화이다. 규제가 있든 없든 오염원의 생산 행위 자체가 시간이 지나면서 변하고 어떤 계절성을 가지기도 한다.

계측되는 오염도는 또한 자연적 요인에 의해서도 달라진다. 매일 매일 변하고 계절별로도 변하는 공기흐름의 방향과 세기는 대기오염도에 영향을 미치고, 온도나 강수량 역시 각종 오염도에 영향을 미친다.

아울러 오염물질 자체가 축적성을 지닐 경우에도 배출량과 오염도 간의 관계는 시간이 지나면서 달라진다. 자연의 흡수능력 이상의 속도로 오염물질이 배출되면 오염도로 계속 축적되게 되고, 따라서 시간이 지나면 동일한 양이 배출되어도 관측되는 오염도는 더 높아지게 된다.

이렇게 측정되는 오염도가 시간이 지나면서 달라지거나 계절성을 지니면 정부는 목표 오염도기준을 정함에 있어서도 시간변수를 도입하는 것이 필요하다. 실제로 많은 대기오염물질들이 시점별 목표치를 가지고 있다. 예를 들어 오존오염도 기준치의 경우 연평균 달성해야 할 수치가 주어질 수도 있고, 24시간 평균 기준치, 8시간 평균 기준치, 1시간 평균 기준치와 같은 보다 단기에 대해 설정될 수도 있다.

가. 배출권 예치와 차용

오염원이 보유한 배출권보다 더 적은 양을 배출한 후 그 차이만큼의 배출권을 다른 시점에 사용하게 하거나, 반대로 보유한 배출권보다 더 많은 양의 오염물질을 한시적으로 배출하고 이후 배출 감소를 통해 그 차이를 메우게 하는 것을 허용할지가 중요한 정책논의 중 하나이다. 이번 해에 배출할 수 있는 권리보다도 더 적은 양을 배출한 후 그 차이를 내년으로 이월하는 행위는 배출권을 예치하는 행위(banking)이고, 내년도에 갖게 될 배출권 중 일부를 금년도에 미리 사용하는 행위는 배출권을 차용하는 행위(borrowing)이다.

배출권의 이월과 차용을 허용하면 오염원 입장에서는 배출 행위에 있어 추가적인 신축성을 얻게 된다. 따라서 동태적 거래가 허용되지 않을 때 비해 오염원의 저감비용이 줄어들 여지가 있다. 미국에서의 배출권거래제 가운데 하나인 황배출권 프로그램(Sulfur Allowance Program)은 이월·예치는 허용하지만 차용은 허용하지 않는데, 엘러만 외(Ellerman et al., 2000)는 이월을 허용함으로써 특정 기간 약 13억 달러의 저감비용 절감이 가능하다는 분석을 한 바 있다. 그러나 기존의 실행된 모든 배출권거래제도가 이러한 종류의 이월이나 차용을 허용하는 것은 아니다.

배출권의 이월과 차용을 허용하면 오염원은 저감 설비 투자 시점을 선택할 때 재량권을 가지게 되고, 따라서 저감비용을 줄일 수 있다. 이러한 신축성은 저감설비 투자 유인 자체를 증가시킬 것이다. 기업은 또한 배출권 시장수요가 높을 때를 대비해 배출권을 절약할 수 있어 배출권 시장가격 안정화에도 도움이 된다.

그러나 비용지출을 뒤로 미룰수록 최소한 이자율에 해당하는 이득을 얻을 수 있어, 기업은 저감설비 투자나 가동을 미루고 배출권을 주로 차용하려 해 문제가 발생한다. 기업이 이렇게 저감행위를 뒤로 미루면 오염피해는 초기에 더 커지고 후기에는 작아지는 경향을 가지게 된다. 사회 전체로 보면 오염피해 역시 일찍 발생하는 것보다는 나중에 발생하는 것이 유리하다. 즉 배출권의 이월과 차용을 모두 인정하게 되면 오염원은 배출권의 이월보다는 차용을 우선 원하는 일종의 시장실패가 발생할 것이다. 따라서 배출권의 시점 간 거래를 허용하려면 적용하는 이자율을 경제 전체의 통상적인 이자율보다도 더 높게 할 필요가 있다.

나. 오염의 계절성 문제

오염물질이 배출되고 오염도가 결정되는 과정은 계절별로 달라진다. 오염원의 행위와 관련 없이 자연적으로 축적되는 오염물질이 있는데, 그 양은 강우량, 온도, 기상조건 등 자연적·계절별 요인에 의해 달라진다. 따라서 오염도 측정지점의 목표 오염도가 정해져 있을 경우 이러한 자연적 축적량을 목표 수준에서 빼준 값이 계절적으로 달라지고, 배출규제를 통해 실질적으로 달성해야 할 목표 오염도 자체가 계절별로 변하게 된다. 또한 동일한 오염물질이 배출되더라도 그것이 오염도로 축적되는 정도 역시 계절별 요인에 의해 변한다. 즉 전이계수 자체가 계절적 요인에 의해 달라진다.

그러므로 원칙적으로는 배출권거래제 운용 방식도 계절별로 달라질 필요가 있다. 예를 들어 오존은 온도가 높을 때 농도가 쉽게 높아지므로 여름과 여타 계절로 분리하여 배출권거래제를 운용할 수 있다. 만약 월 10톤의 오존 생성 가스 배출권을 가진 오염원이 있다면 여타 계절에는 매월 10톤의 가스를 배출할 수 있지만 여름에는 매월 5톤만을 배출할 수 있도록 하는 것이 한 예가 될 것이다.

3. 최초배출권의 분배문제와 정책 수용성

정부가 일단 배출권거래제를 도입하여 오염원들이 서로 배출권을 거래하도록 허용한 이후에는 배출권의 가격이나 각 오염원이 소유한 양은 오염원 간의 자발적인 거래에 의해 결정된다. 그러나 배출권거래제가 시행되는 최초 시점에는 정부가 어떤 방식으로 배출권을 분배하느냐에 따라 배출권 가격과 각 오염원 보유량이 달라진다. 이론적으로 보면 정부가 최초에 배출권을 어떻게 배분하느냐 하는 것은 이 정책의 궁극적인 비용효과성에 영향을 미치지 않아야 한다. 최초에 어떤 방식으로 배출권이 배분되든 오염원들의 자발적 거래에 의해 각 오염원의 한계저감비용과 일치하는 수준에서 배출권 시장가격이 최종적으로 형성되고, 각 오염원은 자신의 한계저감비용과 배출권가격이 일치하는 수준에서 배출량과 저감량을 선택하게 된다.

그러나 현실에 있어서는 많은 요인이 배출권시장에 영향을 미치기 때문에 최초에 배출권을 어떻게 배분하느냐에 따라 시장의 균형 자체가 달라질 수 있다. 배출권의 최초 분배문제는 비용효과성뿐 아니라 오염원 간의 형평성 문제에도 영향을 미치고, 따라서 실제로 정책을 수행하는 데 있어 가장 큰 논란거리가 될 수 있으며, 정책을 이해 당사자들이 수용하려 하는지에도 영향을 미친다.

정책 도입과 함께 배출권을 오염원에게 분배하기 위해 정부는 여러 방법을 사용할 수 있다. 지금까지 각국에서 사용한 방식만 보더라도 추첨을 통해 배분하는 방법, 선착순으로 배분하는 방법, 특정 규칙을 정해 행정적으로 배분하는 방법, 경매를 통해 배분하는 방법 등 다양한 방법이 있다. 이 중 가장 많이 사용되거나 논란거리를 제공하는 것이 마지막 두 가지 방법이다.

특정 규칙을 정해 최초 배출권을 무상으로 배분하는 방식이 가장 많이 사용된다. 이 방법을 사용할 때 가장 중요한 것은 어떤 기준을 적용하느냐이다. 모든 오염원에게 동일하게 분배하면 형평성은 충족될지 모르나 생산활동 규모 차이를 무시하는 문제가 발생한다. 하나의 대안으로서 정책이 시행되기 전에 각 오염원이 배출하던 배출량에 비례하게 배출권을 분배할 수 있는데, 이는 오염물질 저감을 위해 많은 노력을 이미 기울인 기업에게는 불합리한 방법이 되며, 또한 오염원들이 정부가 이 방식을 택할 것이라는 사실을 안다면 배출권거래제 시행 시점에 맞추어 배출량을 의도적으로 늘릴 가능성이 있다.

이 경우에는 하나의 절충안으로서 전체 배출권의 일부는 모든 오염원에게 동일하게 분배한 뒤, 나머지를 배출량에 비례하게 분배할 수 있다. 이는 과거 배출실적과 형평성을 모두 고려하는 방식인데, 이렇게 새로이 산업에 진입하는 오염원에게는 배출권을 부여하지 않고 정책도입 이전부터 활동하던 기존 오염원에게만 무상으로 분배하는 방식을 그랜드파더링(grandfathering)이라 부른다.[4]

실제로 시행된 예를 보면 지구온난화 방지를 위한 교토의정서(Kyoto Protocol) 합의문에서는 각국의 온실가스 저감량을 결정할 때 1990년 배출량을 기준배출량으로 하여 특정 비율만큼 줄이도록 배출권을 분배하되, 구체적인 수준은 협상을 통해 정하도록 하였다. 미국의 황배출권 프로그램은 오염원의 연료 사용량과 연료당 오염물질 배출량 자료를 활용하여 배출권을 분배하였다.

경매제도(auctions) 역시 최초의 배출권 분배를 위해 매우 유용하게 사용될 수 있다. 경매에서는 가장 높은 지불의사를 표시한 오염원이 배출권을 가져간다. 배출권 분배에 경매를 적용하는 사례가 늘어나고 있고, 주파수대역 사용권과 같은 자원이용권 할당에도 경매가 활발하게 적용되고 있다.

경매로 배출권을 배분할 때도 많은 고려 사항이 나타나지만 우선 이 방식의 가장 큰

---

4) 그랜드파더링은 새로운 규제제도가 도입될 때 기존 주민이나 기업에게는 여전히 과거의 기준이 적용되도록 하여 새로 도입되는 의무를 면제하는 것을 의미하는 용어로 주로 사용된다.

특징은 경매로 정부 수입이 발생하고, 대신 오염원들은 그만큼의 비용 부담이 늘어난다는 점이다. 정부 수입이 발생하면 배출부과금의 경우와 마찬가지로 이 재원으로 다른 조세를 대체하는 것이 가능해 추가적인 편익이 발생할 수 있다. 그러나 직접규제에서는 정부 기준만 준수하면 배출되는 오염물질에 대해서는 비용을 지불하지 않던 오염원 입장에서는 이 방식은 큰 부담이 될 수 있다.

유상경매가 이런 문제를 가진다면 경매 수입을 오염원에게 되돌려 줄 수도 있다(=zero-revenue auctions). 황배출권 프로그램에서 미국 환경처는 전체 배출권의 약 3%를 매년 환수하여 경매에 붙이며, 그 수입은 오염원에게 환수당한 양에 비례하도록 되돌려 준다.

경매제도 특히 유상경매제도를 도입하면 오염원은 배출저감을 위해 저감비용을 지출하고, 아울러 배출권 구매비도 지출해야 한다. 이 두 비용을 합한 것이 기존에 사용되던 직접규제에 비해 어느 정도나 더 많으냐에 따라 배출권거래제가 새로이 도입될 때 이 정책에 대한 오염원들의 수용성이 결정될 것이다.

티이텐버그(Tietenberg, 2006)는 〈표 8-2〉에서 정리되었던 분석 사례를 활용하여 저감비용과 배출권 구매비용을 모두 합한 것이 직접규제에서 오염원들이 지불하던 저감비용과 어떤 차이를 가지는지를 〈표 8-3〉과 같이 계산하였다. 오염물질의 이질성을 적절히 반영하는 오염도기준 거래제가 시행되면 경매에서의 배출권 구매비용을 감안해도 배출권거래제의 오염원 비용이 직접규제에서의 비용보다도 작다는 것을 알 수 있다. 이는 직접규제와 달리 배출권거래제는 비용효과성을 달성해 저감비용을 크게 줄이기 때문이다. 그러나 오염물질이 이질적임에도 불구하고 배출량기준 거래제를 사용하게 되면 저감비용 측면의 정

표 8-3 배출권거래제하의 오염원의 총비용부담

오염물질	적용지역	APS비용/ 직접규제비용	EPS비용/ 직접규제비용
아황산가스	유타, 콜로라도, 아리조나, 뉴멕시코 접경지역	N/A	0.59
황산화물	로스엔젤레스	N/A	1.09
먼지	볼티모어	0.66	N/A
질소산화물	볼티모어	N/A	4.36
질소산화물	시카고	0.10	6.08
아황산가스 먼지	델라웨어주	N/A N/A	2.39 0.35

자료: Tietenberg(2006), p. 133.

책 효율성이 줄어들고 배출권거래제의 상대적 장점이 많이 사라지는데, 이는 〈표 8-3〉에서도 확인된다. 이런 점 때문에 현재 운용 중인 모든 배출량기준 거래제는 정책 도입 초기에는 유상경매보다는 그랜드파더링을 우선 적용했다.

4. 배출권시장의 경쟁성

배출권거래제는 상품시장에 추가하여 배출권시장도 생성하기 때문에 배출권시장이 경쟁시장의 구조를 가지느냐가 또 다른 문제로 등장한다. 일반 상품의 경우와 마찬가지로, 배출권도 그 시장이 완전경쟁적이어야 사회적 효율성이 달성된다. 그러기 위해서는 각 배출권시장에 많은 수의 거래자가 참여하여 한 거래자의 행위로 인해서는 시장 전체의 가격이 영향을 받지 않아야 한다. 만약 많은 양의 배출권을 보유하여 배출권 시장가격에 영향을 미칠 수 있는 오염원이 있다면, 이 오염원은 배출권을 판매할 때는 공급독점자(monopolist)가 되고, 구매할 때는 수요독점자(monopsonist)가 된다. 공급 혹은 수요독점자는 자신이 시장가격에 영향을 미칠 수 있음을 이용하려 할 것이고, 이 과정에서 배출권시장의 효율성은 무너지게 된다.

시장에 영향을 미칠 수 있는 거래자가 보유한 배출권을 판매하려 하면, 시장가격은 하락하게 되고, 이는 판매자 입장에서는 완전경쟁시장에서는 발생하지 않는 추가 비용이다. 이렇게 보유한 배출권의 가치가 떨어지는 것을 비용으로 인식하게 되면 판매자는 완전경쟁일 경우에 비해 더 적은 양의 배출권만을 판매하려 한다. 따라서 이 경우 이 거래자의 한계저감비용은 배출권의 시장가격과 일치하지 않고, 산업 전체의 저감비용 최소화를 위한 조건이 충족되지 않는다.

반대로 시장에 영향력을 가진 거래자가 배출권을 구매하려 하면 시장가격은 상승하게 된다. 즉 이 구매자가 지급해야 할 배출권 시장가격이 오르는, 역시 완전경쟁시장에서는 없는 추가 비용이 발생하며, 따라서 구매자 역시 한계저감비용과 배출권가격이 일치하는 수준에서 배출권을 구매하지는 않는다. 이 내용은 아래의 보론이 자세히 설명한다.

불완전경쟁 배출권시장에서의 거래행위

동질적인 오염물질을 배출하는 오염원이 N개가 있고, 각 오염원은 정책이 도입되기 전에 $e_i^0 (i=1,...,N)$의 오염물질을 배출하고 있었다고 하자. i번째 기업은 배출권거래제가 시행되는 시점에 r_i^0에 해당되는 배출권을 얻었다. 이 기업이 직면하는 배출권 시장가격은 $P(a_i)$이다. 이 기업의 저감량이 늘어나면 배출권 판매량이 늘어나거나 구매량이 줄어들므로 배출권가격은 하락하고, 저감량이 줄어들면 배출권가격은 상승한다 ($\frac{\Delta P(a_i)}{\Delta a_i} < 0$). 이 기업의 순비용은 $AC_i(a_i) - P(a_i)\left[r_i^0 - \left(e_i^0 - a_i\right)\right]$이고, 이를 최소화하는 저감량을 찾기 위해 미분하면 다음을 얻는다.

$$MAC_i(a_i) = P(a_i) + \frac{\Delta P(a_i)}{\Delta a_i}\left[r_i^0 - \left(e_i^0 - a_i\right)\right] \quad\text{··} \quad 8\text{-}10$$

시장에 영향력을 가진 기업이 배출권을 많이 배정받아 일부를 판매하려고 한다면 $\left[r_i^0 - \left(e_i^0 - a_i\right)\right] > 0$이고, 따라서 우변의 두 번째 항은 0보다 작은 값을 가진다. 즉 이 경우 $MAC_i(a_i) < P$이어서 등한계원칙이 성립하지 않는다. 이 기업은 스스로의 저감량을 늘리고 그만큼 배출권 판매량도 늘리면 자신이 판매하는 배출권가격이 하락한다는 것을 의식한다. 따라서 한계저감비용과 배출권가격이 일치하는 수준까지 배출권을 판매하지 않고 지나치게 많은 배출권을 보유한다.

반면 이 기업에게 최초 배분해 준 배출권의 양이 너무 적어 배출권을 구매하려고 한다면 $\left[r_i^0 - \left(e_i^0 - a_i\right)\right] < 0$이고, 따라서 우변의 두 번째 항은 0보다 크다. 이 경우 $MAC_i(a_i) > P$가 성립하고, 역시 비용효과성이 충족되지 않는다. 이 기업은 배출권 구매량을 늘릴 경우 자신이 지급해야 할 가격이 상승한다는 것을 의식하여 한계저감비용과 배출권가격이 일치하는 수준까지는 배출권을 구매하려 하지 않는다.

이상의 이유로 인해 시장가격에 영향을 미칠 수 있는 거래자가 있으면 배출권시장은 비용효과적인 배출권 및 저감량 분배를 달성할 수 없다.

이상에서 살펴본 바와 같이 배출권을 구매하든 판매하든 시장가격에 영향을 미칠 정도로 규모가 큰 거래자가 있으면 시장균형은 모든 오염원의 한계저감비용이 배출권의 시장가격과 일치하는 수준에서는 결정되지 않는다. 즉 배출권거래제의 장점이라 할 수 있는 비용효과성이 성립하지 않게 되는 것이다. 이런 이유로 인해 한(Hahn, 1984)은 배출권 시장 가격에 영향을 미치는 오염원이 있다면 정부가 이 오염원이 최종적으로 보유하려는 양만큼의 배출권을 정책이 도입되는 최초 시점에 정확히 배분해 주지 않는 한 배출권시장의 효율성이 달성될 수 없다고 주장하였다. 각 오염원이 최종적으로 필요로 하는 배출권의 양을 정부가 정확히 알 수는 없다. 이런 정보를 정부가 몰라도 비용효과성을 거둘 수 있는 것이 배출권거래제의 장점이라 주장되기 때문에 이러한 완전정보를 가정하는 것 자체가 적절치 않다. 또한 경매로 배출권을 배분할 경우에도 시장에 대한 영향력을 가진 오염원은 경매 참여 순간부터 가격결정에 영향을 미치려 할 것이기 때문에 비용효과성이 충족되기 어려워진다.

배출권시장은 지리적으로 제한될 가능성이 크기 때문에 완전경쟁적일 정도로 많은 참여자를 확보하기 어려울 수가 있고, 많은 거래자가 참여할 경우에도 산출물시장 자체가 비경쟁적일 경우 설비규모의 차이 등으로 인해 비경쟁성을 지닐 가능성이 크다.

배출권제도는 이처럼 다른 규제제도에는 없는 배출권시장의 경쟁성 확보라는 문제를 가지고 있으므로 이 제도를 설계할 때는 배출권시장의 독점화를 막는 방안을 고려해야 한다. 이는 특히 오염물질이 이질적일 때 까다로운 문제가 됨을 이미 앞에서 설명하였다. 또한 배출권을 최초에 배분하는 방식도 배출권시장 경쟁성에 영향을 미칠 수 있다. 경매제도를 시행하면 경매에 참여해도 배출권을 얻지 못하는 오염원이 생기게 되고, 이 오염원들은 산업에서 축출될 수도 있다. 반면 무상배분은 배출권을 배분받지 못해 산업에서 축출되는 기업은 만들어내지 않으므로 시장 독점화 여지를 줄일 수 있다.

하지만 반대로 그랜드파더링과 같은 무상배분은 오히려 배출권시장을 덜 경쟁적으로 만들 수도 있다. 예를 들어 지구온난화 방지를 위한 교토의정서에서처럼 각 오염원이 특정 시점에 배출하던 양의 x%에 해당되는 배출권을 최초에 배정하고자 하는데, 배출권 배분 시점과 이 기준연도 사이에는 상당한 시차가 있다고 하자. 이때 기준연도에는 많은 배출 실적을 가졌던 오염원 가운데 상황 변화로 인해 이후에는 배출량이 크게 줄어든 오염원이 있을 수 있다. 이 상태에서 그랜드파더링을 실행하면 배출권 배분 시점과 기준연도 사이의 배출량 차이로 인해 이 오염원은 많은 양의 배출권을 판매할 수가 있어 독점력을 행사할 수 있게 된다.[5] 그랜드파더링을 선택한다면 배출권 배정의 기준연도는 가능한 한 배출권거래제가 실행되는 시점과 가깝도록 선택하여 이런 종류의 독점화가 발생하지 않도록 할 필요가 있다.

---

5) 교토의정서의 경우 러시아가 이러한 오염원에 해당된다.

5. 감시 및 감독비용

배출권거래제는 배출부과금제에 비해서는 정부와 오염원이 직접 접촉할 필요성을 줄여주는 정책이기는 하나, 이 제도 역시 오염원의 행위를 감시하고 감독하는 비용을 필요로 한다. 무엇보다도 정부는 각 오염원이 소유한 배출권보다도 더 많은 양의 배출을 하지 않도록 감시할 의무가 있으며, 이 과정에서 상당한 정도의 감시 및 감독비용이 소요될 것이다.

오염원은 가능하다면 자신이 보유한 배출권을 초과하여 배출하려는 동기를 항상 가진다. 직접규제가 실행되든, 배출부과금제가 실행되든, 또는 배출권거래제가 실행되든 원칙적으로는 규제당국은 특정 기간 각 오염원의 배출량이 어느 정도인지를 정확히 알 필요가 있다. 따라서 이 세 가지 제도는 감시 및 감독비용 측면에서 유사한 평가를 받을 수도 있을 것이다. 그러나 좀 더 세부적으로 살펴보면 이 세 제도 하의 감시 및 감독비용은 어느 정도 차이를 보인다.

먼저 배출권거래제와 배출부과금제를 비교해 보면 전자의 경우에서 정부의 감시 의무가 더 적을 것으로 추측할 수 있는데, 그 이유는 거래제 시행 시 오염원들이 서로의 행동을 감시할 가능성이 있기 때문이다. 부과금제도에서는 어떤 오염원이 신고한 이상을 배출하더라도 다른 오염원의 이해에 영향을 미치지 않는다. 그러나 배출권거래제에서는 어느 오염원이 불법적인 초과 배출을 하면 그로 인해 배출권 시장수요가 줄어들고, 시장가격도 정상적인 경우보다 낮아진다. 이 경우 배출권을 시장에 팔고자 하는 오염원은 피해를 당하게 되므로 다른 오염원의 부정 배출을 인지하면 이를 행정당국에 고발하고자 할 것이다. 이런 식으로 오염원 상호 간의 감시가 이루어지면 정부가 직접 각 오염원의 부정 여부를 감시할 필요성이 줄어들 것이다.[6]

배출권거래제와 직접규제를 비교하면 어느 쪽의 감시 비용이 더 많을지 단정하기 어렵다. 먼저 배출권거래제가 직접규제보다도 더 적은 비용만을 필요로 하는 이유로 위에서 이미 지적한 바와 같이 오염원의 상호감시가 가능하다는 사실을 지적할 수 있다. 그러나 보다 큰 이유는 아마도 배출권거래제는 비용효과성으로 인해 직접규제보다 저감비용 자체가 적다는 점일 것이다. 비용효과성으로 인해 오염원의 저감비용이 줄어들면 불법적인 초

---

6) 필드(Field, 1997)가 이와 같이 주장한 바 있다.

과 배출을 해서 얻을 수 있는 이득이 적기 때문에 감시 의무도 감소한다.

그러나 반대로 배출권거래제가 직접규제보다 더 많은 감시 비용을 필요로 할 수도 있다. 특히 배출권 이월이 허용되면 배출량을 거짓으로 줄인 후 이를 합법적으로 이월하여 이득을 얻을 수 있으므로, 이를 막기 위해서는 더 많은 감시 및 감독비용이 필요하다. 그리고 거래제 자체의 운용비용도 상당하다. 직접규제는 많은 경우 배출량보다는 농도를 규제하고, 따라서 오염원을 상시 감시할 필요성이 상대적으로 적다. 반면 배출권거래제에서는 오염원의 실제 배출량과 배출권 보유량이 일치하는지를 확인할 수 있어야 하고, 거래를 통한 권리이전 현황까지 계속해서 자료로 확보하여야 하므로 이를 위한 비용이 소요되는 것이다.

배출권거래제에서 규제당국은 불법 초과 배출한 오염원에 대해 행정조치나 사법조치를 취할 수 있다. 행정조치에는 초과 배출 단위당 특정 금액의 벌금을 징수하거나 영업을 제한하는 조치 등이 포함될 것이다. 특히 배출권거래제에서는 다른 제도에서는 불가능한 추가 제재를 가할 수 있는데, 초과 배출분에 대해 벌금을 부과하면서 동시에 오염원이 보유한 배출권에서 초과 배출량만큼을 삭감하여 미래의 생산 행위에도 타격을 줄 수 있다.

section 03 배출권거래제 실행 사례

배출권거래제가 환경정책으로 실행된 초기의 예는 오염물질의 수량위주 규제를 선호해 온 미국의 대기오염 관리정책에서 찾을 수 있다. 그러나 이 제도는 이후 주로 온실가스 배출감소를 위해 유럽, 뉴질랜드, 그리고 미국, 캐나다와 중국 등 여러 국가·지역에서 추가로 채택되었다. 한국에서도 2015년부터 온실가스에 대해 배출권거래제가 시행되고 있다.

1. 옵셋정책: 최초의 적용사례

미국 정부가 대기오염관리의 필요성을 느껴 이에 관한 최초의 법률을 입안한 것은 1955년이지만, 초기에는 산업활동 위축을 우려한 각 주정부의 미온적 태도로 정책실행이 부진하였다. 1970년에 대기관리법(Clean Air Act) 수정안이 통과되면서 미국의 대기오염관리는 큰 전환기를 맞는다. 이 법안에서 미국 환경처(Environmental Protection Agency, EPA)

는 미국 전역에서 달성되어야 할 대기 오염도기준을 설정하고, 이를 달성하기 위한 책임은 각 주정부로 돌렸다. 주정부는 자신의 관할권 안에서 EPA의 오염도기준을 달성하기 위해 주정부 실행계획(State Implementation Plan, SIP)을 만들어 시행하였는데, SIP의 규제는 주로 기술기준이나 배출기준과 같은 직접규제의 형식을 취하였다.

직접규제에 기초한 1970년대의 정책이 대기오염을 줄이는 데 상당한 성공을 거두었지만, 그 획일성에 따른 비효율성이 계속 지적되었다. 특히 EPA가 정한 오염도기준 이상의 오염이 발생한 지역(nonattainment regions)에는 새로운 공장이 건설되지 못하게 하였기 때문에 새로운 산업시설이 들어서는 것이 원칙적으로 불가능하였고, 따라서 해당 지방정부는 환경규제로 인해 경제성장이 저해되는 것을 크게 우려하게 되었다.

이 상황에서 1976년 도입된 것이 바로 옵셋정책(offset policy)이다. EPA의 오염도기준을 달성하지 못한 지역에 있는 어떤 오염원이 오염물질 배출량을 줄이면 EPA는 이를 일종의 크레딧(credit)을 인정하고, 이 크레딧은 새로이 이 지역에 진입하려는 기업에게 제공될 수 있도록 하였다.

오염도기준이 달성되지 못하는 지역에 새로이 진입하는 기업이 해당 지역 내의 기존 기업으로부터 충분한 양의 크레딧을 구입하고, 이 기업이 진입함에도 불구하고 지역 전체 오염물질 배출량이 늘어나지 않을 경우 진입이 허용되었다. 통상적으로 새로운 오염원은 자신이 필요로 하는 배출량보다 20% 정도 더 많은 양의 크레딧을 구입토록 하였고, 이 20%의 초과 배출권은 행사되지 못하게 하여 오염도 개선효과를 꾀하였다.

옵셋정책은 이후 신규 진입자가 아닌 기존 오염원이 배출권을 획득하게 하거나, 기존 오염원이 설비 규모를 확장할 수 있도록 하는 조치를 포함하고, 배출권 예치(banking)를 허용하는 식으로 확장되어 배출권거래 프로그램(Emissions Trading Program, ETP)으로 불리게 된다.

2. 황배출권 프로그램

이미 앞에서 몇 차례 소개한 바 있는 황배출권 프로그램(Sulfur Allowance Program)은 배출권거래제 시행 역사에서 기념비적 제도라 할 정도의 중요성을 가진다.[7] 그리고 이 프

---

7) 이 제도에 대한 논의와 분석은 대단히 많다. 찬 외(Chan et al., 2012), 버트로와 팔머(Burtraw and Palmer, 2004), 엘러만 외(Elerman et al., 2000, 2010), 슈말렌지와 스타빈스(Schmalensee and Stavins, 2013, 2017) 등의 자료가 유용하다.

로그램은 본서와 같은 환경경제학 교과서가 설명하는 형태의 배출권거래제로서는 최초라 할 수 있으며, 그 성공 경험이 이후 많은 배출권거래제가 오염규제수단으로 선택되도록 하였다.

1990년의 미국 대기관리법 수정안은 산성비 프로그램(Acid Rain Program)을 도입하는데, 아황산가스(SO_2)와 질소산화물(NO_x) 저감을 주목적으로 하였다. 산성비 프로그램은 특히 아황산가스에 대해서는 배출권거래제를 주된 정책 수단으로 채택하고, 이를 황배출권 프로그램 혹은 아황산가스 배출권거래제(Sulphur Dioxide Allowance-Trading Program)라 불렀다. 이 프로그램은 아황산가스를 배출하는 발전소를 대상으로 한다.

도입 당시 프로그램은 1980년에 배출하던 양보다 1,000만 톤이 더 적은 양을 배출상한으로 정하였다. 이를 저감량으로 환산하면 895만 톤이 되는데, 이 양을 두 단계로 나누어 저감하고자 하였다. 제1단계는 1995년 시작되어 오염물질을 특히 많이 배출하는 발전설비와 자발적으로 참여하는 설비에 대해 적용되고, 제2단계는 2000년에 시작하여 25메가와트 이상의 모든 설비와 황함유량이 0.05% 이상인 투입요소를 사용하는 모든 설비에 대해 적용되도록 하였다.

프로그램은 배출권한(allowances)을 정해진 공식을 따라 각 발전시설에 배분하였다. 연간 아황산가스를 배출할 수 있는 권리는 배출하여 사용되거나, 판매되거나, 아니면 이월될 수 있다. 배출권리는 발전설비 간에만 거래되는 것이 아니고 일반 개인들 간에도 거래될 수 있다. 따라서 환경보호단체 등에서 배출권을 구매한 후 이를 폐기하여 실제 배출량을 줄이는 것도 가능하다. 보유 배출권 이상을 배출하면 상당액의 벌금이 부과되며, 그만큼 다음 해의 배출권리가 삭감된다.

이 제도의 가장 큰 특징은 이전의 다른 제도와는 달리 배출권이 조직화된 시장에서 거래된다는 점이다. 즉 개별 거래를 정부가 승인하는 것이 아니라 시카고의 거래소(Chicago Board of Trade)에서 누구든지 배출권을 구입할 수 있도록 하였다. 또한 매년 EPA는 전체 배출권의 3%를 발전소로부터 회수한 후 경매를 통해 판매하는 방식으로 거래를 촉진하였다.

모든 측면에서 이 제도는 성공적이었다고 평가받는다. SO_2는 특히 석탄발전소가 많이 배출한다. 1990~2004년 사이 석탄발전소 발전량이 25% 증가했음에도 전력부문 SO_2 배출량이 36% 감소했다. 당초 설정했던 장기 저감목표도 2006년 달성했고, 그 이후에도 배출량은 계속 줄어들었다. 또한 이 저감목표는 당초 계획보다 빨리 달성한 것이기도 하다. 제2단계 저감비용이 제1단계 저감비용보다 높을 것으로 예측되고 있던 상태에서 배출권 예치가 허용되었으므로 발전소들이 배출을 먼저 줄인 후 배출권을 이월하였다. 이 때문에 초기 저감량이 많았다. 예치된 배출권이 사용된 제2단계에서 일시적으로 배출량이 늘어났지만, 이때 도입된 추가 규제 등으로 인해 배출량은 다시 줄어들었다. 보유 배출권 이상을 배출하는 사례도 거의 없었다.

그러한 배출저감 성과를 얻는 데 소요된 비용도 직접규제와 같은 다른 환경정책에 비해서는 훨씬 싸서 최소한 15%에서 최대 90% 정도의 비용절감이 있었던 것으로 추정되었다. 또한 발전소들이 배출권 비용 부담을 줄이려 기술개발에 노력하게 하였고, 여러 종류의 석탄을 가장 효율적으로 혼합하는 방법, 배출권가격을 운영비에 반영하는 방법, 탈황시설을 효과적으로 설치하는 방법 등을 익히게 하는 성과를 거두었다.

배출권의 거래도 활발하게 이루어졌으며, 가격은 2003년까지 톤당 200달러 내외에서 안정적으로 유지되었었다. 그러나 2003년 전후에 정부가 새로 도입하려 했던 정책들이 가진 불확실성과 정책 간 상충 문제, 그리고 이해관계에 따른 법적 다툼 등으로 인해 이후 이 프로그램은 효력을 거의 상실하게 된다.

3. 유럽연합의 배출권거래제

세계적으로 가장 활성화된 배출권거래제는 유럽 국가들이 2005년에 설치하여 운영하는 유럽연합 배출권거래계획(EU Emissions Trading Scheme, EU-ETS)이다. 1997년 12월 주요 선진국과 체제전환국(주로 구소련에 포함된 국가들)이 처음으로 배출감소량을 지정한 교토의정서(Kyoto Protocol)에 합의하였다. 이에 감축의무가 있는 EU가 의무 달성은 물론, 배출을 효과적으로 줄이기 위한 수단으로 도입한 것이 EU-ETS이다. EU는 2050년까지 탄소중립을 달성하고자 하며, 중간목표로서 2030년까지 1990년 배출의 55%를 줄이고자 하는데, 이를 위한 주 정책 수단이 EU-ETS이다.[8]

EU-ETS에는 모든 EU 회원국과 아이슬란드, 리히텐슈타인, 노르웨이가 참여하고 북아일랜드의 경우 전력 부문만 참여한다. 10,000여 개의 에너지 및 제조업 시설과 EU 역내(스위스와 영국행 포함)의 항공 노선, 그리고 2024년부터는 해운 운송도 적용 대상이다. 대상 온실가스는 CO_2, N_2O(아산화질소), PFCs(과불화탄소)이다. EU-ETS 내 총배출량은 제3기(2013~2020년)에는 연간 1.74%, 제4기(2021~2030년)에는 연간 2.2%씩 줄어든다.

---

8) https://climate.ec.europa.eu/eu-action/eu-emissions-trading-system-eu-ets/what-eu-ets_en(2024년 9월 2일 방문).

배출권은 초기에는 주로 무상으로 배분되었으나, 갈수록 경매를 통한 배분 비중이 커지고 있다. 각국에 배분되는 경매 수입은 대부분 기후변화와 에너지 분야를 위해 사용하게 되어 있다. 무상 배출권은 기업이 행한 저감 노력을 반영하여 분배된다. 무상 배분은 또한 소위 "탄소누출"(carbon leakage)을 고려해서도 이루어진다. 탄소누출은 EU 내 기업이 역외의 기업과 경쟁 관계를 형성하고 있는데, EU 내의 강화된 정책으로 인해 역내 기업의 생산비가 상승하고, 그 때문에 EU 내 기업의 배출량은 줄어들지만 대신 역외 기업의 시장점유율이 높아져 결국은 지구 전체 탄소 배출량이 다시 늘어날 위험성을 의미한다. 탄소누출 위험성이 큰 기업에 대해서는 높은 무상 배분율을 적용하지만, 그도 시간이 지나면서 낮아지고 있다.

EU-ETS 배출권 가격은 초기부터 톤당 30유로를 상회할 정도로 높았지만 2008년의 유럽 경제위기와 역외에서 이루어진 저감량에 부여된 크레딧이 유입되면서 2013년 초에는 3유로 미만까지 하락한 적도 있었다. 배출권 가격이 너무 낮으면 기업은 배출권을 구매하려 할 뿐 저감 기술개발을 시도하지 않아 정책효과가 약화된다. EU 정부는 수급불균형에 따른 가격 하락의 단기 해결책으로 2014~2016년 3년간 경매를 통해 공급하기로 했던 배출권의 일부를 2019~2020년 이후로 공급을 늦추는 결정을 하였다. 아울러 시장안정비축(market stability reserve, MSR)이라 해서 배출권 비축을 통해 수급불균형을 조절하는 장치를 2019년부터 시행하게 했다. 잉여배출권을 [배출권 공급량－(배출권 수요량＋MSR)]이라 정의하면, 잉여배출권이 880백만 톤 이상이 되면 정부 경매를 통해 시장에 공급하는 배출권의 양을 줄여 이 수치가 다시 880백만 톤 이하가 되게 해야 한다. 그리고 잉여배출권이 400백만 톤 이하로 감소할 때만 MSR이 보유한 배출권을 시장에 내보낼 수 있다. 이러한 수급 안정화 제도와 매년 계획에 따라 진행되는 총 배출권 발행량 감소에 힘입어 배출권 가격이 이후 반등했고, 현재에는 상당히 높은 수준을 유지하고 있다.

EU의 탄소국경조정제도

EU-ETS는 참여 기업의 대외 경쟁력 저하 문제와 탄소누출 문제를 줄이기 위해 해당 기업에 대해서는 무상으로 배출권을 제공해 왔으나, 이를 대체하는 방식으로 탄소국경조정제도(Carbon Border Adjustment Mechanism, CBAM)를 2023년 최종 도입하기로 하였다. 이 제

도는 이행기를 거쳐 2026년부터 본격 시행될 것이다.[9]

    CBAM이 적용되는 산업은 철강, 알루미늄, 시멘트, 비료, 전력, 수소 등이다. 이 제도가 시행되면 EU로 이들 산업 제품을 수입할 때 수입 총량과 제품에 포함된 내재 탄소 배출량을 신고해야 한다. 내재 탄소 배출량(embedded emissions)은 제품이 생산되는 과정에서 발생한 배출량을 의미한다. EU 수입업자는 이 배출량만큼의 CBAM 인증서를 의무적으로 구매해야 하고, 인증서 가격은 EU-ETS의 배출권가격과 연동되어 있다. 제품이 수출국에서 생산될 때 이미 탄소 비용을 지불했음을 입증할 수 있으면, 그 부분은 CBAM 구매 의무가 면제된다.

    따라서 EU 역외 생산자도 실질적으로 EU 내의 생산자와 같은 수준의 배출 비용을 부담하게 한다는 것인데, 유사한 정책을 미국도 도입하려 하고 있다. 한국은 CBAM 대상 산업의 비중이 크고 수출량도 많아 이 제도의 시행이 경제적 손실을 가져올 수 있어 산업계가 예의주시하고 있다. 또한 한국 내 탄소 관리방식을 이러한 움직임에 맞추어 개편할 필요성도 제기된다.

4. 한국의 배출권거래제

    한국은 2050년에 탄소중립을 달성하고, 2030년에는 2018년 배출량의 40%까지 줄이는 국가 목표를 설정하였다. 한국은 이를 달성하는 주 정책 수단으로 전국적으로 시행되는 배출권거래제를 선택했다.

    배출권거래제의 적용 대상은 온실가스 배출량이 125,000CO_2톤 이상인 업체와 25,000CO_2톤 이상인 사업장, 그리고 자발적으로 거래제에 참여하려는 기업이다. 대상 가스는 이산화탄소(CO_2), 메탄(CH_4), 아산화질소(N_2O), 수소불화탄소(HFCS), 과불화탄소(PFCS), 육불화황(SF_6) 등이다. 2015년에 온실가스 배출권거래제가 시행되기 이전 4년 동안은 배출권을 거래하지는 않고 사업장에 배출량을 할당만 하는 『목표관리제』가 시행되었었다. 배출권거래제의 제1기인 2015~2017의 기간에는 배출권이 전량 무상으로 할당되었고, 제2기인 2018~2020년에는 3% 정도의 배출권을 경매로 배분하였다. 제3기인 2021~2025년에는 경매를 통한 유상할당 비중을 10%로 높이도록 장기 계획을 세웠다. 그리고 비용

---

9) https://taxation-customs.ec.europa.eu/carbon-border-adjustment-mechanism_en(2024년 9월 2일 방문).

발생도와 무역집약도를 곱한 값이 0.2% 이상인 업체는 무상할당 대상인데, 비용 발생도는 업체의 부가가치 생산액에서 [배출량×배출권가격]이 차지하는 비중이고, 무역집약도는 업체가 속한 업종의 [매출액+수입액]에서 수출입액이 차지하는 비중이다. 이처럼 한국의 거래제는 EU−ETS를 많이 벤치마킹하고 있다.

한국의 배출권시장에서 거래되는 배출권은 할당배출권, 상쇄배출권, 외부사업감축량의 세 가지이다. 할당배출권(Korean Allowance Unit, KAU)은 정부가 할당대상 사업체에게 할당한 배출권으로서, 거래량 중 가장 큰 비중을 차지한다. 상쇄배출권(Korean Credit Unit, KCU)은 온실가스 의무감축량을 할당받은 사업장이 해당 영역 외에서 감축행위를 하고 정부로부터 인증받은 배출권을 의미한다. 그리고 외부사업감축량(Korean Offset Credit, KOC)은 외부사업자가 할당대상업체의 사업장 밖에서 국제적 기준을 따라 온실가스를 감축, 흡수, 제거하여 정부로부터 인증받은 감축실적이다. 할당대상업체는 감축의무가 없는 외부사업자, 즉 비할당대상 업체가 보유한 KOC를 구매하여 KCU로 전환할 수 있다. 또한 KOC는 비할당대상 업체도 보유한 감축인증을 시장에 직접 판매할 수 있도록 하는 상품이다. KAU와 KCU는 매년의 배출권 제출 마감일 전까지만 거래가 되지만 KOC는 유효기간이 정해지지 않는다는 차이도 있다. 배출권은 한국거래소에서 거래되고 장외에서 협의에 의해 거래될 수도 있다.[10]

〈그림 8-3〉은 2015년부터 매년 발행된 KAU의 일일 종가와 거래량을 연결하여 보여준다.[11] 배출권은 청산되어야 하므로 가격과 거래량의 계절 진폭이 있지만 연도별 변동도 상당하다. 본서의 제4판이 발간되기 직전이었던 2019년의 KAU19 가격은 톤당 40,000원에 육박할 정도로 높았지만, KAU2023의 가격은 톤당 10,000원에 미치지 못하고 있다. 최근 연도에 있어 배출권가격은 낮지만 거래량은 과거에 비해 많은 편이다.

배출권은 일종의 투입요소이자 금융자산이기도 하며, 따라서 그 수요와 공급에 영향을 미치는 모든 요인이 가격 형성에 영향을 미친다. 배출권 수요측면에서는 경기 상황이나 에너지 가격 등이 영향을 미칠 것이고, 공급측면에서는 정부 공급량이나 가격안정화 정책이 크게 영향을 미친다. 그리고 배출권가격은 한계저감비용과 원칙적으로는 일치해야 하

---

10) 2015~2017년간의 배출권거래제의 상세한 운영 현황과 성과에 대해서는 온실가스종합정보센터(2019)의 보고서와 환경부·한국환경공단이 정기적으로 발간하는 *ETS Insight*를 참고할 수 있다. 관련 법령은 『온실가스 배출권의 할당 및 거래에 관한 법률 시행령』(약칭: 배출권거래법 시행령)이다.

11) 각 KAU에 적용된 거래 기한은 다음과 같다: (KAU15: ~20160701), (KAU16: ~20170703), (KAU17: ~20181002), (KAU18: ~20191001), (KAU19: ~20201006), (KAU20: ~20211001), (KAU21: ~20220812), (KAU22: ~20230904), (KAU23: ~20240904).

그림 8-3 배출권가격과 거래량(단위: 원/톤, 톤)

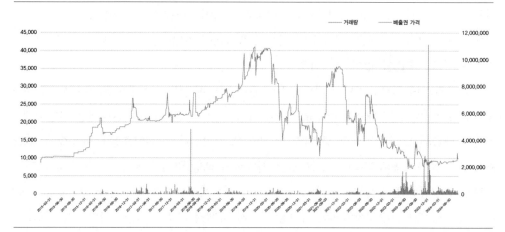

출처: 한국거래소『배출권시장 정보 플랫폼』자료를 이용해 박경원 박사(대한상공회의소 SGI 연구위원) 작성

므로 저감기술이나 저감비용 관련 변수들에 의해서도 영향을 받는다. 국내 배출권 가격에 영향을 미치는 요인들에 대해서는 여러 실증분석이 있다(예: 유종민·이지웅 2020; 장희선 2023). 이들 연구에 의하면, 배출권 이월을 자유롭게 허용하는지, 정부가 가격결정에 영향을 미치는 상품(예: 전력)의 생산비 산정에 배출권 구입비가 어떻게 반영되는지 등의 요소도 배출권 가격에 민감한 영향을 미치는 것으로 알려져 있다.

5. 각국의 탄소 저감을 위한 경제적 유인제도

EU−ETS와 한국 배출권거래제처럼 세계 많은 국가에서 배출권거래제를 이용해 탄소 배출을 줄이려 하고 있다. 하지만 동시에 가격제도인 탄소세도 여전히 많이 사용하고 있으며, 아직 아무런 경제적 유인책을 도입하지 않은 국가도 있다.

전 세계의 탄소 정책 현황을 가장 자세히, 그리고 최신의 자료로 보여주는 것이 세계은행(World Bank)의 상황판(State and Trends of Carbon Pricing Dashboard)이다.[12] 세계은행은 탄소저감을 위한 경제적 유인제도를 ① 탄소세, ② ETS, ③ 크레딧 발행 메커니즘(crediting mechanism)의 세 가지로 구분한다. ETS는 EU−ETS처럼 오염원이 서로 간 혹은 외부 참여자와 배출권을 거래하면서 보유한 배출권 범위 내에서 탄소를 배출하게 하는 제도이고, 크레딧 발행은 국제 사회가 인정하는 방법을 통해 배출을 자발적으로 줄인 오염원

---

12) https://carbonpricingdashboard.worldbank.org/ (2024년 8월 29일 방문).

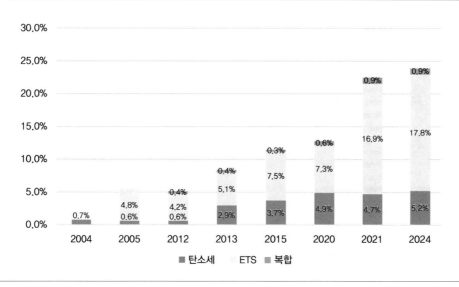

그림 8-4 전 세계 배출량 중 각 정책에 의해 통제되는 비율

출처: 세계은행 상황판 자료를 활용해 저자 작성

에게 정부가 크레딧을 발행하고, 이를 받은 오염원들이 그 수요자(주로 해외의 ETS 참여자나 탄소세 규제 대상자 등)에게 판매할 수 있게 하는 제도이다. 2024년 8월 말 현재, 전 세계에서 국가 혹은 지역 단위로 이들 제도가 도입된 경우는 탄소세가 39개, ETS가 36개, 크레딧 발행이 35개이며, 이 중 두 가지 이상이 동시에 도입된 국가나 지역도 있다. 여기서 "도입"은 제도가 실제로 실행되거나, 아니면 필요한 입법 절차가 완료되었음을 의미한다. 이들 도입된 제도 중 절반이 조금 넘는 경우가 전국에 걸쳐 시행되며, 나머지는 일부 지역에서 시행된다.

　탄소세와 ETS 두 가지 제도에만 집중하면, 2024년 이 두 제도가 적용되는 탄소 배출량이 전 세계 배출량의 23.9%를 차지한다. 〈그림 8-4〉를 보면 이 비중은 20년 전의 0.7%에서 현재의 23.9%로 크게 높아졌는데, 그사이 전 세계 배출량이 많이 늘었기 때문에 두 제도의 적용 대상 배출량 자체는 더 큰 폭으로 증가하였다.

　경제적 유인이 전체 배출량에서 담당하는 비중은 여러 국가가 동참하면서 꾸준히 높아졌지만, 〈그림 8-4〉는 비교적 큰 폭의 비중 증대가 발생한 연도들의 경우만 보여준다. 2005년에는 EU-ETS가 시작되면서 경제적 유인정책이 담당하는 비중이 한꺼번에 5.4%까지 크게 높아졌다. 2013년에는 주로 일본의 탄소세 도입으로 인해 비중이 8.4%로 다시 높아졌고, 2015년에는 다른 요인도 있지만 한국이 ETS를 도입하면서 11.5%가 되도록 큰 상

그림 8-5 2024년 8월 주요 탄소세/ETS에서의 탄소 가격(단위: US$/톤)

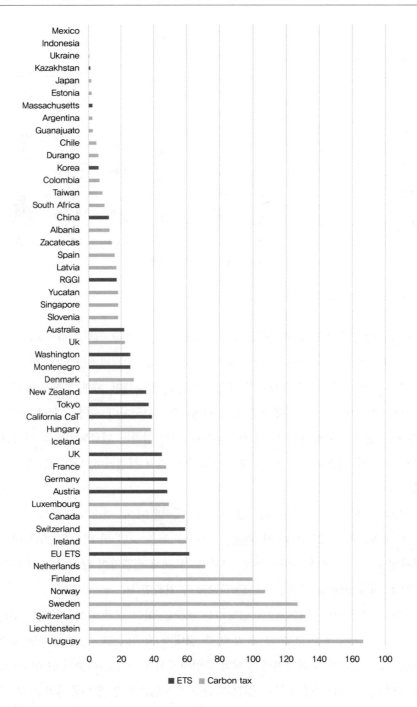

출처: 세계은행 상황판 자료를 활용해 저자 작성

승이 있었다. 2021년에는 중국의 ETS 도입으로 인해 22.5%가 되게 하는 큰 폭의 비중 증대가 있었다.

2024년 현재 탄소세와 ETS의 도입 건수는 비슷하거나 탄소세의 경우가 더 많다. 하지만 2024년 전 세계 배출량의 5.2%에 탄소세, 17.8%에 ETS, 0.9%에 두 제도가 함께 적용되기 때문에 양적으로는 ETS·배출권거래제가 주된 정책이며, 이는 ETS가 상대적으로 배출량이 많은 국가나 지역에서 채택되고 있음을 의미한다. 〈그림 8-4〉에서는 또한 경제적 유인책을 새로 도입하는 국가나 지역에서도 ETS가 선택되는 경우가 더 많다는 것을 확인할 수 있다.

〈그림 8-5〉는 전 세계 주요 50개 탄소세 혹은 ETS에서의 톤당 탄소가격을 2024년 8월을 기준으로 두 제도를 구분하여 그래프로 보여준다.[13] 국가 혹은 정책 프로그램별로 탄소가격의 차이가 상당히 크다는 것을 알 수 있다. 특히 서유럽에서 EU-ETS와는 별도로 국가별로 독자적으로 시행되는 탄소세율이 매우 높다는 것이 확인된다. ETS 중에는 EU-ETS의 가격이 톤당 60달러 이상으로 가장 높은 수준을 보인다. 한국은 전국에 걸쳐 ETS를 시행하는 많지 않은 국가 중 하나이지만, 〈그림 8-3〉에서도 확인한 바와 같이 2024년 8월 말 현재의 탄소가격이 비교적 낮은 편에 속한다. 그러나 EU-ETS 등의 경험에 의하면, 탄소가격은 할당량이나 탄소시장 운영 방식, 경제 상황 변화 등에 의해 얼마든지 달라질 수 있다.

수질오염과 배출권거래제

앞에서 살펴본 배출권거래제 사례들은 모두 대기오염물질을 대상으로 하고 있고, 수질오염물질의 배출권거래 사례는 제시되지 않았다. 수질오염물질에 대한 배출권거래제는 그간 몇 차례 시도된 바 있으나 성공적으로 시행된 예는 찾기 어렵다.[14] 수질오염에 대해서는 배출권거래제가 아직 본격적으로 적용되지 못하고 있는 것은 수질오염 자체가 가지는 다음과 같은 특성으로 인해 이 제도를 적용하기가 기술적으로 대단히 어렵기 때문이다

---

13) 탄소세의 경우 일부 국가에서는 에너지 종류별로 다른 세율을 부과한다. 〈그림 8-5〉는 이 경우 비교적 대표성을 가지는 세율 한 가지만을 적용한 것을 보여준다. ETS의 경우에도 중국 일부 지방에서 시험적으로 적용되고 있는 거래자료 등은 포함하지 않았다.

14) OECD(1999)는 미국, 호주 등지에서 시행된 몇 건의 수질관련 배출권거래제를 소개하는데, 대부분 거래실적이 없거나 극히 적은 수의 거래가 있었다.

(Boyd et al., 2006).

첫째, 무엇보다도 수질오염물질이 수계 내에서 어떻게 이동하는지를 완전히 파악하기 어렵다. 특히 비점오염원(nonpoint source)이라 불리는 농경지나 잔디밭, 도로, 소규모 오염원 등이 배출하는 오염물질의 경우 그 배출량과 이동 경로에 대한 파악이 힘들어 배출량 자료에 근거하는 배출권거래제를 실행하기가 어렵다.

둘째, 수질오염관리의 경우 배수구에서의 배출농도 규제나 정화시설 가동 의무화 등 기술기준을 사용하는 경우가 많고 이러한 기존 규제관행과 수량위주의 규제제도인 배출권 거래제가 조화를 이루기 어렵다는 문제도 있다.

셋째, 수질오염의 경우 대기오염에 비해 훨씬 더 이질적이어서 같은 오염물질이라도 위치나 자연환경, 배출시간 등에 따라 오염도에 미치는 영향이나 사회적 비용 측면에서 매우 다르고, 따라서 1:1 거래를 원칙으로 하는 배출권거래제가 도입되기 어려운 점이 있다.

수질오염이 가지는 이상의 특성은 분명히 배출권거래제 도입을 저해하고 있고, 해결하기 쉽지 않은 문제들이다. 그러나 배출권거래제와 관련된 이론적, 경험적 지식이 축적되면서 결국에는 수질오염에도 배출권거래제가 실행될 가능성이 높으며, 실제로 미국 EPA는 수질거래제(Water Quality Trading)라는 이름으로 수질오염물질에 대한 배출권거래제를 시험 삼아 도입하려 하고 있다.15)

---

15) https://www.epa.gov/npdes/water-quality-trading(2024년 9월 4일 방문).

연습문제

01 두 개의 기업이 있고 각 기업이 오염물질 한 단위를 더 내보낼 경우 $10 - 2e$의 한계생산비를 절감한다. e는 배출량이다. 기업 1은 배출량 두 단위가 오염피해지역에 한 단위의 피해를 유발하며, 기업 2의 오염물질은 축적되는 정도가 기업 1에 비해 두 배 정도이다.

(가) 두 기업의 전이계수를 구하라.

(나) 기업 1에게 2개의 배출량기준 배출권이 주어지고, 기업 2에는 4개의 배출권이 주어지며, 두 기업이 배출권을 서로 거래하게 하면 각 기업의 배출권 수는 어떻게 되며, 배출권의 가격은 얼마나 되는가?

(다) 대신 각 기업에게 2개의 오염도기준 배출권이 주어지면 거래 후 각 기업은 몇 개의 배출권을 가지게 되며 배출권 가격은 어떻게 되는가?

02 (Leach, 2004) 두 기업이 동일한 제품을 생산·판매한다. 두 기업의 제품가격에서 한계생산비를 빼준 값이 θ로 동일하다고 하자. 기업 1의 오염물질 배출량 e_1과 생산량 y_1의 관계는 $e_1 = \frac{1}{2}y_1^2$와 같고, 기업 2의 오염물질 배출량 e_2와 생산량 y_2의 관계는 $e_2 = \frac{1}{4}y_2^2$와 같다. 정부는 오염물질 배출감소를 위해 배출권거래제를 도입하였고, 각 기업은 정부로부터 r만큼의 배출권을 배분받았다.

(가) π_1이 기업 1의 이윤이라 하고, P를 배출권 가격이라 할 때 y_1의 생산을 하고 이에 필요한 배출권을 사거나 판매할 때 이 기업의 이윤은 얼마인가?

(나) 이 기업의 최적 생산량을 구하고, 최적 배출권 구입량이나 판매량을 도출하라. 가격이 달라지면서 배출권 구매량(혹은 판매량)은 어떻게 달라지는가?

(다) (나)의 절차를 기업 2에 대해서도 적용하라.

(라) 기업 1은 배출권을 팔기를 원하고 기업 2는 사기를 원하는 배출권 가격대를 구하라.

(마) 배출권시장의 균형가격과 균형거래량을 구하고, 이때의 각 기업의 생산량을 구하라.

● 온실가스종합정보센터(2019), 『제1차 계획기간(2015~2017) 배출권거래제 운영결과보고서』.

● 유종민·이지웅(2020), "온실가스 배출권 이월제한이 배출권가격에 미친 효과," *Journal of Climate Change Research* 11: 177−186.

● 장희선(2023)(논평 이상준, 최봉석), "한국 배출권거래제의 가격 결정 요인과 제도 개선에 대한 시사점," 한국금융연구원 『한국경제의 분석』 29(3): 103−146.

● Boyd, J., D. Burtraw, A. Krupnick, V. McConnell, R. G. Newell, K. Palmer, J. N. Sanchirico, and M. Walls (2006), "Trading Cases: Five Examples of the Use of Markets in Environmental and Resource Management," in W. Oates, ed., *The RFF Reader in Environmental and Resource Policy*, 2nd ed., Resources for the Future.

● Burtraw, D. and K. Palmer (2004), "SO_2 Cap−and−Trade Program in the United States: A "Living Legend" of Market Effectiveness," in W. Harrington, R. D. Morgenstern, and T. Sterner, eds., *Choosing Environmental Policy: Comparing Instruments and Outcomes in the United States and Europe*, Resources for the Future.

● Chan, G., R. Stavins, R. Stowe, and R. Sweeney (2012), "The SO_2 Allowance−Trading System and the Clean Air Act Amendments of 1990: Reflections on 20 Years of Policy Innovation," *National Tax Journal* 65: 419-452.

● Dales, J. H. (1968), *Pollution, Property and Prices*, University of Toronto Press.

● Ellerman, D. A., P. L. Joskow, R. Schmalensee, and J.−P. Montero (2000), *Markets for Clean Air: The U.S. Acid Rain Program*, Cambridge University Press.

● Field, B. C. (1997), *Environmental Economics: An Introduction*, 2nd ed., McGraw−Hill.

● Hahn, R. W. (1984), "Market Power and Transferable Property Rights," *Quarterly Journal of Economics* 99: 753−765.

● Leach, J. (2004), *A Course in Public Economics*, Cambridge University Press.

● Montgomery, W. (1972), "Markets in Licenses and Efficient Pollution Control Programs," *Journal of Economic Theory* 5: 395−418.

● OECD (1999), *Economic Instruments for Pollution Control and Natural Resources Management in OECD Countries: A Survey*.

● Schmalensee R. and R. N. Stavins (2013), "The SO_2 Allowance Trading System: The Ironic History of a Grand Policy Experiment," *Journal of Economic Perspectives* 27: 103-122.

- Schmalensee, R. and R. N. Stavins (2017), "Lessons Learned from Three Decades of Experience with Cap—and—Trade," *Review of Environmental Economics and Policy* 11: 59–79.

- Tietenberg, T. H. (2006), *Emissions Trading: Principles and Practice*, 2nd ed., Resources for the Future.

제6, 7, 8장에서 분석된 환경정책들을 사용하여 사회적으로 가장 바람직한 수준의 환경 이용을 유도하려면 정부는 오염 저감의 편익과 비용을 모두 알고 있어야 한다. 현실적으로 이런 정보를 정부가 모두 갖기는 어려우며, 따라서 정부가 완전하지 않은 정보를 가지고 환경정책을 실행하는 경우가 종종 있다. 오염규제정책과 관련된 정보의 불확실성이 존재하는 상황에서 정부가 정책을 입안하고 실행할 때의 효과는 모든 관련 정보가 알려진 경우와는 매우 다르다. 제9장은 정보의 불확실성이 명시적으로 고려될 경우 지금까지 분석해 왔던 환경정책에 대한 평가가 어떻게 달라지는지를 논의한다.

제1절은 정부가 불확실한 저감 편익과 비용 정보에 의존하여 환경정책을 실행할 때 발생하는 현상에 대해 분석한다. 우리는 제7장과 제8장에서 배출부과금제도와 같은 가격유인을 이용하는 제도와 배출권거래제와 같이 수량을 제한하는 정책이 효율성 측면에서 서로 우열을 가리기 힘들다는 점을 확인하였다. 그러나 정부가 특히 저감비용과 관련된 불확실성을 가질 경우 이들 정책의 효율성은 서로 상당한 차이를 가진다는 것이 제1절에서 논의된다.

제2절과 제3절은 정보가 비대칭적인 상황에서 오염원이 전략적으로 행동할 때 발생하는 문제를 분석한다. 제2절에서는 정부가 개별 오염원의 저감비용을 정확히 모르기 때문에 이에 관한 정보를 얻고자 오염원에게 자신의 저감비용을 보고하도록 한 뒤, 보고된 저감비용에 따라 규제정책을 입안할 때 발생하는 문제를 다룬다. 이 경우 오염원이 전략적으로 행동하여 발생하는 정책 비효율성을 제거하기 위해 정부가 어떤 수단을 사용할 수 있는지를 살펴본다.

제3절은 비점원오염과 같이 정부가 개별 오염원의 배출량을 정확히 파악할 수 없을 경우에 발생하는 문제를 다루며, 배출량을 실제로 확인할 수 없음에도 불구하고 오염원들이 정부가 원하는 만큼의 오염물질만을 배출하도록 유도하기 위해 사용할 수 있는 조치를 살펴본다.

section 01 불확실한 정보와 환경정책

제1절은 정부가 오염의 한계피해나 한계저감비용에 관해 불확실한 정보를 가지고도 나름대로 최적오염수준을 달성하고자 노력할 때 발생하는 문제를 살펴본다.

1. 사회적 한계피해 혹은 한계편익이 불확실한 경우

〈그림 9-1〉에서 MAC는 오염원의 한계저감비용곡선이고, MB_A는 배출저감으로 발생하는 실제 한계편익을 나타내는 곡선이다. 어떤 이유로 인해 정부는 MB_A를 정확히 알지 못하고, 저감의 편익을 과소평가하여 MB_E를 한계편익으로 알고 있다고 가정하자.

정부가 저감의 편익에 대해 정확한 정보를 가지고 있다면, 사회적 최적을 달성하기 위해 MAC와 MB_A가 일치하는 t_A의 배출부과금을 부과하거나, 아니면 오염원이 정책이 도입되기 전에 배출하던 배출량에서 a_A를 뺀 만큼을 배출권으로 부여하여 배출권거래제를 시행해야 할 것이다. 그러나 정부는 MB_E가 저감의 한계편익이라고 믿기 때문에 배출부과금제를 시행할 경우 t_E를 부과금률로 정하고, 배출권거래제를 사용할 경우에는 a_E를 기준으로 배출권의 양을 정할 것이다. 그 결과 두 정책 모두에 있어 사회적 최적인 a_A가 아닌 a_E만큼만의 배출감소가 발생하게 된다.

〈그림 9-1〉과 같이 저감편익에 관한 정부 정보가 왜곡될 경우에는 배출부과금제와 배출권거래제가 동일한 사회적 손실을 유발한다. 사회적 최적이 달성될 경우의 오염감소로 인한 편익은 0과 a_A사이에 형성되는 MB_A곡선 이하의 면적인 $d0a_Ac$이다. 반면 왜곡된 정보에서 a_E가 달성될 경우에는 저감으로 인한 편익이 면적 $d0a_Ea$가 되어, 정보의 왜곡으로 인해 이 두 면적의 차이에 해당되는 편익의 감소가 발생한다. 반면 오염물질 저감비용은 최적 저감량이 달성될 경우에는 면적 $0a_Ac$임에 반해, 잘못된 정보에 기초하여 사용되는 정책에서의 저감비용은 면적 $0a_Eb$로 줄어든다.

즉 〈그림 9-1〉과 같이 오염물질 저감의 편익을 과소평가할 경우 저감으로 인한 편익은 사회적 최적에 비해 줄어드나, 저감비용 지출액은 절감되는 효과가 있다. 이 두 효과를 모두 합한 사회적인 순편익의 감소분은 면적 abc가 되고, 이것이 바로 저감편익에 대해 잘못된 정보를 가지고 정책을 집행한 결과 발생하는 사회적 순손실이다.[1]

이상과 같이 정부가 오염물질 저감편익에 대해 왜곡된 정보를 가지고 정책을 입안하면 사회적 손실이 발생한다. 이 경우에 있어 가격정책인 배출부과금제와 수량정책인 배출권거래제 모두 동일한 수준의 저감량이나 오염량을 달성하기 때문에 발생하는 사회적 손

---

1) 정부가 배출부과금을 매기거나 배출권을 유상으로 오염원에게 배분할 경우 오염원이 정부에게 납부하여야 하는 금액이 있고, 정부가 가진 정보가 왜곡될 경우 이 금액 역시 사회적 최적 수준과 다르게 된다. 그러나 이 납부금액의 변화는 정부수입의 변화로 상쇄되기 때문에 사회적 순편익의 계산에서는 제외하여도 무방하다.

그림 9-1 한계편익이 불확실한 경우

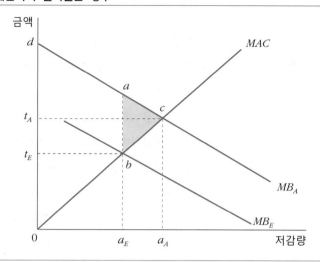

실 면에서도 서로 같다. 따라서 두 정책은 효율성 측면에서 여전히 동일한 정도의 평가를 받을 수 있다.

2. 저감비용이 불확실한 경우

오염물질 저감편익에 관해 정부가 잘못된 정보를 가지고 정책을 결정하였을 때 발생하는 사회적 손실이 가격정책이나 수량정책 모두에 있어 동일한 이유는 양 정책에서 달성되는 실제 저감량이 동일하기 때문이다. 그러나 이러한 양 정책효과의 대칭성은 저감의 편익은 정확히 알려져 있으나 저감비용이 불확실한 경우에는 성립하지 않으며, 양 정책의 상대적 효율성이 한계편익곡선과 한계저감비용곡선 기울기의 상대적 크기에 따라 달라진다.

가. 한계저감비용곡선이 더 가파른 경우

〈그림 9-2〉와 같이 오염원은 자신의 한계저감비용을 정확히 알고 있으나, 정부는 개별 오염원의 한계저감비용에 대해 잘못된 정보를 가지고 있는 경우를 분석해 보자. 그림에서 MAC_A는 오염원의 실제 한계저감비용곡선이고, MAC_E는 정부가 잘못 알고 있는 한계저감비용곡선으로서 정부는 한계저감비용을 과소평가하고 있다.[2] 그림에서 한계저감비

---

2) 아래 결론은 정부가 저감비용을 과대평가할 경우에도 달라지지 않는다는 것을 확인하기 바란다.

그림 9-2 한계저감비용이 불확실한 경우(한계저감비용곡선이 더 가파른 경우)

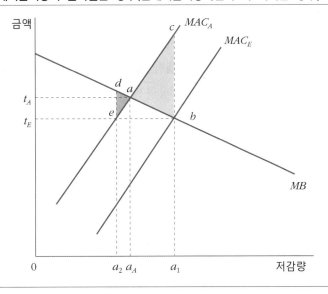

용곡선이 한계편익곡선보다 더 가파른 기울기를 갖고 있다.

정부가 올바른 정보를 가지고 있다면 a_A를 기준으로 계산된 배출권의 수를 정하거나, 아니면 t_A에 해당되는 배출부과금률을 책정할 것이다. 그러나 정부가 잘못된 정보를 가지고 있는 상태에서 수량제한정책을 사용하고자 한다면 MB와 MAC_E가 만나는 수준의 저감량인 a_1을 달성하는 데 필요한 만큼의 배출권을 발행할 것이다.

그리고 정부가 배출부과금제도를 선택한다면 MB와 MAC_E가 만나는 수준의 가격변수인 t_E의 부과금률을 책정할 것이다. 정부가 t_E의 부과금을 책정하는 것은 오염원의 한계저감비용이 MAC_E라고 믿기 때문이다. 그러나 실제로 t_E의 부과금이 부과되면, 오염원은 정부가 기대한 대로 a_1의 저감을 행하는 것이 아니라 자신의 실제 한계저감비용인 MAC_A와 t_E가 일치하는 수준인 a_2만큼만 저감하게 된다.

따라서 한계저감비용에 대한 정보가 왜곡될 경우에는 비록 정부는 동일한 양의 저감량을 달성하고자 하더라도 부과금제와 배출권거래제에서 실제로 달성되는 저감량은 서로 다르게 된다. 〈그림 9-2〉의 상황에서는 정보의 왜곡으로 인해 배출권거래제는 과잉저감을, 부과금제는 과소저감을 달성하게 된다.

〈그림 9-2〉와 같이 정보가 왜곡되면 가격정책인 배출부과금제와 수량정책인 배출권거래제가 서로 다른 저감량을 달성하기 때문에 두 정책이 가져다주는 사회적 편익도 서로 다르게 된다. 먼저 a_1의 저감량을 달성하는 수량제한정책은 사회적 최적에 비해 면적 abc

만큼의 사회적 순손실을 초래한다.[3] 반면 a_2의 저감량을 달성하게 되는 가격정책은 면적 dea의 사회적 순손실을 초래한다.

따라서 그림에서처럼 한계저감비용곡선이 상대적으로 더 가파른 상태에서 왜곡된 한계저감비용곡선에 의존하여 환경정책을 시행할 경우, 수량제한정책을 사용하였을 때 더 큰 사회적 손실이 발생한다. 이처럼 한계저감비용곡선이 더 가파를 때 수량제한정책이 가격정책에 비해 열등한 정책이 되는 이유는 수량제한정책의 시행 결과 달성되는 저감량이 사회적 최적 저감량과 보다 큰 격차를 가지기 때문이다.[4] 정부가 수량제한을 사용하면 잘못된 한계저감비용곡선과 한계편익곡선이 만나는 a_1수준에서 저감량이 결정된다. 사회적 최적인 a_A와 a_1의 차이는 상대적으로 완만한 한계편익곡선을 횡으로 따라가며 결정되기 때문에 비교적 큰 값을 가지게 된다. 반면 가격정책을 사용할 경우에는 정부는 잘못된 정보에 기초하여 a_1을 달성하고자 t_E의 부과금을 매기지만 저감량을 실제로 결정하는 오염원은 자신이 알고 있는 실제 한계저감비용인 MAC_A와 t_E가 일치하는 a_2만큼만을 저감한다. t_A와 t_E의 차이는 한계편익곡선을 종으로 따라가며 결정되므로 그 차이가 상대적으로 작고, 따라서 각 부과금률에 상응하는 a_A와 a_2의 차이 역시 상대적으로 작게 결정된다.

나. 한계편익곡선이 더 가파른 경우

〈그림 9-3〉은 〈그림 9-2〉처럼 정부가 한계저감비용을 과소평가하되, 한계편익곡선이 한계저감비용곡선에 비해 상대적으로 더 가파른 경우이다. 이 경우 역시 수량제한정책을 사용하면 a_1의 저감량이 달성되고, 가격정책을 사용하면 오염원에 의해 a_2의 저감량이 선택된다.

그림에서 볼 수 있듯이 이번에는 가격정책을 사용할 경우에 선택되는 a_2와 사회적 최적인 a_A 사이의 격차가 수량제한에서 결정되는 a_1과 a_A 사이의 격차보다도 더 크다. 따라서 왜곡된 정보에 기초하여 가격정책을 사용함에 따른 사회적 손실을 나타내는 면적 dea 역시 수량제한의 손실인 면적 abc보다도 더 크다. 마찬가지로 정부가 저감비용을 과대평가할 경우에도 한계편익곡선이 상대적으로 더 가파르면 가격정책을 사용할 경우에 왜곡된 정보로 인한 손실이 더 크다는 것을 쉽게 확인할 수 있다.

한계편익곡선이 더 가파를 경우에는 한계편익곡선을 종으로 따라가며 형성되는 t_A와

---

3) 이 면적은 실제로 달성되는 저감량이 사회적 최적과 달라서 형성되는 실제 한계저감비용곡선과 한계편익곡선 사이의 면적이다.

4) 즉 $|a_1 - a_A| > |a_A - a_2|$이다.

그림 9-3 한계저감비용이 불확실한 경우(한계편익곡선이 더 가파른 경우)

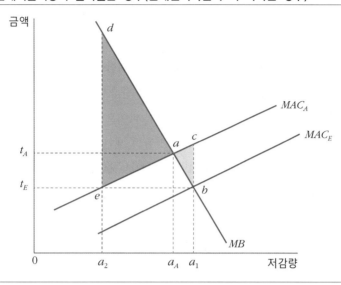

t_E의 격차가 커지고, 따라서 a_A와 a_2의 격차도 커지는 반면, 한계편익곡선을 횡으로 따라가며 결정되는 a_A와 a_1의 격차는 작아진다. 그 결과 왜곡된 정보에 기초하여 실시된 가격정책에서 달성되는 저감량이 사회적 최적으로부터 보다 멀리 위치하게 되고, 가격정책이 상대적으로 더 열등한 정책이 된다.

　이상에서 본 바와 같이 한계저감비용이 불확실할 경우 한계저감비용과 한계편익곡선의 기울기가 동일하지 않는 한 수량제한과 가격정책은 효율성 측면에서 동일하지 않고, 두 곡선 간의 상대적 기울기에 따라 어느 한 정책이 효율성 측면에서 더 우월한 정책이 된다. 저감비용의 불확실성에 관한 이러한 결론은 정책적 시사점을 제공한다. 독성이 매우 높은 오염물질의 경우 배출량이 늘어나면서 오염의 피해가 급속히 증가하는 경향이 있으므로 이런 경우에는 한계저감비용의 상대적 기울기가 작다고 할 수 있고, 수량제한정책이 더 효율적이라 할 수 있다. 반면 소음과 같은 공해는 한계피해곡선이나 한계편익곡선이 비교적 완만할 것이므로 가격정책을 통한 오염규제가 더 효율적일 수 있다.

온실가스 저감정책: 탄소세 vs. 배출권거래제

　"우리 모두가 지구온난화의 원인제공자이지만 우리는 구매하는 상품, 사용하는 전력, 모는 자동차를 선택하는 방식을 바꿀 수가 있고, 이를 통해 각자가 배출하는 탄소량을 0으로 만들 수 있다. (중략) 우리는 정치적 의지 외에는 필요한 모든 것을 가지고 있다. 미국에서는 그 의지가 재생가능자원 쪽으로 모아져야 한다(알 고어, 『불편한 진실(*An Inconvenient Truth*)』, 2006).”

"대중에게 잘 알려진 어떤 사람이 지구온난화의 위험성에 대해 대단히 설득력 있게 얘기하고 기후변화를 늦추기 위한 행동을 빨리 취해야 한다고 역설한다 하자. 이 사람이 자동차 연비를 규제하고 고효율 전구를 의무화하거나, 바이오에너지 생산에 보조금을 주고 태양광 발전을 연구해야 한다고 주장하지만, 이 사람의 제안 어디에도 탄소가격을 높여야 한다는 내용이 없다고 하자. 그렇다면 이 사람은 진지한 제안을 하는 것이 아니거나, 기후변화 완화에 관한 가장 기본적인 경제학 원리도 이해하지 못하는 사람이다(윌리엄 노드하우스, 『균형잡기(*A Question of Balance*)』, 2008, p. 22).”

첫 번째 글은 지구온난화의 위험성을 경고하는 저술과 영화 제작 등의 공로로 2007년에 『기후변화에 관한 정부 간 협의체(IPCC)』와 공동으로 노벨평화상을 수상했던 전 미국 부통령 알 고어(Al Gore)가 영화에서 내린 결론이고, 두 번째 글은 2018년 노벨경제학상 수상자인 예일대학의 노드하우스(William Nordhaus) 교수가 저서에서 한 말이다. 노드하우스는 고어를 지목하여 비판하지는 않았지만, 위 두 글을 나란히 놓고 보면 고어의 주장이 그의 비판 대상이 될 수도 있겠다. 노드하우스 교수의 지적처럼 온실가스 저감을 위해서는 상당한 비용을 기업과 소비자가 감당해야 하며, 그러한 비용을 어떻게 최소화하고 그리고 국가 간, 부문 간에 어떻게 배분하느냐 하는 것은 대단히 중요한 문제이다.

비용효과적으로 배출량을 줄이기 위해서는 배출되는 탄소에 대해 부과하는 세금인 탄소세(carbon tax)와 같은 가격제도와, 배출권거래제처럼 수량을 제한하는 인센티브제도를 사용할 수가 있다. 유럽에서는 제8장에서 소개한 바와 같이 배출권거래제가 시행되고 있고, 미국도 확정된 국가 단위 정책은 아직 없으나 지역별 배출권거래제가 있고, 한국도 역시 배출권거래제를 도입하였기 때문에 배출권거래제가 우선 선택되고 있는 것이 현실이다.

각국이 배출권거래제를 우선 도입하는 데에는 최소한 초기에는 배출권을 무상배분하여 산업계의 반발을 무마할 수 있다는 정치적 이유와, 특히 EU의 경우 공동의 조세제도를 갖추기 위해서는 전체 회원국의 합의가 있어야 한다는 난점 등이 작용하였다. 그러나 다수의 경제학자는 여러 기준을 적용했을 때 기후변화에 관한 한 탄소세가 더 유용한 정책수단임을 지적하고 있으며, 노드하우스 교수 본인도 그런 주장자 중 한 명이다.

이들이 드는 주요 이유 가운데 하나가 바로 (한계)저감비용의 불확실성 문제이다. 기후변화의 피해(혹은 편익)는 장기간에 걸쳐 축적된 온실가스의 영향을 받아 결정되므로 정책을 시행하는 당해 연도의 여건에 따라 급격히 변동하지는 않는다. 그러나 온실가스 저감비용은 에너지 가격, 식량문제, 금융위기, 기술 측면의 불확실성에 의해 영향을 받고, 이들 요인은 매년 높은 불확실성을 가진다.

온실가스의 한계저감비용곡선은 불확실할 뿐 아니라 〈그림 9-2〉처럼 한계편익곡선이나 한계피해곡선에 비해 훨씬 더 가파를 것으로 인식된다. 온실가스 배출량이나 대기 중 농도가 변해도 그 피해는 선형으로 서서히 변할 것이기 때문에 한계편익곡선의 기울기는 급하지가 않으나, 저감량을 늘릴수록 좀 더 비용이 많이 드는 저감대책을 적용해야 하기 때문에 한계저감비용 곡선의 기울기가 상대적으로 더 급할 것으로 예상되며, 따라서 전문가들은 이러한 위험성을 감안할 때 탄소세가 더 많은 장점을 가진다고 본다.

또한 배출권거래제는 저감비용의 위험도 자체를 증가시킨다는 점 때문에도 우려되는 측면이 있다. 제8장의 유럽의 배출권거래제의 예에서 이미 지적하였듯이 배출권거래제에서는 배출권의 수요와 공급에 영향을 미칠 수 있는 어떤 요인도 그 가격에 영향을 준다. 경제위기나 에너지 가격 폭등과 같은 배출권시장 외의 요인에 의해서 가격이 급락하거나 급등할 수 있어, 배출권을 거래해야 하는 기업에 있어 배출권거래제는 위험성이 높은 정책으로 간주된다. 반면 탄소세는 정해진 세율이 계속 적용되기 때문에 비용이 예측가능하고 안정적이라는 장점을 기업에게 제공한다.

정책수단으로서의 수량과 가격: 봐이츠만 분석

이상과 같이 한계저감비용과 한계편익이 불확실한 상태에서 정책을 선택하는 문제는 봐이츠만(Weitzman, 1974)의 유명한 논문에 의해 처음 분석되었다. 위의 본문 설명은 한계저감비용과 한계편익이 모두 직선으로 표시됨을 가정한 상태에서 봐이츠만 논문의 결론을 그림으로 재구성한 것이다. 정책선택은 다음과 같은 최적화문제로 표현할 수 있다.

$$\min_e E[AC(e,\epsilon) + D(e,\eta)] \quad\text{··}\quad \boxed{9\text{-}1}$$

식 (9-1)에서 e는 배출량, AC는 저감비용, D는 오염으로 인한 사회적 비용이다. 그리고 ϵ과 η는 각각 정부 입장에서는 저감비용과 오염의 사회적 비용이 불확실함을 반영하는 확률변수로서, 정규분포와 같은 특정한 확률분포를 가진다. 정부는 ϵ과 η의 값을 모르기 때문에 저감비용과 오염피해의 합을 극소화하되, 그 기댓값(expected value)을 극소화하는 e(=수량)를 선택하거나, 아니면 배출부과금 t(=가격)를 선택해야 한다. 그런데 ϵ의 경우 정부와 달리 오염원은 그 값을 정확히 알고 있으므로, 정부가 배출수량 e를 선택할 때와 그 가격이라 할 수 있는 부과금 t를 선택할 때 오염원의 반응이 각각 다르게 나타난다. 식 (9-1)의 값을 최소로 하는 부과금 t를 알기 위해서는, 오염원이 자신의 한계저감비용과 t를 일치시키는 행위를 먼저 분석하여 식 (9-1)에 반영해야 한다.

봐이츠만에 의하면 식 (9-1)의 값이 두 정책을 사용할 때 서로 얼마나 다른지는 MAC 곡선과 MD(혹은 MB) 곡선의 기울기 차이와 함께, 오염원의 반응에 직접 영향을 주는 확률변수 ϵ이 얼마나 가변적인지, 즉 그 분산(variance)은 어떤지에 의해서도 영향을 받는다. 이 분산의 값이 클수록 두 가지 정책의 기대효과 격차가 커지게 된다.

봐이츠만 분석은 환경정책뿐 아니라 실행수단으로 가격과 수량 중 하나를 선택해야 하는 모든 정책문제에 적용될 수 있어 많은 후속 연구를 낳았다. 예를 들어 봐이츠만이 이미 분석한 바 있지만, 스타빈스(Stavins, 1996)에 의하면 ϵ과 η가 동시에 존재하고 또한 서로 독립적이지 않으면, 그 상관관계의 방향도 어느 정책이 상대적으로 우월한지에 영향을 미친다. 이외에도 다수의 관련된 이론적, 실증적 분석 사례가 있다.

3. 혼합정책이 사용될 경우

이상의 설명처럼 정부가 오염원의 저감비용을 완전히 알지 못하는 상태에서 정책을 선택하여 집행하면 그로 인해 사회적 손실이 발생하며, 이때의 예상 손실은 어떤 조건에서 어떤 정책을 선택하느냐에 따라 달라진다. 로버츠와 스펜스(Roberts and Spence, 1976)의 잘 알려진 연구에 의하면 가격을 통제하는 배출부과금과 수량을 통제하는 배출권거래제를 적절히 혼합하여 사용하면 어느 한 가지 정책만 사용할 때에 비해 사회적 손실이 크게 줄어든다.

〈그림 9-4〉에서 정부는 한계저감비용이 높을 경우 MAC_1이고 낮을 경우는 MAC_2인 것을 알고 있고, 이 두 경우를 모두 고려한 평균 한계저감비용은 $\overline{MAC}$라는 것을 알고 있다. 정부는 MAC_1과 MAC_2 가운데 어느 것이 실제 한계저감비용인지를 모르고 정책을 선택해야 하지만, 오염원은 자신의 한계저감비용을 정확히 알고 있다.

이 상황에서 정부가 평균적인 한계저감비용에 맞추어 배출부과금제도를 시행할 경우

그림 9-4 혼합정책이 사용될 경우

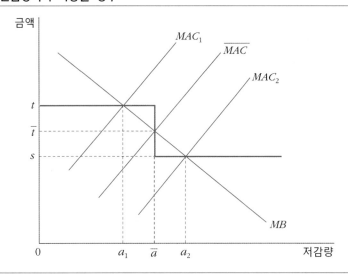

t의 부과금을 부여할 것이고, 배출권거래제를 실행한다면 현재의 배출량에서 $\overline{a}$를 빼준 만큼을 배출권으로 발행할 것이다. 그러나 실제로 실현되는 한계저감비용은 MAC_1 아니면 MAC_2이고, 오염원은 정확히 어느 한계저감비용이 실현되는지를 알고 정책에 반응하기 때문에 두 정책 모두 사회적 최적을 달성할 수 없으며 사회적 손실을 초래하게 된다.

이제 혼합정책으로서 정부는 배출부과금을 징수하면서 동시에 배출보조금을 지급하며, 또한 배출권거래제도 함께 사용한다. 〈그림 9-4〉에서 정부는 평균 한계저감비용곡선과 저감의 한계편익곡선이 만나는 $\overline{a}$에 맞추어 배출권을 발행한다. 이 배출권이 거래되면서 거래가격 p가 시장에서 형성될 것이다. 동시에 정부는 높은 한계저감비용곡선이 한계편익곡선과 만나는 수준인 t의 배출부과금을 설정하며, 오염원은 보유한 배출권 이상을 배출하고자 하면 단위당 t의 부과금을 납부해야 한다. 또한 정부는 낮은 한계저감비용곡선과 한계편익곡선이 만나는 수준인 s의 보조금을 지급하며, 오염원은 보유한 배출권 중 일부를 사용하지 않으면 단위당 s만큼을 정부로부터 보상받게 된다.

이러한 제도를 사용할 때 정부가 어떤 수준의 배출권을 발행하더라도 배출권시장이 형성된다면 $s \leq p \leq t$의 관계가 성립할 것임을 알 수 있다. 정의상 $s < t$의 관계는 성립한다. 만약 $p < s$라면 오염원은 배출권을 구입한 뒤 이를 하나도 사용하지 않아 이득을 볼 수 있기 때문에 배출권시장은 붕괴되고, 따라서 배출권 가격이 형성될 수 없으므로 $p \geq s$일 것임을 알 수 있다. 또한 만약 $p > t$라면 오염원은 배출권을 하나도 구입하지 않고 부과금을 납부하는 것을 선택할 것이므로 역시 배출권시장의 균형이 성립하기 위해서는 $p \leq t$가 성립해야 한다.

〈그림 9-4〉와 같은 혼합정책이 사용되면 오염원 입장에서 의사결정을 할 때 감안해야할 것은 자신의 한계저감비용과 더불어 그림에서 굵은 선으로 표시된 계단모양의 선이다. 정부가 설정한 배출부과금 t와 배출보조금 s 사이에서 배출권 가격이 형성되겠지만, 배출권 이상의 배출을 하기 위해서는 즉 저감량이 $\bar{a}$보다 줄어들기 위해서는 단위당 t의 비용을 오염원이 부담하여야 한다. 반대로 배출권 이하의 배출을 하여 저감량을 $\bar{a}$보다 늘리고자 한다면 추가 저감량에 대한 대가는 s이므로 오염원은 이를 자신의 한계저감비용과 비교하여야 한다.

따라서 만약 한계저감비용이 높아 MAC_1으로 판명된다면 오염원은 a_1만큼을 저감하는 것을 선택할 것인데, 이는 한계저감비용이 MAC_1이라면 사회적 최적이다. 마찬가지로 한계저감비용이 낮아 MAC_2로 밝혀진다면 오염원은 배출권의 일부를 사용하지 않고 보조금을 받아 a_2의 저감을 달성할 것인데, 이 역시 한계저감비용곡선이 MAC_2라면 사회적 최적이다. 따라서 이 혼합정책을 사용하면 두 정책 가운데 하나만 선택할 경우와 달리 정부는 오염원의 한계저감비용곡선이 정확히 어떤 것인지 모를지라도 항상 사회적 최적을 달성할 수 있다.

혼합정책을 사용하여 정보의 불완전함으로 인한 사회적 손실을 완전히 제거할 수 있다는 이상의 주장은 물론 지나치게 강한 주장이다. 현실에 있어서는 한계저감비용곡선은 〈그림 9-4〉처럼 두 가지가 아니라 훨씬 다양하게 나타날 수 있고, 이 중 어느 것이 실현될지 사전에 알 수 없다. 또한 나타날 수 있는 각 한계저감비용곡선의 정확한 위치 자체를 모르거나 평균적 수준의 한계저감비용곡선을 정확히 모를 수도 있다. 그러나 이들 경우에도 혼합정책은 정보 불완전으로 인한 사회적 손실을 완전히 제거할 수는 없다 해도 어느 한 가지 정책만을 사용할 때 비해서는 더 작은 사회적 손실을 초래한다.

배출부과금이나 배출권 거래상한을 정하게 되면 〈그림 9-4〉에서 수평선이나 수직선을 하나 긋게 되고, 이 선이 한계저감비용과 만나는 점에서 배출량이나 배출권가격이 형성되게 된다. 반면 가격정책과 수량정책을 결합하면 〈그림 9-4〉가 보여주는 바와 같이 오염원의 의사결정에 영향을 미치는 계단모양의 우하향하는 의사결정선이 도출되고 이 선과 실현되는 한계저감비용이 만나는 수준에서 오염원의 배출량이 결정된다. 이 우하향하는 의사결정선은 한 가지 정책만 사용될 때의 수평선이나 수직선에 비해 역시 우하향하는 오염저감의 한계편익곡선 MB와 훨씬 더 가까운 형태를 가지므로 이 의사결정선과 한계저감비용곡선이 만나는 점에서 형성되는 저감량은 상대적으로 사회적 최적에 더 가까운 값을 가진다. 따라서 혼합정책은 저감비용관련 정보가 불확실한 상황에서 한 가지 정책만 사용할 때에 비해 더 높은 사회적 편익을 가져다준다.

정부가 오염원의 저감비용에 대해 정확히 모를 경우에는 제1절에서와 같이 정부 나름대로 추측한 한계저감비용에 기초하여 환경정책을 입안할 수도 있지만, 저감비용을 오염원에게 물어볼 수도 있다. 이렇게 저감비용을 오염원에게 직접 물어보는 방식은 실제로 각국 정부가 환경정책 입안을 위해 필요한 정보를 얻기 위해 많이 사용하고 있는 방법 가운데 하나이다.

정부가 오염원에게 저감비용에 관한 정보를 보고하게 하고, 오염원이 자신의 저감비용을 정직하게 정부에 알려 줄 경우에는 제1절에서 본 바와 같은 저감비용 불확실성으로 인한 문제가 발생하지 않는다. 그러나 오염원 입장에서는 자신의 저감비용을 정부에게 정확히 보고하는 것이 반드시 유리하지 않을 수도 있다. 즉 오염원은 저감비용에 대해 잘못된 정보를 의도적으로 정부에게 제공하고, 이로부터 발생하는 이득을 얻으려는 전략적 행위를 할 가능성이 있다.

1. 배출권거래제와 오염원의 전략적 행위: 저감비용의 과대보고

정부가 어떤 정책을 사용하느냐에 따라 오염원은 저감비용을 과장해서 정부에 보고하는 것이 유리할 수도 있고, 반대로 줄여서 보고하는 것이 유리할 때도 있다. 여기서는 우선 오염원이 자신의 저감비용을 과장하는 경우를 살펴본다.

〈그림 9-5〉에서는 배출권거래제가 시행되며, 정부는 사회적 최적 배출권 규모를 결정하기 위해 오염원의 한계저감비용을 물어보고 있다. 오염원의 실제 한계저감비용곡선은 MAC_A이고, 오염으로 인한 한계피해곡선은 MD이다. 따라서 최적 배출권 규모는 e_A가 되어야 하고, 배출권의 시장가격은 P_A가 되어야 한다.

오염원이 MAC_R과 같이 실제보다 과장된 한계저감비용곡선을 보고한다고 하자. 이 잘못된 정보를 정부가 받아들여 e_1에 해당되는 배출권을 분배할 것이다. 배출권의 시장가

그림 9-5　배출권거래제에서의 오염원의 전략적 행위

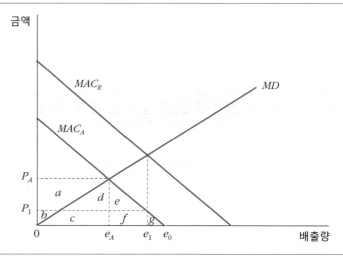

격은 오염원 간 거래로 결정되므로 e_1에서의 오염원의 실제 한계저감비용인 P_1으로 하락하게 된다.

　　오염원이 자신의 실제 저감비용을 보고하면 $e_0 - e_A$만큼의 오염물질을 저감하고, 면적 $e + f + g$에 해당되는 저감비용을 지출해야 한다. 정부가 배출권을 유상으로 분배한다면 구매비는 면적 $a + b + c + d$이다.[5) 오염원이 정직했다면 총비용은 이 두 비용의 합인 면적 $a + b + c + d + e + f + g$가 된다. 반면 오염원이 MAC_R의 비용을 보고한다면 e_1만큼의 배출권을 가지기 때문에 저감비용이 면적 g로 줄어든다. 그리고 배출권 비용은 면적 $b + c + f$로 변하게 된다. 따라서 오염원은 거짓말을 하여 면적 $a + d + e$만큼의 비용을 절감할 수 있다.

　　배출권거래제가 사용될 때 오염원이 이처럼 저감비용을 과장해서 보고하려는 이유는 비용을 과장하면 정부가 사회적 최적보다도 더 많은 배출권을 허용할 것이고, 따라서 저감비용을 줄일 수 있기 때문이다. 또한 거짓말을 하여 배출권 규모가 늘어나면 배출권 가격이 하락하기 때문에 배출권 구매비 역시 절감하는 것이 가능하다. 〈그림 9-5〉와 같은 경우 오염원은 저감비용을 과장할수록 유리하기 때문에 가능한 한 높은 저감비용을 보고할 것이다.

---

5) 정부가 배출권을 무상으로 배분하여도 오염원은 여전히 저감비용을 과장하여 보고하고자 한다는 것을 확인해 보기 바란다.

2. 배출부과금제와 오염원의 전략적 행위: 저감비용의 과소보고

〈그림 9-6〉과 같이 배출부과금제가 시행된다면 배출권거래제와는 반대로 오염원이 자신의 저감비용을 줄여서 말하려 한다. 그림에서 MAC_A는 실제 한계저감비용곡선이고, MAC_R은 오염원이 거짓으로 보고한 한계저감비용곡선이다. 만약 오염원이 정직하게 보고하였다면 정부는 t_A의 부과금률을 적용하며, 그 결과 오염원은 e_A만큼의 오염물질을 배출한다. 이때 오염원은 면적 $g+h+i+j$를 저감비용으로 부담하고, 면적 $a+b+c+d+e+f$를 부과금으로 납부한다.

오염원이 거짓말을 할 경우 정부는 MAC_R과 MD가 만나는 t_1을 부과금률로 결정할 것이고, 오염원은 t_1과 자신의 실제 한계저감비용곡선이 만나는 e_1의 배출량을 선택할 것이다. 이때 오염원의 저감비용은 면적 j로 줄어들고, 부과금 납부액은 면적 $b+c+f+g+h$로 바뀐다. 따라서 오염원은 거짓말을 함으로써 면적 $a+d+e+i$의 비용 절감을 얻을 수 있다.

배출부과금제가 시행될 때 오염원이 자신의 한계저감비용을 축소해서 밝히면, 정부가 선택하는 부과금률을 사회적 최적보다도 더 낮출 수 있고, 자신이 선택하는 배출량이 늘어나면서 저감비용 역시 줄일 수 있다. 부과금제에서는 거짓보고의 이득이 저감비용을 과소보고하면 할수록 커지기 때문에 오염원은 가능한 한 낮은 저감비용을 보고하고자 할 것이다.

그림 9-6 배출부과금제에서의 오염원의 전략적 행위

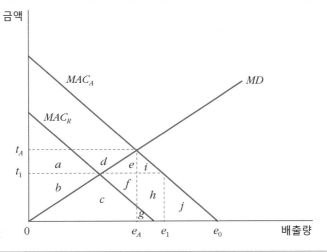

3. 거짓보고 유인의 완전 제거: 퀴렐 메커니즘

이상 본 바와 같이 수량제한정책과 가격정책 중 무엇을 사용하느냐에 따라 오염원은 자신이 알고 있는 한계저감비용을 부풀려 정부에 알릴 수도 있고 축소해 알릴 수도 있다. 따라서 어느 한 가지 정책을 사용하기보다는 이 두 정책을 혼합하여 사용하는 것이 유용할 수 있다. 이미 오래전 퀴렐(Kwerel, 1977)은 이렇게 정책들을 혼합하여 시행하면 한계저감비용을 거짓으로 보고하려는 동기를 완전히 없앨 수 있음을 보여주었다. 퀴렐 메커니즘은 다음과 같다.

① 오염원으로 하여금 한계저감비용함수 $MAC_R(e)$을 제출하게 한다.
② $MAC_R(e) = MD(e)$를 충족하는 배출권을 발행한다.
③ 발행한 배출권에서의 $MD(e)$와 일치하는 보조금 s를 보유한 배출권 중 사용되지 않은 것에 대해 단위당 지불한다.

이 혼합정책을 사용하면 오염원이 저감비용을 과장할 이유가 없다는 사실을 〈그림 9-7〉을 통해 살펴보자. 과소보고할 유인도 없다는 것은 연습문제로 제시되어 있다. 그림에서 정부는 오염원이 과장해서 알린 저감비용에 기초하여 e_1만큼의 배출권을 발행한다. 동시에 정부는 실제 배출량이 오염원이 보유한 배출권보다도 적을 경우 그 차이에 대해 단위

그림 9-7 퀴렐 메커니즘

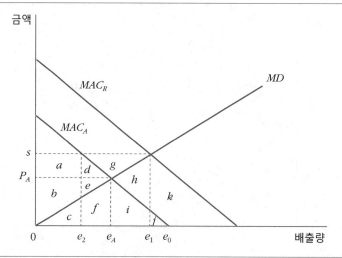

당 s의 보조금을 지급한다. s는 e_1에서의 한계피해, 즉 $MD(e_1)$과 같다.

보조금 s가 하는 역할은 과장보고로 인해 배출권 발행량이 지나치게 많아졌음에도 불구하고 그 가격이 하락하지 않도록 하는 것이다. 만약 가격이 s보다도 낮다면, 오염원은 배출권을 추가로 산 뒤 배출량을 늘리지 않으면서 늘어난 배출권에 대해서 정부 보조금을 받아 이윤을 얻을 수 있다. 따라서 배출권 시장가격은 s와 같은 수준에 묶여 있게 된다. 보조금의 이러한 기능이 오염원의 과대보고를 막는 데 결정적인 역할을 한다.

이런 상황에서 오염원은 e_1만큼의 배출권을 가지고 있으나 실제로는 e_2만 배출한다. 그 이유는 e_2보다도 더 많은 오염물질을 배출하면 실제 한계저감비용이 정부의 보조금보다도 낮고, 따라서 배출 대신 저감을 선택한 뒤 보조금을 받는 것이 더 유리하기 때문이다. 결과적으로 오염원은 저감비용을 과장하면 사회적 최적보다도 오히려 더 적은 e_2를 배출하며, $e_1 - e_2$만큼에 대해 단위당 s의 보조금을 받는다.

오염원이 과장보고를 하지 않는다면 면적 $i + j$의 저감비용을 지불하고, 면적 $b + c + e + f$의 배출권 구입비용을 지불한다. 반면 저감비용을 과장하면 e_2의 배출을 하므로 저감비용으로 면적 $d + e + f + i + j$를 지불해야 한다. 또한 오염원의 배출권 구매비는 면적 $a + b + c + d + e + f + g + h + i$이고, 정부로부터 되돌려 받는 보조금 총액은 면적 $d + e + f + g + h + i$이다. 따라서 거짓된 보고를 함으로써 오염원의 총비용은 면적 $a + d$만큼 오히려 증가하게 된다. 이렇게 배출권거래제와 보조금제도를 혼합하여 시행하면 오염원은 거짓된 정보를 제공해서는 오히려 손해를 보게 되므로 실제 저감비용을 알리게 되고, 따라서 사회적 최적이 달성될 수 있다.

4. 거짓보고 유인의 완전 제거: 몬테로 메커니즘

오염원이 한계저감비용 정보를 드러내게 하는 또 다른 방법인 몬테로(Montero, 2008)의 메커니즘은 다음처럼 진행된다.

① 오염원으로 하여금 한계저감비용함수 $MAC_R(e)$을 제출하게 한다.
② $MAC_R(e) = MD(e) = P(e)$를 충족하는 양의 배출권을 $P(e)e$에 오염원에게 판매한다.
③ 배출권 판매액 중 $\alpha(e)$의 비율을 오염원에게 돌려준다. 즉 오염원은 $\alpha(e)P(e)e$를 되돌려 받는다.

이 메커니즘에서는 절차 ②에 의해 배출권 배포 가격은 수량 e에서의 실제 한계저감비용 $MAC_A(e)$가 아니라 오염원이 제출한 $MAC_R(e)$과 같다. 정부는 마치 경매 입찰을 받듯이 배출량에 대한 오염원의 한계지불의사, 즉 한계저감비용을 제출받는다. 제출받은 비용 $MAC_R(e)$이 한계피해 $MD(e)$와 일치되게 하는 수량을 배출권으로 배포하며, 단위당 가격은 오염원이 제출한 $MAC_R(e)$ 혹은 $MD(e)$와 일치되게 한다. 그리고 절차 ③에 의해 배출권 배포 수입 중 0과 1 사이의 값을 가지는 $\alpha(e)$ 비율만큼은 오염원에게 환급한다.

이런 방식으로 정책이 실행되면 오염원은 그에 맞게 자신에게 가장 유리한 $MAC_R(e)$을 제출한다. 정부는 오염원의 그러한 행위를 염두에 두고 최적의 반환율 $\alpha(e)$를 정해 거짓된 보고 유인을 아예 없애려 한다. 아래의 보론은 이 최적 반환율이 다음과 같아야 함을 보여준다.

$$\alpha(e) = 1 - \frac{D(e)}{MD(e)e} = 1 - \frac{AD(e)}{MD(e)}, \ \ \text{단} \ \ AD(e) = \frac{D(e)}{e}$$

즉 $\alpha(e)$는 오염의 평균피해액 $AD(e)$와 한계피해액 $MD(e)$의 비율을 1로부터 빼준 것이다. 한계피해 $MD(e)$가 〈그림 9-8〉에서처럼 e가 커질 때 계속 증가하면, 새로 한 단위 배출되는 오염물질이 유발하는 피해가 이미 배출된 오염물질이 단위당 유발했던 피해보다 크기 때문에 $MD(e) \geq AD(e)$의 관계가 성립한다. 따라서 $\alpha(e)$는 0과 1 사이의 어떤 값이 된다.

최적 $\alpha(e)$가 0과 1 사이의 어떤 값이어야 함은, 그 값이 0일 때는 과소보고를, 그리고 1일 때는 과대보고를 한다는 것을 통해서도 알 수 있다. 먼저 〈그림 9-8a〉는 $\alpha(e) = 0$인 경우이다. MAC_A를 제대로 제출하면 배포수량은 e_A, 배포가격은 P_A이다. 따라서 오염원의 총비용은 $P_A e_A$인 면적 $a+b+c+d+f+g+h$와 저감비용 $i+j$를 합한 것이다. MAC_R로 축소해 제출하면 배포량은 e_1이다. 그리고 가격은 e_1에서의 $MAC_A(e_1)$가 아니라 $MAC_R(e_1)$, 즉 P_1이므로 배출권 취득비용은 면적 $b+c$, 저감비용은 면적 $e+f+g+h+i+j$가 된다. 따라서 면적 $a+d$가 면적 e보다 크다면 과소보고할 유인이 있다. 불캔(Bulckaen, 1997)의 수학적 분석에 의하면, 사회적 최적인 (e_A, P_A)에서는 면적 $a+d$가 면적 e보다도 실제로 더 크다(이는 〈그림 9-8a〉에서도 확인된다).

〈그림 9-8b〉는 $\alpha(e) = 1$인 경우이다. 이때는 오염원이 배출권 취득비를 전액 환불받으므로 그 비용은 감안하지 않는다. 실제 한계저감비용 MAC_A보다 과장된 MAC_R을 제출하면 정부는 이 곡선과 MD가 일치하는 e_1을 배출권으로 배포한다. 배포 가격은 P_1이

그림 9-8　몬테로 메커니즘

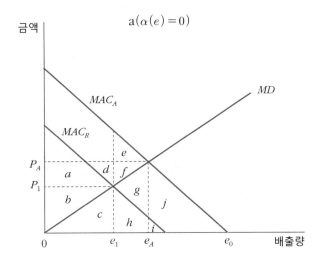

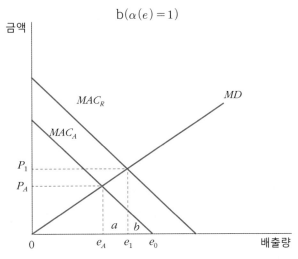

되겠지만 P_1e_1은 되돌려 받으므로 오염원은 저감비용인 면적 b만 부담하면 된다. 반면 MAC_A를 제출하면 배출권은 e_A, 가격은 P_A가 되는데 역시 P_Ae_A를 돌려 받지만 저감 비용이 면적 $a+b$로 늘어난다. 따라서 이 경우에는 $\alpha(e)=0$인 경우와는 반대로 과장하 여 보고할 유인이 있다.

몬테로 메커니즘은 오염원이 제출한 MAC_R과 MD가 일치하도록 배출권을 발행한 다는 점에 있어서는 퀴렐 메커니즘과 같다. 하지만 퀴렐 메커니즘은 MAC_R과 MD가 일 치하는 수준에서 배출부과금 혹은 보조금을 병행하여 도입하는 데 반해, 몬테로 메커니즘은 부과금이나 보조금은 없고 오염원이 지불한 배출금 취득비의 일부를 되돌려 준다는 차이를 가진다. 그리고 발행되는 배출권의 가격이 배출권시장에서 MAC_A와 같도록 결정되는 퀴렐모형과 달리 정부에 의해 MAC_R과 일치하도록 정해진다는 차이도 있다. 몬테로는 이 메커니즘이 특히 오염원이 다수이고, 따라서 본인 외 다른 오염원들이 한계저감비용을 전략적으로 보고함을 염두에 두고 행동하는 경우에도 유용하게 사용되는 장점이 있음을 강조한다.

몬테로 메커니즘

기업의 실제 저감비용을 $C(e)$라 하면 몬테로 메커니즘이 적용될 때 기업의 총비용은 $C(e)+P(e)e-\alpha(e)P(e)e$이다. $P(e)e$는 배출권 취득비용이고, $\alpha(e)P(e)e$는 환급액이다. 그런데 정부는 제출된 $MAC(e)$와 $MD(e)$가 일치되는 배출권을 배포하고 가격 $P(e)$는 이 때의 $MD(e)$로 정한다. 따라서 오염원의 비용은 $C(e)+MD(e)e-\alpha(e)MD(e)e$와 같다. 이를 e에 대해 미분한 것을 다음처럼 0이 되게 하는 것이 기업의 최적 배출량이다.

$$C'(e)+D'(e)e+MD(e)-\alpha'(e)MD(e)e-\alpha(e)D'(e)e-\alpha(e)MD(e)=0$$

단, $C'(e)=\dfrac{\Delta C(e)}{\Delta e}$, $D'(e)=\dfrac{\Delta MD(e)}{\Delta e}$, $\alpha'(e)=\dfrac{\Delta\alpha(e)}{\Delta e}$

배출을 많이 할수록 저감비용은 줄어들기 때문에 $-C'(e)$가 실제 한계저감비용이다. 정부는 한계저감비용과 한계피해가 일치하는 사회적 최적을 원하므로 $-C'(e)=MD(e)$가 되기를 원한다. $-C'(e)$대신 $MD(e)$를 위의 기업 최적 행위조건에 적용하여 정리해 보면, 기업이 사회적으로도 최적인 배출을 하도록 유도하기 위해서는 다음이 충족되어야 한다.

$$\alpha'(e)+\alpha(e)\frac{D'(e)e+MD(e)}{MD(e)e}=\frac{D'(e)}{MD(e)}$$

이 식은 $\alpha(e)$와 그 미분 $\alpha'(e)$을 동시에 가지는 미분방정식이라 불리는 방정식 유형에 속한다. 몬테로는 이를 풀어(p. 515) 다음의 최적 $\alpha(e)$를 도출하였다(역으로 아래의 $\alpha(e)$를 위의 미분방정식에 대입하여 좌우가 일치함을 확인할 수 있다).

$$\alpha(e)=1-\frac{D(e)}{MD(e)e}$$

몬테로 메커니즘에서 기업은 한계저감비용 $MAC(e)$를 제출하지만 사실은 이를 통해 어떤 $MD(e)$ 값이 $P(e)$로 적용되게 할지를 결정한다. 위에서 도출된 $\alpha(e)$를 적용하는 환급제도는 기업이 실제 한계저감비용 $-C'(e) = MAC_A(e)$와 일치하는 $MD(e)$를 $P(e)$로 선택하도록 유도하여 실제 한계저감비용을 드러내게 한다.

오염원이 여러 명일 경우에는, 다른 오염원이 제출한 한계저감비용의 합을 한계피해 $MD(e)$에서 빼준 것을 특정 오염원 i가 한계피해에 대해 기여한 것으로 보고 위에서와 같은 절차를 적용한다. 이 경우에도 각 오염원은 자신의 한계저감비용을 정확히 제출하는 것이 최적 선택임을 보여줄 수 있다.

section 03 배출량에 대한 감시가 불가능할 경우의 오염규제

제1절과 제2절은 정부가 오염원이 실제로 어느 정도의 오염물질을 배출하는지는 정확히 감시할 수 있지만, 저감비용과 같은 오염원 특성의 정보는 알지 못할 때 발생하는 문제들을 살펴보았다. 이러한 상황은 정보경제학(economics of information)의 용어를 빌리면 소위 숨겨진 정보(hidden knowledge)가 있는 상황이다.

한편 비점원오염의 경우에는 정부는 오염원이 배출한 오염물질 배출량 자체를 정확히 계측할 수가 없다. 이 경우에는 정부가 배출상한 등을 정하여도 오염원들이 이를 실제로 지키는지를 확인할 수 없으며, 따라서 오염물질의 과잉배출이 나타나게 된다. 이렇게 오염원과 관련된 정보의 부재 때문이라기보다는 오염원이 행하는 행위를 관측할 수 없기 때문에 오염원이 전략적으로 행동하여 발생하는 문제를 정보경제학에서 숨겨진 행위 (hidden action)로 인한 문제 혹은 도덕적 해이(moral hazard)라 한다. 아래에서는 정부가 오염원의 실제 배출량을 감시할 수 없는 경우에도 오염원이 정부가 원하는 양만큼의 오염물질을 배출하도록 유도하기 위해서 어떤 방식을 사용할 수 있는지를 간략히 살펴본다.6)

수질오염에 영향을 주는 어떤 비점원오염이 있고, 이 오염물질의 배출량을 정부가 일일이 파악하는 것이 불가능하다고 하자. 배출된 오염물질이 실제로 수질을 오염시키는 정

---

6) 비점원오염에 대한 효율적인 규제수단을 찾고자 하는 연구는 여러 환경경제학자에 의해 행해지고 있다. 이들 대부분의 연구가 복잡한 수학모형에 의존하기 때문에 아래의 설명은 이들 모형의 핵심만을 간단한 예를 통해 보여준다.

그림 9-9 오염도와 배출량 간의 관계

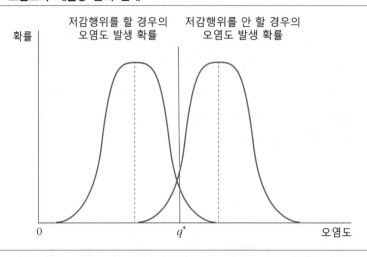

도는 오염원이 배출한 오염물질의 양과 함께 기상 등의 자연조건에 의해서도 영향을 받는다. 오염도가 배출량뿐 아니라 자연조건에 의해서도 영향을 받는다면 배출된 오염물질의 양과 오염도가 정확히는 비례하지 않고, 따라서 정부가 오염도를 계측하여도 오염원의 배출량을 정확히 파악하는 것은 불가능해진다.

그러나 오염도가 비록 자연조건의 영향을 받아 결정되기는 하지만, 동일한 자연조건이라면 오염원의 배출량이 적을 경우 오염도가 더 적게 나타난다. 이러한 관계는 〈그림 9-9〉를 통해 설명된다. 그림의 가로축은 오염도를 나타내고 세로축은 특정 수준의 오염도가 발생할 확률을 나타낸다. 그림의 좌측 그래프는 이 지역의 오염도에 영향을 미치는 오염원이 저감행위를 할 경우의 오염도별 발생 확률이고, 우측 그래프는 저감행위를 하지 않을 경우의 오염도 발생 확률이다. 그림에서 볼 수 있듯이 관찰되는 오염도는 자연조건의 영향을 받는 일종의 확률변수(random variable)이다. 오염원이 저감행위를 할 경우에는 높은 수준의 오염도가 발생할 확률이 저감행위를 하지 않을 경우에 비해 더 작아진다.

비점원오염에 대한 규제를 효율적으로 하기 위해서는 오염원이 저감행위를 할수록 높은 수준의 오염도가 발생할 확률이 줄어든다는 사실을 최대한 이용하여야 하고, 보다 구체적으로는 발생하는 오염도와 연계시켜서 오염원에 대한 제재 수준을 결정해야 한다. 정부가 판단하기에 최소한 달성되어야 할 어떤 수준의 오염도가 〈그림 9-9〉의 q^*와 같이 주어져 있다고 하자. 실제의 오염도가 q^*보다도 더 심할 확률은 오염원이 저감 시도를 하지 않았을 때가 더 크다. 따라서 오염원의 배출량을 직접 확인할 수 없는 정부가 취할 수 있

표 9-1 오염원의 행위와 기상조건이 오염도에 미치는 영향

오염원의 행위 기상조건	저감행위 안 함	저감행위 함
좋음	1.0ppm	0.5ppm
나쁨	2.0ppm	1.0ppm

표 9-2 저감비용을 고려하지 않은 사회적 편익

오염원의 행위 기상조건	저감행위 안 함	저감행위 함
좋음	100만원	150만원
나쁨	0	100만원

는 대안은 q^*와 같은 특정 수준의 오염도기준을 정해 놓고 실제 오염도가 이 수준을 넘어서면 저감행위를 하지 않은 것으로 간주하여 오염원을 제재하는 것이다. 물론 그림이 보여주듯이 저감행위를 하여도 자연조건 악화로 인해 오염도가 q^*보다 심하게 나타날 수 있고, 이 경우 오염원은 억울하게 제재받는 부작용이 있다. 하지만 정부가 이렇게 실현된 오염도와 연계된 제재수단을 사용하면 오염원으로 하여금 정부가 원하는 수준의 저감노력을 기울이도록 유도할 수 있게 된다.

간단한 예를 들어보자. 오염원은 저감행위를 전혀 하지 않는 경우와 특정 수준의 저감행위를 하는 경우 둘 중 하나를 선택한다. 저감행위를 하지 않을 경우의 저감비용은 물론 0이고, 저감행위를 하면 50만 원의 저감비용이 소요된다. 저감행위가 없을 때 오염도는 기상조건이 좋으면 BOD기준으로 1.0ppm이 되고, 반대로 기상조건이 나쁘면 2.0ppm이 된다. 저감행위를 할 경우에는 오염도는 기상조건에 따라 0.5ppm 아니면 1.0ppm의 값을 가진다. 기상조건이 좋을 경우와 나쁠 경우는 각각 50%의 확률을 갖고 발생한다고 가정하자. 오염원의 행위와 기상조건에 의해 결정되는 오염도는 〈표 9-1〉에 정리되어 있다.

한편 최악의 오염인 2.0ppm 수준의 오염이 발생하면 사회적 편익이 0이고, 오염도가 줄어들수록 이 편익이 늘어나 〈표 9-2〉와 같이 나타난다고 가정하자.

위와 같은 상황에서 정부는 오염원이 저감행위를 하는 것을 원할 것인가 아니면 하지 않는 것을 원할 것인가? 이에 대한 해답을 얻기 위해 각각의 경우 사회 전체에서 발생하는 순편익의 기댓값을 구해보자. 사회 전체 순편익의 기댓값은 오염원이 어떤 행위를 선택했을 때 발생할 오염도 변화로 인해 얻어지는 편익에서 오염원의 저감비용을 빼준 값이다. 사회적 순편익 기댓값은 〈표 9-3〉에 정리되어 있다. 표에서 볼 수 있듯이 오염원이 저감행

표 9-3 사회적 순편익의 기댓값

항목 오염원의 행위	저감비용 이외의 사회적 편익의 기댓값	저감비용	기대 순편익
저감행위 안 함	0.5(100+0)=50만원	0	50만원
저감행위 함	0.5(150+100)=125만원	50만원	75만원

위를 할 경우의 사회적 순편익의 기댓값이 75만 원이고, 저감행위를 하지 않을 경우의 사회적 순편익의 기댓값은 50만 원이다. 따라서 정부는 오염원이 저감행위를 할 것을 원한다.

정부가 위와 같은 이유로 인해 오염원이 저감행위를 해줄 것을 원한다면 어떤 방법을 통해 실제로 저감행위를 하도록 유도할 수 있는가? 정부가 오염원 배출량을 확인할 수 없으므로 배출상한 등을 설정하는 것은 의미가 없을 것이다. 이제 정부가 최소한 달성되어야 할 오염도가 1.0ppm($= q^*$)이라고 보고, 실제 오염도가 이 수준보다 더 심하여 2.0ppm이 되면 오염원이 저감행위를 하지 않은 것으로 간주하여 125만 원의 벌금을 부과한다고 가정하자. 즉 벌금액은 다음과 같이 결정된다.

$$\text{오염도} \leq 1.0ppm \rightarrow \text{벌금액} = 0\text{원}$$
$$\text{오염도} > 1.0ppm \rightarrow \text{벌금액} = 125\text{만원}$$

이 경우 오염원은 어떤 선택을 할 것인가? 이 상황에서 오염원이 저감행위를 하지 않기로 한다면 요행히 기상조건이 좋으면 오염도가 1.0ppm이 되어 벌금을 물지 않고, 또한 저감비용도 지출할 필요가 없어 큰 이득을 얻게 된다. 그러나 만약 기상조건이 좋지 않아 오염도가 2.0ppm이 된다면 벌금으로 125만 원을 납부해야 한다. 이런 상황에서 저감행위를 할 경우와 하지 않을 경우의 오염원의 기대비용은 〈표 9-4〉와 같이 계산된다.

〈표 9-4〉가 보여주듯이 저감행위를 할 경우의 오염원 기대비용이 더 적다. 따라서 이상과 같은 정책에 의해 오염원은 정부가 원하는 대로 저감행위를 하게 되며, 그 결과 수질오염도는 정부가 원하는 1.0ppm을 항상 초과하지 않게 된다.

이상의 예가 보여준 바와 같이 정부가 배출량을 직접 측정할 수 없을 경우에도 관찰

표 9-4 오염원의 총기대비용

항목 오염원의 행위	벌금의 기댓값	저감비용	총기대비용
저감행위 안 함	0.5(125+0)=62.5만원	0	62.5만원
저감행위 함	0	50만원	50만원

되는 오염도와 연계된 제재조치를 취함으로써 정부가 원하는 저감행위를 오염원이 하도록 유도할 수 있다. 그러나 이는 발생할 수 있는 매우 간단한 예이고, 숨겨진 행위를 통해 오염이 발생하는 실제 상황은 훨씬 더 복잡한 정책을 요구한다.

한 가지 예로서 다수의 오염원이 존재하는 경우를 들 수 있다. 정부가 개별 오염원의 배출량을 정확히 계측할 수 없는 상황에서 다수의 오염원이 오염물질을 배출한다면, 오염원과 정부 간의 전략적인 관계가 형성될 뿐 아니라, 오염원 간에도 전략적인 행위가 개입된다. 정부가 다수 오염원이 있음에도 불구하고 위와 같이 오염도와 연계하여 이 지역 전체의 벌금액을 결정하되, 오염원 가운데 누가 오염물질을 많이 배출하였는지를 구체적으로 모르므로 전체 벌금액을 모든 오염원의 수로 나누어 일률적으로 부과한다고 하자. 개별 오염원 입장에서는 자신이 오염물질을 한 단위 더 배출함으로 인해 오염이 심해지고 전체 벌금액이 증가해도 이 가운데 일부분만을 자신이 부담하게 된다. 따라서 모든 오염원은 일종의 무임승차자가 되려고 하며, 이 과정에서 지나치게 많은 오염물질이 배출될 수 있다. 다수의 오염원이 개입될 경우 나타날 무임승차욕구를 없애기 위해서는 기준 오염도가 달성되지 못할 때 정부는 단일 오염원이 있을 경우에 비해 훨씬 무거운 벌금을 부과해야 한다.[7]

비점원오염으로서의 농업오염

농업에 의한 환경오염은 다른 산업이 가지지 않는 독특한 특성을 많이 가지고 있고, 따라서 각국이 시행하는 농업오염 규제수단 역시 다른 산업과는 다른 측면을 가지고 있다.

① 대표적인 비점오염원: 농업오염은 크게 비료나 농약에 의한 수질 및 토양오염, 축산폐수로 인한 수질오염, 폐영농자재로 인한 수질 및 토양오염 등으로 나뉜다. 이러한 오염물질을 배출하는 오염원은 대개 비점원이어서 오염원별 배출량을 정확히 측정할 수 없다.

② 오염자부담원칙이 적용되기 어려움: 농업오염 규제에는 오염자부담원칙이 잘 적용되지 않는다. 농업은 환경을 오염시키기도 하지만 작물이나 수목은 대기를 정화하고, 홍수 피해를 줄이며, 수자원을 함양하는 기능도 한다. 또한 농촌은 아름답고 풍요로운 경관을 제공하며, 전통문화를 보존하는 순기능을 하기도 한다. 특히 아시아 논의 경우 비가 많이 오는 계절에 많은 양의 물을 담는 역할을 하여 수자원 관리에 큰 도

---

7) 이에 관한 보다 자세한 내용은 부록에 정리되어 있다.

움을 주는 것으로 국제적으로 인정받고 있다(OECD, 1994). 이런 이유로 농업오염에 관한 한 오염자부담원칙이 적용되기보다는 환경친화적 영농을 유도하기 위해 보조금을 지급하는 정책이 많이 사용되고 있다.

전통적으로 각국이 취하고 있는 농업에 대한 보호주의도 오염관리에 영향을 미친다. 식량안보를 위해 꼭 필요한 국가 기간산업으로서의 농업을 유지·보존하기 위해 각국은 전통적으로 농업을 보호해 왔다. 농업에 대한 보호는 농민의 강력한 정치적 영향력으로 인해 선진국일수록 오히려 강해지는 경향이 있다(Gardner, 1987). 각국 정부는 농민의 정치적 영향력을 무시할 수 없고, 또한 전통적인 농업 보호주의를 탈피할 수도 없기에 오염자부담원칙을 농업에 적용하는 데 신중을 기하고 있다.

③ 농업부문 오염규제를 위해 사용되는 정책들: 그럼에도 불구하고 오염자부담원칙을 따르는 규제정책을 찾을 수가 있는데, 특히 유럽 일부 국가에서는 농약과 비료에 과세하고 있다. 농약이나 비료로 인한 오염은 비점원오염이므로 오염물질의 배출량 자체보다는 오염을 유발하는 농약과 비료에 과세하는 것이다. 그러나 이는 우선 농약/비료 수요가 가격 비탄력적이어서 과세를 해도 농민이 사용량을 잘 줄이지 않고, 환경적으로 민감하지 않은 지역의 농민에게도 일률적으로 적용되는 문제를 가진다. 그리고 축산폐수 정화시설이나 배출농도 등에 대한 환경기준을 설정하고 이를 지키게 하는 직접규제도 사용된다. 이때에도 각국 정부는 대개 폐수정화시설의 설치를 권장하기 위해 적어도 일부의 비용은 보조한다.

미국, 유럽, 한국 등 많은 나라가 도입한 소위 직접지불제(direct payment)도 있다. 이 제도는 환경적으로 민감한 지역의 농민이 영농을 포기하거나, 정부가 지정하는 친환경적 조치를 취할 경우 그로 인해 발생하는 손실을 보상해 준다.

기타 제도로서 환경적으로 민감한 지역을 보전지구로 지정하여 친환경적 농업을 육성하거나, 가축 사육두수나 비료, 농약에 대해 쿼터제를 적용하여 쿼터의 거래를 인정하는 정책, 친환경적 기술을 개발하고, 이를 확산하기 위해 농민에 대한 환경교육을 시행하는 정책 등을 들 수 있다.

④ 환경친화적 농산물의 상품 차별화: 화학비료나 농약 사용량을 줄이고, 토양 유기물 함유량을 자연적인 방법으로 높이는 여러 형태의 농법을 환경친화적 농법이라 부른다. 환경친화적 농법에는 화학재를 전혀 사용하지 않는 유기농법부터 제한된 양만 사용하는 농법까지 다양한 농법이 포함된다. 이러한 농법은 생산성이 상대적으로 낮으므로 그 농산물이 시장에서 기존 농산물보다 더 높은 가격을 받을 수 있어야

농민들이 수용할 것이다. 그러나 소비자들이 유기농산물임을 쉽게 확인할 수 없고, 농산물 상표화도 제한되어 있어 환경친화적인 방법을 통해 재배된 농산물의 시장 차별화가 힘들다. 이 문제를 해결하기 위해서는 정부가 공신력 있는 기관을 통해 환경친화적 농법으로 재배된 농산물임을 확인해 줄 수 있어야 하며, 정부가 정한 재배 및 유통 절차를 거친 농산물임을 입증하는 표시부착이 이루어져야 한다. 따라서 많은 국가에서 환경친화적 농산물이나 유기농산물에 대한 상표부착을 엄격히 통제한다.

부록 / 비점오염의 최적 관리

불확실성과 비대칭적 정보하의 오염관리문제를 분석한 많은 연구 중 가장 간략하면서도 기본적인 모형으로 널리 인용되는 것이 세거슨(Segerson, 1988)의 분석모형이다. 본 부록은 세거슨의 모형을 더욱 단순화하여 본문에서의 결론을 명확히 전달하고자 한다.

N개의 기업이 오염도에 영향을 미친다고 하자. 오염도 q는 각 오염원의 저감행위 a_i와 자연적 요인 ϵ의 영향을 받아 $q(a_1,...,a_N,\epsilon)$와 같이 결정된다. 개별 오염원의 저감행위 a_i는 정부에 의해 관측되지 않고 다만 오염도 q만 측정이 가능하다. 이렇게 여러 명의 오염원이 있을 경우 누가 오염행위를 하더라도 오염도는 나빠지기 때문에 오염원들의 의사결정은 상호 연관되어 있다. 즉 i번째 오염원은 자신이 저감행위를 변경하지 않아도 다른 오염원이 배출량을 늘리면 관측되는 오염도가 나빠진다는 것을 알고 있고, 다른 오염원들도 이점에서는 마찬가지이다. 정부는 개별 오염원의 행위를 관측할 수 없으므로 관측되는 오염도를 기준으로 오염원 i에게 $T_i(q)=t_i(q-q^*)$와 같이 부과금을 징수하거나 $(q>q^*)$, 보조금을 지급한다 $(q<q^*)$. 오염원의 생산량을 y_i라 할 때 생산비는 $C(y_i,a_i)$와 같이 결정되고, 생산물의 판매가격은 p이다. 이러한 상황에서 i번째 오염원의 이윤극대화 문제는 다음과 같다.

$$\max \ py_i - C(y_i,a_i) - E[t_i(q(a_1,...,a_N,\epsilon)-q^*)]$$

i번째 오염원은 자신의 생산량과 저감행위를 선택할 때 다른 오염원의 행위는 주어

진 것으로 간주하며, 따라서 일종의 내쉬균형을 도출하여야 한다. 최적화 조건은 아래와 같다.

$$p - \frac{\Delta C}{\Delta y_i} = 0 \quad \text{··}\quad \boxed{9\text{-}2}$$

$$\frac{\Delta C}{\Delta a_i} + t_i E\left[\frac{\Delta q}{\Delta a_i}\right] = 0 \quad \text{···}\quad \boxed{9\text{-}3}$$

기업은 한 단위 더 저감행위를 함으로 인해 오염이 완화되고, 그로 인해 예상 부과금 납부액이 줄어드는 것과 자신의 한계저감비용이 일치하도록 선택한다.

오염으로 인한 한계피해액은 β로 일정하다고 하자. 정부의 목적함수는 다음과 같다.

$$\max \sum_{j=1}^{N} py_j + E[\beta(q(0,...,0,\epsilon) - q(a_1,...,a_N,\epsilon))] - \sum_{j=1}^{N} C(y_j, a_j) \quad \text{···············}\quad \boxed{9\text{-}4}$$

정부가 원하는 최적조건은 아래와 같이 정리된다.

$$p - \frac{\Delta C}{\Delta y_i} = 0 \quad \text{··}\quad \boxed{9\text{-}5}$$

$$\frac{\Delta C}{\Delta a_i} + \beta E\left[\frac{\Delta q}{\Delta a_i}\right] = 0 \quad \text{··}\quad \boxed{9\text{-}6}$$

따라서 정부의 최적조건과 오염원의 최적조건을 비교하면 모든 오염원에게 있어 $t_i = \beta$와 같은 부과금률이 오염도 단위당 적용되어야 함을 알 수 있다. 오염기업이 N개가 있는데, 오염도가 기준 q^*를 넘으면 '각 오염원이 모두' 한계피해액인 β만큼을 단위 오염 당 부과금으로 납부해야 한다. 따라서 실제로 징수하는 부과금은 단위 오염당 $N\beta$가 된다. 만약 동일한 오염을 단 한 명의 오염원이 초래한다면, 즉 $N = 1$이라면 오염원이 납부하는 부과금 총액은 β일 것이므로 이 최적의 정책에서는 오염원의 수가 많아질수록 정부가 부과하는 부과금 총액이 커진다.

오염원 수가 늘어나면서 이렇게 부과금 징수액이 비례하여 늘어나는 이유는 여러 명의 오염원이 있으면 이들이 무임승차 동기를 가지기 때문이다. 만약 오염원 모두에게 부과되는 부과금 합이 $N\beta$가 아니고 β라면 개별 오염원의 배출량을 파악할 수 없는 상태에서 이 β는 모든 오염원에게 균등배분될 것이고, 따라서 개별 오염원은 $\frac{\beta}{N}$만큼의 부과금만 지급하면 되기 때문에 정부가 원하는 바보다 훨씬 더 많은 오염물질이 배출되게 된다.

이상 도출된 최적 정책은 오염의 피해함수나 저감기술과 관련하여 도입된 가정하에 서만 성립한다. 이들 함수에 대한 가정을 달리하면 최적 정책의 구조도 달라진다.

01 오염물질 배출량을 e라 하고, 한계피해함수를 $MD = 3e$라 하자. 오염원의 실제 한계저감비용곡선은 $MAC_A = 20 - 2e$와 같다.

(가) 정부가 오염원의 실제 한계저감비용을 정확히 알고 있는 상태에서 배출부과금을 징수하여 사회적으로 최적인 배출량을 유도하고자 한다면, 정부가 목표로 하여야 할 배출량은 어느 정도이며, 이때의 단위당 부과금은 얼마가 되어야 하는가?

(나) 정부가 오염원의 실제 한계저감비용을 정확히 모르기 때문에 이를 설문조사를 통해 오염원에게 물어본다고 하자. 이때 오염원은 반드시 자신의 실제 한계저감비용을 보고하지 않을 수도 있다. 오염원이 보고하는 한계저감비용이 $MAC_R = 20 - 2e + x$와 같다고 가정하자. 따라서 $x > 0$이면 오염원은 한계저감비용을 과대보고하고, 반대로 $x < 0$이면 과소보고한다. 우리는 본문에서 오염원들은 후자를 따를 것이라는 것을 배웠다. 즉 $x < 0$이다. 이제 오염원이 한계저감비용을 과소보고하여 얻는 이득, 즉 거짓말을 하여 얻는 이득을 x의 함수로 나타내고, 이 이득이 x에 대해 증가하는지 아니면 감소하는지, 아니면 증가하기도 하고 감소하기도 하는지를 보여라.

02 본문은 퀴렐의 메커니즘을 사용하면 오염원이 과장보고하려는 동기를 가지지 못한다는 것을 보였다. 이 정책을 사용하면 오염원이 과소보고하려는 동기도 갖지 못하게 된다는 사실을 보여라.

03 몬테로 메커니즘을 검토하자.

(가) $D(e) = \dfrac{1}{2}de^2$인 경우에 있어 최적의 $\alpha(e)$를 도출하라. 단, d는 파라미터이다.

(나) $D(e) = de$인 경우의 최적 $\alpha(e)$를 도출하라. 이를 그림 <9-8a>를 다시 그려 설명하라.

참고문헌

- Bulckaen, F. (1997), "Emission Charge and Asymmetric Information: Is Consistency a Problem?" *Journal of Environmental Economics and Management* 34: 100−106.

- Gardner, B. L. (1987), *The Economics of Agricultural Policies*, Macmillan Publishing Company.

- Kwerel, E. (1977), "To Tell the Truth: Imperfect Information and Optimal Pollution Control," *Review of Economic Studies* 44: 595−601.

- Montero, J.−P. (2008), "A Simple Auction Mechanism for the Optimal Allocation of the Commons," *American Economic Review* 98: 496−518.

- Nordhaus, W. (2008), *A Question of Balance: Weighing the Options on Global Warming Policies*, Yale University Press.

- OECD (1994), *Agricultural Policy Reform: New Approaches, The Role of Direct Income Payments*.

- Roberts, M. J. and M. Spence, (1976), "Effluent Charges and Licences under Uncertainty," *Journal of Public Economics* 5: 193−208

- Segerson, K. (1988), "Uncertainty and Incentives for Nonpoint Pollution Control," *Journal of Environmental Economics and Management* 15: 87−98.

- Stavins, R. N. (1996), "Correlated Uncertainty and Policy Instrument Choice," *Journal of Environmental Economics and Management* 30: 218−232.

- Weitzman, M. L. (1974), "Prices vs. Quantities," *Review of Economic Studies* 41: 477−491.

CHAPTER 10

환경정책의 정치경제학: 지방자치와 소득분배

제6, 7, 8장에서의 정책효과 분석은 주로 비용효과성이라는 단기효율성 기준과 기술혁신 자극이라는 장기 효율성 기준에 초점을 두었었다. 효율성은 바람직한 환경정책이 갖추어야 할 가장 중요한 요건이 되겠지만 현실적으로 보면 반드시 비용효과적 정책이 선택되는 것은 아니다. 즉 정부는 환경정책의 수준이나 수단을 선택할 때 사회 전체의 후생극대화나 비용효과성만을 기준으로 하지는 않으며, 다른 여러 측면도 고려한다. 그러한 추가적인 고려에는 무엇보다도 환경정책이 사회 계층별로 어떤 차별화된 영향을 미치는지가 포함된다. 아래의 제1절은 실제로 환경정책은 생산자집단과 소비자집단, 그리고 소득 계층별로 그 영향이 다를 수밖에 없고, 따라서 환경정책에 대한 지지나 수용성도 계층별로 다를 수밖에 없음을 설명한다.

환경정책으로부터 얻는 순편익의 정도가 사회계층이나 집단별로 다를 경우 정부는 그러한 집단별 이해관계와 압력을 적절한 방법으로 반영하여 정책을 선택할 수밖에 없다. 제2절은 이렇게 각 계층의 다양한 요구를 반영하여 정부의 정책목표와 수단이 선택되는 과정을 관련 이론을 통해 살펴보도록 한다.

정부가 여러 이해집단의 요구를 정책에 반영한다는 것은 주로 정책의 정치적 측면을 감안한다는 것이 되는데, 그러한 정치적 측면과 관련하여 특히 주목받는 것이 환경정책의 지방자치문제와 소득분배문제이다. 지방자치문제와 관련하여, 환경정책은 중앙정부 주도로 실행될 수도 있고 반대로 지방정부에 의해 주도될 수도 있다. 제3절은 지방정부가 환경정책을 주도하는 것의 장단점에 대해 논의한다.

마지막 제4절은 환경정책의 소득분배 문제를 다룬다. 소득분배 문제는 환경정책의 계층별 영향 가운데서도 가장 중요하기 때문에 여기에서는 정책의 편익과 비용이 소득 계층별로 얼마나 고르게 돌아가는지를 관련 이론과 실증분석 사례를 통해 논의하기로 한다.

section 01 환경정책의 계층별 영향

환경정책이 사회 전체 편익을 극대화하는 효율성만으로 선택되지 못하는 이유는 효율적인 자원배분이 반드시 모든 사회 구성원의 만족도를 상승시키는 것은 아니기 때문이다. 현 상태가 사회적 순편익을 극대화하지 못하기 때문에 어떤 환경정책을 도입하여 순편익을 늘리는 방향으로 환경이용 형태를 변화시켰다고 하자. 이 과정에서 사회 내 모든 구성원의 만족도가 증대될 수 있다면 모두가 이 정책을 원하겠지만, 현실은 그렇지 못하기

그림 10-1 환경정책의 효율성과 형평성

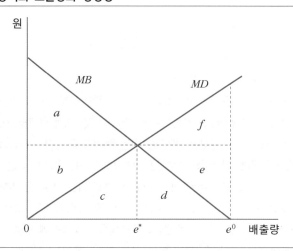

때문에 정책의 도입을 찬성하는 사람과 반대하는 사람이 모두 나타나게 된다.

〈그림 10-1〉에서 우하향하는 MB곡선은 오염원이 오염으로 얻는 한계편익을 나타내고, 우상향하는 MD곡선은 오염피해자의 한계피해곡선을 나타낸다. 현재 어떤 종류의 규제정책도 시행되고 있지 않다면 오염원은 e^0만큼의 오염물질을 배출할 것이다. 이 상황에서 오염원이 얻는 편익은 면적 $a+b+c+d$이고, 피해자의 피해액은 면적 $c+d+e+f$이다. 따라서 사회 전체의 순편익은 면적 $a+b-(e+f)$가 된다.

이상의 상황에서 정부가 e^*의 배출상한을 설정한다고 하자. e^*의 오염물질을 배출하면 오염원의 편익은 면적 $a+b+c$로 줄어들고, 피해자의 피해액은 면적 c로 줄어든다. 따라서 정책시행 후의 사회 전체 순편익은 면적 $e+f$만큼 늘어나 면적 $a+b$가 된다. e^*수준의 배출량은 오염물질의 사회적 한계편익과 한계비용이 일치하는 수준이기 때문에 사회 전체 순편익은 e^*에서 극대화되고, 면적 $a+b$는 극대화된 사회적 순편익이다.

배출량이 e^0에서 e^*로 줄어들면서 사회적 관점에서의 효율성은 달성되었다고 할 수 있다. 그러나 이 과정에서 오염피해자의 후생은 면적 $d+e+f$만큼 늘어난 반면, 오염원의 후생은 면적 d만큼 줄어들었다. 즉 효율성을 추구하는 정책이 시행된 결과 오염피해자는 후생의 증대를 얻지만 오염원은 반대로 후생의 손실을 입게 된다.

환경정책의 순편익이 계층별로 분배되는 형태 가운데서도 고소득층과 저소득층에 분배되는 형태가 특히 주목받는다. 환경정책이 고소득층과 저소득층에 미치는 상대적 영향을 체계적으로 파악하기 위해서는 이들 양 계층의 환경재 수요가 어떻게 형성되는지를 살펴볼 필요가 있다. 이를 위해 환경재는 정상재로서 다른 조건이 같다면 소득이 증가할수록

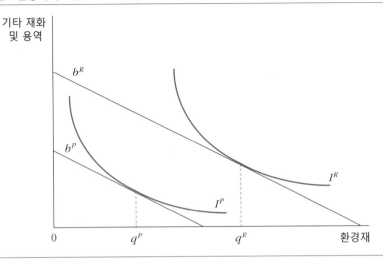

그림 10-2 환경재에 대한 수요: 동일한 환경재 가격

수요가 늘어난다고 가정하자. 또한 빈곤층과 고소득층이 환경재와 기타 재화에 대해 가지는 선호구조 자체는 동일하고, 양 계층은 다만 지출할 수 있는 소득이 달라 서로 다른 수준의 환경재와 기타 재화를 소비한다고 가정하자.

위와 같은 조건에서 고소득층이 환경에 대해 높은 수요를 가질지 아니면 반대로 저소득층이 높은 수요를 가질지는 양 계층에 적용되는 환경재의 가격에 따라 결정된다. 먼저, 정부가 쾌적한 자연환경을 제공하기 위해 여러 정책사업을 시행할 때 소득수준과 상관없이 동일한 비용을 사회의 모든 계층에 적용한다고 가정해 보자. 정부가 모든 입장객에게 같은 국립공원 입장료를 징수하여 그 수입 가운데 일부를 환경개선사업에 사용하는 경우가 한 예가 될 것이다.

이때 고소득층과 저소득층의 환경재 수요는 〈그림 10-2〉와 같이 나타난다. 그림에서 세로축은 환경재를 제외한 모든 재화나 용역의 소비량을 나타내고, 가로축은 환경재의 소비량을 나타낸다. 시장재와 환경재의 주어진 가격조건에서 b^R선은 고소득층의 예산선(budget line)이고, b^P선은 저소득층의 예산선이다. 예산선은 소비자가 소득을 모두 지출하여 구매할 수 있는 환경재와 기타 재화의 조합을 나타내는 직선으로서, 원점에서 멀어질수록 높은 소득을 필요로 한다. 환경재의 단위당 가격이 모든 계층에게 같으므로 두 예산선은 서로 평행하다.

그림에서 I^R과 I^P는 무차별곡선(indifference curve)이라 불리는 곡선으로서,[1] 각각 특

---

[1] 예산선과 무차별곡선을 이용하여 소비자의 행위를 분석하는 방법은 제14장에서 보다 자세히 다루어진다.

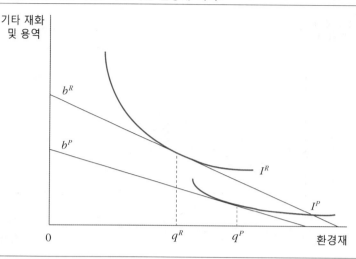

그림 10-3   환경재에 대한 수요: 누진적인 환경재 가격

정 수준의 만족도를 소비자에게 가져다주는 환경재와 기타 재화의 조합을 나타낸다. 통상적인 경우 무차별곡선은 우하향하고, 원점에 대해 볼록하며, 원점에서 멀어질수록 높은 만족도를 나타낸다.

무차별곡선이 위와 같은 성질을 가질 경우 각 소비자의 예산선과 무차별곡선이 서로 접하여 그 기울기가 일치하는 점에서 환경재와 기타 재화의 소비량을 결정할 때 소비자 만족도가 최대가 된다. 고소득층은 무차별곡선 I^R과 예산선 b^R이 만나는 점의 환경재 수준인 q^R을 선택하고자 하고, 저소득층도 무차별곡선 I^P와 예산선 b^P가 만나는 점의 환경재인 q^P를 선택하고자 한다. 따라서 이 경우에는 고소득층의 환경재에 대한 수요가 더 크다.

위의 예와는 달리 환경재의 단위당 가격이 고소득층에 더 높게 책정되며, 그 가격 차이가 매우 클 경우에는 오히려 저소득층의 환경재 수요가 더 클 수 있다. 이러한 상황은 〈그림 10-3〉에 나타나 있다. 정부가 환경재 공급비용을 충당할 때 소득세처럼 고소득자일수록 높은 세율의 세금을 부과하는 누진세(progressive tax)를 사용하면 고소득자는 저소득자에 비해 높은 환경재 가격을 부담해야 한다. 따라서 〈그림 10-3〉의 b^R은 b^P에 비해 더 가파른 기울기를 가지고 있다. 이 상황에서는 고소득자의 환경재 수요량 q^R은 저소득자의 수요량 q^P에 비해 더 작게 된다.

이상의 두 경우 중 보다 현실적인 것은 어느 경우인가? 앞서 설명한 바와 같이 〈그림 10-3〉처럼 저소득층이 더 높은 환경재에 대한 수요를 가지기 위해서는 환경정책의 비용을 조달하는 방식이 매우 누진적이어야 한다. 그러나 제4절에서 설명하겠지만 대부분 환경정책의 비용 조달 방식은 크게 누진적이지 않으며, 심지어 역진적(regressive)인 경우도 있다. 따라서 〈그림 10-3〉의 경우보다는 〈그림 10-2〉의 경우가 더 현실적이라 할 수 있다.

결론적으로 말하면, 환경정책의 도입은 〈그림 10-1〉이 보여준 바와 같이 규제 대상 계층과 환경개선 편익을 주로 얻는 계층 간에 서로 반대 방향의 이해관계를 불러일으키며, 〈그림 10-2〉가 보여준 바와 같이 소득수준에 따라서 그 정책을 원하는 정도도 계층별로 다른 것이 일반적이다. 이렇게 계층별로 정책을 원하는 정도가 달라지면 정부는 정책을 선택할 때 각 계층으로부터의 압력이나 민원을 고려할 수밖에 없고, 그 과정에서 실제로 선택되는 정책은 효율성이나 비용효과성을 충족하지 못할 수 있다.

section 02 환경정책의 목표와 수단 선택

제2절에서는 입장이 서로 다른 사회 계층별 이해관계를 반영하여 실제로 환경정책을 선택하는 두 가지 과정을 설명하기로 한다. 첫 번째 과정은 민주주의국가에서 다수결 원칙에 의해 표결하여 정책목표와 수단을 선택하는 것이고, 두 번째 과정은 각 집단의 압력에 직면한 정부가 그러한 집단별 압력을 반영하여 정책을 선택하는 과정이다.[2]

정부가 다양한 이해집단이나 계층의 이해관계를 의식하며 정책 결정을 할 때 적어도 세 가지 유형의 선택 문제가 나타난다. 그 첫 번째는 어느 수준의 환경질을 정책목표로 할 것인가 하는 점이다. 제1절에서 확인한 바와 같이 오염의 원인이면서 오염규제 비용을 부담해야 하는 쪽이 오염피해를 당하고 있는 쪽보다 더 낮은 수준의 환경질을 원할 것이고, 또한 소득수준에 따라서도 자신들이 원하는 목표 환경질이 달라진다.

둘째는 정책수단 선택 문제이다. 환경개선을 위해 직접규제를 사용할 수도 있고, 경제적 유인제도를 사용할 수도 있다. 경제적 유인제도 중에서도 부과금이나 보조금을 사용할지, 배출권거래제를 사용할지, 후자의 경우 배출권 배분이 유상인지 무상인지도 선택해야 하는데 이에 대한 입장이 계층별로 다를 것이다.

---

2) 정책이 다양한 계층의 이해관계를 반영하여 선택되는 과정에 관한 연구는 주로 공공선택(public choice)이라는 이름으로 연구되고 있다. 주로 환경정책과 관련해서는 오우츠와 포트니(Oates and Portney, 2003)와 스타빈스(Stavins, 2004)가 각각 행한 종합적인 고찰이 매우 유용하므로 아래에서 많이 활용된다. 공공선택의 일반적인 내용에 관한 가장 기본적인 연구서는 뮬러(Mueller, 2003)이고, 이 역시 아래에서 활용된다.

셋째는 어느 정부가 정책을 담당하느냐이다. 특정 지역의 환경정책은 기초자치단체, 광역자치단체, 중앙정부가 모두 담당할 수 있고, 필요하다면 자치단체의 연합체가 담당할 수도 있다. 오염의 성격이나 정책 특성과 여건에 따라 어느 단계의 정부가 정책을 담당하는 것이 더 바람직한지가 결정되겠지만, 각 단계 정부의 이해관계가 있고 지역주민들의 의견도 있기 때문에 이 역시 쉽게 해결하기 어려운 문제이다.

1. 다수결 원칙과 정책선택

환경정책에 대한 선호도가 다르다면 민주국가에서는 다수결 원칙에 따른 투표를 통해 정책목표를 선택할 수 있다. 사회 구성원 A, B, C 세 명이 있다고 하고, 수질 개선과 같은 환경재의 성과물이 일종의 공공재로서 사회 구성원 모두에게 순편익을 주되, 그 정도는 개인별로 다르다고 하자. 〈그림 10-4a〉와 〈그림 10-4b〉에서 곡선 U^i는 수질 Q에서 개인 i가 얻는 순편익, 즉 자신의 편익에서 부담하는 비용을 빼준 것을 나타낸다. 수질이 좋아지면 모든 구성원의 만족도가 높아지겠지만, 수질 개선을 위한 비용을 1/3로 나누어 개인에게 부담시킬 것이기 때문에 각 개인은 수질이 무조건 높아지는 것을 원하지는 않고 본인이 가장 선호하는 수질이 있는데, 이는 각각 Q^A, Q^B, Q^C와 같다. 비용부담액이 동일하더라도 환경에 대한 선호도 자체는 개인별로 다르므로 곡선 U의 위치가 개인별로 다르다.

이 상황에서 다수결 투표를 하면 어느 수질이 선택될까? 답은 개인 B가 가장 좋아하는 수질 Q^B이다. 정부가 Q^B보다도 낮은 어떤 수질 $Q^1(< Q^B)$과 Q^B 중 어느 쪽을 더

그림 10-4 다수결 원칙에 따른 환경질 선택

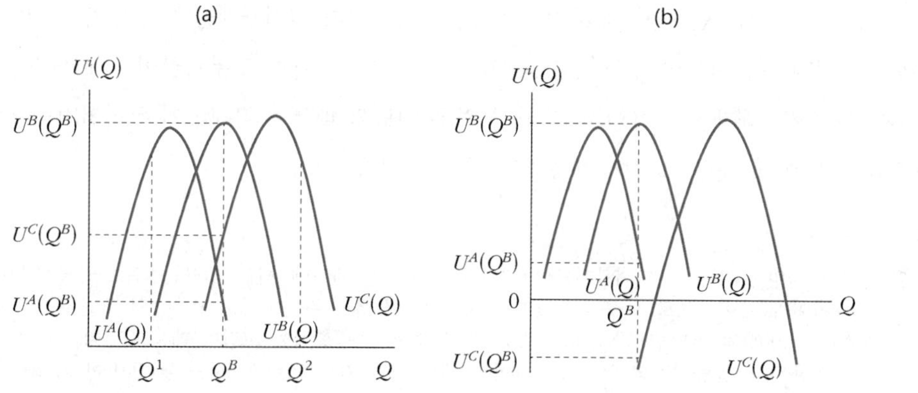

원하는지를 투표로 물어보면 개인 A는 Q^1에 투표하겠지만 개인 B와 C는 Q^B쪽에 투표할 것이다. 반대로 정부가 Q^B보다도 높은 어떤 수질 $Q^2(> Q^B)$와 Q^B를 투표에 붙이면 개인 C는 Q^2쪽에 투표하지만 개인 A와 B는 Q^B쪽에 투표할 것이다.[3] 따라서 수질에 대한 선호 크기 측면에서 볼 때 가운데에 있는 개인 B가 가장 원하는 Q^B 외의 어떤 수질도 다수결 투표로 양자 중 하나를 선택하게 하면 Q^B를 이길 수 없다. 공공재의 선호 크기에 따라 개인이나 계층을 나열했을 때 다수결 투표에서 가장 가운데 있는 개인이나 계층의 선호대로 의사결정이 이루어지는 현상을 중위투표자정리(median voter theorem)라 부른다.

　개인이나 집단별로 원하는 환경수준이 다를 때 위와 같이 다수결 투표를 통해 민주적으로 환경목표를 선택할 수 있으려면 의사결정이 수질처럼 하나의 지표에 대해서만 이루어지는 1차원적 의사결정이어야 하고, 각 개인의 순편익 곡선이 〈그림 10-4〉에서처럼 하나의 봉우리만을 가져야 한다. 이 경우 다수결 투표를 시행하면 중위투표자가 가장 선호하는 수준의 환경질이 유일하게 얻어진다.

　그러나 현실에 있어서는 어떤 투표자는 비용이 많이 들더라도 수질이 확실히 좋아지거나 아니면 수질에 아예 손을 대지 않는 것이 좋다고 생각하고, 따라서 순편익 곡선이 2개의 봉우리를 가질 수 있다. 또한 제한된 재원을 수질개선과 하천수량 확보에 동시에 사용하는 문제를 고려하고 있다면, 이는 두 가지 지표 모두 만족도에 영향을 미치는 다차원 문제가 되고, 〈그림 10-4〉의 1차원 문제보다 복잡해진다.[4] 중위투표자정리를 위한 두 가지 전제조건이 충족되지 않는다면 유일한 합의가 다수결 투표를 통해 얻어지지 못할 수도 있다.

　다수결 원칙에 의한 투표는 설령 중위투표자의 선호를 반영하여 유일한 합의를 도출할 수 있다고 하더라도 그 결과가 사회적 효율성을 충족한다는 보장이 없다. 이는 중위투표자정리는 개인이나 집단이 환경재를 원하는 정도를 순서대로 나열했을 때 그 순위만을 반영하지 각 개인의 선호가 가지는 절대적 수치는 반영하지 못하기 때문이다. 예를 들어 〈그림 10-4a〉에서 다수결 투표를 하면 Q^B가 선택되며, 모든 사람이 동시에 공공재 Q^B를 소비하기 때문에 사회 전체 순편익은 세 사람이 얻는 순편익을 합해준 $U^A(Q^B)+$

---

3) 단 Q^1이 너무 낮아 $U^A(Q^1) < U^A(Q^B)$이거나 Q^2가 너무 높아 $U^C(Q^2) < U^C(Q^B)$일 경우에는 만장일치로 Q^B가 선택될 것이다.

4) 중위자투표정리에 대한 엄밀한 증명과, 순편익곡선의 봉우리가 여러 개이거나 다차원 문제일 경우의 다수결 투표행위의 결과에 대해서는 뮬러(Mueller 2003, ch. 5)를 참조하기 바란다.

$U^B(Q^B) + U^C(Q^B)$이다. 사회적 효율성은 이렇게 세 사람의 순편익을 합해준 것을 최대로 하는 환경질 수준이 되어야 하는데, 그 수준이 개인 B가 가장 선호하는 수준인 Q^B와 일치할 이유가 없다.

다수결 투표가 사회적 효율성을 확보할 수 없다는 점은 〈그림 10-4b〉와 〈그림 10-4a〉를 비교하면 분명해진다. 〈그림 10-4b〉에서는 개인 C의 순편익 곡선이 〈그림 10-4a〉의 경우에 비해 오른쪽으로 많이 가 있고, 그로 인해 $U^C(Q^B)$의 값이 0보다 작을 정도로 대폭 감소한다. 이 경우에도 다수결 원칙을 적용하면 역시 〈그림 10-4a〉의 선택인 Q^B가 선택되겠지만, $U^A(Q) + U^B(Q) + U^C(Q)$를 극대화하는 수준의 Q는 〈그림 10-4a〉와 비교하면 보다 오른쪽에 위치해야만 한다는 것을 쉽게 확인할 수 있다.

2. 이익집단과 정책선택

환경정책은 유권자들이 직접 투표를 해서 결정할 수도 있겠지만 현실에 있어서는 대체로 간접적으로 선택된다. 이 경우 정부가 주도하여 환경규제 수준이나 수단을 선택하되, 정부는 이때 각 계층이 가지고 있는 선호나 그들로부터의 압력을 의식하지 않을 수 없다.

예를 들어 배출부과금이나 상품부과금이 부과되고, 부과율을 t라 하자. 이에 따라 사회 전체 구성원들이 상품의 소비 및 생산, 오염의 피해와 저감비용 등으로부터 얻는 순편익이 결정되는데, 이를 $W(t)$와 같이 나타내어 보자. 지금까지는 정부는 사회 전체의 순편익 $W(t)$를 극대화하는 규제수준 t를 찾고자 한다는 것을 전제로 하였으나, 사실 정부는 사회 전체의 편익 외에도 각종 이익집단(interest group)의 압력이나 로비도 의식하면서 정책 변수를 선택한다.[5] 그러한 로비라면 예를 들어 정권 획득을 위한 선거에서 금전적 혹은 여타의 지원을 각 집단이 할 수도 있고, 반대로 압력이라면 집단이 원하는 바를 정부가 들어주지 않을 때 지지율에 영향을 미칠 정도의 반정부 여론 형성을 할 수 있다.

경제 내에 N개의 이익집단이 있다고 하고, 모든 국민은 각자 하나의 이익집단에 가입되어 있다고 하자. 그 중 i번째 이익집단이 자신들의 이해관계를 정부가 받아주기 때문에 정부에 대해 지원하는 금전적 혹은 여타의 지원을 화폐로 환산하여 $C^i(t)$라 하자. 이익집단이 정부를 지원하는 정도는 당연히 정부가 어떤 환경정책 수준 t를 선택하느냐에 의해 달라진다. 그렇다면 정부의 목적함수는 이제 사회 전체 순편익 $W(t)$와는 다르고, 다음

---

5) 이익집단은 구성원들의 공통 이익 증대만을 추구하므로 특수이익집단(special interest group)이라 부르기도 한다.

과 같이 변하게 된다.

$$G(t) = \Theta\, W(t) + \sum_{i=1}^{N} C^i(t) \quad\text{··}\quad \boxed{\text{10-1}}$$

위의 식에서 Θ는 정부 목적함수에서 사회 순편익 $W(t)$에 부여되는 가중치인데, 결국 정부는 사회 순편익과 더불어 각종 이익집단이 지지해 주는 정도까지도 고려하여 최적의 정책을 결정하게 된다. 정부는 이익집단 영향력 $\sum_{i=1}^{N} C^i(t)$까지도 고려하므로 사회 전체 순편익 $W(t)$를 극대화하는 선택을 하지 않을 수도 있다. 이렇게 변형된 목적함수를 가진 정부는, 그러나, 여전히 사회적 순편익 $W(t)$를 극대화하는 선택을 실제로 할 수도 있다.

이를 확인하기 위해 각 이익집단은 정부에 대한 지원수준 $C^i(t)$를 어떻게 결정할 것인지를 검토해 보자. 정부가 t를 선택하면 이익집단 i가 얻는 순편익은 정책의 결과 집단 구성원들이 상품의 소비 및 생산, 오염의 피해와 저감비용 등으로부터 얻는 편익 $W^i(t)$에서 정부를 지원하기 위해 지출한 비용 $C^i(t)$를 빼준 $W^i(t) - C^i(t)$가 되고, 이것을 최대화하는 것이 이익집단의 목적이 된다. 이익집단은 정부가 선택하는 t가 정해지면 여기에 맞추어 자신의 지원액 $C^i(t)$를 결정한다. 그러나 $C^i(t)$가 결정되면 이는 다른 이익집단의 지원액과 합쳐져서 다시 정부 선택 변수 t를 바꿀 것이기 때문에 $C^i(t)$의 형태를 파악하는 것이 쉽지 않다.

즉 이익집단은 다른 집단의 지원수준 $C^j(t)$ $(j \neq i)$와 예상되는 정부 정책변수 t가 있을 때 자기 집단 구성원의 순편익 $W^i(t) - C^i(t)$을 극대화하도록 $C^i(t)$를 선택하고, 정부는 그러한 각 이익집단의 지원수준을 고려하여 식 (10−1)과 같은 정부 목적함수를 극대화하는 정책변수 t를 선택하여야 한다. 따라서 일종의 게임이론 모형을 이용해 균형 지원수준 $\{C^{1*}(t),...,C^{N*}(t)\}$와 균형 환경변수 값 t^*를 찾아낼 수 있다.

이러한 이익집단과 정부의 선택 문제를 분석한 그로스만과 헬프만(Grossman and Helpman, 1994), 아이트(Aidt, 1998), 오우츠와 포트니(Oates and Portney, 2003) 등의 연구에 의하면, 각 이익집단의 선택이 구성원 모두의 이익을 반영하여 이루어질 수 있다면 그 선택은 $\dfrac{\Delta C^i(t)}{\Delta t} = \dfrac{\Delta W^i(t)}{\Delta t}$의 조건을 충족하도록 이루어진다. 즉 이익집단은 정부로 하여금 정책을 한 단위 더 강화하도록 추가로 지원해야 하는 금액과 정책 수준이 한 단위 변함으로 인해 구성원 전체가 얻는 편익이 늘어나는 정도가 일치하도록 지원액을 선택한다.

따라서 결국 이익집단이 정책에 영향을 미치고자 정부에 대해 지원하는 정도는 변수 t가 주어져 있을 때 그 수준에서 집단 전체가 얻는 편익 $W^i(t)$에서 어떤 상숫값 K^i만큼 빼준 것이 되어야 하고, 다음과 같은 형태를 지닌다.

$$C^i(t) = W^i(t) - K^i \quad \cdots\cdots\cdots\cdots\cdots\cdots\cdots\cdots\cdots\cdots\cdots\cdots \boxed{10\text{-}2}$$

식 (10−2)를 식 (10−1)에 대입하면 $\sum_{i=1}^{N} W^i(t) = W(t)$이기 때문에 결국 이익집단의 행동이 있는 상태에서 정부의 목적함수는 다음과 같이 정해진다.

$$G(t) = (\Theta + 1) W(t) - \sum_{i=1}^{N} K^i \quad \cdots\cdots\cdots\cdots\cdots\cdots\cdots\cdots\cdots \boxed{10\text{-}3}$$

식 (10−3)에서 $\sum_{i=1}^{N} K^i$는 정부 선택 t의 영향을 받지 않는 상수이기 때문에 결국 정부는 $G(t)$를 극대화하기 위해 이익집단의 로비가 있어도 사회적 순편익 $W(t)$를 극대화하는 선택을 한다. 따라서 오염의 한계피해액과 한계저감비용이 일치하는 수준에서 그 한계피해액에 해당되는 만큼의 배출부과금이 선택된다.

이상의 설명처럼 이익집단의 압력이 있어도, 국민 모두가 어떤 이익집단에 속해 있고, 또한 각 이익집단이 구성원 이익을 반영하려 노력한다면 정부가 사회적 최적을 여전히 선택할 수 있다. 그러나 현실에 있어서는 특정 계층의 이익을 대변하는 이익집단은 아예 형성 자체가 안 되거나, 형성된다고 해도 그 이익집단의 의사결정 $C^i(t)$는 구성원 모두의 이해관계를 반영하지 못할 수 있다. 이 경우에는 $\dfrac{\Delta C^i(t)}{\Delta t} = \dfrac{\Delta W^i(t)}{\Delta t}$의 조건이나 $\sum_{i=1}^{N} W^i(t)$ $= W(t)$의 조건이 성립하지 않아 이익집단의 활동 자체가 왜곡되고, 따라서 그에 반응하는 정부 선택도 사회적 최적과는 일치하지 않게 된다.

이익집단에 관한 올손(Olson, 1965)의 고전적 연구에 따르면 이익집단 형성에는 상당한 정도의 무임승차문제가 개입되기 때문에 어떤 계층은 자신들의 이익을 대변할 이익집단을 구성하지 못할 수도 있다. 이익집단의 활동은 구성원의 공통 이익을 대변하기 위해 이루어지기 때문에 구성원 모두에게는 일종의 공공재이다. 즉 이익집단 활동의 성과물은 그 활동을 위한 대가를 직접 부담하지 않은 구성원도 이용할 수 있다. 따라서 개인은 이익집단에 가입하지 않거나, 가입해도 그 활동을 위한 금전적, 시간적 비용을 지불하지 않으려 한다.

무임승차문제를 확인하기 위해, A, B, C 세 개의 환경운동단체가 보다 강한 자동차 연비 규제를 도입하도록 정부에 압력을 넣으려 한다 하자. 정부는 자동차 업계와 일반 소비자의 입장도 생각해야 하므로 환경단체로부터의 압력이 충분히 크지 않으면 규제강화조치를 취하지 않을 것이다. 정부가 환경단체의 의견을 받아들여 실제로 규제를 강화할 때 각 환경단체가 얻게 되는 편익은 아래와 같다. 각 환경단체는 완전 동질적이지는 않고 대기오염의 심각성에 대한 인식 차이, 규모나 구성원의 차이 등으로 인해 서로 다른 편익을 규제강화로부터 얻는다.

환경단체 A: 100
환경단체 B: 60
환경단체 C: 30

각 환경단체는 정부를 상대로 하는 로비나 활동을 위해서는 각각 20을 투자해야 하는데, 하나의 단체만 활동하면 정부를 규제강화 쪽으로 움직일 확률이 0.25이고, 두 개의 환경단체가 활동하면 그 확률은 0.6, 그리고 세 개의 환경단체 모두가 활동하면 그 확률은 0.8이라 하자. 이때 몇 개의 환경단체가 실제로 운동을 시작할까?

환경단체 A는 다른 단체는 활동을 안 할 때 자신이 움직이면 얻을 수 있는 편익의 기대치는 $100 \times 0.25 = 25$이고 이는 20보다 크므로 활동을 시작한다. 환경단체 B와 C는 그러나 다른 환경단체는 움직이지 않는 상태에서 자신만 활동을 시작할 때 얻을 수 있는 기대치가 각각 $60 \times 0.25 = 15$와 $30 \times 0.25 = 7.5$이어서 활동을 하지 않는다.

이제 환경단체 A가 먼저 활동하고 있는 상태에서 환경단체 B는 자신도 활동하면 정부를 움직일 확률이 $0.6 - 0.25 = 0.35$만큼 높아진다는 것을 안다. 따라서 자신도 활동에 동참하면 편익의 기대치 상승분이 $60 \times 0.35 = 21$이 되어 활동의 비용 20보다 크기 때문에 이제 환경단체 B도 A의 활동에 동참한다. 그러나 환경단체 C는 기대치 상승분이 $30 \times 0.35 = 10.5$이어서 비용 20보다 작으므로 여전히 활동을 하지 않는다.

이제 환경단체 A와 B가 활동하고 있는 상황에서 환경단체 C는 활동에 동참하면 정부를 움직일 확률이 $0.8 - 0.6 = 0.2$만큼 높아지지만 그로 인한 편익의 기대치 상승분은 $30 \times 0.2 = 6$이 되고, 활동비용 20보다 적은 값이기 때문에 참여를 하지 않는다. 따라서 환경단체 중 A와 B만 활동을 시작하고, 그 결과 새로운 규제를 도입하는 데 성공할 확률은 60%가 된다.

그러나 환경단체 모두의 입장을 고려하면 사실 환경단체 C도 활동을 시작해야 한다. 환경단체 C가 활동을 시작하면 규제도입 확률이 0.2만큼 높아지고 그로 인해 환경단체 A는 $100 \times 0.2 = 20$, 환경단체 B는 $60 \times 0.2 = 12$, 그리고 환경단체 C는 $30 \times 0.2 = 6$의 추가 편익을 기대할 수 있고, 따라서 이 세 단체의 편익 기대치 증가분의 합은 $20 + 12 + 6 = 38$이 되어, 환경단체 C가 참여함으로써 지불해야 하는 비용 20보다 크다.

결국 규제의 수준, 수단, 주체 등의 선택에 있어 환경단체뿐 아니라 기업이나 소비자

등 경제 내 다양한 이익집단이 정부 선택에 영향을 미치게 될 것인데, 그 결과 얻어지는 최종 선택은 각 이익집단이 구성원의 전체 이익을 얼마나 잘 반영하도록 구성되고 활동하느냐와, 그에 대해 정부가 어떻게 반응하느냐에 달려 있다. 그 최종 선택에 따른 자원배분과 환경오염 수준이 사회 전체 구성원의 순편익을 극대화하는 가장 효율적인 상태와 일치할 것인지의 여부는 단정하기 어렵다. 이런 이유로 이익집단의 영향 속에 이루어진 환경정책 선택이 사회적 효율성을 확보하는지에 대한 실증분석도 몇몇 학자에 의해 시도된 바 있다. 아래의 보론은 실제로 이익집단 행동이 정부 의사결정에 영향을 미치며, 정부 나름대로 이익집단 압력과 사회적 순편익을 함께 고려해 의사결정함을 보여주는 유명한 연구를 소개한다.

미국 환경처의 농약 규제 사례

미국 환경처(EPA)는 심사를 거쳐 농약 제품의 사용을 계속 승인할지 승인을 취소할지를 결정하는데, 크로퍼 외(Cropper et al., 1992)는 EPA가 1975~1989년 사이 실제로 심사하여 승인 혹은 취소를 결정한 결과를 분석하였다. 이 연구는 본문의 식 (10−1)처럼 정부의 의사결정은 정책의 순편익과 이익집단의 압력 두 가지를 감안해 이루어진다고 전제하고, 실제로 그러한 일이 발생했는지를 분석한다.

먼저 사회적 순편익 $W(t)$의 한 구성요소인 농약 피해와 관련해서는 농약을 섞고 살포하는 사람들의 암 발생확률, 잔류농약에 의한 소비자들의 암 발생확률, 농약으로 인한 불임 가능성 증가, 그리고 수계 등 환경에 미치는 영향을 변수화하였다. $W(t)$의 또 다른 구성요소인 농약 편익과 관련해서는 승인을 취소하여 농약을 사용할 수 없거나 불완전한 대체 농약을 사용함으로써 발생하는 생산손실액 등을 반영하였다. 마지막으로 이익집단 압력의 크기 $\sum_{i=1}^{N} C^i(t)$를 나타내는 변수로는 농약 생산자, 농민, 그리고 환경단체의 움직임을 반영하였다. 농약 생산자들은 정부에게 농약 안전성에 대해 의견을 낼 수 있고, 농민들도 승인을 취소함으로써 값비싸거나 불완전한 대체 농약으로 바꾸는 과정에서 발생하는 피해에 대해 정부에 의견을 낼 수가 있으나, 환경단체는 반대로 농약의 위해성을 강조하는 의견을 낼 수 있다. 각 이해집단으로부터의 의견 개진이 있었는지의 여부를 변수화하여 이들이 EPA의 선택에 미친 영향을 분석하고자 하였다.

크로퍼 외는 총 457건의 심사 중 212건이 최종 취소되거나 취소권고가 내려진 의사결정을 분석했는데, 승인이 취소되는지의 여부에 대해 위의 설명변수들이 동시에 미친 영향을 분석하였다. 분석결과 암 발생확률이나 불임가능성 증가, 수질오염 등 위험성이 높은 농약일수록 승인취소가 결정될 확률이 높고, 반대로 금지했을 때의 피해액이 커 농약 가치가 높을수록 승인취소 확률이 낮아 실제로 정부는 사회적 순편익 $W(t)$를 잘 반영한다는 것을 보여주었다. 또한 동시에 농약 회사나 농민들의 적극적인 의사표시가 있는 경우 승인취소 확률이 낮아지고, 반대로 환경단체의 의견개진이 있는 경우 승인취소 확률이 높아져 이익집단의 영향력 $\sum_{i=1}^{N} C^i(t)$도 실제로 반영하여 정책을 결정한다는 것을 보여주었다.

즉 크로퍼 외의 분석은 식 (10−1)처럼 미국 환경처가 정책의 결과 발생할 사회적 순편익과 정부의 의사결정에 영향을 미치려는 이익집단의 노력을 동시에 반영하여 의사결정을 하고 있음을 보여주었다. 다만 이들은 정부의 선택이 소비자의 위험성보다는 농약을 섞고 살포하는 사람들이 가지는 위험성을 훨씬 더 크게 평가하는 경향을 보여주고 있어, 사회적으로 '최적'이라 말하기는 어렵다는 결론도 내리고 있다.

section 03 중앙정부와 지방자치단체의 환경정책

환경정책은 중앙정부에 의해 주도적으로 시행될 수도 있고, 지방정부에 의해 주로 시행될 수도 있다. 중앙정부가 주도할 경우 대체로 전국 모든 지역에서 동시에 달성되어야 할 목표 환경질을 중앙정부가 정하고, 이를 달성하기 위한 구체적인 정책수단을 마련하여 시행한다. 반면 지방정부에 의해 환경정책이 주도될 경우 지방정부가 지역적인 특성을 감안해 목표 환경질을 결정하고, 이를 달성하기 위해 노력한다. 대다수 국가는 위의 두 가지 형태를 혼합한 환경정책을 실행하고 있다.

지방자치단체에 의해 주도되는 환경정책이 중앙정부 주도의 환경정책에 비해 가지는 장단점을 평가하기 위해서는 크게 두 가지 의문에 답할 수 있어야 한다. 첫 번째는 중앙정부가 전국적으로 획일화된 오염도기준을 정하는 것에 비해 지방정부가 독자적으로 오염도기준을 설정하는 것이 효율성 측면에서 더 나은지의 여부이다. 두 번째는 더 근본적인 것으로서, 과연 지방정부가 자기 지역주민의 만족도를 극대화하는 수준의 환경질을 달성하기 위해 노력할 것인지의 여부이다.

1. 지역단위의 오염도 설정

지방자치단체가 주도하는 환경정책이 중앙정부 주도 환경정책에 대해 가지는 상대적 우월성은 오염물질이 국지적이냐 아니면 지역적이냐에 따라 달라진다. 제2장이 설명한 바와 같이 국지적 오염물질의 경우 오염원이 위치한 지역과 피해가 발생하는 지역이 일치한다. 반면 지역적 오염물질은 오염원이 위치한 지역에 국한하여 피해를 유발하지 않고 인접지역까지 피해를 입히며, 따라서 행정구역 혹은 지방정부 간에 일종의 외부효과가 발생한다. 제4장에서 설명한 바와 같이 이 경우에는 중앙정부가 개입하지 않거나, 지방정부 간 성공적인 교섭이 이루어지지 못할 경우 지나치게 약한 오염규제와 지나치게 높은 수준의 오염이 발생한다. 실제로 우리는 낙동강 수질과 관련해 상류의 대구·경북지방과 하류의 부산·경남지방 간의 갈등을 경험한 바 있으며, 핵폐기물이나 쓰레기 소각장의 입지와 관련한 지방정부 간 갈등도 보고 있다.

반면 국지적 오염물질의 경우 중앙정부보다는 지방정부가 지역주민 후생을 고려해 독자적으로 오염도기준을 결정하는 것이 더 효율적이다. 이러한 사실은 직접규제의 획일성을 비판한 제6장에서 이미 설명된 바 있으나, 〈그림 10-5〉를 이용해 다시 확인해 보기로 하자.

〈그림 10-5〉에서는 두 개의 지역이 있고, MAC_1과 MAC_2는 각각 지역 1과 지역 2의 한계저감비용곡선이고, MD_1과 MD_2는 지역 1과 지역 2의 한계피해곡선을 나타낸다.

그림 10-5 중앙정부와 지방자치단체의 환경정책

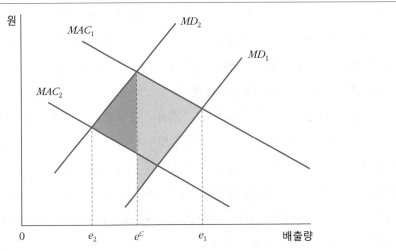

만약 두 지방정부가 지역 입장에서 최적인 배출량을 선택한다면, 자기 지역의 한계저감비용과 한계피해가 일치하는 e_1과 e_2의 배출량을 각각 달성하도록 환경정책을 실행할 것이며, 그로 인해 사회 전체 순편익은 극대가 된다. 반면 중앙정부가 두 지역의 차이를 무시한 채 획일화된 배출상한을 정하고자 한다면 e_1과 e_2의 중간 정도인 e^C를 선택하여 이를 지역 1과 지역 2에 모두 적용할 것이다. 따라서 어느 지역에 있어서도 한계저감비용과 한계피해가 일치하지 않고, 그림에서 색칠한 부분만큼의 사회적 손실이 발생한다. 이와 같이 오염피해가 국지적이고 저감비용이나 피해 측면에서 지역적 차이가 존재하는 경우에는 지방자치단체의 독자적인 환경정책이 중앙정부의 획일화된 정책에 비해 더 우월하다.

2. 지방자치단체 오염도기준의 적합성

〈그림 10-5〉와 같이 지방자치단체가 주도하는 환경정책이 효율성을 달성하기 위해서는 지방정부 스스로가 지역주민의 선호를 정확히 반영하는 정책목표를 수립하고 이를 실행하기 위해 노력해야 한다. 그렇다면 지방정부는 과연 지역주민의 만족도를 극대화할 수 있는 수준의 정책목표를 설정할 것인가?

경제학자들은 비교적 오래전부터 지방정부가 지역주민의 만족도를 극대화하는 정책목표를 설정하지 못하고, 따라서 지방자치제에서는 환경정책의 사회적 효율성이 달성될 수 없을 것이라 생각해 왔다. 이러한 추측은 원래 환경정책을 둘러싼 지방정부와 중앙정부 사이의 갈등을 경험적으로 관찰하게 되면서 발생한 것으로서, 명확한 이론 기반을 가진 것은 아니었다. 그러나 오우츠와 슈왑(Oates and Schwab, 1988), 그리고 위에서 여러 차례 인용된 오우츠와 포트니는 이러한 추측에 관한 설명을 제공한 바 있다.

지방자치제에서 환경정책이 효율성을 상실할 것이라는 추측은 자본이나 산업시설의 유치와 관련하여 지방정부 간에 경쟁이 발생한다는 사실에 근거를 두고 있다. 지방자치제에서 각 지방정부는 독자적인 경제정책을 시행할 권리를 가지고, 따라서 각 지역은 서로 다른 환경규제나 조세제도 등을 도입하게 된다. 한편 기업은 어느 지역에 위치할 것인지를 결정할 때 각 지역의 입지 특성과 각종 규제정책 등을 고려하여 자신에게 가장 유리한 지역을 선택한다. 지방정부 입장에서는 자기 지역의 자연환경을 쾌적하게 유지하는 것도 중요하지만, 많은 자본과 산업시설을 유치하여 지역경제를 활성화하고 기업으로부터 충분한 조세를 거두는 것도 중요하다. 따라서 지방정부는 기업의 유치를 둘러싸고 일종의 경쟁상태에 있으며, 기업 유치를 위해 너무 약한 오염규제를 사용할 가능성이 있다.

제2절이 이익집단 압력이 있음에도 정부가 효율적인 정책을 선택할 수 있음을 보여주었듯이, 오우츠와 슈왑, 그리고 오우츠와 포트니는 위와 같은 조세경쟁(tax competition)에도 불구하고 지방정부 역시 효율적인 경제 및 환경정책을 시행할 수 있음을 설명한다.

모든 지역은 동질적인 입지 특성을 가지고, 지역주민 역시 동질적이며, 지방정부는 지역주민의 만족도를 극대화하는 경제 및 환경정책을 사용한다고 가정하자. 지역 간 인구 이동은 없으나, 자본은 지역 간에 자유롭게 이동할 수 있다고 가정하자. 생산량은 자본, 노동, 오염물질 배출량에 의해 결정되고, 1인당 자본과 오염물질 배출량이 많을수록 지역주민의 소득은 늘어난다. 이런 상황에서 각 지역의 주민은 소득수준이 높을수록, 그리고 환경질이 높을수록 높은 만족도를 얻는다. 지방정부는 자기 지역의 자본에 대해 세금을 부과하거나 보조금을 지급하고, 동시에 인구 1인당 배출상한을 정하여 오염규제를 행한다고 가정하자.

지역주민이 모두 동질적인 상황에서 지방정부는 어떤 대표적인 한 주민의 만족도를 극대화하는 자본세율과 배출상한을 결정해야 한다. 지방정부가 높은 자본세율과 강한 오염규제를 선택하면 환경은 쾌적해지지만 자본유입이 줄어들어 소득이 감소하게 된다. 반대로 낮은 세율과 약한 오염규제를 선택하면 소득은 늘어나지만 환경이 악화된다. 오우츠와 슈왑은 지방정부가 지역주민의 만족도를 극대화하고자 할 경우 이러한 소득과 환경 간의 교환관계(trade-off)를 고려하기 때문에 자본에 대해서는 인위적인 세금을 부과하지 않고, 배출상한은 오염의 한계피해와 한계편익이 일치하는 수준에서 결정한다는 것을 보였다. 한편 국가 전체 관점에서 본다면 자본시장을 왜곡하는 자본세는 부과되지 않아야 하고, 지역별로 한계피해와 한계편익이 일치하는 수준에서 배출량이 결정되어야 한다. 따라서 이 경우에는 지방정부의 독자적인 정책에 의해 사회 전체 효율성이 달성될 수 있다. 즉 주민의 동질성이 유지되고 있는 상황에서 각 지방정부는 지역주민에게 돌아가는 경제활동의 이득과 환경오염으로 인한 피해를 모두 고려하지 않을 이유가 없으며, 따라서 국가 전체 순편익과 배치되는 행동을 할 이유가 없는 것이다.

그러나 이상의 결론은 매우 강한 몇 가지 조건에서만 성립한다. 그 조건이 위반되는 첫 번째 경우는 지역주민이 이질적인 경우이다. 어떤 지역에 거주하는 주민 가운데 일부는 임금 소득자라서 지역 자본이 늘어날수록 소득이 높아지는 반면, 나머지 주민은 연금 생활자여서 이들의 소득은 자본 유입량과 상관성이 없다고 하자. 후자의 주민은 단지 지역의 환경오염에만 관심을 가질 뿐이다. 이런 상황에서 지방정부는 어떤 기준을 가지고 경제 및 환경정책을 결정할 것인가? 주민의 직접선거에 의해 고위 공직자가 선발되는 지방자치제에서는 지방정부 정책은 지역주민 가운데 다수 계층의 의사를 일차적으로 반영하여 결정될 수밖에 없다. 따라서 지방정부의 정책은 지역주민 가운데 소득을 중요시하는 계층과 환경질을 중요시하는 계층 가운데 어느 쪽이 다수이냐에 의해 결정되며, 정책 자체가 다수 계층의 이해만을 반영하여 시행될 가능성이 있다.6) 반면, 국가 전체를 놓고 보면 환경과 소득수준에 대해 다양한 선호를 가지는 사람들이 있고, 이들의 선호를 모두 적절히 반영하는 경제 및 환경정책이 시행되어야 한다. 따라서 지방정부의 정책이 지역 내 다수 계층의 이해만을 반영하는 쪽으로 결정될 경우 사회적 관점에서의 효율적인 환경질이 달성될 수 없다.

두 번째로, 지방정부가 선택할 수 있는 정책 수단 자체가 제한되는 경우가 있을 수 있다. 예를 들면 배출부과금, 제품부과금, 직접규제, 보조금 지급, 판매세 부과 등 환경규제나 경제활동 장려를 위해 사용할 수 있는 여러 정책 중 중앙정부만이 사용할 수 있는 수단이 있다면, 지방정부는 국가 전체 기준으로 효율적인 환경정책을 지역 내에서 실행하고자 하여도 선택할 수 있는 정책 수단이 제한됨으로 인해 그렇게 할 수가 없는 것이다.

세 번째로, 지방정부 간 규모의 차이가 커 일부 지방정부가 마치 독점기업과 같은 영향력을 행사하는 경우이다. 이 경우 기업 유치 활동이나 역내 환경규제 활동 등이 자본시장가격 등에 영향을 미칠 수 있고, 해당 지방정부는 그러한 영향력을 활용하기 위해 전략적인 의사결정을 할 수가 있다.

네 번째는 물론 환경오염의 영향이 지역 내에 머무르지 않고 여타 지역에도 영향을 주어 지역 간 외부효과가 존재하는 경우이다.

마지막 다섯 번째는 지방정부가 어떤 이유로 인해 사회적 최적 수준보다도 더 많은 조세를 거두어들이고자 하는 경우이다. 정부 관료는 영향력 강화나 기타 개인적 이득을 위해 필요 이상의 예산을 확보하려는 경향이 있다고 종종 우려된다. 이 문제가 심각할 경우 지방정부는 환경개선 편익보다는 산업활동 위축에 따른 정부 수입 감소를 더 중요하게 생각하여 지나치게 느슨한 오염규제제도만 도입할 수 있다.

지방자치제에서의 오염규제에 관한 이상의 논의를 정리하면, 일단 지역적 특성에 따라 차등화된 오염규제를 지방정부가 독자적으로 시행하는 것이 중앙정부가 전국적으로 획일화된 규제기준을 적용하는 것보다 더 효율적이라 할 수 있다. 그러나 이러한 주장은 지방정부가 전체 지역주민의 선호를 정확히 반영하는 정책을 시행할 경우에만 타당하며, 지

---

6) 달리 표현하면 소득과 환경 사이의 선택 문제에 있어 전적으로 중위투표자의 선호에 의해 지방정부 정책이 결정될 수 있다.

방정부가 어떤 이유로 인해 전체 지역주민의 선호와는 다른 정책을 시행할 경우에는 오히려 더 큰 정책 실패를 초래할 수 있다.

section 04　환경정책의 소득분배 효과

환경정책에 대한 논의는 여러 차례 지적한 바와 같이 주로 그 효율성에 초점을 맞추어 왔으나, 최근에는 순편익이 계층 간에 배분되는 형태가 많은 주목을 받고 있다. 이는 환경정책의 성과물과 비용이 계층별로 어떻게 돌아가는지를 아는 것 자체가 중요하기 때문이기도 하지만, 무엇보다도 환경정책의 과실이 계층 간 불평등을 심화시킨다면 정책 자체가 도입되기 어렵기 때문이다.

환경정책의 분배적 논의에서는 계층 구분을 어떻게 할 것인가를 먼저 검토해야 한다. 정책의 편익과 비용이 지역별로, 소득별로, 산업별로, 그리고 자본과 노동 같은 소득원별로 어떻게 배분되는지를 모두 검토하는 것이 바람직할 것이다. 그러나 가장 중요한 계층 구분은 물론 소득에 따른 구분이다.

1. 환경정책 편익의 분배

환경정책의 결과물 중 편익과 비용 모두가 소득별로 어떻게 분배되는지를 확인할 필요가 있다. 그러나 특성상 환경정책의 편익은 대체로 고소득층에게 더 많은 혜택을 준다고 보아야 한다. 많은 종류의 환경정책이 오염산업이 위치할 수 있는 지역을 한정하므로 '깨끗한 곳은 더 깨끗하게' 그러나 '오염된 곳은 더 오염되게' 만드는 경향이 있고, 따라서 상대적으로 좋은 환경에 거주하는 고소득층의 편익을 더 높여주는 경향이 있다.

서울시의 평균 대기질 향상과 같이 모든 지역의 환경개선을 목표로 하는 정책의 경우도 제1절에서 살펴본 바와 같이 고소득층일수록 추가적인 환경개선을 원하는 정도가 더 크기 때문에 결과적으로 고소득층의 만족도를 더 높여줄 가능성이 크다. 물론 저소득층이 거주하는 상대적으로 열악한 지역만을 대상으로 하는 환경정책이 도입되면 그 편익은 소득분배 개선의 성격을 가지겠지만, 그러한 경우는 많지 않을 것이다.

따라서 우리는 환경정책 비용이 소득 계층별로 어떻게 할당되는지에 큰 관심이 있다.

비용마저도 저소득층에게 불리하게 배분된다면 환경정책은 전체적으로 소득분배에 역행하는 측면을 가지게 된다.

전기자동차의 보급 편익

전기자동차는 가솔린 자동차에 비해 오염물질 배출량이 적어 많은 국가에서 구매 보조금을 주고 전기요금과 충전시설도 지원한다. 전기자동차는 운행 중 오염물질은 적게 배출하는 대신 전기 소비를 늘려 추가 오염을 유발한다. 오염물질별로 보면 CO_2 배출은 상대적으로 적지만 발전 과정에서 SO_2와 PM2.5가 많이 배출되는 것으로 알려져 있다. 그러나 두 유형의 자동차 오염에 있어 보다 중요한 차이는 가솔린은 자동차가 운행되는 도시, 즉 인구 밀집 지역의 오염도를 높이지만, 전기자동차를 위한 발전시설은 대부분 도시에서 멀리 떨어진 곳에 위치한다는 것이다. 따라서 두 유형의 자동차로 인한 환경피해를 분석할 때는 그 공간적 구조의 분석이 중요하다.

홀란드 외(Holland et al., 2019)는 미국 내 지역별 자동차 등록대 수, 발전시설과의 거리, 거주민의 사회경제적, 인종적 분포 등을 조사하여 전기자동차 보급 정책 환경편익의 주 수혜자가 누구인지를 분석하였다. 연구에 의하면 가솔린차의 오염피해는 도시 고소득층에 많이 집중되는 반면, 전기자동차의 오염피해는 발전 지역에서 주로 발생하므로 특정 계층에 집중되는 정도가 덜하다. 따라서 전기자동차로 가솔린차를 대체하는 정책은 연 소득 65,000달러 이상인 고소득층에게는 양(+)의 편익을, 저소득층에게는 부(−)의 편익을 가져다준다. 인종적으로 보면 흑인과 백인은 음(−)의 편익을 얻고 아시아인과 히스패닉은 양(+)의 편익을 얻는데, 그 이유는 아시아인과 히스패닉은 주로 캘리포니아와 같은 서부지역에 많이 거주하고, 서부지역에서 전기자동차 보급 편익이 특히 크기 때문이다.

전기자동차 보급 확대는 또한 배터리 생산에 사용되는 희귀광물 소비를 늘려 광물이 부존되어 있는 개발도상국에서의 자원채굴과 환경 훼손을 촉진하며, 따라서 환경피해의 국가 간 배분문제도 유발한다.

2. 환경정책 비용과 소득분배

환경정책의 비용은 이행비용(transitional costs)과 지속비용(continuing costs)으로 나뉜다 (보몰과 오우츠(Baumol and Oates), 1988). 이행비용은 현재의 환경질에서 다른 수준의 환경질로 환경질을 변화시키는 과정에서 소요되는 비용이고, 지속비용은 목표 수준의 환경질을 달성한 후 이를 계속 유지하기 위해 지출해야 하는 비용이다.

환경질 목표 수준이 강화되면서 현재의 환경질을 목표 수준으로 높이는 과정에서 소요되는 비용인 이행비용은 산업별·지역별로 다르게 나타날 것이다. 어떤 오염물질을 규제하면 이를 많이 배출하는 산업일수록, 그리고 이 산업이 밀집된 지역일수록 높은 이행비용을 지불해야 할 것이다. 따라서 이행비용이 소득별로 어떻게 배분되느냐 하는 것은 고소득층과 저소득층이 이러한 비용을 주로 지불하는 산업과 지역에 어느 정도 연관되어 있느냐에 의해 결정된다.

개인의 이행비용은 특히 실업률과 관련되어 있다. 어떤 개인이 고용된 기업이 환경정책 때문에 생산규모를 줄이게 되고, 그로 인해 실직하게 된다면 이 개인이 환경정책 비용을 부담하게 된다.[7] 고소득층과 저소득층 중 어느 쪽이 규제로 인해 직장을 잃을 확률이 높은지에 관한 정설은 없다. 그러나 통상적으로 기업은 생산규모를 줄일 때 일차적으로 하위직이나 비정규직 종업원 수를 먼저 줄인다. 또한 상위직 혹은 전문직 종사자들은 산업별·지역별로 이동성이 상대적으로 높아 산업구조 조정에 보다 신축적으로 대응하는 것으로 알려져 있고, 실직 시에도 자산소득이나 연금 등의 대체소득을 활용하는 것이 가능하다. 이러한 추측을 받아들인다면 환경정책의 이행비용은 저소득층이 더 많이 지불한다고 보아야 할 것이다. 즉 이행비용은 역진적인 구조를 가질 가능성이 크다.

정부가 규제를 강화하여 목표 환경질을 일단 달성한 뒤에도 이를 유지하기 위해서는 규제를 계속 적용해야 한다. 이렇게 목표 환경질을 유지하기 위해 사회가 지불해야 하는 비용이 지속비용이다. 환경정책 지속비용은 주로 소비재의 상대가격 변화에 의해 발생한다. 정부가 목표 환경질을 유지하기 위해 부과금이나 직접규제를 사용하면 기업 생산비가 상승하고 그 때문에 판매가격도 높아진다. 따라서 그 비용은 결국 소비자에게로 전가된다. 지속비용이 소득 계층별로 분배되는 형태는 강화된 오염규제의 결과 어느 계층이 주로 사용하는 상품의 가격이 상대적으로 더 상승하느냐에 의해 결정된다.

---

7) 반면 오염규제는 장기적으로는 저감시설의 생산이나 폐기물 처리와 관련된 새로운 직장을 생성하기도 한다. 환경규제와 실업의 문제는 제18장에서 추가로 설명된다.

그림 10-6 부과금의 비용

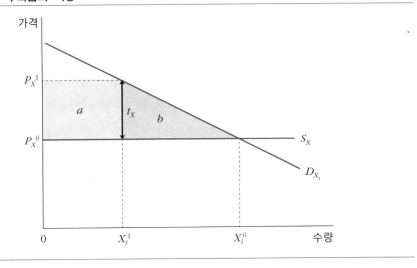

예를 들어 〈그림 10-6〉처럼 제품부과금이나 상품세를 부과하는 경우를 고려해 보자. 오염을 유발하는 상품 X에 대해 제품부과금이 t_X만큼 징수되면, 부과금이 징수되지 않을 때에 비해 가격이 P_X^0에서 P_X^1으로 상승하게 된다($P_X^1 - P_X^0 = t_X$). 그림에서 어떤 i번째 소득계층의 수요함수가 D_{X_i}와 같다면 이러한 가격상승 때문에 이 계층의 소비량은 X_i^0에서 X_i^1으로 줄어들고, 이 때문에 면적 $a+b$만큼의 소비자잉여 손실이 발생하는데, 이것이 이 계층이 제품부과금 때문에 지불하는 비용이다.

면적 $a+b$ 중 면적 a는 가격상승이 있든 없든 소비자가 여전히 구입하는 양 X_i^1에 대한 지불금액이 제품부과금 때문에 상승하기 때문에 부담해야 하는 금액이고, 면적 b는 정부규제 때문에 가격이 상승하므로 소비량을 줄일 수밖에 없어 부담하는 금액이다. 따라서 면적 b는 소득계층 i의 수요의 가격탄력성이 어느 정도이냐에 의해 영향을 받아 결정된다.

만약 제품부과금에도 불구하고 가격이 소폭만 상승하거나 수요가 비교적 비탄력적이라면 면적 b는 크지 않을 것이기 때문에 그 크기를 무시할 수가 있고, 따라서 대부분의 소비자 비용은 면적 a에 의해 발생한다고 볼 수 있다. 계층 i가 부담해야 하는 비용(=burden)을 B_i라 하면 이는 면적 a, 즉 $t_X X_i^1$에 의해 근사된다. 계층 i의 소득이 I_i라면, 계층 간 상대적 비용부담률에 있어 중요한 지표는 비용부담액이 소득에서 차지하는 비중이 될 것이며, 이는 다음과 같이 나타낼 수 있다.

$$\frac{B_i}{I_i} \approx \frac{t_X X_i^1}{I_i} = \frac{t_X P_X^0 X_i^1}{P_X^0 I_i} = \frac{t_X}{P_X^0} s_{X_i} \quad \text{······························} \boxed{10\text{-}4}$$

$s_{X_i} = \dfrac{P_X^0 X_i^1}{I_i}$ 는 i 번째 계층의 소득 혹은 전체 지출액에서 부과금이 부과되는 상품 X 에 대한 지출액이 차지하는 비중이다. 따라서 제품부과금이 부과되는 상품에 대한 지출비중이 어느 계층에서 더 높으냐에 따라 정책비용의 계층별 부담률이 결정된다.

이상의 논의를 정리하면 환경정책이 도입될 때 그로 인해 변하는 상품가격 때문에 각 소득계층이 영향을 받게 되는 정도는 첫째, 정책으로 인해 각 상품의 가격이 어느 정도 변하느냐는 것과, 둘째, 가격이 변한 상품이 지출액에서 차지하는 비중이 각 소득 계층별로 어떠한지에 달려있다. 따라서 어떤 환경정책의 결과 저소득층 소비에서 차지하는 비중이 높은 상품의 가격이 상대적으로 많이 상승하면 저소득층이 상대적으로 더 많은 정책비용을 부담하게 되는 것이다.[8]

이상의 이유로 인해 환경정책의 지속비용이 소득계층별로 분배되는 형태에 대한 실증분석들은 가계비 지출비중을 주로 분석하였다. 한국의 예를 들면, 김일중·신동천(2000)은 1993년을 기준으로 산업별 오염저감 비용을 15개의 소득계층으로 분류하여 각 계층에 속한 가구가 평균적으로 부담하는 저감비용을 산정하였다. 이들에 의하면 절대적인 비용부담액 B_i 는 고소득층이 더 높지만 소득대비 부담률 $\dfrac{B_i}{I_i}$ 는 오히려 소득이 증가할수록 낮아져, 고소득층일수록 비용분담률이 낮다고 할 수 있다.

그러나 환경정책 지속비용의 계층별 부담에 관한 이상의 논의나 실증분석은 중요한 문제를 하나 간과하는데, 그것은 정부가 얻게 되는 세입의 재활용문제이다. 배출부과금제나 제품부과금제, 그리고 배출권이 유상으로 경매되는 배출권거래제의 경우 정부 수입이 발생한다. 정부가 이 수입을 어떻게 재활용하느냐에 따라서 각 계층의 '소득'이 달라지는 효과도 발생한다. 정부가 제7장에서 언급한 바와 같은 이중편익을 얻고자 환경관련 조세수입 대신 여타 조세를 삭감하면 그 조세삭감의 효과가 소득계층별로 어떻게 돌아가는지도 파악하여야 한다. 보다 직접적인 것은 정부가 얻는 수입을 소득재분배를 위해 활용하는 경우이다. 이 경우 정부는 부과금수입을 소득계층별로 차등하여 배분할 수가 있는데, 만약 제품부과금 수입을 계층 i 의 소득대비 α_i 의 비율만큼 되돌려주면, 이 계층의 실제 비용부담률은 다음과 같이 변하게 된다.

---

8) 아울러 〈그림 10-6〉의 면적 b 까지 감안하면 저소득층이 가격변화에 대해 민감하게 반응하는 상품의 가격이 규제로 인해 많이 상승할수록 저소득층의 비용부담률이 높아진다.

$$\frac{B_i}{I_i} \approx \frac{t_X}{P_X^0} s_{X_i} - \alpha_i \quad \cdots\cdots\cdots\cdots\cdots\cdots\cdots\cdots\cdots\cdots\cdots\cdots\cdots\cdots\cdots\cdots\cdots \boxed{10\text{-}5}$$

따라서 α_i가 충분히 큰 계층, 즉 정부 수입 재활용과정에서 큰 혜택을 얻는 계층은 비용부담률이 음($-$)이어서 정책으로 인해 실질적으로 이득을 얻을 수도 있다. 이러한 세입재활용 가능성을 감안하면 각 정책이 가지는 소득분배적 특성에 대한 평가도 달라져야 한다. 정부수입이 없는 직접규제나 배출권을 무상할당하는 배출권거래제는 세입재활용을 통한 소득분배 개선기회를 제공하지 못하기 때문에 세입을 얻을 수 있는 부과금제나 유상할당 배출권거래제에 비해 열등한 정책이 될 수 있다.[9]

온실가스저감 정책: 탄소세 vs. 배출권거래제(2)

제9장의 보론에서 유럽, 미국, 한국 등에서 온실가스 저감을 유도하기 위한 정책으로 탄소세보다는 배출권거래제가 우선 선택되고 있음을 밝혔고, 그에 따라 기업 저감비용의 불확실성이 높아지는 문제가 있음을 언급하였다. 또 다른 측면에서 배출권거래제보다는 탄소세가 더 큰 장점을 가진다는 지적도 있는데, 그것은 적극적인 세입재활용을 통해 소득분배개선에 기여할 수 있다는 점이다. 배출권거래제는 기본적으로 무상할당을 전제로 도입되어 왔고, 또한 그 때문에 탄소세보다 수용성이 더 높은 것이 사실인 만큼, 전면적인 유상할당으로 전환되기 전까지는 제도 시행으로 인해 정부 수입이 늘어나기 어렵다. 반면 탄소세는 제도 도입 시점부터 상당한 정부 수입을 얻게 한다. 이러한 정부 수입을 국민에게 되돌려주되 저소득층에게 더 많이 돌려주거나, 아니면 저소득층을 위한 복지정책에 사용하면 소득분배개선에 기여하는 큰 장점을 가지게 된다.

그와 같은 주장을 가장 강경하게 펴온 학자가 미국의 메트카프(Metcalf, 2007) 교수이다. 그의 탄소세 스왑(swap)안에 의하면 미국에서 톤당 15달러의 탄소세를 부과하여 얻은 수입을 가지고 소득세를 감면하면, 처음 약 4,000달러까지의 소득에 부과되는 세금은 감면할 수 있어 저소득층의 후생 증대에 큰 기여를 하게 된다.

권오상·허등용(2011)은 한국 정부가 2009년 발표한 온실가스 감축목표를 실제로 달성하기 위해서 탄소세를 어느 정도나 부과해야 하는지를 산업연관분석을 통해 도출하고,

---

9) 부과금제가 세입재활용을 통해 소득분배에 기여할 수 있다는 것은 또 다른 의미에서의 부과금제의 이중편익(double dividend)이다.

그러한 정책의 소득분배적 효과를 분석하였다. 분석에 의하면 탄소세 자체는 저소득층의 소비비중이 높은 상품의 가격을 많이 높여 소득분배에 역행하는 것으로 나타났다. 그러나 얻어진 세입을 균등하게 환급하거나, 보다 적극적으로 저소득층에게 더 많이 환급하면 저소득층은 오히려 후생 증대를 얻는다는 것을 보여주었다.

이런 이유 등을 감안하여 일부 유럽 국가들은 EU 전역에 걸쳐 실시되는 배출권거래제인 EU-ETS에 참여하면서도 동시에 자국 내에서만 적용되는 탄소세도 함께 시행하고 있다.

수직적 재분배와 수평적 재분배

탄소세나 에너지세와 같은 환경정책이 저소득층의 비용 부담을 더 늘리는 것은 에너지 지출액이 소득에서 차지하는 비중이 저소득층에서 더 높기 때문이다. 하지만 이러한 결론이 모든 실증분석에서 확인되는 것은 아니다. 크로닌 외(Cronin et al., 2019)는 30만 호가 넘는 미국 가구의 소득원과 소비 행위를 분석하였는데, 에너지 비용지출이 소득 구간별로는 물론이고, 가족구성, 거주지 기후 특성, 사회보장지원 대상 여부에 따라 각 소득 구간 내에서도 많이 다르다는 것을 발견하였다. 이들은 기존의 많은 연구와는 반대로 온실가스 저감을 위한 에너지세 부과는 오히려 고소득층에게 더 큰 부담을 준다는 것을 발견한다. 그리고 특히 저소득층의 경우 비용 부담의 수평적 차이가 수직적 차이보다 더 크다는 것도 발견한다. 따라서 세입을 재활용하기 위해 가구별로 환급할 때에는 수직적 분배 문제와 수평적 분배 문제를 함께 고려할 필요가 있다.

한셀 외(Hänsel et al., 2022)의 연구 역시 탄소세 부과와 세액 환급은 수직적 분배 효과는 물론 수평적 분배 효과까지 감안해야 한다고 주장한다. 그리고 독일 자료를 이용하여, 탄소세 수입을 가계로 환급할 때에는 가계의 에너지 사용 집약도 차이를 감안해 차등 환급하는 것이 적절하다는 것도 보였다.

01 오염물질 배출량을 e라 할 때 지역 1의 한계피해는 $MD_1 = 3e_1$이고, 또 다른 지역 2의 한계피해는 $MD_2 = 8e_2$이다. 두 지역의 인구는 1로 고정되어 있다고 하자. 두 지역에 있어 한계저감비용은 $MAC_i = 20 - 2e_i$로 같다.

(가) 두 지역 지방정부가 자기 지역의 배출상한을 정한다면 각각 어느 정도로 정할 것인가?

(나) 중앙정부가 (가)에서 도출된 두 지역 배출상한의 평균을 두 지역 모두에게 같이 적용한다면, 그로 인해 발생하는 사회적 손실은 어느 정도인가?

02 생산과정에서 오염물질을 배출하는 어떤 소비재의 수요곡선은 $P = 11 - Q$이고 공급곡선은 $P = Q - 4$와 같다고 하자. P와 Q는 각각 시장가격이고 소비량이다.

(가) 시장의 균형가격과 균형소비량을 구하라.

(나) 오염물질 배출량을 줄이기 위해 판매 단위당 1의 세금을 부과한다고 하자. 즉 그로 인해 생산자가 수취하는 가격은 $P = 10 - Q$로 변한다. 생산자가격과 소비자가격, 균형소비량은 어떻게 달라지는지를 보여라. 단위당 부과금의 몇 %를 소비자가 지불하고 몇 %를 생산자가 지불하는가?

(다) 이제 수요곡선이 $P = 11 - \frac{3}{2}Q$와 같다고 하고, (나)의 해답을 모두 구하라. 제품부과금의 분담률은 어떻게 되는가? (나)의 결과에 비교해 볼 때 부과금 형식으로 시행되는 환경정책의 소비자와 생산자 분담률은 어떤 요인에 의해 결정된다고 할 수 있나?

참고문헌

- 권오상·허등용 (2011), "탄소세부과의 소득분배효과," 『재정학연구』 4(1)(통권 제68호): 153－179.

- 김일중·신동천(2000), "환경오염 저감비용의 소득계층별 분담," 『자연·환경경제연구』 제9권 제3호, 545－562.

- Aidt, T. S. (1998), "Political Internalization of Economic Externalities and Environmental Policy," *Journal of Public Economics* 69: 1－16.

- Baumol, W. J., and W. E. Oates (1988), *The Theory of Environmental Policy*, 2nd ed., Cambridge University Press.

- Cronin, J. A., D. Fullerton, and S. Sexton (2019), "Vertical and Horizontal Redistributions from a Carbon Tax and Rebates," *Journal of the Association of Environmental and Resource Economists* 6: S169－S208.

- Cropper, M. L., W. N. Evans, S. J. Berardi, M. M. Ducla－Soares, and P. R. Portney (1992), "The Determinants of Pesticide Regulation: A Statistical Analysis of EPA Decision Making," *Journal of Political Economy* 100: 175－197.

- Grossman, G. M. and E. Helpman (1994), "Protection for Sale," *American Economic Review* 84: 833－850.

- Hänsel, M. C., M. Franks, M. Kalkuhl, and O. Edenhofer (2022), "Optimal Carbon Taxation and Horizontal Equity: A Welfare－theoretic Approach with Application to German Household Data," *Journal of Environmental Economics and Management* 116, 102730.

- Holland, S. P., E. T. Mansur, N. Z. Muller, and A. J. Yates (2019), "Distributional Effects of Air Pollution from Electric Vehicle Adoption," *Journal of the Association of Environmental and Resource Economists* 6: S65－S94.

- Metcalf, G. E. (2007), *A Proposal for a U.S. Carbon Tax Swap: An Equitable Tax Reform to Address Global Climate Change*, The Brookings Institution.

- Mueller, D. C. (2003), *Public Choice III*, Cambridge University Press.

- Oates, W. E. and P. R. Portney (2003), "The Political Economy of Environmental Policy," in K.－G. Mäler and J. Vincent., eds., *Handbook of Environmental Economics: Environmental Degradation and Institutional Responses* Vol 1, Elsevier North Holland.

- Oates, W. E., and R. E. Schwab (1988), "Economic Competition among Jurisdictions: Efficiency Enhancing or Distortion Inducing?" *Journal of Public Economics* 35: 333－354.

- Olson, M. (1965), *The Logic of Collective Action*, Harvard University Press.

● Stavins, R. N. (2004), "Introduction to the Political Economy of Environmental Regulations," Resources for the Future Working Paper 04－12.

사법적 절차를 통한 오염규제: 불법행위법

지금까지 살펴본 오염규제정책은 모두 행정적·제도적 규제조치에 속하며, 이들 정책에서는 오염자는 정책당국이 정한 환경기준을 준수하거나, 특정 세율의 배출부과금을 납부하거나, 혹은 정부가 정한 만큼의 배출권을 서로 거래하며 오염행위를 한다. 제4장에서 언급한 바와 같이 이러한 행정적·제도적 규제 외에 사법적 절차를 통해서도 지나친 환경오염을 방지할 수 있다. 제11장은 이러한 사법적 절차 가운데서도 특히, 환경오염 피해자가 오염유발자를 법정에 고소하여 그 피해를 보상받는 사법적 제도가 오염규제수단으로서 행하는 기능과 특징을 논의한다.[1]

section 01 피해보상의 성립요건

1995년 전남 여수 앞바다에서 침몰하여 많은 양의 원유를 유출함으로써 큰 해양오염 사고를 일으켰던 씨프린스호 사건, 2007년 전 국민을 충격 속으로 빠뜨렸던 허베이 스피리트호의 태안 유류 사고 등과 같이 한국 남·서해를 운항하는 선박이 좌초되어 다량의 유류를 유출하고, 그로 인해 인근 어민이 피해를 입는 사건은 종종 발생한다. 이 경우 피해어민은 가해자인 선주에 대해 피해보상을 요구하는 소송을 집단으로 제기하게 된다. 또한 간척지 조성에 따른 어장이나 양식장의 피해를 보상받기 위해 어민들이 건설회사나 정부를 상대로 소송을 거는 경우도 있고, 쓰레기 매립장의 침출수로 지하수가 오염되거나 지하의 유류 저장시설에서 기름이 유출되어 농경지가 오염되어 환경분쟁이 발생할 수도 있다. 이러한 모든 사건은 환경오염사고의 피해자가 가해자에게 자신이 당한 피해를 보상할 것을 법적 절차를 거쳐 요구하는 것이며, 법원은 이 경우 원고인 피해자의 요구가 정당한지를 판단하고, 피고인 가해자가 원고에게 지불해야 할 피해금액을 결정해주는 역할을 한다.

이상의 경우들은 순수한 사법적 절차인 것처럼 보인다. 그러나 중요한 사실은 그러한

---

1) 이 경우 적용되는 법률을 불법행위법(tort law)이라 한다. tort란 단어는 뒤틀린(twisted)이라는 의미를 지닌 라틴어 tortus에서 유래한다.

사법절차가 자연환경 이용에 있어 등장하는 외부효과의 폐해를 막는 데 상당한 역할을 할 수 있고, 환경이용의 효율성을 높일 수 있다는 점이다. 특히 오염사고처럼 확률을 가지고 간헐적으로 발생하는 문제에 대해서는 부과금이나 배출권거래제와 같은 상시 적용되는 규제를 도입하기도 어렵다. 따라서 이런 경우에 적용되는 사법절차는 중요한 환경관리 수단의 하나로 분석되어야 한다. 실제로 우리는 제4장에서 가해자가 피해자가 당한 환경피해를 전액 보상해 주어야 할 경우 오염에 수반된 외부효과가 완전히 내부화되어 환경 이용의 효율성이 달성된다는 사실을 확인한 바 있다.[2]

앞에서 예를 든 선박 좌초와 같은 사건으로 인해 물적 혹은 인적 피해를 당한 피해자가 보상받기 위해서는 크게 세 가지 요건이 충족되어야 한다. 우선 원고인 피해자는 실제로 자신이 피해를 당했다는 것을 증명해야 하고, 그 피해액이 어느 정도인지도 밝혀야 한다. 그리고 원고가 당한 피해가 피고인 가해자의 행위로 인해 직접적으로 유발되었다는 것이 명백하여야 한다. 마지막으로 피고가 행한 행위가 피고가 지켜야 할 의무를 위반한 것이라야 한다.

1. 피해

피고로 하여금 피해보상을 하도록 하기 위해서는 원고는 당연히 실제로 환경피해를 당하여야만 한다. 피해보상소송이 진행되기 위해서는 나아가 피고가 당한 피해의 수준이 어느 정도인지를 금액으로 계측하는 것도 필요하다.

선박 좌초가 초래한 양식장 피해액을 계산하는 것은 비교적 쉬울 것이다. 그러나 오염으로 인한 건강이나 생명 손실, 그리고 자연경관 훼손과 같은 피해를 금전적으로 환산하는 것은 매우 힘든 일이다.[3] 또한 이러한 종류의 피해를 금액으로 환산할 수 있는 경우에도 법정은 질병으로 인한 의료비와 노동력 상실에 대해서만 피해를 인정할 것인지, 아니면 투병 기간 당한 육체적, 심리적 고통까지도 피해에 포함할 것인지 등을 결정해야 한다.

---

2) 환경문제 해결책으로서의 피해보상제도는 많은 법경제학자나 환경경제학자들이 분석하고 있다. 관련 연구 동향은 파노이프와 레퀴트(Phaneuf and Requate, 2017, 제10장)에서 확인할 수 있다. 제11장이 설명하는 기본이론은 샤벨(Shavell, 1980, 1984)의 논문과 쿠터와 울렌(Cooter and Ulen, 1997)의 법경제학 교과서를 참조하여 작성되었다.
3) 오염으로 인해 건강이나 자연경관이 훼손되어 발생하는 피해를 금액으로 환산하는 방법은 제4부에서 다룬다.

2. 피해의 인과관계

피해자가 보상을 받기 위해서는 자신이 입은 피해가 피고의 행위로 인해 발생했다는 것을 증명할 수 있어야 한다. 피고가 원고가 당한 피해의 직접적인 원인 제공자가 된다는 사실을 입증하는 것도 쉬운 일은 아니다. 경우에 따라서는 가해자의 행위와 피해자의 피해 정도 사이의 인과관계를 정확히 파악하는 것이 기술적으로 불가능할 수 있다. 이 경우에는 피고의 행위가 원고가 당한 피해의 원인이라 할 수 있는지에 관해 법정 공방이 벌어지게 된다.

3. 의무의 불이행

원고가 당한 피해를 피고가 보상하게 하기 위해서는 원고의 피해가 피고의 행위에 의해 유발된 것임이 분명할 뿐 아니라, 피고가 사고 방지를 위해 필요한 의무를 제대로 행하지 않았다는 것이 입증되어야 한다. 피해보상이 성립되기 위해 필요한 이 마지막 요건은 가장 까다로운 요건으로서 법원이 이 요건을 어떻게 정하느냐에 따라 사법적 절차를 통한 오염규제는 효율적인 자원배분을 초래할 수도 있고 그렇지 못할 수도 있다.4)

경우에 따라서는 이 세 번째 요건의 충족 여부와 상관없이 피해보상이 이루어지는 경우가 있다. 이는 무과실책임(strict liability)을 법원이 인정하는 경우이다. 무과실책임이 적용되면 법원은 피고가 어떤 행위를 하였든 간에 원고가 환경오염으로 인해 피해를 입었고, 이 피해의 원인이 피고일 경우에는 피고로 하여금 원고가 당한 피해를 모두 보상하도록 한다.

반면 법률이나 관습상 오염물질을 다루는 사람이 사고를 방지하기 위해 반드시 취해야 할 행위가 있고, 피고가 이러한 의무를 다하지 않았을 때에만 피해를 보상하여야 한다고 법원이 판결할 수도 있다. 이는 법원이 과실책임원칙(negligence rule)을 적용하는 경우이다. 과실책임원칙에서는 원고는 피고가 자신이 당한 피해의 원인 제공자일 뿐 아니라, 환경오염 방지를 위해 필요한 의무를 준수하지 않았다는 것까지 입증해야 한다.

통상적으로 폭발물이나 독극물과 같이 사고 발생 시 피해 정도가 큰 오염물질에 대해서는 무과실책임원칙을 적용하고, 일반 오염물질에 대해서는 과실책임원칙을 적용하는 경

---

4) 이 요건을 정하는 원칙을 책임원칙(liability rule)이라 부른다.

향이 있지만, 피해자 보호를 위해 일반 오염물질에 대해서도 무과실책임원칙을 적용하는 예가 늘어나는 것으로 알려져 있다.

---

section 02 **불법행위법의 효율성**

1. 효율적인 환경관리

사법적 절차를 통해 효율적인 환경이용이 달성될 수 있는지를 확인하기 위해 먼저 효율적인 환경이용의 형태를 〈그림 11-1〉과 같이 나타내어보자. 그림의 가로축은 오염피해를 줄이기 위한 배출량의 저감행위나 오염사고 방지를 위한 여러 조치를 취하는 정도를 나타낸다. 피해를 줄이기 위해 사용되는 이러한 모든 조치를 저감행위라 부르고 이를 순수한 배출량 저감과 구분하기 위해 x로 나타내자. 그림에서 $D(x)$는 오염으로 인한 사회적 피해를 나타내는 곡선으로서 저감행위를 많이 할수록 피해가 줄어들기 때문에 x에 대해 우하향한다.5) 그림의 $AC(x)$곡선은 저감행위에 필요한 비용을 나타내며, 따라서 우상향한다. 마지막으로 곡선 $SC(x)$는 오염 관련 사회적 총비용으로서, 오염피해액과 저감비용을 수직으로 합해주어 도출한 곡선이다.

사회적으로 최적 수준의 저감행위는 당연히 사회적 총비용인 $SC(x)$곡선의 값이 최소가 되는 x^*이다. x^*에서는 저감행위로 인해 오염이 줄어들면서 발생하는 한계편익과 한계저감비용이 일치한다.6)

---

5) 선박좌초로 인한 오염처럼 많은 종류의 오염이 불확실성하에서 발생되는 오염사고에 해당된다. 이 경우 피해곡선은 각 저감행위에서의 피해액의 기댓값(expected value of damage)을 나타낸다고 해석할 수 있다. 연습문제가 이런 식의 설명을 보여준다.

6) 사회적 총비용은 $SC(x) = D(x) + AC(x)$로 나타난다. 이를 x에 대해 미분하여 $SC(x)$가 최소화되는 조건을 구하면 다음과 같다.

$$-MD(x) = MAC(x)$$

여기서 $-MD(x)$는 한 단위의 저감행위를 추가로 함으로 인해 줄어드는 피해액이므로 저감의 한계편익이라 볼 수 있고, $MAC(x)$는 한계저감비용이다.

그림 11-1 효율적인 환경관리

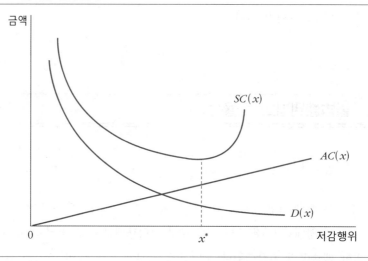

2. 무과실책임원칙과 환경이용

법원이 가해자가 어느 정도의 저감행위를 하였는지에 상관없이 발생한 피해 전부에 대해 보상하도록 판결한다고 하자. 또한 가해자만이 오염피해를 줄이기 위한 저감행위를 할 수 있다고 가정하자. 이 상황에서 발생한 오염피해에 대해 피고인 가해자가 보상하는 보상금을 $L(x)$라 하면, 완전한 보상이 이루어질 경우 $L(x) = D(x)$이다.

이렇게 무과실책임원칙이 적용되면 저감비용뿐 아니라 오염피해에 대한 보상액까지도 오염자의 비용이 된다. 따라서 저감행위 수준별 오염자의 총비용을 $PC(x)$라 할 때 $PC(x) = L(x) + AC(x) = D(x) + AC(x)$가 되고, $PC(x)$는 〈그림 11-1〉의 사회적 총비용곡선 $SC(x)$와 완전히 일치한다. 즉 무과실책임원칙이 적용되면 외부효과가 오염자의 비용함수에 완전히 내부화된다. 오염자는 자신의 총비용을 최소로 하는 저감행위를 선택하고자 할 것이며, 그 과정에서 사회적 최적인 x^*가 선택된다.

이상에서 본 바와 같이 가해자만이 저감행위를 할 수 있고, 피해액의 완전 보상을 전제로 한 무과실책임원칙이 적용될 경우 환경이용의 효율성이 달성될 수 있다. 현실에 있어서는 오염의 피해 정도는 오염자의 저감행위뿐만 아니라 피해자의 오염피해 회피행위(averting behavior)에 의해서도 영향을 받을 것이다. 피해자도 오염피해를 줄이기 위해 어느 정도의 행위를 해야 하는 경우에는 무과실책임원칙은 사회적 최적을 유도하지 못하게 된다.

예를 들어 해양오염의 양식장 피해를 줄이기 위해서는 일차적으로는 선박회사가 오염사고 방지를 위해 노력해야 하지만, 어민 역시 사고가 빈발한 지역보다는 대형 선박의 왕래가 적은 지역에 양식장을 설치해야 할 것이고, 일단 기름이 유출되면 자신의 양식장에 기름띠가 유입되는 것을 막기 위해 보호막을 치는 행위 등을 하여야 한다. 피해자의 오염 회피 비용이 가해자의 저감행위 비용에 비해 지나치게 높지 않은 한 가해자와 피해자 모두 어느 정도의 오염피해 감소행위를 하는 것이 필요하다.

위의 내용을 간단한 수식으로 나타내기 위해 x를 가해자의 저감행위라 하고, y를 피해자의 회피행위라 하자. 그리고 $AC_p(x)$는 가해자의 저감비용이고, $AC_v(y)$는 피해자가 회피행위를 위해 지불하는 비용이다. 오염으로 인한 피해의 정도는 가해자 행위와 피해자 행위 모두에 의해 영향을 받으므로 $D(x,y)$로 나타낼 수 있다. 이상의 모든 비용과 피해를 포함하는 사회적 총비용은 $SC(x,y) = AC_p(x) + AC_v(y) + D(x,y)$이다. 가해자와 피해자 모두 어느 정도의 피해감소 행위를 하는 것이 사회적 최적이라면 가해자의 한계저감비용과 가해자 행위로 인해 줄어드는 한계피해가 일치하도록 x가 선택되어야 하고 ($x^* > 0$), 또한 피해자의 한계회피비용과 피해자 회피행위로 인해 줄어드는 한계피해가 일치하도록 y가 선택되어야 한다($y^* > 0$).[7]

피해자인 원고가 부담하는 총비용 $VC(x,y)$는 자신의 회피행위 비용과 오염피해액의 합에서 가해자로부터 받는 보상액을 빼준 것이므로 $VC(x,y) = AC_v(y) + D(x,y) - L(x,y)$이다. 무과실책임원칙에 의해 발생한 피해액에 대해 가해자의 저감행위와 관련 없이 전액 보상이 이루어진다면 $L(x,y) = D(x,y)$이므로 피해자 비용은 최종적으로 $VC(x,y) = AC_v(y)$가 된다. 피해자는 당연히 자신의 비용 $AC_v(y)$를 최소화하는 회피행위 수준을 선택할 것이고, 따라서 피해자는 회피행위를 전혀 하지 않게 된다($y = 0$).

이상에서 본 바와 같이 무과실책임원칙이 적용될 경우 피해자는 자신이 입은 손실액 전체를 가해자로부터 보상받을 수 있으므로 굳이 비용을 들여 손실액을 줄이고자 노력하지 않는다. 따라서 피해자도 오염피해를 줄이기 위해 어느 정도 노력을 기울이는 것이 사회적 최적일 경우 무과실책임원칙은 효율적인 환경 이용을 달성할 수 없다. 이 경우에는

---

7) 즉 사회적 총비용은 $SC(x,y) = AC_p(x) + AC_v(y) + D(x,y)$를 x와 y에 대해 편미분한 것이 각각 0이 되는 x와 y를 선택할 때 최소가 된다. 이 최적화 조건은 아래와 같다.

$$-MD_x(x,y) = MAC_p(x), \quad -MD_y(x,y) = MAC_v(y)$$

여기서 $-MD_x(x,y)$와 $-MD_y(x,y)$는 각각 x와 y가 한 단위 늘어나면서 줄어드는 피해액이다.

아래에서 설명할 과실책임원칙을 적용해야 한다.

3. 과실책임원칙과 환경이용

과실책임원칙에서는 가해자는 자신이 오염 방지를 위해 필요한 정당한 의무를 다하지 않았을 때에만 피해를 보상한다. 예를 들어 $\tilde{x}$ 이상의 저감행위를 했다면 오염자는 정당한 의무를 다했으므로 오염피해를 보상할 필요가 없지만, $\tilde{x}$보다도 더 적은 저감행위만을 했다면 피해를 보상하도록 판결이 내려진다고 하자.

〈그림 11-2〉에서 $AC_p(x)$곡선은 오염자의 저감비용이고, $D(x,y)+AC_p(x)$곡선은 피해자가 y수준의 회피행위를 하고 있을 때 발생하는 피해액과 오염자의 저감비용을 합한 것을 x에 대해 나타낸 것이다. y^*를 사회적으로 최적인 회피행위라 하고 x^*를 사회적으로 최적인 저감행위라 하자. 법원이 기준이 되는 저감행위 $\tilde{x}$를 $\tilde{x}=x^*$가 되도록 정해준다고 가정하자. 〈그림 11-2〉에서 가해자가 선택하는 x가 $\tilde{x}(=x^*)$보다도 적은 경우에는 가해자는 피해보상 의무를 가지므로 비용곡선은 $D(x,y)+AC_p(x)$가 된다. 반면 x가 $\tilde{x}$ 이상일 경우에는 피해보상 의무가 없어지므로 가해자의 비용곡선이 $AC_p(x)$로 이동하게 된다. 따라서 가해자의 비용곡선은 〈그림 11-2〉의 실선과 같이 나타나고, $\tilde{x}$에서 불연속적이다. 이 경우 가해자는 당연히 비용곡선의 최하점인 $\tilde{x}=x^*$를 선택할 것이고, 피해자에 대한 보상 의무를 갖지 않는다. 한편 가해자가 선택하는 x^*는 $D(x,y)+AC_p(x)$를 최소화

그림 11-2 과실책임원칙하의 환경이용

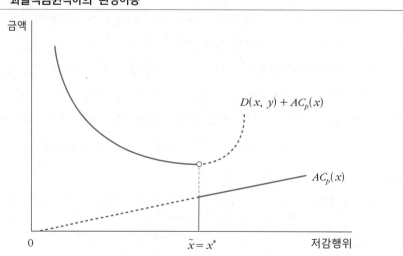

하는 저감행위 수준이므로 x^*에서는 저감행위로 인한 피해의 한계적 감소와 한계저감비용이 동일하다. 따라서 x^*는 앞 소절의 사회적 총비용 $SC(x,y)$를 최소화하는 x가 충족해야 할 조건을 만족한다.

이제 가해자와 법원이 이상과 같은 행동을 한다는 것을 알고 있는 피해자가 어떤 행위를 할 것인가를 확인해 보자. 피해자는 우선 가해자가 위와 같이 행동하여 피해를 보상받을 수 없을 것임을 알고 있다. 즉 피해자가 어떤 y를 선택하든 $L(x,y)$는 0이고, 피해자의 비용함수는 $VC(x,y) = AC_v(y) + D(x,y)$이다. 피해자는 이 비용을 최소화하는 y를 선택하는데, 이 y는 자신의 한계회피비용과 회피행위로 인한 한계피해감소액이 일치되도록 하는 y이다. 즉 피해자는 회피행위 y의 사회적 최적 조건을 만족시키는 행위를 한다.

이상과 같이 법원이 과실책임원칙을 적절히 적용할 경우 가해자와 피해자 모두가 사회적 총비용 $SC(x,y)$를 최소화하는 행위를 선택하도록 유도할 수 있다.[8]

과실책임원칙의 다양한 적용 형태

〈그림 11-2〉에서의 과실책임원칙을 다음과 같이 정리할 수 있다.

〈과실책임원칙 1〉

가해자가 의무 불이행($x < \tilde{x}$)⇒ 가해자의 보상책임 있음

가해자가 의무 이행($x \geq \tilde{x}$)⇒ 가해자의 보상책임 없음

이 원칙을 변형하여, 피해자에게도 어떤 의무를 부여하여 다음처럼 보상책임을 정해줄 수 있다.

〈과실책임원칙 2〉

가해자가 의무를 불이행하고($x < \tilde{x}$), 피해자는 의무 이행($y \geq \tilde{y}$)⇒
가해자의 보상책임 있음

가해자가 의무를 이행하거나($x \geq \tilde{x}$), 피해자가 의무 불이행($y < \tilde{y}$)⇒
가해자의 보상책임 없음

---

8) 이상의 상황은 가해자와 피해자가 일종의 게임을 하고 있는 상황이며, 과실책임원칙에서 가해자와 피해자가 선택하는 행위는 일종의 내쉬균형(Nash equilibrium)을 이룬다. 내쉬균형은 다른 행위자가 현재의 선택을 변경하지 않는 상태에서 어떤 행위자가 자신만의 행위를 현 수준에서 변경하여 자신의 만족도를 증가시킬 수 없을 때 성립한다.

아래에서처럼 가해자와 피해자가 의무를 불이행한 정도에 따라 피해액을 비례적으로 분담하게 할 수도 있다.

〈과실책임원칙 3〉

가해자가 의무를 불이행하고$(x < \tilde{x})$, 피해자는 의무 이행$(y \geq \tilde{y})$⇒
가해자가 100% 보상

가해자가 의무를 이행하거나$(x \geq \tilde{x})$, 피해자가 의무 불이행$(y < \tilde{y})$⇒
가해자의 보상책임 없음

가해자가 의무를 불이행하고$(x < \tilde{x})$, 피해자도 의무 불이행$(y < \tilde{y})$⇒
가해자와 피해자가 의무를 불이행한 정도에 따라 피해금액 분담

마지막으로 〈과실책임원칙 1〉과는 반대로 다음과 같이 가해자가 어떤 행위를 하든 피해자가 자신의 의무를 이행하였는지만을 기준으로 보상의무를 판정할 수도 있다.

〈과실책임원칙 4〉

피해자가 의무 불이행$(y < \tilde{y})$⇒ 가해자의 보상책임 없음
피해자가 의무 이행$(y \geq \tilde{y})$⇒ 가해자의 보상책임 있음

위 네 가지 과실책임원칙 가운데 어떤 원칙을 적용하느냐에 따라 궁극적으로 오염피해를 부담하는 사람이 달라진다. 피해보상이 이루어진다면 보상액이 피해액과 동일하고, 법원이 가해자나 피해자에게 적용하는 의무 기준을 적절히 선택한다면 위의 어떤 과실책임원칙을 적용하여도 가해자와 피해자로 하여금 사회적으로 최적인 행위를 하도록 유도할 수 있다(쿠터와 울렌(Cooter and Ulen), pp. 277~279).

4. 무과실책임원칙과 과실책임원칙의 동일성과 차이점

제2절에서 살펴본 바와 같이 가해자와 피해자 모두가 어느 정도의 저감행위나 회피행위를 하는 것이 사회적 관점에서 바람직할 경우 무과실책임원칙은 사회적 최적을 달성할 수 없지만 과실책임원칙은 사회적 최적을 달성할 수 있다. 그러나 만약 오염의 피해를 줄이기 위해서 오염자만이 어떤 행위를 할 수가 있고 피해자가 취할 수 있는 회피행위가 마땅히 없는 상황이라면, 과실책임원칙과 무과실책임원칙 모두가 효율적인 환경이용을 달

성할 수 있다.

　이 경우 무과실책임원칙이 사회적 효율성을 달성할 수 있다는 것은 〈그림 11-1〉을 통해 이미 확인되었다. 과실책임원칙에서도 사회적 효율성이 달성된다는 사실 역시 확인할 수 있다. 가해자만이 저감행위를 할 수 있으므로 사회적 총비용은 $SC(x) = D(x) + AC(x)$가 된다. 과실책임원칙에서 법원이 $SC(x)$가 최소화되는 수준의 저감행위 x^*를 기준 저감행위로 설정하면($\tilde{x} = x^*$), 가해자의 비용곡선은 〈그림 11-2〉와 같이 $\tilde{x}$에서 최소가 되기 때문에 가해자는 $\tilde{x}(= x^*)$만큼의 저감행위를 하고, 따라서 최적인 저감행위와 환경이용이 달성된다.

　이상의 논의처럼 가해자가 저감행위를 하여 오염피해를 줄여야 할 경우 무과실책임원칙과 과실책임원칙은 효율성 측면에서는 동일하다. 이 두 원칙의 차이점이라면 무과실책임원칙에서는 가해자가 피해자에게 오염피해를 보상하여 비용부담을 하지만 과실책임원칙에서는 피해보상이 발생하지 않아 피해자가 오염피해를 모두 부담하게 된다는 것이다. 따라서 과실책임원칙과 무과실책임원칙 사이에는 코즈정리가 의미하는 바와 같은 일종의 대칭성이 성립한다.

　그러나 과실책임원칙과 무과실책임원칙 간의 이러한 대칭성은 보다 장기적인 관점에서 볼 때는 성립하지 않는다. 과실책임원칙이 적용되어 오염자가 피해보상을 하지 않으면 무과실책임원칙이 적용될 때에 비해 경제활동의 수익성이 높기 때문에 각 오염자의 경제활동 규모가 커지거나 새로운 오염자가 이 산업에 진입하게 된다. 따라서 과실책임원칙에서는 무과실책임원칙이 적용될 때에 비해 전체 오염물질 발생량이 더 클 것이다.

　과실책임원칙과 무과실책임원칙은 저감기술 개발 유인을 제공함에 있어서도 서로 차이를 가진다. 무과실책임원칙에서는 오염자가 피해보상 의무를 지니므로 기술혁신을 통해 오염물질 배출량이나 오염피해를 줄이면 저감비용뿐만 아니라 보상액까지도 절감할 수 있다. 반면 과실책임원칙에서는 오염자는 보상 의무를 피해갈 수 있어 기술개발을 하여도 저감비용만을 절약한다. 따라서 무과실책임원칙이 보다 강한 기술혁신유인을 제공한다.

　과실책임원칙과 무과실책임원칙은 사법제도를 운영하는 비용면에서도 차이를 가진다. 법원이 피해보상을 명령하는 판결을 행하기까지에는 여러 비용이 소요된다. 소송당사자는 변호사비용을 지출해야 하고, 법원 역시 조사비용이나 인건비 등을 지출한다. 무과실책임원칙에서는 피해보상이 이루어지기 위해 필요한 세 가지 요건 가운데 피해와 피해의 인과관계만 입증이 되면 판결이 이루어질 수 있다. 그러나 과실책임원칙에서는 앞의 두 가지 요건 외에도 가해자가 의무를 이행했는지를 입증할 필요가 있고, 따라서 무과실책임원

칙에 비해 더 많은 운영비용이 요구된다.[9]

환경분쟁조정제도

오염사고가 발생하면 가해자와 피해자 간 분쟁이 발생한다. 환경분쟁은 제4장에서 설명한 대로 사적 교섭 혹은 당사자 간 합의에 의해 해결되거나 아니면 소송을 통해 해결되어야 한다. 환경분쟁으로 인해 소송이 제기되면 법원이 환경피해의 인과관계와 피해액 등을 판결해야 하는데, 사법기관을 통한 분쟁 해결은 비교적 많은 시간이 소요된다. 또한 피해의 인과관계를 파악하고 피해액을 계산하는 과정은 고도의 전문지식을 요구하는 경우가 많다. 따라서 한국 정부는 사법기관이 판결하는 것과 유사한 기능을 하면서도 행정기관이나 환경 전문가의 전문성을 살리고 분쟁 해결의 신속성을 기하기 위해 환경분쟁조정제도를 시행하고 있다.

환경분쟁조정제도는 준사법적인 업무를 수행하는 『환경분쟁조정위원회』라는 기구를 통해 운영된다. 환경분쟁조정위원회는 환경부에 설치된 중앙환경분쟁조정위원회와 각 시도에 설치된 지방환경분쟁조정위원회로 구성된다. 지방환경분쟁조정위원회는 당해 시도의 관할구역 내에서 발생하는 환경분쟁의 알선과 조정 업무를 수행하고, 중앙환경분쟁조정위원회는 환경분쟁의 재정과 국가 또는 지방자치단체 간의 분쟁을 조정하는 업무를 수행한다.

환경분쟁조정위원회의 역할은 알선, 조정, 재정의 3단계로 구성된다. 먼저 알선은 비교적 간단한 분쟁에 적용되며, 알선위원이 분쟁당사자의 화해와 합의를 유도하는 절차이다. 알선에 의한 당사자 합의가 이루어지지 못하면 조정신청이 이루어지며, 이때는 조정위원회가 사실조사를 하여 조정안을 작성하고, 양측에 이를 수락할 것을 권고한다. 조정안도 거부되면 마지막으로 재정신청이 이루어지며, 이 경우 재정위원회가 인과관계의 유무 및 피해액을 판단하는 재판에 준하는 절차를 밟는다. 그리고 분쟁당사자가 재정안까지도 거부할 경우에는 사법소송을 제기할 수 있다.

---

9) 그 외 법원이 적절한 수준의 의무 기준을 설정하지 못하고 실수를 범할 경우에 가해자와 피해자가 선택하는 행위와 그로 인한 오염피해의 정도 역시 위의 두 원칙 가운데 어느 것이 적용되느냐에 따라 달라진다. 이에 관해서는 쿠터와 울렌(Cooter and Ulen, 1997)의 교과서를 참조하기 바란다.

앞에서 살펴본 바와 같이 발생한 오염피해를 원인자가 보상하도록 할 경우 외부효과 가 내부화되며, 지나친 오염을 사전에 막을 수도 있다. 사법제도는 정부가 도입·시행하는 획일적인 규제보다는 더 분권화된 제도이고, 이해당사자 스스로가 법원의 도움을 받아 외 부효과 문제를 해결할 수 있는 매우 유용한 제도이다. 그러나 이 사법제도에만 환경문제 해결을 맡기기 어려운 몇 가지 이유도 있다(Kolstad 2010, p. 234).

첫째, 비용의 문제이다. 사법적 해결은 오염 사고가 이미 발생한 사후에 문제를 해결 한다. 소송을 제기하고 판결을 얻기까지 상당한 비용이 소요되므로 사안별로 매번 소송이 제기될 경우 과다한 사회적 거래비용이 발생할 수 있다. 따라서 유사한 사안에 대해 공통 으로 적용되는 규칙을 정해 지키도록 하는 것이 더 효율적일 수 있다.

둘째, 환경오염이 발생한다고 해서 반드시 소송이 제기되는 것은 아니다. 소송을 제 기하기 위해서는 피해자도 여러 가지 금전적, 시간적, 심리적 비용을 부담해야 하고, 관련 정보가 불확실할 경우 오염피해를 당함에도 불구하고 소송을 포기하는 경우가 있다. 이 경 우에도 피해자의 권리는 보호되어야 하므로 사법제도 외의 또 다른 피해 방지 수단이 필 요하다.

셋째, 주로 기업인 오염원이 보상금 지급불능 상태에 빠질 수 있다. 기업은 통상 보유 하고 있는 순자산의 범위 내에서만 책임을 진다. 기업이 유발한 환경피해가 매우 클 경우 파산을 신청하고 보상액 일부를 납부하지 않을 수 있다. 따라서 기업은 중요하고 큰 환경 피해일수록 저감 책무를 오히려 하지 않고 사고 발생 시 파산 신청하는 전략을 선택할 수 있다.[10]

넷째, 법원이 구체적으로 어떻게 판결할지를 확신할 수 없고, 따라서 높은 불확실성 이 오염원과 피해자 모두의 행위에 영향을 미칠 수 있으며, 이 과정에서 사회적 효율성이

---

10) 이 문제를 해결하기 위해 오염원이 보험에 가입하도록 한 후, 사고 발생 시 보험금을 받아 보상하도 록 할 수 있다. 보험 가입은 정부가 강제할 수도 있지만 오염원이 자발적으로 할 수도 있다. 보험은 위험 분산을 가능하게 하므로 기업의 자발적 가입 동기가 있다. 하지만 관련 보험시장이 형성되기 위 해서는 사고피해액 산정이 가능하고 보험회사의 위험 분산이 가능해야 하며, 도덕적 해이(moral hazard)나 역선택(adverse selection) 등도 통제할 수 있어야 한다. 콜스타드(Kolstad, 2010)와 카츠 만(Katzman, 1988)은 몇 가지 어려움이 따르긴 하나 환경오염에서도 화재나 교통사고처럼 보험시장 이 형성될 수 있다고 본다. 아울러 오염 사고의 책임원칙이 어떻게 설정되는지도 보험 가입 동기에 영향을 미칠 수 있다(파노이프와 레쿼트, 제10장).

무너질 수 있다.

피해보상제도만을 사용하는 것이 이상과 같은 문제점을 가진다면 앞에서 살펴보았던 여러 가지 규제제도, 특히 오염관련 행위에 직접적인 영향을 미치는 직접규제를 피해보상제도와 병행·사용할 수 있다.[11] 예를 들어 위해 물질의 운반 및 매립 등과 관련하여 지켜야 할 수칙을 직접규제의 형태로 규제하면서도 누출이나 다른 사고로 인해 피해가 발생하면 그 피해보상까지 명할 수 있다. 직접규제와 피해보상제도가 서로를 보완할 수 있다면 어느 한 가지 수단만을 사용할 때에 비해 더 나은 효과를 거둘 수 있을 것이다.

특히 발생하는 환경오염의 피해가 동일하지 않고 경제활동이나 오염행위별로 피해의 크기나 유형이 상이할 경우 이 두 가지 수단을 병행·사용하면 효과를 거둘 수 있다. 〈그림 11-3〉은 앞의 그림들과 달리 가로축이 각 오염 사고의 예상 피해규모를 나타내고, 세로축이 저감행위정도를 나타낸다. 왼쪽에서 오른쪽으로 갈수록 큰 피해를 유발하는 오염 사고이다. 그림에서 곡선 $x^*(D)$는 D만큼의 환경피해가 발생하는 오염행위를 위해 오염원이 행해야 할 최적의 저감행위를 나타낸다. 이 저감행위는 제2절에서 도출된 사회적 비용을 최소화하는 최적 저감행위를 의미하며, 오염피해가 클수록 저감행위도 강화되어야 하기 때문에 $x^*(D)$는 우상향한다.

그림 11-3 직접규제와 피해보상제도의 동시 사용

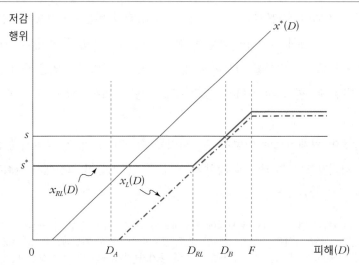

---

11) 이에 대한 분석은 샤벨(Shavell, 1984)에 의해 이루어졌다. 아래 내용은 이 논문을 요약한 것이다.

여기에 피해보상제도를 도입하면 발생한 피해만큼을 오염원은 보상해야 한다. 하지만 이제는 피해보상제가 도입되어도 오염원들은 사회적 최적 수준인 $x^*(D)$만큼의 저감행위는 하지 않을 것으로 본다. 그 이유는 첫째, 이미 앞에서 언급한 것처럼 기업은 보유한 순자산 이상의 오염피해가 발생할 경우 파산을 선언할 수 있기 때문이다. 〈그림 11-3〉에서 F가 순자산 보유액인데, 오염피해액이 이 액수를 넘어서는 순간 기업은 더 이상의 피해보상책임을 지지 않고 F만 보상한다. 둘째, 역시 앞에서 설명한 바와 같이 여러 가지 이유로 인해 항상 소송이 제기되지는 않고, 또한 소송이 제기되어도 오염원이 책임을 피해 갈 가능성도 있기 때문이다. 실제로 각 오염원이 선택하는 저감행위를 $x_L(D)$이라 하면, 이 두 가지 이유로 인해 이는 사회적 최적 저감행위 $x^*(D)$보다는 더 낮은 수준에서 형성된다. 그리고 오염피해가 순자산 F를 넘어서는 순간에는 더 이상의 저감행위를 할 필요가 없으므로 $x_L(D)$는 F에서 수평으로 꺾이는 형태를 보인다.

이제 피해보상제도 대신 직접규제가 도입된다고 해보자. 직접규제는 정부가 정한 기준을 일방적으로 모든 오염원이 따르도록 하므로 〈그림 11-3〉에서 수평선 s는 모든 오염원에게 강제로 적용되는 저감행위이다. 수평선 s는 정부가 획일적인 직접규제만을 사용할 수 있다는 전제하에서 사회적 비용을 최소화하도록 선택되는 최적의 직접규제 수준이다.

그렇다면 〈그림 11-3〉에서 피해보상제도와 직접규제 중 하나만 사용하라면 무엇을 사용해야 하는가? 그림은 두 정책 중 무엇이 더 나은 정책인지는 사실 피해규모에 따라 달라진다는 것을 보여준다. 더 나은 정책은 직선 s와 곡선 $x_L(D)$ 가운데 사회적 최적 $x^*(D)$와 더 가까운 쪽이다. 그림에서 D_A는 s와 $x^*(D)$의 격차가 0인 $x_L(D)$과 $x^*(D)$ 사이의 거리와 같은 지점에서의 피해규모를 나타낸다. 따라서 D_A보다 적은 피해규모에서는 $x_L(D)$와 $x^*(D)$ 사이의 거리가 $x^*(D)$와 s 사이의 거리보다 더 가까우므로 직접규제보다는 피해보상제도를 시행하는 것이 낫다. 반면 D_A에서 D_B 사이에 해당되는 피해규모에서는 $x_L(D)$와 $x^*(D)$ 사이의 거리보다 $x^*(D)$와 s 사이의 거리가 더 가깝기 때문에 직접규제를 통해 규제하는 것이 더 낫다. 그리고 마지막으로 D_B보다 더 큰 피해가 예상되는 오염행위에 대해서는 다시 피해보상제도를 적용하는 것이 낫다.

이상에서 확인한 바와 같이 어느 한 가지 제도만을 선택하게 하면 어느 제도가 상대적으로 우월한지는 예상되는 오염피해 규모에 따라 달라진다. 하지만 그렇다고 해서 두 가지 제도 중 한 가지를 피해규모에 따라 선별적으로 적용하는 것은 사실 현실적이지가 않다. 따라서 이 두 제도를 동시에 적용하는 것을 검토한다. 두 제도가 동시에 사용되면 직접규제는 그 성격상 '모든 오염원에게' 동시에 적용되므로 오염원들이 취해야 할 저감행위의 하한으로 작용한다. 즉 오염원들은 정부가 강제하는 s와 피해보상 때문에 스스로 선택코자 하는 $x_L(D)$ 가운데 큰 값을 취해야 한다. 피해보상만을 고려해 $x_L(D)$를 선택하고 싶은 경우에도 그 값이 정부가 정한 s보다 작다면 선택할 수 없다. 이런 사정을 감안하여 정부는 직접규제수준 s를 다시 결정해야 한다.

직접규제와 피해보상제도가 동시에 사용될 경우의 최적 규제수준을 s^*라 하면 이는 두 정책이 동시에 사용된다는 전제하에 사회적 비용을 최소화하는 수준이 되어야 한다. 이를 도출한 샤벨(Shavell, 1984)에 의하면 이 최적 규제수준 s^*는 직접규제만 사용될 경우의 최적 규제수준 s보다 더 낮아야 한다. 즉 $s^* < s$의 관계가 성립한다. 직접규제정책만 사용될 경우에는 정부가 강제로 요구하는 직접규제 수준 s를 낮추게 되면 모든 오염원들의 저감행위가 감소하게 되고, 따라서 이로 인한 오염피해가 상대적으로 크게 나타난다. 하지만 직접규제와 피해보상제가 함께 사용되면 규제수준을 낮춘다고 해서 모든 기업의 저감행위가 줄어드는 것이 아니다. 〈그림 11-3〉의 D_B처럼 높은 피해가 예상되는 생산행위를 하는 기업은 피해보상을 의식해 스스로가 직접규제보다 높은 수준의 저감행위를 하기 때문에 이런 기업들은 직접규제 강도를 완화해도 행동에 영향을 받지 않기 때문이다.

이렇게 s^*로 완화된 직접규제와 피해보상제가 모두 적용되면 오염원의 행위를 결정하는 것은 〈그림 11-3〉에서 굵게 표현된 계단모양의 선 $x_{RL}(D)$이다. D_{RL} 이하의 피해만이 예상되는 오염행위를 하는 오염원은 정부가 정한 직접규제만을 준수하고자 한다. 그러나 그 이상의 피해가 예상되는 오염행위를 하는 기업은 정부가 정한 기준 이상의 저감행위를 스스로 한다. 따라서 이 경우 정부는 적은 피해를 유발하는 오염원을 기준으로 하여 설정된 비교적 약한 수준의 환경기준을 모든 오염원들이 지키게 하면 된다.

01 본문 설명을 위해 사용한 모형을 약간 변형한다. x는 오염원의 저감비용이고(즉 단위당 저감비용은 1), $\pi(x)$는 환경사고가 발생할 확률이다. $\pi(x)$는 x의 감소함수이다. 사고가 발생하면 h만큼의 환경피해가 발생한다. 따라서 저감비용과 환경피해를 모두 반영하는 사회적 비용은 $SC(x) = x + \pi(x)h$와 같다.

(가) 사회적 최적 수준의 x를 x^*라 할 때 이를 구하라.

(나) 무과실책임원칙에서 선택되는 x를 도출하라.

(다) 과실책임원칙을 적용하되, 법원이 $\tilde{x} = x^*$를 책임여부를 판정하는 기준 저감행위로 정한다면 이때 오염원이 선택하는 저감비용 x를 도출하라.

(라) (나)와 (다)를 비교하고, 두 가지 책임원칙이 환경오염행위에 미치는 영향 면에서 완전히 동일하다고 할 수 있는지 설명하라.

(마) 이제 피해자도 회피행위를 할 수 있고, 그 비용을 y라 하자. 사고 발생확률은 $\pi(x,y)$와 같고, x와 y의 감소함수이다. 따라서 사회적 비용은 $x + y + \pi(x,y)h$와 같다. 사회적 최적인 x^*와 y^*를 구하라.

(바) (마)의 상황에서 무과실책임원칙이 적용될 때 선택되는 x와 y를 구하라.

(사) (마)의 상황에서 $\tilde{x} = x^*$로 법원이 정해주는 과실책임원칙이 적용될 때 선택되는 x와 y를 구하라.

참고문헌

• Cooter, R. and T. Ulen (1997), *Law and Economics*, 2nd ed., Addison−Wesley.

• Katzman, M. T. (1988), "Pollution Liability Insurance and Catastrophic Environmental Risk," *Journal of Risk and Insurance* 55: 75−100.

• Kolstad, C. D. (2010), *Environmental Economics*, 2nd ed., Oxford University Press.

• Phaneuf, D. J. and T. Requate (2017), *A Course in Environmental Economics: Theory, Policy, and Practice*, Cambridge University Press.

• Shavell, S. (1980), "Strict Liability versus Negligence," *Journal of Legal Studies* 9: 1−25.

• Shavell, S. (1984), "A Model of the Optimal Use of Liability and Safety Regulation," *Rand Journal of Economics* 15: 271−280.

한국의 환경정책

한 국가의 환경정책은 경제발전 및 산업화 과정과 불가분의 관계를 맺으며 형성된다. 따라서 한국의 환경정책 역시 한국경제의 발전과정과 밀접한 관련을 맺으며 지금과 같은 모습을 갖게 되었다. 제1절은 한국 경제개발 과정 속에서 이루어진 환경정책의 발전과정을 살펴본다. 제2절은 현재의 한국 환경정책이 법률, 기구 및 예산, 그리고 정책적 측면에서 어떤 특징을 지니고 있는지를 살펴본다.

section 01 한국 환경정책의 전개 과정

한국경제는 제2차 세계대전 이후 전 세계에서 그 유래를 찾아볼 수 없을 정도로 빠른 산업화를 달성했고, 불과 40여 년에 걸쳐 전통적인 농업국가에서 고도의 산업화된 국가로 전환되었으며, 한국의 환경문제 역시 단기간에 걸쳐 급격한 질적인 변화를 거쳤다. 특히 현재에는 쾌적한 환경에 대한 국민적 수요가 매우 크고, 기후변화 대처 등의 국제적 노력에 적극적으로 동참해야 하는 위치에 있어 그 어느 때보다도 환경문제의 정책적 중요성이 높다.

한국 환경정책사의 시대 구분을 하는 여러 방법이 있을 수 있다. 그러나 대부분의 연구자들은 1953년에서 1970년대 말까지는 별다른 환경정책이 없이 단지 환경문제에 대한 인식이 조금씩 싹트기 시작한 환경정책의 태동기라 간주하고, 경제성장의 부작용과 환경문제에 대한 의식이 확산되고 독립된 중앙 환경부처가 형성된 1980년대를 환경정책의 형성기, 그리고 기존의 환경정책이 개선되고 보다 적극적인 환경정책이 도입된 1990년대 이후를 환경정책의 발전기로 본다.[1]

---

1) 이러한 시대적 구분을 주장하는 대표적인 문헌으로 김인환·이덕길(1998)을 들 수 있다. 문태훈 (1997)과 한국환경기술개발원(1996)은 환경정책의 초기 전개과정을 10년 단위로 분류하여 설명하고 있으나, 각 시기의 환경정책에 대한 평가는 김인환·이덕길과 유사하게 내리고 있다. 제1절은 이 문헌들과 환경부의 『환경백서』를 주로 참조하여 작성되었음을 밝혀둔다. 아울러 제12장의 전체 내용이 매년 발간되는 『환경백서』들을 요약·정리한 것임을 밝힌다.

1. 환경정책의 태동기(1953년~1979년)

가. 전후복구기(1953~1959)

이 시기의 한국경제는 일제 수탈과 6.25 전쟁 후유증으로 인해 황폐화되어 있었고, 미국이나 UN의 원조금에 의존하여 산업시설 복구, 전력과 석탄 개발, 노동집약적인 소비재산업의 부분적 육성을 추구하였다. 이 시기는 기본적으로 전후 복구에 주력하던 시기로서 체계화된 경제개발 정책이 수립·시행되지 못하였다.

이 시기의 산업은 기본적으로 농업이기 때문에 산업화에 따른 환경오염의 문제는 대두되지 않았다. 이때는 아직 농약이나 비료와 같은 농업용 화학재의 사용이 미미하였기 때문에 농업으로 인한 오염 역시 심각하지 않았다. 따라서 이 시기에는 환경문제의 심각성이 대두되지 않았고, 당연히 환경정책이나 환경정책기구도 형성되지 않았다. 다만 일제 수탈과 6.25, 그리고 가정용 연료 소비로 인해 산림이 황폐화되면서 이로 인한 토양침식 문제 등이 부분적으로 거론되었으나, 그럼에도 불구하고 조직적인 식목이나 산림관리는 등장하지 않았다.

반면 선진 외국의 경우 1940년의 로스앤젤레스, 1952년의 런던 스모그현상을 경험하면서 이 시기에 이미 환경의식이 고조되었다. 특히 미국의 경우 1948년에 수질오염관리법(Water Pollution Control Act)과 1955년에 대기오염관리법(Air Pollution Control Act)을 제정하는 등 환경정책의 법제화에 이미 착수하였다.

나. 경제개발시대(1960년~1979년)

이 시기에는 4.19와 5.16을 거치면서 공화당 정권이 수립되고, 이 정권에 의해 공업화를 통한 고도성장전략이 추진되었다. 이러한 성장전략은 제1차~제4차 경제개발 5개년계획으로 집약된다.

1960년대의 제1, 2차 경제개발 5개년계획 기간에는 기간산업과 사회간접자본의 확충이 추진되고, 시멘트, 비료, 정유, 섬유 등의 중화학공업이 육성되며, 『도시계획법』(1962년), 『국토종합건설법』(1963년)의 제정으로 국토의 효율적 관리가 시도되고, 상수도 보급이 추진되었다. 이러한 개발계획의 성과로 1인당 소득의 증대와 인구 및 산업의 도시집중화가 발생하였다.

1970년대의 제3, 4차 경제개발 5개년계획을 통해 철강, 기계, 석유화학공업 등이 육성되고, 창원, 여천, 구미 등지에 대규모 공업단지가 들어섰다. 사회간접자본 투자 결과로

경부, 호남, 영동고속도로가 개통되었고, 그로 인해 인구의 도시 집중이 심해지고 국민경제에서 제조업의 비중이 급속히 늘어났다.

1960년대에는 산업화가 아직 태동기라 산업오염은 크게 발생하지 않았다. 그러나 비료산업 육성에 따른 농업용 화학재 사용 증가로 인해 쌀에 잔류된 수은 등이 검출되기 시작하였고, 산업공단을 중심으로 수질오염이 나타나기 시작하였다. 이 시기에는 화학공업, 식품공업, 섬유공업이 주요 COD 오염원이었고, BOD의 경우에는 제지공업, 식료품 및 음료품 공업이 주요 오염원이었다.

1970년대 들어와서는 주요 하천의 오염도가 심해지고, 그동안 관심을 끌지 못했던 SO_2, TSP, CO, NO_x 등의 대기오염물질의 농도가 짙어지고, 서울의 대기오염이 세계보건기구(WHO)의 기준치를 넘어서는 일이 잦아졌다. 반면 폐기물의 경우에는 플라스틱이나 폐휴지, 공병 등의 수거ㆍ재활용률이 높아 큰 환경문제가 되지 않았고, 연탄재가 폐기물 쓰레기의 큰 부분을 차지하였다.

경제개발시대에 들어오면서 산업화와 경제성장에 따른 오염이 심화되어 소수의 학자들이 환경오염의 심각성을 지적하기 시작하였으나, 이에 대한 정부의 대처는 아직 미온적이었다. 이때의 환경문제에 대한 한국 정부의 대처는 보건행정의 일환으로 이루어졌고, 환경정책은 일종의 위생정책이었다. 1961년의 『오물청소법』, 1963년의 『독물ㆍ극물에관한법률』에 이어 1963년에 『공해방지법』이 제정되었으나, 이 법은 형식적인 수준에 머물렀고, 환경정책을 집행할 기관도 존재하지 않았다. 『공해방지법』은 1967년에 그 시행규칙이 제정되면서 비로소 시행이 가능해졌는데, 1971년에는 개정되어 배출허용기준, 배출시설 허가제도 등의 개념이 도입되었다가, 1977년에는 폐지되고 『환경보전법』으로 대체되었다.

한국의 환경정책이 보건정책의 일환으로 시작되면서 최초의 환경전담부서로서 보건사회부 환경위생과 공해계가 1967년에 신설되었다. 일개 계 단위의 조직으로는 공해 문제에 대처하는 것이 역부족이었으므로 1973년에는 환경문제 전담부서가 과 단위로 승격되었고, 1977년에는 일종의 국 단위로까지 승격되었다. 아울러 1978년에는 국립환경연구소를 설치하여 환경보전에 관한 조사ㆍ연구와 공무원 교육을 담당하게 하였다.

2. 환경정책의 형성기(1980년대)

1980년의 마이너스의 경제성장에서 시작된 1980년대에는 중화학공업의 과잉설비로 인한 비효율성과 경공업과 서비스산업의 투자 불균형을 시정하고자 하는 산업구조조정이 시도되었다. 이러한 가운데 소위 3저시대를 맞이하면서 한국경제는 다시 고도성장을 이룩하였다. 고도성장과정에서 대기업으로의 경제력 집중이 발생하고, 농림어업의 비중이 격감하였으며, 에너지 다소비형 산업화가 진행되었다.

1980년대에는 생활하수, 폐기물, 분뇨 등의 배출 증가로 인해 전국 주요 하천과 지천의 수질이 계속 악화되었고, 주요 대기오염물질의 배출 증가로 인해 산성비 문제가 심각해졌으나, 1980년대 말부터는 청정기술 도입 유도와 저황유 공급 확대 등으로 인해 대기오염에 있어 일부 개선이 나타나기도 하였다. 생활폐기물 배출량 역시 높은 속도로 증가하였다. 수질오염과 폐기물오염을 줄이기 위해 이 시기에 정부는 폐수종말처리장, 쓰레기매립장, 소각장과 같은 환경기초시설에 대한 투자를 확대하였다.

환경오염의 피해가 고도성장의 부작용 가운데 하나로 지적되면서 이에 대처하기 위해 1980년 환경청이 보건사회부의 외청으로 발족했고, 그로 인해 본격적인 환경정책 수행이 가능하게 되었다. 국립환경연구소는 환경청의 부속기관이 되었으며, 전국 6개소에 지방환경측정관리사무소가 설치되었다. 아울러 한국자원재생공사가 설립되어 합성수지 폐기물과 농약병의 수거·처리 업무를 담당하게 되었다. 1986년에는 6개의 지방환경지청이 설치되었고, 1987년에는 환경오염방지기금의 관리와 운용업무를 담당하는 환경관리공단이 설립되었다.

1980년에 비록 외청이긴 하나 독립된 환경정책기구가 수립되면서 제5차 경제개발계획부터는 환경부문의 독립된 계획이 수립되었다. 아울러 환경투자재원의 확보와 환경친화적 생산·소비체계의 구축을 위해 수질 및 대기오염물질 배출부과금제와 같은 각종 규제정책이 도입되기 시작하였다.

1977년에 공해방지법을 대체하여 제정된 『환경보전법』은 환경기준의 설정, 환경영향평가제도의 시행, 특별대책지역 지정, 환경오염도의 상시 측정, 환경오염방지비용의 부담제 등을 명시하여 보다 적극적인 환경보전을 추구하였고, 1979년과 1981년의 개정을 통해 환경분쟁조정위원회 설립, 환경보전위원회 설치, 배출부과금제 시행, 자동차오염 규제 등을 가능하게 하였다. 1986년에는 『환경보전법』을 개정하여 환경영향평가를 민간사업에까지 확대 적용하도록 하였고, 『폐기물관리법』도 제정하였다.

한편 1979년에는 자원재생공사의 설립과 관련하여 『합성수지폐기물처리사업법』이 제정되었고, 1983년에는 오염방지사업과 관련된 공기업 설립 등을 명시한 『환경오염방지사업법』이 제정되었다.

3. 환경정책의 발전기(1990년대 이후)

1990년대에 들어와 한국경제는 1980년대부터 제기된 산업구조조정을 통한 경쟁력 강화와 각종 규제조치의 완화를 강조하게 된다. 또한 반도체로 대표되는 첨단산업의 육성을 추진하였고, UR협상의 결과로 인해 농업부문의 구조조정 역시 중요한 문제로 대두되었다. 아울러 사회간접자본에 대한 투자의 중요성도 크게 부각되었다. 그러나 1997년 말부터 들이닥친 외환위기와 IMF지원체제로의 전환으로 인해 1990년대 말의 한국경제는 마이너스의 성장과 높은 실업률, 경제·사회 전체에 걸친 구조조정의 열풍에 놓이게 된다.

1990년대에는 1980년대 이래 꾸준히 추진된 각종 환경정책이 계속 진행되고, 환경기초시설에 대한 투자 역시 확대되지만, 환경문제 자체가 큰 전환기를 맞게 된다. 우선 리우환경정상회담이나 교토의정서 체결로 인해 전 지구적 차원의 환경문제에 대한 국제적 노력이 가속화되면서 한국 역시 이에 동참하지 않을 수 없게 되었다. 아울러 고조된 환경의식과 함께 실시된 지방자치제도는 쓰레기 매립·소각시설의 설치나 수자원 이용 등과 관련하여 지역 간의 갈등을 증폭시켰고, 이에 따라 환경문제에 대한 지역 간 갈등 조정과 중앙정부와 지방정부 간의 환경정책 조정의 필요성 등도 크게 대두되었다.

환경문제의 중요도 증대로 인해 환경청은 1990년에 환경처로 승격되었고, 환경기구가 완전히 독립된 정부조직이 되었다. 환경처는 정부조직개편에 의해 1994년 환경부로 바뀌었다. 1991년에는 환경분쟁의 중재를 위한 중앙환경분쟁조정위원회가 설치되고, 1994년에는 건설부의 상·하수도업무와 보건사회부의 음용수 관리업무가 이관되는 등, 환경조직은 꾸준히 확장되었다. 아울러 1997년에는 기존의 한국환경기술개발원이 확대 개편되어 환경정책관련 연구업무와 환경영향평가서의 전문적 검토를 전담하는 국책연구기관인 한국환경정책·평가연구원이 설립되었다. 1998년에는 내무부의 자연공원과와 국립공원관리공단이 환경부로 이관되었고, 1999년에는 산림청에 있던 야생동물과가 국립환경연구원으로 이관되는 등 환경관련 업무의 일원화가 꾸준히 진행되었다.

2000년 이후에도 환경부 본부와 소관기관의 직제개편이 계속되었다. 예를 들면 2005년 국립환경연구원이 국립환경과학원으로 명칭이 변경되고 기능도 강화되었으며, 국가생물자원의 효율적 보전과 이용을 위해 국립생물자원관이 발족하였다. 또한 2010년에는 『저탄소녹색성장기본법』에 따라 중장기 온실가스 종합정보관리계획의 수립과 조정, 온실가스 감축목표의 수립과 지원 등의 업무를 위한 온실가스종합정보센터가 소속기관으로 신설되었다. 계속해서 기상청이 환경부의 외청으로 이관되고 국립생태원이 발족하였다. 그리고 한국환경자원공사와 환경관리공단이 한국환경공단으로 통합 출범하였으며, 화학물질안전원이 개원하였다.[2] 또한 그동안 물관리에 있어 수량은 국토부가, 수질은 환경부가 관리를 해왔으나 물관리의 일원화 필요성이 지속적으로 제기되어 왔기 때문에 2018년에 환경부로 물관리가 일원화되었다. 2021년에는 한국환경정책·평가연구원이 한국환경연구원으로 명칭을 바꾸었다.

---

section 02 한국 환경정책의 특징

1. 한국 환경법

앞 절에서 밝힌 바와 같이 1970년대까지는 한국에 있어 본격적인 환경정책이 시행되지 않았고, 환경법의 입법도 이루어지지 않았다. 1977년에 제정된 『환경보전법』에 의해 비로소 제대로 된 환경정책의 법적 근거가 마련되었으며, 동 법은 1990년대에 들어와 『환경정책기본법』, 『대기환경보전법』, 『수질환경보전법』, 『소음·진동규제법』, 『유해화학물질관리법』, 『환경분쟁조정법』 등 6개의 법률로 분리되었다. 이후 환경관련법률은 꾸준히 확장되고 변화되었는데, 2023년 현재 환경부가 직접 관장하는 환경법은 〈표 12-1〉과 같이 총 79개 법률이다.

표 12-1 환경부가 직접 관장하는 환경법(2023년 기준)

• 가습기살균제피해구제를위한특별법	• 악취방지법
• 가축분뇨의관리및이용에관한법률	• 야생생물보호및관리에관한법률
• 건설폐기물의재활용촉진에관한법률	• 영산강·섬진강수계물관리및주민지원등에관한법률
• 공공폐자원관리시설의설치·운영및주민지원등에관한특별법	• 온실가스배출권의할당및거래에관한법률
• 국립공원공단법	• 유기성폐자원을활용한바이오가스의생산및이용촉진법
• 국립생태원의설립및운영에관한법률	• 유전자원의접근·이용및이익공유에관한법률
• 금강수계물관리및주민지원등에관한법률	• 인공조명에의한빛공해방지법
• 기후위기대응을위한탄소중립·녹색성장기본법	• 자연공원법
• 낙동강수계물관리및주민지원등에관한법률	• 자연환경보전법
• 남극활동및환경보호에관한법률	• 자원의절약과재활용촉진에관한법률
• 녹색융합클러스터의조성및육성에관한법률	• 잔류성오염물질관리법
• 녹색제품구매촉진에관한법률	• 전기·전자제품및자동차의자원순환에관한법률
• 대기관리권역의대기환경개선에관한특별법	• 중대재해처벌등에관한법률

---

2) 이러한 조직개편과정에 관한 보다 자세한 내용은 환경부(2015), 『기록으로 만나는 환경부이야기』에서 확인할 수 있다.

• 대기환경보전법	• 지하수법
• 댐건설·관리및주변지역지원등에관한법률	• 친수구역활용에관한특별법
• 댐주변지역친환경보전및활용에관한특별법	• 토양환경보전법
• 도시하천유역침수피해방지대책법	• 폐기물관리법
• 독도등도서지역의생태계보전에관한특별법	• 폐기물의국가간이동및그처리에관한법률
• 동물원및수족관의관리에관한법률	• 폐기물처리시설설치촉진및주변지역지원등에관한법률
• 먹는물관리법	• 하수도법
• 문화유산과자연환경자산에관한국민신탁법	• 하천법
• 물관리기본법	• 하천편입토지보상등에관한특별조치법
• 물관리기술발전및물산업진흥에관한법률	• 한강수계상수원수질개선및주민지원등에관한법률
• 물순환촉진및지원에관한법률	• 한국수자원공사법
• 물의재이용촉진및지원에관한법률	• 한국환경공단법
• 물환경보전법	• 한국환경산업기술원법
• 미세먼지저감및관리에관한특별법	• 화학물질관리법
• 백두대간보호에관한법률	• 화학물질의등록및평가등에관한법률
• 생물다양성보전및이용에관한법률	• 환경개선비용부담법
• 생물자원관의설립및운영에관한법률	• 환경교육의활성화및지원에관한법률
• 생활화학제품및살생물제의안전관리에관한법률	• 환경기술및환경산업지원법
• 석면안전관리법	• 환경범죄등의단속및가중처벌에관한법률
• 석면피해구제법	• 환경보전법
• 소음·진동관리법	• 환경분야시험·검사등에관한법률
• 수도권매립지관리공사의설립및운영등에관한법률	• 환경분쟁조정법
• 수도법	• 환경영향평가법
• 수자원의조사·계획및관리에관한법률	• 환경오염시설의통합관리에관한법률
• 순환경제사회전환촉진법	• 환경오염피해배상책임및구제에관한법률
• 습지보전법	• 환경정책기본법
• 실내공기관리법	

출처: 『2023 환경백서』, pp. 897~904.

한편, 환경부 외의 부처에서 소관하는 환경관련 법률도 60여 개가 있다. 이들 법률은 법률을 관장하는 부서의 고유업무에 관한 법률이지만 그 내용 속에 환경보존에 영향을 미치는 요소들을 포함하고 있다.

2. 한국 환경정책의 기구 및 예산상의 구조

한국의 환경정책기구는 1967년 보건사회부의 공해계에서 시작하여 1980년에 보건사회부의 외청인 환경청으로 승격되고, 1990년에 환경처, 1994년에 환경부로 승격되는 과정을 거쳐 현재에 이르고 있다. 그러나 환경정책을 담당하는 정부기구는 환경부 본청 외에도 기타 많은 조직으로 구성되어 있다.

환경정책 가운데는 환경부보다 상위의 기구에서 범부처적으로 다루어지는 것도 있다.

예를 들면 2000년 9월 대통령 자문기구로 발족된 지속가능발전위원회는 2010년 대통령 소속에서 환경부 소속으로 개편되기는 했지만 여러 부처가 참여하여 환경보전과 경제성장 이라는 지속가능발전문제를 다루었다. 아울러 2009년에는 정부의 녹색성장정책을 심의하고 조율하기 위해 녹색성장위원회가 대통령 소속의 위원회로 출범하기도 하였다.

환경정책의 결정 및 집행은 환경부뿐 아니라 7개의 유역(지방)환경청과 지방환경관서, 시·도 및 시·군·자치구 그리고 그들의 소속기관, 투자기관 등에 의해서도 수행되고 있다.

환경정책의 주무부서인 환경부는 환경법령의 제정과 개정 및 환경개선과 관련된 중장기 종합계획 수립 등의 정책기획업무, 각종 규제기준의 설정, 해외협력업무를 담당한다. 환경부의 소속기관으로는 국립환경과학원, 국립환경인재개발원, 온실가스종합정보센터, 국가미세먼지정보센터, 국립야생동물질병관리원, 수도권대기환경청, 홍수통제소, 중앙환경 분쟁조정위원회, 국립생물자원관, 화학물질안전원이 있다. 또한 환경정책에 대한 연구와 정책개발, 환경영향평가서 검토업무를 담당하는 한국환경연구원이 국무총리실 산하 연구원으로 설치되어 있다.

그리고 정규 정부조직 외에도 중앙환경정책위원회, 할당결정심의위원회, 배출량인증위원회, 화학물질관리위원회 등 25개의 환경관리 위원회, 협의회, 자문기구가 환경정책에 직·간접적으로 참여하고 있다.

한편 환경관련 법률이 환경부뿐 아니라 여타 부서에 의해서도 관장되고 있듯이, 환경관련 업무 역시 환경부 외의 여타 부서에 의해서도 행해지고 있다. 예를 들어 과학기술정보통신부는 원자력이나 방사능과 관련된 안전업무를 행하고 있으며, 산업통상자원부는 신에너지 및 대체에너지 연구·개발, 농림축산식품부는 농업용수개발, 농지보전, 축산분뇨관리 등과 관련된 업무, 국토교통부는 개발제한구역의 설정 등과 관련된 업무 등을 하고 있다. 그 외 고용노동부, 문화체육관광부, 산림청, 농촌진흥청 등의 부서들도 환경관련 업무를 행하고 있다.

환경정책은 또한 중앙정부와 지방정부 간에도 분리되어 수행된다. 환경부는 환경관련 법규의 제정과 규제기준의 설정 등과 같은 환경정책의 기본틀을 마련하는 반면, 이를 집행하는 책임은 각 지방환경관서와 지방자치단체에 있다. 지방환경관서는 영향권별 환경관리계획의 수립과 시행, 전략환경영향평가 및 환경영향평가 협의, 자연생태계 보전 등 자연환경보전, 환경오염원 조사 및 환경오염도 측정·분석, 환경기초시설에 대한 지도·감독 등의 업무를 맡는다.

지방자치단체는 관할구역 내 지역환경보전대책 수립 및 시행, 생활폐기물의 수집 및

표 12-2 세출 환경예산의 구성(단위: 억원)

구 분	2022	2023
일반회계	16,091	15,684
환경개선특별회계	62,581	53,446
농어촌구조개선특별회계	426	401
지역균형발전특별회계	6,179	15,329
에너지및자원사업특별회계	26,309	31,058
합계	111,586	115,918

자료: 『2023년 환경백서』, p. 894.

처리, 오수·분뇨·축산폐수의 처리, 소음·진동 및 자동차배출가스 규제 등의 고유 업무와, 환경오염물질 배출업소 관리, 환경개선부담금의 징수 등 환경부장관으로부터 위임받은 업무를 행한다.

환경관련 예산은 1995년에 도입된 환경개선특별회계를 통해 주로 마련되고, 그 외 지역균형발전특별회계, 에너지및자원사업특별회계, 농어촌구조개선특별회계와 같은 몇 가지 추가 특별회계가 환경예산에 포함된다. 〈표 12-2〉가 보여주는 바와 같이 2023년의 환경예산 약 11.6조 원 가운데 환경개선특별회계가 5.3조 원을 차지하고 있다. 물론 환경부 외 국토교통부 등 타 부서의 예산 가운데도 환경보호와 관련된 예산이 있기 때문에 실제 환

표 12-3 환경개선특별회계의 세입 구성(단위: 억 원)

구 분	2022	2023
벌금 및 과징금	323	364
이자 및 재산수입	289	356
잡수입	37	44
기타경상이전수입	9,325	9,846
- 법정 부담금	6,864	6,864
- 기타경상이전수입	2,461	2,982
융자원금회수	1,498	1,900
관유물대여료 등 기타	33	38
(이상 자체세입합계)	11,505	12,548
(전년도이월금)	-	-
(세계잉여금 이입액)	500	100
(일반회계전입금)	55,410	54,694
합계	67,415	67,342

자료: 『2023년 환경백서』, p. 893.

경예산의 규모는 이보다 더 크다고 보아야 한다.

환경예산의 큰 부분을 차지하는 환경개선특별회계의 세입은 자체세입과 일반회계 전입금으로 구성된다(〈표 12-3〉). 2023년의 경우 자체 수입이 전체 환경개선특별회계의 18.6%를 차지하였다. 환경개선특별회계의 자체 세입은 『환경개선특별회계법』상 징수하게 되어 있는 배출부과금, 주요 하천 수계별 총량초과부과금, 환경개선부담금, 환경오염방지 사업비용부담금, 폐기물부담금, 재활용부과금, 『폐기물관리법』상의 처리이행 및 사후관리 이행 보증금, 사전적립금과 이들 부과금이나 부담금과 관련된 가산금 및 과징금, 그리고 기타 이전수입 등으로 구성된다.

환경예산의 부문별 지출현황은 〈표 12-4〉와 같이 정리된다. 2023년의 경우 물환경과 수자원을 합하면 42.8%가 수질 및 수량과 관련되어 있다. 기후대기 분야 예산도 35.9%로 비중이 매우 높다. 과거에 비하면 미세먼지대책 등을 포함하는 대기환경부문 예산이 크게 늘어났다. 폐기물관련 예산인 자원순환과 여타 환경경제관련 정책예산은 합하여 전체의 8.9%를 차지한다. 나머지 예산이 자연보전이나 환경기술개발과 관련하여 지출된다.

표 12-4 환경예산의 부문별 지출현황(단위: 억원)

구 분	2022	2023
기후대기·환경안전	38,694 (34.7)	41,660 (35.9)
물환경	33,290 (29.8)	33,977 (29.3)
수자원	15,929 (14.3)	15,682 (13.5)
자연순환·환경경제	10,523 (9.4)	10,356 (8.9)
자연보전	8,318 (7.5)	9,455 (8.2)
환경일반	4,670 (4.2)	4,786 (4.1)
물류 등 기타	162 (0.1)	1 (0.1)
합 계	111,586 (100)	115,918 (100)

주: ( )안은 전체 예산에서 차지하는 비중(%)임.
자료: 『2023년 환경백서』, p. 894.

3. 한국 환경정책의 구조

제5장에서 제11장까지가 설명한 바와 같이 각국이 사용하는 환경정책에는 다양한 종류가 있다. 특히 제도적·행정적 규제와 관련하여서 환경정책은 크게 환경기준을 사용하는 직접규제와 배출부과금제나 배출권거래제 등과 같은 경제적 유인을 사용하는 제도로 양분할 수 있고, 한국에서도 이 두 가지 종류의 정책이 모두 사용된다.3) 예를 들면 2017년과 2018년에 도입된 미세먼지 저감대책은 〈표 12-5〉와 같이 직접규제와 경제적 유인을 동시에 적용하고 있다. 그렇다면, 한국의 경우 직접규제와 경제적 유인을 사용하는 제도는 주로 어떻게 운용되고 있는가? 본절에서는 적용되는 모든 규제정책과 유인정책을 다 설명하지는 못하고 주요 정책 내용만 정리하여 보여주도록 한다.

표 12-5 2017, 2018년의 미세먼지 저감대책

부문	직접규제	경제적 유인
발전	• 노후석탄발전소 봄철 가동중지와 배출량기반 가동중지 • 재생에너지 비중 증대 • 환경급전	• LNG대비 유연탄 과세 증가
산업	• 먼지총량제 신설 • 수도권 외 총량관리지역 확대 • LNG시설 배출기준 강화 • 대형사업장 위주 굴뚝 감시	• 저 NO_x 보일러 지원확대 • 소규모 사업장 방지시설 개선지원
수송	• 건설기계 저공해화 • 선박유 황함유량 규제 • 하역장비 연료전환 의무화 • 이륜차 관리강화 • 노후경유차 운행제한 • 공공 친환경차 의무구매	• LPG 1톤 화물차 신차교체 보조금 • 중·대형차 폐차보조금 현실화
비상조치	• 차량2부제, 배출가스등급 운행제한 • 석탄발전 상한제약	

주: 대책을 직접규제와 경제적 유인으로 구분한 것은 저자의 자의적 분류에 따른 것임.

자료: 『2019년 환경백서』, pp. 60~61.

---

3) 물론 녹색산업육성과 수출지원, 녹색분류체계 도입, 각종 환경관련 협의회 운영, 환경기술개발에 대한 지원이나 환경마크제의 도입, 환경교육프로그램의 지원과 같은 다른 종류의 환경정책들도 시행되고 있다. 그러나 여기에서는 한국의 환경정책 가운데 전통적인 제도적·행정적 규제에 해당되는 정책들만 소개하고, 또한 환경부가 직접 관할하는 환경정책에 대해서만 논의한다.

가. 직접규제

제6장에서 정의한 바대로 직접규제란 사회적으로 바람직한 수준의 환경질을 달성하기 위해 정책당국이 오염자가 준수해야 할 행위를 구체적인 법률로 정하고, 사법권, 경찰력, 벌금, 행정조치 등과 같은 수단을 동원하여 오염자가 법률을 준수토록 하는 환경정책을 의미한다. 직접규제는 효율성이나 기술혁신을 자극하는 측면에서 볼 때 문제점을 가지

표 12-6 직접규제

구분	규제내용	비고
대기	배출시설 설치 허가·제한	특정대기유해물질이 발생되는 시설이나 특별대책지역 시설
	방지시설 설치	대기오염물질이 배출허용기준 이하가 되게 방지시설 설치 의무화
	측정기기의 부착 및 운영	적산전력계와 굴뚝자동측정기기
	자가측정	자가측정 혹은 대행업체 위탁
	연료사용 규제	
	휘발성 유기화합물 규제	특별대책지역이나 대기환경규제지역
수질	폐수배출시설 설치 허가·제한	특정수질유해물질이 발생되는 시설, 특별대책지역, 상수원보호구역 시설
	배출시설과 방지시설 운영 규제	
소음·진동	배출시설 설치 허가·제한	의료법, 도서관법, 교육관련법, 주택법 등에서 대상 시설 지정
악취	악취 배출시설 설치신고	환경부령으로 대상 시설 지정
휘발성유기화합물	배출시설 설치신고	석유정제시설, 석유화학제품시설, 저유소 및 주유소, 세탁시설 등
	배출억제·방지시설 설치	
잔류성유기오염물질	배출시설 허가 및 신고	알드린, 엔드린, 디엘드린, 톡사펜 등 12개 물질
	자가 측정 및 주변영향 조사	
비점오염원	오염원 설치 신고, 저감시설 설치·운영, 모니터링	도시개발, 산업단지 조성사업, 환경영향평가대상사업
개인하수처리시설	설치 신고	오수발생량에 따라 오수처리시설 혹은 정화조 설치
가축분뇨	분뇨 배출·처리시설 설치 허가 및 신고	축종별·지역별로 특정 면적 이상의 시설이 대상
폐기물	폐기물과 건설폐기물 처리시설 설치 승인·신고	폐기물관리법 등에 의해 대상 지정

자료: 환경부(2009), 『수요자관점의 환경규제편람』.

고 있는 정책이긴 하나 집행하기가 상대적으로 쉽고 비교적 단기간에 성과를 나타낼 수 있다는 장점이 있다. 따라서 한국 역시 다른 국가와 마찬가지로 직접규제가 환경정책으로서 우선적으로 사용되어 왔다. 그러나 1990년대 이후로는 직접규제보다는 상대적으로 더 효율적이고 신축적인 경제적 유인제도의 중요성이 강조되고 있다.

한국에서의 직접규제는 오염도기준, 배출기준, 기술기준을 모두 포함하고 있다. 먼저 기술기준은 많은 종류의 오염물질 배출행위에 대해 적용되며, 주로 심각한 오염물질을 배출하는 시설에 대해 적용되는 오염방지시설의 설치 및 운용에 대한 기준을 의미한다. 예를 들어 유해화학물질을 제조·보관·판매하는 업소의 경우 제조시설, 보관시설, 운반시설 등에 특정설비를 설치하여야만 한다. 이러한 기술기준 혹은 배출시설기준은 〈표 12-6〉에 정리되어 있는데, 이러한 기술기준 위주의 직접규제들 중 많은 수가 〈표 12-7〉이 보여주는 오염도기준이나 배출기준을 준수토록 하기 위해 적용된다.

그리고 〈표 12-6〉의 직접규제 외에도 2015년부터 시행된 『화학물질등록및평가등에관한법률』(화평법)을 통해 화학물질을 제조·수입하려 할 경우 등록하게 하되, 등록된 화학물질에 대해 위해성심사 및 위해성평가를 하게 되어 있다. 또한 역시 2015년부터 시행된 『화학물질관리법』(화관법)에 의해 유해화학물질의 허가제가 도입되고, 화학사고 발생 시 장외에 미치는 영향을 사전에 평가하는 장외영향평가서를 작성·제출토록 하고 있다.

환경부는 수질, 대기, 소음·진동, 토양 등에 관한 오염도기준을 설정하고, 이를 달성하기 위해 배출기준이라 할 수 있는 배출허용기준을 적용하고 있다. 배출허용기준을 위반할 경우 오염자는 개선명령, 조업중지, 사용중지, 허가취소, 벌금이나 징역형과 같은 제재를 받게 된다. 이들 오염도기준과 배출허용기준은 〈표 12-7〉에 정리되어 있다. 아울러 2017년부터는 오염 매체별로 허가·관리하던 기존 배출시설관리를 사업장 단위로 통합하여 관리하는 『통합환경관리제도』도 단계적으로 시행하고 있다.

나. 경제적 유인제도

이론적으로 보아 경제적 유인을 사용하는 환경정책으로서 배출부과금제, 배출보조금제, 제품부과금, 폐기물예치금제 등과 같은 가격변화 정책과 배출권거래제와 같은 수량정책이 있을 수 있다. 한국의 경우 배출권거래제는 온실가스를 대상으로 2015년에 도입되었다. 아울러 가격을 변화시키는 환경정책도 대부분 다 사용되고 있다고 보아야 한다. 그러나 한국에서 사용되는 경제적 유인제도의 명칭은 환경경제학에서 전통적으로 사용하는 정책 명칭과는 조금 다른 의미를 지니고 있으므로 이에 유의할 필요가 있다.

표 12-7 오염도기준 및 배출기준

구분	환경기준(오염도기준 및 배출기준)
수질	수질환경기준(하천, 호수, 지하수, 해역), 수질규제기준(폐수배출허용기준, 방류수 수질기준), 먹는 물 수질기준
대기	대기환경기준, 대기배출허용기준, 제작차 배출허용기준, 운행차 배출가스허용기준, 잔류성 유기오염물질 배출시설
소음 · 진동	소음 환경기준, 공장소음 진동 배출허용기준, 자동차의 소음 허용기준(제작자동차, 운행자동차, 건설 및 생활소음 진동규제 기준)
악취	악취관리지역안의 사업장에서 배출되는 악취
토양보전 및 유독물 관리	토양오염 우려기준 및 대책기준, 농수산물 재배를 제한할 수 있는 오염기준, 유독물 및 관찰물질의 지정기준

자료: 환경부(2009), 『수요자관점의 환경규제편람』과 각년도 『환경백서』.

한국에서 사용되고 있는 주요 경제적 유인제도는 각종 부담금이라는 이름으로 불리는 정책이 주를 이룬다. 이 제도들은 구체적으로 실행되는 방식에 있어서는 제7장 등에서 설명한 배출부과금제와 차이를 가지기도 하지만 오염물질 배출행위의 비용을 늘려 저감행위를 유도하고자 한다는 점에서 배출부과금제와 유사하다. 뿐만 아니라 이들 부과금은 가장 중요한 환경예산 세입원이 되기도 한다. 아래에서는 환경부의 부담금제도 중 중요한 것들의 특성만을 정리한다.

[1] 환경개선부담금

환경개선특별회계의 수입원 중 하나인 환경개선부담금은 오염의 원인자로 하여금 환경개선에 필요한 투자재원을 부담하게 하면서, 오염 유발 행위의 비용도 높이려는 정책이다. 원래 환경개선부담금은 시설물과 경유 자동차에 적용되었으나, 시설물에 부과되던 부담금이 폐지되고 경유 자동차에만 적용되게 되었다.

환경개선부담금의 적용 대상은 경유를 연료로 하는 자동차 소유주이지만, 감면 대상도 정해져 있다.[4] 환경개선부담금의 산정기준은 다음과 같다.

환경개선부담금＝대당 기본부과금액×오염유발계수×차령계수×지역계수

---

4) 자세한 규정은 2015년 발간된 환경부의 『환경개선부담금 업무편람』에 수록되어 있다.

대당 기본부과금액은 기준 부과액에 물가 상승률 등이 반영되어 매해 조정된다. 오염유발계수는 배기량 차이를 반영하며, 차령계수는 차량의 노후화 정도를 반영하고, 지역계수는 행정구역별로 달리 적용된다. 이렇게 징수된 환경개선부담금은 환경개선사업비의 지원융자, 저공해 기술개발을 위한 연구비 지원, 자연환경보전사업 등에 사용된다.

〔2〕 배출부과금

한국의 환경정책 가운데 배출부과금제라는 명칭을 지니는 정책이 있으나, 이 정책은 환경경제학 문헌이 배출부과금제라 부르는 정책과는 조금 차이가 있다. 환경경제학 문헌에서의 배출부과금제란 배출량 단위당 특정 금액을 오염원에게 부과하는 정책을 의미하고, 이 경우 오염원의 배출량과 상관없이 동일한 부과금이 단위 배출량에 대해 적용된다. 그러나 한국의 배출부과금제는 이보다 더 복잡한 구조를 지니고 있다. 즉 배출부과금에는 수질배출부과금과 대기배출부과금의 두 가지가 있으며, 두 가지 부과금은 또한 각각 기본부과금과 초과부과금의 합으로 구성되어 있다.[5]

먼저 수질배출부과금은 폐수배출시설을 설치·가동하거나 공공폐수처리시설·공공하수처리시설을 설치·운영 중인 자에게 부과된다. 수질배출부과금 중 초과부과금은 폐수배출시설의 배출허용기준을 초과하여 배출되는 오염물질량에 부과되며, 기본부과금은 폐수배출시설 및 공공폐수처리시설·공공하수처리시설에서 배출되는 폐수 중 배출허용기준 이하라도 방류수 수질기준을 초과하는 경우의 오염물질에 대해 부과된다. 배출부과금은 또한 무허가 또는 미신고 배출시설에 대해서도 부과한다.

수질배출부과금 기본부과금의 부과대상은 유기물질과 부유물질이다. 초과부과금의 적용대상 물질은 더 많은 19종으로 정해져 있다. 기본부과금은 배출허용기준 이내 배출량에 오염물질 kg당 부과금액, 연도별 산정지수, 사업장별 부과계수, 지역별 부과계수, 방류수수질기준 초과율별 부과계수를 곱하여 산정한다. 그리고 초과부과금은 기준 위반 시 사업장 규모에 따라 특정 금액의 고정액을 부과하고, 추가로 오염물질별 단위(1kg 등)당 부과금액과 누진·계수적 성격의 각종 부과계수(배출허용기준초과율별·지역별·위반횟수별 부과계수)와 연도별 산정지수를 곱하여 도출한 처리부과금을 적용한다.

대기배출부과금은 대기배출시설을 설치·가동 중인 자에 대해 부과되며, 역시 배출허용기준 이하로 배출되는 오염물질의 배출량과 농도에 따라 적용되는 기본부과금과 배출허

---

5) 자세한 설명은 2023년 발간된 환경부의 『배출부과금 업무편람』에서 얻을 수 있다.

용을 초과하여 배출되는 오염물질의 배출량과 농도에 따라 적용되는 초과부과금의 합으로 구성된다. 그리고 무허가 또는 미신고 배출시설에 대해서도 부과한다. 기본부과금 적용대상은 황산화물, 먼지, 질소산화물이고, 초과부과금 적용대상은 이들 3종 외에도 암모니아 등을 포함하는 9종으로 정해져 있다. 대기오염물질에 대해 적용되는 기본부과금과 초과부과금의 산정식은 수질오염물질의 경우와 유사하다.

환경경제학 문헌이 배출부과금제라 부르는 정책은 어떤 오염원에 대해 배출량과 무관하게 단위당 동일한 금액의 부과금을 징수하고, 배출량은 전적으로 오염원이 결정하도록 하는 정책이다. 한국의 배출부과금제도는 이러한 전통적 의미의 배출부과금제와 배출기준을 설정하는 직접규제가 결합된 형태이다. 즉 이 제도는 정부가 미리 정한 배출허용기준 이내의 오염물질만을 배출하는 오염원에 대해서는 비교적 낮은 부과금률을 적용하고, 기준을 초과하는 오염원에 대해서는 그 초과분에 대해 더 높은 부과금률을 적용하여 기준의 준수를 유도하는 정책이다.

〔3〕 재활용부과금

제7장은 유리병이나 음료수용 캔처럼 재활용이 가능한 물질을 이용하여 제작된 제품을 판매하는 기업으로 하여금 제품판매 시 특정 금액을 예치하게 한 뒤, 이들 물질을 수거하여 재활용할 경우 예치금을 반환하는 제도를 폐기물예치금제도라 하였다. 한국 정부는 1992년부터 폐기물예치금제를 사용해 왔으나 2002년 『자원의절약및재활용촉진에관한법률』 개정으로 이 제도가 폐지되고 생산자책임재활용제도(EPR; Extended Producer Responsibility)가 새로 도입되었다.

생산자책임재활용제도는 제품이나 포장재 생산자에게 일정량의 재활용 의무를 부여하고 이를 이행하지 않을 시 재활용부과금을 부여함으로써 제품의 설계·생산단계부터 폐기물 발생량을 원천적으로 줄이고 재활용을 확대하고자 하는 제도이다.

재활용 의무 대상 품목은 4개 포장재군(종이팩, 금속캔, 유리병, 합성수지포장재), 9개 제품군(윤활유, 전지류, 타이어, 조명 제품, 수산 양식용 부자, 곤포 사일리지용 필름, 김발장, 필름류 제품 5종, 합성수지 재질의 제품 15종)이다.

〔4〕 폐기물부담금

폐기물부담금은 유해 성분이 포함되어 있거나 회수·재활용이 어려운 제품, 재료, 용기의 제조업자나 수입업자에게 부과되는 금액이다. 이들 물질의 폐기물 처리에 드는 비용을 제조업자와 수입업자가 부담하게 하며, 결국 환경피해를 제품가격에 반영하게 된다.

『자원의절약및재활용촉진에관한법률』에 의해 1993년부터 사용되고 있는 이 제도는 따라서 제7장이 설명한 제품부과금과 유사한 제도이다.

폐기물부담금은 살충제, 유독물 부동액, 껌, 1회용 기저귀, 담배(전자담배 포함), 고흡수성수지를 냉매로 사용한 아이스팩, 기타 법률에 정해진 플라스틱을 재료로 사용한 제품 등에 대해 적용된다.

참고문헌

- 김인환·이덕길(1998), 『신환경정책론』, 박영사.
- 문태훈(1997), 『환경정책론』, 형설출판사.
- 한국환경기술개발원(1996), 『한국의 환경 50년사』.
- 환경부(각년도), 『환경백서』.
- 환경부(2009), 『수요자관점의 환경규제편람』.
- 환경부(2014), 『배출부과금 업무편람』.
- 환경부(2015), 『기록으로 만나는 환경부이야기』.
- 환경부(2015), 『환경개선부담금 업무편람』.
- 환경부(2023), 『배출부과금 업무편람』.

MEMO

지금까지 우리는 바람직한 환경이용 형태를 유도하기 위해 정부가 사용할 수 있는 여러 정책과 그 효과를 살펴보았다. 정부가 구체적인 환경정책을 입안하고 실행하기 위해서는 환경정책과 관련된 정보를 필요로 한다. 특히 정부는 어떤 정책의 실행결과 환경질이 어느 정도로 개선되고, 그로 인해 사회적 편익이 어느 정도로 늘어날 것인지를 예측할 수 있어야 하고, 정책으로 인해 저감비용이 어느 정도 소요되는지도 파악할 수 있어야 한다.

제4부는 환경정책으로 발생하는 편익과 비용에 관한 정보를 구하여 정책에 관한 구체적인 평가를 내리는 방법들에 대해 논의한다. 제13장은 환경정책의 영향을 평가하기 위해 사용되는 여러 가지 분석 틀에 관해 설명하고, 제14장에서 제18장까지는 이러한 분석 틀 가운데서도 환경경제학에서 특히 많이 사용되는 비용-편익분석의 구체적인 기법에 대해 설명한다. 환경재의 경우 그 가치를 반영하는 시장가격이 형성되지 않기 때문에 특히 환경질 개선의 편익에 대한 정보를 얻는 것이 어렵다. 따라서 제4부는 환경정책의 편익을 추정하는 방법에 대해 보다 자세히 설명하며, 정책비용에 관한 내용은 제18장에서 상대적으로 간략하게 논의한다.

환경정책의
비용-편익분석

13 환경정책영향의 분석 틀

CHAPTER

환경정책의 영향은 여러 가지 분석 틀을 사용하여 분석할 수 있다. 제1절은 경제학자들이 가장 많이 사용하는 비용-편익분석에 대해 논의하고, 제2절은 비용-편익분석 외의 여타 분석 틀에 대해 논의한다. 제3절은 한국에서 법률에 의해 시행되는 주요 평가법에 대해 설명한다. 그리고 제4절에서는 비용-편익분석의 사례를 제시한다.

section 01 비용-편익분석

비용-편익분석(benefit-cost analysis)은 정부에 의해 수행되는 갖가지 공공사업이나 정책에 대한 평가를 위해 사용되는 가장 일반적인 분석 틀로서, 설정된 목표를 달성하기 위해 취할 수 있는 여러 대안별 비용과 편익을 측정하고, 이에 기초하여 최선의 대안을 선택하기 위해 사용되는 기법이다. 따라서 비용-편익분석은 제2절에서 설명될 환경영향평가와 같은 여타 정책평가기법을 포괄하는 종합적인 분석기법이다.

비용-편익분석의 특징으로는 우선 정부의 공공사업 평가를 위해 사용되므로 그 구성항목도 국민경제 전체의 관점에서 파악되어야 한다는 점을 들 수 있다. 개별기업이 자신의 투자 사업에 대한 평가를 할 경우에는 예상되는 투자비와 기대되는 수입을 비교하여, 기대수입에서 예상비용을 빼준 기대이윤이 최대가 되는 사업에 투자하고자 할 것이다. 이 경우 기업의 수입과 비용은 어디까지나 기업 자신에게만 귀속되는 사적인 수입과 비용이다. 그러나 비용-편익분석에 있어서의 편익과 비용은 환경질 개선이나 오염피해와 같은 사회 전체 관점에서의 편익과 비용에 영향을 주는 요소들을 모두 포함하여야 한다.

비용-편익분석의 두 번째 특징은 현실성을 고려한 실무적인 분석 수단이라는 점이다. 비용-편익분석은 학문적인 관심을 충족하기 위해서 행해지기도 한다. 하지만 이 분석은 무엇보다도 가장 효율적인 방법으로 정책목표를 달성할 수 있는 수단을 찾고자 사용되고 있으며, 또한 정부정책을 국회나 국민이 승인하는 데 필요한 정보를 얻기 위해 사용되기도 한다. 따라서 비용-편익분석에서는 정책의 실행가능성에 영향을 미치는 여러 사회·경제적, 정치적 요인들이 고려되어야 한다.[1]

비용-편익분석의 세 번째 특징은 시간이 중요한 변수로 개입된다는 사실이다. 대부분의 공공사업이나 규제의 효과는 1년 안에 모두 나타나는 것이 아니라 장기간에 걸쳐 나타나며, 투자비 역시 수년에 걸쳐 투입되어야 한다. 이 경우 서로 다른 시점에서 발생하는 편익과 비용을 비교하는 것이 중요한 문제로 등장하고, 비용-편익분석의 결론은 서로 다른 시점에 발생하는 이들 요소를 어떻게 비교하느냐에 따라 달라지기도 한다.

1. 비용-편익분석의 절차

비용-편익분석은 크게 다음 다섯 가지 절차를 밟아 수행한다.

① 평가대상 사업이나 정책을 명시
② 사업이나 정책을 수행하는 데 필요한 투입요소와 결과물을 계량화
③ 계량화된 투입요소와 결과물의 사회적 비용과 편익을 추정
④ 편익과 비용을 비교
⑤ 민감도분석

분석을 시행할 때 먼저 누구의 시각으로 분석이 이루어지는지를 결정해야 한다. 비용-편익분석은 공공사업 평가를 위해 사용되지만, 국가 전체를 보면 다양한 공공부문이 있다. 만약 공공사업이 중앙정부에 의해 수행된다면 이때의 비용과 편익은 국민 전체의 비용과 편익이 되어야 한다. 반면 고려되는 사업이 지방정부에 의해 수행되고, 비용도 해당 지역만 부담한다면 이때의 비용과 편익은 이 지방정부 관할 내 주민의 비용과 편익이 되어야 할 것이다. 비용-편익분석의 첫 번째 절차는 또한 공공사업이나 정책 수단을 구성하는 기본 요소를 명시하여야 한다. 즉 사업이나 규제정책 등이 시행되는 지역과 시간, 관계된 주민, 다른 정책과의 관련성 등을 명확히 하여야 한다.

두 번째 절차는 사업이나 정책의 투입요소와 결과물을 계량화하는 것이다. 예를 들어

---

[1] 비용-편익분석이 정책선택 문제에 도입된 계기는 1936년의 미국홍수관리법(United States Flood Control Act)인 것으로 알려져 있다. 이 법은 연방정부가 홍수관리에 개입하기 위해서는 사업 시행으로 인한 편익이 예상 비용을 넘어서야 한다고 규정하였다.

하수처리장을 설치하는 경우 공학적인 방법을 동원해 처리장 설치를 위해 필요한 투입요소와 사업결과 처리가능한 하수의 양과 그로 인한 수질개선효과 등을 계량화하는 것이 이 두 번째 절차에 속한다. 사업시행 시점에서는 미래의 투입요소 필요량과 사업결과에 대해 완전하게 알 수 없으므로 공학적 예상에 근거하여 이들을 계량화하여야 한다.

세 번째 단계는 투입요소와 결과물을 금액으로 환산하는 절차, 즉 비용과 편익을 추정하는 절차이다. 이 단계는 특히 환경과 관련된 정부정책의 비용-편익분석을 행할 때 가장 힘든 단계이다. 환경재의 경우 그 가치를 적절히 반영하는 시장가격이 없기 때문에 정책의 환경개선효과를 금액으로 환산하는 것은 매우 힘든 일이다. 이를 위해 사용되는 여러 가지 방법에 대해서는 제15장~제17장에서 다루기로 한다.

네 번째 절차는 계산된 비용과 편익을 비교하여 가장 효율적인 정책수단을 찾는 과정이다. 비용과 편익을 비교하는 세 가지 방법이 있다. 첫 번째 방법은 편익에서 비용을 빼준 순편익을 구하여 정책평가를 하는 방법이고, 두 번째 방법은 편익과 비용의 비율을 계산하는 방법이다. 마지막으로 내부수익률(internal rate of return)을 사용하는 방법도 있다. 이들 방법에 대해서는 아래에서 다시 설명하기로 한다.

비용-편익분석의 마지막 단계는 민감도분석 혹은 감응도분석(sensitivity analysis)이다. 위에서 설명한 바와 같이 다년간에 걸쳐 시행되고 효과가 발생하는 사업이나 정책에 대한 평가 시 미래의 비용과 편익은 예상비용과 예상편익이다. 따라서 투입요소나 사업결과, 여러 가격변수 등의 예기치 못한 변화에 의해 사업의 실제 편익과 비용은 예상과 달라질 수 있다. 민감도분석은 사업 관련변수의 예기치 못한 변화로 인해 발생하는 위험도를 예상하여 이를 정책결정에 반영하기 위해 사용되는 기법으로서, 관련 변수의 다양한 변동이 사업의 편익과 비용에 어떤 영향을 미치는지를 분석한다.

2. 할인율의 선택

대부분의 정부 공공사업이나 정책의 경우 이를 달성하기 위해 소요되는 비용이나 효과가 단기간에 나타나는 것이 아니라 오랜 시간에 걸쳐 나타난다. 이 경우 서로 다른 시간에 발생하는 비용이나 편익을 비교하는 것이 까다로운 문제로 등장한다. 예를 들어 하수처리장을 설치하는 공사가 진행될 동안에는 설치비용이 주로 소요되지만 공사가 끝난 후에는 운영비가 주로 소요된다. 그렇다면 서로 다른 연도에 발생하는 설치비와 운영비를 어떻게 합해주어 하수처리시설의 총비용을 계산할 수 있는가?

이렇게 서로 다른 시점 혹은 연도에 발생하는 비용이나 편익을 비교하기 위해서는 통상 할인(discounting)이라는 방법을 사용한다. 할인은 미래의 어떤 시점에 발생할 비용이나 편익을 지금 이 시점의 현재가치(present value)로 환산하는 절차를 의미한다. 예를 들어 A라는 사람이 10년 후에 어떤 사람에게 500만 원을 지불하기로 약속하였다고 하자. 이 10년 후의 500만 원이 지금 당장에는 어느 정도의 가치를 지니는지를 알기 위해서는 지금 A가 어느 정도의 금액을 은행에 예치하여야 10년 후에 500만 원을 만들 수 있는지를 확인하면 된다. 예금에 대한 이자가 복리로 연 5%라 하자. 10년 후에 500만 원을 만들기 위해 현재 예금해야 할 금액은 다음 식을 만족하여야 한다.

$$x(1+0.05)^{10} = 500만 원$$

위의 관계를 만족하는 x, 즉 10년 후 500만 원의 현재가치는 약 307만 원이다. 10년 후의 500만 원의 현재가치는 다음을 통해서도 구해질 수 있다.

$$\frac{500만 원}{(1+0.05)^{10}} \approx 307만 원$$

위의 5% 이자율처럼 미래의 비용이나 편익을 할인하여 현재가치로 만들어 주기 위해 사용하는 비율을 할인율(discount rate)이라 한다. 예를 들어 할인율이 r이고 공공사업이 시작된 n년 후에 발생하는 편익을 B_n이라 하면, B_n을 사업 시행 시점의 현재가치로 환산한 금액은 $PV(B_n) = \dfrac{B_n}{(1+r)^n}$으로 나타난다.

할인율은 각기 다른 시점에 발생하는 모든 비용과 편익을 현재가치로 환산하여 서로 비교할 수 있도록 하여 준다. 통상적으로 할인율은 위의 예처럼 이자율과 밀접한 관련을 맺고 있다. 그러나 금융시장에는 다양한 종류의 이자율이 있고, 어떤 할인율을 사용하느냐에 따라 공공사업에 대한 평가가 달라질 수 있다.

우선 이자율은 명목 이자율(nominal interest rate)과 실질 이자율(real interest rate)로 구분된다. 명목 이자율은 말 그대로 시장에서 우리가 실제로 관측하는 이자율이다. 즉 오늘 예금한 100만 원이 일 년 후 되찾을 때 105만 원이 된다면 이때의 명목 이자율은 5%가 된다. 실질 이자율은 명목 이자율에서 물가 상승률을 빼준 것이다. 만약 위의 예에서 연간 물가 상승률이 2%였다면 실질 이자율은 3%가 된다. 비용−편익분석에서 각 연도의 비용이나 편익이 물가 상승률을 고려하지 않은 명목 가격으로 계산될 경우에는 할인율로 명목 이자율을 사용하여야 하고, 반대로 물가 상승률을 반영한 실질 비용이나 실질 편익을 비교할 경우에는 실질 이자율을 할인율로 사용해야 한다.

이자율에는 예금자가 맡긴 예금에 대해 은행이 지불하는 예금 이자율이 있고, 또한 대출자가 대출금에 대해 은행에 지불하는 대출 이자율도 있다. 예금 이자율을 할인율로 선택하는 것은 시간에 대한 선호(time preference)를 반영하기 위해 할인을 해주는 것이라 보면 된다. 통상적으로 모든 사람은 동일한 금액을 미래에 받기보다는 현재에 받기를 더 원하는 경향이 있으며, 이 경우 사람들이 시간에 대한 선호를 가진다고 말한다. 사람들이 시간에 대해 선호를 가짐에도 불구하고 은행에 소득의 일부를 맡기는 이유는 은행이 자신의 시간에 대한 선호에 해당되는 만큼의 이자소득을 지급하기 때문이다. 따라서 할인 이유를 소비자의 시간에 대한 선호에서 찾을 경우 금융시장의 평균 예금 이자율을 할인율로 선택하여야 한다.

예금 이자율을 할인율로 선택할 수 있는 이유는 간단한 수식을 이용해 설명할 수도 있다. 현재 소득이 I인 소비자가 현재와 미래 두 기에 소비하되, 현재를 위한 소비 지출액을 C_0, 미래를 위한 소비 지출액을 C_1이라 하자. 두 기의 소비로 인해 얻는 만족도는 $U(C_0, C_1)$와 같은 함수로 나타내자. 소득 중 소비되지 않고 예금되는 것은 $I - C_0$인데 여기에 은행이 r의 이자율을 준다면 미래에는 $C_1 = (1+r)(I - C_0)$만큼의 소비가 가능하다. 따라서 소비자는 결국 $U(C_0, (1+r)(I - C_0))$를 극대화하는 C_0를 선택하는데, 그 극대화 조건은 $\frac{\Delta U}{\Delta C_0} - (1+r)\frac{\Delta U}{\Delta C_1} = 0$이고, 이는 식 (13-1)과 같이 변환된다.

$$\frac{\Delta U/\Delta C_0}{\Delta U/\Delta C_1} = 1 + r \quad\text{··}\quad \boxed{13\text{-}1}$$

한편, 소비자가 현재 소비와 미래 소비를 모두 변화시킬 수 있다면 만족도 변화분은 $\Delta U = \frac{\Delta U}{\Delta C_0}\Delta C_0 + \frac{\Delta U}{\Delta C_1}\Delta C_1$와 같다. 즉 만족도 변화분은 [$C_0$소비 한 단위 증가가 늘리는 만족도 $\times C_0$변화량 + C_1소비 한 단위 증가가 늘리는 만족도$\times C_1$변화량]과 같다. 소비자들이 두 기의 소비를 바꿀 수는 있지만 항상 일정한 만족도를 유지하고자 한다면 $\Delta U = 0$이어야 하고, 이 경우 $\frac{\Delta U/\Delta C_0}{\Delta U/\Delta C_1} = -\frac{\Delta C_1}{\Delta C_0}$의 조건이 충족되어야 한다. 즉 식 (13-1)의 좌변은 동일한 만족도를 유지하기 위해서 현재의 소비량을 하나 더 늘리는 대신 몇 개의 미래 소비를 줄여도 되는지를 나타낸다.[2] 소비자가 시간에 대한 선호를 가지

―――――――――

2) 즉 식 (13-1)의 좌변은 두 시점의 소비 C_0와 C_1 간의 한계대체율(marginal rate of substitution)을

기 때문에 그 수치는 1보다 크며, 1보다 더 큰 정도만큼을 은행이 이자율 r로 지급하기 때문에 소비자는 저축을 하고 적정한 미래 소비량을 결정한다. 따라서 결국 자본시장에서 형성되는 예금 이자율은 소비자들이 가지는 시간에 대한 선호를 반영하는 할인율이다.

반면 기업이 은행에 납부하는 대출 이자율을 할인율로 선택하는 것은 투자의 한계생산성(marginal productivity of investment)을 반영하여 할인을 하는 경우이다. 어떤 자금이 정부의 공공사업에 사용되지 않고 민간에 투자된다면 투자수익을 얻을 수가 있을 것이므로 공공사업자금의 기회비용인 민간 부문의 투자수익률은 자연스럽게 공공사업의 할인율로 사용될 수 있다. 통상적으로 기업이 대출하는 자금에 대한 이자율은 민간 투자의 한계생산성을 반영하여 결정되기 때문에 대출 이자율을 할인율로 선택하는 것은 결국 투자의 한계생산성을 반영하여 할인하는 것을 의미한다.

위와 같은 이자율 중 어느 이자율을 할인율로 선택할지에 관한 정설은 없다. 국가별로 그리고 사업별로 다양한 할인율이 선택되는데, 대개 선진국보다는 개발도상국에서 더 높은 할인율이 선택된다. 그리고 최근에는 특히 정책이나 사업이 영향을 미치는 기간이 길고 미래의 편익이나 비용이 불확실할 경우에는, 할인율이 전체 기간에서 동일하게 적용되기보다는 시간이 지나면서 변하도록 하는 것이 적절하다고 얘기되고 있다.[3]

3. 비용과 편익의 비교

앞서 밝힌 바대로 정책목표를 달성하는 구체적인 사업이나 수단을 선택하기 위해 각 대안의 비용과 편익을 비교할 때는 다음과 같은 세 가지 방법을 사용한다.[4]

가. 현재가치기준

현재가치기준(present value criterion)을 사용하여 비용과 편익을 비교할 경우에는 먼저 각 연도에 발생하는 편익에서 비용을 빼준 순편익을 구한 뒤, 이러한 순편익의 현재가치의 합을 극대화하는 공공사업이나 정책을 선택하도록 한다. 사업 시작 후 t년에 발생하는 편익과 비용을 각각 B_t와 C_t라 하고, 사업의 효과가 완전히 종료되는 시점이 사업 시작 후 T년이라 하면, 이 사업의 순편익의 현재가치의 합은 다음과 같다.

나타낸다.
3) 이러한 가변할인율에 대해서는 제22장에서 기후변화 대책을 논의하며 자세히 설명한다.
4) 아래의 설명은 보드웨이와 월다신(Boadway and Wildasin, 1984)을 참조한 것이다.

$$PVNB \;=\; \sum_{t=0}^{T} \frac{B_t - C_t}{(1+r)^t} \;\; \cdots\cdots\cdots\cdots\cdots\cdots\cdots\cdots\cdots\cdots\cdots\cdots\cdots\cdots\cdots\cdots\cdots\cdots \;\; \boxed{13\text{-}2}$$

따라서 현재가치기준을 따를 경우 개별 공공사업이나 정책의 $PVNB$가 0 이상이면 이를 수행할 가치가 있고, 반면 $PVNB$가 0보다 작은 사업이나 정책은 시행하지 않아야 한다. 또한 서로 다른 여러 공공사업이나 환경정책이 있을 경우 가장 큰 $PVNB$를 가지는 사업이나 정책이 우선 시행되어야 한다.5) 즉 현재가치기준을 적용할 경우 개별 사업이나 정책이 시행되어야 할지를 결정할 수 있을 뿐만 아니라, 여러 사업이나 정책의 시행 순서까지 효율성을 기준으로 결정할 수 있다.

나. 내부수익률기준

내부수익률(internal rate of return, IRR)은 어떤 공공사업이나 정책의 순편익의 현재가치의 합, 즉 $PVNB$를 0으로 만들어 주는 할인율이며, 다음을 만족하는 I의 값이다.

$$0 \;=\; \sum_{t=0}^{T} \frac{B_t - C_t}{(1+I)^t} \;\; \cdots\cdots\cdots\cdots\cdots\cdots\cdots\cdots\cdots\cdots\cdots\cdots\cdots\cdots\cdots\cdots\cdots \;\; \boxed{13\text{-}3}$$

식 (13-3)은 T차의 다항식이기 때문에 원칙적으로는 식 (13-3)을 푸는 T개의 내부수익률이 존재할 수 있다. 그러나 통상적으로 공공사업이나 정책은 초기에 비용이 많이 들어 $B_t - C_t$가 0보다 작다가 후기로 가면서 0보다 큰 값을 가지게 된다. 이와 같이 $B_t - C_t$의 부호가 한 번만 바뀌면 유일한 내부수익률이 실수로 존재한다.6)

내부수익률은 식 (13-3)과 같은 절차를 통해 사회적 할인율이 어느 정도인지에 상관 없이 구해지게 된다. 그리고 구해진 내부수익률과 사회적 할인율을 비교하여 특정 사업을 시행할 것인지를 판단할 수 있다. 즉 내부수익률이 유일하면 이는 $PVNB$를 0으로 만들어 주는 할인율이므로 다음 관계가 존재한다.

$$I \;\geq\; r \;\rightarrow\; \sum_{t=0}^{T} \frac{B_t - C_t}{(1+r)^t} \;\geq\; 0$$

---

5) 제3장은 사회적으로 효율적인 자원배분은 시장에서의 거래 결과 사회적 순편익이 극대화될 때 달성된다고 정의하였다. 정태적인 시장에서의 이러한 효율성은 정태효율성(static efficiency)이라 할 수가 있으며, 다년간에 발생하는 편익과 비용의 변화를 모두 고려한 $PVNB$가 극대가 되는 상태를 동태효율성(dynamic efficiency)이 달성되는 상태라 정의할 수 있다.

6) 관련된 유명한 수학 정리가 데카르트(Descartes) 부호 법칙이다.

$$I \ < \ r \to \sum_{t=0}^{T} \frac{B_t - C_t}{(1+r)^t} \ < \ 0$$

따라서 내부수익률이 사회적 할인율로 선택되는 이자율보다 더 클 경우에는 사업이나 정책이 시행되어야 하고, 그 반대의 경우에는 시행되지 않아야 한다.

내부수익률기준은 위와 같이 개별 사업이나 정책이 실행되어야 하는지를 판단하기 위해 사용될 수 있지만, 여러 개의 사업이나 정책 간의 순서를 효율성을 기준으로 결정하는 데에는 한계를 가진다. 이를 확인하기 위해 〈표 13-1〉과 같은 상황을 고려해 보자.

표 13-1 내부수익률기준과 현재가치기준

사업명	각 연도의 순편익(단위: 억원)			내부수익률 (%)	다양한 할인율에서의 $PVNB$		
	0	1	2		3%	4.35%	12%
A	-1,000	0	1,200	9.54	131.1	102	-43.4
B	-1,000	1,150	0	15.0	116.5	102	45.5

〈표 13-1〉과 같은 상황에서 사업 A와 B는 모두 사업 시작 연도에 1,000억 원의 공사비를 필요로 한다. 사업 A는 이 사업으로 인해 2년 후 1,200억 원의 순편익을 얻으며, 사업 B의 경우에는 사업 시작 1년 후에만 1,150억 원의 순편익을 얻는다. 따라서 각 사업의 내부수익률은 9.54%와 15%이다. 이 경우 사업 B의 내부수익률이 사업 A보다 더 크므로 사업 B를 우선 시행해야 하는가? 결론적으로 말하면 내부수익률은 사업의 우선순위를 결정하는 데 있어 시간에 대한 선호나 투자의 한계생산성을 나타내는 사회적 할인율을 고려하지 못하므로 내부수익률이 큰 사업만을 선택할 경우 오류를 범할 수 있다. 〈표 13-1〉의 우측 열에 나타나 있는 각 사업의 $PVNB$를 비교하면, 사회적 할인율이 12% 정도로 높을 경우에는 사업 B가 여전히 A보다 선호되어야 하나, 만약 할인율이 3% 정도로 낮을 경우에는 반대로 사업 A가 선호되어야 한다. 현재가치기준을 사용할 경우 할인율이 4.35% 미만일 경우에는 사업 A가 먼저 선택되어야 하고 할인율이 4.35% 이상일 경우에는 사업 B가 먼저 선택되어야 한다. 이상과 같이 사업 간의 우선순위를 결정하는 것은 $PVNB$의 크기이지 내부수익률이 아니므로 할인율이 각 사업의 $PVNB$에게 미치는 영향을 고려하지 않는 내부수익률기준은 사업 간의 우선순위를 결정하는 데 사용될 수 없다.

다. B/C기준

B/C(Benefit-Cost ratio, B/C)기준을 사용하여 각 사업이나 정책을 평가할 경우에는 편

익의 현재가치의 합을 비용의 현재가치의 합으로 나누어 그 비율이 1 이상이면 사업을 시행하고 반대로 1보다 작으면 시행하지 않는다. 즉 B/C기준은 다음과 같이 정의된다.

$$\frac{B}{C} = \frac{\sum_{t=0}^{T} \dfrac{B_t}{(1+r)^t}}{\sum_{t=0}^{T} \dfrac{C_t}{(1+r)^t}}$$ **13-4**

내부수익률과 마찬가지로 B/C기준 역시 순편익의 현재가치의 합과는 다음과 같은 1:1대응관계를 가진다.

$$\frac{B}{C} \geq 1 \rightarrow \sum_{t=0}^{T} \frac{B_t - C_t}{(1+r)^t} \geq 0$$

$$\frac{B}{C} < 1 \rightarrow \sum_{t=0}^{T} \frac{B_t - C_t}{(1+r)^t} < 0$$

이상과 같이 B/C기준을 사용하여 개별 사업이나 정책이 사회적 순편익을 증대시키는 여부를 파악할 수 있고, 따라서 이 사업이나 정책이 시행되어야 하는지를 파악할 수 있다. 그러나 B/C기준은 각 사업의 후생효과의 단위(scale)가 서로 다른 측면을 고려하지 못하기 때문에 내부수익률과 마찬가지로 서로 다른 대안들의 우선순위를 결정하는 목적에는 사용될 수 없다. 예를 들어 어떤 사업 A의 편익의 현재가치의 합은 200억 원이고, 비용의 현재가치의 합은 100억 원이라 하자. 이 사업의 B/C는 2이고, 순편익의 현재가치의 합(=$PVNB$)은 100억 원이다. 다른 사업 B의 편익의 현재가치의 합은 170억 원이고, 비용의 현재가치의 합은 80억 원이라 하자. 사업 B의 B/C는 2.125이고, 순편익의 현재가치의 합은 90억 원이다. 따라서 이 예에서 현재가치기준을 따를 경우 사업 A가 선택되어야 하나, B/C기준은 각 사업의 편익과 비용의 규모는 무시하고 그 비율만을 비교하기 때문에 사업 B를 선택하게 한다.

라. 현재가치기준의 한계

이상에서 살펴본 바와 같이 현재가치기준은 내부수익률기준이나 B/C기준과는 달리 개별 사업의 타당성에 대한 평가뿐 아니라 여러 정책대안이나 수단의 우선순위를 결정하기 위해서도 사용될 수 있고, 따라서 비용－편익분석에서 우선 사용되어야 할 기준이다. 그러나 이러한 현재가치기준을 사용할 때도 몇 가지 주의를 기울여야 한다. 우선 예산제약

표 13-2 예산제약하 정책대안의 선택

사업명	각 연도의 순편익(단위: 억원)		$PVNB$ (할인율=5%)
	0	1	
A	-800	950	105
B	-500	600	71
C	-400	500	76
D	-200	240	29

이 있다면 반드시 순편익의 현재가치 합이 큰 순서대로 사업이나 정책을 시행하여야 하는 것은 아니다. 이를 1년 후 편익이 발생하는 사업들을 보여주는 〈표 13-2〉를 예로 들어 살펴보자.

$PVNB$에 따라 사업의 우선순위를 정하면 A→C→B→D의 순위가 결정된다. 이 상황에서 정부가 단 하나의 사업만을 시행할 수 있다면 사업 A를 우선 시행하여야 한다. 정부가 이러한 종류의 공공사업을 위해 연간 1,000억 원의 예산을 확보할 수 있다고 가정하자. 정부가 $PVNB$가 제시하는 우선순위를 따라 사업 A를 시행하면 나머지 200억 원으로는 사업 D를 추가로 시행할 수 있고, 두 사업의 $PVNB$의 합은 134억 원이다. 그러나 정부가 사업 A의 시행을 포기하고 대신 사업 B와 C를 동시에 시행한다면, 이 두 사업의 $PVNB$의 합은 147억 원이 되어 이 두 사업을 시행하는 것이 더 유리하다. 이상의 예가 보여주듯이 $PVNB$를 기준으로 하여 공공사업을 평가할 경우에도 개별사업의 $PVNB$ 순위를 기계적으로 따라서 사업의 우선순위를 결정할 것이 아니라, 정부의 예산제약하에서 최대의 $PVNB$ 합을 가져다주는 사업조합을 찾아야 한다.

현재가치기준을 사용하는 비용–편익분석의 두 번째 한계는 공공사업이나 정책의 결과가 사회 각 계층에 분배되는 측면, 즉 정책의 형평성 측면을 고려하지 않는다는 점이다. 비용–편익분석은 사회 전체에 발생하는 순편익의 현재가치의 합만을 극대화하도록 고안되었으며, 제10장에서 살펴본 바 있는 편익이나 비용이 사회 각 계층에 분배되는 형태는 고려하지 않는다.

비용–편익분석의 세 번째 문제점은 사업의 불확실성과 비가역성이 강할 경우 예상비용과 예상편익을 비교하는 방식 자체가 적절한 가치평가기준이 될 수 없다는 점이다. 개발사업을 시행하여 환경을 훼손하는 것은 언제든지 가능하지만, 사업 시행 후 여건이 예상과 달라져도 훼손된 환경을 사업이전 상태로 다시 복원하는 것은 많은 경우 불가능하다. 환경의 훼손이 이렇게 비가역적인 행위이기 때문에 향후 얻을 비용이나 편익이 불확실하다면 비용과 편익에 관한 보다 확실한 정보가 얻어질 때까지는 예상편익이 예상비용보다 더 높은 경우에도 개발행위를 시행하지 말아야 한다. 이렇게 비가역성하에서 결정하는 문제는 제14장에서 다시 다루기로 한다.

section 02 **기타 분석 틀**

인간의 경제행위가 환경에 미치는 영향을 파악하고, 환경정책이 야기하는 결과를 평가하기 위해서 위의 비용−편익분석 외에도 여러 가지 평가기법들이 사용되고 있다. 이 가운데에는 환경영향평가처럼 한국에서도 활발하게 사용되고 있는 기법이 있는가 하면, 미국 등의 특정 국가에서만 사용되는 기법들도 있다.

1. 환경영향평가

환경영향평가(environmental impact analysis, EIA)는 어떤 사업이나 정책이 자연환경에 미치는 영향을 파악하고 연구하는 것을 의미한다. 예를 들어 댐이나 원자력 발전소를 건설하고자 할 때 그로 인해 주변의 자연환경이 변하는 정도를 예측하고 분석하는 것이 바로 환경영향평가에 속한다. 환경영향평가는 주로 사업이 환경에 미치는 자연과학적 측면에 대한 평가라고 말할 수 있지만, 댐 건설로 인해 발생하는 관광객과 교통량의 증대와 같이 사업이나 정책에 따른 인간 행위의 변화로 인한 환경영향평가까지도 포함하고 있다.

환경영향평가제도가 최초로 도입된 것은 1970년 미국의 국가환경정책법(National Environmental Policy Act, NEPA)에 의해서이다. 이후 개발계획이 환경에 미치는 영향을 파악할 필요성에 대한 공감대가 각국에서 형성되고, UN환경계획(UNEP)이나 OECD 등과 같은 국제기구가 환경영향평가를 사용할 것을 권장하면서 많은 국가가 이 제도를 도입하여 사용하고 있다.

환경영향평가는 개발사업뿐 아니라 정부 계획이나 정책에도 적용된다. 또한 개발사업이 환경에 미치는 영향을 파악하는 데 그치지 않고 고려 대상 사업의 대안 및 효과와 관련된 정보를 제공하여 행정당국이 사업 관련 최적의 선택을 할 수 있도록 한다. 한국에서 사용되는 환경영향평가의 특징과 적용 절차는 제3절에서 다시 논의하기로 한다.

2. 경제영향평가

경제영향평가(economic impact analysis)는 환경정책이 입안되면 경제가 어떤 영향을 받게 되는지를 분석한다. 특정 환경정책으로 국민경제의 성장률, 실업률, 각 산업이 국민경제에서 차지하는 비중, 수출과 수입 등이 얼마나 변하는지를 분석하는 것이 경제영향평가의 전형적인 경우가 되겠다.

환경정책의 경제영향평가는 세계 각국의 많은 경제학자에 의해 행해지고 있다. 경제학자들이 경제영향평가를 위해 사용하는 방법 중에서 가장 영향력 있는 분석법으로 연산일반균형(computable general equilibrium, CGE)모형이라는 방법이 있다. CGE모형은 경제 내 각 산업이 산출물을 다른 산업에 투입물로 제공하고 또한 다른 산업이 생산한 산출물을 투입물로 사용하는 기술적 관계와, 기업의 이윤극대화 행위 및 소비자 만족도 극대화 행위를 반영하여 구축되며, 각종 정책과 경제 환경하에서 달성되는 시장균형을 찾아낸다. CGE 분석법은 제18장 부록에서 추가로 설명된다.

3. 규제영향평가

규제영향평가(regulatory impact analysis)는 주로 미국에서 1980년대부터 사용되고 있는 영향평가이다. 1981년 이래 미국 정부는 환경오염규제와 같이 연방정부가 시행하는 각종 규제조치에 관한 한 그 규제로 인한 비용－편익분석을 의무화할 것을 공언하고 있으며, 이러한 정부규제조치에 대해 적용된 비용－편익분석을 특별히 규제영향평가라 부른다.

제안된 어떤 규제조치의 규제영향평가서에는 그 규제조치의 비용－편익분석뿐만 아니라 정부가 원하는 바를 제안된 규제조치 외의 다른 방법을 통해 달성할 수는 없는지, 그리고 그러한 대안들의 비용－편익은 어떠한지도 분석하여 포함하도록 되어 있다.

4. 비용효과분석

비용효과분석(cost-effectiveness analysis)은 제3부에서 언급한 바와 같이 정부가 목표로 하고 있는 환경질의 수준이 있고, 이를 달성하기 위해 여러 수단을 사용할 수 있을 때, 이러한 정책 수단 가운데 정부 목표를 가장 적은 비용으로 달성할 수 있는 수단이 무엇인지를 찾는 분석이다. 자동차 운행으로 인한 대기오염을 줄이기 위해 정부는 연소촉매장치

장착을 의무화할 수도 있고, 경유 가격을 대폭 인상할 수도 있으며, 자동차세나 휘발유 가격을 높여 자동차 등록 수나 운행 거리를 줄일 수도 있고, 전기차의 개발과 보급을 지원할 수도 있다. 예를 들어 자동차로 인한 대기오염을 현재의 70% 수준으로 줄이기 위해 이러한 갖가지 방법들이 사용되었을 때 소요되는 비용을 분석하고, 이 가운데 가장 적은 비용을 들여 30%의 저감을 이루어낼 수 있는 방법을 찾는 것이 바로 비용효과분석이다.

5. 환경피해평가

여러 국가에서 공공 소유의 자연환경을 훼손한 사람은 법정에 고소하여 그 피해를 보상하도록 하고 있다. 이때 환경을 훼손한 사람에게 청구할 배상액을 결정하기 위해 이 사람의 행위로 인해 자연환경이 입은 피해를 평가하는 것이 환경피해평가(damage assessment)이다. 환경피해평가는 훼손된 자원의 가치와 그 복구 비용을 각각 계산하여 이 가운데 더 적은 것을 환경피해액으로 결정한다.

6. 환경위험평가

환경위험평가(risk assessment)는 유조선의 기름 유출이나 원자력 발전소의 방사능 유출, 농약이나 독성물질의 식품 잔류와 같이 확률을 가지고 발생하는 간헐적인 오염사고를 줄이기 위한 정책을 평가하기 위해 사용된다. 예를 들어 연간 서해와 남해에서 발생할 수 있는 유조선 좌초 횟수로는 0에서 10회까지가 있다고 하고, 각각의 횟수가 발생하는 확률을 $p_0, \ldots, p_{10}$으로 나타내자. 이 경우 1년간의 기대 유출횟수는 $0p_0 + 1p_1 + \ldots + 10p_{10}$이다.

이제 정부가 유조선의 기름 유출을 막기 위해 어떤 정책을 도입하고, 그로 인해 유조선의 기대 유출횟수가 달라진다고 가정하자. 이러한 정책을 평가하기 위해서는 기름의 예상 유출횟수가 줄어들어 증가하는 사회적 후생을 평가하고, 정책실행 비용을 계산하여 이 정책이 도입되어야 할 것인지를 판단하여야 한다.

이상에서 소개된 다양한 환경정책 평가기법 중 상당수가 한국에서도 실행된다. 특히 중앙정부 차원에서는 환경영향평가와 예비타당성조사가 적용되고 있다. 물론 이 두 평가법 외에 지방자치단체 등에서도 정책 및 사업성과분석을 시행하고 있지만 법적 근거에 의해 특정 조건을 갖춘 모든 정책이나 개발사업에 대해 적용되는 평가법으로는 이 두 가지를 들 수 있다. 환경영향평가는 개발사업이 환경에 미치는 영향을 주로 평가하는 반면, 예비타당성조사는 기본적으로 개발사업의 경제성 평가법이지만 사업이 환경에 미치는 영향도 나름의 방식으로 반영하여 타당성을 평가하고 있다.

1. 환경영향평가[7]

한국은 1977년에 제정된 『환경보전법』에서 행정기관이 시행하는 도시개발, 산업입지 조성, 에너지개발 등의 사업을 시행할 경우 개발계획에 대해 관계당국과 사전협의하도록 하여 환경영향평가제도를 도입하였지만, 실제 시행은 1981년에 『환경영향평가서작성에관한규정(환경청고시 제81-4호)』이 제정되면서 시작되었다. 이후 몇 차례 법 개정을 통해 대상사업이 확대되었고, 환경영향평가제도라는 틀 안에 몇 가지 평가가 포함되도록 제도가 정비되었다.

환경영향평가제도는 환경에 영향을 미칠 수 있는 계획이나 사업을 수립하고 시행할 때 그에 미칠 영향을 미리 예측·평가하고, 환경보전방안을 마련하여 계획과 사업을 수행토록 하는 목적을 가지고 있다. 또한 평가과정에 지역주민이나 이해당사자가 참여할 수 있도록 하고 있다. 계획이나 사업의 시행자가 제출한 환경영향평가서를 검토하는 기관으로 한국환경연구원이 있고, 이들 전문가의 평가서 검토와 관계 부처의 의견 개진 등을 거쳐 평가서의 승인 여부가 결정된다.

현재의 환경영향평가제도에는 전략환경영향평가, 환경영향평가, 소규모환경영향평가의 세 가지 평가가 포함되어 있다. 전략환경영향평가는 개발사업이 시행되는 단계에서 사업별로 환경성을 평가하기보다는 그 상위단계의 정책 혹은 계획수준에서 환경성을 평가하

---

7) 한국의 환경영향평가제도에 대해서는 환경부(2016) 등의 자료를 참고할 수 있다.

고자 한다. 즉 개발계획 등이 환경보전계획에 적합한지를 판정하고, 계획의 적정성과 입지의 타당성, 대안 발견 등의 기능을 하도록 도입되었다. 따라서 이 평가는 구체적인 사업 실시 이전에 행하는 사전평가의 성격이 강하다. 전략환경영향평가는 댐건설장기계획, 도로건설기본계획처럼 개발 및 보전 등에 관한 기본방향이나 지침을 제시하는 계획, 즉 "정책계획"과, 도시·군관리계획, 산업단지지정처럼 국토의 일부지역을 대상으로 하는 계획으로서 실시계획 수립의 기준이 되는 계획, 즉 "개발기본계획"들을 대상으로 한다. 총 17개 분야의 개발기본계획에 대해 적용되며, 각 분야는 다시 다수의 개별 기본계획을 포함한다.

환경영향평가는 특정사업이 실제로 실행될지의 여부를 의사결정하는 단계에서 그 역할을 한다. 사업추진주체가 평가서를 준비하면, 이를 검토하여 사업을 승인할지에 초점을 맞춘 평가이다. 적용대상 사업분야는 17개로서 전략환경영향평가의 개발기본계획 분야와 동일하게 하여 두 평가가 실행평가와 사전평가로서의 역할분담을 하도록 한다. 또한 각 분야는 다시 다수의 사업들을 포함하며, 환경에 영향을 미치는 정도가 크고 장기적인 사업들을 구체적인 대상사업으로 지정하고 있다.

소규모환경영향평가는 환경영향평가 대상사업의 종류와 범위에 해당되지 않는 개발사업으로서, 보전이 필요한 지역 또는 난개발이 우려되어 환경보전을 고려한 계획적 개발이 필요한 지역에서 시행되는 개발사업에 대해 적용된다. 역시 대상 분야와 사업이 정해져 있다. 국토, 환경, 산림 등의 관련법이 적용되는 지역에서 행해지는 개발사업이 대상이다.

2. 예비타당성조사[8]

공공투자사업은 대개 대규모이고 국가 경제에 미치는 영향도 크기 때문에 그 타당성과 경제성에 대한 검증이 필요하다. 사업 시행여부가 결정되기 이전 단계에 사업주관부처가 아닌 제3의 기관에서 객관적으로 사업의 정책적 의의와 경제성을 중심으로 사업 타당성 여부를 사전 평가하는 작업으로 도입된 것이 예비타당성조사이다. 예비타당성조사는 1999년 『예산회계법』 시행령에 의해 도입되었고, ① 총사업비가 500억 원 이상이면서 국가의 재정지원 규모가 300억 원 이상인 건설사업과 정보화 사업, ② 국가재정법 제28조에 따라 제출된 재정지출이 500억 원 이상인 사회복지, 보건, 교육, 노동, 문화 및 관광, 환경보호, 농림해양수산, 산업·중소기업 분야의 사업을 대상으로 적용된다. 다만 특정 조건을

---

8) 아래 내용은 기획재정부(2023)를 참조하였다.

충족하는 사업은 조사를 면제받기도 한다.

예비타당성조사는 기획재정부장관의 요청에 의해 한국개발연구원(KDI) 공공투자관리센터(PIMAC)에서 총괄하여 수행한다. 그러나 기획재정부장관은 효율적인 조사를 위해 필요한 경우 예비타당성조사 수행기관을 변경하거나 추가로 지정할 수 있으며, 각 분야 전문가가 조사 항목별 평가에 참여할 수 있다.

예비타당성조사는 경제성분석, 정책성분석, 지역균형발전분석, 기술성분석으로 구성되고 이를 종합하는 종합평가가 이루어진다. 경제성분석과 정책성분석은 모든 유형의 사업에 적용되지만 지역균형발전분석과 기술성분석은 실시되는 사업유형이 정해져 있다.

경제성분석은 앞에서 설명했던 비용−편익분석에 해당되며, 전체 예비타당성조사에서 핵심적인 부분이다. 경제성분석을 위해서는 사업의 수요와 편익을 추정하고, 비용을 산출하여 B/C비율을 도출한다. 비용−편익분석이 적합하지 않다고 판단되는 사업의 경우에는 경제·사회적 파급효과 등을 산출하고 이를 통해 비용효과분석만을 실시할 수 있다.

정책성분석은 해당 사업과 관련된 사업추진 여건, 정책 효과, 사업 별도 평가항목(선택) 등 평가항목들을 정량적 또는 정성적으로 분석한다. 재원조달 위험성, 문화재가치 등 개별사업의 특성을 고려할 필요가 있을 경우에는 이를 별도 평가항목에 반영한다.

지역균형발전분석은 지역 간 불균형 상태의 심화를 방지하고 형평성 제고를 위해 지역낙후도 개선, 지역경제 파급효과, 고용유발효과 등 지역개발에 미치는 요인을 분석한다. 그리고 기술성분석은 업무요구 부합성, 적용기술 적합성, 구현·운영계획 적정성 등을 분석하는데, 주로 정보사업에 적용된다.

이상의 평가항목별로 도출된 평가결과는 가중치를 부여하여 총합하고, 그 결과에 따라 사업진행 여부를 최종 판정한다. 이때 가중치를 부여하는 방법으로 계층화분석법(AHP: Analytic Hierarchy Process)이라 불리는 방법을 적용한다. 가중치는 예를 들면 건설사업의 경우 비수도권 사업에 경제성 35~45%, 정책성 25~40%, 지역균형발전 30~40%가 부여되고, 수도권 사업에는 경제성 60~70%, 정책성 30~40%가 부여된다.

이상 설명한 바와 같이 예비타당성조사는 주로 사업의 경제성평가에 초점을 맞추고 있다. 그리고 대형 사업의 환경적 영향은 경제성분석보다는 정책성분석에 반영되고 있다. 하지만 사업 자체의 주 편익이 환경적 편익을 늘리거나 피해를 줄이는 경우에는, 환경편익의 경제적 가치평가법을 적용해 경제성분석에 반영하는 것도 예비타당성조사에서 자주 시행되고 있다.

환경정책의 편익과 비용을 분석하려는 많은 시도가 있었으나, 편익과 비용을 일관성 있게 분석하여 상호 비교하는 완전한 형태의 비용−편익분석을 환경정책이나 개발사업에 대해 적용한 사례는 의외로 많지 않다. 다수의 연구가 환경의 개선이나 악화와 같은 비시장적 효과보다는 주로 시장에서 거래되는 재화와 서비스의 가치가 각종 사업으로 인해 달라지는 정도를 분석한다. 반면 제14장 이하에서 설명될 환경재의 편익분석을 위한 많은 연구들은 편익분석을 위한 기법개발이나 편익추정치 도출에만 초점을 맞출 뿐 비용분석까지 병행하여 완전한 형태의 비용−편익분석을 행하지는 않는다.

제4절은 이미 시행된 분석 가운데 완전한 형태의 비용−편익분석을 하고 있는 모범적 분석 사례로 미국 환경처(EPA, 1997)의 대기관리법 분석사례를 요약하여 보여준다.9)

1. 개요

가. 법안내용

미국 대기관리법(Clean Air Act, CAA) 수정안이 1990년에 통과되면서 EPA는 주기적으로 동 법률에 대한 비용−편익분석을 시행하여 의회에 보고할 의무가 있다. 이에 EPA(1997)는 첫 번째 작업으로서 다수의 연구자와 전문가를 동원하여 1970년부터 1990년까지의 CAA로 인해 발생한 사회적 편익과 비용을 분석하였다.

이 기간 CAA의 주요 개정 내용을 보면, 1970년 법안은 EPA가 전국적인 주요 대기오염물질의 오염도기준을 설정하고, 각 주정부는 오염도기준 달성을 위한 실행방안(implementation plan)을 수립하도록 하였다. 오염도기준 달성을 위한 시한이 법률로 설정되었으며, 새로운 오염원으로 하여금 최선의 저감기술인 BAT(best available technology)를 준수하게 하였다. 아울러 독성오염물질과 수송부문 오염물질에 대한 기준을 마련하였다.

1977년의 수정법안은 전국적으로 설정된 오염도기준을 이미 달성한 청정지역에 대한 추가기준을 마련하였고, 시한 내 오염도기준을 달성하지 못한 지역에 대해 적용되는 조항을 입법화하여 옵셋이라는 새로운 오염원에 대해 적용되는 배출권거래제를 실시하도록 하

---

9) 이 연구는 EPA(2011)에 의해 개정되었다. 이 두 보고서는 EPA 웹사이트에서 구할 수 있다.

였다.

1990년의 수정법안은 기존 법안을 대폭 강화하였으며, 기준을 달성하지 못한 지역에 대한 구체적인 프로그램을 수립하도록 하였고, 189개 규제 대상 오염물질에 대한 기준과 이들 오염물질 관리를 위한 다단계 조치를 입안하였다. 아울러 산성비 피해와 오존층 파괴를 유발하는 물질에 대한 규제를 입법화하였으며, 모든 주요 오염원에 대해 적용되는 배출권거래제를 도입하였다. 그리고 오염피해에 대한 민형사상의 보상책임을 강화하였다.

나. 분석절차

EPA(1997)의 분석은 CAA도입으로 인해 1970~1990년 사이에 발생한 환경정책 비용과 편익을 분석하되, 분석의 기준선은 CAA가 도입되지 않았을 경우 발생하는 오염물질 배출량과 사회적 피해 수준으로 정하였다.

먼저 CAA에서의 직접규제 준수비용을 추정하고, 이어서 전체 경제의 일반균형모형을 구축하여 환류효과(feedback)까지 포함하는 규제정책의 비용을 추정하였다. 또한 이 일반균형모형의 분석결과를 이용해 정책으로 인해 발생한 주요 대기오염물질의 배출량 변화를 분석하고, 배출량 변화에 따른 오염도 변화를 분석하였다. 그리고 오염도 변화에 따른 환

그림 13-1 EPA(1997)의 대기관리법 비용-편익분석 절차

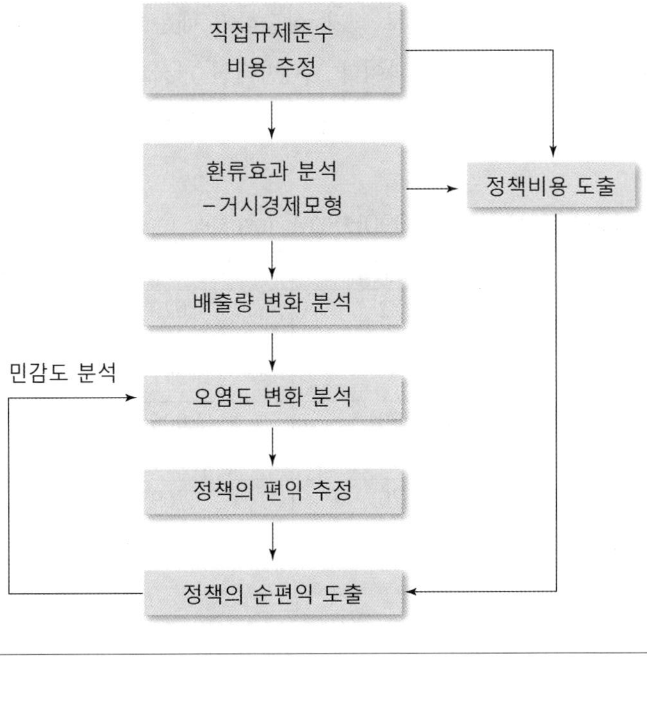

경피해 변화도 분석하였으며, 이 피해가 정책으로 인해 줄어들어 발생하는 편익을 가치화하였다. 이상의 절차를 종합하여 정책의 순편익을 도출하였으며, 마지막으로 민감도분석을 행하였다. 이러한 분석절차는 〈그림 13-1〉과 같이 정리된다.

2. 편익과 비용의 추정

가. 직접적인 규제준수비용

EPA는 오염원과 관련기관들이 CAA 규제를 준수하기 위해 저감비용과 각종 행정비용 등으로 직접 지불한 비용을 추정하되, 고정오염원의 준수비용은 설문조사를 이용하고, 운송부문의 준수비용은 EPA 분석모형을 이용해 추정하였다. 이때 비용에는 CAA로 인해 촉진된 R&D지출액 등 연간 지출액, 기업체, 소비자, 정부기구의 규제준수비용, 감시 및 감독 등의 정책집행비용 등이 포함된다.

나. 환류효과 분석 및 정책비용 도출

정부가 규제정책을 도입하게 되면 그로 인해 소비재 가격이 변하게 된다. 이러한 가격변화는 다양한 환류효과, 즉 피드백을 발생시키므로 이를 반영하고자 하였다. 환류효과에는 두 가지 효과가 포함되는데, 첫 번째 부문효과(sectoral impacts)는 에너지를 집약적으로 사용하는 산업의 비용이 상대적으로 크게 상승하기 때문에 각 산업이 전체 경제에서 차지하는 비중이 달라져 발생하는 효과이다. 두 번째인 거시효과(aggregate effects)는 규제로 인해 경제성장률이 낮아지고 GNP가 줄어들어 발생하는 비용을 의미한다.[10]

표 13-3 CAA 비용의 할인합(1973~1990년)(단위: 10억 달러, 1990년 가격)

항목	3% 할인율	5% 할인율	7% 할인율
연간지출	52	628	761
연간가치로 환산된 자본재 관련 비용	417	523	657
GNP감소액	880	1,005	1,151
가계지출	500	569	653
정부 및 기타지출	676	769	881

자료: EPA(1997)

---

10) 환류효과 분석을 위해 사용된 경제모형은 하버드대학의 조겐슨(D. W. Jorgenson)교수 연구팀이 개

이렇게 계산되는 직접적인 규제준수비용과 환류효과까지 모두 합할 경우 CAA 비용의 할인합은 〈표 13-3〉과 같이 추정된다.

다. 오염물질 배출량 감소 추정

편익을 화폐가치로 환산하기 위한 전 단계로서 CAA로 인해 어느 정도의 오염저감이 발생했는지를 파악해야 한다. 이를 위해 앞에서 비용분석에 사용되었던 일반균형모형을 이용하여 CAA로 인해 부문별 연료 사용량이 어느 정도나 변했고, 따라서 주요 오염물질 배출량이 어느 정도나 변하였는지를 분석한다.

1990년을 기준으로 할 때 CAA가 도입됨으로 인해 발생한 오염물질 배출감소율은 TSP가 68%, SO_2가 40%, NO_x가 29%, VOC가 45%, CO가 49%, Pb가 99%이었다.

라. 오염도 변화 분석

위와 같이 오염물질 배출량 변화가 분석되었으므로 이를 이용해 CAA로 인해 발생한 오염도 변화를 파악할 수 있다. 이는 순전히 기술적·공학적 분석인데 48개 주의 각 오염도 측정지점에서의 오염도가 CAA의 직간접효과로 인해 변하는 정도를 과학모형을 이용해 추정하였다.

마. 오염피해변화 분석

위의 절차를 거쳐 CAA로 인해 줄어든 오염도가 파악되었으므로 이러한 오염도 변화가 오염피해를 얼마나 줄였는지를 분석한다. 이를 위해 각 오염도 측정망에 인접한 인구수를 파악하고, 오염도와 건강 간의 관계를 분석한 연구결과들을 적용한다. 그리고 농업부문의 모형분석을 통해 오염으로 인한 농작물 손실이나 토양유실 등을 파악한다. 오염피해의 변화는 사람의 기대수명에 영향을 미치는 치명적 오염피해와 여타 피해로 분리하여 계측되었는데 그 결과는 각각 〈표 13-4〉와 〈표 13-5〉에 정리되어 있다.

발한 IGEM(Intertemporal General Equilibrium Model)이라는 대규모 모형이다. 이 모형에 대해서는 조겐슨 외(Jorgenson et al., 2013)가 자세히 설명한다. 2011년 개정판에서는 아르곤연구소(Argonne National Laboratory)의 AMIGA(All Modular Industry Growth Assessment)라는 모형이 사용되었다.

표 13-4 CAA로 인한 치명적 오염피해의 감소 효과

오염물질	연령	잔여 수명(년)	연간 사망 감소건수(천건)
PM$_{2.5}$	30 이상		183
	30~34	48	3
	35~44	38	8
	45~54	29	11
	55~64	21	23
	65~74	14	43
	75~84	9	54
	84 이상	6	41
Lead	모든 연령		22
	유아	75	5
	40~44	38	2
	45~54	29	4
	55~64	21	6
	65~74	14	4
총합			205

자료: EPA(1997)

표 13-5 CAA로 인한 비치명적 오염피해의 감소효과

피해종류	유발 오염물질	피해 대상 인구	감소 건수(천)	측정단위
만성 기관지염	PM	모든 인구	674	건수
IQ 손실	납	아동	10,400	점수
IQ 점수 70 이하	납	아동	45	건수
고혈압	납	20~74세의 남성	12,600	건수
관상 심장질환	납	40~74세	22	건수
뇌경색	납	40~74세	4	건수
초기 뇌혈관 질환	납	40~74세	6	건수
외래진료				
모든 호흡기질환	PM, 오존	모든 인구	89	건수
만성 폐질환	PM, 오존	65세 이상	62	건수
국소빈혈성 심장질환	PM	65세 이상	19	건수
충혈성 심부전	PM, CO	65세 이상	39	건수
기타 호흡기 관련 질환				
숨가쁨	PM	아동	68,800	일수
급성기관지염	PM	아동	8,700	건수
상하부 기관지 질환	PM	아동	9,500	건수
천식	PM, 오존	천식환자	850	건수
기관지염 악화	NO$_2$	모든 인구	9,800	건수
모든 호흡기 증상	SO$_2$	천식환자	264	건수
활동제한 및 근로제한				
경미한 활동제한	PM, 오존	18~65세	125,000	일수
근로제한(결근)	PM	18~65세	22,600	일수

자료: EPA(1997)

바. 정책 편익 도출

이상의 절차를 거쳐 도출된 오염피해 감소 효과를 드디어 경제적 가치로 환산한다. 즉 도출된 오염피해 감소효과에 효과별 경제적 가치를 곱하여 정책의 편익을 도출하는데, 이를 위해 제14장부터 설명할 각종 환경편익의 가치추정법이 사용되었다. 할인율 5%를 적용해 도출한 정책편익의 할인합은 〈표 13-6〉과 같이 정리된다.

표 13-6 CAA 편익의 할인합 (단위: 10억 달러, 1990년 가격)

오염피해 감소 요인	현재가치
조기사망(PM)	16,632
조기사망(납)	1,339
만성기관지염	3,313
IQ(IQ손실+70이하의 저능)	399
고혈압	98
입원	57
호흡기관련 질환	182
토양피해	74
시계(visibility)	54
농업손실	23
총계	22,200

자료: EPA(1997)

3. 편익과 비용의 비교 및 민감도분석

〈표 13-3〉과 같이 추정되는 비용과 〈표 13-6〉과 같이 추정되는 편익을 비교하여 비용-편익분석의 결론을 도출한다. 정책으로 인해 발생한 오염피해 감소를 화폐가치로 환산하는 데에는 여러 가지 방법이 사용되었기 때문에 편익분석 수치는 유일하지 않다. 따라서 그 평균치를 비용과 비교한다.

〈표 13-7〉은 CAA의 비용과 편익을 정리하여 보여준다. 할인율로 5%가 사용되었다. B/C비율이 94:1에 달할 정도로 정책의 편익이 압도적으로 더 크고, 이 정책의 사회적 순편익은 약 22조 달러에 달하는 매우 높은 수준임을 확인할 수 있다.

마지막으로 각종 가정을 바꿈으로 인해 분석결과가 어떤 영향을 받는지를 확인하기 위해 민감도분석을 시행하였는데, 환경개선의 편익을 산정하는 방법을 바꾸거나, 할인율을 변경하는 민감도분석을 주로 시행하였다.

표 13-7 **편익과 비용의 비교**(단위: 10억 달러, 1990년 가격)

	1975년	1980년	1985년	1990년	할인합
연간 편익(평균)	355	930	1,155	1,248	22,200
연간 비용	14	21	25	26	523
연간 순편익	341	909	1,130	1,220	21,700
B/C	25/1	98/1	103/1	106/1	94/1

자료: EPA(1997)

01 어떤 프로젝트의 연도별 편익과 비용은 아래의 표와 같다(단위 생략). 마지막 연도의 음의 편익은 폐기물 처리비를 의미한다.

연도	편익	비용
0	0	500
1	208	1,500
2	801	1,400
3	900	700
4	1,079	
5	1,178	
6	1,148	
7	-500	

할인율이 5%, 7.5%, 10%일 때의 위 프로젝트의 순편익의 할인합과 B/C비율을 구하라. 이 사업의 내부수익률은 얼마인가?[11]

---

11) 내부수익률 계산 시 컴퓨터 소프트웨어의 도움을 받는 것이 편리할 것이다. 예를 들어 Excel을 사용할 경우 IRR이라는 함수기능을 이용할 수 있다.

참고문헌

- 기획재정부 (2023), 『예비타당성조사 운용지침』 [기획재정부훈령 제677호, 2023. 12. 27., 일부 개정].

- 환경부(2016), 『환경영향평가 제도개요 및 발전방향』.

- Boadway, R. W. and D. E. Wildasin (1984), *Public Sector Economics*, 2nd ed., Little, Brown and Company.

- Jorgenson, D. W., R. J. Goettle, M. S. Ho, and P. J. Wilcoxen (2013), *Double Dividend: Environmental Taxes and Fiscal Reform in the United States*, The MIT Press.

- U.S. Environmental Protection Agency (EPA) (1997), *The Benefits and Costs of the Clean Air Act, 1970 to 1990*.

- U.S. Environmental Protection Agency (EPA) (2011), *Benefits and Costs of the Clean Air Act 1990–2020*.

편익분석을 위한 기본이론

비용-편익분석을 통해 환경정책이나 공공사업의 타당성을 평가하기 위해서는 환경질 변화 시 발생하는 편익과 이를 달성하기 위한 비용을 추정하여야 한다. 제14장은 정책 등에 의해 발생하는 후생의 변화, 즉 편익을 분석하는 데 필요한 기초이론을 설명한다.

편익은 환경개선 정책으로 인해 발생하는 개인별 만족도(satisfaction)나 후생(welfare)의 증대분을 화폐로 환산하고, 이를 사회 전체 수치가 되게 합산한 것을 의미한다. 이러한 편익을 추정할 수 있는 이론적 근거는 자신의 만족도를 극대화하기 위해 경제행위를 하는 각 개인은 서비스 혹은 소득의 조합(bundle)을 달리하여 동일한 수준의 만족도 혹은 효용(utility)을 유지할 수 있다는 데 있다. 각 개인은 소득이 허용하는 범위 내에서 일반 소비재 소비와 자연환경으로부터 만족을 얻는다. 환경질이 변하면 만족도 역시 변하겠지만, 소득이 이에 반응하여 적절히 변화하면 환경재 외 다른 소비재 소비량을 바꾸어 동일한 만족도를 계속 유지할 수 있다. 따라서 환경질이 변한 뒤에도 원래의 만족도를 그대로 유지하려면 일반 소비재를 구매하기 위한 소득이 얼마나 바뀌어야 하는지를 측정하고, 이를 환경질 변화의 후생효과로 간주할 수 있다.

제1절은 시장에서 거래되는 통상적인 재화나 서비스의 가격이 변할 때 발생하는 후생변화를 정의하고 추정하는 방법에 대해 먼저 논의한다. 제2절은 환경재처럼 수량이나 질이 외생적으로 변하여 후생에 영향을 미치게 될 때 이를 측정하는 방법에 대해 논의한다. 제3절은 자연환경의 변화로 인해 사람들이 느끼는 후생의 변화란 구체적으로 무엇을 의미하는지와, 환경개선 시 어떤 종류의 편익이 발생하는지에 대해서 설명한다. 마지막 제4절은 여러 종류의 환경편익이 발생한다면 그 효과를 어떻게 합산하여 총편익을 도출할 것인지에 대해 논의한다.

section 01 가격변화의 후생효과

1. 통상수요와 소비자잉여

소비자가 시장에서 거래되는 두 재화 x_1과 x_2를 소비한다. 재화의 시장가격은 p_1과 p_2이고, 이 소비자가 지출할 수 있는 소득은 m이다. 우리는 제3장에서 소비자는 주어진 여건하에서 만족도가 최대가 되도록 소비량을 결정한다고 가정하였다. 경제학에서는 소비자의 만족도를 특히 효용(utility)이라 부르며, 소비량과 소비자 효용 간의 관계를 나타내어

주는 함수 $u(x_1, x_2)$를 효용함수(utility function)라 부른다. 소비자는 자신의 예산제약 $p_1 x_1 + p_2 x_2 = m$에서 최대의 효용을 가져다주는 소비량을 선택한다. 따라서 재화의 시장가격이나 소비자 소득이 달라지면 이 효용극대화 행위에 의해 각 재화의 소비량도 변하게 된다. 소비자가 효용을 극대화하기 위해 선택하는 각 재화의 수요를 시장가격 및 소득의 함수로 나타낸 것을 뒤에서 설명할 다른 종류 수요함수와 구분하기 위해 통상수요함수 (ordinary demand function)라 부르고 다음과 같이 나타낸다.[1]

$$x_1\text{의 통상수요함수 } = x_1(p_1, p_2, m)$$
$$x_2\text{의 통상수요함수 } = x_2(p_1, p_2, m)$$

즉 주어진 가격 및 소득이 수요량에 미치는 영향을 함수적 형태로 나타낸 것을 통상수요함수라 부른다. 또한 예를 들어 x_1의 소비량과 그 가격 p_1의 관계를 〈그림 14-1〉처럼 그래프로 표현한 것이 제3장에서 여러 차례 설명된 통상수요곡선이 된다. 이 곡선은 다른 소비재의 가격 p_2나 소득 m이 변하게 되면 상하 혹은 좌우로 이동하게 될 것이다.

소비량이 가격 및 소득을 반영하여 효용을 극대화하도록 결정되기 때문에 극대화되는 만족도 혹은 효용은 결국 소비재의 가격이 어느 정도인지 그리고 소비자가 가진 소득이 어느 정도인지에 의해 결정된다. 즉 가격과 소득이 결국은 소비자의 효용 수준을 결정하게 된다. 따라서 정부 정책이나 경제 여건 변화로 인해 이들 변수의 값이 변하면 그로 인해 달성되는 효용도 달라지며, 이 효용 수준의 변화를 계측하는 것이 바로 후생효과 분석의 목적이다.

소비자의 만족도를 앞에서 설명한 바와 같이 효용함수를 이용해 표현할 수 있지만, 그 함수 형태는 유일하지 않으며 소비자별로도 다르다. 따라서 경제 여건의 변화로 인해 발생한 많은 소비자의 만족도 변화를 모두 합하거나 서로 비교할 수 있기 위해서는 효용 외의 또 다른 어떤 공통의 단위가 필요하게 된다. 이러한 단위로 가장 편리하게 사용될 수 있는 것이 바로 화폐일 것이다. 경제 여건 변화로 인해 각 소비자가 경험하게 되는 만족도의 변화를 모두 화폐라는 공통의 단위로 변환하고 합해주어 이를 소비자편익의 측정치로 사용하려는 것이다.

소비자후생의 변화를 화폐단위로 환산하기 위해서는 소비자 만족도라는 주관적 지표

---

1) 지금까지 제3장 등에서 정의되었던 모든 수요함수는 통상수요함수이다.

그림 14-1 소비자잉여의 변화분(ΔS)

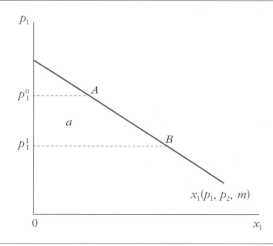

를 금액이라는 객관적 지표로 전환하는 과정이 필요하다. 이러한 변환과정을 위해 사용되는 것이 바로 위에서 논의한 통상수요함수 혹은 수요곡선이며, 이 변환과정을 거칠 때 후생 변화는 제3장에서 이미 소개한 바 있는 소비자잉여의 변화로 계측된다.

〈그림 14-1〉에서 p_2와 m이 주어져 있을 때 x_1은 p_1에 감소하므로 그 통상수요곡선은 우하향하는 곡선으로 나타난다. x_1의 시장가격이 원래에는 p_1^0이었으나, 정책 영향으로 p_1^1으로 하락했다고 가정하자. 이 가격변화의 후생효과를 x_1의 통상수요함수를 통해 화폐단위로 계측하고자 하며, 이는 ΔS로 표기하는 소비자잉여의 변화분이다. ΔS는 그림에서 면적 a에 해당된다. ΔS는 원래의 가격과 새로운 가격을 양 끝으로 하여 통상수요가 만들어내는 면적이므로 통상수요함수만을 알면 쉽게 계산할 수 있다. 아울러 소비량이 가격과 소득수준에 의해 어떤 영향을 받는지를 통계자료를 이용해 실제로 추정하는 것은 별로 어려운 일이 아니므로 이런 종류의 분석은 손쉽게 이루어진다. 예를 들어 $x_1 = a + b_1 p_1 + b_2 p_2 + cm$과 같은 선형의 통상수요함수를 가정할 경우 소비량, 가격, 소득 자료를 활용하여 a, b_1, b_2, c의 값을 찾아낼 수 있고,[2] 그 결과를 이용해 ΔS의 값을 쉽게 계산할 수 있다.

ΔS는 손쉽게 후생변화를 화폐단위로 환산하게 하는데, 문제는 이때 계산되는 ΔS가

---

2) 이때 주로 회귀분석(regression)이라는 통계분석법을 사용하는데 이 방법에 대해서는 제15장에서 다시 설명될 것이다. 효용함수 $u(x_1, x_2)$가 어떤 형태의 함수일 때 이렇게 선형의 통상수요함수가 만들어질지를 생각해 보기 바란다.

발생하는 후생변화를 '정확히' 반영하는지이다. 이에 대한 대답은 일단 '아니다'이다. 미시경제학의 잘 알려진 결론이지만 ΔS는 효용함수 값의 변화, 즉 만족도의 변화와는 상당히 모호한 관계를 가진다. 예를 들어 두 가지 정책효과를 동일한 사람의 효용함수를 이용해 계측하고자 하는데, ΔS 값으로 평가했을 때는 첫 번째 정책의 후생증대 효과가 더 큰 것으로 나타나지만 실제 효용 수준의 증가는 두 번째 정책이 도입될 때 더 클 수도 있다.[3]

통상수요곡선을 구성하는 점들은 주어진 가격과 소득을 이용해 만족도를 극대화하는 선택을 한 결과를 보여준다. 따라서 특정 통상수요곡선 위의 각 점에서는 소득과 다른 소비재의 가격은 같지만 해당 소비재의 가격은 각각 다르며, 달성되는 만족도, 즉 효용함수의 값도 다 다르다. 〈그림 14-1〉의 통상수요곡선에서 가격 p_1^0에서의 소비점인 A에서 달성되는 만족도와 가격 p_1^1에서의 소비점인 B에서 달성되는 만족도는 다르며, 이 두 점 사이의 통상수요곡선 상의 모든 점도 각기 다른 만족도를 가진다.

통상수요곡선을 따라가며 계산되는 ΔS와 실제 발생하는 후생변화 사이의 관계가 불분명해지는 것은 통상수요곡선이 가지는 이와 같은 특성 때문이다. 가격이 달라지기 때문에 발생하는 후생변화를 금액으로 환산하는 가장 좋은 방법은 동일한 만족도를 얻는 데 필요한 소득이 가격 변화 때문에 어느 정도나 줄어들게 되는지를 계측하는 것일 것이다. 그러나 통상수요 상의 점들에서 달성되는 효용 수준이 각기 다르고, 따라서 통상수요곡선을 따라가며 계산되는 ΔS는 어느 효용 수준을 기준으로 계산되는지가 모호해진다.

가격이 p_1^0에서 p_1^1으로 변할 때 소비점이 A에서 B로 옮겨가고, 이 과정에서 소비자가 얻는 만족도가 변하지 않았다면 면적 a 혹은 ΔS는 동일한 만족도를 얻기 위해 소비자가 절약한 지출액을 나타내고, 따라서 다른 모든 조건은 불변인 채 x_1의 가격만이 변하여 발생한 후생변화를 금액으로 환산한 것이라 볼 수 있다. 그러나 소비점이 A에서 B로 옮겨가면서 소비자가 얻는 만족도 자체가 변해버렸기 때문에 명목적으로는 소득수준 m은 원래 값을 유지하고 있지만 실제로는 달성되는 만족도 자체가 변할 정도로 소득이 변한

---

3) 또한 ΔS 값은 유일하지가 않다. 만약 정책으로 두 소비재 가격이 모두 변한다면 소비자잉여 변화는 상품별로 계측되어 합해져야 하므로 전체 효과를 도출하는 방법은 한 가지가 아니다. 예를 들어 p_1 변화의 소비자잉여 변화를 먼저 계산한 후 여기에 p_2 변화의 소비자잉여 변화를 더해 ΔS를 도출할 수 있다. 하지만 그 역의 절차도 가능하다. 문제는 이 두 절차 중 어떤 것을 선택하느냐에 따라서 전체 지표 ΔS의 값이 달라진다는 것인데, 이 문제를 ΔS의 경로의존성(path dependency)이라 부른다. ΔS가 여기에서 언급되는 문제들을 가지지 않기 위해서는 소득이 한 단위 늘어날 때 소비자 만족도가 늘어나는 정도가 항상 일정하다는, 성립하기 어려운 가정을 하여야만 한다. ΔS가 후생효과 측정 지표로서 가지는 이런 문제점을 엄밀하게 보여주는 것은 어렵지 않으나, 설명이 길기 때문에 생략하기로 한다. 관심 있는 독자는 저스트 외(Just el al. 2004, ch 5)를 참고할 수 있다.

효과가 있다. 〈그림 14-1〉에서처럼 p_1이 하락하는 경우에는 m은 변하지 않아도 실제로 구입할 수 있는 소비재가 많아지고, 그로 인해 A에서 B로의 이동 시 효용함수 값의 증가가 발생한 것이다. 따라서 A에서 B로의 이동 효과를 ΔS를 통해 평가하면, 여기에는 순수하게 x_1가격이 변한 효과뿐 아니라 실질소득 혹은 구매력이 늘어나고 따라서 후생 자체가 증가한 효과까지 혼재되어 있다.

2. 보상수요

통상수요량은 가격이 변할 때 순수한 가격변화 영향뿐 아니라 실질 구매력 변화 때문에도 변하게 되는데, ΔS는 이 두 효과를 분리하여 계측하지 못한다. 이를 〈그림 14-2〉를

그림 14-2 통상수요와 보상수요

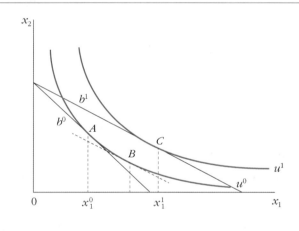

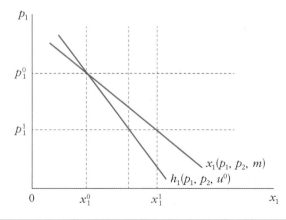

통해 살펴보자. 〈그림 14-2〉 위쪽 그림의 직선 b^0는 주어진 소득을 전부 지출하여 구매할 수 있는 두 재화의 수량을 나타내며, 예산선(budget line)이라 부른다. 예산제약 $p_1 x_1 + p_2 x_2 = m$을 x_2에 대해 정리하면 $x_2 = -\dfrac{p_1}{p_2} x_1 + \dfrac{m}{p_2}$가 되므로 예산선의 기울기는 두 재화의 가격비 $\dfrac{p_1}{p_2}$를 반영한다. 그림에서의 직선 b^0는 최초의 x_1가격이 p_1^0일 때의 예산선으로서, $p_1^0 x_1 + p_2 x_2 = m$의 관계를 충족한다.

한편 그림에서 곡선 u^0와 u^1은 무차별곡선(indifference curve)이라 불리는 곡선이다. 무차별곡선 u^0 상의 점들은 u^0의 효용을 가져다주는 모든 x_1과 x_2의 조합이다. 무차별곡선은 원점에서 멀어질수록 더 많은 소비재를 소비하므로 더 높은 효용을 나타낸다.

〈그림 14-2〉에서 소비자는 소비점 A를 선택하여 x_1^0의 x_1을 소비하고, 나머지 소득을 x_2에 지출한다. 그 이유는 u^1곡선의 점들과 같이 u^0보다도 더 높은 효용을 가져다주는 소비점은 가지고 있는 소득으로 도달할 수 없고, u^0보다도 원점에 더 가까이 위치한 무차별곡선의 점은 소비가 가능하지만 u^0보다도 더 낮은 효용을 가져다주므로 선택되지 않기 때문이다. 즉 주어진 소득과 가격조건에서 효용을 극대화하는 소비점은 무차별곡선과 예산선이 접하는 점이다.

이제 정부가 시장에 개입하여 x_1의 가격이 p_1^1으로 하락했고, 그로 인해 예산선의 기울기가 변해 b^1이 되었다고 가정하자. 이러한 가격변화로 인해 소비점 C가 선택되어 x_1의 소비량은 x_1^1으로 증가하고, 그 결과 후생은 u^1으로 증대된다. 가격이 p_1^0에서 p_1^1으로 하락하여 x_1의 수요량이 변하게 되는 정도를 〈그림 14-2〉의 아래쪽 그림의 곡선 $x_1(p_1, p_2, m)$으로 나타낸 것이 바로 x_1의 통상수요곡선이다. 통상수요곡선은 x_1의 가격과 x_1의 수요량 사이의 관계를 나타내는 곡선으로서 통상수요곡선 상의 각 점은 이처럼 소비자로 하여금 서로 다른 수준의 효용을 얻게 한다.

한편 x_1의 가격 하락은 사실 두 가지 효과를 유발하여 소비점을 A에서 C로 이동시킨다. 첫 번째 효과는 대체효과(substitution effect)로서, x_1이 x_2에 비해 상대적으로 더 싸져 x_1의 소비가 늘어나고 x_2의 소비는 줄어들게 되는 효과이다. 두 번째 효과는 소득효과(income effect)로서, x_1가격이 하락해 소비자의 실질 구매력이 상승하고 그로 인해 구매량이 변하는 효과이다. 이 두 효과가 동시에 작용해 소비점을 A에서 C로 이동시킨다.

순수한 가격변화 효과인 대체효과만을 분리해 살펴보기 위해서는 x_1의 가격 하락에도 불구하고 소비자의 실질 구매력이 늘어나지 않도록 조절해야 한다. 이를 위해 새로운 예산선 b^1을 평행 이동시켜 원래의 무차별곡선 u^0와 접하도록 해보자. 이때 b^1이 평행 이동된 예산선, 즉 점선으로 표시된 예산선과 원래의 무차별곡선이 접하는 점 B는 소비자가 변화된 가격조건에서도 원래의 효용만을 달성하도록 하는 점이다. 따라서 소비점 A에서 소비점 B로의 이동은 x_1의 가격 하락에도 불구하고 소비자의 실질 구매력을 원래의 효용만을 달성하도록 고정시킬 때의 소비변화이다. 이는 두 재화의 순수한 상대가격 변화에 대한 반응을 나타내므로 가격변화의 대체효과가 된다. 대체효과는 가격이 내린 재화의 소비는 항상 늘리고, 가격이 오른 재화의 소비는 항상 줄이는 역할을 한다.

한편 소비점 B에서 소비점 C로의 이동은 소득효과이다. 이들 두 소비점에서의 가격비가 동일하기 때문에 소득효과는 양 재화의 가격비는 불변인 채 단지 소비자의 구매력이 증가하여 발생하는 구매형태의 변화이다. 〈그림 14-2〉처럼 두 재화 모두가 정상재(normal good)일 때에는 실질 구매력이 증대될 때 두 재화 모두의 수요량이 소득효과에 의해 늘어나지만, 어느 한 재화가 열등재(inferior good)인 경우에는 이 재화의 수요량은 소득효과에 의해 줄어든다.

이처럼 통상수요량은 가격이 변할 때 대체효과뿐만 아니라 소득효과에 의해서도 변하게 된다. 반면 아래에서 설명할 보상수요함수(compensated demand function)에서는 가격변화의 순수한 대체효과만을 나타낼 수 있고, 따라서 통상수요와 소비자잉여의 변화분을 통해 후생효과를 화폐가치로 나타낼 때 발생했던 문제를 제거할 수 있다.

통상수요함수는 주어진 예산제약하에서 소비자 효용을 극대화하는 재화의 수요량을 나타내었었다. 이 소비자는 거꾸로 자신이 달성할 수 있는 효용 수준을 먼저 정한 후 이를 최소의 비용으로 달성하기 위해 소비량을 결정할 수도 있다. 이러한 비용최소화는 사실 효용극대화와 동일한 정도로 소비자 선택 행위를 설명할 수 있다.

예를 들어 〈그림 14-2〉에서 예산선이 b^0로 주어진 상태에서 소비자가 효용을 극대화하고자 한다면, 소비점 A를 선택하여 u^0의 효용을 얻을 것이다. 이제 이 소비자가 거꾸로 u^0의 효용을 얻되 가장 적은 비용으로 얻고자 한다면, 이 경우에도 여전히 소비점 A를 선택할 것이다. 그 이유는 무차별곡선 u^0 위의 점 가운데 A 이외의 점들을 지나가면서 기울기가 b^0와 같은 모든 예산선은 소비점 A에서의 지출액보다도 더 큰 소득을 필요로 하기 때문이다. 이렇게 주어진 가격조건에서 특정 수준의 효용을 최소의 비용으로 달성하게 해주는 수요량을 나타내는 함수를 보상수요함수라 부르고, 다음과 같이 나타낸다.

$$x_1 \text{의 보상수요함수} \ = \ h_1(p_1, p_2, u)$$
$$x_2 \text{의 보상수요함수} \ = \ h_2(p_1, p_2, u)$$

통상수요량은 가격과 소득에 따라 결정되지만, 보상수요량은 가격과 (소득이 아닌) 달성하고자 하는 효용 값에 따라 결정된다. 주어진 소득이 있다면 소비자는 당연히 그로부터 얻을 만족도를 극대화하려 하고, 달성하여야 할 만족도가 정해져 있다면 소비자는 당연히 최소비용으로 이를 달성하고자 한다. 따라서 통상수요함수와 보상수요함수는 모두 소비자 행위를 잘 반영하고 있다. 그러나 소비재의 가격이 어떤 수준에서 변하게 되면 이에 대한 소비량의 반응은 통상수요냐 보상수요냐에 따라 달라진다. 통상수요의 반응에는 이미 앞에서 설명한 가격변화의 대체효과와 소득효과가 모두 포함되지만, 효용이 항상 일정한 수준을 유지하도록 하는 보상수요의 반응에는 소득효과는 포함되지 않기 때문이다.

〈그림 14-2〉에서 가격이 p_1^0에서 p_1^1으로 바뀔 때의 통상수요량 변화는 점 A에서 점 C로의 변화이다. 두 가지 가격조건에서 얻는 효용은 각각 u^0와 u^1이 된다. 보상수요는 가격이 변했음에도 원래 얻던 u^0를 그대로 얻게 할 때의 수요량을 의미하는데, 이는 이미 앞에서 설명한 바와 같이 점 C가 아닌 점 B에서 얻어진다. 따라서 목표 효용 수준이 u^0라면 가격이 p_1^0에서 p_1^1으로 변할 때 x_1의 소비량은 통상수요일 경우에 비해 덜 늘어나며, 그 관계를 그래프로 표현한 것이 〈그림 14-2〉 아래쪽 그림의 통상수요곡선 $h_1(p_1, p_2, u^0)$이다. 소득효과에 의해 소득이 변하는 방향으로 소비량도 변하는 정상재의 보상수요곡선은 그림과 같이 통상수요곡선보다도 더 가파른 형태를 지닌다.

3. 보상변화와 동등변화

통상수요곡선을 통해 정의되는 소비자잉여 변화분 ΔS가 후생지표로서 가지는 문제점을 피하기 위해 보상수요곡선을 활용하는 또 다른 척도를 만들어 볼 수 있다. 보상수요는 목표 효용 수준을 고정시킨 상태에서 가격변화가 소비량에 미치는 영향을 나타내기 때문에 이 새로운 지표는 소비자잉여가 가격변화의 소득효과까지 포함함으로 인해 갖게 되는 문제를 피해갈 수 있다. 그러나 이때에는 가격변화 이전의 효용과 이후의 효용 가운데 어느 것을 기준으로 할지를 선택해야 한다.

먼저 보상변화(compensating variation, CV)라 불리는 지표는 가격변화가 발생하기 이전의 효용을 기준으로 하여 정의되는 후생변화 척도로서, 변화된 가격조건에서도 원래의 효용 수준을 달성하기 위해 필요한 소득변화를 의미한다. 〈그림 14-2〉에서 x_1의 가격이 p_1^0일 때 소비자는 u^0의 효용을 얻는다. 이 효용을 가격이 p_1^1으로 하락한 후에도 여전히 유지하라고 하면 이 소비자는 B점을 선택하고, 따라서 자신의 원래 소득 m을 다 지출할 필요가 없다. 이렇게 가격이 변한 후에도 원래 얻던 효용을 여전히 유지하기 위해서 원래의 소득에서 어느 정도나 빼줄 수 있는지를 계산했을 때 그 금액이 바로 보상변화이다.

보상변화와는 달리 새로운 가격조건에서 얻어지는 효용을 기준으로 하여 가격변화의 후생효과를 나타내는 것이 동등변화(equivalent variation, EV)이다. 동등변화는 소비자로 하여금 변화된 가격에서 얻어지는 효용을 원래의 조건에서도 달성하게 하는 소득변화이다. 〈그림 14-2〉에서 x_1의 가격이 p_1^1으로 낮다면 소비자는 C점을 선택하고 u^1의 효용을 얻는다. 그런데 이 효용을 원래 가격 p_1^0에서 달성하라고 하면 이는 소득을 늘려주지 않는 한 불가능하다. 이때 원래 소득 m을 어느 정도 늘려주어야 소비자가 효용 u^1을 p_1^1에서 얻을 수 있는지를 계산하여 이를 동등변화라 부른다.

이상과 같이 보상변화와 동등변화는 기준 효용을 묶어 놓고 이를 가격변화에도 불구하고 계속 얻도록 하는 소득변화를 의미하기 때문에 앞에서 지적하였던 통상수요를 이용하는 소비자잉여의 변화분이 가지는 이론적 문제점을 가지지 않는다. 다만 기준이 되는 효용으로 u^0와 u^1 중 어느 것을 선택할지를 결정해야 하는데, 이는 사회 통념상 어느 수준의 효용을 소비자에게 인정하는 것이 적절한지를 통해 판단할 수 있을 것이다.

CV와 EV 두 개념의 차이를 〈그림 14-3〉을 이용하여 확인해 보자. 〈그림 14-3〉의 위쪽 그림의 가로축은 x_1의 소비량을 나타낸다. 세로축은 x_2에 대한 지출액이며, 따라서 x_2의 가격 p_2는 1이다. 만약 이 소비자가 원래 가격에서 x_1은 전혀 소비하지 않고 x_2만 소비한다면 소득이 전부 x_2에 지출되므로 예산선의 세로축 절편은 소비자 소득 m이다. p_1^0가 x_1의 가격일 경우 효용극대화는 점 A에서 달성되고, 가격이 p_1^1으로 하락하면 점 B가 선택된다. 가격하락 때문에 효용은 u^0에서 u^1으로 높아진다. 그런데 이 소비자가 새로운 가격에서도 원래의 효용을 달성하려 한다면, 최적 소비점은 C일 것이다. 점 A를 지나는 예산선에 해당되는 소득은 m인 반면, 점 C를 지나면서 u^0의 무차별곡선과 접하는 예산선에 해당되는 소득은 m_C이다. 따라서 $m - m_C$가 바로 CV이다.

한편 소비자로 하여금 원래의 가격에서 새로운 효용 u^1을 최소비용으로 달성하게 하면 원래의 가격선을 평행 이동시킬 때 무차별곡선 u^1과 접하는 점 D를 선택할 것이다. 점 D를 지나면서 u^1의 무차별곡선과 접하는 예산선에 해당되는 소득은 m_E이다. 따라서 EV는 $m_E - m$이다.

CV와 EV는 〈그림 14-3〉의 아래쪽 그림처럼 x_1의 보상수요곡선을 통해서도 표현할 수 있다. 보상수요곡선 $h_1(p_1, 1, u^0)$은 효용을 원래 수준에 묶어두면서 x_1의 각 가격에서 소비자가 소비하고자 하는 양을 나타낸다. 이 수요곡선이 두 가격 p_1^0와 p_1^1 사이에서

그림 14-3 ΔS, CV 및 EV

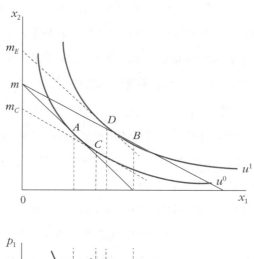

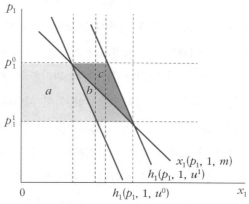

만들어내는 면적이 a인데, 아래 보론과 부록은 이 면적이 바로 CV이며, 따라서 면적 a는 $m - m_C$와 같다는 것을 보여주고 있다. 마찬가지로 $h_1(p_1, 1, u^1)$은 가격변화 후의 효용을 기준으로 정의되는 보상수요곡선인데 이 곡선이 만들어내는 면적 $a + b + c$가 EV이며, 따라서 $m_E - m$과 같다는 것을 보여줄 수 있다. 한편 x_1의 가격 하락으로 인한 소비자잉여의 변화분은 이 그래프에서 면적 $a + b$이다. 따라서 그림이 보여주는 바와 같이 정상재에 관한 한 세 가지 후생지표 간에 다음과 같은 부등호 관계가 성립한다.[4]

$$CV \leq \Delta S \leq EV$$

---

4) 이 관계는 가격이 하락할 때뿐 아니라 상승할 때도 성립한다. 만약 소비자의 통상수요가 소득변화의 영향을 받지 않으면, 즉 가격변화의 소득효과가 0이면 〈그림 14-3〉의 세 가지 수요곡선은 완전히 동일하고, 따라서 세 가지 후생변화 척도 역시 서로 같다.

〈그림 14-1〉에서처럼 통상수요곡선이 두 가격 사이에서 만들어내는 면적이 소비자잉여의 변화분 ΔS라는 것은 비교적 쉽게 이해된다. 이는 〈그림 14-3〉 아래쪽 그림에서는 면적 $a+b$에 해당된다. 그러나 같은 그림에서 보상수요곡선이 만들어내는 면적 a와 면적 $a+b+c$가 각각 CV와 EV가 된다는 주장은 쉽게 이해되지 않는 면이 있다. 이 내용은 부록에서 다루는 몇 가지 수학 개념을 사용하면 명확해지지만, 여기에서는 그림을 이용해 면적 a가 CV가 된다는 사실을 확인하자.

〈그림 14-4〉는 〈그림 14-3〉의 가격변화와 효용 u^0에서의 보상수요곡선을 그대로 다시 그린 것이다. 가격하락의 CV는 이 그림에서는 면적 $a_1 + a_2$인데, 이는 〈그림 14-3〉의 아래쪽 그림의 면적 a와 같다. $(x_1^A,\ x_2^A)$와 $(x_1^C,\ x_2^C)$를 각각 x_1의 가격이 p_1^0와 p_1^1일 때의 두 재화의 보상수요량이라 하자. 가격이 p_1^0일 때는 u^0를 얻기 위한 지출액은 $p_1^0 x_1^A + x_2^A$이다. 가격이 p_1^1으로 바뀌면 여전히 u^0를 얻기 위한 지출액은 $p_1^1 x_1^C + x_2^C$가 된다.

만약 가격이 p_1^0에서 p_1^1으로 바뀜에도 불구하고 소비자가 x_1 소비를 x_1^A에서 바꾸지 않으면 u^0를 유지하기 위해 x_2도 x_2^A를 유지해야 한다. 이 경우 u^0를 얻는 비용은 $p_1^0 x_1^A + x_2^A - [p_1^1 x_1^A + x_2^A] = (p_1^0 - p_1^1) x_1^A$만큼 줄어들고, 이는 〈그림 14-4〉에서 면적 a_1에 해당된다. 반대로 가격이 무엇이든 소비자가 항상 x_1^C를 선택하고 따라서 x_2^C도 선택한다면, 가격변화 때문에 u^0를 얻는 비용이 $p_1^0 x_1^C + x_2^C - [p_1^1 x_1^C + x_2^C] = (p_1^0 - p_1^1) x_1^C$만큼 줄고, 이는 면적 $a_1 + a_2 + a_3$가 된다.

하지만 실제로는 가격이 p_1^0에서 p_1^1으로 점차 변해갈 때 u^0를 유지하는 x_1의 소비선택은 x_1^A에서 x_1^C로 보상수요곡선을 따라가며 연속적으로 변한다. 따라서 u^0를 얻는 데 필요한 비용이 가격변화 때문에 줄어드는 정확한 금액 CV는 면적 a_1도 $a_1 + a_2 + a_3$도 아닌 면적 $a_1 + a_2$이다. 이것은 두 가격 사이에서 보상수요곡선이 만들어내는 면적이며, 이를 정확히 계산하는 방법은 p_1^0와 p_1^1 구간을 세로축을 따라가며 보상수요를 적분하는 것이다.

따라서 〈그림 14-3〉의 가격변화에서 ΔS는 가격변화 구간에서 통상수요곡선이 만들어내는 면적이고 CV는 u^0를 얻는 보상수요곡선이 만들어내는 면적이라는 점에서 서로 유사하지만, 두 면적의 의미는 꽤 다르다. ΔS는 소비를 위해 지불하려는 금액(즉 수요곡선 아래의 면적)과 지불액 간의 격차인 소비자잉여가 가격 하락으로 인해 변하는 것을 계측한다. 반면 CV는 동일 만족도를 얻기 위한 비용이 가격 하락으로 인해 얼마나 절약되는지를 계측한다.

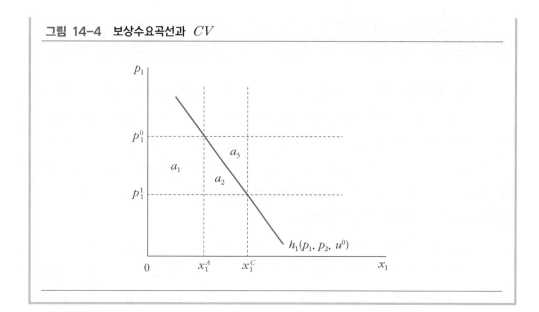

그림 14-4 보상수요곡선과 CV

이상에서 설명한 바와 같이 가격변화의 후생효과를 화폐단위로 계측하는 소비자잉여의 변화분은 CV와 EV 사이에 놓여있다. 그렇다면 이 세 지표 간의 격차는 어느 정도일까? 〈그림 14-3〉에서 $|\Delta S - CV|$는 면적 b와 같은데 수요곡선이 직선이 아니라 하더라도 가격변화가 크지 않을 경우에 이는 $\frac{1}{2}\Delta x_1 |\Delta p_1|$와 같이 근사된다. 여기에 수요의 소득탄력성, 즉 소득이 1% 변할 때 x_1의 소비량이 몇 % 변하는지를 나타내는 지표를 $\eta_1 = \frac{\Delta x_1 / x_1}{\Delta m / m} = \frac{\Delta x_1}{\Delta m}\frac{m}{x_1}$이라 하면, 이는 $\Delta x_1 = \eta_1 x_1 \frac{\Delta m}{m}$을 의미하므로 면적 b는 $\frac{1}{2}\eta_1 x_1 \frac{\Delta m}{m}|\Delta p_1|$이 된다. 그리고 면적 b 계산 시 적용할 Δm은 가격변화에도 불구하고 원래 만족도 u^0를 계속 유지하도록 하는 소득변화이므로 그 값은 CV와 같다. 또한 ΔS는 가격변화 Δp_1이 크지 않으면 x_1 소비량도 크게 바뀌지 않으므로 $\Delta S \approx x_1 |\Delta p_1|$처럼 근사할 수 있다. 따라서 면적 b, 즉 $|\Delta S - CV|$는 $\frac{1}{2}\eta_1 \Delta S \frac{CV}{m}$와 같이 근사되고, 이로부터 $\left|\frac{\Delta S - CV}{CV}\right| \approx \frac{\Delta S}{m}\frac{\eta_1}{2}$의 관계를 도출한다.

혹은 가격변화가 크지 않을 경우 만족도 u^0를 계속 유지하도록 하는 소득변화 Δm은 CV대신 ΔS와 같다고 간주하기도 하며, 이 경우에는 다음 관계를 얻는다.

$$\left| \frac{\Delta S - CV}{\Delta S} \right| = \left| \frac{\text{면적 } b}{\text{면적 } a + b} \right| \approx \frac{\Delta S}{m} \frac{\eta_1}{2} \quad\dots\dots\dots\dots\dots\dots\dots\dots\quad \boxed{14\text{-}1}$$

유사한 절차를 거쳐 다음도 도출할 수 있다.

$$\left| \frac{\Delta S - EV}{\Delta S} \right| = \left| \frac{\text{면적 } c}{\text{면적 } a + b} \right| \approx \frac{\Delta S}{m} \frac{\eta_1}{2} \quad\dots\dots\dots\dots\dots\dots\dots\dots\quad \boxed{14\text{-}2}$$

식 (14−1) 및 식 (14−2)와 같은 세 지표 간 관계는 윌리이(Willig, 1976)의 유명한 논문에서 처음 도출되었다. 이 관계식들은 세 지표 간의 격차는 소비재 수요가 소득변화에 민감하게 반응할수록 크고, 또한 가격변화로 인해 발생한 소비자후생의 변화가 전체 소득에서 차지하는 비중이 클수록 크다는 것을 보여준다. 반대로 소득변화에 대해서 비교적 둔감하거나 해당 지출액이 전체 소득에서 차지하는 비중이 작은 소비재의 가격변화 시에는 세 지표 간의 격차는 매우 작을 수 있다.

이처럼 후생변화는 세 가지 서로 다른 척도를 사용해 측정할 수 있다. 이 가운데 ΔS는 가격과 소득 자료만 있으면 쉽게 측정할 수 있지만, 이론적인 문제점을 가지고 있다. 반면 CV와 EV는 위에서 설명한 바와 같이 그러한 이론적인 문제점을 가지지 않는다. 그러나 CV나 EV를 계측하기 위해서는 보상수요함수를 알아야 하는데, 보상수요함수는 우리가 눈으로 확인할 수 없는 효용 값에 의존하기 때문에 통계자료를 이용해 그 형태를 알아낼 수 없다. 따라서 CV와 EV 역시 통계자료를 이용해 직접 구할 수 없다. 이런 이유로 인해 이론적 결함에도 불구하고 ΔS를 CV나 EV 대신 후생효과 분석에 사용해 왔다. 그러나 이 분야의 이론 발전에 의해 통계적인 절차를 거쳐 CV나 EV를 정확히 구해내는 것이 가능하게 되었다. 아래의 보론을 참고하기 바란다.

한편 보상수요곡선을 사용해 위에서 도출한 두 지표 CV와 EV는 후생효과의 화폐화된 지표로 흔히 사용하는 지불의사(willingness to pay, WTP) 및 수용의사(willingness to accept, WTA)와 연결이 된다. 지불의사와 수용의사의 기준 효용은 여건 변화 이전이나 이후냐가 아니라 상대적으로 더 작냐 크냐에 의해 각각 선택된다. 지불의사는 둘 중 낮은 효용을 기준으로 하며, 여기에서 더 높은 수준으로 나아가기 위해 지불할 의사가 있는 금액이고, 반대로 수용의사는 더 높은 효용이 기준인데 이를 달성하지 못하는 대신 받고자 하는 금액이다. 반면 CV와 EV를 측정하는 기준 효용은 상대적 크기가 아니라 각각 여건

표 14-1 CV, EV와 지불의사, 수용의사

가격변화	지불의사	수용의사
가격하락	CV	EV
가격상승	$-EV$	$-CV$

변화 이전인지 이후인지에 의해 선택된다. 그렇기 때문에 발생하는 변화가 효용을 높이는 쪽인지 낮추는 쪽인지에 따라서 CV와 EV 중 무엇이 지불의사 혹은 수용의사와 연결되는지가 달라진다. 아울러 지불의사와 수용의사는 항상 0보다 크지만, CV와 EV는 후생이 증가할 때는 양(+), 감소할 때는 음(−)의 값을 가진다는 점도 고려해야 한다.

〈그림 14-3〉과 같이 가격이 하락할 경우에는 $u^0 < u^1$이므로 변화 이후의 효용이 더 높은 효용이다. 따라서 지불의사는 CV와, 수용의사는 EV와 연결된다. 이 경우 가격 하락에도 불구하고 u^0 유지를 위해 줄여줄 수 있는 소득인 CV는 0보다 크다. 이 금액을 지불해도 가격 하락 시에는 원래 만족도 u^0를 유지할 수 있으므로 CV가 가격 하락의 지불의사이다. EV 역시 0보다 크며, 가격이 하락하지 않는다면 기준이 되는 효용 u^1이 달성되지 못하기 때문에 대신 소비자가 받고자 하는 금액이므로 가격변화의 수용의사이다.

하지만 가격이 상승할 경우에는 $u^0 > u^1$이므로 반대로 변화 이전의 효용이 더 높고, 따라서 지불의사는 EV와, 수용의사는 CV와 연결된다. 가격상승 후에도 u^0를 유지하기 위해서는 줄여줄 수 있는 소득이 음(−)이라야 한다. 즉 소득을 더 받아야 하고, CV는 음의 값을 가진다. 따라서 $-CV$가 가격상승의 후생손실을 수용하는 대신 받고자 하는 수용의사이다. 이 경우 EV는 더 낮은 효용 u^1을 상승하지 않은 원래 가격에서 얻을 수 있도록 더해주어야 하는 소득인데 실제로는 소득이 덜 필요하므로 역시 음(−)의 값을 가진다. 그리고 $-EV$는 가격상승을 취소하여 후생이 u^0로 늘어나는 사건에 대한 지불의사가 된다. 즉 〈표 14-1〉의 관계가 성립한다.

CV, EV 및 ΔS

위에서 설명한 대로 ΔS는 통계자료를 이용해 쉽게 계측할 수 있지만 후생지표로서의 이론적 문제를 가지고 있다. 반면 CV나 EV는 지표로서의 이론적 타당성은 가지지만 직접 계측되지는 않는다. 이 딜레마는 몇 가지 방법을 사용해 해결하거나 완화할 수 있다.

첫 번째 방법은 오랫동안 사용되었던 관행으로서 이론적 결함에도 불구하고 통상수요

함수를 추정한 후 ΔS를 계산하고, 이를 CV나 EV 대신 사용하는 방법이다. 윌리이(Willig, 1976)는 굉장히 넓은 범위의 소득탄력성 값을 대입해 보아도 식 (14−1)이나 식 (14−2)의 오차가 5%를 넘기 어렵다는 것을 보여주어 이 방법을 지지하였다.

두 번째 방법으로서 식 (14−1)이나 식 (14−2)를 활용하여 ΔS 사용 시의 오차를 줄여주는 방법을 생각해 볼 수 있다. 이 경우에도 통상수요함수를 추정하여 ΔS를 계산하되, 추가로 소득탄력성 자료를 활용하여 식 (14−1)을 CV에 대해 풀어 그 근사치를 구한다. 마찬가지 방법으로 EV의 근사치도 구할 수 있다.

세 번째 방법은 바르티아(Vartia, 1983)가 제시한 방법인데, 역시 자료를 이용해 통상수요함수를 일단 추정한 뒤, 이를 이용해 ΔS가 아니라 CV와 EV를 반복 계산을 통해 근사적으로 구해낸다. 가격이 변한 전 구간에 대해 한 번에 지푯값을 계산하면 세 지표 간 격차가 클 것이므로 가격변화 구간을 작게 쪼개어 작은 가격변화 구간에서의 지푯값 변화를 반복적으로 계산한 후 모두 더해주는 방식이다. 계산을 구간별로 새로 할 때마다 소득효과 때문에 ΔS와 나머지 두 지표 사이에 발생한 오차를 보정해 보다 정확한 계산 결과를 얻도록 한다.

마지막 방법은 하우스만(Hausman, 1981)이 제시한 방법으로서, 일종의 미분방정식을 푸는 방법이다. 이 방법 역시 관측되는 자료를 이용해 통상수요함수를 먼저 추정한다. 각 가격 및 소득과 이들 조건에서 얻을 수 있는 최대 만족도 사이에는 어떤 함수적 관계가 존재한다. 추정된 통상수요함수를 미분방정식의 형태로 설정하여 다시 풀면 이러한 최대 만족도를 나타내는 효용함수를 복원해 낼 수 있는데, CV나 EV는 이 효용함수를 통해 정의되기 때문에 그 수치를 계산해 낼 수 있다. 이 방법은 위의 세 방법과 달리 CV나 EV를 근사하는 데 그치지 않고 그 정확한 값을 구해내기 때문에 보다 우월한 방법이다. 그러나 추정된 모든 통상수요함수로부터 그와 부합하는 효용함수 값을 얻을 수 있는 것은 아니기 때문에 통상수요함수 형태를 선택함에 있어 주의를 기울여야 한다.

section 02 수량 혹은 질 변화의 후생효과

제1절은 외생적으로 정해져 있는 재화의 가격이 변함에 따라 발생하는 소비자후생 변화를 측정하는 방법에 대해 논의하였다. 그 내용을 환경정책 편익 측정을 위해 그대로

사용하기는 힘든데, 이는 환경재의 경우 대체로 시장가격이 존재하지 않으며, 또한 환경정책은 환경재의 시장가격을 바꾸는 것이 아니라 그 수량이나 질을 변화시키기 때문이다. 맑은 물이나 깨끗한 공기와 같은 환경재를 이용하는 개인에게 환경재의 수량이나 질은 대개 스스로 선택할 수 없고, 외생적으로 주어져 있다. 따라서 소비자에게는 외생적으로 정해져 있는 환경재의 수량이나 질을 변화시키는 정책이 소비자 편익에 어떤 영향을 주는지를 파악할 수 있어야 한다.

환경재를 소비하는 어떤 소비자의 효용함수를 $u = u(q, G)$로 나타내자. 여기서 q는 환경재의 수량이나 질을 나타내는 변수이고, 그 가격은 p이다.[5] 또한 G는 환경재 외의 기타 모든 재화나 서비스에 대한 지출액을 나타낸다고 하고, 따라서 G를 소비량이라 볼 경우에는 그 가격은 1이다. 만약 정책의 결과 환경재의 수량이나 질이 최초의 q^0에서 q^1으로 개선된다면, 그로 인해 늘어나는 소비자후생, 즉 편익을 어떻게 측정할 수 있는가? 한 가지 분명한 것은 이용할 수 있는 환경재 수준이 외생적으로 결정되기 때문에 제1절에서 논의된 바와 같은 통상수요함수나 ΔS를 정의할 수 없다는 점이다. 또한 소비량을 자유로이 선택할 수 있다는 전제하에서 정의된 CV나 EV 역시 환경정책의 평가를 위해서는 사용될 수 없다.

환경재의 수량이나 질이 정책에 의해 외생적으로 변할 때 발생하는 후생변화는 CV나 EV 대신 보상잉여(compensating surplus, CS)나 동등잉여(equivalent surplus, ES)를 통해 정의된다.[6] 이 중 CS는 정책의 결과 생성된 새로운 수준의 $q(= q^1)$에서도 소비자가 원래의 $q(= q^0)$에서 얻던 효용을 얻는 데 필요한 소득변화이다. 그리고 ES는 반대로 정책의 결과 형성되는 새로운 $q(= q^1)$에서 얻어지는 효용을 정책 시행 전의 $q(= q^0)$를 가지고 얻는 데 필요한 소득변화이다.

〈그림 14-5〉에서 곡선 u^0와 u^1은 서로 다른 효용을 나타내는 무차별곡선이다. 소득이 m이고 주어진 가격조건에서 소비자 예산선은 b이다. 정책 시행 이전에 환경질은 q^0이므로, q^0와 예산선이 만나는 점 A가 소비점이고, 이때의 효용은 u^0이다. 점 A에서 시장재 소비량은 $m - pq^0$이다. 시장에서 거래되는 소비재와 달리 소비자가 q의 수준을 선택할 수 없으므로 소비점 A에서 무차별곡선과 예산선은 서로 접하지 않을 수 있다.

정책효과로 인해 q^1의 환경재가 공급되면, 소비점은 B로 변하고, 효용은 u^1으로 증

---

5) 환경재 가격 p는 0일 수도 있다.

6) 그러나 많은 환경경제학 문헌이 CV와 CS, 그리고 EV와 ES를 서로 구분하지 않고 사용한다는 것도 이해하기 바란다.

그림 14-5 *CS*와 *ES*

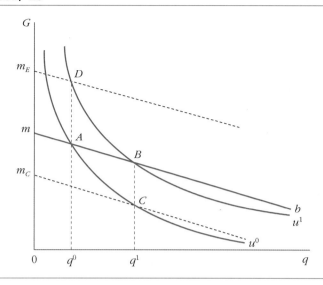

가한다. 개선된 환경질 q^1에서 원래의 효용 u^0를 얻게 하는 소비점은 C이고, C를 지나는
예산선이 세로축과 만나는 점은 m_C이므로 그림에서 CS는 $m - m_C$이다. 한편 원래의 환
경질 q^0를 가지고 정책 시행 후의 효용 u^1을 달성하는 소비점은 D이고, D를 지나는 예산
선이 세로축과 만나는 점은 m_E이다. 따라서 환경질 개선의 ES는 $m_E - m$이다. 이러한
CS와 ES를 실제로 계측하는 방법들에 관해서는 제15장~제17장에서 설명하기로 한다.

　　이상과 같이 정의되는 CS와 ES는 각각 환경개선에 대한 지불의사와 환경이 개선되
지 못하는 것에 대한 수용의사를 나타낸다. 지불의사와 수용의사 모두 환경개선 편익을 나
타낸다. 두 지표는 어느 수준의 환경에서 얻는 효용을 기준으로 삼느냐에 있어 차이를 보
인다. 환경개선 이전과 이후의 효용 수준 가운데 어느 것을 기준으로 할지에 관한 분명한
이유나 근거가 없는 상황이라면 이 두 지표를 모두 계산할 수도 있을 것이다. 그렇다면 이
두 지표 간의 격차는 어느 정도일까?

　　이 물음에 대한 답을 얻기 위해서는 약간의 브레인스토밍(brainstorming)이 필요하다.
〈그림 14-6〉의 위쪽 그림은 〈그림 14-5〉의 상황을 그대로 옮겨놓은 것이다. 〈그림 14-5〉
에서 가정한 바와 같이 원래 환경질이 q^0이었고, 이때 소비자는 u^0의 효용을 얻는다. 환경
재에 대한 가격이 p와 같이 존재할 수 있지만 환경질은 소비자가 결정하는 것이 아니므로
소비점 A에서 실제 예산선은 무차별곡선과 접하지 않는다.

그림 14-6 실효가격과 CS 및 ES

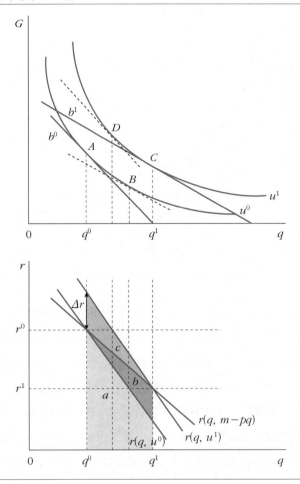

하지만 이제 소비자가 환경재의 소비량도 '자유롭게 선택할 수 있다'고 가정해 보자.
그리고 어떤 가격이 외생적으로 주어져야 이 소비자가 만족도 u^0를 최소 지출액으로 얻는
소비점으로 A를 '선택'하게 되는지를 생각해 보자. 이렇게 자율적 선택이 가능할 때 점 A
를 선택하게 하는 환경재 q의 가격을 r^0라 하고 이를 실효가격(virtual price)이라 부른다. 그
림에서 b^0는 실효가격 r^0를 이용해 그려진 예산선이고, 이 예산선이 주어진 상태에서 환경
재를 선택하게 하면 소비자는 점 A에서 효용 u^0를 최소의 비용으로 달성하게 될 것이다.

　　정책으로 인해 환경질이 q^1으로 개선되면 원래의 소비자는 이를 그대로 소비할 수밖
에 없고 효용으로 u^1을 얻는다. 하지만 이 경우의 실효가격 r^1도 정의할 수 있는데, 이는
역시 소비자가 환경재 소비수준을 선택할 수 있다고 가정할 때 소비점 C를 선택하고 효

용 u^1을 얻도록 하는 가격이다. 이 실효가격이 만드는 예산선은 b^1이다.[7]

〈그림 14-6〉에서 점 B는 예산선 b^1을 평행으로 이동시켜 무차별곡선 u^0와 접하도록 할 때의 접점이다. 이 점에서 수직선을 아래쪽 그림으로 내리고 이 수직선과 실효가격선 r^1이 만나는 점과 점 A에서 내린 수직선이 실효가격선 r^0와 만나는 점을 연결하면 곡선 $r(q, u^0)$가 만들어진다. 이 곡선은 효용 수준 u^0를 달성하도록 시장재와 환경재를 자유롭게 선택하게 하면, 환경재에 대해 단위당 어느 정도나 지불해야 할 것인지를 나타내며, 그 값은 q에 따라 달라진다. 이 곡선에 의해 표현되는 함수 $r(q, u^0)$를 환경재에 대한 보상역수요함수(compensated inverse demand function), 지불의사함수(WTP function), 혹은 실효가격함수(virtual price function)라 부른다.

마찬가지로, 점 D는 예산선 b^0를 평행으로 이동시켜 무차별곡선 u^1과 접하도록 할 때의 접점인데, 이 접점에서 내린 수직선이 아래쪽 그림의 실효가격선 r^0와 만나는 점과 점 C에서 내린 수직선이 실효가격선 r^1과 만나는 점을 연결하면 또 다른 지불의사곡선 $r(q, u^1)$을 도출할 수 있다. 이 지불의사곡선의 높이는 u^1을 달성하도록 시장재와 환경재를 자유롭게 선택하게 하면, 환경재 단위당 어느 정도나 지불할 것인지를 나타낸다.

최초의 환경질 q^0에서 얻었던 효용 수준 u^0를 기준으로 정의되는 보상잉여 CS는 〈그림 14-6〉의 아래쪽 그림에서는 면적 a이다. 기준 효용 u^0를 유지할 때 변화되는 각 단위의 환경질에 대한 한계지불의사를 다 합해준 것이 면적 a이고, 따라서 이는 CS이다. 마찬가지로 좋아진 환경질 q^1에서 얻는 효용 수준 u^1을 기준으로 정의되는 동등잉여 ES는 〈그림 14-6〉에서 면적 $a + b + c$이다.

한편 〈그림 14-6〉 아래쪽 그림에서 곡선 $r(q, m - pq)$는 입찰함수(bid function)라 불리는 함수를 나타내며, 주어진 소득과 가격조건에서 최대의 만족도를 얻도록 환경재 소비량을 선택할 수 있게 한다면 환경재 한 단위당 어느 정도의 금액을 지불할지를 나타낸다. 이 곡선은 두 가지 수준의 환경질 사이에서 면적 $a + b$를 만들어내고, 이 곡선의 높이는 환경재 선택을 자유롭게 할 때의 환경재에 대한 통상수요곡선이 만들어내는 지불의사의 역할을 한다. 이 면적을 ΔS라 표시하자.[8]

이제 CS, ΔS, ES 간의 차이가 어느 정도인지를 확인하여야 한다. 이 세 지표의 차

---

7) 예산선 b^0와 b^1의 세로축 절편은 각각 $\mu^0 = m + (r^0 - p)q^0$와 $\mu^1 = m + (r^1 - p)q^1$이다.

8) 그러나 수량이 실제로 자유로이 선택되는 시장재와 달리 환경재의 경우 ΔS마저도 자료를 이용해 직접 추정하거나 계산할 수 없다. 이는 현실에서는 환경재의 수량 선택이 불가능하므로 함수 $r(q, u)$는 물론 함수 $r(q, m - pq)$도 자료를 이용해 파악할 수 없기 때문이다.

이를 근사치로 쉽게 얻기 위해 〈그림 14-6〉 아래쪽 그림의 세 곡선은 모두 직선이고 두 개의 지불의사선은 서로 평행하다고 하자. 이 경우 면적 b = 면적 $c = \frac{1}{2}\Delta r|\Delta q|$이다(단, $\Delta q = q^1 - q^0$). Δr은 특정 q에서, 만족도가 u^0에서 u^1으로 바뀔 정도로 소득이 변할 때 그로 인해 발생하는 한계지불의사 변화이다. 이를 탄력성 개념으로 $\epsilon = \frac{\Delta r}{\Delta m}\frac{m}{r}$과 같이 나타낸 것을 소득의 가격신축성(price flexibility of income)이라 부른다. ϵ을 Δr에 대해 풀어 면적 b의 공식에 대입하고, $\Delta S \approx \Delta m$, $\Delta S \approx r|\Delta q|$의 근사치를 대입하면 다음을 얻는다.

$$\left|\frac{\Delta S - CS}{\Delta S}\right| = \left|\frac{\text{면적 } b}{\text{면적 } a+b}\right| \approx \frac{\Delta S}{m}\frac{\epsilon}{2} \approx \left|\frac{\text{면적 } c}{\text{면적 } a+b}\right| = \left|\frac{\Delta S - ES}{\Delta S}\right| \quad \cdots \boxed{14\text{-}3}$$

따라서 최종적으로 이들 세 지표 사이의 관계는 후생 변화가 전체 소득에서 차지하는 비중이 어느 정도나 큰지와 소득이 변할 때 환경재에 대한 지불의사가 얼마나 민감하게 영향을 받는지에 의해 결정된다.

식 (14-3)을 도출하는 분석은 란달과 스톨(Randall and Stoll, 1980)의 유명한 연구에 의해 처음 시도되었다. 이들은 식 (14-3)을 도출한 후, 식 (14-1) 및 식 (14-2)에서 수요의 소득탄력성이 하던 역할을 식 (14-3)에서는 소득의 가격신축성이 한다는 차이만이 있을 뿐이며, 따라서 가격변화의 경우와 마찬가지로 수량이 외생적으로 변할 경우에도 세 지표 간에 큰 격차는 없을 것이라 결론지었다.

란달과 스톨이 내린 이 결론은 환경정책 편익을 실제로 추정하는 학자들에게 많은 영향을 주었다. 이 연구 때문에 특정 환경정책의 CS와 ES를 모두 추정했을 때, 양자 사이의 격차가 크지 않으면 분석 결과가 믿을 만하다고 판단하고, 그렇지 않으면 어떤 문제가 있다고 생각하는 경향이 만들어지기도 했다. 그러나 실제로 CS와 ES를 모두 추정했을 때 양자 사이에 수십 배에 달하는 차이가 흔히 발생하였다. 호로비츠와 멕코넬(Horowitz and McConnell, 2002)은 환경재 및 시장재에 대한 지불의사와 수용의사를 모두 도출한 45개의 연구 결과를 분석한 바 있다. 이들이 조사한 45개 연구에 있어 수용의사/지불의사 비율의 평균치는 7.17이었다. 이 가운데 환경재와 같은 비시장재에 대해 적용된 연구에 있어서의 평균 비율은 10.41이었고, 이는 커피잔이나 연필과 같은 시장재에 대한 분석들이 보여주는 평균 비율 2.91보다 월등히 높은 것이었다.[9]

---

9) 지불의사와 수용의사 간 격차에 관한 보다 많은 분석 사례는 김연준 외(Kim et al., 2015)에서 확인

실제 분석에서 나타나는 *CS*와 *ES* 간 큰 격차의 원인이 무엇인지를 밝히려는 노력 역시 진행되었다. 많은 연구가 그 원인을 편익 추정에 사용된 분석기법의 특성이나 한계에서 찾기도 하나, 분석기법이 정확하다고 하더라도 지불의사와 수용의사 간에는 큰 차이가 있을 수 있음을 다음 두 이론이 설명한다.

첫 번째 설명은 식 (14-3)과 같이 도출된 서로 다른 평가지표 간의 격차를 이용한 설명이다. 하네만(Hanemann, 1991)은 식 (14-3)과 같이 도출된 격차를 결정하는 데 큰 역할을 하는 소득의 가격신축성 ϵ이 사실은 다음과 같이 표현될 수 있다는 것을 보였다.

$$\epsilon = \frac{\eta}{\sigma} \quad\text{(14-4)}$$

즉 소득의 가격신축성은 환경재 수량을 선택할 수 있다고 가정할 경우의 환경재 수요의 소득탄력성 η와 환경재와 일반시장재 사이의 대체탄력성(elasticity of substitution)인 σ의 비율이다. 특히 분모인 대체탄력성이 중요한 의미를 지니는데, 이는 시장재와 환경재 사이의 상호 대체가 어느 정도나 순조로운지를 보여주며, 환경재 소비를 줄이고 대신 시장재 소비를 늘려 동일 만족도를 유지하는 것이 쉽게 이루어질수록 큰 값을 가진다.

식 (14-3)에서 본 바와 같이 *CS*, ΔS, *ES* 간의 격차는 소득의 가격신축성 ϵ이 클수록 크고, ϵ은 대체탄력성 σ가 작을수록 크다. 따라서 시장재와 환경재가 서로 강한 대체관계를 가진다면 이들 세 지표 간의 차이는 매우 작고, 환경개선의 지불의사인 *CS*와 수용의사인 *ES*의 격차 역시 매우 작을 것이다. 그러나 시장재와 환경재의 대체가 매우 제한되어 있을 경우에는 σ의 값이 0에 가까울 것이기 때문에 지불의사와 수용의사 사이의 격차가 이론적으로는 무한대에 가까울 수도 있다.

예를 들어 같은 상수원 수질오염이 발생하더라도 먹는 샘물이라는 시장재로 수질이라는 환경재를 쉽게 대체할 수 있으면 수질개선 편익은 수질이 좋을 경우의 효용을 기준으로 평가할 때나 수질이 나쁠 때를 기준으로 평가할 때나 크게 다르지 않을 것이다. 그러나 수질 악화를 순조롭게 대체할 수 있는 먹는 샘물이라는 시장재가 없다면 어떤 수질을 유지할 때의 효용을 기준으로 평가하느냐에 따라 편익이 크게 달라질 것이다. 식 (14-4)는 또한 수용의사/지불의사 비율이 시장재보다는 환경재와 같은 비시장재의 경우가 더 크

할 수 있다.

다는 호로비츠와 멕코넬의 조사결과도 설명할 수 있다. 커피잔과 같은 시장재는 일반적으로 대체성이 강한 다른 시장재를 가지지만 환경재는 상대적으로 시장재와의 대체성이 낮고, 따라서 환경재의 경우에 있어 지불의사와 수용의사 간 더 큰 격차가 발견되는 것이다.

두 번째 설명은 카네만과 트베르스키(Kahneman and Tversky, 1979)가 개발한 소위 전망이론(prospect theory)에서 찾을 수 있는데,[10] 이 이론은 환경재뿐 아니라 가까운 대체재가 많은 시장재에 있어서도 지불의사와 수용의사 사이에 상당한 차이가 있는 현상을 설명할 수 있다. 이 이론은 소비자의 소비량과 만족도와의 관계를 소비량과 상관없이 항상 동일한 형태를 가지는 효용함수를 이용해 표현하는 것은 소비자들의 실제 심리구조와는 맞지 않는다고 본다. 이 이론은 대신 부존효과(endowment effect)에 의해 소비자의 만족도가 영향을 받는다고 보는데, 이를 〈그림 14-7〉을 이용해 설명할 수 있다.

〈그림 14-7〉에서 q^0가 현재의 환경이다. 이 현재 환경수준이 일종의 부존상태이며 준거점(reference point)을 이루는데, 카네만과 트베르스키에 의하면 이 준거점으로부터 더 좋아질 때 만족도가 늘어나는 형태와 더 나빠질 때 만족도가 줄어드는 형태는 서로 다르다. 따라서 환경질이 현 수준과 달라지면서 발생하는 만족도의 변화를 나타내는 가치함수(value function)는 효용함수와는 달리 현재의 환경질인 q^0를 기준으로 비대칭적인 형태를 가진다. 카네만과 트베르스키는 참가자를 대상으로 하는 여러 차례의 실험을 통해 준거점인 현 상태보다 더 좋아지는 상황이 발생하면 만족도는 비교적 완만하게 증가하지만 반대로 현 상태보다 더 나빠지면 만족도가 급속히 감소한다는 점을 보여주었다. 이러한 비대칭성을 반영하여 만족도 변화를 나타내는 가치함수 w^0는 준거점인 현재의 환경질 q^0에서 비틀리는 형태를 가지게 된다. 마찬가지로 만약 또 다른 환경질 q^1이 비교의 기준인 준거점이 되면, q^1을 중심으로 비대칭적으로 변하는 가치함수 w^1이 다시 도출된다.

이제 이 이론이 어떻게 지불의사와 수용의사 간 격차를 설명하는지 보자. 원래의 환경질이 q^0이고 비교 대상이 q^1이라 하자. 지불의사는 원래의 환경질 q^0를 기준으로 평가되며 환경질이 q^1으로 변함에 따라 추가로 얻게 되는 편익을 화폐가치로 환산한 것이다. 이때의 준거점은 q^0이므로 가치함수 w^0가 q^1에서 어느 정도의 값을 가지는지를 평가하여 이를 지불의사로 간주한다. 반면 수용의사는 환경질이 q^1이 되어야 하지만 현실에서는 q^0

---

10) 원래 전망이론은 불확실성하의 의사결정을 분석하는 틀로서 경제학이 전통적으로 사용해 온 기대효용이론(expected utility theory)을 반박하기 위해서 개발되었다. 이 이론은 심리학자인 카네만에게 2002년 노벨경제학상을 안겨 주었다. 탈러(혹은 세일러)(Thaler, 1980)와 프리만 외(Freeman et al., 2014, pp. 71~74)는 이 이론이 지불의사와 수용의사의 격차를 잘 설명함을 보여주었다. 탈러도 카네만과 유사한 분야에 관한 연구로 2017년 노벨경제학상을 수상했다.

그림 14-7 부존효과와 가치함수

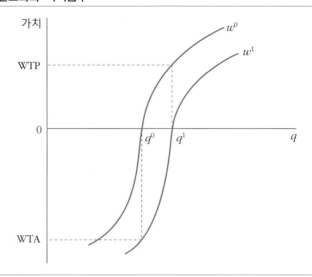

에 머무르기 때문에 발생하는 후생의 손실을 의미한다. 따라서 수용의사를 평가할 때는 준거점이 q^1이고, 수용의사는 가치함수 w^1이 q^0에서 가지는 값(의 음의값)이 된다. 그림에서 확인되듯이 수용의사는 지불의사에 비해 훨씬 큰 값이 된다.

하네만의 설명을 따르든 전망이론을 따르든 특히 환경재와 같이 대체재가 제한된 재화나 서비스의 개선 편익을 분석할 때 지불의사와 수용의사는 큰 격차를 지닐 수 있다. 따라서 두 지표 가운데 어느 것을 선택할지가 문제가 된다. 뒤에서 다시 논의되겠지만 몇 가지 환경편익 추정기법은 기법의 특성상 소득에 비해 지나치게 높은 편익을 도출할 수 있다는 주장이 있다. 이를 반영하여 오늘날 많은 실증분석은 상대적으로 낮은 금액인 지불의사를 추정하여 이를 환경개선의 편익으로 간주한다.[11]

하네만과 전망이론, 어느 쪽이 맞나?

효용이론에 기반을 둔 하네만의 분석은 환경개선에 대한 지불의사와 수용의사 간 격차

---

11) 한편, 지불의사와 수용의사 간 격차에 관해서는 다른 설명들도 있다. 예를 들어 쟈오와 클링(Zhao and Kling, 2001)은 제3절에서 설명할 자연환경 보존의 비가역성을 그 이유로 든다. 자연을 개발하고 훼손하면 향후 상황이 달라져도 원 상태로 회복시키기 어렵고, 따라서 그러한 비가역성에 따른 비용까지 반영하면 환경보존의 수용의사가 지불의사보다 더 클 것이다.

가 크게 나타나는 이유를 환경재와 시장재 사이의 제한된 대체가능성에서 찾는다. 효용이론을 인정하지 않는 전망이론은 만족도가 평가되는 준거점이 서로 다르기 때문에 두 지표는 당연히 큰 격차를 가질 수 있다는 해석을 한다. 쇼그렌 외(Shogren et al., 1994)는 요즘음 유행하는 실험법을 실시해 두 이론 중 어느 쪽이 실험에서 지지받는지 확인코자 하였다.

이들은 대학생을 두 집단으로 나누어 한 집단에게는 사탕을 준 후 이를 인기 있는 캔디바(candy bar)와 바꾸기 위해 어느 정도 지불할 의사가 있는지를 나타내게 하고, 다른 한 그룹에게는 거꾸로 캔디바를 준 후 사탕으로 바꾸기 위해 수용하고자 하는 의사를 나타내게 하였다. 또 다른 두 집단에게도 실험을 실시하는데, 한 집단에게는 평범한 샌드위치를 주고 이런 종류의 음식이 살모넬라와 같은 식중독균에 감염될 확률이 얼마이고, 감염될 경우 사망률이 어느 정도이며, 사망하지 않더라도 치료비용이 얼마나 드는지를 설명하였다. 이어서 꼼꼼하게 위생처리하여 식중독균 감염확률이 0인 샌드위치로 교환하기 위한 지불의사를 나타내게 하였다. 나머지 한 집단에게는 거꾸로 '안전한' 샌드위치를 주고 이를 평범한 샌드위치로 교환하기 위해 수용코자 하는 금액을 나타내게 하였다. 지불의사/수용의사 도출은 20차례 반복해서 이루어진다.

이들은 캔디바의 경우 지불의사와 수용의사가 모두 곧바로 시장가격 수준으로 수렴해 갔으나, 안전한 샌드위치의 경우 20번의 반복 실험이 끝날 때까지도 수용의사가 지불의사보다 계속 높고 평균적으로 2배 이상이라는 결과를 도출하였다. 이들은 이 결과를 대체재가 많은 캔디바보다 대체가능성이 낮은 식품안전도에 있어 두 편익지표 간의 격차가 크게 나타나는 것으로 해석하고 하네만식 설명을 지지하는 결론을 내렸다.

또 다른 관련 사례로 실험경제학의 유명 연구자인 리스트(List, 2004)의 연구가 있다. 카네만과 트베르스키의 전망이론은 참가자를 대상으로 하는 다양한 실험을 통해 효용이론을 비판하였었다. 리스트(2004)의 실험은 역으로 전망이론의 주요 결론을 반박하는 결과를 도출하였는데, 그는 전망이론에 입각한 실험들이 그동안 보여준 결과는 참여자들의 빈약한 실험거래 경험 때문에 나타났을 가능성이 크다고 보았다. 이 실험은 실제로 개최된 스포츠카드 전시회에서 실행되었는데, 378명의 참가자를 평소에 스포츠카드를 전문적으로 많이 거래하는 사람과 그렇지 않은 사람으로 구분하였다. 또한 두 그룹 내 참가자를 다시 E_{mug}, E_{candy}, E_{both}, $E_{neither}$로 구분한다. 이들은 각각 실험 참여 대가로 커피머그를 받은 사람, 캔디바를 받은 사람, 둘 다 받은 사람, 아무것도 받지 않은 사람들이다. 커피머그와 캔디바는 비슷한 가격 제품이다. E_{mug}에게는 캔디바와 바꿀 것인지 묻고, E_{candy}에게는 커피머그와 바꿀 것인지 묻는다. 그리고 E_{both}에게는 둘 중 무엇을 내어놓을 것인지 묻고, $E_{neither}$

에게는 둘 중 무엇을 원하는지를 묻는다.

효용이론은 부존효과를 크게 인정하지 않으므로 이에 따르면 참여 대가로 무엇을 받았든지 참여자는 거의 같은 선호 행태를 보여야 한다. 따라서 E_{mug} 중 캔디바로 바꾸겠다고 한 사람의 비율은 E_{candy} 중 캔디바를 그냥 보유하겠다는 사람의 비율, 달리 표현하면 E_{candy} 중 [1 − 캔디바를 머그와 바꾸겠다고 한 사람의 비율]과 거의 같아야 한다. 마찬가지로 E_{both}와 $E_{neither}$가 각각 최종 보유하겠다고 하는 커피머그나 캔디바의 비율은 서로 비슷해야 한다. 반면 전망이론은 부존효과의 중요성을 강조하고, 이미 가지고 있는 것을 아직 갖지 못한 것보다 더 높게 평가한다. 따라서 이에 따르면 E_{mug} 중 머그를 캔디바로 바꾸려 한 사람의 비율이 E_{candy} 중 [1 − 캔디바를 머그로 바꾸려 한 사람의 비율]보다 훨씬 작아야 한다. 또한 E_{both}와 $E_{neither}$가 머그를 원하는 비율은 E_{candy}가 머그를 원하는 비율보다 높아야 한다.

리스트(2004)의 실험에 의하면 평소에 스포츠카드를 많이 거래해 본 사람들의 행위는 이상의 가설 중 효용이론의 가설과 가까운 반면, 거래경험이 적은 사람들은 전망이론의 가설에 가까운 반응을 하였다. 즉 축적되는 거래경험은 전망이론보다는 전통적인 효용이론을 따르는 의사결정을 하게 한다는 것이다. 여기에서의 거래경험은 실제 실험에서 거래된 커피머그나 초코바가 아닌 스포츠카드의 거래경험이었다. 그럼에도 불구하고 이런 결과가 나타난 것은 축적되는 거래경험은 직접 거래를 경험하지 않은 상품에 대한 선택 행위까지도 효용이론가설과 부합되게 만든다는 것을 의미한다. 이는 또한 거래경험이 많을수록 동일 평가대상에 대한 지불의사와 수용의사의 격차가 작을 것임을 의미한다.

section 03 환경편익의 분류

제2절은 환경질 변화로 인해 발생하는 후생변화를 나타낼 수 있는 지표에 대해 설명하였다. 그렇다면 환경질 개선은 구체적으로 소비자에게 어떤 종류의 편익을 주는가? 환경질 개선이 가져다주는 편익을 분류하는 방식은 환경 이용에 있어 불확실성을 고려하느냐 하지 않느냐에 따라 달라진다.

1. 환경 이용의 불확실성을 고려하지 않는 경우

환경 이용에 개입될 수도 있는 불확실성을 고려하지 않을 경우 환경재가 제공하는 편익은 크게 사용가치(use value)와 존재가치(existence value) 혹은 비사용가치(nonuse value)로 대별되고, 환경재가 가져다주는 총가치(total value)는 사용가치와 존재가치의 합이 된다. 사용가치란 개인이 환경재를 물리적으로 이용하기 때문에 환경재에 부여하는 가치이고, 존재가치란 물리적으로 환경을 이용하지 않음에도 불구하고 환경재에 대해 부여하는 가치이다.

사용가치는 다시 직접사용가치(direct use value)와 간접사용가치(indirect use value)로 나뉜다. 예를 들어 한강과 같은 하천의 직접사용가치는 수상스키, 낚시 등과 같은 여가와 어로 및 항해와 같은 상업적 이용으로부터 얻어지며, 또한 식수 및 하수처리, 관개, 공업용수 등과 같은 물 자체의 소비를 통해서도 얻어진다. 동시에 하천은 아름다운 경관을 제공하는 경관의 가치와 철새 도래지를 형성하는 것과 같은 생태적인 가치를 가지는데, 이러한 경관이나 철새의 감상을 통해 얻어지는 편익은 하천의 간접사용가치라 할 수 있다.

개인이 물리적으로 환경을 이용하지 않음에도 환경에 부여하는 가치인 존재가치를 환경편익의 하나로 인정해야 하는지에 관해서는 논란이 있다. 이때 중요한 판단기준은 각 개인이 자신이 실제로 환경을 이용하지 않음에도 불구하고 환경보존을 위해 소득의 일부를 기꺼이 지불할 의향이 있는지일 것이다. 대다수 환경경제학자는 많은 사람들이 환경보호단체에 가입하거나, 자신이 직접 감상할 수도 없는 야생동물 보호를 위해 기부하는 것 등을 고려할 때, 이러한 존재가치를 인정해야 한다고 생각한다. 존재가치는 다시 대리소비(vicarious consumption)로 인한 가치와 청지기적 가치(stewardship value)로 나뉘며, 후자는 다시 유증가치(bequest value)와 고유가치(inherent value)로 구분된다.

대리소비의 가치란 어떤 개인이 자신이 직접 환경재를 이용하지 않더라도 자신이 알고 있는 사람이나 혹은 일반 대중이 환경재를 소비할 수 있다는 사실 자체로부터 얻는 가치이다. 청지기적 가치란 보다 동태적인 개념으로서, 환경재가 합리적으로 이용되어 미래 세대를 위해서 보존된다는 사실 자체로부터 얻는 만족도를 의미한다. 보다 구체적으로, 유증가치는 현세대의 노력에 의해 보존된 자연환경이 후세대에게 편익을 가져다준다는 사실로부터 얻게 되는 편익이다. 그리고 자연은 그 스스로 보존되어야 할 권리를 가지기 때문에 환경재를 현세대나 미래세대가 이용하든 하지 않든 상관없이 자연환경이 보존된다는 사실 자체가 가져다주는 편익이 바로 고유가치이다. 이상의 다양한 가치들을 하천수질과 관련하여 예시하면 〈표 14-2〉와 같다.

표 14-2 하천수질의 가치

편익의 종류			예
사용가치	직접사용가치	수상활동	여가(수상스키, 낚시, 수영, 보트놀이) 상업적 이용(어로, 항해)
		물의 소비	식수 및 하수처리 관개 공업용수
	간접사용가치	경관의 가치	하천부근의 여가활동(야영, 사진촬영) 인근 거주민의 경치 감상
		생태적 가치	철새 감상기회 제공 먹이사슬을 통한 기타 생태계의 보전
존재가치	대리소비로 인한 가치		가족, 친지, 친구의 하천 이용 일반 대중의 이용
	청지기적 가치 • 유증가치 • 고유가치		가족이나 후세를 위해 자연보존 오지의 습지 등을 보존

2. 환경 이용의 불확실성을 고려할 경우

자연환경의 이용에는 여러 가지 불확실성이 개입된다. 우선 많은 경우에 있어 각 개인이 특정 환경재를 미래에 실제로 소비하게 될지가 불확실하다. 예를 들어 휴전선 내 비무장지대(DMZ)는 수십 년 동안 인간이 거주하지 않아 생태학적으로 큰 가치를 지니는 것으로 인정받고 있다. 이러한 비무장지대 내의 생태계가 각 개인에게 주는 편익을 검토해 보면, 일단 비무장지대의 생태계 자체가 가지는 존재가치는 인정되어야 할 것이다. 그러나 이 생태계가 사용가치까지도 가져다 줄 것인지는 불확실하다. 각 개인은 자신이 미래에 실제로 비무장지대를 방문하여 현지의 다양한 동식물이나 자연경관을 감상할 수 있는 기회를 가지게 될지를 확신할 수 없는 상황이다.

환경재는 또한 공급측면의 불확실성도 가지고 있다. 정부가 한강수계의 수질을 5년 내 한 단계 더 높이고자 하며, 이 경우 어느 정도의 편익을 얻게 되는지를 소비자에게 물어본다고 하자. 소비자가 느끼기에 정부가 계획대로 5년 이내에 수질을 한 단계 향상시킬 수 있다는 보장이 없으므로, 환경재 공급이 실제로 어느 정도 가능한지에 대해 불확실성을 갖게 된다.

환경재 이용에 있어 위와 같은 불확실성이 개입될 경우 환경재의 편익이나 가치를 어떻게 구할 수 있는가? 핵심은 불확실성하에서는 환경재 공급이나 소비로 실현될 수 있는 값이 여러 가지이지만 이들 값이 실현되기 이전, 즉 사전(*ex ante*)에 그 가치평가액을 하나만 제시해야 한다는 것이다. 가장 자연스러운 사전 평가지표는 환경재의 기대편익(expected benefit)일 것이다.

예를 들어 어떤 개인이 가까운 장래에 비무장지대를 방문할 확률이 π이고 그렇지 못할 확률이 $1 - \pi$라 하자. 또한 이 개인이 비무장지대를 방문할 경우 얻는 잉여를 S_1이라 하고, 방문하지 못할 경우 얻는 잉여를 S_2라 하자. 이 개인의 기대잉여는 $\pi S_1 + (1 - \pi)S_2$가 되고, 이를 비무장지대 이용의 기대편익이라 정의할 수 있다. 기대잉여는 사전에 S_1과 S_2가 각각 실현될 확률까지 반영하는 지표이므로 불확실성하의 편익지표로 사용될 수 있다. 그러나 환경경제학자들은 다음 두 가지 이유를 들어 기대잉여나 기대편익이 불확실성하에 놓여있는 환경재의 진정한 가치를 반영하지 못한다고 생각한다.

가. 옵션가치

환경재의 가치 가운데 하나로서의 옵션가치(option value)는 와이스브로드(Weisbrod, 1964)에 의해 처음 제기되었다. 와이스브로드는 개인이 미래에 실제로 이용할지가 확실치 않은 환경재를 자신이 이용할 때까지 보존하기 위해 지불하려는 금액을 옵션가격(option price)이라 정의하고, 이를 불확실한 환경재의 가치라고 보았다. 그에 의하면 옵션가격은 환경재 이용의 기대잉여보다도 항상 더 크고, 양자의 차이가 바로 옵션가치이다.[12] 따라서 이용여부가 불확실한 환경재의 경우 그 기대잉여에 옵션가치를 추가하여 편익으로 간주해야 한다는 결론이 도출된다.

그러나 옵션가치에 주목하기 이전에 먼저 질문해야 할 것은 불확실한 환경자산이나 환경개선 사업의 편익을 어떻게 이론적 근거를 가지고 정의할 것인지이다. 즉 옵션가격 자체를 어떻게 정의할 것이며, 또 옵션가격이 편익 지표로 적절한지를 먼저 살펴보아야 하고, 옵션가격의 일부를 이룬다는 옵션가치가 0보다 큰지 작은지는 사실 부차적인 문제이다. 이후 연구들은 옵션가격이 불확실한 환경자산의 편익 지표로 사용될 유일한 지표는 사실 아니며, 옵션가치도 음($-$)일 수 있음을 밝힌 바 있다.

홍수관리와 같은 수자원 사업을 정부가 검토하고 있다. 주민 소득은 심한 폭우가 오지 않으면 G_1이고 오면 $G_2(< G_1)$이며, 각각 π와 $1 - \pi$의 발생확률을 가진다. 현재의 홍

---

12) 즉 옵션가격(OP) = 옵션가치(OV) + 기대잉여이다.

수관리 수준을 q^0라 하면, 주민 효용은 폭우가 없을 때와 있을 때 각각 $u(G_1, q^0)$와 $u(G_2, q^0)$이다. 따라서 q^0의 관리를 할 때 기대효용은 $E[u(G, q^0)] = \pi u(G_1, q^0) + (1-\pi)u(G_2, q^0)$와 같다.

정부가 홍수관리 능력을 q^1으로 강화하면, 이 사업의 잉여는 폭우가 없을 때에는 $u(G_1 - S_1, q^1) = u(G_1, q^0)$를 충족하는 S_1, 있을 때에는 $u(G_2 - S_2, q^1) = u(G_2, q^0)$을 충족하는 S_2이다. 홍수 대책의 효능은 심한 폭우가 있을 때 더 클 것이므로 $S_1 < S_2$의 관계가 성립한다. 이때 기대잉여를 가지고 홍수관리 사업의 편익을 평가한다는 것은 $E(S) = \pi S_1 + (1-\pi)S_2$를 평가한다는 것이다.

위에서 정의된 S_1과 S_2는 모두 사후적(*ex post*) 잉여이다. 즉 폭우 피해 여부를 알게 된 후에 얻게 되는 잉여인데, 기대잉여 $E(S)$는 이들 사후적 잉여의 기댓값을 취함으로써 재해 여부가 알려지기 이전에 편익을 측정하는 사전적(*ex ante*) 지표가 될 수 있다. 하지만 환경경제학자들은 다음 관계를 충족하는 옵션가격(*OP*)을 또 다른 사전적 편익 지표로 제시한다.

$$\pi u(G_1 - OP, q^1) + (1-\pi)u(G_2 - OP, q^1) = E[u(G, q^0)] \quad \text{······} \quad \boxed{14\text{-}5}$$

옵션가격은 사업이 시행된 후 얻게 되는 만족도의 기대치, 즉 기대효용이 사업이 시행되지 않았을 때 얻게 되는 기대효용과 일치하기 위해서는 어느 정도의 소득을 폭우 여부와 상관없이 사전에 소득에서 빼줄 수 있는지를 나타낸다. 옵션가격 역시 하나의 사전적 지표이고, 와이스브로드는 이 옵션가격 OP는 기대잉여 $E(S)$보다도 크며, 양자의 차이가 바로 옵션가치라 보았다.

이어서 다음 관계식도 고려해 보자.

$$\pi u(G_1 - C_1, q^1) + (1-\pi)u(G_2 - C_2, q^1) = E[u(G, q^0)] \quad \text{······} \quad \boxed{14\text{-}6}$$

C_1과 C_2는 옵션가격과는 달리 폭우 피해 발생 여부에 따라 사업에 지불할 수 있는 금액이 달라질 수 있다고 볼 때 각 상태에서 지불하려는 금액이다. 이 지불의사 (C_1, C_2)는 고정된 것이 아니라 식 (14-6)을 만족하는 다양한 조합을 가질 수가 있는데 그 조합들은 〈그림 14-8〉과 같이 표현된다.[13] 그림에 나타나 있는 원점에 대해 오목한 궤적은 그

---

13) 식 (14-6)을 충족하기 위해서는 C_1이 증가하면 C_2가 감소해야 하므로 〈그림 14-9〉의 궤적이 우하향하는 것은 자명하다. 이 궤적이 그림에서처럼 원점에 대해 오목한 이유는 저스트 외(Just et al., 2004,

그림 14-8 기대잉여와 옵션가격

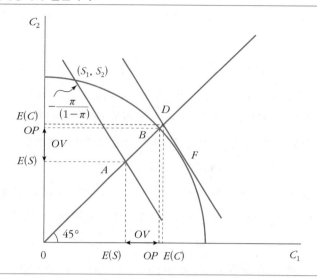

라함 WTP 궤적(Graham WTP locus)(Graham, 1981)이라 불리며, 식 (14-6)의 값이 $E[u(G, q^0)]$로 일정하게 하는 모든 C_1과 C_2의 조합을 나타낸다.

〈그림 14-8〉에서 각 상태에서의 사후적 잉여 (S_1, S_2)는 좌상변에 한 점으로 표시되어 있다. 아울러 이 궤적에서 옵션가격은 점 B에서 결정되고 그 값은 가로축 혹은 세로축에서 OP로 표시되어 있다. 옵션가격은 발생하는 상태와 상관없이 동일한 값을 가지므로 C_1과 C_2가 동일한 값을 지녀야 하고, 그라함 WTP 궤적과 $45°$선이 만나는 점에서 결정된다.

이 옵션가격과 기대잉여를 비교하기 위해 점 (S_1, S_2)를 지나는 기울기 $-\frac{\pi}{(1-\pi)}$를 가지는 직선을 그어보고, 이 직선과 $45°$선이 만나는 점을 A라 하자. 기대잉여가 $E(S) = \pi S_1 + (1-\pi)S_2$이므로 이 직선상의 모든 점은 동일한 기대잉여를 가지며, 따라서 점 A에서의 기대잉여와 점 (S_1, S_2)의 기대잉여는 동일하다.

기대잉여를 나타내는 점 A와 옵션가격이 결정되는 점 B는 모두 $45°$선 위에 있으므로 서로 비교될 수 있는데, 그림이 보여주는 바와 같이 원점에서 보다 멀리 있는 것은 점 B이므로 결국 옵션가격은 기대잉여보다 더 큰 값을 가지게 된다. 그 차이를 금액으로 환산한 것이 그림에서 OV로 표현된 옵션가치이다.

이상의 설명에 의하면 옵션가격이 편익 지표가 되어야 하고, 또한 옵션가치는 옵션가

p. 491)가 설명하고 있다.

그림 14-9 음의 옵션가치

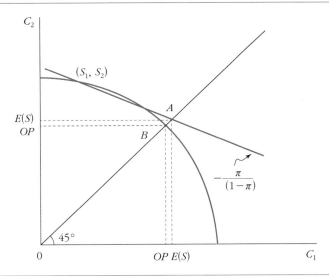

격의 한 구성요소로서 양(+)의 값을 가져야 하는 것처럼 보인다. 그러나 문제는 사실 옵션가격 OP와 기대잉여 $E(S)$는 도입할 수 있는 무수히 많은 편익 지표 중 두 가지일 뿐이라는 것이다.

사업이 시행될 때 예상되는 기대효용과 시행되지 않을 때의 기대효용이 같도록 하기 위해서는 〈그림 14-8〉의 궤적 위에 있는 어떤 C_1과 C_2도 선택할 수 있다. 논리적으로 보자면 예를 들어 이 궤적 위에 있는 지불액 조합 중 그 기대금액이 최대가 되는, 즉 $E(C) = \pi C_1 + (1-\pi)C_2$가 최대가 되는 (C_1, C_2)의 조합을 선택하는 것이 더 자연스럽고, 이는 그림에서 점 F와 같이 정해진다. 점 F는 기울기 $-\dfrac{\pi}{(1-\pi)}$를 가지는 직선과 사업 시행 이전과 동일한 기대효용을 주는 C_1과 C_2의 궤적이 서로 접하는 점이다. 점 F와 45°선 위의 점 D는 동일한 기대지불액 $E(C)$를 가지는데, 점 D가 옵션가격이 결정되는 점 B보다 원점에서 더 멀리 있으므로 점 B에서의 OP가 아니라 점 F에서의 $E(C)$ 값이 사실은 각 개인이 가지는 홍수관리 사업에 대한 최대의 사전적 지불의사이다.

한편, 와이스브로드와 같은 초기 연구자들이 제기했던 내용이 가지는 또 다른 문제점은 옵션가격은 이들의 주장과 달리 기대잉여보다 반드시 큰 것은 아니며, 따라서 옵션가치는 0보다 작을 수 있다는 점이다. 이 경우는 〈그림 14-9〉가 보여준다.

〈그림 14-9〉와 〈그림 14-8〉의 차이는 각 사건이 발생할 확률 π와 $(1-\pi)$의 비율이 다르다는 점이다. 〈그림 14-9〉에서는 π의 값이 상대적으로 작고 $(1-\pi)$의 값이 상대적으

로 크며, 따라서 기울기 $-\frac{\pi}{(1-\pi)}$ 가 매우 완만하다. 이 그림에서는 사후적 잉여를 나타내는 점 (S_1, S_2)를 지나는 기울기 $-\frac{\pi}{(1-\pi)}$ 의 직선을 그으면 이 선은 45°선과 만나되, C_1과 C_2의 궤적 밖에서 만나게 된다. 따라서 이 경우에는 기대잉여가 옵션가격보다 오히려 더 크며, 옵션가치는 0보다 작은 값을 가지게 되는 것이다.

이상 살펴본 바와 같이 옵션가치가 기대잉여에 더해주어야 할 추가 가치이냐 아니냐 하는 것은 사실 그다지 적절한 논의가 아니다. 다만 기대잉여 $E(S)$를 후생 평가의 지표로 사용할 것인가, 아니면 옵션가격 OP를 지표로 사용할 것인가, 아니면 최대 기대지불액 $E(C)$를 지표로 사용할 것인가 하는 선택의 문제가 남는다.

이 셋 중 무엇이 불확실한 편익의 지표로 가장 적절하고, 환경 사업의 비용과 비교되어야 하는지를 판정하는 것은 사실 간단한 문제가 아니다. 특히 사업의 편익을 받고 비용을 지불해야 하는 사람이 다수인 경우에는, 각 개인의 사업에 대한 선호가 동일한지 아닌지, 사업의 비용도 불확실한지 아닌지, 사업 성과의 위험성이 모든 개인에게 동일하게 나타나는지 그렇지 않은지, 그리고 보험이나 정부 정책을 이용해 위험을 분산하는 것이 가능한지 아닌지 등이 결론에 영향을 미친다. 이에 관한 많은 논의가 있지만,[14] 단순화하여 일종의 보험이나 정부 정책에 의해 각 개인이 〈그림 14-8〉의 점 F, 즉 상태에 따라 지불금액이 달라지는 선택과 점 D, 즉 상태와 상관없이 기대지불액 $E(C)$를 지불하는 경우를 연결하는 직선 위를 자유롭게 이동할 수 있는지로 판정해 보자.

점 D는 사실 Graham WTP 궤적 밖에 있어, $E(C)$를 사전에 편익으로 소득에서 빼주면 기대효용이 사업 이전의 기대효용보다 작아지는 문제가 발생한다. 하지만 미리 어떤 금액을 지불한 후 발생 상태에 따라 보상을 받는 공정한 보험이나 (재해지원) 정책 수단이 제공되고 있어 $\overline{DF}$ 위를 자유롭게 옮겨 다니는 것이 가능한 경제라면, 개인은 최대 $E(C)$까지 지불할 수 있다.[15] 따라서 이때에는 모든 사람의 $E(C)$ 합이 전체 (예상) 비용 합보다 클 경우 사업 정당성이 확보된다. 반면 이러한 보험이나 정책 수단이 존재하지 않는다면, 이 경우에도 옵션가격 OP는 평가지표로 사용될 수 있으므로, 모든 사람의 OP 합이 비용 합보다 큰지를 확인하여 타당성을 판정할 수 있다.

불확실성하의 환경개선 편익을 분석하기 위해 옵션가격을 도출하는 구체적인 방법들

---

14) 관련된 여러 논의는 그라함(Graham, 1981), 프리만 외(Freeman et al., 2014, ch 5), 저스트 외(Just et al., 2004, ch. 12) 등에서 확인할 수 있다.

15) 역으로 말하면, 개인은 $E(C)$를 지불하고도 보험제도를 이용해 점 F로 이동하여 여전히 Graham WTP 궤적 위에 머물 수 있다.

은 제15장~제17장에서 설명된다.[16] 그리고 이러한 분석에서 $E(C)$나 OP 대신 기대잉여 $E(S)$를 사용함으로 인해 발생하는 분석 오차의 크기는 효용함수 $u(G,q)$의 구조와 사후적 잉여 (S_1, S_2)의 크기 및 발생확률 분포 등에 달려있다.

나. 준옵션가치

자연환경을 파괴하는 것은 통상 비가역적(irreversible)인 행위이다. 어떤 하천에 댐을 건설하면 하천 생태계가 파괴 혹은 변형된다. 댐 건설은 언제든지 시행할 수 있지만, 한번 파괴된 생태계는 완전히는 복원할 수 없으므로 이는 비가역적 행위이다. 또한 자연생태계로부터 얻어지는 편익이나 댐 건설로 인해 얻어질 편익은 모두 불확실하다. 이 생태계에 서식하는 생물자원이 현재에는 별 가치가 없지만 미래에는 획기적인 의약품 개발의 원 물질을 제공할 수도 있다. 이러한 불확실성은 시간이 흐를수록 새로운 정보가 쌓이므로 줄어든다. 이처럼 불확실성이 개입되면서 동시에 비가역적인 의사결정이 요구되는 경우 충분한 정보가 얻어질 때까지 비가역적 행위를 뒤로 미루는 것이 필요하고, 이와 관련된 환경재 가치가 애로우와 피셔(Arrow and Fisher, 1974) 등에 의해 제기된 준옵션가치(quasi-option value)이다.

준옵션가치는 미래 상황이 불확실한 상태에서 의사결정 자체가 동태적이면서 비가역성을 가져야 발생하며, 따라서 정태적 의사결정에서 발생하는 옵션가치와는 차이가 있다. 하지만 정태적 옵션가치와 마찬가지로 이 가치의 정확한 정의와 측정 방법 역시 최적의 의사결정 원칙으로부터 도출되어야 한다.

간단한 수치 예를 들어보자. 하천의 생태적 가치가 현재는 0이다. 그러나 미래에는 이 하천 생태계로부터 신약 개발에 이용될 수 있는 유용한 물질을 얻을 가능성이 있다. 아직 생태적 가치가 발견되지 않았지만 연구가 진행 중이어서 1년 후에는 가치가 있는지 없는지를 정확히 알 수 있다. 1년 후에도 가치가 없는 것으로 밝혀지면 그 후로도 가치는 없으며, 1년 후에 가치가 발견되면 연간 100억 원의 유용한 물질을 매년 공급한다. 1년 후에도 가치가 없는 것으로 밝혀질 확률이 0.5이고, 반대로 유용한 물질이 발견될 확률이 0.5이다. 한편 댐을 건설하면 올해에 댐 건설비로 1,600억 원이 지출되고, 댐 건설과 동시에 연간 200억 원어치의 전력을 생산할 수 있다. 댐은 올해 건설하든지 내년에 건설하든지, 아니면 계속 건설하지 않든지 해야 한다. 연간 이자율은 10%이다. 다음 네 가지 의사결정 방식을 검토하자.

---

16) 이번 장의 연습문제 3번도 참고하라.

① 금년과 내년 모두 댐을 건설하지 않고 생태계 계속 보존

$$V_1 = 0 + \frac{1}{1.1} \times 0.5 \sum_{t=0}^{\infty} \frac{100}{1.1^t} = 500 (억\ 원)$$

② 금년에 댐 건설

$$V_2 = -1,600 + \sum_{t=0}^{\infty} \frac{200}{1.1^t} = 600 (억\ 원)$$

③ 1년 기다린 후 건설여부 결정하되 추가로 얻어지는 생태계 가치 정보 미활용

$$V_3 = 0 + \frac{1}{1.1} \times \max\left[-1,600 + \sum_{t=0}^{\infty} \frac{200}{1.1^t},\ 0.5 \sum_{t=0}^{\infty} \frac{100}{1.1^t}\right] \approx 545 (억\ 원)$$

④ 1년 기다린 후 건설여부 결정하되 추가로 얻어지는 생태계 가치 정보 활용

$$V_4 = 0 + \frac{1}{1.1} \times 0.5 \left\{ \max\left[-1,600 + \sum_{t=0}^{\infty} \frac{200}{1.1^t}, 0\right] + \max\left[-1,600 + \sum_{t=0}^{\infty} \frac{200}{1.1^t}, \sum_{t=0}^{\infty} \frac{100}{1.1^t}\right] \right\}$$

$$= \frac{1}{1.1} \times 0.5 (600 + 1100) \approx 773 (억\ 원)$$

$V_1 = 500$(억 원)은 댐을 건설하지 않고 계속 생태계를 유지하는 것의 기대 가치이다. 비가역성을 고려하지 않는다면 이를 생태계 가치의 전부라고 생각할 것이다. $V_2 = 600$(억 원)은 지금 당장 댐을 건설하고 (비가역적이므로) 이를 계속 유지할 때의 기대 가치이다. 이 둘을 비교하여 큰 쪽, 이 경우에는 개발 쪽을 선택하는 것은 기대 순편익 $PVNB$를 극대화하는 의사결정 원리이다. 이는 최초시점에서의 정보만을 적용해 선택하고, 이 선택을 미래에 발생할 상황과 관계없이 계속 유지하는 경직된 의사결정이다.

V_3와 V_4는 둘 다 댐 건설을 유예하고 1년을 기다린 후 개발여부를 결정할 때의 순편익이다. 하지만 2차년도 의사결정에 1년 후 얻는 추가 정보를 반영하는지에 있어 서로 차이가 있다. 만약 생태적 가치가 없다는 것이 판명된다면, 2차년도부터 발생하는 순편익이 댐 건설 시가 $\left(-1,600 + \sum_{t=0}^{\infty} \frac{200}{1.1^t}\right) = 600$(억 원)으로서 보존 시의 0보다 크기 때문에 2차년도에는 댐을 건설해야 한다. 반면 생태적 가치가 있다고 판명된다면 계속 보존할 때의 2차년도부터의 순편익 $\left(\sum_{t=0}^{\infty} \frac{100}{1.1^t}\right) = 1,100$(억 원)이 댐 건설 시의 순편익 600(억 원)보다 크므로 2차년도에도 계속 보존하는 것이 맞다. V_4는 이처럼 댐 건설 유예로부터 얻는 추가 정보를 적극 활용하여 의사결정했을 때의 순편익이다.

반면 V_3는 정보가 획득되었음에도 이를 활용하지 않고 결정할 때의 순편익이다. 즉

2차년도에는 생태적 가치 존재 여부가 확인됨에도 불구하고 여전히 불확실하다고 생각하여 보존의 기대 가치 $\left(\sum_{t=0}^{\infty} \dfrac{0.5 \times 100}{1.1^t} \right) = 550$(억 원)과 개발의 확실 편익 600(억 원)을 비교해 후자가 더 크기 때문에 개발을 선택한다. 이처럼 획득된 정보를 활용하지 않기 때문에 $V_3 \approx 545$(억 원)은 $V_4 \approx 773$(억 원)보다 클 수 없다. 이 예에서는 V_4의 값이 가장 크기 때문에 최적의 의사결정은 $V_2 > V_1$임에도 불구하고 일단 1년을 기다린 후, 생태적 가치가 발견되면 계속 보존하고, 그렇지 않으면 댐을 건설하는 것이다.

애로우와 피셔(Arrow and Fisher, 1974), 하네만(Hanemann, 1989)과 같은 환경경제학 분야 연구자들이 제안하는 준옵션가치는 다음과 같다.

$$QOV = [V_4 - V_2] - [V_3 - V_2] = V_4 - V_3 = 773 - 545 = 228 \text{(억 원)}$$

$[V_4 - V_2]$와 $[V_3 - V_2]$는 모두 개발을 유예하여 얻는 보존가치이다. 하지만 $[V_4 - V_2]$가 개발을 유예하면서 획득하는 정보까지 활용하여 결정할 때의 보존가치인 반면, $[V_3 - V_2]$는 정보 활용없이 개발만 유예했을 때의 보존가치이다. 두 보존가치의 차이인 $V_4 - V_3 = 228$(억 원)이 준옵션가치이다. 이는 개발을 유보하면서 얻게 되는 추가 '정보의 가치'이며, 자연생태계 보존가치의 한 구성요소가 된다.

한편, 기업 투자처럼 불확실성과 비가역성하에서 이루어지는 의사결정의 원리에 관한 이론들이 다수 있는데, 이들 투자론도 환경경제학의 준옵션가치와 유사한 개념을 제시한다. 딕싯과 핀다익(Dixit and Pindyck, 1994)의 저명한 연구서는 준옵션가치 대신 실물옵션가치(real option value)를 다음과 같이 제안한다.

$$ROV = \max\{V_4, V_2\} - \max\{V_2, V_1\} = \max\{V_4, V_2\} - PVNB$$

위에서 $\max\{V_2, V_1\}(=PVNB)$는 비가역성을 무시하고 최초에 가진 정보만 이용해 개발여부를 결정해 얻는 순편익이다. $\max\{V_4, V_2\}$는 당장 개발을 실행할 때의 편익($=V_2$)과 개발을 보류하고 추가 정보를 얻어 가장 유리한 선택을 할 때의 편익($=V_4$)을 비교해 최적 선택을 한 결과이다. 따라서 $\max\{V_2, V_1\}$는 최초시점에 결정하도록 강제당할 때의 순편익이고, $\max\{V_4, V_2\}$는 결정을 뒤로 미룰 기회를 가질 때의 순편익이며, 그 차이가 바로 실물옵션가치이다. 위 수치 예에서는 $\max\{V_4, V_2\} = V_4$이고 $\max\{V_2, V_1\} = V_2$이기 때문에 실물옵션가치는 다음처럼 계산된다.

$$ROV = V_4 - V_2 = 773 - 600 = 173(억 원)$$

이런 특성으로 인해 실물옵션가치는 '선택을 미룰 기회(option to postpone)의 가치'이며, '개발할 수 있는 기회의 가치'로 해석한다. 투자 행위의 비가역성으로 인해 이 가치는 개발을 실행하면 더 이상 존재하지 않고 소멸한다.

아울러 실물옵션과 준옵션은 다음 관계를 가진다.

$$ROV = V_4 - V_2 = [V_4 - V_3] + [V_3 - V_2] = 228 - 55 = 173(억 원)$$

즉 실물옵션의 가치는 준옵션가치에 $[V_3 - V_2]$를 더해준 것이다. V_3와 V_2는 모두 생태계 가치 관련 정보를 이용하지 않기 때문에 $[V_3 - V_2]$는 비가역성이나 새로운 정보의 영향 등과는 관계없는 단순 개발유예 효과이다.[17] 이는 우리 예에서는 음(−)이지만 기술 발전 등으로 인해 개발 실행 이득이 시간이 지나면서 증가하는 경우에는 양(+)으로 나타날 수도 있다.

이상 정리한 바와 같이 환경경제학자들이 제안하는 준옵션가치는 비가역적인 환경보존 행위에 있어 의사결정을 뒤로 미루어서 얻게 되는 정보의 가치에 초점을 맞추고 있다. 그리고 투자론이 제시하는 실물옵션가치는 비가역적인 선택(예: 개발 실행)을 뒤로 미룰 기회 자체가 제공하는 가치이다. 위의 예에서는 두 개념 중 무엇을 적용하든 V_1과 V_2만을 비교하는 단순 비용−편익분석에서보다는 환경의 보존가치가 더 크며, 개발행위도 뒤로 미룰 필요가 있음이 확인된다.

하지만 환경의 이용과 관련하여, 준옵션가치나 실물옵션가치를 고려하는 것이 반드시 대응을 더 느리게 하는 것은 아니다. 예를 들면 기후변화 문제에 있어서, 향후의 기후변화 전개 양상이나 기술개발 속도 등이 불확실한 상태에서는 저감을 위한 시설이나 기술 투자를 지금 당장 하지 말고 진행 상황을 좀 더 지켜본 후 행동하는 것이 더 합리적이라 주장할 수 있다. 하지만 오늘 여건에서는 배출을 늘리는 것이 최적 선택이지만 내일 여건에서는 축적량을 더 줄여야 하는 것이 최적으로 판정될 수도 있다. 온실가스는 한 번 배출

---

17) QOV와 ROV에 대한 상세한 설명은 각각 하네만(Hanemann, 1989)과 딕싯과 핀다익(Dixit and Pindyck 1994, pp. 96−97), 두 개념 간 차이에 관해서는 멘싱크와 레콰트(Mensink and Requate, 2005)를 참조할 수 있다.

되면 장기간 대기에 머무르며 온실효과를 유발하는 축적성을 가지기 때문에 배출된 가스를 완전히 회수하고 원상태로 되돌릴 수는 없으므로 이 경우에는 비가역성을 고려하지 않을 때에 비해 오히려 더 빨리 대응조치를 도입해야 한다.[18]

아래의 보론은 준옵션가치를 실제로 계산한 한 고전적인 예를 보여준다.

멕시코 시에라 드 마난틀란지역의 준옵션가치

1970년대 후반에 멕시코의 시에라 드 마난틀란(Sierra de Manantlán)지역에서 야생 옥수수의 한 변종이 발견되었다. 이 변종은 병해에 매우 강해 병충해에 강한 옥수수 종자를 개발하는 데 크게 기여하였다. 만약 멕시코 정부가 이 지역을 보존하지 않고 개발하였다면, 이 변종은 발견되지 않았을 것이고, 이 변종을 이용한 옥수수 신품종 개발이 불가능했을 것이다.

세계은행(World Bank 1998, p. 103)은 이 지역의 개발가치와 미국에서의 옥수수 수요 및 공급함수와 같은 관련 자료를 이용하여 이 지역의 준옵션가치를 약 3억 2천만 달러로 추정하였다.

3. 환경편익의 종류

경제활동으로 인한 환경피해를 줄이기 위해 도입되는 환경정책의 편익은 편익을 얻는 주체가 사람인지 생태계인지, 사람일 경우 건강상의 편익인지 아니면 재산상 혹은 경관가치의 편익인지 등을 기준으로 분류할 수도 있다. 환경정책을 유발하는 다양한 편익에는 이렇게 건강이나 경관가치 등 인간에게 제공하는 직접적인 편익과 생태계의 안정성 제고를 통해 제공하는 간접적인 편익이 모두 포함된다. 미국 환경처가 제시한 환경정책의 편익을 평가하는 가이드라인(EPA, 2000)은 이러한 편익의 범주를 〈표 14-3〉과 같이 분류하였다.

환경개선의 사망위험 감소 편익은 암이나 기타 질병으로 조기 사망할 확률을 줄임으로써 발생한다. 그러나 환경개선으로 줄어드는 사망 위험성은 일반적으로 매우 작은 정도

---

18) 기후변화 대응의 비가역성과 관련하여 핀다익(Pindyck, 2012), 쟈오와 클링(Zhao and Kling, 2009) 외 여러 문헌을 참고할 수 있다.

표 14-3 환경정책편익의 종류

편익종류	편익의 예
인간의 건강 • 사망위험성 • 질병위험성	• 암사망의 위험 감소 • 급성질환으로 인한 사망위험 감소 • 암발생위험 감소 • 천식위험 감소 • 구토증위험 감소
쾌적함	• 맛 • 향기 • 시각
생태적 편익 • 시장적 편익: 생태계가 제공하는 제품 • 비시장적 편익: 휴양 및 미관	• 식량공급 • 연료공급 • 목재공급 • 섬유공급 • 모피 등 공급 • 휴양기회 제공(경관감상, 낚시, 배타기, 수영, 등산 등) • 전망 제공
• 간접적 편익: 생태계 보존	• 기후완화　　　　• 야생동식물에 의한 수분(受粉) • 홍수조절　　　　• 생물다양성, 유전정보 • 지하수함양　　　• 수질정화 • 침전물저장　　　• 토양비옥화 • 표토보존　　　　• 병해충 관련 • 양분순환
시설물	• 산성비 등으로 인한 시설물 훼손 방지

자료: EPA(2000)

이다. 이렇게 아주 작게 변하는 사망위험도의 가치를 평가하기 위해서 환경경제학에서는 통계적 생명의 가치(value of statistical lives, VSL)나 통계적 수명(statistical life years)의 가치를 평가한다. 통계적 생명이란 위험에 노출되는 모든 사람의 사망위험도를 다 합해준 개념으로서, 각 개인이 사망할 확률을 인구수에 곱하여 확률적으로 사망하는 사람의 수가 어느 정도인지를 계산해 준 것이다. 통계적 수명을 이용한 분석은 몇 명의 생명이 정책으로 인해 구해질 것인지를 분석하는 데서 나아가 연령별로 남은 수명이 어느 정도나 변하는지도 분석하는 방법이다.

　　질병 위험성에 미치는 영향을 분석하여 정책편익을 추정할 때에는 환경문제로 인해 질병이 발생할 수 있지만 이 질병이 반드시 사망으로 연결되지는 않는다는 전제하에서, 환경정책이 이러한 질병 완화에 기여하는 바를 경제적 가치로 추정한다. 질병은 크게 만성질환과 급성질환으로 구분되며, 질병의 심한 정도는 입원 기간이나 일을 할 수 없는 기간의 길고 짧음을 통해 계측된다. 때로는 몇 가지 지표가 동시에 사용되어 질병의 정도를 계측하기도 한다. 질병 위험도 완화효과를 평가할 때 특정 질병 위험에 접한 모든 사람 발병 횟수의 평균치인 통계적 발병 횟수(statistical cases)가 줄어드는 정도를 분석하거나, 아니면 특정 질환을 앓는 날짜의 수(symptom days)가 줄어드는 정도를 평가한다.

환경정책이 쾌적함을 높이는 경우는 그로 인해 맛이나, 향기, 외양, 시각적 즐거움 등이 높아진 정도를 평가하여 그 편익을 계측한다. 이 항목은 물리적인 지표보다는 인간의 오감에 의존한다는 특징을 가지고 있다. 쾌적함은 대개 다른 종류 편익과 결합이 되어 있어 그 순수한 가치를 평가하기가 힘들다. 예를 들어 대기가 깨끗해지면 시각적 상쾌함을 높일 뿐 아니라 호흡기질환을 줄이는 역할도 동시에 하게 된다.

자연생태계는 여러 가지 경로를 거쳐 인간에게 편익을 가져다준다. 앞 소절에서 이미 예를 든 것처럼 깨끗한 하천이나 담수호는 휴양의 기회나 뱃놀이 기회 등을 제공하고, 습지를 제공하여 어류와 조류의 서식지를 제공한다. 환경정책이 자연생태계 보존에 기여하여 제공하는 편익 역시 추정하기가 매우 까다롭다. 우선 자연생태계의 구성 및 종 간의 상호작용 자체가 대단히 복잡하여 일반인은 물론 전문가조차도 이해하기 어려운 면이 있다. 또한 환경정책이 자연생태계에 미치는 영향은 부영양화의 완화에서부터 특정 생물종의 멸종 방지에 이르기까지 매우 다양하며, 그 지리적 범위 역시 국지적 토양오염 완화에서부터 전 지구적인 오존층 보존에 이르기까지 다양하다. 따라서 환경정책이 자연생태계에 미치는 영향을 추정하고자 할 경우 우선 이 정책이 생태계에 미치는 효과를 가능한 한 정확히 분석할 필요가 있으며, 가치평가 시에도 정책이 미치는 시간적·공간적 범위를 어떻게 정할지 등이 분명해져야 한다.

환경정책은 환경개선을 통해 건물, 교량, 도로 등의 시설물 보호에 기여하기도 하고, 농산물이나 임산물 등 인간에 의해 고도로 관리되는 자원의 산출량을 증대시키기도 한다. 환경정책의 이러한 편익 역시 다른 종류 편익과 마찬가지로 평가에 반영되어야 한다.

생명의 가치

제14장의 서론에서 밝힌 바와 같이 환경정책 편익을 추정할 수 있는 이론적 근거는 자신의 만족도를 극대화하기 위해 경제행위를 하는 각 개인은 각종 소비재와 소득의 조합을

달리하여 동일한 수준의 만족도를 유지할 수 있다는 데 있다. 즉 환경이 개선되면 대신 소득이 줄어들도록 하고 반대로 환경이 악화되면 소득이 늘어나도록 하여 여전히 동일한 만족도를 얻을 수 있고, 이때 환경변화 대신 줄어들거나 늘어나는 소득을 환경개선의 편익이나 악화의 피해로 간주한다.

그런데 만약 변하는 것이 환경이 아니라 사람의 생명이나 생존확률일 경우에도 여전히 이런 접근법을 사용할 수 있을까? 지고하기 그지없는 사람의 생명을 경제적 가치로 환산한다는 것에 대해 많은 이들이 거부감을 가질 것이다. 그러나 환경정책과 관련하여 평가되는 생명의 가치는 우리가 일상생활에서 얘기하는 생명의 가치와는 조금 다른 의미를 가진다. 첫째, 우리가 분석하는 생명의 가치는 사전적(*ex ante*) 생명의 가치이다. 누가 언제 사망할 것인지를 안다면 사망할 그 사람을 생존시킬 때의 가치는 적어도 본인에게는 무한대이고 측정될 수 있는 것이 아니다. 우리가 분석하는 것은 이런 경우가 아니라 불특정인의 사망확률이 어떻게 달라지는지를 구체적인 사망사건이 발생하기 이전에 사전평가하는 것이다. 둘째, 우리가 분석하는 생명의 가치는 환경개선으로 인해 사망확률이 매우 작게 변하는 것의 가치일 뿐 어떤 한 개인이 죽거나 사는 것의 가치변화가 아니기 때문에 이 점에서도 차이가 있다.

이상의 특징을 가지고 생명의 가치를 분석하는 것은 우리의 일상적 선택 행위를 감안해도 전혀 이상할 것이 없다. 우리는 사망확률에 영향을 미칠 것을 뻔히 알면서도 운전을 하거나 여행을 하고, 놀이기구를 타거나 흡연을 한다. 우리는 이 모든 행위가 미약하나마 사망확률에 영향을 미친다는 것을 알면서도 높은 소득이나 즐거움을 얻기 위해 이런 행위를 선택하는 것이다.

생명의 가치를 평가하는 것은 일견 불경해 보이지만 제대로 된 공공정책을 입안하기 위해서는 필요한 과정이다. 생명의 가치가 너무나 크기 때문에 자동차 운행을 전면 금지하거나, 정부가 많은 세금을 걷어 그 전부를 의료보장이나 사고 방지에 투입한다면 대신 인류의 경제성장은 불가능할 것이며, 각 개인이 건강을 돌보는 데 투입할 소득이 없어 오히려 사망자 수가 더 늘어날 것이다. 따라서 우리는 선택할 수 있는 각종 정책이 사람의 사망 가능성에 어떤 영향을 미치는지를 평가하여 비교할 필요가 있는 것이다.

많은 경우 통계적 생명은 연간 구해진 생명의 수로 표현된다. 서울시 인구가 1,000만 명인데 대기 정책의 결과 각 개인이 매년 대기오염에 따른 급성질환으로 사망할 확률이 0.05%에서 0.04%로 0.01%p 변한다면 서울시에서 연간 총 1,000명의 통계적 생명이 이 정책으로 인해 구해지는 것이다. 오염효과가 축적되는 경우에는 이렇게 매년의 사망확률 변화는 알 수 없고 생애 전체에 걸친 사망확률의 변화는 알 수 있을 것이다. 예를 들어 평생 노출된 어떤 화학물질 때문에 발생하는 암에 걸려 사망할 확률이 1%라 하자. 이 사람이 위험물질로 연간 사망할 확률을 π라 하면 평균수명을 80년이라 할 때 평생 암으로 사망하지 않을 확률은 $0.99 = (1 - \pi)^{80}$이고, 따라서 $\pi = 0.00013$이 된다. 화학물질 관리정책이 도입됨으로써 평생 이 물질 때문에 사망하는 사람의 수가 얼마나 줄어들지를 알 수 있다면 이 정책으로 인해 연간 몇 명의 통계적 생명이 구해지는지를 파악할 수 있다.

통계적 생명의 가치는 사망확률을 낮추는 방법에 대한 지불의사를 알 경우 계산할 수 있다. 앞의 화학물질 예에서 위험물질을 신물질로 대체토록 함으로써 각 개인의 연간 사망확률이 0.00003으로 0.01%p 감소한다고 하자. 따라서 이 신물질로 인해 서울시에서 연간 1,000명의 생명이 구해진다. 이 신물질에 대한 각 개인의 지불의사를 도출해 보니 1인당 연간 50,000원이었다고 하자. 이 경우 50,000원에 1,000만 명을 곱하고 다시 1,000명으로 나누어주면 서울시 주민이 1인의 생명을 구하기 위해 지불하려는 금액은 5억 원이 된다.

그렇다면 사망확률을 낮추는 정책에 대한 지불의사는 어떻게 도출할 수 있나? 이를 위해서는 제15장~제17장에서 설명될 많은 분석 수단이 사용될 수 있다. 잘 설계된 설문조사를 통해 지불의사를 조사할 수도 있고, 사람들이 실제로 선택한 행위를 분석할 수도 있다. 실제로 선택한 행위의 분석에는 사망위험도는 높지만 보수가 높은 직업을 선택하는 행위, 운전속도 선택 행위, 안전벨트를 매는 행위, 암 조기진단에 비용을 지불하는 행위, 비싸지만 범죄율이나 대기오염이 낮은 지역의 주택을 구입하는 행위, 안전장치를 더 많이 갖추었지만 대신 더 비싼 자동차를 구입하는 행위 등을 분석하는 것이 포함된다.

포터(Porter, 2002)는 생명의 가치를 추정하는 것이 단순히 학문적 호기심 때문만은 아니며, 미국 환경처가 석면 물질 금지 목록을 선정함에 있어 사망확률과 생명의 가치에 미치는 영향을 반영한 사례를 소개하고, 미국에서의 선행연구를 종합하여 1인의 생명가치가 약 10~50억 원에 달함을 보여주었다. 엄영숙(1998)은 한국 자료를 이용해 통계적 생명 1인의 가치가 1억 8천만 원~8억 6천만 원이라 추정하였다. 신영철(2006)은 제17장에서 설명할 선택실험법을 이용하여 한국의 통계적 생명의 가치로 11억 3천만 원 ~ 18억 3천만 원을 도출하였다. 전호철(2020)은 약 13억 원을 도출하였다.

　　환경정책이 제공하는 사회 전체의 편익을 추정할 때 먼저 정책효과에 대해 각 개인이 부여하는 편익을 추정한 후, 이어서 개인의 편익을 합산하는 절차를 거쳐 사회 전체 편익을 도출한다. 이때 등장하는 문제는 개인별 편익에 어떤 가중치를 부여할 것이냐 하는 점이다. 통상적으로는 동일한 가중치를 부여하여 개인별 편익의 단순 합이나 단순 평균을 취한다. 그러나 이 경우 소득분배 효과와 같은 형평성 측면의 고려를 할 수 없는 문제가 발생한다. 반면에 소득수준 등을 기준으로 서로 다른 가중치를 부여하고자 할 경우 어떤 기준을 가지고 서로 다른 가중치를 적용할지를 결정해야 하는 문제가 발생한다.

　　사회 전체 지불의사를 도출하는 데 있어서 또 다른 문제는 개인들이 가지는 이타심을 어떻게 반영할지의 문제이다. 이 문제는 존재가치의 평가와도 관련된다. 어떤 개인이 자신이 환경재를 직접 이용하지 않음에도 불구하고 다른 사람이 이용할 것이기 때문에 환경개선에 가치를 부여한다면 이 가치까지도 합하여 사회 전체 가치를 도출하여야 할까?

　　이타심을 사회적 가치 도출 시 반영해야 하는지는 환경재에 대한 대가를 지불하는 구조가 어떻게 되어 있는지에 의해 판단하여야 한다(EPA, 2000). 만약 어떤 개인 A가 다른 개인 B의 환경재 소비에 의해서도 효용을 얻지만 B가 자신이 소비하는 환경재에 대해 실제로 대가를 지불한다고 하자. 이 경우에는 A가 이타적 동기에 의해 가지는 환경재의 가치를 합산하여 사회적 가치를 도출하면 B가 이미 지불한 가치에 다시 A가 부여하는 이타적 가치를 합하게 되어 실제 사회적 가치를 과대평가하게 된다. 반면 A가 다른 개인 B의 환경재 소비에 의해서도 효용을 얻지만 B는 자신이 소비하는 환경재에 대해 실제로 대가를 지불하지 않으며, B의 소비를 위해 A가 대신 대가를 지불하려 한다고 하자. 이 경우에는 A는 B의 소비에 기여한다는 사실 자체를 위해 기꺼이 자신의 소득을 지불할 생각이 있고, 따라서 A는 이타심이라는 일종의 상품을 구매하는 것과 같은 행위를 하고 있다. 따라서 이 경우에는 이타심에 따른 환경재 가치 역시 사회적 가치에 포함되어야 한다.[19] 따라서 이타심을 사회적 가치평가에 포함할지는 이타심을 충족시키기 위한 지불구조가 어떻게 형성되어 있는지에 의해 결정되어야 한다.

　　〈표 14-2〉나 〈표 14-3〉이 보여주는 바와 같이 자연환경은 다양한 종류의 편익을 제

---

[19] 해리슨(Harrison, 1992)이 이런 주장을 펴고 있다.

공한다. 흔히 이들 개별 편익별 경제적 가치는 분리되어 추정된다. 예를 들어 국립공원을 보존하는 정책의 경우 생태 관광의 편익이 추정되고, 또한 국립공원이 생태계 다양성에 기여하는 편익이 별도로 추정된다. 이렇게 분리되어 추정된 편익별 가치는 환경편익의 총가치를 도출하기 위해 합산될 수 있다. 그러나 개별 편익의 경제적 가치가 비록 정확히 추정되었다 하더라도 이들 개별 편익의 단순 합산치는 환경의 총가치와는 일치하지 않으며, 대개 총가치를 과대평가하게 된다.[20]

우선 국립공원이 제공하는 여행기회는 사용가치인 반면, 생물다양성 보존기능은 존재가치까지 포함하는 등 각 세부 편익별로 가치를 포괄하는 정도의 차이가 있을 수 있으며, 그로 인해 각기 다른 방법으로 추정된 편익별 가치를 기계적으로 합산해 주면 평가대상의 범위가 명확해지지 않는 문제가 발생한다.

더 근본적인 문제는 별도로 평가된 편익별 가치를 단순히 합하는 과정 자체에서 발생한다. 즉 각 편익의 가치가 정확하게 평가되었고, 또한 존재가치 등을 포함하는 데 있어 일관성이 유지된다 하더라도 분리되어 추정된 각 세부 편익의 가치를 합산할 경우 실제 총가치와는 다른 수치를 도출하게 된다.

예를 들어 환경은 두 가지 편익을 제공하며, 정책으로 인해 편익을 제공하는 두 가지 기능의 상태가 $(q_1^0,\ q_2^0)$에서 $(q_1^1,\ q_2^1)$으로 변한다고 하자. 이 경우 정확한 총편익을 도출하기 위해서는 순차적(sequential) 방법을 사용해야 한다. 즉 첫 번째 항목이 q_1^0에서 q_1^1으로 변하여 발생하는 편익을 평가한 후, 이어서 첫 번째 항목은 계속해서 q_1^1으로 유지된다는 전제하에서 다시 두 번째 항목이 q_2^0에서 q_1^1으로 변하는 편익을 평가하여 더해야 한다. 마찬가지로 두 번째 항목변화로 인한 편익을 먼저 평가한 후 여기에 첫 번째 항목변화로 인한 편익을 평가하여 더해 줄 수도 있다. 즉 $[(q_1^0,\ q_2^0) \rightarrow (q_1^1,\ q_2^0)$의 가치$]$ + $[(q_1^1,\ q_2^0) \rightarrow (q_1^1,\ q_2^1)$의 가치$]$ 혹은 $[(q_1^0,\ q_2^0) \rightarrow (q_1^0,\ q_2^1)$의 가치$]$ + $[(q_1^0,\ q_2^1) \rightarrow (q_1^1,\ q_2^1)$의 가치$]$ 순서로 평가되어야 한다.

그러나 통상적인 방법을 따라 각 항목변화로 인해 발생하는 가치를 따로 평가하여 이를 합할 때에는 순차적인 가치평가 절차를 무시하고, 다른 항목은 항상 원래 수준에 묶여 있다는 전제하에 개별 항목별 편익을 평가한 후, 이를 모두 더해준다. 즉 관례적으로 대부분의 연구가 $[(q_1^0,\ q_2^0) \rightarrow (q_1^1,\ q_2^0)$의 가치$]$ + $[(q_1^0,\ q_2^0) \rightarrow (q_1^0,\ q_2^1)$의 가치$]$를 평가하는 것이다.

---

20) 이 문제는 횐과 란달(Hoehn and Randall, 1989)이 처음 제기하였다.

순차적인 평가 대신 항목별 독립 평가 결과를 더하는 방식을 사용하면 정확한 총가치에 비해 가치를 과대평가하기도 하고 과소평가하기도 하는데, 이 중 어느 쪽이 발생할지는 두 가지 환경특성이 소비자 입장에서 서로 대체성을 가지느냐 아니면 보완성을 가지느냐에 달려있다. 서로 대체성을 가지는 환경 특성들이라면 관례적인 평가방식은 총가치를 과대평가하고, 반대로 서로 보완성을 가지는 특성들이라면 관례적인 방식은 총가치를 과소평가한다. 예를 들어 [사과+배]의 가치를 평가할 때 사과만 먼저 먹고 오랜 시간이 지난 후 배만 먹을 때 각각 얻는 편익을 따로 계산하여 합하면 두 소비재는 유사한 대체재이기 때문에 사과와 배를 동시에 소비하는 가치를 과대평가하게 된다. 또 다른 예로 [빵+주스]의 가치를 평가한다면서 빵만의 가치를 먼저 평가하고 오랜 시간이 지난 후 주스만의 가치를 평가하여 더해주면 두 소비재 사이의 보완성을 반영할 수 없어 아마도 가치를 과소평가하게 될 것이다. 많은 종류의 환경재가 서로 유사한 성격을 지니기 때문에 관례적인 분석절차는 환경가치를 과대평가할 가능성이 높은 것으로 알려져 있다.21)

환경편익의 세부가치를 합산하는 과정에서 발생하는 이상과 같은 오류는 환경정책 편익추정 자체의 신뢰성을 훼손할 수 있다. 세부가치의 합산과정에서 발생하는 이상과 같은 오류를 범하지 않기 위해서는 세부가치에 얽매이지 말고 정책편익의 총가치를 직접 평가하여야 할 것이다. 이 경우 제17장에서 설명할 가상가치평가법 등을 사용하여 환경정책으로 인해 발생하는 모든 종류의 편익을 열거하고, 이러한 편익을 모두 얻기 위해 각 개인이 지불하고자 하는 금액을 질문하여 도출할 수 있다. 그러나 총가치뿐 아니라 세부편익별 가치를 도출하는 것도 여전히 주 관심 사항일 경우에는 이 방법은 사용할 수 없다. 또한 가상가치평가법과 같은 설문조사를 이용한 분석 시 응답자들은 평가대상의 범위를 잘 인식하지 못하여 "큰 것은 작게, 작은 것은 크게 평가하는 경향"(Randall, 2002)을 가지기 때문에 한꺼번에 평가하는 총가치 자체가 오류를 포함할 수도 있다. 개별 편익을 평가하여 합산하는 절차에는 아직도 해결되지 않은 많은 문제점이 이렇게 개입되어 있다.

---

21) 예를 들어 산토스(Santos, 2001)는 유럽에서의 연구를 이용해 농업이 제공하는 여러 가지 공익적 기능의 가치를 별도로 평가한 뒤 이를 합산한 결과, 이들 공익적 기능의 총가치를 동시에 평가했을 때에 비해 13~141%를 과대평가함을 보여주었다.

이상에서 소개된 환경재의 가치평가이론은 대단히 유용하게 사용될 수 있고 실제로 많은 적용 사례가 있다. 그러나 그러한 이론이 정립되어 있다고 해서 그것이 항상 실제 분석에 적용될 수 있는 것은 아니며, 오히려 환경재 가치평가기법의 무분별한 적용은 기법의 남용을 초래하고 신뢰도를 저하시키는 이유가 된다. 이러한 부작용은 특히 경제학적 훈련이 충분히 이루어지지 않은 상태에서 분석 절차만 익혀 활용하는 경우에 자주 발생한다.

가치평가기법이 남용되는 대표적인 경우는 평가목적 자체가 잘 설정되지 않은 채 분석이 진행되는 경우이다. 환경재의 가치평가는 어떤 판단을 하기 위해 진행되며 가치평가액 자체를 아는 것이 중요한 것은 아니다. 가치평가는 환경정책이나 규제가 도입될 때 그로 인해 발생하는 편익을 파악하여 정책의 타당성을 판단하거나, 아니면 오염사고 등으로 발생하는 생태계 피해액을 계산하여 보상이나 복구를 위한 책임 수준을 판정하고 필요한 배상액을 결정하기 위해 사용된다. 그러한 정책변화의 가능성도 없고 피해가 발생할 가능성도 없는 상태라면 평가기법 자체를 적용할 이유가 없어지는 것이다.

가치평가기법이 잘못 적용된 대단히 유명한 경우가 코스탄자 외(Costanza et al., 1997) 12명의 저명한 생태경제학자들이 과학잡지 네이처(*Nature*)에 게재한 논문이다. 이들은 개별 환경재의 가치를 평가한 많은 선행연구 결과를 모으고 유형화한 후, 여기에 지구 전체가 공급하는 생태계 서비스 규모를 곱하여 지구 전체 생태계 서비스 가치를 도출하였는데, 연평균 가치가 33조 달러로서 전 세계 GNP의 1.8배에 달한다고 주장하였다. 이들은 유사한 연구를 이후에도 시행하였다.

지구의 생태계 서비스 가치가 크다는 것을 강조하고 싶은 의도는 충분히 이해할 수 있고, 그 때문에 이 논문이 유명해지긴 했으나, 우리가 살고 있는 지구의 생태계를 대체할 수 있는 대안이 없는 상태에서 이러한 분석은 시행할 가치가 없는 것이다. 또한 적용된 분석기법도 기존 연구가 제시하는 ha당 습지 가치에 지구의 습지 총면적을 곱해주는 방식이라 습지들 사이에 존재하는 대체관계나 보완관계 등은 고려하지 않는 거친 방법이다. 복스텔과 멕코넬(Bockstael and McConnell 2007, pp. 336~338) 등의 많은 환경경제학자들이 코스탄자 외의 작업이 적절치 않고 무모한 시도임을 비판하였는데, 사실 지구 생태계 서비스 전체를 대체할 가능성이 없는 상태에서 그 기능이 모두 사라지는 것의 가치는 분석할 것도 없이 무한대라야 한다.

본문에서는 가격변화나 수량변화의 편익을 수요함수를 통해 정의하고 추정하는 방법을 설명하였다. 후생변화 지표는 소비자 행위론의 중요 개념들인 간접효용함수나 지출함수를 이용해 정의할 때 의미가 더 분명해진다.

통상수요함수 $x_i(p_1, p_2, m)$가 주어진 가격과 소득에서 소비자의 효용을 극대화하는 수요량을 나타내므로 이를 효용함수에 대입하면 주어진 가격과 소득으로 달성할 수 있는 극대화된 효용 값을 얻게 된다. 이렇게 극대화된 효용을 가격과 소득의 함수로 나타내는 것을 간접효용함수(indirect utility function)라 부르고, $v(p_1, p_2, m)$으로 표기한다.[22] x_1의 가격이 최초에 p_1^0이었다가 p_1^1으로 변하면 이때 발생하는 소비자 만족도의 변화, 즉 편익은 $\Delta v = v(p_1^1, p_2, m) - v(p_1^0, p_2, m)$이다. 이러한 편익을 화폐단위로 측정하되, 이를 통상수요함수를 통해 측정하고자 고안된 것이 바로 소비자잉여 변화분(ΔS)이다. 이 지표는 본문에서 언급된 것과 같은 이론적 문제를 가지고 있다.

한편 보상수요함수 $h_i(p_1, p_2, u)$는 주어진 가격조건에서 특정 수준의 효용을 최소의 비용으로 달성하게 해주는 수요량을 나타내는 함수이다. 이렇게 보상수요량을 선택할 때 지출액을 가격과 목표 효용의 함수로 나타내는 것을 지출함수(expenditure function)라 부르고, $e(p_1, p_2, u)$로 표시한다.[23] 지출함수와 간접효용함수는 역함수 관계를 가지기 때문에 둘 중 하나를 알면 나머지 하나를 도출할 수 있다.

가격변화의 보상변화 CV는 간접효용함수나 지출함수를 사용하여 다음과 같이 나타낼 수 있다.

$$v(p_1^0, p_2, m) = v(p_1^1, p_2, m - CV) = u^0 \quad \text{·· } \boxed{14\text{-}7}$$

$$CV = e(p_1^0, p_2, u^0) - e(p_1^1, p_2, u^0) = m - e(p_1^1, p_2, u^0) \quad \text{······························ } \boxed{14\text{-}8}$$

x_1의 가격이 p_1^0일 때 달성되는 효용은 $u^0 = v(p_1^0, p_2, m)$이고, x_2의 가격과 소득이 변하지 않는 상태에서 p_1만 p_1^1으로 하락할 때 달성되는 효용은 $u^1 = v(p_1^1, p_2, m)$이다.

---

22) 즉 $v(p_1, p_2, m) \equiv u(x_1(p_1, p_2, m), x_2(p_1, p_2, m))$이다.
23) 즉 $e(p_1, p_2, u) \equiv p_1 h_1(p_1, p_2, u) + p_2 h_2(p_1, p_2, u)$이다.

x_1의 가격이 하락했으므로 이 소비자는 자신의 소득 m보다도 더 적은 소득만으로도 원래의 효용 u^0를 달성할 수 있다. 이때 원래의 효용을 달성하게 하면서도 소비자 소득으로부터 빼내 올 수 있는 금액이 바로 CV가 된다(식 14-7).

원래의 가격에서 소비자가 u^0의 효용을 얻도록 하는 최소의 지출액은 $e(p_1^0, p_2, u^0)$이고, 소비자가 소득을 두 재화 소비에 모두 지출하므로 이는 소득 m과 동일하다. x_1의 가격이 p_1^1으로 하락하면 소비자가 u^0의 효용을 얻기 위해 지불해야 하는 금액이 줄어들고, 새로운 지출액은 $e(p_1^1, p_2, u^0)$이다. 따라서 이 두 지출액의 차이가 바로 CV이다(식 14-8).

한편 동등변화 EV는 변화된 가격조건에서 얻어지는 효용을 원래의 가격으로 달성하는 데 필요한 소득변화로서, 다음 관계를 충족한다.

$$v(p_1^0, p_2, m + EV) = v(p_1^1, p_2, m) = u^1 \quad \text{────────} \quad \boxed{14-9}$$

$$EV = e(p_1^0, p_2, u^1) - e(p_1^1, p_2, u^1) = e(p_1^0, p_2, u^1) - m \quad \text{────} \quad \boxed{14-10}$$

미시경제학의 잘 알려진 정리로서 각 재화의 보상수요는 지출함수를 그 재화의 가격으로 편미분한 것과 같다는 것이 있다. 즉 $h_1(p_1, p_2, u) = \dfrac{\Delta e(p_1, p_2, u)}{\Delta p_1}$의 관계가 있다. 따라서 CV와 EV는 보상수요함수를 이용해 다음과 같이 다시 정의되며, 각각 〈그림 14-3〉의 면적 a 및 면적 $a + b + c$와 일치한다.

$$CV = e(p_1^0, p_2, u^0) - e(p_1^1, p_2, u^0) = \int_{p_1^1}^{p_1^0} \frac{\Delta e(p_1, p_2, u^0)}{\Delta p_1} dp_1 = \int_{p_1^1}^{p_1^0} h_1(p_1, p_2, u^0) dp_1$$

$$EV = e(p_1^0, p_2, u^1) - e(p_1^1, p_2, u^1) = \int_{p_1^1}^{p_1^0} \frac{\Delta e(p_1, p_2, u^1)}{\Delta p_1} dp_1 = \int_{p_1^1}^{p_1^0} h_1(p_1, p_2, u^1) dp_1$$

본문의 보론에서 지적한 바와 같이 직접 추정되지 않는 보상수요함수 대신 통상수요함수를 추정하여 그 결과로부터 CV나 EV를 얻을 수 있다. 미시경제학의 또 다른 잘 알려진 정리에 의하면 간접효용함수와 통상수요함수 사이에는 $x_1(p_1, p_2, m) = -\dfrac{\Delta v / \Delta p_1}{\Delta v / \Delta m}$의 관계가 성립한다. 만약 $x_1 = a + bp_1 + cm$ (단, $p_2 = 1$)과 같은 선형의 통상수요함수가 회귀분석 등을 통해 추정되었다면, 위의 정리로 인해 $\dfrac{\Delta m}{\Delta p_1} = -\dfrac{\Delta v / \Delta p_1}{\Delta v / \Delta m} = a + bp_1 + cm$

과 같은 미분방정식을 가지게 된다. 이 미분방정식을 풀면 소득 m 혹은 지출액 e를 가격과 효용 u의 함수로 표현할 수 있다. 이때 효용 u는 위의 미분방정식에는 나타나지 않지만 식을 푸는 과정에서 적분상수로 활용되어 해에는 포함되게 된다. 이렇게 지출액을 가격과 효용의 함수로 표현한 것은 지출함수이므로 우리는 위의 미분방정식을 풀어 지출함수를 구하게 되고, 지출함수의 역함수인 간접효용함수도 도출할 수 있다. 따라서 식 (14-7)~식 (14-10)을 이용해 CV나 EV를 정확히 도출할 수 있다. 이러한 절차를 하우스만(Hausman, 1981)의 방법이라 부르는데, 모든 종류의 통상수요함수로부터 미분방정식을 풀어 간접효용함수를 도출할 수 있는 것이 아니기 때문에 이 방법을 사용할 때에는 통상수요함수의 형태를 주의 깊게 선택하여야 한다.

환경질 변화의 후생효과를 정의하기 위해 효용함수를 $u = u(q, G)$로 나타내자. q는 환경재의 수량이나 질을 나타내는 변수이고, 그 가격은 p이다. G는 환경재 외의 기타 모든 재화나 서비스에 대한 지출액이고, 그 가격은 1로 고정되어 있다. 정책의 결과 q가 q^0에서 q^1으로 개선되는 변화의 보상잉여 CS는 새로운 수준의 $q(=q^1)$에서 소비자가 원래의 $q(=q^0)$에서 얻던 효용을 얻는 데 필요한 소득변화이다. 따라서 CS는 다음과 같이 정의된다.

$$CS = e(p, q^0, u^0) - e(p, q^1, u^0) = m - e(p, q^1, u^0) \quad \text{············ 14-11}$$

ES는 정책의 결과 형성되는 새로운 $q(=q^1)$에서 얻어지는 효용 u^1을 정책 시행 전의 $q(=q^0)$를 가지고 얻는 데 필요한 소득변화이며, 지출함수를 사용할 경우 다음과 같이 나타난다.

$$ES = e(p, q^0, u^1) - e(p, q^1, u^1) = e(p, q^0, u^1) - m \quad \text{············ 14-12}$$

따라서 만약 환경질이 한 단위 변하는 것의 한계가치 $\dfrac{\Delta e(p, q, u)}{\Delta q}$를 안다면 CS와 ES는 각각 다음과 같이 계산할 수 있다.

$$CS = \int_{q^1}^{q^0} \frac{\Delta e(p, q, u^0)}{\Delta q} dq$$
$$ES = \int_{q^1}^{q^0} \frac{\Delta e(p, q, u^1)}{\Delta q} dq$$

그러나 이들 한계가치를 자료를 이용해 직접 추정할 방법은 없고, 수량변화의 경우 가격변화 때와는 달리 통상수요함수의 추정도 불가능하기 때문에 이들 한계가치를 알기 위해서는 특별한 절차가 필요하다. 그 절차들이 제15장~제17장에서 설명된다.

01 시장재인 어떤 소비재 하나만 소비하는 소비자의 통상수요함수는 $x = 10 - 5p + 0.1m$과 같다. 이 소비자의 소득은 $m = 30$인데, 가격 p가 1에서 2로 변했다고 하자. 이 가격변화의 ΔS를 구하라. 이 소비자의 후생변화를 ΔS를 이용해 평가하면 CV를 이용할 때보다 후생변화를 어느 정도 과대 혹은 과소평가하게 되는지를 설명하라.

02 <그림 14-6>에서 면적 a, b, c가 표시되어 있고 이 세 면적을 이용해 CS와 ES가 정의되었다. 경우에 따라서는 이 그림에서 ES가 정의되지 않을 수도 있다. 어느 경우이겠는가?

03 본문에서 옵션가격을 도출하기 위해 사용된 설명 방식은 식품오염이나 환경사고를 줄이거나 발생확률을 낮추는 정책의 평가에도 사용될 수 있다. 환경오염사고가 발생할 때 피해가 D이고, 발생확률을 π라 하자. 사고가 발생하지 않으면 피해는 0인데 피해가 발생하면 만족도는 $u(m,D)$가 되고 사고가 발생하지 않으면 만족도는 $u(m,0)$이 된다. 만족도는 피해의 감소함수이다.

(가) 환경사고를 방지하는 정책의 옵션가격을 정의하라.

(나) 환경사고가 발생할 경우 피해액을 현재의 D에서 D^1으로 감소시키는 정책의 옵션가격을 도출하라. 이 정책의 한계편익을 정의할 수 있나?

(다) 다른 조건은 불변인 채 사고가 발생할 확률을 π^1으로 낮추는 정책의 옵션가격을 도출하고, 한계편익도 보여라.

04 소비자 소득을 m이라 하고, 이 소비자가 접하는 대기질을 q_1, 수질을 q_2라 하자. 소비 만족도는 $v(m, q_1, q_2) = 2m + q_1 + q_1 q_2 + 3q_2$와 같다. $m = 100$이라 하고, 최초의 환경질을 $(q_1^0, q_2^0) = (1,1)$이라 하자. 이제 환경개선사업으로 인해 환경질이 $(q_1^1, q_2^1) = (2,5)$와 같이 개선되었다고 하자. 우리는 이러한 환경개선사업의 편익을

추정하고자 한다.

(가) 대기질과 수질이 동시에 개선되었을 때의 총가치를 효용함수를 이용해 계산하되, 보상잉여(compensating surplus)를 이용해 계산하라. 이 경우 보상잉여의 개념을 이용해 방정식을 한 번 풀어 해를 도출할 수 있다.

(나) 이제 대기질과 수질개선의 효과를 순차적으로 평가해 보자. 즉 수질은 원래 수준에 있는 상태에서 대기질만 2로 개선되어 발생하는 가치를 평가하여 이를 CS_1^S이라 하고, 그 값을 계산하라. 이어서 대기질은 이미 2로 개선되었다고 전제하고 수질이 1에서 5로 개선되어 발생하는 추가가치를 평가하여 이를 CS_2^S라 하고, 그 값을 계산하라. 이렇게 순차적으로 계산된 CS_1^S과 CS_2^S의 합을 대기질개선과 수질개선의 총효과라 할 수 있는지를 (가)의 해답과 비교하여 답하라.

(다) 환경가치를 평가함에 있어 대기질개선 효과와 수질개선 효과가 별도의 방법을 통해 독립적으로 평가된다고 하자. A라는 연구자는 대기질의 개선만을 평가하는 사람으로서 수질은 1로 유지되는 상태에서 대기질이 1에서 2로 개선되어 발생하는 효과를 평가하였다고 하자. 또한 수질개선 효과를 평가하는 또 다른 연구자 B는 수질개선만을 평가하므로 대기질은 여전히 1로 고정된 상태에서 수질만이 1에서 5로 개선되어 발생하는 가치를 평가하였다고 하자. 이들의 평가액을 각각 CS_1^I과 CS_2^I라 하고, 그 수치를 도출하라. CS_1^I과 CS_2^I의 합을 대기질개선과 수질개선의 총효과라 할 수 있는지를 (가)의 해답과 비교하여 답하라.

05 맥주소비량을 b, 공기의 깨끗한 정도를 a라 할 경우의 김호프 씨의 효용함수는 $u(a,b) = ab$와 같다. 김호프 씨의 소득을 10이라 하고, 맥주 가격을 $p = 2$라 하자(단 공기의 가격은 0이다). 외생적으로 결정된 공기질이 $a=2$에서 $a=4$로 좋아졌다면, 이에 대한 김호프씨의 지불의사를 도출하라.

06 현재 희소성이 있는 산림으로 보호되고 있는 지역이 제공하는 생태적 가치가 $V_0 = 20$인데 내년에는 가치가 $V_{high} = 300$ 혹은 $V_{low} = 40$이 되고, 각각 발생할 확률은 $p = 0.4$, $1 - p = 0.6$이다. 이 지역을 지금 당장 개발하면 금년에는

$D_0 = 60$, 내년에는 $D_1 = 120$의 가치가 확실히 주어진다. 즉 지금 당장 개발하면 $ED = D_0 + D_1 = 60 + 120 = 180$의 가치를 얻을 수 있다. 우리는 두 해 동안 얻는 가치에만 관심이 있고, 두 연도의 가치를 비교할 때 할인은 하지 않는다고 하자.

(가) 이 지역을 계속 보존할지 아니면 지금 당장 개발할지를 선택해야 하고, 이 선택을 내년에도 계속 유지해야만 한다면 어떤 선택을 하여야 하며, 이때 얻는 최대의 (기대)가치 혹은 편익은 얼마인가?

(나) 금년에는 무조건 개발을 하지 않고 현 상태를 유지한 후, 내년에 V_{high}가 발생하는지 아니면 V_{low}가 발생하는지를 보고 의사결정을 한다고 하자. 즉 이 때 V_{high}가 발생하면 계속 보존하여 이를 얻을지 아니면 개발하여 D_1을 얻을지를 선택할 수 있고, 또한 V_{low}가 발생할 때에도 계속 보존하여 V_{low}를 얻을지 아니면 개발하여 D_1을 얻을지를 선택할 수 있다. 이런 식의 의사결정을 할 때 최적의 선택은 무엇인지를 설명하고, 이때 두 해 동안 얻을 편익의 기댓값을 구하라.

(다) (가)와 (나)의 결과를 비교하여 이 지역개발의 실물옵션가치를 도출하라.

- 신영철(2006), "Estimating Values of Statistical Lives Using Choice Experiment Method," 『동아시아 환경자원경제학 국제학술대회 발표논문집』.

- 엄영숙(1998), "대기오염이 건강에 미치는 영향에 대한 가치 평가," 『환경경제연구』 7: 1−23.

- 전호철(2020), "선택실험법을 활용한 통계적 생명가치의 추정," 『자원·환경경제연구』 29: 247−270.

- Arrow, K. J. and A. C. Fisher (1974), "Environmental Preservation, Uncertainty, and Irreversibility," *Quarterly Journal of Economics* 88: 312−319.

- Bockstael, N. E. and K. E. McConnell (2007), *Environmental and Resource Valuation with Revealed Preferences: A Theoretical Guide to Empirical Models*, Springer.

- Costanza, R., R., d'Arge, R. de Groot, S. Farber, M. Grasso, B. Hannon, K. Limburg, S. Naeem, R. V. O'Neill, J. Paruelo, R. G. Raskin, P. Sutton, and M. van den Belt (1997), "The Value of the World's Ecosystem Services and Natural Capital," *Nature* 387: 253−260.

- Dixit, A. K. and R. S. Pindyck (1994), *Investment under Uncertainty,* Princeton University Press.

- Freeman, A. M, III., J, A. Herriges, and C. L. Kling (2014), *The Measurement of Environmental and Resource Values: Theory and Methods*, 3rd ed., Resources for the Future.

- Graham, D. A. (1981), "Cost−Benefit Analysis under Uncertainty," *American Economic Review* 71: 715−725.

- Hanemann, M. M. (1989), "Information and the Concept of Option Value," *Journal of Environmental Economics and Management* 16: 23−37.

- Hanemann, M. M. (1991), "Willingness to Pay and Willingness to Accept: How Much Can They Differ?" *American Economic Review* 81: 635−647.

- Harrison, G. W. (1992), "Valuing Public Goods with the Contingent Valuation Method: A Critique of Kahneman and Knetsch," *Journal of Environmental Economics and Management* 23: 248−257.

- Hausman, J. A. (1981), "Exact Consumer's Surplus and Dead Weight Loss," *American Economic Review* 71: 662−676.

- Hoehn, J. P. and A. Randall (1989), "Too Many Proposals Pass the Benefit Cost Test," *American Economic Review* 79: 544−551.

- Horowitz, J. K. and K. E. McConnell (2002), "A Review of WTA/WTP Studies," *Journal of*

Environmental Economics and Management 44: 426−447.

- Just, R. E., D. L. Hueth, and A. Schmitz (2004), *The Welfare Economics of Public Policy: A Practical Approach to Project and Policy Evaluation*, Edward Elgar.

- Kahneman, D. and A. Tversky (1979) "Prospect Theory: An Analysis of Decision under Risk", *Econometrica* 47: 263−292.

- Kim, Y., C. L. Kling, and J. Zhao (2015), "Understanding Behavioral Explanations of the WTP−WTA Divergence through a Neoclassical Lens: Implications for Environmental Policy," *Annual Review of Resource Economics* 7: 169−187.

- List, J. A. (2004), "Neoclassical Theory Versus Prospect Theory: Evidence from the Marketplace," *Econometrica* 72: 615–625.

- Mensink, P. and T. Requate (2005), "The Dixit–Pindyck and the Arrow–Fisher–Hanemann–Henry Option Values Are Not Equivalent: A Note on Fisher (2000)," *Resource and Energy Economics* 27: 83–88.

- Pindyck, R. S. (2012), "Uncertain Outcomes and Climate Change Policy," *Journal of Environmental Economics and Management* 63: 289–303.

- Porter, R. C. (2002), *The Economics of Waste,* Resources for the Future.

- Randall, A. (2002), "Valuing the Outputs of Multifunctional Agriculture," *European Review of Agricultural Economics* 29: 289−307.

- Randall, A. and J. R. Stoll (1980), "Consumer's Surplus in Commodity Space," *American Economic Review* 70: 449−455.

- Santos, J. M. L. (2001), "A Synthesis of Country Reports on Demand Measurement of Non−commodity Outputs in OECD Agriculture," Paper Presented to OECD Workshop on Multifunctionality.

- Shogren, J., S. Y. Shin, D. Hayes, and J. Kliebenstein (1994), "Resolving Differences in Willingness to Pay and Willingness to Accept," *American Economic Review* 84: 255−270.

- Thaler, R. (1980), "Toward a Positive Theory of Consumer Choice," *Journal of Economic Behavior and Organization* 1: 39−60.

- U.S. Environmental Protection Agency (EPA) (2000), *Guidelines for Performing Regulatory Impact Analyses.*

- Vartia, Y. O. (1983), "Efficient Methods of Measuring Welfare Change and Compensated Income in Terms of Ordinary Demand Functions," *Econometrica* 51: 79−98.

- Weisbrod, B. A. (1964), "Collective−Consumption Services of Individual Consumption Goods," *Quarterly Journal of Economics* 78: 471−477.

- Willig, R. D. (1976), "Consumer's Surplus Without Apology," *American Economic Review* 66: 589−597.

- World Bank (1998), *World Development Report 1998/1999: Knowledge for Development*, Oxford University Press for the World Bank.

- Zhao, J. and C. L. Kling (2001), "A New Explanation for the WTP/WTA Disparity," *Economics Letters* 73: 293−300.

- Zhao, J. and C. L. Kling (2009), "Welfare Measures When Agents Can Learn: A Unifying Theory," *Economic Journal* 119: 1560−1585.

환경개선의 편익분석 1
: 시장적 방법과 회피행위모형

환경정책의 편익을 평가하기 위해서는 우선 환경재 자체의 편익 혹은 가치를 파악할 수 있어야 한다. 먼저 제1절은 환경재의 가치를 평가하기 위해 사용되는 방법들을 분류하여 소개하고, 이어서 제2절은 가치평가 방법 중에서도 특히 시장적 방법을 설명한다. 제3절은 비시장적 방법의 하나인 현시선호모형을 적용하여 편익분석을 하기 위해 이해하여야 할 이론적 기초를 설명한다. 이 이론적 기초는 제16장 및 제17장에서도 활용되기 때문에 제15장, 16장, 17장은 서로 연결되어 있다. 마지막 제4절은 현시선호방법 가운데 하나인 회피행위모형을 설명하며, 나머지 현시선호분석법들은 제16장이 설명한다. 그리고 또 다른 비시장적 분석법인 진술선호법은 제17장에서 설명된다.

---

section 01 환경재의 가치평가 방법

1. 재화와 서비스의 구분

환경재의 가치를 평가하고, 환경정책의 편익을 분석하기 위해서 사용할 방법을 선택하기 위해서는 분석 대상이 되는 환경재가 어떤 특성을 지니는지를 파악해야 한다. 이와 관련하여 모든 재화나 서비스는 다음의 세 가지 범주 가운데 하나에 포함되도록 분류할 수 있다.

① 순수사유재(pure private goods): 순수사유재는 조직화된 시장에서 거래되고, 그 소유권이 개인에게 완전하게 배분되며, 또한 소유권을 갖지 못한 사람의 이용을 배제할 수도 있다. 따라서 순수사유재는 그 소유권이 제4장의 〈표 4-1〉이 정의한 바와 같은 시장메커니즘의 효율성을 위해 필요한 요건들을 모두 갖추고 있는 재화나 서비스이다. 순수사유재 시장에서는 시장실패가 발생하지 않으므로 시장가격은 사유재에 대한 소비자의 한계지불의사를 정확히 반영하여 결정된다. 따라서 순수사유재의 가치를 평가하기 위한 별도의 절차가 필요하지 않다.

② 준사유재(quasi-private goods): 준사유재는 순수사유재와 뒤에서 설명할 순수공공재의 중간적인 성격을 가지는 재화나 서비스를 의미한다. 준사유재의 경우 순수사유재와 마찬가지로 가격이 존재하고, 소유권을 가지지 못한 사람의 이용을 배제할 수도 있다. 그러나 이 가격은 조직화된 시장에서 수요와 공급을 반영하여 결정되는 것이 아니라 정부 등에 의해 임의로 결정되는 가격이다. 한 예로 공원이나 공공도서관의 입장료를 들 수 있다. 이들 입장료는 정부가 시설물 관리 등에 필요한 경비를 조달하기 위해 징수하는 것으로서, 소비자가 느끼는 진정한 편익을 반영한다고 볼 수 없다. 따라서 이러한 준사유재의 가치는 입장료보다는 별도의 방법을 통해 도출하여야 한다.

③ 순수공공재(pure public goods): 순수공공재는 제4장이 설명한 개방자원이나 공공재처럼 소유권 설정이 불철저하고, 타인의 이용을 배제할 수도 없는 모든 재화나 서비스를 의미한다. 따라서 순수공공재는 시장가격 자체가 존재하지 않고, 그 양이나 질을 변화시키는 정책의 편익을 분석하기 위해서는 소비자가 얻는 편익을 별도의 절차를 거쳐 추정하여야만 한다. 깨끗한 공기나 맑은 물과 같은 많은 환경재가 이 범주에 속한다.

대부분의 환경재가 준사유재이거나 순수공공재이기 때문에 시장가격이 존재하지 않거나, 가격이 존재해도 환경재의 가치를 적절히 반영하지 못한다. 따라서 자연환경을 변화시키는 정책의 편익을 분석하기 위해서는 환경재의 정확한 가치를 별도의 방법을 통해 추정해야 한다.

2. 환경재의 가치평가방법

환경정책의 편익은 〈표 15-1〉에 정리된 바와 같이 다양하며 이들 편익을 추정하는 방법 역시 그러하다.[1] 경제이론에 기반을 두고 환경개선에 대한 지불의사를 도출하고자

---

[1] 환경재의 가치를 평가하고 환경정책의 편익을 분석하는 기법들은 **빠른 속도로** 발전해 왔으며, 분석기법을 종합하는 연구서들이 여러 차례 발간된 바 있다. 현재에도 많이 인용되는 연구서만을 발간 순서대로 나열하면, 브라덴과 콜스타드(Braden and Kolstad, 1991), 합과 멕코넬(Haab and McConnell, 2002), 프리만 외(Freeman et al., 2014), 챔프 외(Champ et al., 2017), 멜러와 빈센트(Mäler and Vincent, 2005), 복스텔과 멕코넬(Bockstael and McConnell, 2007), 파노이프와 레콰트(Phaneuf and Requate, 2017) 등이다.

표 15-1 편익추정법의 분류

추정법	주요 분석모형	적용대상
시장적 방법	• 피해함수(damage function) • 생산함수(production function) • 비용함수(cost function)	• 식량, 연료, 목재, 섬유 등 생태계가 제공하는 시장적 편익
현시 선호법	• 휴양수요모형(recreational demand models)	• 휴양가치, 경관가치
	• 특성임금모형(hedonic wage model)	• 사망위험성 감소, 질병위험성 감소
	• 특성가격모형(hedonic price model)	• 쾌적함, 휴양가치, 경관가치
	• 회피행위모형(averting behavior model)	• 사망 및 질병위험성, 쾌적함, 휴양 및 경관, 생태계보존, 시설물보존
진술 선호법	• 가상가치평가법(contingent valuation method, CVM) • 가상순위결정법(contingent ranking method, CRM) • 선택실험법(choice experiment, CE)	• 모든 종류의 편익
혼합모형	• 현시선호법과 진술선호법의 혼합	• 현시선호법이 적용될 수 있는 모든 종류의 편익
모의시장 분석	• 실험경매법(experimental auction)	• 모든 종류의 편익

하는 접근방법은 크게 시장적 방법(market methods), 현시선호방법(revealed preference methods), 진술선호방법(stated preference methods), 모의시장분석법(simulated market approach) 등으로 나뉘고 현시선호방법과 진술선호방법의 혼합모형도 사용되고 있다.

〈표 15-1〉에 정리된 방법들은 모두 각 개인이 자신의 만족도를 극대화하기 위해 하는 행위를 분석하여 환경개선 편익을 추정하는 경제학 방법이고, 따라서 환경사업의 가치를 평가하기 위해 공학적으로 많이 사용해 온 대체비용법(replacement cost method)과는 차이가 있다. 대체비용법은 예를 들어 산림의 대기정화기능 가치를 공학적으로 산소를 생산하고 이산화탄소를 처리하는 비용을 계산해 도출하는 방식이다. 이 방식은 환경이 행하는 기능을 다른 인위적인 방식으로 대체할 때 소요되는 비용을 환경의 가치라 평가하며, 각 개인의 효용극대화 행위 등을 감안하지 않는 방식이고 경제학적 근거가 없는 방식이다.

대체비용법은 편익지표로서의 이론적 기반을 갖고 있지 않을 뿐더러 공공사업의 비용-편익분석에 적용하면 다소 어이없는 상황을 초래하기도 한다. 어떤 수계에 댐을 짓는 문제를 검토한 결과 A라는 위치에 댐을 건설하는 것이 최적인 것으로 판단되어 이 지역에 댐을 지을지를 고려한다고 하자. 대체비용법을 적용하면 댐 A의 편익은 그와 동일한 기능의 댐을 A지역 다음으로 적은 비용으로 지을 수 있는 차선의 위치를 선택했을 때 그 지역의 댐 건설비이다. 이 차선의 지역이 B라면 따라서 대체비용법을 적용하는 비용−편익분석은 댐 A의 비용으로는 댐 A의 건설비를, 그 편익으로는 댐 B의 건설비를 지표로 사용하여 비교하여야 한다. 그러나 건설계획을 세울 때 이미 A지역이 최적 지역임을 파악했기 때문에 B지역 건설비(=댐 A의 편익)가 A지역 건설비(=댐 A의 비용)보다 더 작을 확률은 없고, 따라서 이런 유의 프로젝트는 항상 비용−편익분석 검증을 통과하게 된다.

시장적 방법은 환경이 제공하는 재화나 서비스의 시장이 존재할 때 사용할 수 있다. 이 경우 환경정책과 그로 인한 환경개선의 편익은 관측이 가능한 시장에서의 거래자료를 이용해 추정한다. 그러나 환경이 제공하는 재화나 서비스의 시장이 존재하는 경우는 드물고, 따라서 시장접근법이 사용될 수 있는 경우도 제한적이다. 이 방법은 토양이나 수질 등과 같이 환경재가 주로 다른 시장재를 생산하는 데 필요한 투입요소로 사용될 때 적용된다. 환경이 개선되면 자연환경을 투입요소로 사용하는 산업의 생산성 향상이나 비용 절감이 발생할 것이고, 이를 계측하여 환경개선의 편익으로 본다. 환경개선으로 인해 높아진 생산성의 가치는 시장에서 거래되는 산출물의 가격을 이용해 평가할 수 있기 때문에 시장적 방법이라 불린다.

시장적 방법을 사용할 수 있을 정도로 환경개선 효과와 관련된 시장자료가 갖추어지지 못할 경우 비시장적 방법을 사용해야 하며, 비시장적 방법은 다시 현시선호방법과 진술선호방법, 모의시장분석법 등으로 나뉜다. 현시선호방법은 간접분석법(indirect methods)이라 불리기도 하며, 진술선호방법은 직접분석법(direct methods)이라 불리기도 한다.

현시선호방법은 환경재의 시장자료가 존재하지 않기 때문에 환경개선 시 환경재와 관련된(related) 시장에서 발생하는 변화를 대신 분석하여 환경개선에 대한 지불의사를 도출하는 방식이다. 따라서 이 방법은 관련시장접근법(related market approach)이라 불리기도 한다. 이 방식이 현시선호방법이라 불리는 이유는 각 개인이 관련시장에서의 행위를 통해 환경재에 대해 부여하는 가치나 선호를 현시(revealed), 즉 보여주었기 때문이다. 이에 반해 진술선호법은 각 개인이 자신의 선호를 시장행위로 보여주는 것이 아니라 설문조사에서 직접 말하게 한다.

예를 들어 호수 수질이 개선되면서 여가를 위해 방문하는 사람이 늘어난다면 호수 방문행위를 환경재와 관련된 시장재로 볼 수 있다. 또한 상수원의 수질이 악화되어 수돗물 대신 먹는 샘물 소비량이 늘어난다면 먹는 샘물 구매 행위는 환경질인 수질과 관련된 시장재 소비행위라 볼 수 있다. 호수를 찾는 행위와 먹는 샘물을 사 먹는 행위는 둘 다 수질과 관련된 소비행위이지만 전자의 경우 환경질과 보완적이고, 후자는 대체적이다.

현시선호방법은 소비자들이 환경질 변화에 반응하여 실제로 선택한 행위를 분석한다는 점에 있어 가상적 상황에서의 의사만을 분석하는 진술선호방법에 비해 많은 장점을 가지고 있다. 그러나 이 방법은 각 개인이 자신만의 시장재 소비를 변화시키는 행위를 분석하기 때문에 존재가치는 분석할 수 없다는 한계를 가지고 있다. 현시선호법에는 휴양수요모형, 특성임금모형, 특성가격모형, 회피행위모형 등 여러 분석법이 포함된다.

현시선호방법은 모두 소비자 행위에 관한 엄밀한 가정하에 분석이 이루어지고 있고, 비교적 복잡한 계량경제학 분석 절차를 필요로 한다. 그렇다면 소비자가 환경질 개선을 위해 부담할 의사가 있는 금액을 직접 대답하도록 함으로써 이러한 복잡한 절차를 생략하고 환경재의 가치를 평가할 수 있지 않겠는가? 진술선호방법 혹은 직접평가법은 이와 같은 문제의식 때문에 사용되기 시작한 환경재 가치평가 방법으로서, 보다 광범위한 환경재의 가치평가를 위해 사용될 수 있고, 또한 사용가치는 물론 존재가치까지 평가할 수 있다. 진술선호방법은 가상가치평가법을 비롯한 몇 가지 구체적인 형태로 다시 구분된다. 아울러 현시선호방법과 진술선호방법을 동시에 결합하여 사용함으로써 두 방법의 장점을 모두 취하려는 시도도 있다.

진술선호법은 실제로 존재하지 않는 시장을 가상적으로 만든 후 설문조사를 통해 이 가상시장에서 응답자들이 어떻게 반응하는지를 관찰한다. 이 분석은 어디까지나 가상적인 상황에서 응답자들이 자신의 반응을 말로 표현하게 하므로 실제로 그 상황이 도래했을 때 이들이 자신의 응답과 일치하는 행동을 할지는 알 수 없다. 따라서 이 문제를 보완하기 위해 현실의 환경재 시장은 아니지만 모의시장(simulated market)을 만들어 참가자들이 거래하게 할 수 있다.

〈표 15-1〉이 보여주는 각 기법의 적용 사례는 전 세계적으로 대단히 많으며, 한국에서도 많은 연구들이 진행된 바 있다. 한국환경연구원이 관리하는 『환경가치종합정보시스템』에는 600건에 가까운 국내 연구 결과와 거의 3,000건에 달하는 편익 추정치가 수록되어 있다.[2]

---

2) http://evis.kei.re.kr/ (2024년 9월 7일 방문)

시장적 방법에서는 환경개선에 따라 발생하는 두 가지 변화를 분석해야 한다. 첫 번째 변화는 투입요소인 환경의 개선으로 인해 발생하는 농산물이나 임산물과 같은 최종산출물의 공급량 변화이다. 이 변화는 피해함수(damage function)나 생산함수(production function)를 추정하여 분석한다. 예를 들어 y 를 농작물 생산량, x 를 농업생산에 필요한 자본이나 노동, 토지와 같은 생산요소, 그리고 q 를 토양의 질이라 하면 피해함수는 다음과 같은 생산함수를 추정하여 구할 수 있다.

$$y = f(x, q) \quad\text{15-1}$$

환경질의 한계적 변화가 농작물 생산에 미치는 영향은 $\dfrac{\Delta y}{\Delta q} = \dfrac{\Delta f(x,q)}{\Delta q}$ 이고, 여기에 농작물의 가격을 곱하면 환경질 개선의 한계편익을 구할 수 있다.

그러나 식 (15−1)과 같이 환경개선의 직접적이고 물리적인 효과만을 분석해서는 환경개선의 편익을 정확하게 분석할 수 없는 경우가 많다. 환경개선으로 인해 시장재 생산성이 달라지면 그로 인해 생산자 및 소비자의 선택까지도 바뀌고, 따라서 시장균형 자체가 달라질 것이기 때문이다. 시장접근법에서 분석해야 하는 두 번째 변화는 따라서 생산자와 소비자 선택의 변화이다. 이 두 번째 변화는 소비자와 생산자의 최적화 행위를 감안해 분석해야 한다.

생산자와 소비자의 행위변화까지도 감안해 환경개선 편익을 추정할 경우 〈그림 15-1〉이 보여주는 방식을 사용할 수 있다. 그림에서 곡선 D 는 어떤 농작물에 대한 시장수요곡선이고, S_0 는 환경질이 개선되기 전의 전체 생산자의 한계비용곡선, 즉 공급곡선이다. 소비자들은 자신의 만족도를 극대화하기 위해 소득을 사용하며, 동시에 생산자는 자신들의 이윤을 극대화하는 공급량 등을 결정한다. 환경개선으로 인해 생산성이 증대되면 동일한 투입요소를 사용해서 생산할 수 있는 산출물의 양이 늘어나므로 생산비용이 하락하는 효과가 발생한다. 〈그림 15-1〉에서는 이러한 비용하락 효과로 인해 공급곡선이 S_1 으로 이동하였다.

환경이 개선되기 전에는 농작물 생산은 수요와 공급이 일치하는 Q_0 까지 이루어지며, 시장가격은 P_0 이다. 토양과 같은 환경의 질이 개선되어 농민 생산비가 하락하고, 그 결과

그림 15-1 시장적 방법을 이용한 환경질 개선의 편익 추정

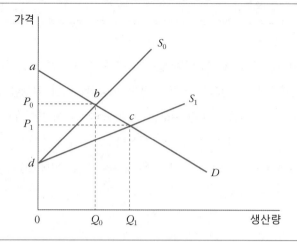

공급곡선이 S_1으로 변했다고 하자. 이 경우 시장균형을 달성하는 농작물 생산량은 Q_1으로 늘어나고, 가격은 P_1으로 하락한다.

이와 같은 공급곡선의 변화로 인해 소비자잉여는 면적 abP_0에서 acP_1으로 변하고, 소비자들은 면적 P_0bcP_1에 해당되는 편익을 얻는다. 생산자잉여는 면적 P_0bd에서 P_1cd로 변하게 되는데 이 두 면적 가운데 어느 것이 큰지는 사전에 알 수 없다. 환경질 개선으로 사회 전체의 후생은 면적 abd에서 acd로 변하고, 따라서 면적 dbc만큼 증가하게 되는데, 이것이 바로 환경질 개선의 사회적 편익이다. 농작물의 공급과 수요를 동시에 고려할 때 환경질 개선은 사회 전체의 후생은 이처럼 증대시킬 것이나 이러한 편익이 생산자와 소비자에게 분배되는 모습은 공급곡선과 수요곡선의 형태에 따라 다르게 된다.

시장적 방법 적용 절차

1. 환경개선 효과로 인해 발생하는 생산성 증대와 비용절감 효과 분석
2. 생산성 증대에 따른 공급곡선의 이동 정도 분석
3. 새로운 시장균형의 도출
4. 소비자 및 생산자의 후생변화 계측

표 15-2 미국의 오존농도 감소가 농업생산에 미치는 후생효과(단위: 10억 달러, 1989년 가격)

오존농도 변화(%)	후생변화		
	소비자잉여	생산자잉여	전체 순편익
-10	0.785	-0.046	0.739
-25	1.637	0.095	1.732

자료: National Acid Precipitation Assessment Program(1990), *Integrated Assessment Report* (Callan and Thomas 1996, pp. 235~237에서 재인용).

〈표 15-2〉는 대기 중 오존농도 감소가 농작물 생산에 미치는 영향을 실증분석한 미국 국립산성비평가계획(National Acid Precipitation Assessment Program, NAPAP 1990)의 연구결과이다. 오존농도가 10% 감소하면 미국의 전체 순편익은 약 7.4억 달러 정도 증가하고, 소비자잉여는 약 7.9억 달러 증가한다. 그러나 생산자잉여는 오히려 0.5억 달러 정도 감소한다. 오존농도가 25% 정도 감소할 때에는 전체 편익은 17.3억 달러 증가하고, 소비자잉여는 16.4억 달러 증가하며, 생산자잉여도 약 0.9억 달러 정도 증가하는 것으로 나타났다.

한편 위에서 살펴본 시장적 방법은 산출물 시장이 완전경쟁적이고, 따라서 시장의 왜곡이나 실패가 없는 상태에서 환경개선으로 생산성 변화 등이 발생할 때의 후생효과를 분석한다. 그러나 환경개선에 따른 효과가 반드시 완전경쟁시장에서만 발생하는 것은 아니다. 아울러 농산물처럼 정부가 시장에 개입하여 가격을 인위적으로 올려주는, 즉 가격지지 정책을 시행할 경우에도 시장가격은 생산물의 사회적 가치를 나타내는 지표가 될 수 없다. 이처럼 환경재가 투입물로 사용되어 생산되는 제품의 시장가격 자체가 왜곡되면 시장정보 등을 추가로 활용하여 제품의 사회적 가치를 찾아서 〈그림 15-1〉과 같은 분석을 시행하여야 한다.

section 03 현시선호방법의 이론적 기초

현시선호분석법 혹은 관련시장접근법은 환경재와 시장재를 소비하는 개인의 행위를 분석하여 환경재의 가치를 평가한다. 보다 구체적으로 말하면, 환경질이 변하면 각 개인은 자신의 효용을 극대화하기 위해 시장재 소비량을 변화시키게 되므로, 간접적 분석모형은 환경질 변화가 초래하는 이러한 시장재 소비량의 변화를 분석하여 환경질 향상의 편익을 추정한다. 이때 분석을 위해 구체적으로 사용되는 방법은 개인의 만족도나 효용을 결정하는 데 있어 환경재와 시장재가 어떤 관계를 맺고 있느냐에 따라 달라진다.

① 분리성

시장에서 거래되는 두 시장재의 소비량을 x_1, x_2라 하고, 환경질을 q라 할 경우 개인의 만족도는 다음과 같은 효용함수를 통해 결정된다.

$$u = u(x_1, x_2, q) \quad\text{·······························}\quad \boxed{15\text{-}2}$$

효용함수가 분리적(separable)이라는 것은 환경질이 변해도 사유재인 x_1과 x_2 사이의 한계대체율(marginal rate of substitution)이 영향을 받지 않는다는 것을 의미한다. 여기서 한계대체율은 주어진 환경질 수준에서 x_1의 소비량이 한 단위 줄어들 때 효용을 일정하게 유지하기 위해 늘어나야 하는 x_2의 소비량으로서, x_1과 x_2에 대해 그려진 무차별곡선의 기울기의 음의 값과 같다. 예를 들면 위의 효용함수가 $u = u_1(x_1, x_2) + u_2(q)$와 같다고 하자. 그렇다면 전체 만족도를 유지한 상태에서 x_1 소비를 하나 더 줄이는 대신 늘려야 하는 x_2 소비는 환경재 q의 크기와는 관련이 없다.

제14장에서 확인한 바와 같이 효용을 극대화하는 시장재 소비량은 시장재의 상대가격과 무차별곡선의 기울기가 일치하는 수준에서 결정된다. 만약 환경재와 시장재의 소비가 분리적이면 환경질이 변해도 시장재의 한계대체율이나 무차별곡선의 기울기가 변하지 않으므로, 환경질이 변했음에도 불구하고 시장재의 수요량 변화가 가시적으로 나타나지 않게 된다. 따라서 이 경우에는 관련시장접근법을 환경재 가치평가에 적용하기 어렵다.

② 보완성

환경질은 시장재 가운데 일부와 보완관계(complementarity)를 가지는 경우가 있다. 예를 들어 식 (15-2)의 효용함수에서 x_1을 어떤 호수에 뱃놀이 가는 횟수라 하고, x_2를 기타 모든 시장재의 소비량, 그리고 q를 호수의 수질이라 하자. 호수 수질이 개선되면 뱃놀이의 만족도가 높아지고, 따라서 뱃놀이를 가는 횟수도 늘어날 것이므로, 이 경우에는 x_1과 q 사이에는 보완적인 관계가 있다.

환경질의 가치평가를 위해서는 q가 좋아지면서 단순히 x_1의 소비가 늘어난다는 의미를 넘어서는 보다 특수한 조건이 요구되는데, 이를 약보완성(weak complementarity)이라 한

그림 15-2 약보완성을 이용한 환경질 개선의 편익 추정

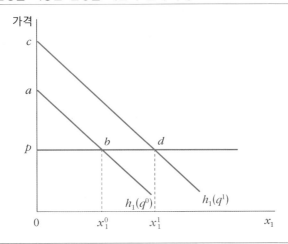

다. 약보완성은 환경재와 약보완관계를 가지는 시장재 가격이 너무 높아 그 수요가 0인 상태에서는 환경질이 변해도 소비자 후생은 변하지 않는다는 조건이다. 약보완성이 성립하면 놀이 배 이용료가 너무 높아 뱃놀이를 하지 않으면, 즉 환경재를 직접 이용하지 않으면, 수질 변화가 후생에 영향을 미치지 않기 때문에 환경재의 존재가치가 인정되지 않는다. 또한 이는 시장재를 소비할 때만 환경재 개선이 후생을 증대시키게 한다는 점에서 양자 간의 보완성을 내포한다.[3]

약보완성이 성립할 경우의 환경개선 편익은 부록에서 엄밀하게 도출하지만 〈그림 15-2〉로부터 이해할 수도 있다. 그림에서 $h_1(q^0)$는 최초의 수질에서 소비자가 선택하는 뱃놀이 횟수를 뱃놀이 비용에 대해 나타낸 수요곡선인데, 만족도 u^0를 얻는 보상수요곡선이다. 수질이 q^1으로 개선되면서 동일한 만족도를 얻는 뱃놀이 수요곡선이 $h_1(q^1)$으로 이동했다고 하고, 뱃놀이를 한 번 갈 때마다 소비자가 p의 비용을 지출한다고 하자. 원래의 수질에서 소비자가 선택하는 뱃놀이 횟수는 x_1^0이지만, 수질이 개선되면 소비자는 x_1^1으로 횟수를 늘린다.

$q^0 \rightarrow q^1$ 변화에 의한 $x_1^0 \rightarrow x_1^1$의 변화를 이용해 q 변화의 후생효과를 정확히 도출하려면, 〈그림 15-2〉의 소비가 점 b에서 점 d로 변하는 과정을 $b \rightarrow a \rightarrow c \rightarrow d$의 이동으로 분해하여 검토할 필요가 있다. 먼저 $b \rightarrow a$로 소비점이 옮겨간다는 것은 환경질은 불변인 채 x_1

---

3) 약보완성은 스웨덴 환경경제학자 멜러(Mälor, 1974)에 의해 도입된 개념이다. 약보완성 정의상 환경재와 약보완성을 가지는 시장재는 가격이 많이 높으면 0의 소비를 보여야 하고, 따라서 생존에 필수적인 재화나 서비스는 환경재와 약보완성을 가지지 못한다.

소비가 0이 되도록 x_1의 가격을 높인다는 것을 의미한다. 제14장의 〈그림 14-4〉를 이용한 보론이 설명하였듯이 가격이 변하는 후생효과를 보상수요곡선을 이용해 도출하면 이는 두 가격 사이에서 보상수요곡선이 만들어내는 면적과 같다. 따라서 x_1의 가격이 올라 점 b에서 점 a로 이동하면 후생은 면적 pab만큼 줄어든다.

이어서 x_1 소비량이 여전히 0인 상태에서 환경이 q^1으로 개선되어 $a \rightarrow c$로 소비점이 변하면 이때에는 환경은 개선되지만 약보완성에 의해 후생은 불변이다. 바로 이 단계에서 약보완성이 적용되는 것이다.

마지막으로 $c \rightarrow d$로 소비점이 옮겨가는 효과이다. 이 이동은 환경이 q^1일 때 u^0를 얻는 보상수요곡선에 있어서 가격이 x_1 소비가 0일 정도로 높다가 다시 원래 수준인 p로 하락하는 효과이다. 이 가격변화 효과도 u^0를 얻는 비용절감으로 계측하면 면적 pcd가 된다. 따라서 이상 세 가지 효과를 모두 합하면 면적 $pcd - pab = acdb$가 되고, 이것이 바로 q변화의 편익이고, 보상잉여 CS이다.

이처럼 환경재 q가 변하면 환경재와 약보완관계를 가지는 '단 하나의' 시장재 x_1의 보상수요가 환경질 개선 때문에 얼마나 변하는지를 확인하여 소비자의 후생변화를 측정할 수 있다는 점에서 약보완성 이론은 대단히 유용하다 하겠다.[4]

〈그림 15-2〉의 레크리에이션, 즉 시장재 수요곡선은 보상수요곡선이다. 보상수요곡선은 자료로부터 직접 추정하지 못하기 때문에 통상수요곡선을 대신 사용한다면 어떻게 될까? 이를 〈그림 15-3〉에서 확인할 수 있다. 〈그림 15-3〉에서 $x_1(q^0)$와 $h_1(q^0)$은 각각 환경질 q^0에서의 시장재 x_1의 통상수요와 보상수요를 나타낸다. 제14장에서 이미 설명한 바와 같이 x_1이 소득이 오를 때 소비량이 늘어나는 정상재라면 보상수요곡선이 더 가파르다. 이제 환경질이 q^1으로 개선되면 통상수요곡선과 보상수요곡선이 모두 오른쪽으로 이동하여 각각 $x_1(q^1)$, $h_1(q^1)$이 된다. 역시 제14장에서 설명한 바와 같이 통상수요의 변화에는 일종의 소득효과가 포함되기 때문에 환경질 개선으로 인해 소비량이 늘어나는 정도는 〈그림 15-3〉이 보여주는 바와 같이 순수한 대체효과만을 반영하는 보상수요보다는 통상수요를 따를 때가 더 크다. 즉 최초에 통상수요와 보상수요가 모두 같은 수준의 x_1만 소비하게 하더라도 환경질이 변하게 되면 x_1의 소비량이 변하는 정도는 통상수요이냐 보상수요이냐에 따라 차이가 있다.

---

4) 남해안에 독성 해파리($= q$)가 출몰하면 해당 지역 모든 해수욕장($= x$)의 방문객 수가 줄어드는 것처럼 다수의 시장재가 하나의 환경재와 약보완관계를 가질 수 있으며, 이 경우에는 이들 시장재 시장에서 발생하는 후생변화를 순차적으로 더해주어야 한다.

그림 15-3 약보완성을 가지는 시장재의 통상수요와 보상수요

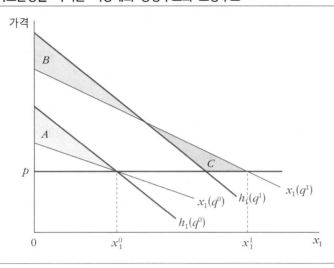

　　만약 자료를 이용해 추정하는 통상수요를 이용해 환경질 개선의 소비자잉여를 분석하고자 한다면 〈그림 15-3〉에서의 두 통상수요곡선 사이의 면적을 계산해야 한다. 반면 약보완성이 성립할 때의 정확한 후생지표 CS는 두 보상수요곡선 사이의 면적이다. 보상수요곡선 대신 통상수요곡선을 이용하면 따라서 약보완성이 성립한다고 하여도 면적 $A + C - B$만큼의 오차가 발생한다. 이 오차의 크기가 무시해도 좋을 정도인지에 대해서는 결론이 나 있지 않으며, 이 오차는 사실 0보다 클 수도 있고 작을 수도 있다. 즉 〈그림 15-3〉의 통상수요곡선이 만들어내는 면적은 보상수요곡선이 만들어내는 면적인 CS보다 큰지 작은지도 불분명한 문제를 가진다.[5] 다만 현실에서는 환경재와 약보완성을 가지는 시장재는 낚시나 여행 등과 같이 소득변화에 크게 민감하지 않은 소비재들이고, 따라서 환경재 변화에 따른 보상수요와 통상수요의 이동 폭 차이가 지나치게 크지는 않을 것이라는 점을 들어 보상수요 대신 통상수요를 이용한 후생분석이 이루어지고 있다.

---

5) 사실 통상수요곡선이 만들어내는 면적은 〈그림 14-6〉의 ΔS와도 일치하지 않는다. 약보완성에 관한 가장 중요한 연구라 할 수 있는 복스텔과 멕코넬(Bockstael and McConnell, 1993, 2007)의 연구는 〈그림 15-3〉의 통상수요곡선이 만들어내는 면적이 〈그림 14-6〉의 ΔS와 일치하도록 하기 위해서는 소비자선호에 추가 제약을 가해야 함을 밝혀내었다.

　　〈그림 15-2〉에서 환경질 q의 변화로 인해 그와 약보완성을 가지는 x_1의 수요곡선이 이동하지만 시장재 x_1의 가격은 원래 수준인 p에 고정되어 있다. 현실에 있어서는 소비자 행위에 비교적 큰 영향을 미치는 환경질 변화는 시장재의 가격변화까지 초래할 수 있다. 안전성 문제로 인해 식품 수요곡선이 크게 이동할 때 발생하는 식품의 가격변화, COVID-19과 같은 유행성 질환이나 심각한 미세먼지 때문에 발생하는 마스크 품귀현상과 가격 급등이 그 예일 것이다. q의 변화로 인해 〈그림 15-2〉의 개인별 수요곡선이 만약 우측으로 이동하면, 이들의 수요를 모두 합한 시장 전체의 수요곡선도 우측으로 이동하게 된다. 또한 〈그림 15-1〉이 보여주는 바와 같이 시장재 전체 공급곡선이 우상향한다면, 시장수요곡선의 우측 이동은 x_1의 시장 균형가격을 상승시킬 것이다.

　　따라서 이 경우에는 〈그림 15-2〉에서처럼 개별 소비자의 시장재 x_1 수요곡선이 q 변화 때문에 이동할 뿐 아니라 x_1의 가격 또한 달라지는 변화가 발생한다. 뿐만 아니라 x_1의 가격변화는 다른 시장재 $(x_2, x_3, …)$의 시장 수요곡선도 이동시키고 그 가격들을 바꿀 수 있다. 즉 환경질 변화라는 비시장적 변화가 한 가지 이상 시장재의 가격을 바꾸는 시장적 변화까지 유발할 수 있으며, 이 모든 변화가 소비자 후생에 영향을 미치고, 또한 생산자 후생도 바꿀 것이다.

　　q 변화로 인해 그와 약보완성을 가지는 x_1의 가격이 달라져도 공공재 공급량 q 변화와 x_1 가격변화라는 두 가지 변화의 후생효과 합은 〈그림 15-2〉와 같이 x_1 수요곡선 이동이 만들어내는 면적을 계산하여 여전히 구할 수 있다. 다만 변화 이전과 이후의 x_1 가격이 다르다는 점만 반영해 주면 된다. 하지만 x_1 외 시장재 가격까지 변하는 것의 소비자 후생효과는 제14장 제1절에서 정의한 소비자잉여 변화분이나 CV 혹은 EV를 이들 상품에 적용해 별도로 추정하여야 한다. 그리고 각 시장재를 공급하는 생산자의 후생효과는 제3장에서 소개했던 생산자잉여의 변화를 통해 별도로 계측하여야 한다. 이런 분석을 위해서는 q 변화가 유발하는 가격변화를 알아야 하고, 따라서 개별 소비자 행위 외에 전체 시장균형 자체를 분석하는 훨씬 큰 규모의 작업을 시행하여야 한다.

약보완성 개념을 이용한 후생분석은 이론적 완성도가 높을 뿐 아니라 환경문제 외의 문제에도 폭넓게 적용될 수 있고, 특히 구매하는 상품의 외생적인 품질변화가 소비자에게 제공하는 편익을 분석하는 데 대단히 유용하다.

조현경 외(2019)는 약보완성 개념을 이용해 2017년 8월 한국에서 발생했던 '계란 살충제 검출 사건'의 후생효과를 분석하였다. 2017년 7월 유럽 농가에서 사용이 금지된 살충제에 계란이 오염된 일이 밝혀져 문제가 되었다. 이에 한국도 8월에 조사했더니 일부 농가에서 같은 문제가 있음이 밝혀져 역시 큰 사회문제가 되었다. 이런 종류의 식품오염사고는 종종 발생하는데, 사실 오염이 되어도 눈에 띄는 피해가 나타나지 않기 때문에 상당 기간 그 사실 자체를 모르고 지나가고, 또한 실제 질병이나 사망률에 영향을 주는 정도도 계측하기 어려울 정도로 작은 편이다. 하지만 분명한 것은 소비자들은 오염사실을 알면 계란을 소비하지 않으려 하고, 실제로 소비도 줄이기 때문에 구체적인 질병이나 사망 발생이 없어도 후생이 줄어든다는 것이다.

이런 오염사고는 1) 오염이 있었으나 인지하지 못하고 평소처럼 소비, 2) 오염이 알려지고 불안감이 크게 증폭되어 계란시장 거의 붕괴, 3) 사태가 수습되어 소비가 점진적으로 회복되는 세 단계를 밟는다. 사실 계란오염이 언제부터 있었는지는 정확히 밝혀지지 않았지만 8월 이전에 제1단계가 존재했을 것이라 볼 수 있다. 조현경 외(2019)는 이 세 단계에서 발생하는 후생효과를 각각 모두 도출하였다. 아래 그래프는 오염 사실이 알려지기 이전과 이후의 가구당 일평균 계란 구입량을 보여준다(단위＝30입).

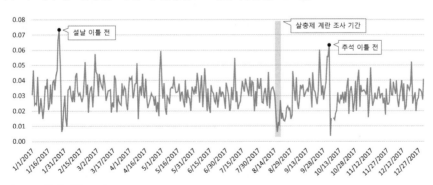

자료: 조현경 외(2019).

x를 계란 소비량, y를 다른 상품에 대한 지출액, p를 계란가격, q를 계란의 (예상)안

전도, m을 가구소득이라 하면 가구는 $px + y = m$의 예산제약하에서 (기대)효용 $u(x, q, y)$를 극대화하는 선택을 한다. 계란의 통상수요함수는 $x(p, q, m)$, 보상수요함수는 $h(p, q, u)$가 된다. 조현경 외(2019)는 적절한 함수선택을 통해 약보완성을 충족하는 통상수요함수를 추정하되 그로부터 보상수요함수까지 도출하는 방법을 사용하고, 이를 통해 외생적인 q변화가 소비자 계란소비에 미치는 영향을 파악한다. 계란의 안전성 관련 변수 q로는 사고가 알려지기 이전인지 이후인지, 알려진 이후 얼마나 시간이 지났는지, 그 외 주말이나 명절인지의 여부 등이 지수화되어 반영된다.

오염사건이 진행되는 세 단계 중 두 번째와 세 번째 단계의 피해액은 〈그림 15-3〉처럼 오염으로 인해 q가 나빠져 보상수요곡선이 얼마나 이동했는지를 추정해 파악할 수 있다. 이들 두 단계에서의 반응을 모두 분석할 수 있도록 계란 수요곡선이 이동하는 정도가 오염이 밝혀진 시점부터 시간이 지나면서 달라지게 하였다.

문제는 첫 번째 단계, 즉 오염이 있었지만 이를 모르고 평소처럼 소비한 기간의 후생손실을 추정하는 것이다. 위 도표가 보여주듯 오염사건이 밝혀지면서 소비량이 즉각 큰 폭으로 줄었고, 대대적인 조사와 개선 대책이 도입된 후 점차 회복되지만 연말까지도 완전히 회복되지는 않았다. 8월의 사고발견 이전에도 사실 소비자들은 오염사실을 알았다면 계란소비를 줄였겠지만 이를 당국과 소비자 모두 인지하지 못해 소비가 지속되었다. 이는 오염 사실의 정보부재 때문에 오염에도 불구하고 소비자들이 평소처럼 계속 소비하도록 제약당한 것이나 마찬가지이다. 오염 사실 발견 후에 소비자들이 x_1만큼 소비하기를 원하는 것으로 밝혀졌지만 오염 사실 발견 전에는 x_0만큼 소비했다고 하자 $(x_1 < x_0)$. 오염 전 p_0이었던 계란가격이 오염 후에도 여전히 x_0를 소비하게 하려면 많이 내려 p_1이 되었어야 했으나, 오염사실이 밝혀지지 않아 소비자들은 p_0의 가격에 x_0를 계속 소비할 수밖에 없었다. 따라서 제1단계에서의 후생손실은 제2단계나 제3단계에서 발생하는 후생손실에 $(p_0 - p_1)x_0$의 값을 더하여 도출해야 한다. 즉 제1단계에서는 소비량을 줄여야 했던 제2단계나 제3단계에서의 손실에 더하여 계란 품질을 제대로 알지 못해 행동을 바꾸지 못한 손실까지 발생한다.

이들의 분석에 의하면, 분석에 도입하는 여러 가정에 따라 값이 달라지기는 하지만 제1단계에서는 가구당 매일 227원, 약 1주일간 지속되었던 제2단계에서는 휴일을 제외하면 가구당 매일 152~529원, 제3단계의 경우 가구당 매일 193원(8월)~53원(12월)의 후생손실이 발생하였다.

③ 대체관계와 가계생산

환경질과 시장재 사이에는 대체관계(substitutability)가 형성될 수도 있다. 예를 들어 수
돗물이 오염되면 소비자는 정수기를 설치하거나, 먹는 샘물을 구입하여 수돗물을 대체할
수 있다. 이 경우 정수기나 먹는 샘물은 수돗물 수질과 대체관계를 가진다. 또한 대기질이
나빠져 호흡기 질환을 유발할 가능성이 많아지면 개인은 공기정화기를 설치하거나, 호흡
기 질환 증상을 예방/완화하기 위해 의약품을 구입하거나, 아니면 병원을 자주 찾는다. 이
러한 모든 행위 역시 환경질과 대체관계를 가지는 시장재의 구입행위이다. 이렇게 환경질
과 대체관계를 가지는 사유재가 있을 경우 소비자는 환경질이 변할 때 그 사유재 소비량
을 바꾸는 대응을 할 수 있다. 따라서 이러한 사유재 소비행위를 분석하여 환경질 개선의
편익을 추정할 수 있다. 환경재와 소비재 간의 대체관계는 흔히 회피행위모형(averting
behavior model)이라 불리는 분석법에서 많이 활용된다.

회피행위로는 오염 위험을 사전에 줄이기 위한 방어적 행위(defensive behaviors)를 할

표 15-3 회피행위의 예

오염	오염의 피해	회피행위
대기오염	건물이나 시설물 등의 피해	건물이나 시설물의 페인트칠을 다시 함 이사를 가거나 시설물을 이동
	건강악화	공기정화기나 에어컨 설치 검진을 위해 병원을 자주 찾음 호흡기 증상 완화를 위해 의약품 구입 이사
수질오염	시설이나 기계의 피해	정수기 설치 세척제 사용 이사나 이동
	건강문제	정수기 설치 먹는 샘물 구입 이사
쓰레기나 독성물질의 공해	경관파괴	보호막 설치나 보호림 조성 이사
	건강문제	수질검사 공기정화기나 에어컨 설치 이사
소음공해	건강문제	방음벽 설치 수면방해를 막기 위해 수면제 복용 이사

자료: Bartik(1988).

수도 있고, 이미 발생한 피해를 완화하기 위한 행위를 할 수도 있다. 전자의 경우 공기를 정화하거나 물을 끓여 먹는 행위 등이 예가 되고, 후자의 경우에는 의약품을 구매하거나 병원진료를 받는 행위 등이 예가 될 수 있다. 〈표 15-3〉은 다양한 종류의 회피행위를 보여준다.

회피행위모형은 환경재와 시장재 사이의 대체관계를 주로 이용해 환경재 가치를 평가하는 방법이다. 이 모형은 서울시 전체의 대기오염도와 같은 전체 환경(overall environmental quality)과 사무실이나 주택 내의 공기처럼 각 개인이 직접 접하는 개인 환경(personal environmental quality)을 구분하고, 각 개인은 개인 환경질 변화로 인해 효용변화를 경험한다고 가정한다. 각 개인은 전체 환경질이 악화되면, 개인 환경질이 동시에 나빠지는 것을 방지하기 위해 공기정화기와 같은 방어적 수단을 구입하게 되는데, 이러한 회피행위를 분석하여 전체 환경질 개선의 편익을 도출할 수 있다.

이렇게 환경재와 대체관계를 가지는 비시장재 소비행위를 분석하여 환경재 변화의 경제적 가치를 도출하는 데 유용하게 사용될 수 있는 분석법으로서 가계생산함수(household production function, HPF)모형이 있다. 이 모형은 원래 벡커(Becker, 1965) 등의 이론경제학자들이 다양한 경제 및 사회현상을 설명하기 위해 고안한 분석기법인데, 복스텔과 맥코넬(Bockstael and McConnell, 1983)에 의해 공공재 가치평가가 가능하도록 발전되었다. 이 기법은 환경재와 시장재의 대체관계에 기초한 분석은 물론, 앞에서 설명했던 약보완성에 기반을 둔 분석까지 포괄하는 매우 유용한 현시선호분석법이다.

HPF모형은 사람들이 최종소비재 중 적어도 일부는 시장에서 바로 구입하지 않고 시장에서 판매되는 시장재와 자신의 시간이나 자연환경 등과 같은 비시장재를 결합하여 생산한 후 소비한다고 본다. 따라서 일반 가계는 생산자와 소비자의 모습을 동시에 갖고 있다. 생산자로서의 가계는 소비하고자 하는 것을 최소 비용으로 생산하기 위해 노력하고, 소비자로서의 가계는 만족도를 극대화하기 위해 무엇을 얼마만큼 소비할 것인가를 결정한다. 여행을 예로 들면, 생산자로서의 가계는 각 여행지로 갈 때 시장에서 판매되는 교통편과 자신이 가진 시간을 결합하여 각 여행지로 최소의 비용으로 갈 수 있는 방법을 찾고, 소비자로서의 가계는 어느 여행지로 몇 차례나 여행할지를 결정한다.

이 모형을 환경 관련 행위에 적용하기 위해 최종소비재가 (q, z) 두 가지 있고 소비자는 만족도를 $u(q, z)$와 같이 얻는다고 하자. z는 일반 소비재 지출이고, q는 개인 환경질이다. q는 지금까지와는 달리 외부에서 주어지는 공공재가 아니라 개인에 의해 '생산'되며, 생산함수 $q = f(x, Q)$가 그 기술적 관계를 나타낸다. x는 시장재이고, Q는 누구에게나 동일한 값을 가지는 공공재로서의 환경질이다. q는 x와 Q에 대해 증가한다고 하자. 공공재로서의 전체 환경질 Q는 효용함수에 직접 들어가 만족도를 결정짓는 것이 아니라 투입요소로 개인 환경질 q에 영향을 미쳐 소비자 후생에 영향을 준다. x의 가격이 p이면 소득제약은 $px + z = m$과 같다. 공공재 Q를 접하는 소비자는 생산함수 $q = f(x, Q)$를 고려하면서, 소득제약을 충족하고 효용함수 $u(q, z)$ 혹은 $u(f(x, Q), z)$를 극대화하는 시장재 소비량 (x, z)를 선택한다. (x, z)를 선택하면 물론 q도 결정된다.

소비자는 이처럼 효용극대화 과정에서 시장재 (x, z)의 소비량을 결정하기 때문에 최적 수요함수는 $x(p, Q, m)$ 및 $z(p, Q, m)$과 같이 정해지고, 따라서 관측되는 시장재 소비자료를 이용해 이들 수요함수를 통계적으로 추정할 수 있다. 즉 HPF모형에서는 소비자들은 생산함수 $q = f(x, Q)$와 효용함수 $u(q, z)$를 모두 반영하는 의사결정을 하며, 그 결과 시장재의 수요함수 $x(p, Q, m)$ 및 $z(p, Q, m)$이 생성된다.

이러한 HPF모형을 환경개선 편익 분석에 구체적으로 적용하는 방법은 생산함수 $q = f(x, Q)$의 구조가 어떠한지에 따라 달라진다. 그 구조를 q 생산에 있어 시장재 x의 한계생산성 $\frac{\Delta f}{\Delta x}$가 공공재 Q에 대해 증가하는 경우($\frac{\Delta(\Delta f / \Delta x)}{\Delta Q} > 0$), 감소하는 경우 ($\frac{\Delta(\Delta f / \Delta x)}{\Delta Q} < 0$), 불변인 경우($\frac{\Delta(\Delta f / \Delta x)}{\Delta Q} = 0$)로 구분해 보자.

첫 번째로 $\frac{\Delta f}{\Delta x}$가 Q에 대해 증가하는 경우는 앞에서 논의했던 공공재와 시장재 간 수요의 보완관계가 존재하는 경우이다. q가 휴양지의 휴양서비스이고 Q는 그 환경질, x가 방문 횟수라면, 1회 추가 방문으로 얻는 휴양서비스 증가분 $\frac{\Delta f}{\Delta x}$는 환경질 Q가 높아질수록 커진다.

두 번째로 $\frac{\Delta f}{\Delta x}$가 환경질 Q에 대해 감소하는 경우인데 이것이 바로 공공재와 시장재 사이에 대체성이 존재하는 경우이다. 예를 들어 q는 (수질까지 반영하는) 음용수 소비수준이고 Q가 수돗물 수질, x가 생수 구입량이라 하자. 생수의 음용수 소비수준에 대한 한계적 기여도는 수돗물 수질이 나쁠 때 더 클 것이다.

세 번째 경우로 $\frac{\Delta f}{\Delta x}$는 전체 환경질 Q의 영향을 받지 않을 수 있다. 예를 들면 생산함수가 $q = x + Q$이고, Q는 공공기관이 행한 방제 노력으로 줄어든 해충 수, x는 개인이 퇴치제를 사용하여 줄인 해충 수이다. 이 경우에는 시장재가 공공재를 완벽하게 대체할 수 있지만, 물론 현실성이 높지는 않다.

한편, HPF분석법에 있어 시장에서 관측되는 시장재 수요함수 $x(p, Q, m)$ 혹은 그 보상수요함수 $h(p, Q, u)$를 이용해 전체 환경질 Q 변화의 후생효과를 (정확히) 도출할 수 있는 경우는 q 생산에 사용되는 x가 필수 투입요소(essential input)인 경우이다. 이는 시장재 사용량 x가 0이면 q 생산량도 0이라는 성질을 의미한다. 필수 투입요소 가정이 성립하면 $x = 0$일 때 공공재 Q의 값과 상관없이 효용함수가 $u(0, z)$이 된다. 따라서 〈그림 15-3〉에서와 같은 약보완성이 성립하게 된다. 즉 개인 환경질 생산함수가 시장재를 필수 투입요소로 가진다는 기술적 특성 때문에 소비의 약보완성도 발생하고, Q 변화의 편익을 〈그림 15-3〉에서처럼 시장에서 관측되는 수요함수 $x(p, Q, m)$의 이동으로부터 도출할 수 있다.[6] 그러나 이러한 필수 투입요소 가정은 q가 휴양서비스이고 x가 방문 횟수일 경우에는 성립할 수 있지만, 공공재와 시장재가 서로 대체성을 가질 경우에는 성립하기 어렵다.[7] q가 (수질까지 반영하는) 음용수 소비수준이고 x가 생수 구매량, Q가 수돗물 수질이라면 생수를 구매하지 않는다고 해서 음용수 소비가 0이라 주장하기는 어려운 것이다.

따라서 $\dfrac{\Delta f}{\Delta x}$가 Q에 대해 감소하고 필수 투입요소 가정도 적용할 수 없는 경우에는, 약보완성도 성립하지 않기 때문에 시장재 수요함수 $x(p, Q, m)$의 이동을 통해 Q 변화의 편익을 추정하기 어렵다. 이 경우에는 효용함수 $u(q, z)$보다는 개인 환경질 생산함수 $q = f(x, Q)$가 분석에서 주된 역할을 담당하며, 개인 환경질을 공급하는 비용이 전체 환경질 변화에 의해 어떻게 달라지는지가 핵심 정보로 활용된다.

그러한 분석 절차는 〈그림 15-4〉가 보여준다. 그림에서 가로축은 개인이 직접 접하는 개인 환경질 q를 나타내고, MB 곡선은 개인 환경질 q의 한계편익을 나타낸다.[8] $MC(Q^0)$ 곡선은 최초의 전체 환경질 Q^0에서 개인 환경질을 얻기 위해 지불하는 한계비용을 나타낸다. 전체 환경질이 Q^1으로 개선되면, 더 적은 양의 생수 구매로도 동일 q를 얻을 수 있을 것이므로 q 유지를 위한 비용이 줄어든다. 따라서 개선된 전체 환경질에서의 개인 환경질 유지의 한계비용곡선 $MC(Q^1)$은 원래의 한계비용곡선 $MC(Q^0)$보다 아래쪽에 위치한다고 보는 것이 합리적이다. 이들 한계비용곡선은 생산함수 $q = f(x, Q)$에 x의 가격 p를 반영해 도출할 수 있다.[9]

---

6) 예를 들면 $q = x^\alpha Q^{1-\alpha}$와 같은 생산함수에서 x는 필수 투입요소이다(단, $0 < \alpha < 1$). 제16장은 HPF모형을 여러 형태로 변형하여 자연 휴양서비스의 가치평가를 위해 실제로 사용한다.

7) 시장재와 공공재가 서로 대체관계를 형성함에도 필수 투입요소 가정을 적용해 공공재 가치평가를 시행하는 드문 사례 중 하나로 Dickie(2017)가 있다.

8) 이 MB 곡선은 효용을 극대화하는 소비자가 가지는 개인 환경질 q의 수요곡선이라 해석할 수도 있지만, q가 거래되는 시장은 없으므로 이 수요곡선이 관측되지는 않는다.

9) 연습문제 3번이 이를 실제로 실행하게 한다. 생산함수 $f(x, Q)$가 가지는 어떤 성질이 $MC(Q^1)$이

그림 15-4 회피행위모형

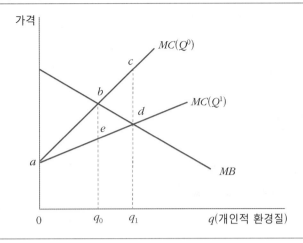

최초의 전체 수질 Q^0에서 개인은 q^0의 개인 환경질을 유지할 수 있도록 회피행위 x를 선택하며, 개선된 수질 Q_1에서는 q^1의 개인 환경질을 얻고자 할 것이다. 시장재 x의 수요함수를 추정하지 않고 대기질 변화의 편익을 추정하는 방법은 두 가지 계산치를 제시한다. 첫 번째는 개인이 원래의 수질 Q^0에서 달성하던 q^0의 개인 환경질을 수질이 개선된 후에도 그대로 유지하고자 할 때 절약되는 비용이다. 이는 그림에서 면적 abe이다. 두 번째는 개인이 개선된 수질 Q^1에서 유지하고자 하는 q^1의 개인 환경질을 원래의 대기질에서 달성하고자 할 때 추가로 지불해야 하는 비용이다. 이는 그림에서 면적 acd에 해당된다. 이 두 지표는 바르틱 지표(Bartik, 1988)라 불리는데, 이 두 가지 편익 지표와 제14장에서 도입한 보상잉여(CS) 및 동등잉여(ES) 사이에는 다음 관계가 성립한다.

$$\text{면적 } abe \leq CS \leq ES \leq \text{면적 } acd$$

따라서 시장재인 회피행위의 수요곡선이 환경질 변화 때문에 얼마나 이동하는지를 확인하는 대신 바르틱이 제안한 위의 두 가지 기준을 이용해 실제 편익의 하한이나 상한으로 사용한다.

한편, 생산함수가 $q = x + Q$이어서 $\dfrac{\Delta f}{\Delta x}(=1)$가 전체 환경질 Q의 영향을 받지 않는 특수한 경우에도 Q 변화의 (정확한) 편익 추정치를 도출할 수 있으며, 이 경우에도 효용함

$MC(Q^0)$보다 아래쪽에 위치하게 하는지도 검토할 필요가 있다.

수가 아닌 생산함수만 사용된다. 이때는 q를 공급하기 위한 생산비가 $px = p(q - Q)$이므로 그 한계비용은 p 자체이고 Q가 변해도 〈그림 15-4〉에서 한계비용곡선이 수평으로 그대로 유지되므로 개인 환경질 q는 불변이다. $Q^0 \to Q^1$ 변화 시 q를 그대로 유지하기 위해 x 구매량을 $Q^1 - Q^0$만큼 줄이면 되기 때문에 비용절감액은 정확히 $p(Q^1 - Q^0)$가 된다. 이는 개인 환경질 q 값과는 무관한 일종의 고정비용 감소 혹은 소득 증가이며, 그 자체가 편익 추정치로 사용된다.

바르틱(Bartik)지표와 CS 및 ES

소비자 효용함수는 $u(q, z)$와 같은데, 개인 환경질 q는 다시 전체 환경질 Q와 개인 회피행위 x에 의해 $q = f(x, Q)$와 같이 결정된다. 전체 환경질이 Q^0일 때 소비자는 z^0와 q^0를 선택하여 u^0의 만족도를 얻었다고 하자. 바르틱의 지표인 면적 abe는 만약 전체 환경질이 Q^1으로 변했음에도 불구하고 여전히 동일한 시장재 소비량 z^0와 동일한 개인 환경질 q^0를 유지하고자 하면 소비자의 비용지출액이 어느 정도나 줄어드는지를 측정한다. 즉 다음과 같다.

면적 abe = [전체 환경질이 Q^0일 때 z^0와 q^0를 선택하여 만족도 u^0를 달성하는 비용]
$\qquad$ − [전체 환경질이 Q^1일 때 z^0와 q^0를 선택하여 만족도 u^0를 달성하는 비용]

이 지표는 전체 환경질이 바뀌어도 소비자들은 시장재 소비량 z와 개인 환경질 q를 그대로 유지한다고 보기 때문에 소비자가 가지는 환경질과 시장재에 대한 선호에 대해서는 관심을 기울이지 않는다. 이 지표는 대신 전체 환경질이 개선됨으로써 동일 개인 환경질을 얻는 비용이 얼마나 줄어드느냐 하는 기술적인 문제에만 관심을 갖는다.

반면 CS는 다음을 의미한다.

CS = [전체 환경질이 Q^0일 때 z^0와 q^0를 선택하여 만족도 u^0를 달성하는 비용]
$\quad$ − [전체 환경질이 Q^1일 때 만족도 u^0를 최소비용으로 달성하도록 z와 q를 선택할 때의 비용]

〈그림 15-4〉에서 전체 환경질이 Q^1으로 바뀌면 개인 환경질 선택이 q^1으로 바뀌었듯이, 전체 환경질이 바뀔 때 원래의 만족도 u^0를 가장 적은 지출액으로 얻는 방법은 반드시 원래의 z와 q를 그대로 유지하는 것은 아니다. 따라서 면적 abe 계산식의 두 번째 항은

CS 계산식의 두 번째 항보다 클 수밖에 없고, 결국 면적 abe는 CS의 하한이 된다.
마찬가지 설명을 통해 면적 acd가 ES의 상한임을 보여줄 수 있다.

공공재와 시장재가 대체관계를 가질 경우 가계생산함수를 도입하면 필수 투입요소 가정을 적용할 수 없고, 따라서 바르틱 지표라는 근사치만 추정하게 된다. 이 문제를 해결하기 위해 가계생산함수없이 〈그림 15-3〉의 약보완성에 상응하는 가정을 바로 도입하는 대안을 검토할 수 있다. 즉 약대체성(weak substitutability) 가정을 도입할 수 있다. 약대체성은 환경재와 대체성을 가지는 시장재인 회피행위를 이용해 환경오염의 문제를 완전히 해결할 수 있고, 또한 회피행위가 어느 수준에 이르면 전체 환경질이 나빠지든 좋아지든 소비자 후생은 달라지지 않으며, 따라서 회피행위 자체도 영향을 받지 않는다는 가정이다.

〈그림 15-5〉에서, 현재의 수돗물 수질은 Q^0이고 생수 가격은 p이다. 현 수질에서의 생수 보상수요곡선은 $h(Q^0)$이다. 수돗물 수질이 Q^1으로 개선되면 생수 수요는 줄어들어 보상수요곡선이 $h(Q^1)$으로 이동한다. 약대체성에 의해 생수 구입량이 $\bar{x}$에 이르면 생수로 수돗물 수질문제를 완전히 해결하는 것이 가능하고, 따라서 일단 생수 소비량이 이 수준에 이르고 나면 수돗물 수질이 어떻게 변하든 소비자의 행동은 달라지지 않는다.

〈그림 15-5〉의 상황에서 수질개선 편익은 면적 abc로 측정된다. 이 면적은 부록이 보여주는 바와 같이 약대체성이 성립할 때 정확히 CS가 되는데, 이를 $Q^0 \rightarrow Q^1$의 변화로 인해 소비점이 $a \rightarrow b \rightarrow c$로 옮겨가는 과정을 검토해 확인해 보자. Q^0 상황에서 x의 가격

그림 15-5 약대체성을 이용한 환경질 개선의 편익 추정

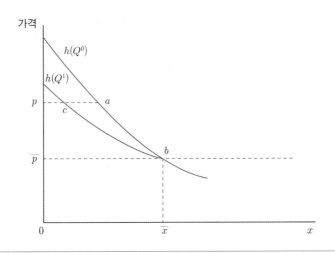

이 $\bar{p}$로 충분히 하락하면 선택이 점 a에서 점 b로 바뀌며, 이 가격 하락으로 u^0를 얻는 비용이 면적 $pab\bar{p}$만큼 절약된다. 점 b에서 Q가 Q^0에서 Q^1으로 좋아진다면, 약대체성에 의해 Q 변화에도 불구하고 만족도가 바뀌지 않고 x 소비도 그대로 $\bar{x}$이다. 여기에서 가격이 다시 원래의 p로 돌아가면 소비는 점 c로 바뀌며, 이 과정에서 역시 동일 효용을 유지하기 위한 비용이 면적 $pcb\bar{p}$만큼 늘어난다. 따라서 $Q^0 \to Q^1$의 환경질 변화는 최종적으로 동일 만족도를 얻기 위한 비용을 면적 $pab\bar{p} - pcb\bar{p} = abc$만큼 절감한다. 이것이 Q 개선의 후생효과이며, 이를 도출하는 과정에서 약대체성 가정이 중요한 역할을 하였다.

그러나 $\bar{x}$와 같이 환경질 문제를 완전히 해결하는 시장재 소비량이 있을 수 있다는 것은 대단히 강한 가정이고 현실에서 충족되기 어려운 가정이다. 아무리 생수 구입량을 늘려도 수돗물을 전혀 사용하지 않는 생활은 하기 어려우며, 따라서 생수 구입량이 대단히 많은 가구에 있어서도 수돗물 수질은 여전히 문제가 된다.

공공재와 대체관계를 가지는 시장재가 있는 경우에는 이처럼 필수 투입요소 가정도, 약대체성 가정도 도입하기 어려운 문제가 있기 때문에 시장재 수요곡선을 직접 분석하여 공공재 변화의 가치를 분석하려는 시도는 잘 하지 않는다. 대신 위에서 살펴본 바와 같이 개인 환경을 공급하는 비용이 환경질에 의해 영향을 받는 것에 초점을 맞춘다. 이를 구체적으로 적용하는 절차에 관해서는 건강편익 추정을 위해 제4절에서 보다 자세히 설명하도록 한다.

section 04 회피행위모형을 이용한 건강 편익의 추정

현시선호기법을 이용해 환경질 변화의 편익을 분석함에 있어 핵심은 시장에서 거래되지 않는 환경재 대신 시장재의 수요를 분석한다는 것이다. 시장재가 환경재와 약보완성을 가질 경우에는 시장재 수요곡선을 $x(p, Q, m)$처럼 구하고, Q 변화가 이 곡선을 이동시키는 정도를 파악한다. 하지만 제3절에 의하면 시장재가 회피행위인 경우에는 필수 투입요소 가정이나 약대체성 가정을 적용할 수 없어 시장재 수요곡선을 직접 활용하는 데에 문제가 따른다. 이 경우에는 바르틱의 지표가 그러했듯이 환경질과 회피행위 사이에 존재하는 기술적/물리적 관계를 대신 활용한다. 그리고 이 기술적 관계에 대한 분석은 환경질이 미세하게 한계적으로 변하는 경우인지, 아니면 비교적 큰 폭의 비한계적 변화인지에 따라 적용 방법이 달라질 수 있다. 환경개선의 건강 편익 분석이 환경질과 회피행위 사이의 기술적 관계를 활용하는 대표적인 경우이다.

1. 환경질 변화의 한계편익

미세먼지와 같은 대기오염으로 인해 감기, 천식 등의 호흡기 질환을 앓는 문제를 생각해 보자. 연간 호흡기 질환을 앓는 일수를 S로 표시하자. S는 그 값이 클수록 질환을 앓는 정도가 커짐을 의미한다. S는 당연히 대기오염도에 의해 영향을 받는다. 전체 대기질을 Q로 나타내면, 회피행위모형의 핵심은 전체 환경질이 나빠져 Q가 줄어도 각 개인은 회피행위를 하여 실제 자신이 오염에 노출되는 정도를 조절할 수 있다는 것이다. 이때의 회피행위는 〈표 15-3〉에 나와 있는 것처럼 공기정화기 등을 설치하거나 아니면 아예 공기가 깨끗한 지역으로 이사하는 행위 등 주로 방어적 행위를 의미한다. 이렇게 방어적 행위를 하는 정도를 x라 하고 개인이 가장 건강한 상태를 $\overline{H}$라 하면 개인의 만족도에 영향을 주는 건강한 정도는 $\overline{H} - S(x, Q)$와 같이 표현할 수 있다. S는 x나 Q가 커질수록 감소한다. 건강도를 이렇게 오염도 및 회피행위의 함수로 표현한 것을 건강생산함수(health production function)라 부르며, 제3절에서 도입했던 가계생산함수의 하나이다.[10]

한편 개인은 질환을 예방하기 위한 조치인 x는 물론이고 질병이 발생하면 치료 혹은 완화행위도 선택할 수 있는데, 치료를 위해 병원을 찾는 횟수 M은 어느 정도 아프냐에 의해 결정되기 때문에 결국 S에 의해 결정된다. 즉 $M(S(x, Q))$처럼 환경질 Q와 방어적 행동 x는 아픈 정도 S를 결정하고, 아픈 정도는 다시 진료 횟수 M을 결정한다.

이렇게 건강생산함수를 인식하면서 각 개인은 만족도를 최대화하는 시장재 소비량과 회피행위를 선택한다. 이들 선택행위는 모두 대기질 Q가 변하면 달라질 것이며, 따라서 개인의 만족도 역시 환경질 Q가 변하면서 바뀌게 된다. 이제 대기질 Q가 한 단위 혹은 한계적으로 변했다고 하자. 환경질 변화는 질병을 통해 소비자 만족도에 영향을 미치고, 또한 소비자 행동도 바꾸기 때문에 편익 분석에는 다음 네 가지 효과를 반영해야 할 것이다.

---

10) 물론 나이, 직업, 과거 병력, 흡연 여부 등 개인 특성 차이가 건강생산함수에 영향을 미치며, 실제 분석에서는 이들 요인도 반영하여야 한다.

- 병원비, 약값, 병원 방문의 시간비용 등 치료 혹은 완화 비용
- 오염에 노출되지 않기 위해 지불했던 방어적 회피행위 비용
- 앓는 동안 일을 하지 못했다면 이로 인한 소득 손실
- 질병 자체가 주는 고통 혹은 여가를 즐기지 못해 발생하는 손실

이상 네 가지 효과 중에서 두 번째인 방어적 회피행위 비용은 다른 세 항목과는 달리 건강 정도에 의해 사후 결정되는 것이 아니라 만족도 극대화를 위해 소비자가 스스로 선택하며, 따라서 건강 정도 자체에 영향을 미친다. 전체 환경질이 바뀌면 이러한 회피행위 비용도 바뀌겠지만, 부록이 보여주는 바와 같이 소비자는 한 단위 회피행위 비용지출이 그로 인한 질병감소에 따른 편익과 항상 일치하도록 선택하기 때문에 회피행위 비용지출액은 질병감소 편익에 의해 상쇄된다. 따라서 방어적 회피행위 비용은 대기질 악화의 피해액이나 대기질 개선의 편익 추정치에 포함시킬 필요가 없다. 즉 대기질이 한 단위 높아지면 그로 인한 편익 추정치는 그 때문에 발생하는 치료비 감소액, 노동 손실 감소액 그리고 질병 자체가 주는 고통이나 여가의 감소를 화폐로 환산하여 모두 합하면 된다.

이상 세 가지 효과를 각각 평가한 후 합산하여 환경질 개선의 한계편익을 구할 수 있겠지만, 그중에서도 특히 질병 자체가 주는 고통이나 여가를 즐기지 못해 발생하는 손실은 경제적 가치로 환산하기가 어렵다. 이렇게 세 가지 효과를 따로 평가하여 더해주는 방법 대신 그 세 효과를 동시에, 그리고 정확히 반영할 수 있는 방법은 건강생산함수를 대기질 Q와, 비용항목에서는 제외했던 방어적 회피행위 x의 함수로 추정하는 방법이다.

함수 $S(x, Q)$에서 앓는 정도인 S는 Q가 한계적으로 변하면 $\frac{\Delta S}{\Delta Q}$만큼 변한다. 이는 회피행위 x가 고정된 상태에서 대기질의 한 단위 변화로 인해 발생하는 건강변화를 나타낸다. 이렇게 한 단위의 대기질이 변함에도 불구하고 건강 수준을 원래대로 유지하고자 한다면 회피행위 x는 어느 정도나 줄여줄 수 있을까? 그 답은 $\frac{\Delta S/\Delta Q}{\Delta S/\Delta x}$이다. 분자는 Q 한 단위 변화가 유발하는 S 변화를 나타내고, 분모는 x 한 단위 변화가 유발하는 S의 변화를 나타내기 때문에 그 비율은 Q가 한 단위 변한만큼의 효과를 정확히 상쇄하는 x의 변화량을 나타낸다.[11] 따라서 여기에 x의 가격 p를 곱한 $p\frac{\Delta S/\Delta Q}{\Delta S/\Delta x}$가 바로 Q가 한 단위

---

11) 건강도 변화분은 $\Delta S = \frac{\Delta S}{\Delta Q}\Delta Q + \frac{\Delta S}{\Delta x}\Delta x$인데, 동일 수준 건강도를 유지한다면 $\Delta S = 0$이므로 Q와 x의 교환비율은 $-\frac{\Delta x}{\Delta Q} = \frac{\Delta S/\Delta Q}{\Delta S/\Delta x}$와 같다. 이 비율을 건강생산에 있어 오염도와 회피행위 사이의 한

개선됨으로 인해 줄여도 되는 회피행위를 화폐로 표현한 것이 되며, 이것이 바로 대기질 개선에 따라 발생하는 세 가지 후생효과를 모두 반영하는 후생지표가 된다.

$$w_Q = p \frac{\Delta S / \Delta Q}{\Delta S / \Delta x}$$ ·· 15-3

외생적으로 주어진 대기질 Q가 한 단위 변하는 것의 가치, 즉 한계편익은 식 (15-3)처럼 방어적 회피행위의 단위당 가격에 건강생산함수에서의 대기질 Q와 회피행위 x의 한계생산성의 비율을 곱해주면 된다. 식 (15-3)의 w_Q가 [대기질 개선에 따른 치료 비용 감소+노동손실액 감소+질병 자체의 고통 감소]와 동일하다는 것 역시 부록이 보여 준다. 식 (15-3)을 적용하는 모든 절차는 함수 $S(x, Q)$의 형태만 알고 있으면 간단히 수 행할 수 있다. 즉 개인의 효용함수라든지 다른 정보의 필요 없이 건강 상태를 얻는 데 있 어 환경질 Q와 시장재인 회피행위 x가 행하는 기술적 관계만을 건강생산함수 추정을 통 해 이해하면 식 (15-3)을 적용해 오염도 변화의 정확한 한계편익을 금액으로 도출할 수 있다.

오염도 한계편익 분석 절차

1. 개인별 질병을 앓는 일수, 환경질, 각 개인의 회피행위 조사
2. 건강생산함수 추정
3. 경제이론과 추정된 건강생산함수를 토대로 경제적 편익 도출

건강생산함수 분석사례

딕키와 거킹(Dickie and Gerking, 1991)은 미국 LA주민을 대상으로 다음의 생산함수를 추정하였다.

증상의 정도 = −2.253+0.163×O₃농도+1.013×CO농도+0.893×NO₂농도+1.200
×나이−0.59×자동차에어컨사용+...

계기술대체율(marginal rate of technical substitution)이라 부른다.

각종 대기오염이 심해질수록 호흡기질환을 앓는 정도가 커진다. 방어적 회피행위로는 자동차 에어컨을 사용하는지, 집에서 중앙냉방을 사용하는지, 천연가스 외의 연료를 부엌용으로 사용하는지 등의 변수를 반영하였다. 수식의 오염물질 순서대로 오염농도 감소의 (하루당 및 1인당) 한계편익은 각각 $0.18, $1.01, $0.01로 추정되었다.

위에서 소개된 딕키와 거킹(Dickie and Gerking, 1991)의 연구가 대기오염물질 농도와 에어컨 사용과 같은 방어적 회피행위가 증상 정도에 미치는 영향, 즉 건강생산함수를 추정한 예를 보여준다. 그러나 이 방법은 자료를 이용해 건강생산함수를 실제로 추정할 수 있어야 적용할 수 있다. 현실에 있어서는 적절한 회피행위 수단을 찾아 지표화하기 어렵고, 회피행위 정도가 건강에 미치는 영향을 파악하기는 더 어렵다. 따라서 대안으로 관례적으로 사용하는 방법은 소위 질병비용법(cost of illness, COI)이라 해서 오염도 변화에 의해 발생하는 치료비용 변화를 추정하는 방법이다. 즉 이 방법은 대기질 개선 편익 항목 세 가지 중에서 치료비용의 변화만을 반영하며, 간혹 앓는 기간에 발생하는 노동력 손실 비용도 반영한다. 통상적으로 치료비용에는 병원비나 약값과 같은 금전적 비용과 병원 방문에 따른 시간 손실 등을 적용한다.

질병비용법은 자료를 비교적 쉽게 얻어 분석에 반영한다는 장점은 가지지만, 환경질 변화에 따라 발생하는 편익 가운데 질병 자체가 주는 고통 변화에 따른 편익은 반영하지 못하는 한계를 가진다. 질병비용과 완전한 한계지불의사를 모두 도출하여 비교한 연구들은 위의 세 가지 비용항목을 모두 포함하는 한계지불의사는 질병비용의 1.6~4배 정도로 높다는 것을 보여준 바 있다(알베르니와 크룹닉(Alberni and Krupnick), 2000).

아래에서는 질병비용법을 적용하는 절차와 한국에서의 적용 예를 보여준다.

질병비용모형 적용 절차

1. 환경질과 질병 간의 관계 분석
2. 개인별 완화(치료)비용 조사
3. 오염도 변화가 유발하는 질병비용 계산

함수추정법: 회귀분석

우리는 어떤 함수를 '추정'한다는 용어를 이미 몇 차례 사용하였다. 통상수요함수를 추정한다고 하였고, 또한 건강생산함수를 추정한다고 하였다. 이때의 추정(estimation)이란 활용할 수 있는 자료를 이용해 우리가 알고 싶은 함수의 형태를 정량적으로 파악한다는 의미이다. 추정을 위해 사용되는 자료는 동일인이나 국가 전체 다년간 자료(=시계열자료)가 되기도 하고 동일 시점의 다른 개인이나 지역의 자료(=횡단면자료)가 되기도 하며, 이 두 가지 유형의 자료가 결합되어(=패널자료) 사용되기도 한다.

예를 들어 건강생산함수가 $S = \alpha + \beta x + \gamma Q$와 같이 선형함수라 하자(실제 분석에서는 x^2, Q^2 등을 설명변수로 포함하는 비선형함수가 주로 추정된다.) 이 함수를 추정한다는 것은 파라미터 α, β, γ의 값을 알아낸다는 것을 의미한다. 이들 파라미터를 찾아내는 가장 좋은 방법은 실제로 관측되는 S, Q, x 사이의 관계와 추정 결과 도출된 건강생산함수가 보여주는 변수 간의 관계가 가장 가깝도록 하는 것이다.

이렇게 '가장 가까운' 함수를 실제로 추정하는 방법은 여러 가지가 있다. 위의 예처럼 단순한 형태의 함수를 추정하고자 할 경우 회귀분석(regression)기법을 편리하게 사용할 수 있다. 연도별 자료를 이용하든 아니면 서로 다른 개인들의 자료를 이용하든 총 N개의 변수들의 조합, 즉 관측치가 얻어졌다고 하자. 이 모든 관측치가 하나의 함수 위에 정확히 위치할 수는 없다. 따라서 우리가 얻고자 하는 함수가 예측하는 값과 실제 관측치 사이의 차이를 반영하기 위해 어떤 확률변수 ϵ을 도입하여 추정식을 $S = \alpha + \beta x + \gamma Q + \epsilon$과 같이 표현한다. ϵ은 평균이 0이고, 분산이 σ^2인 일종의 확률변수이다.

회귀분석은 각 관측치에서의 추정식이 제시하는 S_i 값과 실제 관측되는 S_i 값 사이의 오차, 즉 ϵ_i의 제곱을 모두 더해준 것을 최소로 만들어주는 추정 파라미터 α, β, γ를 찾는 방법이다. 즉 $\sum_{i=1}^{N}(S_i - \alpha - \beta x_i - \gamma Q_i)^2$를 최소화하는 파라미터를 찾는다.[12] 우리가 사용하는 자료가 몇 가지 조건을 충족한다면 이렇게 회귀분석을 통해 추정되는 파라미터들은 추정치로서 매우 바람직한 성질을 가지는 것으로 알려져 있다. 위의 보론에서 소개된 디키와 거킹(Dickie and Gerking, 1991)의 건강생산함수도 회귀분석기법을 이용하여 추정한 것이다.

2. 비한계적 오염도 변화의 편익

분석 목적이나 정책목표에 따라서는 비교적 큰 폭의 오염도 변화 편익을 알 필요가 있을 것이다. 제3절에서 설명한 바와 같이 건강생산함수가 비선형이어서 $\frac{\Delta S}{\Delta x}$가 Q의 영향을 받는 경우에는, 회피행위모형을 통해 비한계적 오염도 변화 편익을 정확히 도출하는 방법이 아직 개발되어 있지 않으며, 몇 가지가 대안으로 사용된다.

첫 번째 방법은 위에서 소개했던 신영철(2002)의 사례처럼 질병비용법을 비한계적 오염도 변화에도 적용하는 것이다. 앞에서 밝힌 이유로 인해 이 방법은 회피행위 비용변화 대신 치료비와 시간비용 변화를 반영하려 하지만, 질병 자체의 고통에 따른 비용은 반영하지 않는 한계가 있다.

두 번째 방법은 이미 〈그림 15-4〉에서 설명한 바와 같이 바르틱(Bartik, 1988)이 보여준 편익 분석치의 하한이나 상한을 사용하는 방법이다. 즉 〈그림 15-4〉의 회피행위 비용변화를 면적 abe나 면적 acd로 계산하는데, 이는 전체 환경질 Q가 변하기 전과 변한 후에도 특정 개인 환경질 q를 계속 유지하고자 할 때 소요되는 회피행위 비용을 계산하는 방법이다. 이 방법을 건강 편익 추정에 사용하려면 개인 환경질 q 대신 건강도 $\overline{H} - S(x, Q)$를 적용하면 된다. 이 방법은 기준이 되는 개인 환경질을 Q가 변하기 이전과 이후에 얻어지는 개인 환경질 중 어느 것에 두느냐에 따라 정확한 편익 추정치를 과소평가하기도 하고 과대평가하기도 한다.

---

12) 이런 기준을 사용하기 때문에 회귀분석을 최소자승법(least squares method)이라 부르기도 한다.

세 번째 방법은 역시 회피행위 비용변화를 계산하되, 환경질 변화 이전과 이후에 소비자들이 '실제로 선택한' 회피행위로 인해 발생한 비용변화를 계산하는 방법이다. 즉 이 때에는 바르틱 지표와는 달리 전체 환경질이 변하면 개인 환경질 q 혹은 건강도 $\overline{H} - S(x, Q)$도 바뀐다는 것을 인정한다. 소비자들은 전체 환경질이 바뀔 때 후생 극대화를 위해 시장재 소비량과 개인 환경질 수준을 모두 다시 정하기 때문에 원래의 q^0를 반드시 유지할 이유가 없다. 바르틱 지표를 구하려면 '추정된' 생산함수를 이용해 Q 변화가 초래하는 q의 값을 유추해 내어야 하지만 실제 관측되는 회피행위 비용지출은 자료로 직접 획득할 수 있다는 장점이 있다. 한 예로서, 압달라 외(Abdalla et al., 1992)는 지하수 오염 사고가 발생했을 때 사고가 영향을 미친 기간 동안 소비자들이 실제로 부담한 먹는 샘물 비용 증가, 먹는 샘물 신규 구매자가 지급하는 비용, 가정용 정수기 비용, 물을 외지에서 운반해 오는 비용, 물을 끓여먹는 비용 등을 모두 계산하여 합해줌으로써 수질 악화의 편익 효과를 추정하였다.

사고 발생 유무와 같은 변화가 아니라 대기오염도처럼 Q가 연속적으로 변하는 경우에는, Q^0에서 Q^1으로 대기질이 바뀔 때 회피행위가 얼마나 변하는지를 예측하기 위해 $x(p, Q, m)$과 같은 회피행위 수요함수를 추정할 수 있다. 하지만 이 방법은 이 함수를 효용이론과 연결해 Q 변화의 가치를 도출하기보다는 $p[x(p, Q^0, m) - x(p, Q^1, m)]$처럼 실제 발생한 회피행위 비용변화를 추정하기 위해 사용한다.

마지막 추정치, 즉 실제 소비자들이 선택하는 회피행위로 인해 발생하는 회피행위 비용변화가 바르틱이 제안한 개인 환경질과 만족도를 원래 수준에 고정시킬 때의 회피행위 비용변화보다 큰지 작은지는 전체 환경질이 개선되는지 아니면 악화되는지, 그리고 전체 환경질이 바뀔 때 소비자들이 개인 환경질을 더 악화시키는지 아니면 개선시키는지에 의해 결정될 것이다.

예를 들어 대기오염 때문에 공기정화기를 사용해야 유지할 수 있었던 수준의 실내 공기를 오염도가 개선되어 공기정화기 없이도 유지할 수 있다고 하자. 바르틱의 지표 면적 abe는 이 경우 공기정화기 사용을 중단함으로 인해 절약되는 비용을 계측한다. 하지만 실내 공기질 개선의 한계비용이 감소했기 때문에 효용을 극대화하는 소비자는 원래의 실내 공기질보다 더 높은 실내 공기질을 목표로 하여 공기정화기를 계속 사용할 수 있다. 이 경우 관측되는 회피비용 절감액은 바르틱의 지표보다도 작을 것이다.

반대로 전체 대기질이 악화될 경우에는 바르틱의 지표는 음(−)의 값을 가질 것인데, 공기정화기와 같은 회피행위 수준을 높여서 원래의 실내 대기질을 유지하기 위한 비용 증가를 나타낸다. 그러나 실내 대기질을 높이는 한계비용이 상승한 관계로 제한된 소득을 가지고 행동하는 소비자들은 공기정화기 가동을 늘리지만 원래의 실내 대기질을 완전히 회복하는 수준까지는 사용하지 않을 가능성이 있다. 이 경우에는 관측되는 회피비용 증가액은 바르틱의 지표에 비하면 더 적을 수가 있고, 이를 편익 변화로 해석해 음($-$)의 값으로 표시하면 바르틱의 지표에 비해 0에 더 가까운 음의 값, 즉 더 큰 값이 된다.

CS와 바르틱 지표, 그리고 직접 관측되는 회피행위 비용변화, 이 세 가지 후생지표 간의 크기 순서에 대해서는 연습문제 4번을 통해 추가로 검토해 보기 바란다.

부록 1 / 약보완성과 약대체성

제14장 부록의 경우와 마찬가지로 x_1과 x_2 두 가지 시장재가 소비되며, 각각 가격은 p이고 1이라 하자. 주어진 효용을 최소비용으로 달성할 때 필요한 비용지출액은 지출함수 $e(p,q,u)$와 같다. 첫 번째 소비재 x_1이 환경재 q와 약보완관계를 가진다면 $h_1 = h_1(p,q,u)$를 그 보상수요라 할 때 $\dfrac{\Delta h_1}{\Delta q} > 0$이며, 또한 p^*를 x_1 수요를 0이 되도록 하는 충분히 높은 가격이라 할 때 $h_1(p^*,q,u) = 0$이다.[13] 그리고 p^*에서는 x_1 소비가 0이어서 q가 변해도 만족도가 불변이고, 따라서 동일 만족도를 얻도록 하는 소득도 불변이다. 즉 $\dfrac{\Delta e(p^*,q,u)}{\Delta q}$ $= 0$이다. u^0를 최초의 환경질 q^0에서 얻던 효용이라 하면 q^1으로 환경질이 변할 때의 보상잉여는 $CS = e(p,q^0,u^0) - e(p,q^1,u^0)$와 같은데, 이를 x_1의 수요함수를 통해 측정하는 것이 목적이다.

〈그림 15-2〉의 두 보상수요곡선이 만들어내는 면적은 다음과 같다:

$$\int_p^{p^*} h_1(p,q^1,u^0)dp - \int_p^{p^*} h_1(p,q^0,u^0)dp$$

$$= e(p^*,q^1,u^0) - e(p,q^1,u^0) - [e(p^*,q^0,u^0) - e(p,q^0,u^0)]$$

$$= e(p,q^0,u^0) - e(p,q^1,u^0) + [e(p^*,q^1,u^0) - e(p^*,q^0,u^0)]$$

---

13) p^*는 q의 값에 따라 그 크기가 달라질 수 있다.

약보완성에 의해 $e(p^*,q^1,u^0) = e(p^*,q^0,u^0)$이기 때문에 위의 지표는 결국 CS가 된다.

이제 x_1의 약대체성이 가정된다면 $\dfrac{\Delta h_1}{\Delta q} < 0$이고, 〈그림 15-5〉의 면적 abc는 다음과 같다:

$$
\int_{\underline{p}}^{p} h_1(p,q^0,u^0)dp - \int_{\underline{p}}^{p} h_1(p,q^1,u^0)dp
$$

$$
= e(p,q^0,u^0) - e(\underline{p},q^0,u^0) - [e(p,q^1,u^0) - e(\underline{p},q^1,u^0)]
$$

$$
= e(p,q^0,u^0) - e(p,q^1,u^0) + [e(\underline{p},q^1,u^0) - e(\underline{p},q^0,u^0)]
$$

약대체성에 의해 $e(\underline{p},q^1,u^0) = e(\underline{p},q^0,u^0)$이므로 역시 위의 지표는 CS와 일치한다.

부록 2 / 회피행위와 환경질 변화의 한계편익

아래에서는 복스텔과 멕코넬(2007)이 제안한 HPF모형을 간략히 재구성한다. x는 방어적 회피행위이고 그 가격은 p이다. z는 다른 시장재 소비량이며 가격은 1이다. L을 여가라 하면, 개인의 만족도는 $u(\overline{H} - S(x,Q), L, z)$와 같이 결정된다. w를 임금수준이라 하면 여가와 질병에 따른 노동손실 때문에 $wL + wS(x,Q)$의 시간비용을 지불한다. 총 T만큼의 시간이 주어져 있다면 최대 wT의 임금을 벌 수 있으므로 순수한 시간비용은 $wL + wS(x,Q) - wT$와 같으며, 여기에 소비, 회피행위 및 치료를 위한 금전적 지출액 $z + px + gM(S(x,Q))$을 더하면 총지출액이 결정된다. g는 1회 병원을 방문하는 비용이다. 개인은 목표 수준의 만족도를 얻되 이러한 지출액을 최소로 하려 하며, 따라서 다음과 같은 문제를 가진다.

$$
e(Q,w,p,g,T,u) = \min_{x,L,z} \; z + px + gM(S(x,Q)) + wL + wS(x,Q) - wT
$$
$$
+ \lambda[u - u(\overline{H} - S(x,Q), L, z)].
$$

환경질 개선의 한계편익은 Q가 한 단위 좋아져서 동일한 만족도를 얻는 데 필요한 비용이 줄어드는 정도로 정의되기 때문에 다음과 같다.

$$w_Q = -\frac{\Delta e}{\Delta Q} = -\left[g\frac{\Delta M}{\Delta S} + w - \frac{\lambda \Delta u}{\Delta S}\right]\frac{\Delta S}{\Delta Q}$$

따라서 본문에서 주장한 바와 같이 전체 환경질 개선의 한계편익은 치료비가 줄어드는 정도, 앓는 날의 수가 줄어들어 임금이 늘어나는 정도, 그리고 질병 자체가 주는 고통이 감소하는 정도의 세 가지 요소를 합한 것이 된다.

한편 지출액을 최소로 만드는 회피행위는 지출액 최소화문제를 x에 대해 미분한 것이 0이 되게 해야 한다. 그 조건은 다음과 같음을 쉽게 알 수 있다.

$$p + \left[g\frac{\Delta M}{\Delta S} + w - \frac{\lambda \Delta u}{\Delta S}\right]\frac{\Delta S}{\Delta x} = 0$$

이 조건을 위의 한계편익 공식 w_Q에 대입하면 w_Q는 본문의 식 (15-3)과 같이 도출된다. 즉 다음이 성립한다.

$$w_Q = p\frac{\Delta S/\Delta Q}{\Delta S/\Delta x} \quad\cdots\cdots\cdots\cdots\cdots\cdots\cdots\cdots\cdots\cdots\cdots\cdots\cdots\cdots\cdots\cdots\cdots\cdots\cdots\cdots \boxed{15\text{-}3}$$

01 다음과 같은 두 개의 효용함수를 검토하자. x_1, x_2는 각각 시장재 소비량이고, q 는 환경질을 나타내는 지표이다. x_1의 가격은 p, x_2의 가격은 1이라 하고, m을 소득이라 하자. θ는 파라미터이다. $0 < \theta < qm/p$를 충족한다.

$$u = q\ln\left(\frac{x_1 + \theta}{\theta}\right) + \ln(x_2)$$

$$u^* = q\ln(x_1 + \theta) + \ln(x_2)$$

(가) 효용함수 u가 약보완성을 충족하는가?

(나) 효용함수 u^*는 약보완성을 충족하는가?

(다) x_1의 수요함수를 각각 u와 u^*로부터 도출하라.

(라) (다)의 결과를 이용해, 시장재의 수요함수를 통계 분석한 후 그 결과를 가지고 약보완성이 충족되는지를 통계적으로 검정하는 것이 가능한지를 설명해 보라.

02 H를 연간 호흡기질환을 앓지 않는 '건강한 날의 수', Q를 도시의 미세먼지 농도 가 '양호한 날의 수'라 하자. x는 개인이 경제활동을 하지 않고 집에서 휴식을 취 하는 날의 수이다. H는 $H = a + bQ + cx + dQx$와 같이 결정된다. $\{a, b, c, d\}$는 모두 파라미터이며, 통계자료를 이용해 추정할 수 있다. 현재의 대기질은 Q^0이 고 이 개인의 건강도는 H^0이다. p를 개인이 하루 근무하여 얻는 소득이라 하자.

(가) 파라미터 b, c, d의 부호는 어떠할 것 같은가?

(나) 현 대기질 Q^0에서 한계적 개선이 발생할 경우의 편익을 어떻게 측정할 수 있는가?

(다) 대기질이 Q^0에서 Q^1으로 비한계적으로 변하는 사건의 편익은 어떻게 도출 할 수 있나?

03 가계생산함수가 $q = x^\alpha Q^{1-\alpha}$와 같다(단, $0 < \alpha < 1$). 이 생산함수에서는 시장재 x가 필수 투입요소이기 때문에 효용함수 $u(q,z)$의 형태가 알려져 있다면 그로부터 $x(p,Q,m)$의 구체적인 형태를 도출할 수 있고, $Q^0 \to Q^1$ 변화로 인해 수요곡선 $x(p,Q,m)$가 이동하는 정도를 파악해 Q 변화의 후생효과를 도출할 수 있을 것이다. 그런데 그렇지 않고 바르틱 지표를 사용하려 한다면, Q^0에서 선택되었던 개인 환경질이 q^0이었을 때 위의 정보를 이용해 그 후생효과를 어떻게 도출할 수 있을지 설명하라.

04 $Q^0 \to Q^1$의 변화에 적응하여 소비자가 개인 환경질을 $q^0 \to q^1$로 바꾸었다고 하자. Q 변화에도 불구하고 여전히 q^0를 선택할 때 발생하는 회피행위 비용변화, 즉 바르틱 지표를 DS(=savings in defensive expenditures)라 하고, Q^0일 때 q^0, Q^1일 때 q^1를 각각 선택하여 실제로 발생한 회피행위 비용변화를 ADS (=actual savings in defensive expenditures)라 하자. CS와 이들 두 후생지표 간에 다음 관계가 성립함을 설명해 보라.

(가) $Q^0 < Q^1$이어서 Q가 개선될 때: $ADS < DS < CS$
(나) $Q^0 > Q^1$이어서 Q가 악화될 때: $DS < CS < ADS$
(이 세 지표는 모두 (가)에서는 0보다 크고 (나)에서는 0보다 작다. 이들의 크기 순서를 절댓값 기준으로 정리하면, CS를 정확한 편익지표라 할 때, DS는 환경개선 편익을 과소평가하고 환경훼손 피해액을 과대평가한다. 그리고 ADS는 환경개선 편익과 환경훼손 피해액을 모두 과소평가한다.)

- 신영철(2002), "대기오염으로 인한 건강효과의 경제적 비용: 급성 호흡기 질환 외래환자를 중심으로," 『자원·환경경제연구』 11: 659−687.

- 조현경·박윤선·권오상·김한호(2019), "계란 살충제 성분 검출의 소비자 후생효과 분석," 『농촌경제』 42: 51−77.

- Abdalla, C. W., B. A. Roach, and D. J. Epp (1992), "Valuing Environmental Quality Changes Using Averting Expenditures: An Application to Groundwater Contamination," *Land Economics* 68: 163−169.

- Alberni, A. and A. Krupnick (2000), "Cost−of−Illness and Willingness−to−Pay Estimates of the Benefits of Improved Air Quality: Evidence from Taiwan," *Land Economics* 76: 37−53.

- Bartik, T. J. (1988), "Evaluating the Benefits of Non−marginal Reductions in Pollution Using Information on Defensive Expenditures," *Journal of Environmental Economics and Management* 15: 111−127.

- Becker, G. (1965), "A Theory of the Allocation of Time," *Economic Journal* 75: 493−517.

- Bockstael, N. E. and K. E. McConnell (1983), "Welfare Measurement in the Household Production Framework," *American Economic Review* 73: 806−814.

- Bockstael, N. E. and K. E. McConnell (1993), "Public Goods as Characteristics of Non−Market Commodities," *Economic Journal* 103: 1244−1257.

- Bockstael, N. E. and K. E. McConnell (2007), *Environmental and Resource Valuation with Revealed Preferences: A Theoretical Guide to Empirical Models*, Springer.

- Braden. B and C. D. Kolstad, eds. (1991), *Measuring the Demand for Environmental Quality*, North−Holland.

- Callan, S. J. and J. M. Thomas (1996), *Environmental Economics and Management: Theory, Policy, and Applications*, Irwin.

- Champ, P. A., K. J. Boyle and T. C. Brown, eds. (2017), *A Primer on Nonmarket Valuation: The Economics of Non−Market Goods and Resources*, 2nd ed., Springer.

- Dickie, M. (2017), "Averting Behavior Models," in P. A. Champ, K. J. Boyle and T. C. Brown, eds., *A Primer on Nonmarket Valuation: The Economics of Non−Market Goods and Resources*, 2nd ed., Springer.

- Dickie, M. and S. Gerking (1991), "Valuing Reduced Morbidity: A Household Production Approach," *Southern Economic Journal* 57: 690−702.

- Freeman, A. M, III., J, A. Herriges, and C. L. Kling (2014), *The Measurement of Environmental and Resource Values: Theory and Methods*, 3rd ed., Resources for the Future.

- Habb, T. C. and K. E. McConnell (2002), *Valuing Environmental and Natural Resources: The Econometrics of Non—Market Valuation*, Edward Elgar.

- Mälor, K.−G. (1974), *Environmental Economics: A Theoretical Inquiry*, The Johns Hopkins University Press for Resources for the Future.

- Mäler K.−G. and J. Vincent., eds. (2005), *Handbook of Environmental Economics: Valuing Environmental Changes*, Vol 2, Elsevier North Holland.

- Phaneuf, D. J. and T. Requate (2017), *A Course in Environmental Economics: Theory, Policy, and Practice*, Cambridge University Press.

환경개선의 편익분석 2: 휴양수요분석법과 특성가격법

제16장은 환경개선 편익분석을 위한 현시선호모형 가운데에서도 가장 사용 예가 많은 두 분석 모형인 휴양수요분석법과 특성가격법에 대해 논의한다. 휴양수요를 분석하는 방법들은 제15장에서 논의했던 약보완성에 이론적 기반을 두고 있으며, 주로 자연생태계의 경제적 편익을 분석하기 위해 사용된다. 국립공원이나 일반 자연휴양지를 사람들이 선택하여 방문하는 행위를 분석하여 휴양지 자체의 경제적 가치는 물론, 수질이나 생태계의 다양성, 경관 등과 같은 휴양지가 가지고 있는 여러 특성별 가치도 도출할 수 있다. 휴양수요분석은 다시 여행비용법과 확률효용모형으로 나누어 설명한다.

특성가격법은 주로 주택과 같은 내구재의 시장가격과 그 특성, 특히 환경 특성 간의 관계를 분석하여 환경질 개선의 편익을 분석한다. 특성가격법과 유사한 분석법으로서 특성임금모형이 있는데, 이 방법은 작업장에서의 위험도와 임금수준 간의 관계를 분석하여 생명의 가치 등을 추정한다.

section 01 여행비용법

휴양수요(recreation demand) 분석모형들은 주로 여가를 위해 자연생태계를 방문하는 행위가 생태계나 환경의 질이 달라지면서 어떻게 변하는지를 분석하여 환경개선 편익을 추정한다. 이들 방법은 산림, 하천, 해양, 혹은 문화시설 등 사람들이 직접 방문하여 편익을 얻는 모든 종류의 비시장재 가치평가를 위해 사용될 수 있으며, 특히 다양한 종류의 자연생태계 보존정책 편익 분석에 사용되어 왔다. 휴양수요분석법은 현시선호분석법 가운데서도 기법개발이 가장 활발하게 이루어졌고, 가장 많은 적용 예도 가지고 있다.

휴양수요분석법은 크게 여행비용법(travel cost method)과 확률효용모형(random utility model, RUM)으로 나뉜다. 앞의 방법은 특정 기간 특정 자연생태계를 누가 몇 번이나 방문했는지를 분석하는 반면, 뒤의 방법은 선택가능한 여러 자연휴양지가 있을 때 누가 어디를 선택하는지를 분석하는 방법이다.

경제학자로서 여행비용법에 최초의 관심을 둔 사람은 20세기 초·중반 미국을 대표하는 경제학자였던 호텔링(H. Hotelling)으로 알려져 있다. 1947년에 당시 미국 국립공원관리청(National Park Service) 측이 국립공원의 사용가치를 추정할 수 있는 방법으로 어떤 것이 있는지를 저명 경제학자들에게 질의했을 때 호텔링은 오늘날의 여행비용법과 유사한 방법을 제안한 바 있다. 하지만 이 방법이 본격적으로 이용되는 계기가 된 것은 클로슨(Clawson, 1959)의 연구인 것으로 알려져 있다.[1]

여행비용법을 적용할 때 지리산, 한려해상공원과 같은 특정 자연휴양지를 방문하는 사람 개개인을 대상으로 분석하기도 하고, 방문객을 거주지별로 나누어 각 지역에서의 특정 휴양지 방문 횟수를 분석하기도 한다. 지역자료를 이용하는 방법은 비교적 초기 연구에 적용되었고, 현재는 대부분 개인별 자료를 이용한다.

1. 분석 절차

여행수요를 분석하는 연구자는 각 개인은 자신이 처한 시간적, 금전적 제약하에서 만족도를 극대화하도록 휴양지 방문 횟수와 기타 시장재 소비량을 결정한다고 가정한다. 이 상황에서 각 개인이 휴양지를 방문하는 횟수는 휴양지 방문을 위해 지불하는 비용과 소득 및 기타 사회경제적 변수에 따라 달라질 것이다. 따라서 개인별 여행비용 및 소득 등이 방문 횟수에 미치는 영향을 통계적으로 분석하여 휴양지 수요곡선을 도출할 수 있고, 이에 기초하여 휴양지의 경제적 가치를 평가할 수 있다. 수요함수 추정 시 사용되는 여행비용에는 입장료와 교통비 등의 금전적 여행비용, 그리고 여행시간의 기회비용이 포함된다.

여행수요함수 추정을 위해서는 조사를 통해 개인별 정보를 얻은 뒤, 여행 횟수($=r$)를 종속변수로, 여행비용($=p_r$)과 소득($=m$), 방문지의 생태적 특성($=q$) 등을 설명변수로 하는 다음과 같은 여행수요함수를 추정한다.

$$r = r(p_r, m, q)$$ ··· 16-1

추정된 여행수요함수로부터 각 개인이 얻는 휴양지 방문의 편익을 소비자잉여 등을 통해 도출할 수 있다. 또한 이를 전체 인구구성에 반영하여 사회 전체의 편익을 도출할 수 있다.

---

1) 휴양수요분석법의 발전 과정을 설명할 때 빼놓을 수 없는 연구자가 복스텔(N. Bockstael)과 멕코넬(K. McConnell)인데, 이들은 연구 성과를 종합하는 서적이나 논문을 몇 차례 발표한 바 있다(Bockstael and McConnell, 2007; Bockstael et al., 1991; Bockstael, 1995; McConnell, 1985). 아울러 파노이프와 스미스(Phaneuf and Smith, 2005)도 유용한 자료이다.

여행비용법의 이론적 기초

여행자료를 이용하여 자연생태계의 가치를 평가하는 방법은 제15장에서 설명한 바 있
는 복스텔과 멕코넬(Bockstael and McConnell, 1983)이 개발한 가계생산함수(HPF)모형의
한 유형이다.

특정 기간 어떤 개인의 일반 재화나 서비스에 대한 지출액을 z라 하고, 이 개인의 특
정 국립공원 방문 횟수를 r이라 하자. 이 국립공원의 자연적, 문화적 특성을 나타내는 변수
는 q이다. 개인의 비임금 소득을 y라 하고, 시간당 임금을 p_w라 하자. 또한 개인이 국립공
원 방문을 위해 거리당 지출하는 금전적 여행비용을 p_d라 하고, 개인의 거주지와 국립공원

간의 거리를 d라 하자. 국립공원의 입장료는 f이다. 이용가능한 시간은 T인데, 국립공원 1회 방문에 소요되는 왕복 여행시간을 t_1, 여행지에 체류하는 시간을 t_2, 근로 시간을 t_w라 하자. 이 개인은 자신의 만족도 $u(z,r,q)$를 화폐소득제약 $y+p_w t_w = z + (p_d d + f)r$과 시간제약 $T = t_w + (t_1 + t_2)r$하에서 극대화하고자 한다.

이상의 두 제약식을 결합하면 하나의 제약식 $m = y + p_w T = z + p_r r$이 도출된다. 단 $m = y + p_w T$는 비임금소득과 이용가능한 모든 시간 동안 일하여 벌어들일 수 있는 최대 임금소득을 합한 총소득(full income)이고, $p_r = f + p_d d + p_w(t_1 + t_2)$은 입장료, 금전적 여행비용, 시간의 기회비용을 모두 포함하는 국립공원 1회 방문의 총비용(full price)이다. 따라서 이상의 효용극대화를 달성하는 각 개인의 국립공원 여행수요함수는 $r = r(p_r, m, q)$와 같이 표현된다. 즉 개인별 여행수요는 여행비용과 소득, 그리고 환경질의 함수인데, 여행비용에는 입장료와 교통비 등의 금전적 여행비용 그리고 이동시간과 휴양지 체류시간의 기회비용이 포함되어야 한다.

그러나 실제 사용되는 여행비용법은 대부분 휴양지에서의 체류시간 t_2는 모든 사람에게 있어 동일하다고 가정하고 의사결정에 영향을 미치지 않는다고 본다. 따라서 휴양지 체류시간은 시간제약식에서 삭제하고 여행비용에는 여행시간의 기회비용만이 포함되도록 하여 $p_r = f + p_d d + p_w t_1$와 같이 계산한다. 그리고 지리산과 같은 특정 휴양지의 특성은 모든 사람에게 있어 동일하기 때문에 한 휴양지만의 수요함수를 추정할 경우에는 q를 포함하지 않는 $r = r(p_r, m)$과 같은 여행수요함수를 추정한다.

지리산과 같은 자연생태계의 여행수요함수를 통해 얻고자 하는 편익 추정치는 휴양지로서 지리산이 제공하는 전체 휴양 편익이 될 수도 있고, 면적이나 생물다양성과 같은 지리산의 환경 특성별 가치일 수도 있다. 특성 변화의 가치추정은 뒤에서 다시 설명하기로 하고, 먼저 전체 휴양가치를 평가할 경우를 생각해 보자. 조사를 통해 얻어지는 자료를 이용하면 식 (16-1)과 같은 일종의 통상수요함수가 추정된다. 이 추정된 통상수요함수를 〈그림 16-1〉의 $r(p_r, m, q)$ 그래프와 같이 나타내어보자. 입장료를 포함하는 왕복 여행비용은 p_r이다. 제15장에서 설명한 바와 같이 보상수요를 나타내는 수요곡선은 여행이 정상재라면 통상수요곡선보다 더 가파르게 $h(p_r, u, q)$와 같이 나타난다. 우리가 자료를 이용해 추정하는 것은 $r(p_r, m, q)$인데 편익은 보상변화 CV나 동등변화 EV처럼 직접 추정되지 않는 $h(p_r, u, q)$를 통해 정의된다.

그림 16-1 　통상여행수요와 보상여행수요

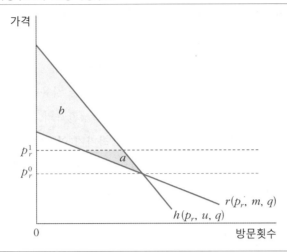

만약 여행비용이 p_r^0에서 p_r^1로 소폭 변했다면 통상수요를 보상수요 대신 사용하여 가격변화의 효과를 분석할 때 면적 a만큼의 오차가 발생한다. 국립공원이나 주거지 인근 산/하천의 방문수요가 소득에 대해 아주 탄력적이라 보기는 어려우므로 이 면적 a는 크지 않을 것이다. 그러나 우리가 알고 싶은 것이 소폭의 여행비용 상승효과가 아니라 국립공원이나 하천의 휴양가치 자체라면 문제가 달라진다. 이 경우 가치는 수요곡선과 가격선 사이의 면적 전체가 되는데, 여행비용이 p_r^0이라면 통상수요함수를 통해 계측되는 휴양지 편익과 보상수요함수를 통해 정의되는 휴양지 편익이 면적 $a+b$만큼 격차를 가진다. 이는 상당히 큰 차이일 수도 있다. 통상수요를 추정하여 편익을 계산하는 것이 이와 같이 큰 오차를 가질 가능성이 우려된다면 통상수요를 추정하되, 제14장에서 소개한 여러 방법을 이용하여 추정된 통상수요로부터 보상변화의 정확한 값이나 근사치를 도출하여야 할 것이다.[2]

2. 시간비용의 처리

전형적인 여행비용법에서는 여행비용이 [입장료＋교통비나 숙박료 등의 금전적 여행비용＋여행시간의 기회비용]으로 구성된다. 즉 개인의 시간당 임금을 p_w, 거리당 금전적 여행비용을 p_d, 거주지와 국립공원 간의 거리를 d, 입장료를 f, 왕복 여행시간을 t_1이라

---

2) 예를 들어 제14장 보론에서 설명된 하우스만(Hausman, 1981)의 방법을 사용할 수 있다.

할 때 여행비용은 $p_r = f + p_d d + p_w t_1$와 같이 계산된다.

이와 같은 여행비 계산 방식에서 특히 문제가 되는 것은 시간의 기회비용을 임금수준 p_w와 같거나 혹은 임금수준의 특정 비율이라 보는 관행이다.[3] 임금을 여행시간이나 체류시간의 기회비용으로 보기 어려운 많은 이유를 찾을 수 있다.

첫째, 이상의 관행은 각 개인이 자신이 일하는 시간을 자유롭게 정할 수 있다는 것을 가정하고 있는데 이는 상당히 비현실적이다. 특히 봉급생활자의 경우 주당 특정 시간의 근무를 하고 나면 더 이상 일을 해도 수입이 거의 올라가지 않는다. 이 경우 여행시간의 기회비용은 당연히 임금만큼 될 수는 없다. 이 경우에는 금전적 비용과 시간비용을 아예 분리하여 두 개의 비용항목을 수요함수 추정 시 반영하는 것이 더 낫다.

둘째, 시간당 임금이나 그 일부를 여행시간의 기회비용으로 보는 것은 여행시간 자체가 주는 즐거움을 반영하지 않는다. 이러한 관행은 다분히 출퇴근 시간의 기회비용을 분석한 연구에 영향을 받은 것인데 출퇴근 시간이 주는 만족도와 여행지로 가는 시간의 만족도는 매우 다르다고 보아야 한다.

셋째, 여행비용법 기본모형은 모든 사람은 여행지에서 체류하는 시간이 동일하다는 비현실적 가정을 한다. 즉 현지 체류시간은 모든 사람에게 동일하며 외생적으로 주어져 있다. 여행지에 머무르는 시간은 사실 개인별로 다를 것이다. 어떤 사람은 지리산을 방문할 때 차량을 이용해 노고단까지 잠시 다녀올 수 있고, 또 다른 사람은 며칠에 걸친 종주 프로그램을 선택할 수 있다.

넷째, 여행비용법은 지리산을 방문하는 사람은 오직 지리산을 방문하는 것만이 목적이고 다른 여행지를 동시에 방문하지는 않는다고 가정하는데, 이는 특히 한국에서의 휴양지 방문행위와는 많은 괴리가 있는 가정이다. 이 가정으로 인해 여행비용이 과대평가되는 경향이 있다. 이혜진·권오상(2010)의 연구에 의하면 설악산을 방문하는 사람의 84%가 속초, 양양, 고성, 인제, 강릉, 평창 등 인근 6개 시군 중 최소한 한 군데 이상을 동시에 방문하며, 이러한 추가 방문지가 있음으로 인해 1인당 27,460원의 방문 편익이 추가로 발생한다.

다섯째, 기본모형은 입장료와 시간비용, 금전적 비용은 여행비용이라는 점에서 성격상 차이가 없고, 따라서 이들을 모두 더해줄 수 있다는 가정을 하는데 이 가정이 문제가

---

3) 대개 시간당 임금의 1/4~1/2을 여행시간이나 체류시간의 시간당 기회비용이라 본다. 여행시간의 기회비용을 어떻게 처리할 것인지와 관련하여 많은 연구가 있는데, 그 내용은 프리만 외(Freeman et al., 2014, ch. 9)가 잘 정리하고 있다.

될 수 있다. 실제 조사를 해보면 여행객들은 지리산으로 가기 위해 수십만 원의 교통비와 숙박비는 흔쾌히 지출하지만 1,000원 정도의 입장료나 문화재 관람료 인상에도 매우 민감한 반응을 보인다.

여행시간의 기회비용을 여행비용에 더해주는 통상적인 자료구축 방식은 이상과 같은 문제점들을 가지고 있다. 그러나 이 문제점들을 지적할 수는 있지만 해결하는 방안을 찾기는 어렵다. 따라서 여전히 통상적인 방법이 주로 사용되고 있는데, 이 방법을 계속 사용하더라도 그 한계만은 분명히 인식할 필요가 있을 것이다.

3. 방문자료의 특이성

여행비용법의 기본모형은 식 (16−1)의 여행수요함수를 추정한다. 그러나 개인별 방문자료를 이용해 분석할 때 특히 종속변수인 여행 횟수 r이 통상적인 연속변수와는 매우 다른 분포를 보이기 때문에 회귀분석을 이용하면 바람직한 추정 결과를 얻기가 어려운 점이 있다.[4]

첫째, 관측되는 방문 횟수는 0보다 작은 값을 가질 수 없다. 회귀분석과 같은 통상적인 함수 추정법은 실수 전 영역에 걸쳐 변숫값이 존재할 수 있다고 가정하는 데 반해 실제 여행 횟수의 값은 좌측 분포한계가 0이고, 따라서 통상적인 추정법의 가정과 일치하지 않는다.[5]

둘째, 관측되는 방문 횟수는 0 이상이지만 대개 0, 1, 2, 3 등의 작은 정숫값만을 가진다. 과거 수년 동안의 국립공원 방문 횟수를 조사해 보면 대개의 응답자가 0 아니면 1 혹은 2를 대답할 것이다. 따라서 방문 횟수는 흔히 가정되는 바와 같은 연속적인 정규분포(normal distribution)를 가지지 않으며, 방문 횟수가 이렇게 작은 정숫값만을 가지는 특성을 반영해 수요함수를 추정해야 한다.[6]

셋째, 관측되는 방문 횟수의 값이 작을 뿐 아니라 대부분 0이다. 지리산을 과거 3년간 몇 번 방문했는지를 전 국민을 대상으로 표본을 추출해 조사하면 적어도 절반 이상의 응답

---

4) 이 부분은 합과 멕코넬(Haab and McConnell, 2002, ch. 7)이 자세히 설명하고 있다. 권오상(2004)은 아래에서 다루어지는 방문 횟수 자료의 특이성을 반영하는 모든 분석기법을 한국의 국립공원을 대상으로 적용하였다.

5) 이 문제를 해결하기 위해 토빗(Tobit)모형이라 부르는 계량분석기법을 사용한다.

6) 이때 정규분포 대신 포아송(Poisson)분포나 음이항(negative binomial)분포를 주로 가정한다. 이들 분포를 가정한 추정법을 계량경제학에서는 카운트자료(count data)모형이라 부른다.

자가 한 번도 방문하지 않았다고 말할 것이다. 이렇게 한 번도 방문하지 않는 사람이 많다면 방문하느냐의 여부를 결정하는 변수와 방문할 때 몇 번을 방문할지를 결정하는 변수가 서로 다를 수 있기 때문에 방문 여부와 횟수 결정 문제를 분리하여 분석할 필요도 있다.[7]

넷째, 자연 휴양지에서 조사되는 자료의 경우 표본 추출의 문제를 가진다. 예를 들어 관악산의 휴양가치를 평가하고자 하는데, 서울·경기지역 모든 주민을 대상으로 표본을 추출해 연간 방문 횟수를 물어볼 때 너무나 많은 응답자가 한 번도 방문하지 않는다고 응답하는 문제가 있어 이를 피하고자 관악산 입구에서 조사한다고 하자. 이 경우 방문 횟수로 0을 응답하는 사람은 없고, 따라서 조사의 효율성은 매우 높아진다. 그러나 이 경우 관악산을 자주 방문하는 사람일수록 조사 대상에 포함될 가능성이 높고, 관악산을 방문하지 않는 사람이 조사 대상에 포함될 가능성은 0이 된다. 관악산을 자주 방문하느냐 그렇지 않으냐가 개인이 가지고 있는 특성이나 여행비용에 의해 결정되는 변수이므로 이런 식으로 현장 조사를 하면 개인의 선택과 성향에 따라 조사 대상에 포함될 확률이 결정되고, 따라서 표본에 포함된 사람의 평균적인 성향은 서울·경기지역 평균적 주민의 성향과는 다르게 되는 문제가 발생한다.

이상에서 제기된 문제들은 자료 획득 절차상의 문제와 자료 자체가 가지고 있는 특성을 어떻게 반영하여 수요함수를 추정할 것인지에 관한 것들이다. 이 문제들은 전문적인 계량경제학 문제이기도 해서 여기에서 너무 자세히 설명하는 것은 적절하지 않다. 다만 여행비용법을 적용하여 자연생태계나 휴양지의 편익을 분석하고자 할 때 얻어지는 조사자료들이 흔히 이와 같은 문제들을 가지며, 이 문제들을 해결하기 위해 많은 고심을 해야 한다는 점은 인지할 필요가 있다.

4. 자연생태계 특성 변화의 가치

위에서의 모든 논의는 〈그림 16-1〉이 보여주는 바와 같이 지리산과 같은 생태계가 제공하는 휴양가치 평가에 적용된다. 이렇게 특정 자연생태계가 제공하는 전체 휴양가치를 평가하는 것은 물론 의미가 있으나 환경정책과 관련하여 보다 중요한 것은 이들 생태계의 특성이 달라짐에 따라 발생하는 편익을 추정하는 것이다. 지리산 국립공원 자체가 개발로 인해 완전히 없어지는 경우는 생각하기 어려우며, 더 현실적인 경우는 부분적 개발로 인해

---

7) 이렇게 어떤 행위를 하느냐 하지 않느냐의 여부와 한다면 얼마나 자주 하느냐를 동시에 그러나 구분하여 분석하는 계량모형을 허들모형(hurdle model)이라 부른다.

그림 16-2   여행비용법을 이용한 환경질 변화의 편익 추정

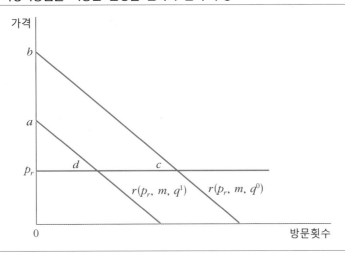

지리산 국립공원 면적이 줄어들고 생태 특성이 바뀌는 변화이다. 이러한 변화의 후생효과를 분석하여 개발계획을 허용할지를 결정하는 것은 중요한 문제가 될 것이다.

자연생태계의 특성이 변하여 발생하는 편익을 평가하기 위해서는 이미 제15장에서 설명한 약보완성 개념을 사용해야 한다. 이 경우 휴양지로서의 지리산이 가지는 특성이 좋아질수록 지리산 방문객 수가 늘어날 것이기 때문에 지리산의 방문행위 r이 바로 지리산의 환경질 q와 약보완성을 가지는 사유재 소비행위가 된다. 정부가 지리산 개발을 허용한 결과 휴양지로서 기능할 수 있는 면적이 축소되고, 환경이 나빠졌다고 가정하자. 이러한 환경질 악화로 인한 편익의 손실은 〈그림 16-2〉와 같이 나타난다. 그림에서 $r(p_r, m, q^0)$ 곡선은 환경질이 나빠지기 전의 총수요곡선이고, $r(p_r, m, q^1)$은 환경질이 나빠졌을 때의 총수요곡선이다. 그림에서 환경질 악화로 인해 줄어든 편익은 면적 $abcd$가 된다.

그러나 〈그림 16-2〉와 같이 자연 휴양지의 환경질 변화로 인한 편익을 추정하기 위해서는 환경 특성 q의 변화가 유발하는 여행수요곡선의 이동을 파악할 수 있어야 하지만, 통상적으로 여행비용법은 지리산과 같은 단일 방문지의 여행수요곡선을 추정하기 때문에 여행수요곡선의 이동을 분석하기 쉽지 않다. 환경 특성 변화에 대한 분석은 제2절에서 설명할 확률효용모형을 이용하는 것이 더 적절하다.

1. 분석 절차

여행비용법이 특정 기간 특정 휴양지를 방문하는 횟수와 여행비용 간의 관계를 분석함에 반해 복스텔 외(Bockstael et al., 1987)에 의해 환경재 가치평가에 도입된 **확률효용모형**(random utility model, RUM) 혹은 이산선택모형(discrete choice model)은 선택가능한 여러 휴양지 가운데 어디를 각 개인이 선택하는지를 분석한다.8) 이 방법은 특정 지역의 휴양지 전체 여행 횟수를 분석하는 데는 한계를 가지지만, 서로 경합 관계에 있는 다양한 휴양지 사이의 선택 문제를 분석하는 데는 매우 유용한 분석 수단이다. 그리고 이 방법은 개별 휴양지의 전체 가치는 물론, 한 군데 혹은 그 이상의 휴양지에서 발생하는 특성(들) 변화의 편익까지 분석할 수 있다. 따라서 휴양지 특성의 편익 분석을 원할 경우 여행비용법보다는 확률효용모형이 훨씬 더 유용한 분석법이다.

총 N 개의 선택할 수 있는 휴양지가 있다고 하자. 특정 기간 어떤 개인이 이 중 자신에게 최대의 효용을 가져다주는 휴양지를 선택하여 방문한다고 가정하자. 우리는 어떤 i 번째 휴양지가 제공하는 효용은 두 부분으로 구성되어 있다고 본다. 첫 번째 부분은 이를 선택한 개인의 특성($=s$)과 이 휴양지를 이용하기 위해 지출하는 여행비용($=p$), 그리고 휴양지의 환경적 특성($=q$)에 따라 결정되는 만족도로서 이 변수들의 함수인 효용함수를 통해 표현되는 부분이다. 나머지 한 부분은 각 개인만이 알고 있는 특성에 의해 결정되는 부분으로서 이는 연구자가 관측할 수 없는 변수($=\epsilon$)로 구성된다. 이 관측되지 않는 변수는 연구자에게는 그 값이 알려지지 않는 확률변수이기 때문에 만족도를 이렇게 두 부분으로 구성하여 표현한 것을 확률효용이라 부른다.

예를 들어 선형의 효용함수를 가정할 경우 어떤 개인이 i번째 휴양지를 선택할 때 얻는 만족도가 관측되는 변수들에 의해 결정되는 것을 $v_i = \alpha(y - p_i) + \beta q_i + \gamma_i s$와 같이 나타낼 수 있고, 여기에 확률변수 ϵ_i를 더하여 다음과 같은 확률효용함수를 설정할 수 있다. 단 y는 개인의 소득이다.

---

8) 생태계의 휴양수요분석을 목적으로 한 것은 아니었지만 확률효용모형 기법 자체를 개발하는 데 결정적 역할을 한 학자는 맥패든(McFadden, 1974)이다. 맥패든은 이 공로로 노벨경제학상을 수상하였다.

$$u_i = v_i + \epsilon_i = \alpha(y - p_i) + \beta q_i + \gamma_i s + \epsilon_i \quad\text{\small 16-2}$$

이번 여름 휴가철에 국립공원을 선택하는 행위를 분석한다고 하자. 한국에는 전국 23 개 국립공원(산악형 19, 해상·해안형 3, 사적형 1)이 있고, 따라서 $N = 23$이다. 특정 도시의 한 시민이 어느 국립공원을 선택하느냐에 따라 여행비용 p는 달라진다. 그리고 각 국립공 원은 그 특성 q가 물론 서로 다르다. 이 시민의 나이나 성별, 가족관계와 같은 개인 특성 s는 어느 공원을 방문하든 동일할 것이다. 그렇지만 이 시민이 각 국립공원을 방문하여 얻는 편익은 개인적 특성에 따라 다르다. 예를 들어 어린이와 동행하는 경우라면 산악형보 다는 해양형 국립공원을 방문했을 때의 만족도가 더 클 수 있다. 이런 경우를 반영하기 위 해 s가 만족도에 미치는 영향인 γ는 공원별로 다른 값을 가지도록 하여야 한다.[9]

각 개인은 다른 어떤 공원을 방문해서 얻는 만족도 u_j보다도 i번째 공원을 방문해서 얻는 만족도 u_i가 더 클 경우 i를 선택할 것이다. 이렇게 특정 휴양지를 가장 선호하여 선 택할 확률은 또한 확률변수 ϵ에 대한 가정을 어떻게 하느냐에 따라 달라진다. 흔히 조건부 로짓(conditional logit)이라 불리는 분석기법의 가정을 따를 경우 어떤 개인이 i번째 휴양지 를 선택할 확률 π_i은 다음과 같이 표현된다.[10]

$$\pi_i = \frac{\exp(\alpha(y - p_i) + \beta q_i + \gamma_i s)}{\displaystyle\sum_{j=1}^{N} \exp(\alpha(y - p_j) + \beta q_j + \gamma_j s)} \quad\text{\small 16-3}$$

확률효용분석법은 사람들이 실제로 선택한 휴양지가 어디인지를 조사한 후, 그 자료 를 이용해 이 사람들의 효용함수를 구성하는 파라미터 α, β, γ_i의 값을 구하고자 한다. 이 값을 구할 경우 효용함수를 알게 되고, 효용함수를 알게 되면 특성 q의 변화가 유발하는 후생효과를 당연히 도출할 수 있다.

식 (16-3)은 우리가 지금까지 함수추정법으로 인정해 오던 회귀분석모형과는 그 구 조가 다르다. 식 (16-3)으로부터 효용함수의 파라미터를 구하기 위해서는 최우추정법 (maximum likelihood estimation, MLE)이라 불리는 추정법을 사용한다. 최우추정법은 통계적

---

9) 즉 파라미터 γ_i가 어느 휴양지를 선택하느냐에 따라 달라진다. 대개 어느 한 휴양지의 γ 값은 0으로 묶어두고 나머지 $N-1$개의 γ 값을 추정한다.

10) 이와 같은 선택 확률을 도출하기 위해서는 확률변수 ϵ이 제1형태 극한치분포(type I extreme value distribution)라는 특수한 형태의 확률분포를 따른다고 가정해야 한다.

추정기법 가운데 하나인데, 기본 원리만 설명하면 식 (16-3)처럼 이론적으로 도출된 휴양지의 선택 확률이 개인들이 실제로 행한 결과와 가장 가깝도록 파라미터의 값을 구하는 추정법이다. 예를 들어 두 개의 휴양지가 있는데, 이 중 하나를 선택하여 방문한 사람 중 세 명을 선정하여 각자 어디를 방문했는지를 조사하되, s는 항상 0이라 가정하자. 세 명이 순서대로 첫 번째, 두 번째, 첫 번째의 휴양지를 각각 선택했다고 하자. 다음의 L은 우도함수(likelihood function)라 불리는 파라미터 α와 β의 함수이다.

$$L = \frac{\exp(\alpha(y-p_1)+\beta q_1)}{\displaystyle\sum_{j=1}^{2}\exp(\alpha(y-p_j)+\beta q_j)} \cdot \frac{\exp(\alpha(y-p_2)+\beta q_2)}{\displaystyle\sum_{j=1}^{2}\exp(\alpha(y-p_j)+\beta q_j)} \cdot \frac{\exp(\alpha(y-p_1)+\beta q_1)}{\displaystyle\sum_{j=1}^{2}\exp(\alpha(y-p_j)+\beta q_j)}$$

우도함수 L은 [첫 번째 방문자의 실제 선택이 나타날 확률 × 두 번째 방문자의 실제 선택이 나타날 확률 × 세 번째 방문자의 실제 선택이 나타날 확률]이다. 각 개인의 선택이 서로 독립적으로 이루어졌음을 감안하면 이는 조사 대상 개인들 전체가 실제로 선택한 결과를 자료로 얻을 확률이다. L, 즉 자료상의 선택 결과가 발생할 확률을 최대로 만드는 α와 β를 구하는 것이 최우추정법이다.[11]

이상과 같이 최우추정법을 통해 효용함수를 추정하게 되면, 그 결과를 이용해 휴양지의 특성 변화는 물론 휴양지 자체의 가치도 도출할 수 있다. 최초의 각 휴양지 상태가 $q_1^0,...,q_N^0$와 같다고 하자. 각 개인은 이 중 가장 높은 만족도를 주는 휴양지를 한 군데만 선택한다. 만약 각 휴양지의 상태가 개발사업이나 정책 등으로 인해 $q_1^1,...,q_N^1$으로 변했다면 이 때문에 각 개인의 휴양지 선택은 달라질 수 있고, 동일 휴양지를 계속 선택할 경우에도 만족도는 달라지게 된다. 이러한 휴양지 특성 변화의 보상잉여 CS는 다음과 같이 정의된다.

$$\max_j\big[\alpha(y-p_j)+\beta q_j^0+\gamma_j s+\epsilon_j\big] = \max_j\big[\alpha(y-p_j-CS)+\beta q_j^1+\gamma_j s+\epsilon_j\big] \ \cdots\cdots \ \boxed{16\text{-}4}$$

식 (16-4)는 N개 휴양지 중에 자신에게 가장 큰 만족도를 주는 휴양지를 선택했을 때 그때의 만족도가 휴양지 특성 변화 이전과 이후에 동일하려면 어느 정도의 소득변화가 있어야 하는지를 보여주며, 그 소득변화가 바로 CS이다.

---

11) 몇 가지 조건이 충족되고, 특히 관측치가 많다면 최우추정법은 매우 바람직한 통계적 성질을 가지는 파라미터 추정치를 얻게 한다.

식 (16-4)에서 소득 y는 좌우변에서 모든 휴양지에서 동일하게 만족도에 영향을 미치므로 삭제가 가능하고, 우변의 CS는 어떤 휴양지를 선택하든 하나의 값으로 주어지므로 극대화문제 밖으로 꺼내는 것이 가능하다. 이렇게 해서 식 (16-4)를 CS에 대해 풀면 다음이 도출된다.

$$CS = \frac{1}{\alpha}\left\{\max_j\left[-\alpha p_j + \beta q_j^1 + \gamma_j s + \epsilon_j\right] - \max_j\left[-\alpha p_j + \beta q_j^0 + \gamma_j s + \epsilon_j\right]\right\} \quad \cdots\cdots \boxed{16\text{-}5}$$

식 (16-5)의 CS는 휴양지 특성이 변하기 이전과 이후 각각 최적의 휴양지를 선택했을 때의 만족도를 기준으로 정의된다. 이는 연구자가 알 수 없는 확률변수 ϵ_j를 포함하기 때문에 최적의 선택이 어느 휴양지인지를 알 수 없어 정확한 평가를 할 수는 없고, 그 평균치를 구할 수밖에 없다. 조건부로짓모형에 대해 적용되는 ϵ_j의 확률분포를 감안하면 그 평균은 아래와 같이 도출된다.[12]

$$E(CS) = \frac{1}{\alpha}\left\{\ln\left(\sum_{j=1}^{N}\exp\left(-\alpha p_j + \beta q_j^1 + \gamma_j s\right)\right) - \ln\left(\sum_{j=1}^{N}\exp\left(-\alpha p_j + \beta q_j^0 + \gamma_j s\right)\right)\right\} \boxed{16\text{-}6}$$

예를 들어 N개의 국립공원 방문행위 분석에 있어서 모든 공원의 특성이 $\Delta q = q_j^1 - q_j^0$와 같이 동일하게 변했다고 하자. 이 경우 한 개인의 CS 기대치는 다음과 같이 간단하게 구해진다.

$$\begin{aligned}
E(CS) &= \frac{1}{\alpha}\left\{\ln\left(\left(\sum_{j=1}^{N}\exp\left(-\alpha p_j + \beta q_j^0 + \gamma_j s\right)\right)\exp\left(\beta\Delta q\right)\right)\right. \\
&\qquad\left. - \ln\left(\sum_{j=1}^{N}\exp\left(-\alpha p_j + \beta q_j^0 + \gamma_j s\right)\right)\right\} \\
&= \frac{\beta}{\alpha}\Delta q
\end{aligned}$$

아울러 이 방법은 특정 국립공원이 제공하는 휴양가치 자체도 평가할 수 있다. 예를 들어 첫 번째 국립공원인 설악산이 방문할 수 있는 23개 국립공원 가운데 하나로 포함될 때와 그렇지 못할 때의 편익 차이를 다음과 같이 구하여, 이를 설악산이 선택가능하기 때

---

[12] $E(CS)$는 ϵ_j가 제1형태 극한치분포를 가진다는 성질로부터 도출된다. 도출 과정은 합과 멕코넬(Habb and McConnell, 2002)에서 확인할 수 있다.

문에 국립공원 가운데 하나를 방문하는 사람이 얻는 편익으로 간주한다.

$$E(CS) = \frac{1}{\alpha} \left[\ln \left(\sum_{j=1}^{N} \exp \left(-\alpha p_j + \beta q_j + \gamma_j s \right) \right) - \ln \left(\sum_{j=2}^{N} \exp \left(-\alpha p_j + \beta q_j + \gamma_j s \right) \right) \right]$$ **16-7**

이상의 기대 잉여는 국립공원 중 한 군데를 방문하는 사람이 실제로 어디를 선택하여 방문하든지 상관없이 얻는 편익이다. 예를 들어 식 (16−7)의 편익지표는 국립공원 가운데 한 군데를 방문하려는 사람에게 설악산이 선택가능한 방문지 중 하나로 포함되느냐 그렇지 않으냐에 따라 발생하는 잉여의 차이이다. 따라서 이 편익은 실제로 이 사람이 설악산을 선택하든 그렇지 않든 상관없이 이 사람에게 설악산을 선택할 기회가 주어짐에 따라 발생한다. 이 가치를 1인당 가치가 아닌 연간 가치로 환산하기 위해서는 연간 모든 방문객에 대해 평가된 가치를 다 더해주든지 아니면 1인당 가치의 평균에 연간 국립공원 총방문객 수를 곱해주어야 한다.

확률효용모형 적용 절차

1. 다수의 휴양지를 대상으로 조사하여 각 개인이 선택하는 휴양지와 이들 개인의 소득 및 각 휴양지로의 여행비용 조사
2. 휴양지별 환경 특성을 조사하여 변수화
3. 최우추정법을 사용하여 효용함수 추정
4. 추정된 효용함수에 근거하여 휴양지의 특성별 경제적 가치 도출

확률효용모형의 적용 사례 1

권오상(2005)은 당시 20개의 국립공원 중 경주와 한라산을 제외한 18개 공원 가운데 한 군데를 선택하여 방문하는 행위를 전국에 거주하는 457명을 대상으로 조사하였다. D_1을 산악형 국립공원이면 1, 아니면 0의 값을 가지는 변수라 할 때 확률효용모형을 추정한 결과는 다음과 같다.

$$v = -1.521 \times D_1 + 0.011 \times D_1 \times \text{방문객 나이} - 0.595 \times D_1 \times (\text{남자면 1, 아니면 0})$$
$$+ 0.006 \times D_1 \times \text{공원면적} - 0.0007 \times \text{공원면적} + 0.003 \times \text{관리인수} - 0.0003 \times \text{여행비용}$$

추정 결과는 방문행위로부터 얻는 만족도가 여행비용이 비쌀수록 감소한다는 것을 보여준다. 산악형 공원은 면적이 넓을수록 만족도가 높아지지만 해양형의 경우 면적이 넓을수록 오히려 만족도가 감소한다. 관리인원이 많아 관리가 잘 될수록 만족도는 높아지며, 방문객의 나이나 성별에 따라 해양형과 산악형을 선호하는 정도가 다름을 알 수 있다.

추정 결과와 식 (16-6)을 이용하면 모든 공원의 면적이 $1km^2$ 늘어날 때 방문객 1인당 179원의 편익이 발생하고, 연간 방문객 수를 감안하면 연간 휴양가치가 33억 원 늘어남을 확인할 수 있다. 모든 공원의 관리직원이 1명 증가하면 방문객 1인당 128원, 연간 24억 원의 편익이 발생한다.

식 (16-7)과 연간 방문객 수를 반영하여 각 국립공원이 연간 제공하는 휴양가치를 분석하면 지리산이 2,030억 원, 설악산이 870억 원에 달하고 해양형 국립공원의 경우 태안반도가 300억 원 정도로 가장 높다.

확률효용모형의 적용 사례 2

권오상 외(2005)는 963명을 대상으로 조사하여 소양호 등 10개 주요 댐호수에 대한 방문행위를 분석하였다. 추정 결과는 다음과 같다.

v = 0.00018×저수량+0.365×(낚시되면 1 아니면 0)+0.458×(유람선이 운행되면 1 아니면 0)−0.777×(홍보관 있으면 1 아니면 0)+0.888×(호반 음식점 있으면 1 아니면 0)−.416×10^{-4}×여행비

역시 여행비가 많이 들수록 만족도가 낮고 수량이 많거나 낚시나 유람선, 음식점 등의 편의시설이 이용가능하면 만족도가 커진다. 추정 결과를 활용해 저수량이 증가하거나 편의시설이나 수상 활동이 허용될 경우의 편익을 추정할 수 있다. 연간 휴양가치가 충주호가 205억 원, 소양호가 187억 원 정도 발생하는 것으로 분석되는데 이는 발전이나 용수확보 등 다목적댐의 다른 편익들에 비해 적지 않은 편익이 휴양가치에서 나온다는 것을 의미한다.

이상에서 살펴본 바와 같이 확률효용모형은 서로 다른 특성을 가지는 자연휴양지 가운데 하나를 선택하는 행위를 분석하여 환경 특성 변화가 유발하는 편익을 도출할 수 있게 하며, 따라서 전통적인 여행비용법이 가지는 문제점을 해결하는 기법이다. 그러나 이 기법도 실제 적용하기에는 몇 가지 어려운 점이 있다.

첫째, 이 모형에서 주로 사용되는 조건부로짓모형은 자연휴양지 간의 대체 관계에 있어 지나치게 강한 제약을 가한다. 식 (16−3)은 조건부로짓모형에서 i번째 휴양지를 선택할 확률을 보여준다. 또 다른 휴양지 j를 선택할 확률을 도출하고 그 둘의 비율을 구하면 $\dfrac{\pi_i}{\pi_j} = \dfrac{\exp(-\alpha p_i + \beta q_i + \gamma_i s)}{\exp(-\alpha p_j + \beta q_j + \gamma_j s)}$ 와 같다. 따라서 두 휴양지를 선택할 확률의 비율은 i나 j 외의 다른 휴양지의 특성이 변하여도 영향을 받지 않는다. 조건부로짓모형이 가지는 이러한 특성을 무관한 대안 간의 독립성(independence of irrelevant alternatives, IIA)이라 부른다. 이 특성은 매우 비현실적일 수 있다. 예를 들어 산악형 휴양지와 해양형 휴양지가 각각 하나씩 있을 때 만약 또 다른 해양형 휴양지가 추가로 생긴다면 기존의 해양형 휴양지와 산악형 휴양지를 선택할 확률의 비율은 새로운 해양형 휴양지 출현에 의해 영향받을 수밖에 없는데, IIA는 이런 가능성을 허용하지 않는다.

둘째, 모든 종류의 휴양수요분석에서 발생하는 문제이긴 하지만 각 휴양지의 특성을 나타내는 변수 q를 구축하는 것이 어렵다. 국립공원의 면적이나 주봉의 높이 등은 계량지표로 표현할 수 있으나 설악산의 울산바위나 지리산의 노고단과 같은 각 국립공원 고유의 특성을 지표화하기는 어렵다.

셋째, 여행비용법이 휴양지 현장에서 방문객을 대상으로 조사한 자료를 사용할 때 표본선택의 문제가 발생했듯이 확률효용모형도 현장에서 조사한 자료를 이용할 경우 문제가 발생한다. 조사 시 대개는 편의상 예를 들어 각 국립공원 입구에서 100명씩의 입장객을 대상으로 어디에 살며, 어느 정도의 여행비용을 지출하는지 등을 조사한다. 그러나 조사자가 이렇게 임의로 선택한 공원당 100명이라는 숫자는 실제로 국민이 각 국립공원을 선택하는 비율과는 다르기 때문에 분석 결과가 왜곡되는 것이다. 이 문제를 처리할 수 있는 기법은 개발되어 있지만 많은 연구들이 이 문제를 간과한다.[13]

넷째, 확률효용모형은 방문할 수 있는 휴양지들 가운데 어느 하나를 선택하라면 어디를 선택할 것인지를 조사하며, 따라서 대안 간의 선택문제는 잘 분석할 수 있지만 특정 기간 전체 휴양지를 방문하는 사람의 수가 특성 변화에 의해 어떻게 달라지는지를 알게 하지는 않는다. 특성 변화가 발생할 때 1인당 얻는 편익을 구한 후, 이를 전체 국립공원 방문객 수에 곱하여 사회 전체의 연간 편익을 도출하기 때문에 환경 특성이 변하여도 전체 방문객 수는 변하지 않는다는 가정을 하고 있는 것이다. 그러나 이 가정은 당연히 현실적

---

13) 러만과 만스키(Lerman and Manski, 1981), 합과 멕코넬(Habb and McConnell, 2002)이 개발한 방법이 있고 권오상 외(2005)가 이를 사용하고 있다.

이지 않다. 이 문제는 아래에서 다시 설명된다.

2. 휴양지 선택과 방문 횟수 선택의 동시 분석

앞에서 살펴본 바와 같이 여행비용법은 특정 휴양지에 대한 방문 횟수가 여행비용이나 여타 변수에 의해 어떻게 결정되는지를 분석하고, 확률효용모형은 여러 휴양지 가운데 하나를 선택한다면 무엇을 선택하는지를 분석한다. 두 모형은 모두 장점과 한계를 가지기 때문에 이 두 모형을 결합하려는 여러 시도가 이루어진 바 있다. 이에 대해 다음 두 가지 방법을 소개한다.

가. 연계분석법(Linked Model)

연계분석법은 대상 휴양지 가운데 어느 한 곳을 선택해서 1회 방문할 때 얻는 편익과 총방문 횟수 간의 관계를 연계해서 2단계로 분석하는 방법인데, 구체적인 분석 절차는 다양하다.[14] 식 (16-7)을 이용해 특성 변화로 인해 1회 방문에서 얻는 편익을 $E(CS)$와 같이 구했다면 현재의 모든 방문객에 의한 연간 총방문 횟수가 R일 때 $E(CS) \times R$을 특성 변화의 연간 편익이라고 보는 것이 관행이다. 이렇게 R을 특성 변화에도 불구하고 고정되어 있다고 가정하는 것이 문제인데, 연계분석법은 R이 1회 방문의 편익 $E(CS)$에 따라 변할 것이라고 본다.

어떤 거주지 인근의 등산지가 N개 있다. 연계분석법은 첫 번째 단계로서 개인이 주로 방문하는 등산지가 어디인지를 확률효용모형을 이용해 추정한다. 이 추정 결과로부터 각 개인이 각 등산지를 방문할 확률 π_i를 식 (16-3)을 이용해 도출한다. 이어서 각 개인이 각 등산지를 방문할 때 지출하는 비용을 이 개인의 각 등산지 선택확률을 가중치로 하여 평균한 평균 여행비용 $\bar{p} = \sum_{i=1}^{N} \pi_i p_i$과, 마찬가지 방법으로 도출한 평균 특성 $\bar{q} = \sum_{i=1}^{N} \pi_i q_i$를 도출한다.

두 번째 단계에서는 이 평균 변수들을 이용해 각 개인이 연간 등산을 하는 횟수를 여행수요함수 $r = r(\bar{p}, \bar{q}, m)$로 추정한다. 이로부터 개인별 여행 횟수 예측치 $\hat{r}$를 얻고, 이 값에 전체 등산 인구를 반영해 총방문 횟수의 예측치 $\hat{R}$을 얻어 이를 $E(CS)$와 곱해준다. 특정 등산지의 특성 q_i가 변하면 1단계 분석에서 얻는 $E(CS)$가 변할 뿐 아니라 π_i들이 변하기 때문에 2단계 추정식의 설명변수 $\bar{p}$, $\bar{q}$도 변하고, 따라서 $\hat{r}$과 $\hat{R}$도 변한다.

나. 이산-연속선택모형

2단계 연계분석법은 매우 편리하게 방문지 선택과 총방문 횟수 선택을 함께 분석할 수 있다. 하지만 이 방법은 선택자의 효용함수가 어떻게 생겨야 그 최종 분석 결과가 효용

---

14) 복스텔 외(Bockstael et al., 1987), 페더 외(Feather et al., 1995), 파슨서와 킬리(Parsons and Kealy, 1995), 하우스만 외(Hausman et al., 1995) 등.

극대화 행위와 일관성을 가지는지가 알려져 있지 않아 이론적 기반이 불충분하다. 대안으로서 휴양수요분석에 도입된 기법이 이산-연속선택(discrete-continuous choice)모형이다. 이 방법은 N개의 휴양지 중 어느 곳은 방문하고 어느 곳은 방문하지 않는지(=이산변수 선택)와 방문하는 지역은 몇 번씩을 방문하는지(=연속변수 선택)를 단계적 의사결정이 아닌 하나의 의사결정으로 분석한다. 또한 이 의사결정은 구체적인 효용함수 형태를 반영하여 이루어지며, 따라서 효용이론에 기반을 두고 모든 분석이 진행된다.

이산-연속선택모형은 특정 기간 각 개인은 첫 번째부터 N번째까지의 개별 휴양지를 몇 번이고 선택해 방문하거나 한 번도 방문하지 않을 수 있다고 보고 수요분석을 한다. 즉 1년을 대상으로 조사하였다면 어떤 서울 주민은 관악산은 5번, 청계산은 2번, 북한산은 0번 등의 방문행위를 했을 수 있는데, 이 방문자료를 하나의 모형으로 분석한다. z를 휴양행위 외의 다른 모든 소비재에 대한 지출액, ϵ_i는 휴양지 i의 만족도 관련해 첨부되는 확률변수라 하면, 각 개인의 확률효용은 $u(r_1,...,r_N,q_1,...,q_N,z,\epsilon_1,...,\epsilon_N)$와 같다. 개인은 이를 예산제약 $\sum_{i=1}^{N} p_i r_i + z = m$을 반영하여 극대화하도록 각 휴양지로의 방문 횟수 r_i와 기타 소비재에 대한 지출액 z를 선택한다. p_i는 방문비용이고 m은 소득이다. 또한 이때 $z \geq 0$이고 $r_i \geq 0$이어서 각 휴양지에 대한 방문 횟수는 0이거나 아니면 양(+)의 어떤 수치가 되도록 제약한다.

확률변수 ϵ_i에 분포를 부여하고, 효용함수의 형태도 설정한 후, 최적 행동이 지켜야 할 조건을 적용하면 자료가 보여주는 선택이 나타날 확률을 우도함수로 도출할 수 있다. 이 우도함수를 극대화하도록 효용함수를 추정한다. 예를 들어 휴양지 i의 특성 q_i가 사실 S개의 특성변수 $\{q_{i1},...,q_{iS}\}$로 구성되어 있다면, 효용함수를 다음과 같이 설정하여 파라미터 δ_s를 추정한다.[15]

$$u(r_1,...,r_N,q_1,...,q_N,z,\epsilon_1,...,\epsilon_N) = \sum_{i=1}^{N} \exp\left(\sum_{s=1}^{S} \delta_s q_{is} + \epsilon_i\right) \ln(r_i+1) + \ln z$$

이상과 같은 효용함수를 추정하면 계산 작업이 복잡하긴 하지만 그로부터 q_{is} 변화의 후생효과를 도출할 수 있다.

이산-연속선택모형은 계량경제학자이자 환경경제학자인 하네만(Hanemann, 1984)의 연구를 시작점으로 하였고, 파노이프 외(Phaneuf et al., 2000) 등에 의해 약보완성하에서의

---

15) 이 효용함수가 약보완성을 충족하는지 확인해 보라.

휴양지 선택과 방문 횟수 선택을 동시에 분석하도록 모형의 완성도가 높아졌다. 이 모형은 경제학이나 마케팅의 다양한 영역에서 다수의 세부 소비 상품 중 무엇을 얼마나 소비하는 지를 분석하는 데에도 활발하게 이용되고 있다.[16]

section 03 특성가격법

1. 분석 절차

주거지의 대기질이나, 소음도, 인근 휴양지와의 근접도 등은 주택가격에 영향을 주고, 다른 조건이 동일하다면 주변 자연환경이 쾌적한 주택의 가격이 더 높을 것이다. 이렇게 자연환경이 주택과 같은 자산의 가치에 미치는 영향을 파악하여 환경의 가치와 환경질 개선의 편익을 추정하는 방법이 특성가격법(hedonic price methods)이다. 특성가격법은 그릴리케스(Griliches, 1971)에 의해 자동차의 품질 차이가 자동차 가격에 미치는 영향을 분석하는 데 이용되는 등 원래 여러 다양한 목적을 위해 사용되었으나, 환경재나 기타 비시장재의 수준이 자산의 가치에 미치는 영향을 분석하기 위해서도 유용하게 이용되고 있다.

특성가격법을 이용하여 환경질이 주택가격에 미치는 영향을 분석할 경우 일단 어떤 지리적 범위 내의 주택은 단일 시장에 편입되어 각 개인은 다양한 주택의 특성을 모두 알고 있는 상태에서 자신이 원하는 최적 상태의 주택을 구매 혹은 임차한다고 가정한다. 어떤 i번째 주택의 가격을 P_{hi}라 하고, 주택의 크기, 방의 수, 노후 연수, 형태 등을 나타내는 구조변수를 S_i라 하자. 그리고 학군이나 도심지와의 거리, 범죄율 등 주변환경을 나타내는 변수들을 N_i라 하며, 마지막으로 주택 주변 대기질을 Q_i라 하자. Q_i 역시 다수의 변수로 구성될 수 있다.

분석은 먼저 주택시장 내 여러 주택이 가지고 있는 위와 같은 특성과 주택가격을 조사하여 다음과 같은 특성가격함수(hedonic price function)를 추정하여야 한다.

$$P_h = f(S, \ N, \ Q) \quad \text{16-8}$$

---

16) 국내에서는 휴양수요분석은 아니지만 조만석 외(2016), 박윤선·권오상(2020)과 같은 응용 사례가 있다.

일단 식 (16-8)을 추정한 뒤에는 추정된 함수 $f(S, N, Q)$를 Q에 대해 미분하여 대기질이 한 단위 더 좋아짐에 따라 증가하는 주택가격 $\frac{\Delta P_h}{\Delta Q}$를 각 주택에 대해 구한다. $\frac{\Delta P_h}{\Delta Q}$를 주택의 잠재한계가격(implicit marginal price)이라 부른다. 주택의 잠재한계가격은 대기질이 한 단위 더 개선된 주택을 구입하기 위해 소비자가 지불해야 할 금액이다. 특성가격함수가 S, N, Q 등과 같은 주택 특성의 선형함수이면 잠재한계가격은 항상 동일한 값을 가지게 되는데, 이는 비현실적이다. 따라서 이들 변수의 비선형함수가 식 (16-8)의 특성가격함수로서 사용된다.

주택시장에서 소비자들은 각기 다양한 잠재한계가격 $\frac{\Delta P_h}{\Delta Q}$를 가지는 주택들을 살펴본 후 자신이 한 단위 개선된 대기질에 거주하기 위해 지불할 의사가 있는 금액과 일치하는 잠재한계가격을 가지는 주택을 선택할 것이다. 즉 소비자들은 주택 특성에 지불하려는 금액이 있다. 아래 내용은 이를 도출하는 과정을 보여준다.

편의상 주택가격은 자산 거래가격보다는 임대료로 평가된다고 하자. (S, N, Q)의 특성을 가진 주택에 거주하고, 가족구성 등 가구 특성 α를 가지면서, 소비지출을 z만큼 하는 어떤 가구의 만족도는 $u(S, N, Q, z; \alpha)$와 같다. 즉 가구는 주택의 특성으로부터 직접 만족도를 얻는다. 가구소득을 m이라 하면, 특정 만족도 u^0를 유지하면서 주택에 지불하고자 하는 금액은 주택 특성에 따라 달라질 것이므로 다음 관계를 만족하는 함수 $b(S, N, Q, m, u, \alpha)$를 정의할 수 있다.

$$u(S, N, Q, m - b(S, N, Q, m, u^0, \alpha); \alpha) = u^0$$

이 함수 $b(S, N, Q, m, u, \alpha)$를 입찰지대함수(bid-rent function)라 부른다. 이 입찰지대함수로부터 환경질 Q의 한 단위 개선에 지불하려는 금액, 즉 한계지불의사를 도출할 수 있다. u^0는 고정된 값이므로 위의 항등식을 Q에 대해 미분하면 다음이 얻어진다.

$$\frac{\Delta u(\cdot)}{\Delta Q} - \frac{\Delta u(\cdot)}{\Delta z} \frac{\Delta b(\cdot)}{\Delta Q} = 0 \text{ 혹은}$$

$$w(S, N, Q, u^0, \alpha) = \frac{\Delta b(\cdot)}{\Delta Q} = \frac{\Delta u(\cdot) / \Delta Q}{\Delta u(\cdot) / \Delta z} \quad\text{..................................} \boxed{16\text{-}9}$$

따라서 Q 한 단위 증가에 대한 한계지불의사 $w(S, N, Q, u^0, \alpha)$는 주택 외의 시장재 z의 한계효용대비 Q의 한계효용과 같으며, 주택의 특성과 달성하고자 하는 만족도에 따라 그 값이 달라진다.[17) 이 한계지불의사는 제14장의 〈그림 14-6〉이 도출했던 공공재에 대한 한계지불의사 $r(q,u)$와 같은 것이다.

간편함을 위해 S와 N의 영향은 배제하고 주택가격을 $P_h(Q)$와 같이 나타내자. 이 가격은 주택시장에서 형성되는 가격으로서, 개별 소비자에게는 외부에서 주어진 가격이다. 반면 $b(Q,m_j,u,\alpha_j)$는 소득 m_j와 특성 α_j를 가진 개별 소비자가 효용 u를 얻기 위해 Q의 특성을 가지는 주택에 지불하려는 금액이다. 따라서 이 두 수치가 일치하는 어떤 수준의 Q가 있다면 이 환경 특성을 가진 주택은 개인 j가 사용하게 될 것이다.

이는 $b(Q_j,m_j,u_j,\alpha_j)=P_h(Q_j)$를 충족하는 Q_j를 개인 j가 선택함을 의미하는데, 양변을 미분하면 다음을 의미하기도 한다.

$$w(Q_j,u_j,\alpha_j)=\frac{\Delta P_h(Q_j)}{\Delta Q}$$ ·· 16-10

이러한 내용은 〈그림 16-3〉을 통해 확인할 수 있다. 특성가격함수를 추정한 결과 〈그림 16-3a〉와 같은 가격곡선이 도출되었다고 하자. 이 함수를 미분하여 잠재한계가격

그림 16-3 잠재적 한계가격과 한계지불의사의 관계

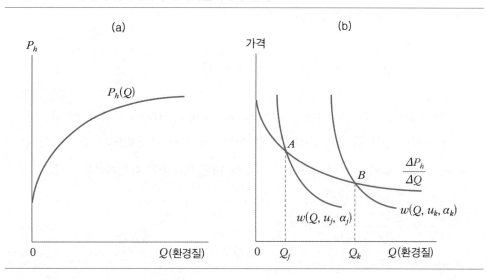

곡선을 〈그림 16-3b〉와 같이 도출한다. 이제 어떤 소비자 j의 대기질 개선 한계지불의사를 $w(Q, u_j, \alpha_j)$로 나타내고, 다른 소비자 k의 한계지불의사를 $w(Q, u_k, \alpha_k)$로 나타내자. 분석자가 직접 관찰할 수 없는 한계지불의사곡선 $w(Q, u_j, \alpha_j)$와 $w(Q, u_k, \alpha_k)$는 소비자 특성에 따라 달라질 것이다. 이 두 소비자는 자신의 실제 한계지불의사와 지불해야 하는 잠재한계가격이 일치하는 수준의 대기질인 Q_j와 Q_k의 대기질을 가지는 주택을 각각 선택할 것이다. 따라서 잠재한계가격선은 각기 다른 소비자들의 한계지불의사를 연결해 놓은 궤적이다.[18]

잠재적 한계가격은 각 환경질 수준에서 이를 선택하는 소비자의 한계지불의사와 일치하므로 Q의 한계적 변화가치를 알고자 하면 식 (16−8)의 특성가격함수를 추정하는 것으로 충분하다. 하지만 Q 비한계적 변화의 후생효과를 알고자 하면 $w(Q, u_j, \alpha_j)$와 같은 한계지불의사함수 자체를 알아야 한다. 이를 위해 제안된 방법이 계량분석의 두 번째 단계로서 다음과 같은 회귀식을 추정하는 것이다.[19]

$$\frac{\Delta \widehat{P_h}}{\Delta Q_i} = w(Q_i, m_i, \alpha_i) \quad \text{………………………………………} \quad \boxed{16\text{-}11}$$

단 m_i는 조사된 소비자 i의 소득이고, α_i는 소비자의 기타 사회경제적 특성을 나타내는 변수이다. 식 (16−11)의 좌변은 각 주택의 잠재한계가격의 예측치인데, 추정된 특성가격함수를 미분한 후, 각 주택의 특성변수 (S_i, N_i, Q_i)를 대입하여 도출한 값이다.

식 (16−11)에서 추정된 함수 $w(Q, m, \alpha)$가 바로 $w(Q, u_j, \alpha_j)$나 $w(Q, u_k, \alpha_k)$와 같이 소비자들이 대기질 개선에 대해 지불하고자 하는 한계지불의사를 나타낸다. 따라서 대기질이 Q^0에서 Q^1으로 개선되면서 발생하는 두 가구 각각의 편익은 추정된 $w(Q, m_j, \alpha_j)$곡선과 $w(Q, m_k, \alpha_k)$곡선 아래의 면적을 각각 $\left[Q^0, Q^1 \right]$ 구간에서 계산하여 구한 값이다.

---

18) 잠재한계가격은 아울러 주택 공급자가 자신이 공급하는 주택의 환경질을 한 단위 더 높이기 위해 추가로 받고자 하는 가격을 나타내기도 한다. 즉 잠재한계가격은 소비자가 환경질에 대해 가지는 한계지불의사이자 공급자가 환경질에 대해 가지는 한계수용의사이다. 〈그림 16-3a〉의 특성가격함수 곡선은 한계지불의사와 한계수용의사가 서로 일치하는 소비자와 공급자가 만나 거래한 기록을 연결해 놓은 것이다. 이에 관한 추가 설명은 바르틱과 스미스(Bartik and Smith, 1987), 시그(Sieg, 2020)에서 얻을 수 있다.

19) 주택의 잠재가격 예측치 $\Delta \widehat{P_h} / \Delta Q_i$ 자체는 Q_i 외에도 S_i와 N_i의 영향을 받을 수 있지만 아래의 해리슨과 루빈펠트(Harrison and Rubinfeld, 1978)의 추정 예가 보여주는 것처럼 대부분의 연구가 이 두 번째 회귀식의 설명변수로 주택 구조변수 S_i와 주변 환경변수 N_i는 포함하지 않는다.

이상에서 살펴본 바와 같이 환경질의 비한계적 변화 편익까지도 특성가격법을 사용하여 분석하는 절차는 2단계로 이루어진다. 첫 번째 단계는 시장에서 형성된 주택가격과 주택의 특성 및 주변 환경질 관련 자료를 모아 특성가격함수를 추정하는 절차이다. 두 번째 단계는 첫 번째 단계에서 추정된 특성가격함수를 환경질 지표로 미분하여 각 주택에서의 잠재한계가격이 얼마인지를 구하고, 이어서 각 주택을 선택한 사람의 소득 및 여타 특성 그리고 주택의 환경 특성이 잠재한계가격에 어떤 영향을 미치는지를 다시 추정함으로써 각 개인의 한계지불의사곡선을 얻는다.

특성가격모형 적용 절차

1. 주택별 환경질과 학군, 주택의 크기 및 노후 연수 등의 변수 구함
2. 각 개인의 주택선택과 이들의 소득 및 기타 사회경제적 변수 조사
3. 각 주택의 가격을 환경질과 주택 특성 변수 등에 회귀분석하여 특성가격함수 추정
4. 추정된 특성가격함수로부터 잠재한계가격을 도출하고, 이를 주택 구입자와 주택의 환경변수에 대해 회귀분석
5. 주택지 환경개선에 대해 각 개인이 부여하는 경제적 편익 도출

특성가격모형의 적용 사례 1

해리슨과 루빈펠트(Harrison and Rubinfeld, 1978)는 미국 보스턴시의 506개 관측치 자료를 이용해 다음과 같은 특성가격함수를 추정하였다.

$$\ln(\text{주택가격}) = 9.76+0.0063\times\text{방수}+8.98\times10^{-5}\times\text{노후연수관련변수}-0.19\times\ln(\text{도심지거리})+\cdots$$
$$-0.012\times\text{주변범죄율}-0.0064\times NO_x$$

이 추정 결과로부터 도출된 잠재한계가격을 다시 질소산화물 오염도와 소득, 가구원수에 대해 다음과 같이 회귀분석하여 한계지불의사함수를 추정하였다.

$$w=-581+189\times NO_x+12.4\times\text{소득}-119.8\times\text{가구원수}$$

한국에서의 특성가격모형 초기 적용 사례로 임영식·전영섭(1993)의 연구가 있다. 이 연구는 SO_2와 주택가격의 관계를 다음과 같이 추정하였다.

주택가격 = −5.355+0.109×주택판매시기(年)+0.00019×주택규모(평수)+0.366×화장실(有=1)
　　　　　−0.122×지하철까지의 거리(10분이상이면 1)−0.127×주민특성(1~6, 소득수준 변수)
　　　　　−0.002×출퇴근에 소요되는 왕복시간(분)+0.041×학교의 질(대학진학자/고교졸업자)
　　　　　−0.100×CBD까지의 거리(km)−199.696×SO_2농도(ppm)

따라서 SO_2농도가 높을수록 주택가격이 하락함을 알 수 있다. 이들은 이상의 추정결과에 기초하여 대기오염물질 저감의 경제적 가치를 도출하였다.

특성가격법을 사용하여 대기질 개선의 편익을 분석한 국내 연구로는 김종원 외(Kim et al., 2003)의 연구와 위의 보론이 소개하는 임영식·전영섭(1993)의 연구 외에도 다수의 연구가 있다.

2. 특성가격법의 몇 가지 문제와 해결 방안

특성가격모형은 주택과 같은 내구재의 시장균형가격을 활용하여 환경질 개선의 편익을 분석하는 이론적 기반이 매우 강한 분석법이다. 그러나 이 방법은 비교적 복잡한 통계분석을 요구하고, 주택의 특성과 거주자의 특성을 나타내는 변수들에 관한 정보를 필요로 하는데, 특히 거주자 정보는 얻기가 어렵다. 뿐만 아니라 이 모형을 사용함에 있어 특성가격함수형태를 어떻게 설정할 것인지, 주택시장의 범위를 어떻게 한정할 것인지, 그리고 특성가격함수로부터 각 개인이 부여하는 환경의 경제적 가치를 어떻게 도출할 것인지와 관련된 많은 문제가 여전히 남아 있다.[20]

가. 개인별 한계지불의사의 식별문제

특성가격분석의 목적이 소비재의 특성이 가격에 미치는 한계적 영향만을 파악하는

---

20) 이 문제들은 팜퀴스트(Palmquist, 2005)와 테일러(Taylor, 2017)가 잘 정리하고 있다.

데 국한된다면 식 (16-8)의 특성가격함수만 추정하면 된다. 따라서 도시경제학이나 부동산학을 연구하는 학자들은 대개 식 (16-8)의 추정에 만족할 것이다. 환경경제분석에서는 나아가 환경개선에 대해 각 개인이 가지는 지불의사까지 추정하고자 하며, 이를 위해서는 제2단계 분석으로서 식 (16-11)처럼 잠재한계가격을 종속변수로 하고 주택의 환경질과 그 주택을 선택한 개인의 사회경제적 특성을 설명변수로 하는 회귀식을 다시 추정하고, 그 결과를 환경질에 대한 각 개인의 한계지불의사함수로 간주한다. 이런 2단계 추정법을 사용할 것을 처음 제안한 연구자는 로젠(Rosen, 1974)인데, 이 방법은 이후 많은 논란을 낳았다.

개인별 한계지불의사함수를 도출하기 위해서는 우선 추가 자료가 필요하다. 식 (16-8)의 특성가격함수만 추정하고자 한다면 주택시장에서 집계되는 거래가격과 주택의 특성변수에 관한 자료만 있으면 된다. 각종 부동산 시세 자료와 환경부 측정망의 대기오염 자료만 얻어도 식 (16-8)은 추정할 수 있다. 그러나 식 (16-11)의 개인별 한계지불의사함수를 추정하기 위해서는 주택에 거주하는 사람의 소득과 가구 특성에 대해 알아야 하고, 이 자료를 얻기 위해서는 센서스나 추가 방문조사 절차를 거쳐야 한다. 이런 이유로 인해 특성가격을 분석한 대부분의 연구가 두 번째 단계인 개인별 한계지불의사 추정까지는 가지 못하고 특성가격함수만을 추정하는 데 그치고 있다.

개인별 한계지불의사함수를 추정하는 것이 가지는 두 번째 어려운 점은 각 개인은 자신이 소비할 환경재의 질이나 양과 그 가격이라 할 수 있는 잠재한계가격을 동시에 선택한다는 점이다. 이는 소비자들이 시장에서 주어진 가격하에서 소비량을 선택하는 통상적인 수요함수를 추정할 때와는 다른 상황이며, 따라서 회귀분석 등을 통해 얻어지는 특성가격함수의 통계적 신뢰도가 문제될 수 있다. 이 문제는 다분히 계량경제학적 문제로서 이를 해결하기 위한 많은 시도가 있었다(Bartik and Smith 1987; Palmquist 1991).

개인별 한계지불의사함수 추정이 가지는 세 번째 문제는 보다 근본적인 문제로서 식 (16-11)의 두 번째 추정작업이 식 (16-8)에서 이미 추정된 특성가격함수에 비해 새로운 정보를 거의 제공하지 못한다는 점이다. 예를 들어 추정된 특성가격함수가 $P_h = \alpha + \beta_1 Q + \beta_2 Q^2 + \gamma_S S + \gamma_N N + \gamma_{SQ} SQ + \gamma_{NQ} NQ$와 같다고 하고, 추정된 파라미터 값을 $\hat{\alpha}$, $\hat{\beta_1}$ 등과 같이 표시하자. 로젠의 방법을 사용하기 위해 이렇게 1단계에서 추정된 함수를 Q에 대해 미분하면 $\hat{\beta_1} + 2\hat{\beta_2}Q + \hat{\gamma}_{SQ}S + \hat{\gamma}_{NQ}N$과 같은 함수가 나온다. 여기에 실제로 거래된 각 주택의 특성변수 값 Q_i, S_i, N_i를 대입하면 $\hat{\beta_1} + 2\hat{\beta_2}Q_i + \hat{\gamma}_{SQ}S_i + \hat{\gamma}_{NQ}N_i = \dfrac{\Delta \hat{P}_h}{\Delta Q_i}$와 같은 예측치가 모든 주택에 대해 나오고, 이 값들을 다시 Q_i, m_i, α_i에 대해 회귀분석

하는 것이 바로 식 (16−11)의 절차이다. 이 절차가 가지는 세 번째 문제점은 특성가격법을 이용할 때 대두되는 최대 난제라 할 수 있는데 이를 아래의 두 가지 방식으로 설명할 수 있다.

먼저 이 경우 두 번째 추정식에서 사용할 $\dfrac{\Delta \widehat{P_h}}{\Delta Q_i}$의 값은 실제 관측되는 통계자료상의 수치가 아니라 첫 번째 추정식인 특성가격함수로부터 도출된 값이어서 문제가 발생한다. 첫 번째 함수를 추정할 때 이미 사용되었던 Q의 값이 다시 두 번째 식의 추정에 사용되는데, 이 두 번째 추정 절차는 사실상 첫 번째 추정의 반복일 가능성이 높으며, 새로운 정보를 제시하기보다는 첫 번째 추정식에서 도출되었던 결과를 다시 도출할 가능성이 크다(Brown and Rosen, 1982).

또한 이 문제는 〈그림 16-3b〉를 이용해 조금 다르게 설명할 수도 있다. 그림에서 $w(Q, u_j, \alpha_j)$와 $w(Q, u_k, \alpha_k)$가 우리가 도출하려는 개인별 한계지불의사곡선이다. 이 곡선들은 각 개인이 실제로 선택한 환경질에서 시장 전체의 잠재한계가격곡선과 만난다. 우리는 각 개인의 한계지불의사가 시장의 잠재한계가격곡선과 만나는 이 한 점만 알고 있을 뿐 한계지불의사곡선의 나머지 점은 알지 못한다. 즉 개인 j의 한계지불의사곡선에서는 점 A만 알고 있고, 개인 k의 한계지불의사곡선에서는 점 B만 알 뿐 $w(Q, u_j, \alpha_j)$나 $w(Q, u_k, \alpha_k)$의 나머지 점들은 알지 못하는 것이다. 식 (16−11)을 추정하면 마치 한 개인의 한계지불의사와 환경질 사이에 어떤 함수적 관계가 있는 것처럼 추정 결과가 나온다. 그러나 사실 이 추정식은 점 A와 점 B를 비교하고 있는데, 이 두 점은 동일 소비자의 한계지불의사곡선 위에 있는 것이 아니라 서로 다른 소득 m과 사회경제적 특성 α의 값을 가지는 두 소비자로부터 각각 나온 것이다. 따라서 2단계에서 추정되는 것은 사실 한계지불의사곡선이 아니라 점 A와 점 B 사이의 잠재한계가격곡선 자체가 된다.

이러한 두 가지 이유로 인해 1단계 추정결과를 이용해 2단계 추정치를 적절히 도출하는 것이 어려운 현상을 식별문제(identification problem)라 부른다. 이 문제의 해결책으로 제시된 것이 몇 가지 있지만 가장 효과적인 방법은 다수의 시장자료를 이용하는 것이다. 한 사람의 한계지불의사곡선 가운데 한 점만 관측이 되는 것이 문제라면 이 사람이 행한 다수의 거래기록을 이용하면 된다. 하지만 현실적으로 한 개인이 여러 차례 부동산 거래를 한 기록을 모아 분석하기에는 자료 획득상의 어려움이 크다. 대안은 서로 독립된 다수의 부동산시장 거래자료를 이용하는 것이다.

서울과 부산의 주택시장은 적어도 단기적으로는 분리되어 있어 한 개인이 서울과 부

그림 16-4 다수 주택시장의 분석

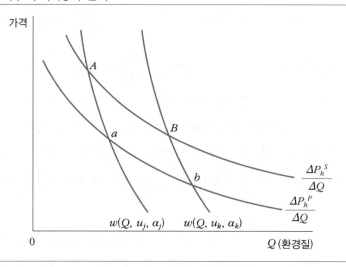

산에서 동시에 주택을 찾지는 않을 것이다. 〈그림 16-4〉에서 $\Delta P_h^S / \Delta Q$는 서울지역 주택시장자료를 이용해 추정된 특성가격함수로부터 도출된 잠재한계가격의 궤적이고 $\Delta P_h^P / \Delta Q$는 부산지역 자료를 이용해 추정된 결과로부터 도출된 잠재한계가격 궤적이다. j번째 개인은 서울지역에서 주택을 구입했고, 따라서 점 A가 본인의 선택점이라고 하자. 이 개인의 소득이나 기타 사회경제적 특성값을 추정된 부산의 잠재한계가격함수에 대입하면 점 a가 예측된다고 하자. 이 점은 이 사람이 부산에서도 주택구매 행위를 했다면 선택할 것이라 예측되는 점이다. 따라서 이렇게 서울의 주택시장과 부산의 주택시장을 별도로 추정한 결과를 모두 이용할 경우 개인 j는 서울지역의 주택을 선택하였지만 연구자는 이 사람의 한계지불의사곡선 위의 점 두 개를 알게 되고, 따라서 이 곡선을 더 잘 식별할 수 있게 된다. 이 방법을 쓸 경우에는 제1단계로 두 개 이상의 분리된 시장의 특성가격함수를 따로 추정한 후, 제2단계에서 한계지불의사곡선을 도출할 때는 각 시장에서의 추정결과로부터 도출된 잠재한계가격 자료를 모두 섞어서 식 (16-11)을 추정한다.

나. 편익의 계산

앞에서 논의한 세 가지 문제들은 식 (16-8) 및 식 (16-11)의 특성가격함수와 잠재한계가격함수를 어떻게 추정할 것인지에 관한 문제들이다. 이 두 함수를 비교적 정확히 추정하였다 하더라도 그 결과를 어떻게 이용해 환경질 변화의 편익을 도출할 것인가 하는 문제가 남는다.

환경질이 Q^0에서 Q^1으로 변했다면 식 (16-11)에서 추정된 한계지불의사곡선 $w(Q,m,\alpha)$가 범위 Q^0와 Q^1 사이에서 형성하는 면적이 바로 이 개인의 환경질 개선 편익이 될 것이다.[21] 그런데 이 추정된 한계지불의사 $w(Q,m,\alpha)$는 실제 한계지불의사함수 $w(Q,u,\alpha)$와 달리 효용 u가 아니라 소득 m을 설명변수로 하고 있고, 따라서 보상수요가 아니라 제14장 〈그림 14-6〉의 $r(q,m)$처럼 통상수요함수로부터 도출된 편익지표라는 문제를 가진다. 이 문제를 처리하는 두 가지 방법을 소개한다.

첫 번째 방법은 특수한 형태의 효용함수를 가정한 후 이로부터 환경질과 시장재 사이의 한계대체율을 구하여 이를 한계지불의사함수로 보는 방법이다. 주택의 특성 (S,N,Q)를 모두 모아 X라는 변수로 표현할 때 개인의 효용함수를 $u(X,z;\alpha)$와 같이 나타낼 수 있다. X 중 x_i가 어떤 환경질이라 하자. 식 (16-9)가 이미 보여준 바와 같이 효용극대화조건으로 $w^i(X,u,\alpha) = \dfrac{\Delta P_h}{\Delta x_i} = \dfrac{\Delta u/\Delta x_i}{\Delta u/\Delta z}$가 도출된다. 따라서 효용함수로 $u(X,z;\alpha) = \ln z + \sum_{i=1}(a_i + b_i\alpha)\ln x_i + \dfrac{1}{2}\sum_{i=1}\sum_{j=1}c_{ij}\ln x_i\ln x_j$를 설정한다면 $\dfrac{\Delta P_h}{\Delta x_i} = \dfrac{z}{x_i}\left[a_i + b_i\alpha + \sum_{j=1}c_{ij}\ln x_j\right]$를 도출할 수 있고, 이렇게 생긴 잠재한계가격함수를 추정함으로써 파라미터 a_i, b_i, c_{ij}와 $w^i(X,u,\alpha)$를 구할 수 있다.

두 번째 방법은 특성가격함수에서는 가격이 수량의 함수로 표현되므로 이를 수량이 가격의 함수인 통상적인 수요함수 형태로 전환하는 방법이다. 이렇게 추정된 통상수요함수에 제14장 제1절 보론에서 설명된 방법 중 하나(예: 하우스만(Hausman, 1981) 방법)를 사용해 보상수요함수나 그 근사치를 도출한다. 추정된 특성가격함수 $P_h(X)$를 x_i에 대해 미분하여 얻은 잠재가격을 p_i라 하자. 이 경우 예산제약을 $\overline{m} = z + \sum_{i=1}^{N}p_ix_i$와 같이 선형근사할 수 있고, 특성 x_i에 대해 $x_i = \alpha + \beta_1 p_1 + \beta_2 p_2 + ... + \beta_N p_N + \delta\overline{m}$와 같은 수요함수를 추정할 수 있다. 이렇게 추정된 수요함수를 통상수요함수의 하나로 간주하고 제14장에서 설명한 방법을 적용하여 환경질 변화의 후생효과를 CV나 EV의 형태로 계산할 수 있다.

3. 균형소팅모형

지금까지 설명된 특성가격분석법은 환경질 Q가 변해도 〈그림 16-3a〉의 시장균형 특

---

21) 즉 $W(\Delta Q) = \displaystyle\int_{Q^0}^{Q^1} w(Q,m,\alpha)dQ$이다.

성가격함수 $P_h(Q)$ 자체는 변하지 않는다는 것을 전제로 하고 있다. 어떤 주택단지 부근에 공공도서관이나 문화시설이 들어설 경우나 주민 혐오시설이 이전해 나가는 경우 등의 효과분석에는 이런 분석법을 적용할 수 있다. 하지만 전국적으로 미세먼지 오염도가 개선되어 정도의 차이가 있을지언정 모든 지역 주택의 대기환경이 달라졌다면, 이 방법만으로 만족하기가 어려워진다. 이런 대규모 변화가 발생하면 모든 주택의 수요가 영향을 받으므로 시장균형 특성가격함수 $P_h(Q)$와 그 미분을 취한 잠재한계가격이 달라질 수 있다. 따라서 이 경우에는 시장균형 자체가 변하는 효과까지 정책효과분석에 반영하여야 한다.

대규모의 환경질 변화가 있을 때 주택시장의 균형가격이 바뀌는 것은 개인이 환경질 변화에 반응하여 주택은 물론 거주지 자체를 적극적으로 바꾸기 때문에 발생한다. 이처럼 주거환경이 바뀔 때 각 개인의 주거지 선택이 달라져 주택시장의 가격조건도 바뀌는 효과, 즉 개인으로부터 시장으로의 피드백까지 분석하도록 최근에 발전하고 있는 분석모형을 균형소팅모형(equilibrium sorting model)이라 부른다. 여기서 '소팅'이란 각 개인이 자신의 소득, 취향, 공공재에 대한 선호, 취업 형태 등을 반영하여 어디에 거주할지를 선택하고, 이 때문에 전체 시장이 몇 개로 분할되는 과정을 의미하는 경제학 용어이다. 소팅모형은 여러 가지 목적을 가지고 개발되고 있지만, 환경재와 같은 공공재 공급의 후생효과를 분석하는 데 특히 유용하다.[22]

균형소팅모형에서는 거주할 수 있는 전체 공간을 행정구역과 같은 몇 개의 지역으로 나눈다. 그 지역을 $n(=1,...,N)$으로 표현하자. 지역 n에 거주하면서 가구 특성으로 α를 가지는 어떤 가구의 효용함수는 $u(h, q_n, z;\ \alpha) = u(h, q_n, m - p_n h;\ \alpha)$와 같다. 여기서 h는 면적과 같은 주택서비스에 대한 수요이고, q_n은 지역 n의 환경질, p_n은 지역 n의 주택가격이다. 지역 n 내의 환경질과 주택가격은 사실 개별 주택별로 다르겠지만 q_n과 p_n을 지역 내 가중평균을 취한 대푯값이라 생각하면 된다. 효용을 극대화하는 주택서비스 수요량은 주어진 조건인 q_n, p_n, m, α에 의해 결정되므로 $h(q_n, p_n, m, \alpha)$처럼 이들 조건변수들의 함수로 나타낼 수 있다. 따라서 극대화된 효용은 $u(h(q_n, p_n, m, \alpha), q_n,$ $m - p_n h(q_n, p_n, m, \alpha);\ \alpha) = v(q_n, p_n, m, \alpha)$로 표현할 수도 있다. 즉 $v(q_n, p_n, m, \alpha)$는 지역 n에 거주한다면 최적 주택서비스를 선택하여 얻을 수 있는 최대한의 만족도이다.

균형소팅모형에서는 q_n과 $p_n(n = 1,...,N)$, 그리고 m, α 중 무엇이 변하든지 각 개인은 어느 지역에 거주하는 것이 가장 좋을지를 선택할 수 있다. 즉 각 가구는 거주했을

---

22) 균형소팅이론과 분석사례에 관한 전반적인 소개는 쿠미노프 외(Kuminoff et al., 2013)에서 얻을 수 있다.

때 얻을 수 있는 최대한의 만족도 $v(q_n, p_n, m, \alpha)$를 극대화하는 지역 n을 선택하며, 각 거주지는 서로 다른 (q_n, p_n)의 조합, 즉 환경과 주택가격의 조합을 가지는 선택 대상이 된다. 각 가구는 거주지역이 정해지면 그 내에서 주택면적 등과 관련한 최선의 선택을 하고, 또한 거주지역으로는 자신이 얻을 수 있는 만족도가 최대가 되게 해주는 지역을 택하는 일종의 2단계 의사결정을 한다.[23] 모든 가구가 자신이 가장 원하는 거주지역을 찾아서 더 이상 이주할 의사가 없으면 부동산시장 전체의 균형이 달성된다.

현재 어떤 가구가 지역 n에 거주하는데, 모든 지역의 환경질이 변했고, 그중 지역 n의 환경질은 q_n^1으로 변했다고 하자. 앞에서 설명했던 통상적인 특성가격법은 환경 변화에 대한 이 가구의 지불의사를 다음과 같이 도출한다.

$$v(q_n^1, p_n, m - WTP_{PE}, \alpha) = v(q_n, p_n, m, \alpha)$$

즉 이 방법은 환경변화에도 불구하고 지역 내 부동산 시장가격은 p_n으로 불변이라 가정하고, 동일 거주지에 남아 있으면서 q_n^1으로도 q_n에서 얻던 만족도를 그대로 얻기 위해 필요한 지불의사를 도출한다. 하지만 환경변화가 만약 광범위하다면, 각 지역 부동산가격의 대푯값 p_n이 p_n^1으로 모두 바뀐다. 그리고 각 가구는 이러한 환경변화와 가격변화에 반응하여 거주지역을 바꿀 수 있다. 만약 지역 n에 거주하던 어떤 가구가 환경변화 때문에 지역 m으로 이주했다면, 이때 정확한 후생지표는 다음과 같아야 한다.

$$v(q_m^1, p_m^1, m - WTP_{GE}, \alpha) = v(q_n, p_n, m, \alpha) \quad \cdots\cdots\cdots\cdots\cdots\cdots\cdots \boxed{16\text{-}12}$$

식 (16−12)의 지불의사 WTP_{GE}는 이렇게 거주지 이전과 전체 부동산시장 균형 변화까지 고려하므로 일반균형(general equilibrium) 지불의사라 할 수 있다. 반면 통상적인 특성가격분석이 제시하는 지불의사 WTP_{PE}는 부분균형(partial equilibrium) 지불의사이다. 만약 환경이 좋아지는 경우라면, 부분균형 지불의사는 각 가구가 자신이 거주하는 지역까지 적극적으로 바꾸는 행위를 허용하지 않기 때문에 일반균형 지불의사에 비해 더 낮은 지불의사만을 제시하게 된다. 이렇게 각 거주지에서 최적의 주택서비스 h를 선택하고 동시에 거주지 n까지 선택하는 행위를 반영하여 후생효과를 분석하는 균형소팅모형에는 여러 종

---

23) 따라서 개별 가구는 이산변수인 거주지역과 연속변수인 h를 모두 선택하기 때문에 이 분석 또한 이산−연속선택의 하나라 할 수 있다.

류가 있다. 아래에서는 그중 두 가지만을 소개한다.

첫 번째 방법에서는[24] 효용함수 $u(h, q_n, m - p_n h; \alpha)$의 형태를 설정하고 이를 극대화하는 h의 수요함수형태를 도출한다. 그리고 (q_n, p_n)이 변할 때 이 지역 내 거주 인구가 전체 인구에서 차지하는 비중이 달라지는 것을 파악할 수 있도록 α와 m의 확률분포함수도 도입한다. 아울러 대기오염도, 범죄율, 공교육 수준 등과 같은 여러 공공재 변수가 모여 지역의 환경지표 q_n을 만들어내는 일종의 생산함수도 도입한다. 이렇게 한 후 1) h의 수요함수, 2) (m, α)의 분포함수, 3) q_n의 생산함수 내의 파라미터를 모두 통계적으로 동시에 추정한다. 마지막으로 지역별 주택서비스 공급량은 고정되거나 특정 형태로 가격에 반응하는 것으로 가정한다.

이상 필요한 세 가지 함수를 추정하고 주택 공급곡선도 도입하면 경제 전체의 균형은 1) 모든 가구는 거주하는 지역 내에서 최적의 주택 서비스량 h를 선택하고, 2) 모든 가구는 거주지를 선택하고 이를 더 이상 변경할 유인이 없으며, 3) 모든 지역의 주택 서비스 수요와 공급이 일치할 때 달성된다. 대기오염과 같은 환경변수의 분포 $(q_1, ..., q_N)$이 외생적으로 바뀌면 이 세 가지 조건을 충족하는 균형이 어떻게 달라지는지를 도출하는데, 특히 가격 $(p_1, ..., p_N)$이 달라지는 것을 도출할 수 있다. 그리고 균형조건으로부터 주민 소득과 가구 특성 (m, α)의 지역별 분포 범위를 알 수 있기 때문에 지역별 인구 비중 변화도 도출할 수 있다.[25] 이러한 균형 값들을 식 (16-12)에 적용해 대기오염도 변화의 일반균형 지불의사를 도출한다.

두 번째 방법은 제2절에서 설명했던 확률효용함수와 이산선택행위를 활용하는 방법이다.[26] 지역 n에 거주하는 가구 i가 선택하는 최적의 h는 지역의 평균 대기오염도와 같은 환경수준 q_n, 주택가격의 대표치 p_n, 여타 지역 특성 변수 x_n, 그리고 가족구성과 같은 개인 특성 α_i 등에 의해 결정되므로 이 가구의 만족도를 다음과 같이 나타낼 수 있다.[27]

---

24) 시그 외(Sieg et al., 2004)가 이 방법을 적용하는 분석 예이다. 남부 캘리포니아 오존농도 감소의 편익을 분석했을 때 WTP_{GE}가 WTP_{PE}보다 13.3% 더 높음을 보여주었다.

25) 지역을 공공재와 주택가격 조합 (q_n, p_n)을 반영해 순서대로 나열했을 때 서로 인접한 두 지역 어디에 위치해도 얻는 만족도가 동일한 경계 가구의 (m, α) 특성을 파악할 수 있다. 추정된 (m, α) 분포함수에 경계 가구의 특성을 반영하면 각 지역 내에 위치할 가구 수를 확인할 수 있다.

26) 베이어와 티민스(Bayer and Timmins, 2005)가 이 방법을 이용하는 잘 알려진 연구 중 하나이다.

27) 제2절의 식 (16-5)이 보여준 바와 같이 확률효용함수가 변수들의 선형함수이면 가구소득의 영향은 후생지표 측정에서 제외되므로 소득변수는 확률효용함수에 반영하지 않아도 된다.

$$u_{in} = \beta x_n + (\theta + \delta \times \alpha_i)q_n + \gamma p_n + \xi_n + \epsilon_{in} \quad\cdots\cdots\cdots \boxed{\text{16-13}}$$

$$= A_n + \delta \times \alpha_i \times q_n + \epsilon_{in} \quad\cdots\cdots\cdots\cdots\cdots \boxed{\text{16-13(a)}}$$

$$\text{단, } A_n = \beta x_n + \theta q_n + \gamma p_n + \xi_n \quad\cdots\cdots\cdots\cdots \boxed{\text{16-13(b)}}$$

식 (16−13)에서 ξ_n은 지역 내에서는 동일하지만 지역 간에는 차이가 있는, 연구자가 관찰할 수 없는 확률변수이고, ϵ_{in}은 또 다른 확률변수이다. 개인 i는 가장 큰 u_{in} 값을 주는 지역 n을 선택한다.

이 모형의 추정은 반드시 그럴 필요는 없으나 2단계로 진행하는 것이 편리하다. 제1단계에서는 식 (16−13a)를 조건부로짓모형 등을 이용해 거주지역 선택행위로 추정하고, $A_1, ..., A_N$과 δ의 추정치를 도출한다. 이때 N개의 A_n 중 하나는 0의 값을 가지도록 묶어둔다. 그리고 제2단계에서는 제1단계 추정을 통해 값이 얻어진 A_n을 종속변수로 하고, 나머지 x_n, q_n, p_n을 설명변수로 하는 회귀분석을 행하여 β, θ, γ의 추정치를 구한다. 이 두 번째 추정식에서의 확률변수 역할은 ξ_n이 한다. ξ_n의 값도 2단계 추정식의 잔차 값으로 획득이 된다.

전체 모형의 추정 결과가 얻어지면, 제2절의 식 (16−3)과 같은 방법을 사용해 가구들이 각 지역을 거주지로 선택할 확률 $s_n^D(p,x,q,\xi)$를 도출할 수 있다. 단 (p,x,q,ξ)는 N개 모든 지역의 관련 변수들을 포함한다. 거주지 환경질 $q = (q_1, ..., q_N)$이 변하면 s_n^D도 변한다. 자료로 주어진 실제 거주확률 s_n^S를 공급측면의 거주비율이라 하면, q가 변한 후의 새로운 s_n^D가 모든 지역에서 s_n^S와 일치하게 하는 주택가격 p를 찾아내면 이것이 새로운 균형가격이다. 즉, $q = (q_1, ..., q_N)$이 변함에 따라 거주지 선택 확률이 달라져 $p = (p_1, ..., p_N)$이 변하는 것을 도출할 수 있다. 식 (16−13)에 의해 가구별 효용함수의 형태를 알기 때문에 제2절의 식 (16−6)이 보여준 바와 같은 추정된 확률효용함수로부터 지불의사를 도출하는 공식을 이용해 (q,p)변화의 후생효과를 도출할 수 있다.

이상 소개된 균형소팅모형은 이론적 기반이 강하면서 환경변화 시 발생하는 거주지 이동까지 고려하는 분석을 행하기 때문에 광범위한 지역에 영향을 미치는 대규모 환경변화의 후생효과를 분석하는 데 대단히 유용하다. 하지만 자료에 대한 요구수준이 높고, 특히 복잡한 계량경제분석 절차를 요구하기 때문에 여기에서는 그 이론적 틀만 간단히 살펴보았다. 이 모형의 활용도는 앞으로 계속 높아질 것으로 보인다.[28]

---

[28] 가장 최근의 분석 사례로, 바위크 외(Barwick et al., 2024)는 베이징에 있어 거주지 선택과 출퇴근 수단 선택 행위를 균형소팅모형으로 동시에 분석하고, 몇 가지 교통 정책의 후생효과를 도출하였다.

　　분석 방법론 측면에서 보면 제3절의 특성가격법과 유사하지만, 실제 활용도 측면에서 보면 제15장에서 설명한 회피행위모형을 이용하여 건강이나 생명의 가치를 평가하는 쪽에 더 가까운 분석법이 특성임금모형(hedonic wage model)이다.

　　제15장에서 설명된 회피행위모형은 환경질 변화에 의한 건강편익은 물론이고, 제14장에서 설명한 바 있는 생명의 가치를 평가하기 위해서도 사용된다. 예를 들어 안전벨트를 사용하거나 화재경보기를 설치하면 사고 사망확률이 줄어든다. 안전벨트나 화재경보기를 사용하는 데는 시간적·금전적 비용이 소요되므로 개인이 사망할 가능성을 줄이기 위해 이런 수단들을 사용하는 행위를 분석하여 생명의 가치를 측정할 수 있다. 이 경우에는 통상적으로 특정 지역에서 1년에 교통사고나 화재로 사망하는 사람의 수를 한 명 더 줄이기 위해 안전벨트나 화재경보기에 대해 지출해야 하는 금액을 추정하여 생명의 가치로 평가한다.

　　회피행위모형을 이용해 건강이나 생명 연장의 편익을 분석할 때 나타나는 문제점 가운데 하나가 소위 회피행위의 비결합성(nonjointness)을 가정한다는 점이다. 이는 회피행위는 건강이나 사망확률 등에 영향을 미쳐서 개인의 만족도에 영향을 줄 뿐, 그 자체가 만족도에 직접 영향을 주지는 않는다는 가정이다.[29] 예를 들어 수질오염으로부터 자신만의 환경을 분리하기 위해 병에 든 물을 구입하면 회피행위모형이 전제하는 바와 같이 오염피해를 줄이고 건강에 기여한다. 그러나 구입 생수와 수돗물은 맛이나 편의성 면에서도 서로 다르며, 따라서 소비 만족도 면에서 차이가 있다. 또 다른 예로 여름철 창문을 닫고 냉방기를 가동하면 실내 공기가 외부로부터 차단되므로 대기오염 피해를 줄일 수 있다. 그러나 냉방기의 보다 큰 용도는 공기정화보다는 실내 온도를 조절하여 얻는 쾌적함에 있고, 따라서 냉방기는 실내 공기질 개선을 통해 건강에 영향을 미칠 뿐 아니라 온도조절을 통해 직접 만족도에 영향을 미친다.

　　회피행위는 이처럼 전적으로 오염피해를 줄이고자 하는 동기 때문에 선택되는 것은

---

29) 즉 아픈 정도 S가 전체 환경질 Q와 회피행위 x에 의해 결정되고, z를 일반 시장재 소비량이라 하면 효용은 $u(S(x,Q),z)$라 가정한다. 그러나 회피행위가 직접 만족도에 영향을 미치기도 한다면 효용은 $u(S(x,Q),z,x)$와 같이 인식되어야 한다.

아니며 만족도에 영향을 미치는 다른 역할도 하기 때문에 회피행위를 오로지 환경피해를 줄이는 행위로만 해석할 경우 잘못된 편익 추정치를 제시하게 된다.

특성가격법은 각 재화나 서비스를 다양한 특성(attributes)의 묶음이라 해석하고, 각 재화나 서비스는 각기 가지고 있는 특성의 차이에 의해 차별화되며, 그 가격 역시 각기 가지고 있는 특성을 반영하여 결정된다고 가정한다. 마찬가지로, 개인이 선택할 수 있는 직업 역시 다양한 특성 묶음을 가지는 서비스라 해석할 수 있으며, 따라서 직업의 가격, 즉 임금 역시 직업별 특성을 반영하여 시장에서 결정된다고 볼 수 있다. 예를 들어 임금은 노동자 개인별 특성인 교육 수준, 나이, 성별 등에 의해서도 결정되겠지만 직업별 작업환경이나 치명적 부상의 위험도 등에 의해서도 영향을 받는다. 이와 같은 아이디어에 기초를 두고 있는 것이 특성임금모형이다.

특성임금모형은 각 개인은 자신의 소비패턴은 물론 어떤 직업을 선택할지도 결정한다고 가정한다. 선택 시 직업이 가져다주는 명예, 수입, 작업의 고됨, 근로 시간, 안정성 등 여러 특성을 감안하고, 무엇보다도 작업 중 사고로 사망할 가능성이 어느 정도인지를 감안한다.[30]

작업 중 사망할 확률과 여타 특성들은 이렇게 직업 관련 만족도의 크기를 결정하지만, 동시에 시장에서 결정되는 직업별 임금수준도 사망확률 및 기타 직업 특성에 의해 영향을 받아 결정된다. 사망확률이 높거나 불안정한 직업을 사람들이 선택하도록 하기 위해서는 더 높은 임금을 지급해야 한다. 그렇지 않다면 누구도 이런 직업을 선택하려 하지 않고, 따라서 노동시장의 균형 자체가 성립하지 않을 것이다.

z를 시장재에 대한 지출액, q를 직업 관련 환경질이나 사망률에 영향을 미치는 변수라 하면 개인의 효용은 $u(z,q)$와 같이 결정되며, 직업 관련 환경질이나 사망확률은 개인의 만족도에 직접 영향을 미친다. 동시에 소득은 z의 가격이 1이라 하고, m을 노동소득 외의 소득이라 할 때, $m + w(q) = z$와 같이 사용된다. 임금 w는 작업환경이나 사망확률 등에 의해 영향을 받아 결정된다.

위와 같은 상황에서 어떤 개인은 직업을 선택할 때 작업 중 사망확률이 낮고 안정성이나 명예가 보장되는 직업을 우선 선택하려 할 것이다. 그러나 노동시장에서는 동일 학력이나 경력을 가진 사람이 보다 위험하고 안정성도 떨어지는 직업을 선택할 경우 더 높은 임금을 지불하려 하므로 직업 만족도를 높이기 위해서는 임금손실을 각오해야 한다. 즉 q

---

30) 제16장의 부록은 특성임금은 물론 회피행위분석, 제17장이 설명할 진술선호법을 이용하는 분석 등이 생명의 가치추정에 사용될 수 있는 이론적 근거를 설명한다.

를 높이면 효용 u는 증가하겠지만 동시에 임금 w는 하락하고, 따라서 각 개인은 q를 하나 더 늘려 자신이 추가로 얻게 되는 만족도와 대신 w가 줄어들어 발생하는 손실의 크기가 일치하는 수준에서 직업 유형을 선택하게 된다.

이러한 직업 선택 행위가 있기 때문에 시장에서 관측되는 모든 직업 유형의 임금수준은 그 직업에서의 사망위험도와 여타 특성들을 반영하고 있고, 각 개인은 이들 변수를 감안하여 자신에게 가장 유리한 직업을 택한다.[31] 따라서 시장에서 관측되는 다양한 직업의 사망위험도 및 여타 특성 자료와 이들 직업의 임금수준 자료를 이용해 한 단위의 사망위험도 변화가 어느 정도의 임금 차이를 유발하는지를 추정하면, 우리는 사망위험도나 여타 특성에 대한 한계지불의사를 도출할 수 있다.

특성임금모형 적용 절차

1. 직업별 환경위험의 정도와 임금수준 조사
2. 각 개인의 직업 선택과 이들의 학력 및 기타 사회경제적 변수 조사
3. 직업별 소득을 직업별 환경위험의 정도와 개인 특성변수 등에 대해 회귀분석
4. 추정된 회귀식에 기초하여 환경위험 감소의 경제적 편익 도출

특성임금모형의 적용 사례 1

마린과 사카로풀로스(Marin and Psacharopoulos, 1982)는 영국의 직업별 사망위험도를 조사하였고, 직업의 위험(RISK)을 사고로 인해 발생하는 초과 사망률로 정의하였다. 이들은 다음과 같은 회귀분석을 하였다.

$\ln(Y)$ = 1.95+0.058×S+0.046×EX−0.0008×EX^2+1.13×ln(WEEKS)+0.229×RISK
　　　　+0.002×UNION+0.008×OCC

단, Y는 임금이고, S는 교육 수준, EX는 직업의 경력, WEEKS는 연간 근무하는 주수, UNION은 노동조합화 정도, OCC는 직업을 원하는 정도 등이다.

---

31) 마찬가지로 임금을 지급하는 기업은 q를 하나 더 높여주기 위해 부담해야 하는 비용과 q를 높임으로써 임금 지급액 w를 낮출 수 있는 정도가 일치하도록 직장환경 q를 결정한다. 따라서 노동시장에서 관측되는 w와 q의 관계는 노동자와 기업의 의사결정을 모두 반영하는 일종의 균형관계이다.

사망률은 노동자 1,000명당 사망자 수로 정의되었기 때문에 이 모형을 이용한 생명의 가치는 VOL = 1000Y($\triangle$ln(Y)/$\triangle$RISK)와 같이 도출된다. 이들은 생명의 가치를 1975년 가격으로 약 681,000파운드로 계측하였다.

특성임금모형의 적용 사례 2

김효진(2019)은 한국 노동시장에 있어 임금 프리미엄을 결정하는 변수를 다음처럼 추정하였다.

ln(Y) = 상수항+0.042*×사망률-0.033*×소상공기업×사망률-0.107*×중견기업×사망률
　　　-0.052*×중소기업×사망률+0.029*×일용직×사망률+0.024*×임시직×사망률
　　　+0.018×초과근무×사망률+재해율의 영향

위의 추정치에서 *표시가 부착된 것은 통계적으로 유의한 것들이다. 사망률은 임금을 높인다. 하지만 기업의 규모가 클수록 사망률이 높아질 때 임금이 높아지는 정도는 낮아진다. 이 추정 결과를 토대로 통계적 생명의 가치가 40여억 원임을 계측하였다.

　　특성임금모형을 사용할 때 몇 가지 점에 주의할 필요가 있다. 첫째, 특성임금모형은 작업장에서 발생하는 미세한 위험도 변화의 경제적 가치를 평가한다. 그런 만큼 노동자들이 인식하는 직업별 위험도 차이가 실제 위험도 차이와 다를 경우에는 분석 결과가 오류를 가질 수 있다. 따라서 모형의 적용 이전에 인식되는 위험도와 실제 위험도 사이의 편차가 어느 정도인지를 확인할 필요가 있다.

　　둘째, 모형이 가정하는 바와 같이 노동시장이 완전경쟁적이지 않을 경우에는 노동 가격 자체가 왜곡되므로 추정 결과가 오류를 포함하게 된다. 노동조합의 영향이나 기타 요인에 의해 노동시장이 경쟁적이지 못할 수 있다는 가능성을 염두에 두어야 한다.

　　셋째, 특성임금모형이 분석하는 위험도와 환경정책이 줄이고자 하는 위험도가 서로 다를 수 있음에 주의해야 한다. 특성임금모형이 추정하는 것은 왕성한 경제활동을 하는 청장년층의 직업관련 사망확률이 변하면서 발생하는 경제적 가치이다. 그러나 대개 환경정책은 특히 노약자의 사망이나 질병 확률을 낮추는 것을 목표로 하며, 따라서 특성임금모형을 통해 추정되는 사망확률 변화의 경제적 가치를 환경정책평가에 그대로 적용하기 힘든 점이 있다.

넷째, 특성임금모형이 분석하는 위험도는 각 개인이 자발적으로 수용하는 위험도이지만 환경정책이 줄이고자 하는 위험도는 각 개인이 비자발적으로 혹은 강제로 받아들일 수밖에 없는 위험도라는 것도 고려되어야 한다.

마지막으로, 많은 경우 모형이 전제하고 있는 바와는 달리 근무환경과 임금수준 w 사이에는 음(−)의 관계가 아니라 양(+)의 관계가 관측되는 문제가 있다. 학력, 경력, 자격증 등 근로자가 가지고 있는 특성을 α라 하면 임금수준 w는 작업환경 q는 물론이고 근로자의 개인 특성 α에 의해서도 영향을 받아 결정된다. 즉 업무능력이나 여타 개인 특성 면에서 근로자별로 차이가 있는 상황에서 높은 임금을 받을 수 있는 뛰어난 근로자는 안전한 작업환경도 원하기 때문에 좋은 환경의 직업이나 직장은 이들이 우선 차지하게 되고, 따라서 시장에서 관측되는 임금과 작업환경의 관계는 정(+)의 관계로 나타날 가능성이 대단히 높다.

부록 / 통계적 생명의 가치

사망에 이르게 하는 재해의 종류는 많을 것이므로 통계적 생명의 가치(VSL) 또한 여러 방법을 통해 추정할 수 있다. 사망확률 감소 조치나 수단에 대한 지불의사는 제17장에서 설명할 진술선호기법을 이용해 도출할 수도 있고, 제16장 본문에서 설명한 바와 같이 특성임금이나 회피행위를 분석하여 도출할 수도 있다.[32]

생존하여 소비에 참여할 수 있는 확률을 π라 하자. 사망확률은 환경 관련(예: 대기오염), 직업 관련(예: 작업장 사고), 그리고 소비행위 관련(예: 위험한 스포츠, 흡연 혹은 반대로 안전벨트, 안전한 교통수단 사용 등) 요인으로 발생하며, 각각 ρ_e, ρ_j, $\rho(x)$라 하자. ρ_e는 환경 요인에 의한 사망확률로서 개인에게는 외생적으로 주어진 일종의 공공재이다. ρ_j는 직업 유형 중 j를 선택함으로 인해 발생하는 사망확률이고, 따라서 개인이 그 수준을 선택할 수 있다. $\rho(x)$는 회피행위 x를 선택하여 역시 개인이 영향을 미칠 수 있는 사망률이다. 여기에서 x는 안전벨트처럼 사망확률을 낮추는 회피행위 지출이라 가정하

---

32) 이 부록은 프리만 외(Freeman et al., 2014, 제7장)의 설명을 많이 참고하고 있다. 통계적 생명 가치 추정에 관한 여러 문헌이 있지만, 프리만 외가 특히 풍부한 설명을 제공한다.

고, 따라서 $\rho(x)$는 x에 대해 감소한다. 그렇다면 개인이 사망하지 않고 생존할 확률은 $\pi = (1-\rho_e)(1-\rho_j)(1-\rho(x))$와 같다.

m을 비임금 소득, $w(\rho_j)$를 직업에 따라 달라지는 특성임금, p를 회피행위 x의 가격이라 하자. 일반 소비 지출액은 $z = m + w(\rho_j) - px$이고, 효용은 $u(z,x) = u(m+w(\rho_j)-px,x)$와 같다. 각 개인은 다음 소비 만족도의 기댓값을 극대화하는 ρ_j와 x를 선택하려 한다.

$$Eu = (1-\rho_e)(1-\rho_j)(1-\rho(x))u(m+w(\rho_j)-px,x)$$

동일 만족도를 유지하게 하는 외부 사망확률 ρ_e와 소득 m 간의 관계를 얻기 위해 다음을 이용하자.

$$\Delta Eu = \left[-(1-\rho_j)(1-\rho(x))u(\cdot)\right]\Delta\rho_e + \pi\frac{\Delta u}{\Delta z}\Delta m = 0$$

따라서 $\dfrac{\Delta m}{\Delta \rho_e} = (1-\rho_j)(1-\rho(x))\dfrac{u(\cdot)}{\pi(\Delta u/\Delta z)}$는 오염으로 인한 사망확률이 한계적으로 감소하는 대신 포기하고자 하는 소득, 즉 한계지불의사이다. 이는 소비 편익 $u(\cdot)$를 기대 한계효용 $\pi(\Delta u/\Delta z)$를 활용해 금액으로 환산하고, 여기에 환경 요인 외의 요인으로는 사망하지 않을 확률 $(1-\rho_j)(1-\rho(x))$를 곱해준 것이다. ρ_e는 개인에게는 순전히 외부에서 주어지는 것이므로 $\dfrac{\Delta m}{\Delta \rho_e}$는 제17장에서 설명할 진술선호법을 이용해 추정할 수 있을 것이다.

직업을 선택하는 개인은 Eu를 최대로 하는 ρ_j를 선택할 것이고, 최적 선택은 다음 조건을 충족해야 한다.

$$\frac{\Delta Eu}{\Delta \rho_j} = \left[-(1-\rho_e)(1-\rho(x))u(\cdot)\right] + \pi\frac{\Delta u}{\Delta z}\frac{\Delta w}{\Delta \rho_j} = 0$$

이는 $\dfrac{\Delta w}{\Delta \rho_j} = (1-\rho_e)(1-\rho(x))\dfrac{u(\cdot)}{\pi(\Delta u/\Delta z)}$임을 의미한다. $\dfrac{\Delta w}{\Delta \rho_j}$는 직업으로 인한 사망확률이 낮아질 때 대신 포기하고자 하는 임금이고, 역시 한계지불의사이다. $\dfrac{\Delta w}{\Delta \rho_j}$는 본문에서 설명한 바와 같이 특성임금모형으로 추정할 수 있다. ρ_e가 ρ_j와 가깝거나 양자 간의 비율이 알려져 있으면, 추정된 $\dfrac{\Delta w}{\Delta \rho_j}$가 ρ_e 감소의 한계지불의사 $\dfrac{\Delta m}{\Delta \rho_e}$를 대신할 수

있다.

개인은 x 역시 선택하며, 다음 조건을 충족하려 한다.

$$\frac{\Delta Eu}{\Delta x} = \left[-(1-\rho_e)(1-\rho_j)\frac{\Delta \rho(x)}{\Delta x}u(\cdot) \right] + \pi \frac{\Delta u}{\Delta z}(-p) + \pi \frac{\Delta u}{\Delta x} = 0$$

이는 $-\dfrac{p}{\Delta \rho(x)/\Delta x} = (1-\rho_e)(1-\rho_j)\dfrac{u(\cdot)}{\pi \left[\dfrac{\Delta u}{\Delta z} - \dfrac{\Delta u/\Delta x}{p} \right]}$ 를 의미한다. 좌변

$-\dfrac{p}{\Delta \rho(x)/\Delta x}$ 의 분자 p는 시장자료이며, 분모 $\dfrac{\Delta \rho(x)}{\Delta x}$ 는 회피행위가 사망확률에 미치는 영향을 추정하여 얻을 수 있다. $-\dfrac{p}{\Delta \rho(x)/\Delta x}$ 는 개인이 선택한 $\rho(x)$가 ρ_e와 가깝고 $\dfrac{\Delta u}{\Delta x} = 0$이어서 회피행위 자체가 만족도에 영향을 미치지 않는다면, $\dfrac{\Delta m}{\Delta \rho_e}$ 를 대신할 수 있다. 하지만 본문에서 밝힌 바와 같이 $\dfrac{\Delta u}{\Delta x} = 0$의 조건은 많은 경우 성립하기 어렵다는 문제가 있다.

이상과 같이 진술선호법이나 특성임금법, 회피행위분석 등을 통해 사망확률의 한계적 변화에 대한 지불의사를 추정한 후, 특정 정책이 어느 정도의 사망확률 변화를 가져다주는지를 파악하여 통계적 생명 측면의 정책 편익을 도출할 수 있다.

한편, 같은 환경오염 수준이라도 그로 인한 사망확률은 연령이나 개인 건강도에 따라서 다를 수 있으며, 개인은 또한 연령에 따라 소득수준이 달라지기도 한다. 이런 점을 감안하여 생애 전체에 걸친 소득과 사망확률 분포를 반영하는 개인의 생애주기(life cycle) 최적화 행동을 분석할 수 있다. 이러한 동태 분석은 연령과 건강도 등에 따라 사망확률 감소에 대한 지불의사가 어떻게 달라지는지도 파악하게 한다. 생명가치 관련 동태분석으로 가장 잘 알려진 문헌이 크로퍼와 수스만(Cropper and Sussman, 1990)이다.

연습문제

01 3개의 국립공원 가운데 하나를 선택하는 행위를 분석했더니, 각 국립공원을 방문하여 얻는 만족도가 다음처럼 추정되었다고 하자.

$$v_1 = 0.006A_1 - 0.0003p_1, \qquad v_2 = -1.5 + 0.006A_2 - 0.0003p_2,$$
$$v_3 = -1 + 0.006A_3 - 0.0003p_3$$

A_i는 공원의 면적이고, p_i는 여행비용인데, 세 공원의 면적은 순서대로 400, 500, 300(km²)이고, 평균 여행비용은 순서대로 55,000, 50,000, 60,000(원)이다. 다음 질문에 답하라.

(가) 세 공원의 방문확률을 도출하라.
(나) 공원 2의 면적이 100km² 줄어들 때의 1인당 편익을 구하라.
(다) 모든 공원의 면적이 10km²씩 늘어날 경우의 1인당 편익을 구하라.
(라) 세 공원의 휴양가치를 각각 추정하라.

02 해리슨과 루빈펠트(Harrison and Rubinfeld, 1978)는 초기의 특성가격법 연구 가운데 매우 잘 알려진 연구이다. 이들은 미국 보스턴의 506개 관측치 자료를 이용해 다음과 같은 특성가격함수를 추정하였다.

$$\ln(주택가격) = 9.76 + 0.0063방수^2 + 8.98 \times 10^{-5}노후연수관련변수$$
$$- 0.19\ln(도심지거리) + \dots - 0.012주변범죄율 - 0.0064NO_x$$

이 추정 결과로부터 도출된 잠재한계가격을 다시 질소산화물 오염도와 소득 등에 대해 다음과 같이 회귀분석하였다.

$$w = -581 + 189NO_x + 12.4소득 - 119.8가구원수$$

현재의 평균 NOₓ 오염도(=pphm)가 5.55라고 하자. 평균 소득을 지수로 11.5라 하고, 평균 가구원 수를 3명이라 하자. 위에서 추정된 한계지불의사 함수를 이용하여 이 평균적인 가구의 평균적인 대기오염도에서의 대기오염개선에 대한 한계지불의사를 도출하고, 오염도가 4.25로 개선될 경우 얻게 되는 편익을 각각 도출하라. 추정된 함수 w 값의 단위는 달러이다.

- 권오상(2004) "국립공원의 적정 입장료 산정," 김성일·권오상·강미희, 『국립공원별 특성에 따른 공원관리방안 연구 II』, 국립공원관리공단.

- 권오상(2005), "확률효용모형 분석을 통한 국립공원의 경제적 가치 평가," 『자원·환경경제연구』 14: 51−73.

- 권오상·김원희·이혜진·허정회·박두호(2005), "댐호수의 특성별 휴양가치 분석," 『자원·환경경제연구』 14: 867−891.

- 김효진(2019), 『한국인의 통계적 생명가치(VSL) 추정과 일과 삶의 균형(WLB)에 대한 실증분석』, 한양대학교 경제학 박사학위 논문.

- 박윤선·권오상(2020), "가계단위 구매 자료를 이용한 개별 과채류의 수요분석," 『식품유통연구』 37: 55−79.

- 이혜진·권오상(2010), "혼합로짓모형을 이용한 다목적지 여행의 편익 분석," 『자원·환경경제연구』 19: 547−569.

- 임영식·전영섭(1993), "헤도닉가격기법을 이용한 대기질 개선시의 편익추정," 『자원경제학회지』 3: 81−105.

- 조만석·허성윤·이용길(2016), "혼합 MDCEV 모형을 이용한 발전사업자의 최적 재생에너지 포트폴리오 구성에 관한 연구," 『에너지경제연구』 15: 55−88.

- Bartik, T. J. and K. V. Smith (1987), "Urban Amenities and Public Policy," in E. S. Mills, ed., *Handbook of Regional and Urban Economics*, North−Holland.

- Barwick, P. J., S. Li, A. Waxman, J. Wu, and T. Xia (2024), "Efficiency and Equity Impacts of Urban Transportation Policies with Equilibrium Sorting," *American Economic Review* 114: 3161−3205.

- Bayor, P. and C. Timmins (2005), "On the Equilibrium Properties of Locational Sorting Models," *Journal of Urban Economics* 57: 462−477.

- Bockstael, N. E. (1995), "Travel Cost Models," in D. W. Bromley ed., *The Handbook of Environmental Economics*, Blackwell Publishers.

- Bockstael, N. E., W. M. Hanemann, and C. L. Kling (1987), "Modelling Recreational Demand in a Multiple Site Framework," *Water Resources Research* 23: 951−960.

- Bockstael, N. E. and K. E. McConnell (1983), "Welfare Measurement in the Household Production Framework," *American Economic Review* 73: 806−814.

- Bockstael, N. E. and K. E. McConnell (2007), *Environmental and Resource Valuation with Revealed Preferences: A Theoretical Guide to Empirical Models*, Springer.

- Bockstael, N. E., K. E. McConnell and I. E. Strand (1991), "Recreation," in J. B. Braden and C. D. Kolstad, eds., *Measuring the Demand for Environmental Quality*, North-Holland.

- Brown, J. N. and H. S. Rosen (1982), "On the Estimation of Structural Hedonic Price Models," *Econometrica* 50: 765-768.

- Clawson, M. (1959), *Methods of Measuring the Demand for and Value of Outdoor Recreation*, RFF Reprint No. 10, Resources for the Future.

- Cropper, M. L. and G. F. Sussman (1990), "Valuing Future Risks to Life," *Journal of Environmental Economics and Management* 19: 160-174.

- Feather, P. M., D. R. Hellerstein, and T. Tomasi (1995), "A Discrete-Count Model of Recreational Demand." *Journal of Environmental Economics and Management* 29: 214-227.

- Freeman, A. M, III., J, A. Herriges, and C. L. Kling (2014), *The Measurement of Environmental and Resource Values: Theory and Methods*, 3rd ed., Resources for the Future.

- Griliches, Z. ed. (1971), *Price Indexes and Quality Change*, Harvard University Press.

- Habb, T. C. and K. E. McConnell (2002), *Valuing Environmental and Natural Resources: The Econometrics of Non-Market Valuation*, Edward Elgar.

- Hanemann, M. W. (1984). "The Discrete/Continuous Model of Consumer Demand." *Econometrica* 52: 541-561.

- Harrison, D. Jr., and D. L. Rubinfeld (1978), "Hedonic Housing Prices and the Demand for Clean Air," *Journal of Environmental Economics and Management* 5: 81-102.

- Hausman, J. A. (1981), "Exact Consumer's Surplus and Dead Weight Loss," *American Economic Review* 71: 662-676.

- Hausman, J. A., G. K. Leonard, and D. McFadden (1995), "A Utility Consistent, Combined Discrete Choice and Count Data Model: Assessing Use Losses Due to Natural Resource Damage," *Journal of Public Economics* 56: 1-30.

- Kim, C. W., T. T. Phipps, and L. Anselin (2003), "Measuring the Benefits of Air Quality Improvement: A Spatial Hedonic Approach," *Journal of Environmental Economics and Management* 45: 24-39.

- Kuminoff, N. V., V. K. Smith, and C. Timmins (2013), "The New Economics of Equilibrium Sorting and Policy Evaluation Using Housing Markets," *Journal of Economic Literature* 51: 1007-1062.

- Lerman, S. R. and C. F. Manski (1981), "On the Use of Simulated Frequencies to Approximate Choice Probabilities," in C. F. Manski and D. McFadden (eds.) *Structural Analysis of Discrete Data with Econometric Applications*, MIT Press.

- McConnell, K. E. (1985), "The Economics of Outdoor Recreation," in A. V. Kneese and J. L. Sweeney, eds., *Handbook of Natural Resource and Energy Economics* Vol 1, North−Holland.

- McFadden, D. (1974), "Conditional Logit Analysis of Qualitative Choice Behavior," in P. Zarembka ed., *Frontier in Econometrics*, Academic Press.

- Marin, A. and G. Psacharopoulos (1982), "The Reward for Risk in the Labor Market: Evidence from the United Kingdom and a Reconciliation with other Studies," *Journal of Political Economy* 90: 827−853.

- Palmquist, R. (1991), "Hedonic Methods," in B. Braden and C. D. Kolstad, eds., *Measuring the Demand for Environmental Quality*, North−Holland.

- Palmquist, R. (2005), "Property Value Models," in K.−G. Mäler and J. Vincent., eds., *Handbook of Environmental Economics: Valuing Environmental Changes*, Vol 2, Elsevier North Holland.

- Parsons, G. R. and M. J. Kealy (1995), "A Demand Theory for Number of Trips in a Random Utility Model of Recreation," *Journal of Environmental Economics and Management* 29: 357−367.

- Phaneuf, D., J., C. L. Kling and J. A. Herriges (2000), "Estimation and Welfare Calculations in a Generalized Corner Solution Model with an Applicatoin to Recreation Demand," *Review of Economics and Statistics* 82: 83−92.

- Phaneuf, D., J. and K. V. Smith (2005), "Recreation Demand Models," in K.−G. Mäler and J. Vincent., eds., *Handbook of Environmental Economics: Valuing Environmental Changes*, Vol 2, Elsevier North Holland.

- Rosen, S. (1974), "Hedonic Prices and Implicit Markets: Product Differentiation in Pure Competition," *Journal of Political Economy* 82: 34−55.

- Sieg, H. (2020), *Urban Economics and Fiscal Policy*, Princeton University Press.

- Sieg, H., V. K. Smith, H. S. Banzhaf, and R. Walsh (2004), "Estimating the General Equilibrium Benefits of Large Changes in Spatially Delineated Public Goods." *International Economic Review* 45: 1047−1077.

- Taylor, L. O. (2017), "The Hedonic Method," in P. A. Champ, K. J. Boyle and T. C. Brown, eds., *A Primer on Nonmarket Valuation: The Economics of Non−Market Goods and Resources*, 2nd ed., Springer.

- Train, K. E. (2009), *Discrete Choice Methods with Simulation*, 2nd ed., Cambridge University Press.

환경개선의 편익분석 3: 진술선호법

제15, 16장에서 설명된 현시선호 분석법들은 모두 환경질과 관련이 있는 시장재의 소비행위에 대한 엄밀한 가정하에 사용되고, 비교적 복잡한 계량경제학 분석 절차를 필요로 하며, 그런 만큼 적용 대상도 제한된다. 그렇다면 소비자 행위와 관련된 엄밀한 가정이나 복잡한 추정 절차를 거치지 말고 소비자가 환경질 개선을 위해 부담할 의사가 있는 금액을 직접 대답하도록 함으로써 보다 광범위한 환경재의 가치를 평가할 수 있지 않겠는가? 진술선호법, 그중에서도 가상가치평가법(contingent valuation methods, CVM)[1]은 이러한 문제의식에서 사용되기 시작한 환경재 가치평가 방법으로서, 광범위한 환경재 가치평가를 위해 사용될 수 있고, 사용가치는 물론 존재가치까지도 평가할 수 있다. 현재에는 가상가치평가법뿐 아니라 이에서 파생된 여러 진술선호법도 사용되는데, 제17장은 이들 진술선호법에 대해 살펴보고, 이어서 진술선호법과 현시선호법을 혼합해서 분석하는 방법과 모의시장분석에 대해서도 설명하도록 한다.

section 01 가상가치평가법의 역사와 특징

1. 가상가치평가법의 역사

환경경제학이 독립된 학문분과로 성장하기 이전부터 몇몇 경제학자들은 시장가격이 존재하지 않는 공공재의 사회적 가치를 설문조사를 통해 알아낼 수 있다는 사실에 주목해 왔다. 이러한 아이디어가 등장하는 가장 오래된 문헌으로 씨리아시-완트럽(Ciriacy-Wantrup, 1947)의 논문이 지목된다. 이 논문은 설문조사를 통해 공공재의 가치를 평가할 때 몇 가지 문제점이 나타나게 되지만, 연구자가 주의를 기울이면 모두 극복될 수 있다고 보았다.

그러나 씨리아시-완트럽의 제안에도 불구하고, 경제학에서는 설문조사를 통해 공공재의 가치를 평가하는 것이 오랫동안 금기시되었다. 이러한 풍토에 큰 영향을 미친 연구가

---

1) 국내 문헌에서는 CVM을 조건부가치평가법이라 번역하기도 한다. 조건부가치평가법은 CVM의 영문표기를 직역한 것이다. CVM은 물론 특정 조건에서 환경재의 가치를 평가하지만, 그 조건이 실제 상황이 아니라 가상적으로 설정된다는 점이 가장 큰 특징이다. 따라서 우리는 가상가치평가법이라는 용어를 우선 사용하는데, 이 용어가 조건부가치평가법과 동일한 의미를 지닌다는 것을 이해하기 바란다.

바로 새뮤얼슨(Samuelson, 1954)의 공공재 수요에 관한 논문이다. 본서의 제4장에서 설명한 바와 같이, 새뮤얼슨은 이 논문에서 각 개인은 공공재 수요에 관한 한 무임승차자가 되려 하고, 공공재에 대한 자신의 수요를 자발적으로 나타내려 하지 않는다는 사실을 증명하였다. 공공재가 이런 속성을 지니기 때문에 설문조사를 통해서는 각 개인이 공공재에 대해 가지는 실제 지불의사를 나타내게 할 수 없다는 것이다.

경제학 연구에서는 이상의 이유로 인해 설문조사법이 수요분석 목적으로는 오랫동안 사용되지 아니하였으나, 경영학이나 마케팅 연구에서는 신제품의 수요예측 등을 위해 광범위하게 사용되었다. 아직 개발 중인 상품의 소비자 구매 의향이 어느 정도인지를 파악하기 위해 설문조사법을 사용하는 것이 그 예가 될 것이다.

씨리아시-완트럽이 제안한 설문조사법을 실제로 환경재의 가치평가를 위해 사용한 최초의 분석은 데이비스(Davis, 1963)의 미국 하버드대학 박사학위논문이다. 데이비스는 이 논문에서 미국 메인(Maine)주의 사냥터 가치를 평가하기 위해 설문조사를 실시하였다. 그는 입찰게임(bidding game)이라 불리는 기법을 사용하여 사냥꾼들이 숲을 보존하기 위해 지불할 의사가 있는 금액을 조사하여 이를 숲의 가치라 보았다.

설문조사법은 데이비스의 분석 이후에도 경제학 분야에서는 한동안은 사용되지 않다가 1970년대 중반에 들어와 본격적으로 연구되기 시작하였으며, 오늘날에는 CV, 혹은 CVM이라는 이름으로 불리고 있다. 이 시기의 중요한 연구로 란달 외(Randall et al., 1974)의 연구를 들 수 있는데, 이들 역시 입찰게임기법을 사용하여 환경재의 가치를 평가하였고, 이 기법과 관련된 이론적인 문제를 검토하였다. 이 연구 이래 CVM은 공공재 가치평가 기법으로 본격적으로 연구되었다. 특히 표준적인 설문법과 계량분석 절차로 인정받고 있는 하네만(Hanemann, 1984)의 논문이 발표되는 등, 기법의 많은 발전도 있었다.

CVM은 이처럼 학술적 노력에 의해 기법이 발전해 왔다. 하지만 CVM은 동시에 1989년 알라스카에서 발생했던 유조선 엑손 발데즈(Exxon Valdez)호 좌초사건이나 2010년 BP(British Petroleum)사 심해유정 딥워터호라이즌(Deepwater Horizon)의 뉴멕시코만 원유 유출사건과 같은 대형 환경사고의 피해보상액 추정에 사용되면서 그 타당성이 비판받고 검증되는 과정도 거치게 되었다. 이는 CVM의 한계와 그 극복 방법 등에 관한 많은 논의가 이루어지는 계기가 되었다.[2]

---

2) 이 두 사고와 그 피해보상액 추정 과정에서 발생한 논란, 그리고 그 논란이 CVM기법 발전에 미친 영향에 관해서는 포트니(Portney, 1994), 클링 외(Kling et al., 2012), 그리고 본서의 제4판을 참고할 수 있다.

2. 가상가치평가법의 특징

가상가치평가법은 그 이름이 의미하는 바와 같이 각 개인이 환경재 이용과 관련된 의사결정을 해야 할 가상적인 상황을 설정하고, 이 상황에서 각 개인이 어떤 선택을 할 것인지를 설문조사를 통해 조사하여 환경재 가치를 평가하는 방법이다.[3] 이 방법은 현시선호법과는 달리 각 개인이 실제로 행한 선택을 분석하는 것이 아니라 환경재 가치를 개인에게 직접 물어보는 방법이다. 따라서 이 방법은 원칙적으로는 자연 휴양지, 경관, 습지, 대기 및 수질, 산림보호, 야생 동식물 보호 등과 같은 어떤 종류의 환경재 가치평가를 위해서도 사용될 수 있다.

여행비용법이나 특성가격법은 환경질 개선의 보상잉여 CS나 동등잉여 ES를 평가하기보다는 주로 관련 시장재 소비로부터 얻는 소비자잉여의 변화를 통해 환경질 개선의 편익을 간접적으로 추정한다. 이에 반해 가상가치평가법은 개인의 CS나 ES를 직접 평가할 수 있다는 장점도 가진다.

마지막으로 가상가치평가법은 특정 환경재를 소비하지 않는 사람이 환경재에 대해 부여하는 가치도 평가할 수 있기 때문에 사용가치는 물론 존재가치도 반영할 수 있다. 예를 들어 낙동강 하구 철새도래지의 가치를 평가한다고 하자. 이를 위해 현시선호법을 사용하고자 한다면 여행비용법을 적용하여 철새도래지를 방문하는 사람들이 얻는 편익을 추정해야 할 것이다. 그러나 전 국민 가운데 실제로 낙동강 철새도래지를 방문하는 사람은 일부에 불과하므로, 이 방법을 통해 추정된 사용가치는 크지 않을 것이다. 철새도래지를 직접 방문한 적도 없고 미래에 방문할 가능성도 낮은 국민 중에서도 상당수가 철새도래지가 희귀조류를 보호하기 위해 보존되어야 한다고 생각할 것이다. 이들을 대상으로도 설문조사를 하면, 이들이 가지는 존재가치로서의 지불의사를 도출할 수가 있다.

CVM은 이처럼 적용범위가 넓고 존재가치를 평가할 수 있다는 장점을 가진다. 하지만 각 개인이 실제로 행한 행위를 분석하지 않고 가상적인 상황을 설정하고 그 상황에서 개인이 행할 행위를 질문하기 때문에 매우 큰 오류를 범할 수 있다. 이런 이유로 인해 CVM으로 환경재 가치를 평가할 경우에는 설문지의 작성, 설문 시행, 사후 분석에서 세심한 주의를 기울여야 한다. 여러 가지 사회경제적, 심리적 요인 또한 설문 응답에 영향을 미치기 때문에 CVM을 연구하는 학자들은 경제학이나 계량경제학뿐만 아니라 시장조사론, 조사방

---

3) 미첼과 카슨(Mitchell and Carson, 1989)은 CVM관련 가장 저명한 초기 연구서이다. 카슨과 하네만(Carson and Hanemann, 2005), 그리고 존스톤 외(Johnston et al., 2017)도 유용한 문헌이다.

법론, 사회심리학, 인지심리학, 실험경제학 등과 같은 관련 학문의 연구성과를 많이 받아들이고 있다.[4]

CVM에 의한 편익분석은 설문조사에 전적으로 의존하기 때문에 설문지가 어떻게 작성되어 있느냐에 따라 분석 결과가 민감한 영향을 받는다. CVM이 사용하는 설문지는 크게 다음의 세 부분으로 구성되어 있다.

① 평가되는 환경재에 대한 설명과 응답자가 처한 가상적 상황에 대한 설명
② 응답자의 환경재에 대한 지불의사를 유도하는 질문
③ 응답자의 사회경제적 특성과 평가대상 환경재에 관한 선호, 환경재의 이용여부 등에 관한 질문

이상의 세 가지 구성 내용은 설문지에 꼭 포함되어야 하나, 설문지가 반드시 위와 같은 순서를 따를 필요는 없다. 설문지의 구성요소를 아래의 보론에 나와 있는 예를 통해 설명해 보자. 먼저 설문지는 평가의 대상이 되는 환경재나 환경개선사업에 대해 명확히 설명하여야 한다. 이 부분에서는 평가대상이 되는 환경재의 범위와 환경개선사업이 구체적으로 실행되는 상황을 설명해야 하고, 이를 위해서는 그림이나 사진과 같은 보조수단을 사용할 수 있다. 또한 환경재나 환경개선사업에 대해 어떤 방식으로 응답자가 소득의 일부를 지불해야 하는지도 명확히 하여야 한다.

설문지의 두 번째 구성항목은 환경재나 환경개선사업에 대한 지불의사를 실제로 도출하는 질문들이다. 아래의 예에서는 두 가지 서로 다른 질문을 보여주고 있는데, 이외에도 다양한 방법으로 지불의사를 물어볼 수 있다. 지불의사도출을 위해 어떤 형식의 질문을 사용하느냐에 따라 분석결과가 영향을 받을 수 있기 때문에 질문형식의 선택에 있어서도 세심한 주의를 기울여야 한다.

설문지의 마지막 구성항목은 응답자 개인의 특성에 관한 질문들이다. 응답자의 나이, 소득, 연령, 성별 차이, 그리고 평가대상 환경재의 이용 빈도 등이 환경재에 대한 지불의사에 어떤 영향을 미치는지를 파악하기 위한 추가 질문들이다.

이상의 내용을 포함하는 설문지를 작성하는 과정은 전체 CVM 분석에서도 가장 중요

---

4) CVM은 설문조사를 통해 개인의 정보와 반응을 얻기 때문에 자칫하면 시행 과정에서 응답자의 인권을 침해할 수도 있다. 따라서 설문조사는 각 대학이나 연구기관의 생명윤리위원회(Institutional Review Board, IRB)의 검토·승인하에 이루어져야 한다.

한 절차이므로 대단히 많은 주의와 시간을 필요로 한다. 평가 주제가 정해지면 먼저 표적집단조사(focus group interview, FGI)를 실시하는데, 비교적 소수의 참여자를 불러 이들이 가지고 있는 평가대상 공공재에 대한 생각이나 연구 주제에 대한 이해도, 실시하려는 설문조사 구조나 내용에 대한 이해도나 반응 등을 심층 조사한다. FGI를 거쳐 수정·보완된 설문지는 다시 본 조사의 대상자보다는 좀 더 적은 수를 대상으로 하는 사전조사(pretest)를 통해 응답자들이 가지는 지불의사의 범위나 응답자 반응의 특이성 존재 여부를 확인하는 절차를 거친다. 이런 과정을 필요하다면 몇 차례 거쳐서 최종 작성된 설문지를 분석에 활용한다.

CVM설문지의 예

〈도입부〉

안녕하십니까?

저는 ○○대학교의 △△△입니다. 본 연구진은 전국의 하천 수질을 개선하는 정책이 경제적으로 얼마나 가치 있는 사업인가를 분석하고자 합니다. 연구를 위해 제가 드리는 질문에 대한 귀하의 응답은 환경부가 수질개선사업을 시행하는 데 있어 유용한 자료로 사용될 수 있습니다. 제가 여쭈어보는 질문들에 대한 대답은 귀하의 견해나 입장에 따라 달라질 수 있으며, 이 질문들에 대한 정답이 있는 것은 아닙니다. 또한 귀하의 응답 내용은 연구 외의 목적을 위해 사용되지 않을 것이며, 귀하의 견해가 개인 정보와 함께 외부에 유출되는 일도 없을 것이라는 사실을 알려드립니다.

〈환경재에 대한 설명〉

다음의 질문에 대해 대답해 주시기 바랍니다. 아래에서 "수질"이라 함은 전국의 강이나 호수의 수질을 의미하며, 바닷물이나 지하수, 수돗물 등의 수질을 의미하지는 않습니다.

수질을 분류하는 기준에는 몇 가지가 있습니다. 본 조사는 수질을 5등급으로 나누겠습니다. 1등급 하천수는 최상의 수질을 보이며, 간단한 여과 후 식수로 사용해도 적합한 정도입니다. 2등급 하천은 식수로는 사용할 수 없으나, 수영, 낚시, 뱃놀이 등은 할 수 있는 하천입니다. 3등급 하천에서는 수영은 할 수 없으나, 낚시나 뱃놀이는 할 수 있습니다. 4등급 하천은 오염이 심하여, 낚시도 불가능하고 뱃놀이 정도만 할 수가 있습니다. 마지막으로 5등급 하천은 매우 심하게 오염되어, 위의 어떤 용도로도 이용될 수 없는 하천입니다.

전국의 강과 호수는 위의 5가지 등급 가운데 어느 한 가지 등급에 속하는데, 한강이나 낙동강과 같은 주요 하천의 경우에는 지역별, 계절별로 차이는 있으나 대개 2등급에서 4등급까지의 수질을 보여주고 있습니다.

정부는 수질개선사업을 통해 위와 같이 오염된 전국의 강과 호수가 10년 이내에 모두 1등급 내지 2등급의 수질을 보유하도록 하고, 모든 하천이 최소한 수영을 할 수 있을 정도의 수질을 유지하도록 하고자 합니다.

정부가 위와 같은 수질개선사업을 시행하기 위해서는 오염물질 배출업소를 이전하거나, 규제를 강화하고, 하수처리시설을 설치하거나 하상정비사업 등을 시행해야 합니다. 이모든 사업에는 비용이 소요됩니다. 정부는 이 사업비용을 한시적인 특별세를 징수하여 마련하고자 합니다.

〈응답자의 환경재에 대한 지불의사 도출〉

• 질문(A형)

위와 같은 수질개선사업을 위해 귀하는 향후 10년간 매년 얼마씩을 세금으로 추가 납부하실 의향이 있습니까?　　(　　)원

• 질문(B형)

위와 같은 수질개선사업을 위해 귀하는 향후 10년간 매년 x원을 세금으로 추가 납부하실 의향이 있습니까?　　(예)　　(아니오)

〈응답자의 특징〉

• 귀하의 가구당 월평균 소득은 어느 정도입니까?
• 귀하의 가구원 가운데 18세 미만인 분은 몇 분입니까?
• 지난 1년간 귀하의 식구들이 수영, 낚시, 수상스키, 뱃놀이, 야영 등을 위해 강이나
　호수를 찾은 적이 있습니까?

1. 설문조사 방법

CVM 설문조사는 면담조사, 전화조사, 우편조사, 온라인조사 가운데 하나를 통해 이루어진다. 면담조사는 조사원이 응답자를 직접 방문하여 설문지에 관해 설명하고 응답을 기재하는 방식으로 이루어지고, 전화조사 시에는 조사원이 응답자에게 전화를 걸어 설문지를 읽어준 뒤, 응답자의 반응을 기재한다. 우편조사는 반송 봉투와 함께 설문지를 우송하여 응답자가 직접 설문지를 읽어본 후 자신의 반응을 기재하여 연구자에게 반송하도록 한다. 온라인조사도 최근에는 빈번히 이루어지는데, 인터넷 등을 통해 제시되는 설문에 이용자가 참여한다.

이 네 가지 설문조사 방법은 각각 장단점을 가지고 있다. 면담조사는 전화조사나 우편조사에 비해 응답률이 높다는 장점을 가지긴 하나 비용이 많이 들고, 조사원 앞에서 대답해야 한다는 부담을 가지기 때문에 응답자가 과다한 지불의사를 표명할 가능성도 있다. 전화조사는 비용이 면담조사보다 적게 들고, 응답률은 우편조사 시 보다 높지만, 그림이나 사진과 같은 시각적 효과를 이용하여 설문을 진행할 수 없다는 단점이 있다. 우편조사는 가장 적은 비용으로 시행할 수 있지만 무응답률이 매우 높아 왜곡된 분석 결과를 초래할 수 있다. 인터넷은 연령이나 직업별로 사용 빈도가 다른 문제가 있긴 하나, 최근에는 거의 모든 계층이 활발히 이용하고 있기 때문에 온라인을 통해 수집된 응답 자료의 신뢰도가 높아지고 있으며, 인터넷이 가진 상호 의사소통기능이나 신속함, 조사비용의 장점 등을 활용할 수 있다.

이 네 가지 조사 방법 중 반드시 한 가지만 사용될 필요는 없고 두 가지 이상의 방법이 함께 사용될 수도 있다. 예를 들어 먼저 우편이나 온라인으로 사진 등의 시각 자료를 보내주고 어느 정도 시간이 지난 후 전화를 걸어 먼저 보내준 자료를 보며 응답하게 할 수도 있다.

2. 질문 형태

가. 지불의사를 직접 표명하게 하는 질문

설문에서 사용할 수 있는 가장 간단한 형태의 질문형식은 응답자가 자신의 가치를 직접 말하게 하는 것이다. 이때에는 환경질 개선에 대해 응답자가 지불하고자 하는 금액, 즉 CS를 질문하거나, 환경질 개선을 포기하는 대가로 정부로부터 받고자 하는 금액, 즉 ES를 질문할 수 있다. 이때 응답된 CS와 ES 사이에 큰 격차가 나타날 수 있고,[5] 특히 ES를 질문할 경우에는 응답자가 자신의 소득에 비해 지나치게 높은 ES를 대답하는 경우가 종종 나타난다. 따라서 CVM에서는 대개 ES보다는 CS를 질문한다.

1) 입찰게임

입찰게임(bidding game)은 CVM 초기 연구들이 가장 많이 사용한 질문형식이다. 이 방식은 응답자에게 환경질 개선을 위해 특정 금액을 지불할 의사가 있는지를 물어보고, 그 대답이 정(yes)이면 제시금액을 높여서 계속 질문한다. 제시금액을 높여서 계속 질문하여 결국 어느 수준의 금액에 이르러 응답자가 부(no)의 대답을 하면, 질문을 종료한다. 만약 응답자가 최초 제시된 금액에 대해 부의 대답을 하면, 이보다 낮은 금액을 제시하여 다시 질문하고, 금액을 계속 낮추어 정의 대답이 나올 때까지 질문을 계속한다. 입찰게임에서는 각 응답자가 정의 대답을 한 제시액 가운데 최고의 금액이 응답자의 환경질 개선에 대한 CS이다.

입찰게임은 별도의 복잡한 계량분석 없이 CS를 도출할 수 있기 때문에 매우 편리한 방법이다. 그러나 이 방법은 설문자에 의해 최초에 제시된 금액이 도출되는 CS에 민감한 영향을 미친다는 큰 결점을 가진다. 평소에 환경질 개선 편익을 깊이 생각해 보지 못한 응답자는 설문자가 제시한 금액을 일종의 모범답안으로 간주하는 경향이 있고, 따라서 최초에 제시된 금액에 매우 가까운 금액을 자신의 CS로 대답할 가능성이 있다. 이런 이유로 인해 왜곡된 CS를 얻게 되는 문제를 시작점 편의(starting point bias)라 부른다.

2) 개방형 질문

개방형 질문(open-ended question)은 입찰게임이 가지는 시작점 편의를 줄이기 위해 사용된다. 즉 조사자는 어떠한 금액도 제시하지 않고, 환경질 개선에 대해 지불할 용의가 있는 금액, 즉 CS를 응답자가 직접 써내도록 한다.

개방형 질문은 입찰게임과 같은 시작점 편의를 가지지는 않지만, 응답된 CS가 응답자별로 큰 격차를 보이고, 그로 인해 분석결과의 신뢰성이 낮다는 문제점을 가진다. 평소에 환경재의 가치에 대해 생각해 보지 못한 응답자에게 갑자기 자신의 CS를 적어내라고

---

5) 그 이유에 관해서는 제14장 제2절을 참조하기 바란다.

하면 응답률이 매우 낮게 나타나거나, 응답하는 경우라도 지나치게 높거나 낮은 CS를 적어낼 가능성이 있다.

3] 지불카드방법

지불카드(payment card)방법은 개방형 질문이 지나치게 큰 변이를 가지는 CS를 얻게 되는 문제를 개선하기 위해 고안된 방법이다. 이 방법을 쓸 때 응답자는 자신과 같은 소득수준을 가진 사람들이 공공정책사업을 위해 현재 연간 지불하고 있는 금액을 나타내는 표를 제시받고, 이 표를 참조하여 자신이 수질개선과 같은 환경개선사업에 추가로 지불할 의사가 있는 금액을 적어낸다. 지불카드를 사용하면 응답자가 CS를 직접 적어내도록 하여도 개방형 질문법에 비해서는 응답금액의 변이를 많이 줄여줄 수 있다.

이상 세 가지 방법과 같이 지불의사를 직접 표명하게 하는 방법에서는 응답자의 응답에 CS가 이미 포함되어 있으므로 CS를 도출하기 위해 추가적인 계량분석을 할 필요가 없으며, 다만 응답자의 개인별 특성이 CS에 어떤 영향을 미치는지만 회귀분석을 통해 간단히 분석하면 분석절차가 완료된다.

그러나 이상의 방법 가운데 입찰게임은 특히 시작점 편의를 가질 가능성이 크고, 또한 입찰게임뿐 아니라 개방형 질문이나 지불카드방법의 경우에 있어서도 전략적 편의(strategic bias)가 나타날 가능성이 있다. 전략적 편의는 응답자가 자신의 응답결과가 정책에 반영된다는 사실을 알고 있는 상태에서 정책이 자신에게 유리한 방향으로 시행되도록 의도적으로 높은 CS나 낮은 CS를 말하는 경우에 발생한다. 이러한 전략적 편의의 문제는 뒤에서 다시 논의하기로 한다.

나. 투표모형

투표모형(referendum model) 혹은 양분선택형(dichotomous-choice format) 질문방식은 비숍과 헤블레인(Bishop and Heberlein, 1979)에 의해 처음 고안되고, 하네만(Hanemann, 1984)에 의해 계량경제학적 분석 절차가 갖추어진 질문 방법이다.[6] 이 방법은 응답자들이 자신의 CS를 직접 계산하여 대답하는 것은 힘들지만, 조사자에 의해 어떤 금액이 제시되었을

---

6) 2012년 한국환경경제학회와 한국개발연구원(KDI)이 공동 개최한 CVM 방법론 관련 국제심포지엄에서 하네만 교수는 자신이 CVM 제안자인 씨리아시-완트럽의 후임자로 캘리포니아-버클리 대학의 농업·자원경제학과 교수로 임용되었음을 밝힌 바 있다. 하네만은 자신의 전임자 씨리아시-완트럽은 이론경제학자라서 CVM을 제안만 하고 실제로 실행하지는 않은 반면, 자신은 투표모형 CVM을 실제로 실행하는 계량경제학 기법을 주로 연구한다고 하였다.

때 이를 환경질 개선을 위해 지불할 의사가 있는지를 '예'와 '아니오'로 대답하는 것은 상대적으로 쉬울 것이라는 점에 착안하여 개발되었다. 조사자는 전체 응답자를 몇 개의 집단으로 나눈 뒤, 집단별로 서로 다른 금액을 제시하여 제시된 금액을 지불할 의향이 있는지만을 묻고, 그 결과를 적는다. 예를 들어 응답자는 "한강수계를 모두 수영이 가능할 정도의 수질로 개선하기 위해 당신은 x원의 금액을 매년 지불할 의사가 있습니까?"라는 질문을 부여받고, 이 질문에 대해 '예'와 '아니오' 가운데 한 가지만 대답한다. 이때 제시되는 금액 x원은 집단별로 달라진다. 이러한 절차를 거친 응답 결과를 수거한 뒤, 조사자는 뒤에서 설명할 이산선택모형을 이용하여 응답 결과를 계량분석하고, 이어서 응답자들의 CS를 계산한다.

투표모형 CVM 적용 절차

1. 평가대상이 되는 환경재나 환경정책의 특성을 명확히 하는 설문지 작성
2. 우편조사, 전화조사, 면접조사, 온라인조사 등을 이용하여, 설문지가 제시하는 금액을 개인이 환경개선 비용으로 지불할 용의가 있는지 등 조사
3. 이산선택모형 등을 이용한 통계분석을 거쳐 경제적 편익 도출

투표모형은 CVM연구가 가장 많이 사용하는 질문방식으로 정착되었는데, 이는 이론적으로 보아 다른 어떤 질문형식보다도 실제와 가까운 CS를 도출할 가능성이 크기 때문이다. 투표모형의 장점으로 다음 내용을 들 수 있다.

① 투표모형은 응답자로 하여금 시장재의 구매여부를 결정하거나 공공정책에 대한 지지여부를 결정하는 과정과 유사한 사고절차를 거치게 한다. 각 개인은 어떤 재화나 서비스를 구매할 때, 우선 해당 재화나 서비스의 품질과 가격을 살펴본 후, 자신의 소득 등을 함께 고려해 구매할지 말지(take-it-or-leave-it)를 결정한다. 투표모형 역시 정부가 목표로 하는 환경질 개선 정도를 설명하고, 이러한 환경질 개선을 구매하기 위해 응답자가 지불해야 할 금액을 제시한다. 응답자는 환경개선이라는 상품과 제시된 금액, 그리고 자신의 소득을 감안해 이 상품을 구매할 것인지를 결정하게 된다.

어떤 공공정책에 대한 지지여부를 정부가 투표를 통해 물어볼 때, 유권자는 제시된 정책목표와 비용 등을 고려하여 이 정책에 대한 지지여부를 결정한다. CVM의 투표모형은 정부가 목표로 하는 환경개선을 제시된 금액만큼의 비용을 각 유권자에게 부담시키며 시행하고자 할 때 이러한 정책에 대해 유권자가 찬성하는지를 묻는 것과 동일한 기능을 한다. 투표모형은 이렇게 사유재 구매나 정책에 대한 찬반의사 결정 과정과 유사한 사고절차를 거치게 하므로 응답자의 응답이 실제 CS와 가까울 가능성이 있다.

② 투표모형에서는 응답자가 제시된 금액에 대해 '예'와 '아니오'의 대답만 하면 되므로 응답이 간단하고, 따라서 무응답률이 낮다.

③ 제시된 금액에 대한 '예'와 '아니오'의 대답 가운데 정답은 없다는 사실을 미리 강조할 경우 이 모형은 시작점 편의를 대폭 줄여줄 수 있다.

④ 투표모형에서는 전략적 편의가 발생할 가능성도 대폭 줄어든다. 입찰게임, 개방형 질문, 지불카드방법 등 자신의 CS를 직접 말하게 하는 설문에서는 응답자들이 전략적으로 CS를 과장하거나 축소할 수 있다. 즉 경제적 혹은 다른 이유로 인해 환경개선사업에 반대하는 사람은 실제로는 사업에 대해 어느 정도의 지불의사를 가짐에도 불구하고 0과 같은 극단적으로 낮은 지불의사를 응답할 가능성이 있다. 반대로 사업을 실행시키고자 하는 사람은 목적 달성을 위해 실제 부담할 수 있는 금액을 부풀려 설문에 응할 수 있다. 투표모형을 사용하면 이러한 전략적 편의의 가능성이 크게 줄어든다. 자신의 CS가 매우 크다는 사실을 과장되게 알리고 싶은 응답자라도 투표모형 설문조사에서는 제시된 금액에 대해 '예'라 대답하는 것 외에는 다른 대안을 선택할 수 없다. 마찬가지로 자신의 실제 CS가 제시된 금액보다도 더 적은 응답자도 '아니오'라는 대답만 할 수 있기 때문에 더 이상 전략적으로 행동할 수가 없게 된다.

투표모형이 전략적 편의로부터 비교적 자유롭다는 특성은 정보경제학의 용어를 빌어 유인일치성(incentive compatibility)을 가진다고 말하기도 한다. 유인일치성은 설문조사나 투표, 경매 등에 임하는 개인이 대상 재화나 서비스에 대해 자신이 가지고 있는 실제 가치를 숨기지 않고 정확히 드러내는 것이 본인 스스로에게도 이로울 때 성립한다. 투표모형 설문조사에서 응답자에게 제시된 금액이 10,000원이라면 이보다 지불의사가 더 높은 응답자는 '예'를, 반대로 그 보다 지불의사가 더 낮은 응답자는 '아니오'를 선택할 것이라는 점에서 투표모형은 유인일치성을 가진다고 이해된다.

　이상에서 본 바와 같이, 투표모형은 CS를 직접 표명하게 하는 질문법보다 분석 오류가 훨씬 적은 방법이라 할 수 있다. 그러나 이 방법은 다음과 같은 단점도 가지고 있다.

① 투표모형에서는 응답자에게 제시할 금액을 적절히 선택해야 하는 문제가 있다. 제시 금액 분포가 너무 높거나 낮으면 그 자체가 오류의 원인이 될 수 있다. 이 때문에 대개 투표모형을 실행하기 전에 사전설문(pretest) 절차를 밟는다. 즉 본격적인 설문을 시행하기 이전에 개방형 질문을 해 응답자들이 가지는 CS의 범위를 어느 정도 파악한 뒤, 그 정보를 이용해 본조사에서 제시할 금액들을 선정할 수 있다.
② 투표모형 응답은 복잡한 계량경제학 분석을 거쳐야 하고, 그 신뢰도 확보를 위해서는 직접적인 CS 표시법보다 훨씬 많은 수의 응답자를 조사해야 하며, 따라서 조사비용이 많이 소요된다. 신뢰할 만한 분석 결과를 얻기 위해 어느 정도의 응답자를 조사해야 하는지에 관한 정설은 없으나, 투표모형을 사용한 대부분의 연구는 1,000명 이상의 응답자를 조사한다.

　투표모형의 장점을 살리면서도, 적은 비용으로도 통계분석을 위해 필요한 만큼의 표본 수를 확보하기 위해 고안된 방법이 이중(double-bounded)투표모형 혹은 이중양분선택형질문법이다. 이 방법은 처음 제시된 금액에 대해 '예'라고 대답한 응답자에게는 그보다 더 높은 금액으로 한 차례 더 질문하여 가부를 다시 대답하게 하고, 처음 제시된 금액에 대해 '아니오'라고 대답한 응답자에게는 그보다 더 낮은 금액을 제시하여 가부를 대답하게 한다. 이와 같은 반복 질문은 반드시 두 차례만 행해질 필요는 없고, 필요한 경우 세 차례, 네 차례 등에 걸쳐 이루어질 수 있다. 이렇게 반복 질문할 경우 동일한 수의 응답자를 조사해도 한 번만 질문하는 투표모형에 비해 더 많은 정보와 표본 수를 얻을 수 있다. 그러나 이렇게 반복해서 질문하면 원래의 투표모형에는 없던 시작점 편의나 전략적 편의가 다시 나타날 수 있다.

　투표모형에서는 응답자들이 제안된 환경개선 프로그램에 대한 지불의사를 직접 밝히지 않고 찬반 여부만을 밝힌다. 따라서 응답 자체는 지불의사를 정확한 금액으로 표시하는 것이 아니라 지불의사가 존재할 범위만을 보여준다. 예를 들어 10,000원의 제시액에 대해 '예'를 응답한 응답자와 '아니오'를 응답한 응답자의 지불의사는 각각 [10,000원, $+\infty$)와 [0, 10,000원)의 범위 내에 있다. 지불의사가 이 범위 내의 금액 중 구체적으로 어느 것인지를 알기 위해서는 추가적인 계량경제 분석이 필요한데, 응답이 '예' 혹은 '아니오'이므로 두 대안 중 하나를 선택하는 이산선택모형의 하나이고, 따라서 제16장에서 공부한 확률효용의 형태로 모형을 구성하여 분석한다. 즉 투표모형은 제16장의 확률효용모형에서 선택 가능한 것이 휴양지가 아니라 '지불 찬성'과 '지불 반대'의 두 대안인 경우에 해당된다.

어떤 개인 j에게 실시된 설문조사에서 환경개선이 이루어지되 t_j만큼 대가를 지불해야 한다면 이 계획에 대해 찬성하는지를 물어보았다고 하자. 이 개인의 소득을 제외한 특성을 s_j라 하고, 소득을 m_j라 하자. 사업이 시행되지 않을 때의 만족도는 $u_{0j} = v_{0j} + \epsilon_{0j}$ $= \alpha_0 s_j + \beta m_j + \epsilon_{0j}$와 같이 나타내고, 대가를 지불하고 환경을 개선할 경우의 만족도를 $u_{1j} = v_{1j} + \epsilon_{1j} = \alpha_1 s_j + \beta(m_j - t_j) + \epsilon_{1j}$와 같이 나타내자. ϵ_{0j}와 ϵ_{1j}는 연구자가 값을 알 수 없는 확률변수이다. 이 응답자는 $u_{1j} \geq u_{0j}$일 경우 환경개선계획에 찬성하고 그 반대의 경우 반대한다. 두 확률변수 값의 차이를 $\epsilon_j = \epsilon_{1j} - \epsilon_{0j}$라 하고, 확률변수를 제외한 효용 부분의 차이를 $\Delta v_j = v_{1j} - v_{0j} = (\alpha_1 - \alpha_0)s_j - \beta t_j = \alpha s_j - \beta t_j$라 하자. 이 사람은 $\alpha s_j - \beta t_j + \epsilon_j \geq 0$일 경우 제시된 계획에 찬성할 것이며, $\alpha s_j - \beta t_j + \epsilon_j < 0$일 경우는 반대할 것이다. ϵ에 정규분포나 로짓(logit)분포와 같은 어떤 통계적 분포를 부여하고, 응답자가 실제로 선택한 결과를 가장 잘 반영하도록 파라미터 α와 β의 값을 제16장에서 설명한 최우추정법을 적용해 추정한다.[7]

일단 파라미터가 추정되면 그 결과로부터 환경개선 지불의사를 도출할 수 있다. 정의상 지불의사는 다음을 만족하는 CS_j가 되어야 한다.

$$\alpha_1 s_j + \beta(m_j - CS_j) + \epsilon_{1j} = \alpha_0 s_j + \beta m_j + \epsilon_{0j}$$

이를 CS_j에 대해 풀면 $CS_j = \dfrac{\alpha s_j}{\beta} + \dfrac{\epsilon_j}{\beta}$를 얻는다. 따라서 지불의사 자체가 하나의 확률변수가 된다.[8] ϵ의 평균은 0이므로 지불의사의 평균값으로 $E(CS_j) = \dfrac{\alpha s_j}{\beta}$를 도출한다. 하지만 지불의사의 대푯값을 도출하기 위해 이외에도 여러 방법을 사용할 수 있다. 예

---

7) 진술선호법의 구체적인 계량경제학 분석절차에 대해서는 합과 멕코넬(Haab and McConnell, 2002)과 권오상(2007, 제16장 부록)을 참조하기 바란다.
8) 한편 효용함수는 도입하지 않고 지불의사 자체를 $CS_j = \gamma s_j + \eta_j$와 같이 확률변수 η_j를 포함하도록 바로 설정하는 방법(= 확률지불의사모형)을 사용해서도 동일한 분석 결과를 얻을 수 있다. 개인 j는 제시된 금액이 자신의 CS_j보다 작으면 지불에 찬성할 것이고 그렇지 않으면 반대할 것이다. 이런 응답 결과를 모아 파라미터 γ를 추정하면 지불의사 추정치는 $E(CS_j) = \gamma s_j$가 된다. 이 방법에 대한 자세한 설명 역시 합과 멕코넬(2002), 권오상(2007)에서 확인할 수 있다.

를 들어 공공사업에 대한 지불의사는 0보다 작을 수가 없다고 보고 지불의사 분포를 양의 방향으로만 허용할 경우의 평균 지불의사를 구해줄 수 있다. 그리고 지불의사가 가지는 범위에 대한 사전지식이 있다면 효용함수나 지불의사함수의 추정 시 혹은 추정 이후에 지불의사가 이 범위 내에 존재하도록 제약을 가할 수도 있다.

지불의사 추정의 마지막 단계는 $E(CS_j) = \dfrac{\alpha s_j}{\beta}$의 통계적 분포를 구하는 것이다. 추정치 α와 β는 조사 표본이 달라지면 그 값도 달라지는 그 자체가 확률변수이므로 최우추정법 적용과정에서 각각의 분산과 서로 간의 공분산을 구할 수 있다. 지불의사 추정치는 이 두 확률변수의 비율이기 때문에 역시 확률변수이고, 따라서 $E(CS_j)$의 분산을 구하는 절차가 필요하다. $E(CS_j)$는 α와 β의 비선형함수이므로 이를 선형근사하여 이들 두 파라미터 추정치의 분산과 공분산으로부터 $E(CS_j)$의 분산을 구할 수 있다.[9] 또는 추정된 분산-공분산 정보를 이용해 α와 β의 값을 다수 추출해 그때마다 $E(CS_j)$를 구한 후, 그 분포를 확인하는 시뮬레이션 방법을 사용할 수도 있다. 이렇게 $E(CS_j)$의 분산을 구할 수 있으면 $E(CS_j)$의 추정치가 0과 다르다고 할 수 있는지를 통계적으로 검정할 수 있다.

지불거부응답과 음(−)의 지불의사문제

CVM 분석에서는 환경재가 비사용가치까지 가질 가능성이 많아 가능한 한 넓은 지역이나 계층의 응답자를 대상으로 설문조사를 한다. 이 경우 응답자 중 다수가 평가대상 환경재에 대한 관심과 지불의사가 없을 수 있고, 따라서 설문에서 제시된 지불금액 t에 대해 '아니오'를 선택하는 응답자 비율이 매우 높을 수 있다.

이렇게 지불 반대율이 높게 되면 나타나는 현상 중 하나가 추정되는 지불의사가 음(−)의 값을 갖게 된다는 점이다. 만약 개인 특성은 분석에 반영하지 않는다면 위의 CVM 절차에서 s는 1의 값을 가져 α는 상수항이 되고, 지불의사의 기댓값은 α/β이다. α는 $\alpha = \alpha_1 - \alpha_0$이므로 지불에 찬성할 때와 반대할 때의 효용함수 상숫값의 차이이다. 반대 응답이 대단히 많은 자료를 사용하면 반대할 때의 효용함수 값이 더 큰 것으로 분석되어 $(\alpha_0 > \alpha_1)$ α가 음이 되고, 따라서 지불의사 역시 음의 값으로 추정된다(α가 음으로 추정될 때에는 대개 통계적인 유의성이 낮아 실질적으로는 0으로 간주할 수도 있다).

---

9) 이 방법을 델타법(delta method)이라 부른다.

성격상 공공재의 편익은 음($-$)이 될 수 없기에 이 경우 결과의 해석이 대단히 어려워진다. 이 문제는 원칙적으로 지불의사가 아예 없는 사람과 지불의사가 있는 사람의 반응을 구분하여 분석함으로써 해결할 수 있다. 즉 전체 응답자를 지불의사가 0보다 크고 자기에게 제시된 금액 t의 지불에도 찬성한 사람(＝유형 1), 지불의사가 0보다 크지만 자기에게 제시된 금액 t의 지불에는 반대한 사람(＝유형 2), 그리고 지불의사가 0이어서 제시된 금액 t의 지불에 당연히 반대한 사람(＝유형 3)으로 구분하고, 지불의사는 유형 1과 유형 2의 응답 결과만으로 도출하여야 한다. 그리고 전 국민의 지불의사를 도출할 때에는 설문조사에서 유형 3이 차지했던 비율만큼의 국민은 지불의사가 0이라는 사실을 반영해 주어야 한다.

이런 분석을 위해서는 분석자는 전 국민 중 몇 %가 양($+$)의 지불의사를 가지는지, 그리고 지불의사가 양인 사람들은 지불의사로 얼마를 가지는지를 동시에 그러나 구분하여 추정하는 절차를 밟아야 한다. 예를 들어 제시된 금액에 대해 '아니오'를 선택한 사람들에게 다시 질문하여 평가대상 환경재에 대해서 "전혀 지불할 생각이 없는지"를 물어보고 그 응답에 따라 유형 2인지 유형 3인지를 판정할 수 있다(엄영숙 외, 2011).

투표모형의 적용 사례

권오상(2003)은 생태계나 건강에 대한 잠재적 위험도가 있는 GM 농산물과 일반농산물에 대한 소비자들의 지불의사가 얼마나 다른지를 확인하고자 하였고, 다음과 같은 추정 결과를 얻었다.

$$\Delta v_j = 0.175 + 0.125 \times \ln(\text{소득}_j) + 0.015 \times \text{나이}_j + 1.378 \times (\text{환경단체가입여부}_j)$$
$$- 0.296 \times \text{가족수}_j - 0.0011 \times t_j$$

위의 효용격차는 GM 농산물 대신 안전한 농산물을 소비할 때의 효용격차이다. 파라미터 중 통계적으로 유의하게 추정된 것은 환경보호단체 가입여부와 가족 수 그리고 t_j의 파라미터이었다. 가족 중 환경단체 활동이나 지원을 하는 경우 GM 농산물보다는 일반농산물 소비로부터 얻는 만족도가 더 크고, 가족 수가 많을 경우 비용부담 때문에 일반 농산물로부터 얻는 편익이 상대적으로 적다. 조사 시 자기에게 제시된 일반농산물에 대한 추가지불액이 클수록 일반농산물 선택확률이 줄어든다.

이 연구는 이 추정결과로부터 일반농산물에 대한 지불의사가 GM 농산물에 비해 2배 정도 됨을 보여준다.

3. 가상가치평가법의 타당성에 관한 논의

CVM은 환경재의 가치평가를 위해 광범위하게 사용될 수 있다는 장점을 가지지만, 소비자가 실제로 선택한 행위를 분석하는 것이 아니라 가상적인 상황에서 어떤 선택을 할 것인지를 설문을 통해 파악하기 때문에 분석 결과의 신뢰도가 낮을 수 있다. 따라서 CVM이 환경재의 가치평가를 위한 사용될 수 있는 타당한 방법인지에 대해서는 많은 논란이 있다.

가. 포함효과

포함효과(embedding)의 구체적 의미는 학자마다 다르게 표현되지만, 다음 네 가지를 포함효과 현상으로 볼 수 있다.[10]

① 범위효과(scope effect): 범위효과는 평가대상 환경재의 수량이나 단위의 차이를 응답자가 제대로 인식하지 못하여 발생하는 문제이다. 예를 들면 설문조사가 적절히 수행되지 못할 경우 4대강 전체의 수질개선 편익으로 응답된 금액이 낙동강만의 수질개선 편익으로 응답된 금액과 비슷하거나 오히려 더 낮은 현상이 발생한다.

② 순서효과(sequencing effect): CVM 분석 시 다양한 종류의 환경재 가치를 하나의 설문지를 통해 평가하는 경우가 있다. 이때 동일한 환경재 가치인 경우에도 설문지의 앞쪽에서 질문하느냐 아니면 다른 환경재의 가치보다도 나중에 질문하느냐에 따라 다른 응답 결과가 나타날 수 있다.

③ 합산문제(adding-up problem): 예를 들어 지리산에 반달곰이 100마리 생존해 있다고 가정하자. CVM을 통해 반달곰 1마리의 보존 가치를 평가하여 이를 100배 할 경우의 가치는 반달곰 100마리의 보존 가치를 한꺼번에 평가할 경우의 가치보다도 훨씬 크게 나타난다.

④ 도덕적 만족감 혹은 유사이타심(warm glow): 카네만과 네치(Kahneman and Knetsch, 1992)는 CVM 사용 시 응답자가 실제로 평가하는 것은 CVM 문항이 설명하는 환경재의 경제적 가치가 아니라 환경보호와 같은 도덕적인 사업에 대해 자신이 지원 의사를 표시한다는 사실로부터 얻는 도덕적 만족감의 가치라고 본다.

---

10) 이는 하네만(Hanemann, 1994)과 카네만과 네치(Kahneman and Knetsch, 1992)의 정의를 따른 것이다.

그러나 CVM을 옹호하는 학자들은 이상과 같이 제기된 포함효과가 CVM의 타당성을 저해하지는 않는다고 주장한다. 특히 순서효과와 합산문제는 환경재 사이의 대체 및 보완 관계에 의해 나타나는 자연스러운 현상으로서, 이를 CVM의 문제점으로 지적할 수는 없다고 주장한다. 또한 이들은 설문지가 평가대상 환경재의 범위를 명확히 전달하도록 작성될 경우에는 범위효과도 상당히 감소시킬 수 있다고 본다. 그리고 해리슨(Harrison, 1992)은 도덕적 만족감이란 효용의 또 다른 이름일 뿐이며, 응답자는 환경개선사업에 대해 지원함으로써 도덕적 만족감을 포함하는 자신의 효용을 극대화한다고 주장하였다. 위와 같은 포함효과가 어느 정도로 심각하게 나타나는지를 실제 분석한 연구들은 상반된 결론을 보여주기도 한다.[11]

나. 전략적 편의

응답자는 설문조사 결과에 따라 시행되는 정책이 자신에게 유리한 방향으로 전개되도록 유도하기 위해 자신의 *CS*를 전략적으로 왜곡하여 응답할 가능성이 있다. 제1절에서 논의한 바와 같이 전략적 편의의 가능성은 CVM 비판 가운데서도 가장 오래된 것이다.

전략적 편의의 문제를 해결하기 위해서는 시행된 CVM 결과에 전략적 편의가 어느 정도 개입되어 있는지를 우선 파악해야 하는데, 가장 명확한 방법은 전체 응답자를 두 그룹으로 나눈 뒤, 한 그룹에는 전략적으로 행동하려는 동기를 부여하고, 나머지 그룹에는 그런 유인을 주지 않는 방법이다. 두 그룹의 평균 *CS*가 서로 다른지를 통계 검정하여 전략적 행위가 개입되었는지를 확인한다.

아래의 보론에 나와 있는 보옴(Bohm, 1972)의 실험이 보여주는 바와 같이 전략적 행위의 개입 여부를 분석한 많은 연구가 의외로 CVM 설문에 참여하는 응답자의 전략적 행위는 분석 결과에 영향을 미칠 만큼 심각하지 않다는 결론을 내리고 있다. 이러한 결과가 나타나는 이유는 공공재 이론들이 전제하고 있는 바와는 달리 응답자가 전략적으로 행동하기 위해서도 어느 정도의 심리적 혹은 금전적 비용을 지불해야 하기 때문일 것이다.

---

11) 서로 다른 결과를 보여주는 다이아몬드와 하우스만(Diamond and Hausman, 1994)과 카슨(Carson, 1997)의 연구를 예로 들 수 있다.

스웨덴의 저명한 환경경제학자 보옴 교수는 CVM의 전략적 편의 발생 여부를 확인하기 위해 다음과 같은 실험을 하였다. 이 실험은 공공재 수요에 있어 발생하는 무임승차 욕구문제를 실험을 통해 분석한 매우 유명한 연구이다.

그는 1인당 50크로나의 수고비를 지불하고 스톡홀름 시민 중 참가자를 모집하여 이들을 5개의 집단으로 나누었다. 이어서 그는 모든 참가자에게 당시 TV 방송국에서 만든 인기 있는 특집프로그램을 시청하는 기회를 얻기 위해 자신이 지불하려는 금액이 얼마인지를 써 내도록 하였다. 모든 참가자는 자신이 어떤 집단에 소속되어 있는지를 알고 있다. 그리고 어떤 집단에 소속된 사람들이 써낸 금액의 총액이 사전에 정해진 액수 이상이 되면 이 집단 전체가 프로그램을 볼 수 있고, 그 반대의 경우에는 집단 전체가 프로그램을 볼 수 없다. 기준 금액은 모든 집단에게 동일하게 적용된다.

집단 전체의 시청이 허용될 경우 실제로 개인에게 비용이 돌아가는 방식은 집단별로 다르다. 집단 1에 속한 개인은 집단 1의 시청이 허용될 경우 자신이 써낸 금액을 실제로 비용으로 지불해야 한다. 집단 2에 속한 개인은 시청이 허용될 경우 자신이 적어낸 금액과 비례하도록 조정된 금액을 비용으로 지불해야 한다. 집단 3의 경우 시청이 허용되면 제비뽑기를 하여 이 집단의 총지불금액을 각 개인에게 배분한다. 집단 4의 구성원들은 시청이 허용될 경우 자신들이 적어 낸 지불의사와 상관없이 일률적으로 5크로나의 금액을 지불하여야 한다. 집단 5의 구성원들은 시청이 허용되어도 실제로는 비용을 지불하지 않는다.

각 집단에 속한 개인들은 자기가 속한 집단의 구성원들에게 어떤 방식으로 비용이 징수될지를 모두 알고 있다. 전통적인 공공재 수요이론에 따르면 위와 같은 상황에서 집단 1과 2의 참가자는 자신이 적어내는 금액과 비례하도록 실제 지불금액이 결정되기 때문에 무임승차 욕구를 가질 것이다. 즉 이 두 집단의 참가자는 자신의 지불의사를 감추고, 대신 다른 구성원들이 높은 액수를 적어내어 적은 비용으로 프로그램을 시청하기를 기대할 것이다. 집단 3의 참가자는 자신이 지불해야 할 비용을 사전에 알지 못하므로 전략적으로 행동할 유인을 거의 가지지 못한다. 집단 4와 집단 5의 참가자는 자신이 지불할 비용이 자신이 적어내는 금액과 상관없이 일률적으로 결정되므로 많은 금액을 적어내어 일단 시청하고자 할 것이다. 따라서 이 두 그룹의 경우 상당히 많은 금액을 적어낼 가능성이 있다.

이상과 같은 상황에서 각 그룹이 적어낸 1인당 평균 지불의사는 각각 7.6, 8.8, 7.3,

7.7, 8.8크로나였고, 이 금액 간에 통계적으로 의미 있는 정도의 차이가 발견되지 않았다. 이러한 결과는 적어도 보옴의 실험에 있어서는 설문조사를 통해 공공재 수요를 도출할 때 전략적 행위가 개입되지 않았다는 사실을 의미한다.

다. 가설편의

응답자가 CVM 설문지의 가상적 상황이 실제로 발생할지에 대해 회의적일 경우 응답하는 *CS* 역시 비현실적인 금액이 될 가능성이 있다. 따라서 가상적 상황에서 응답자가 지불하겠다고 밝힌 금액은 동일한 상황이 실제로 발생했을 때 응답자가 지불하려는 금액과 반드시 같다고 볼 수 없으며,[12] 이런 이유로 인해 발생하는 CVM의 오류가 바로 가설편의 (hypothetical bias)이다. 가설편의는 CVM 분석이 가질 수 있는 오류를 거의 종합한다고 볼 수 있으며, 따라서 가장 심각한 문제이다.

CVM 분석에 있어 가설편의가 어느 정도로 나타나는지를 통계적으로 검정한 다수의 연구가 있다. 앞의 보론이 이미 소개한 보옴(Bohm, 1972)의 실험에서도 이 문제가 다루어 졌는데, 그의 실험에서는 사실 여섯 번째 집단이 있었고, 이 집단 참가자에게는 자신들의 응답결과에 따라 TV 프로그램을 보게 될지가 결정된다는 말을 해주지 않고 순전히 가상적 인 상황에서 이 프로그램을 보기 위해 어느 정도의 지불의사를 가지는지를 밝히게 하였다. 이 여섯 번째 집단의 평균 지불의사는 응답한 지불의사에 따라 실제로 프로그램을 볼지가 결정되는 나머지 다섯 집단의 평균 지불의사보다도 통계적으로 의미 있는 정도로 더 높았 다. 보옴의 실험은 응답자들의 전략적 행동에 따른 편의는 크지 않지만 가설편의는 지불의 사를 심각하게 과대평가함을 보여준다.

전략적 응답이 가능하고 가설편의도 개입된 설문조사에서 응답자는 높은 지불의사를 밝혀도 실제로는 그 금액을 지불할 가능성이 낮다고 느낀다. 따라서 일단 공공재가 공급되 게 한 후 이를 이용하고자 하는 무임승차욕구를 가지게 되고, 지나치게 높은 지불의사를 밝힐 가능성이 있다. CVM기법의 신뢰도에 관한 연구에서 카슨과 그로브스(Carson and Groves, 2007)는 설문조사가 응답자가 전략적 행동을 하지 못하도록 유인일치성을 지녀야 하고, 또한 추가적으로 실효성(consequentiality)을 가져야 한다고 보았다. 유인일치성은 앞 에서 밝힌 바대로 투표모형을 이용하는 분석법이 개발되면서 크게 개선되었다. 실효성이

---

12) 관련하여 스코트(Scott, A.)라는 학자가 했다는 다음의 냉소적인 코멘트가 있다: "Ask a hypothetical question and you will get a hypothetical response."

란 설문조사에서 응답자가 한 응답이 단순한 응답으로 끝나지 않고 결국에는 자신의 후생을 실제로 바꾸게 될 것이라 믿도록 해야 함을 의미한다. 이 실효성 조건은 CVM의 신뢰성 확보를 위해 최근에 매우 강조되고 있는 조건이다. 보슬러 외(Vossler et al., 2012)는 다음 네 가지 조건이 충족된다면 투표모형 CVM은 실효성과 유인일치성을 모두 갖춘다는 것을 게임이론을 활용해 증명하였다.

① 환경개선사업의 결과가 응답자의 이해관계에 영향을 미칠 것
② 환경개선이 이루어질 경우 실제로 대가를 지불하게 하는 수단이 있을 것
③ 단일 환경개선사업에 대한 '예/아니오'의 응답을 도출할 것
④ 응답의 '예' 비율이 높을수록 환경개선사업이 실행될 확률이 실제로 증가할 것

CVM 분석에 있어 가설편의가 어느 정도로 심각한지는 설문지의 실효성 정도가 달라지면서 응답결과가 얼마나 변하는지를 검토하여 확인할 수 있다. 예를 들어 설문지에 응답결과가 대단히 중요하며 실제로 정책 결정에 결정적인 영향을 미칠 것임을 강조하는 문구를 삽입할 때와 하지 않을 때의 응답이 달라지는지를 확인할 수 있다. 또는 실효성을 가질 수밖에 없는, 즉 실제 상황에서의 지불행동과 순전히 가상적인 상황에서의 지불의사를 비교할 수가 있는데, 전자는 주로 모의시장(simulated market)에서의 행위를 관찰하여 확인할 수 있다. 앞에서 살펴본 보옴의 실험도 실제로 참여자가 공공재에 지불하게 하는 모의시장 실험이다. 리스트와 갈렛(List and Gallet, 2001), 머피 외(Murphy et al., 2005)가 정리한 모의시장법과 진술선호법의 분석결과를 비교하는 연구들도 대체로 가설편의가 개입되면 후자의 지불의사가 더 크다는 것을 보여주었다.

라. 설계편의

응답자의 CS는 평가대상이 되는 환경재에 관해 응답자가 갖고 있는 정보량에 따라서도 달라진다. 예를 들어 생물다양성의 가치를 평가할 때 그 중요도를 충분히 인지하는 응답자일수록 높은 CS를 나타낼 것이다. 설문지가 평가대상이 되는 환경재에 관해 충분한 정보를 전달하지 못하여 발생하는 오류를 설계편의(design bias) 혹은 정보편의(information bias)라 부른다.

설계편의를 줄이기 위해서는 사전설문조사를 통해 설문지를 개정해 가야 하며, 응답자에게 CS 외의 추가 질문을 던져 응답자가 평가대상에 대해 어느 정도로 이해하고 있는

지를 확인할 필요도 있다.

마. 지불수단편의

지불수단에 대한 설명은 설문지에서 가장 중요한 부분 중 하나이다. 1) 누가 지불하는지(예: 가구 혹은 개인), 2) 세금처럼 강제성을 지니는 것인지 자발적인지, 3) 지불빈도는 어떤지(예: 연간, 월간), 4) 지불기간은 어떤지(예: 5년간, 단 1회), 5) 지불방식은 무엇인지(예: 세금, 기부금, 요금 인상) 등이 분명히 설명되어야 한다. 지불수단편의(payment vehicle bias, 혹은 instrument bias)는 설문지가 설정한 환경재에 대한 지불수단이 비현실적이거나 부적절해서 발생하는 오류이다. 지불수단은 또한 응답의 실효성에도 영향을 미친다.

지불방식의 경우 수질개선사업이라면 수돗물 가격을 인상하거나 세금을 내는 방법을 생각할 수 있고, 국립공원관리의 경우 입장료 인상, 기부금이나 기금납부 등과 같은 방법을 생각해 볼 수 있다. 설문지에서 제시되는 지불수단은 환경개선사업이 시행될 경우 실제로 정부가 선택할 수 있는 비용 징수 방법과 가능한 한 일치해야 한다.

또한 기부금처럼 스스로 납부 여부나 금액을 결정할 수 있는 지불수단과 세금처럼 강제성을 지니는 지불수단에 대해서는 응답자들의 반응이 다를 수밖에 없는데, 기부금의 경우 응답을 해도 납부할 의무가 없으므로 실효성이 낮은 수단이다.

아울러 해외 문헌에서 중요하게 다루어진 사례를 찾기는 어렵지만, 국내 연구자들의 경험에 의하면 동일 공공재에 대해서도 지불을 매달 할 것인지 아니면 매년 할 것인지, 아니면 아예 단 한 번 할 것인지 등을 설문지에서 어떻게 정해주느냐에 따라서 편익 추정치가 상당히 달라진다는 것이 확인되었다.

바. 무응답편의

CVM 분석을 위한 설문에서 모든 조사 대상자가 응답하는 것은 아니다. 낮은 응답률로 인해 발생하는 문제가 바로 무응답편의(nonresponse bias)이다. 무응답편의는 크게 두 가지로 분류된다. 먼저 표본무응답편의(sample nonresponse bias)는 조사자가 당초 조사하기로 계획했던 응답자의 응답을 받아내지 못해 발생하는 편의이다. 환경재 지불의사는 소득, 성별, 교육 수준, 연령 등과 같은 개인 특성에 의해 달라질 것이다. 예를 들어 면접조사를 통해 설문을 시행할 경우 혼자 사는 젊은 층과의 접촉이 어렵기 때문에 이들의 응답을 받기가 힘든 반면, 많은 시간을 집에서 보내는 미취업자들은 상대적으로 쉽게 접촉할 수 있다. 그 결과 설문에 실제로 응답한 사람들의 개인 특성 분포는 전 국민의 특성 분포와는 다르게 되고, 따라서 응답 결과에 기초하여 전 국민의 평균 지불의사를 계산하면 오류가 발생하게 된다.

무응답편의의 두 번째 형태는 표본선택편의(sample selection bias)이다. 이는 설문지나 조사자를 접촉한 사람이 실제로 조사에 응하는 정도는 개인별 특성에 따라 다르기 때문에 발생하는 편의이다. 표본선택편의는 응답률이 대체로 매우 낮은 우편조사에서 특히 심하게 나타난다. 우편조사에서 설문지를 받아 본 사람은 응답을 기재하여 반송할지, 아니면 응답을 거부하고 설문지를 그냥 버릴지를 판단한다. 이때 환경재에 비교적 높은 가치를 부여하는 사람이 그렇지 못한 사람에 비해 응답할 비율이 높을 것이고, 따라서 회수된 설문지의 평균 지불의사를 구하여 이를 전 국민의 평균 지불의사로 간주하면 가치를 과대평가하게 된다.

무응답편의를 제거하거나 완화하기 위해서는 일단 응답률이 높은 설문형식을 선택해야 하고, 설문이 이루어진 후에도 응답을 한 사람들의 개인별 특성과 전체 인구의 개인별 특성의 차이를 감안하여 조사된 지불의사를 적절히 조정하는 과정을 거쳐야 한다.

4. CVM의 타당성 검증

앞에서 우리는 CVM이 가질 수 있는 오류와 그 원천을 살펴보았다. 그렇다면 일단 시행된 CVM 조사가 있을 때 그 결과가 어느 정도나 타당한지를 사후적으로 확인할 방법은 없을까? CVM의 타당성을 확인하는 가장 좋은 방법은 실제 지불의사와 CVM이 예측하는 지불의사를 비교하는 것이겠지만, 개인의 실제 지불의사는 알 수가 없으므로 결국 연구의 결과가 경제이론이나 일반적으로 받아들여지는 원칙에 비추어볼 때 타당한지를 간접적으로 평가할 수밖에 없다. 다음과 같은 검증 기준들이 타당성 검증에 사용될 수 있다.

① 기준 타당성(criterion validity): 이 방법은 진술선호가 제시하는 지불의사가 비교의 기준이 되는 어떤 표준적 방법의 분석 결과와 일치하는지를 확인하는 것이다. 이때 기준이 되는 표준적 분석법으로는 앞에서 전략적 편의나 가설편의를 확인하기 위해 사용하였던 모의시장 분석법이나 실험법이 주로 사용된다.
검증을 위해서는 CVM의 지불의사 추정치와 실험에서 미리 정한 편익이나 가치가 일치하는지를 확인하는데, 가치를 정해주는 데에는 두 가지 방법이 있다. 첫 번째 방법은 연구자가 평가대상의 가치를 정해 실험 참가자에게 알려주는 방법이고, 두

번째 방법은 실험 참가자 스스로가 부여하는 가치와 CVM의 추정치를 비교하는 방법이다.

첫 번째는 연구자가 평가대상 가치를 정해 실험 참가자에게 알려주는 방법인데, 이는 CVM 분석 결과와 비교되어야 하는 응답자의 내적 가치가 제대로 도출되었는지에 대한 논란을 피할 수 있다. 이처럼 응답자가 가지는 내적 가치가 아니라 연구자가 제시하는 가치를 사용하는 실험을 권장가치실험(induced value experiments)이라 부른다. 테일러 외(Taylor et al., 2001)가 사용한 예를 보면 참가자에게 비밀투표를 하는데, 만약 참가자 절반 이상이 찬성을 하면 찬성했든 반대했든 각자 5달러를 모두 내야 하고, 대신 x달러를 되돌려 받게 된다고 알려준다. 이때 되돌려 받는 금액 x는 개인별로 다를 것이며, 또한 본인에게만 알려져 있음을 알려준다. 물론 과반수 찬성 획득에 실패하면 5달러를 내지도 않고 되돌려 받는 금액도 없다. 이 실험은 공공재의 비용은 모두에게 5달러로 동일하지만, 그 편익은 본인에게만 알려진 상황에서 자신의 선호를 정확히 반영하여 다수결 투표에 임하는지를 확인하는 실험이다. 이 실제 투표와 대비되는 가상적인 투표는 "찬반투표에서 과반의 찬성이 나오면 각자 5달러를 내야 하고, 대신 당신은 x달러를 되돌려 받는 그러한 투표가 있다면 당신은 찬성할 것인지"를 물어본다. 가상 투표에서는 실제로 과반수 찬성이 나와도 돈을 주고받는 일이 없다는 점에서 실제 투표와 차이가 있다. 두 가지 투표에서의 찬성 및 반대 비율을 비교하여 가설편의가 어느 정도 개입되는지를 확인할 수 있다.

두 번째 방법은 평가대상의 가치에 대해서 어떠한 외부 정보도 주지 않고 참가자 스스로 가지는 가치를 드러내게 한 후 이를 CVM 추정치와 비교하는 방법이다. 이를 자기가치실험(homegrown value experiments)이라 부른다. 이 방법은 제14장 등에서 몇 차례 소개했던 실험경매와 같은 방법을 사용하며, 참여자가 경매에 참여하게 한 후, 그때 도출된 가치를 CVM 추정치와 비교한다.

이상 두 가지 방법을 사용해 도출한 공공재의 '실제 가치(actual values)'와 CVM의 '가설적 가치(hypothetical values)'를 비교한 여러 연구가 있는데, 예를 들면 머피 외(Murphy et al., 2010)의 연구는 권장가치실험에서는 CVM의 가설편의가 발생하지 않음에 반해 자기가치실험에서는 상당한 정도로 나타난다는 것을 보여주었다.

② 수렴 타당성(convergent validity): 이 방법은 CVM 분석 결과와 이미 진행된 현시

선호법의 분석 결과가 서로 유사한지를 확인한다. 예를 들어 자연생태계의 가치를 여행비용법을 사용하여 추정한 결과와 CVM이 예측하는 결과를 비교하여 서로 수렴하는지 확인한다. 이 경우 진술선호법과 현시선호법은 존재가치를 포함하는지에 있어 서로 차이가 있고, 두 모형의 결과가 서로 수렴하지 않을 때 어느 쪽에 문제가 있어 그러한지를 판단하기 어렵다는 애로가 있다.

클링 외(2012)는 수렴 타당성에 대한 다양한 검증 사례들을 보여주는데, 현시선호법은 존재가치를 포함하지 않는다는 점을 적절히 감안하면 많은 사례에서 수렴 타당성이 입증되었음을 지적한다.

③ 구성 타당성(construct validity): 이 방법은 진술선호법이 예측하는 지불의사가 경제이론이 설명하는 바와 일치하는지를 확인하는 방법이다. 크게 네 가지 내용을 확인하고자 하는데, 첫째, 설문지에서 지불해야 하는 금액으로 응답자에게 제시된 금액이 높을수록 지불 반대율이 높아져야 하며, 둘째, 평가대상의 규모나 범위가 커질수록 지불의사도 커져야 하며, 셋째, 환경재는 대체로 사치재이기 때문에 CVM에서 추정되는 소득탄력성이 1보다 커야 하며, 넷째, 지불의사와 수용의사를 둘 다 분석한다면 그 차이가 너무 커서는 안 된다는 것이다.

이상 네 가지 조건 중 첫 번째는 투표모형을 사용하는 대부분의 CVM 분석에서 성립한다는 것이 쉽게 확인된다. 나머지 세 가지 내용은 상당수 검증 연구에서 성립하지 않은 것으로 나타나, CVM의 신뢰도를 부정하는 근거로 지적되고 있다. 그러나 클링 외는 제14장에서 설명한 바와 같이 이 세 가지 문제는 소비 수량이 외부적으로 고정되거나 다른 시장재와의 대체가능성이 매우 제한된다는 환경재의 고유한 특성 때문에 발생하는 것이지, 환경재 가치평가가 가상적으로 이루어졌기 때문에 발생했다고 보기는 어렵다고 주장하였다.

④ 내용 타당성(content validity): 이 방법은 분석 결과를 평가하지 않고 분석 절차를 평가한다. 즉 지금까지의 연구에서 가장 우월한 분석법으로 밝혀진 기법을 적절한 과정을 밟아 사용하고 있는지를 평가한다. 이를 위해서는 설문지 작성 상태, 환경 변화 시나리오의 제시 내용, 대답의 유도방식, 지불수단, 표본 수나 표본 설계, 계량분석 방법 등을 검토하여야 하며, 이들 항목이 위에서 설명된 각종 편의를 줄일 수 있도록 설계되고 실행되는지를 확인해야 한다.

내용 타당성의 구체적인 조건으로서 첫째, 평가대상이 되는 환경재에 대한 설명이 가능한 한 구체적이어야 하고, 현 상황과 정책에 의해 대두될 새로운 상황에 대한 설명이 정확히 이루어져야 하며, 둘째, 지불수단 역시 가능한 한 현실적으로 선택되어야 하고, 셋째, 유인일치적이고 실효적인 설문이 주어져야 한다는 것 등을 들 수 있다. 내용 타당성은 다른 타당성 조건과 달리 실험 등을 통해 검증할 수 있는 것은 아니고, 그동안 축적된 연구 결과 최선이라 추천할 수 있는 절차를 사용하고 있는지에 의해 판정되어야 한다.

이상 네 가지의 타당성 검증 기준에 대해 클링 외는 지난 20년간의 연구 성과를 바탕으로 수렴 타당성과 구성 타당성에 대해서는 CVM 설문이 적절히 이루어진다는 가정하에서는 상당히 긍정적인 평가를 하고 있다. 기준 타당성의 경우에는 현재까지의 연구 결과로는 권장가치실험법이냐 자기가치실험법이냐에 따라 결론이 달라지기 때문에 어느 한쪽으로 기울어진 결론을 내리기 어렵다는 입장이지만, 가설편의의 가능성은 여전히 남아 있다고 본다. 내용 타당성은 기준 자체가 연구별로 달리 적용될 수밖에 없어 CVM 신뢰도 판단기준으로 사용하기 어렵지만, 가장 우월한 분석기법이 무엇인지에 대한 정보가 쌓여가고 있어 내용 타당성이 향후 더 향상될 수 있음을 지적한다.

---

section 03 선택실험법과 가상행위평가법

1. 선택실험법

선택실험법(choice experiment, CE) 혹은 이산선택실험법(discrete choice experiment, DCE)은 각기 다른 정도의 환경질을 달성할 것을 목표로 하는 정책과 그 비용을 응답자에게 제시하고, 이들 정책과 비용 조합 가운데 가장 선호하는 조합을 선택하게 한다.[13] 이 방법은 환경재 가치평가법으로서는 몇 가지 장점을 가진다.

---

13) 유사한 연구를 하는 마케팅 분야의 용어를 빌어 선택실험법을 컨조인트(conjoint) 분석법이라 부르기도 하는데, 선택실험법은 주로 공공재를 평가대상으로 하고, 평가대상 특성에 대한 선택은 물론 특성별 가치까지 분석하는 것을 목표로 하기 때문에 컨조인트 분석과는 구분된다. 한국에서도 김용주·유영성(2005), 권오상(2000, 2006) 등의 다수 연구가 진행된 바 있다.

첫째, CVM이 현 상태와 환경질이 개선된 상태 두 상태만 비교함에 반해 선택실험법은 다양한 수준의 환경질 개선 편익을 모두 추정할 수 있고, 또한 조합을 구성할 때 몇 가지 환경변수를 동시에 넣어 변화시킴으로써 각 환경 특성별 가치도 평가할 수 있다.

둘째, 이 방법은 현시선호기법의 단점을 보완하기 위해서 사용될 수도 있다. 예를 들어 소양호나 충주호와 같은 호수를 방문하여 여가를 즐기는 행위를 분석할 때 방문객이 눈으로 보아 알 수 있는 수준에서는 이 호수들의 수질 차이가 거의 없고, 따라서 현시선호법을 이용하여서는 수질 차이가 휴양수요에 미치는 영향을 파악하기 힘들다. 이 경우 선택실험법을 사용하여 가상적이긴 하지만 서로 다른 수질을 가지는 호수들 가운데 하나를 선택하게 함으로써 현시선호법이 분석할 수 없었던 수질의 휴양가치를 분석할 수 있다.

셋째, 이 방법은 현실의 생태계 특성 간 독립성이 약할 경우에도 개별 특성 가치 분석에 사용될 수 있다. 국립공원이나 호수와 같이 실제 관측되는 자연생태계 특성들은 반드시 서로 독립적이지는 않다. 예를 들어 호수의 수량이 많을 경우 수질도 높게 관측되어 이 두 변수 간에 양의 상관관계가 있다면, 실제 관측되는 자료를 이용하여서는 이 두 변수의 가치를 분리하여 추정하기 어렵다. 선택실험법에서는 평가대상 환경재의 특성을 연구자가 통제(control)할 수 있기 때문에 이런 문제도 해결할 수 있다.

아울러 CE는 한 번의 조사를 통해 많은 양의 정보를 얻기 때문에 CVM에 비해 통계적인 효율성이 높다는 장점도 가진다. 이런 장점들로 인해 최근에는 선택실험법이 가상가치평가법, 즉 CVM을 제치고 공공재 편익추정의 대표적인 진술선호기법이 되고 있다.

선택실험법을 사용할 때는 평가대상이 되는 환경재의 특성을 선정하여 그 수준을 지표로 나타내고, 특성 변수의 값들을 조합하여 대안으로 만들어 응답자에게 제시하는 과정이 필요하다. 이 과정은 자연과학 실험에서 적절한 실험설계(experiment design)를 하여 변수들의 값을 조절하면서 관심 있는 변수의 효과를 분석하는 과정과 유사하다.

예를 들어 권오상(2006)은 방문할 수 있는 댐 호수 가운데 하나를 응답자가 선택하게 하는데, 〈표 17-1〉과 같은 호수 특성과 특성별 수준을 정하였다.

표 17-1 댐 특성변수

특성	특성별 수준			
1) 호수 규모(총저수량)	대형(25억m³)		중형(8억m³)	소형(4억m³)
2) 수질	I급(식수)	II급(수영)	III급(낚시)	IV급(뱃놀이)
3) 거주지로부터의 소요시간	30분	1시간	2시간	4시간
4) 혼잡도(1일 방문객)	100명		500명	1,000명
5) 유람선	있다(○)		없다(×)	
6) 낚시	가능(○)		불가능(×)	
7) 차량 진입	가능(○)		불가능(×)	
8) 주변 관광지	있다(○)		없다(×)	
9) 전시관	있다(○)		없다(×)	
10) 강변 숙박시설	있다(○)		없다(×)	
11) 강변 음식점	있다(○)		없다(×)	

자료: 권오상(2006)

〈표 17-1〉에 나타나 있는 각 특성 수준의 조합을 모두 구하면 너무나 많은 호수 유형이 나오기 때문에 이 모든 조합을 다 응답자에게 제시할 수는 없다. 따라서 실험설계기법을 사용해 호수 특성 차이를 가장 잘 반영하는 조합만을 한정하여 선발할 필요가 있다. 그렇게 선발된 조합을 두 개씩 임의로 짝지은 후 다음과 같이 질문할 수 있다.

"오늘 귀하가 방문하실 수 있었던 호수가 다음과 같은 두 호수 A와 B뿐이었다고 가정해 보시기 바랍니다. 이 상황에서 귀하는 오늘 어느 곳을 방문하셨겠습니까? (A와 B 둘 다 방문하지 않으시겠다면 C를 선택해 주십시오.)"

특성	A	B	C
호수의 규모	4억m³(소형)	25억m³(대형)	
수질	1급수	3급수	
소요시간	30분*	30분*	
혼잡도	1000명	100명	
유람선	×	○	둘 다 방문하지 않음
낚시	×	○	(호수가 아닌 다른
차량 진입	○	×	장소를 방문하거나
주변 관광지	×	○	다른 일을 함)
전시관	○	○	
강변 숙박시설	×	○	
강변 음식점	×	×	
선택(∨)			

* 왕복 연료비: 10,000원.

위와 같은 질문을 받고 각 응답자는 세 가지 대안 가운데 가장 선호하는 것을 선택하게 된다. 응답자별로 서로 다른 특성 조합이 제시되며, 한 응답자가 여러 조합별 선택 문제에 대해 응답하기도 하는데, 이 과정에서 각 응답자는 이들 특성 변수에 대한 자신의 선호를 반영하여 의사결정을 하게 된다.

각 대안이 제시하는 평가대상의 특성을 x라는 변수로 나타내자. 여기에는 〈표 17-1〉의 특성별 수준 값과 이를 얻는 비용 등이 모두 포함된다. 선택할 수 있는 대안으로 N가지가 제안된다면 m번째 응답자가 이 중 n번째 대안을 선택하여 얻는 만족도를 $u_{mn} = \beta x_{mn} + \epsilon_{mn} = v_{mn} + \epsilon_{mn}$과 같이 나타낼 수 있다. 제16장 제2절에서 이미 설명한 바와 같이 확률변수 ϵ_{mn}이 제1형태 극한치분포를 따른다고 가정하면 m번째 응답자가 n번째 대안을 선택할 확률은 $\dfrac{\exp(\beta x_{mn})}{\sum\limits_{k=1}^{N} \exp(\beta x_{mk})}$와 같으며, 최우추정법을 통해 파라미터 β를 얻을 수 있다.[14]

또한 위의 대안 C처럼 CE는 제시된 어떤 상태도 원치 않는 것을 택하게 할 수 있다. 이 선택까지도 감안하면, 댐 호수 선택의 효용함수를 다음과 같이 설정할 수 있다.

$$
\begin{aligned}
u_{mn} = &(1 - no_n) \times (\beta_y \text{여행비}_n + \beta_w \text{저수량}_n + \beta_{ww} \text{저수량}_n^2 + \beta_f \text{낚시}_n \\
&+ \beta_b \text{유람선}_n + \beta_i \text{홍보관}_n + \beta_r \text{음식점}_n + \beta_h \text{숙박업소}_n + \beta_q \text{수질}_n \\
&+ \beta_c \text{차량진입}_n + \beta_o \text{주변휴양지}_n + \beta_x \text{혼잡도}_n) + \beta_{no} no_n + \epsilon_{mn} \\
&\text{단 } no_n = \text{어느 호수도 방문하지 않을 경우 1, 아니면 0,} \\
&\text{낚시, 유람선 등의 나머지 더미변수도 이용가능하면 1, 아니면 0의 값을 가짐.}
\end{aligned}
$$

j번째 대안이 어떤 호수도 방문하지 않는 것이라면 이를 선택할 때 얻는 만족도는 $u_{mj} = \beta_{no} + \epsilon_{mj}$와 같이 결정된다. 위의 효용함수가 추정되면 특성별 지불의사를 도출할 수 있다. 예를 들어 추정되는 효용함수에서 수질이 좋아지면 대신 여행비가 어느 정도 올라가도 만족도 v_{mn}이 동일한 값을 유지하는지를 파악하면 수질개선에 대한 지불의사를 알게 된다. 이 경우에는 지불의사가 확률변수 ϵ_{mn}에 의해서도 영향을 받는다는 것은 고려하지 않고 지불의사를 도출한다.

---

14) 제16장 보론에서 설명한 바와 같이 다항프로빗이나 혼합로짓모형 같은 보다 최근에 개발된 추정법도 사용할 수 있다.

표 17-2 댐 특성 변화의 편익(단위 : 원/(1인 1회))

시나리오	하위 10%	하위 25%	중앙값	상위 25%	상위 10%	평균 (표준편차)
각 댐 저수량을 가장 휴양가치가 높은 수준으로 유지	23,371	36,537	51,261	65,125	86,871	50,956 (21,923)
소양, 용담 등 8개 댐에 낚시 행위 추가로 허용	10,399	15,981	21,841	27,760	32,877	21,752 (8,935)
대청, 부안 등 4개 댐에 추가로 교육홍보관 설치	14,952	16,999	19,337	21,777	23,976	19,436 (3,587)
대청, 안동 등 4개 댐에 조망 가능한 음식점 추가 설치	18,345	20,748	23,832	26,954	30,009	24,038 (4,611)
소양, 합천 등 5개 댐에 조망 가능한 숙박시설 추가 설치	36,553	40,381	45,009	50,142	55,686	45,668 (7,639)
모든 댐호수의 수질이 1단계 개선됨	131,099	140,067	151,356	164,675	178,863	153,625 (19,337)
대청, 부안 등 2개 댐에 댐 상부까지 차량 진입 추가 허용	12,873	14,095	15,588	17,330	19,148	15,862 (2,537)
모든 댐의 혼잡도 감소(1일 방문객 100인 감소)	13,041	14,215	15,680	17,333	19,100	15,920 (2,423)

하지만 가상적인 선택실험이 실제 선택 문제를 염두에 두고 실시될 경우에는 확률변수의 영향도 반영해 지불의사를 도출할 수 있다. 예를 들어 한국에서의 주요 호수를 선택하여 방문하는 경우라면 선택실험을 통해 얻어진 추정파라미터를 실제 호수에 대해 적용하여 특성변화의 경제적 가치를 도출할 수 있다. 이를 위해 위 효용함수의 특성 변수 중 실제 수치가 알려진 것은 그 값을 이용하고 실제 값이 알려지지 않은 것은 가정을 통해 특정 값을 대입하고 그 값이 변할 경우의 편익을 추정한다. v_{mn}^0 가 특성 변화 이전에 얻던 효용함수 값이고 v_{mn}^1 이 특성 변화 이후에 얻는 값이라면, 편익추정 공식은 이미 제16장의 확률효용모형 설명 시 도출한 바 있는 $\frac{1}{\beta_y}\left[\ln\sum_{i=1}^{I}\exp\left(v_{mn}^0\right)-\ln\sum_{i=1}^{I}\exp\left(v_{mn}^1\right)\right]$ 와 같다. 단 I 는 한국에서의 실제 호수 숫자이다.

권오상(2006)은 이상의 방법을 한국의 댐 호수에 적용하여 〈표 17-2〉와 같은 특성 변화의 편익을 도출하였다. 이 표에서의 편익추정치의 분포는 추정된 파라미터의 분포로부터 시뮬레이션 기법을 이용해 도출한 것이다. 다른 어떤 특성보다도 수질이 휴양가치에 큰 영향을 준다는 것을 확인할 수 있다.

이상의 분석 절차를 가지는 선택실험법은 이미 언급한 바와 같이 환경개선사업의 세부 특성별 가치를 도출할 수도 있고, 각 응답자에게 여러 번 선택하게 하므로 CVM에 비해 한 번의 조사로 많은 양의 정보를 얻어낼 수 있다. 하지만 이 방법은 CVM 투표모형에 비해서는 유인일치성, 즉 응답자로 하여금 자신의 지불의사와 일치되게 응답하게 유도하는 데 있어서 약점을 가진다.

각 응답자에게 K번의 선택을 연속으로 하게 하고, 각 선택이 현 상황과 환경이 개선된 상황 가운데 하나를 고르게 한다 하자. 만약 이때 각 선택에서 제시되는 환경개선사업의 종류가 서로 다르면, 유인일치성 측면에서 문제가 발생할 수 있다. 예를 들어 첫 번째 선택에서는 대기오염 개선을 할지, 두 번째 선택에서는 수질오염 개선을 할지를 선택하게 할 경우 사실 두 개선책은 동시에 시행될 수도 있어 양자 간의 대체나 보완관계, 그리고 자신이 지불해야 할 비용문제를 생각하는 응답자는 유인일치적 행동을 하기가 어려워진다. 앞에서도 소개했던 보슬러 외(Vossler et al., 2012)는 따라서 1) 응답자가 자신의 응답대로 비용을 결국 지불한다고 인식토록 해야 하고, 2) K번의 선택에 있어 대상 사업이 모두 같은 사업이지만 정도나 특성의 차이만 있도록 해야 하며, 3) 또한 각 선택의 결과가 최종 정책선택에 미치는 영향이 서로 독립이라 믿도록 해야 유인일치성이 성립함을 보였다. 즉 어떤 응답자가 지금 두 번째 선택 질문에 답하고 있다면, 그 결과가 정부가 어떤 정책을 도입할지를 결정하는 데 영향을 미칠 것으로 믿어야 한다. 하지만 동시에 그 영향은 이 응답자가 첫 번째 선택 질문에서 사업 도입에 찬성했는지와는 관련이 없다고도 믿게 해야 한다. 이러한 독립성을 얻는 한 가지 방법은, 총 K번의 각기 다른 선택을 했을 때 주사위를 던져 이 중 한 가지 실험 결과만을 뽑아 정책에 반영하겠다는 사실을 미리 알려주는 방법이 되겠다.15)

2. 가상행위평가법

가상행위평가법(contingent activity)은 환경질 변화가 발생한다면 응답자가 자신이 기존에 하고 있던 행동을 어떻게 바꿀 것인지를 묻는 방법이다. 이 방법은 주로 제15장과 제16장에서 설명된 간접적 현시선호모형과 함께 사용된다. 예를 들어 어떤 자연 휴양지를 방문

---

15) 한편 선택실험을 하되, 응답자로 하여금 각 대안 중 하나가 아니라 대안별 소비량(예: 각 댐 호수 방문 횟수)을 (0을 포함하여) 선택하게 하고, 또한 훨씬 많은 대안 중 선택하게 할 수 있다. 이 경우 소비자의 선택은 제16장 제2절에서 소개되었던 이산–연속선택모형이 분석할 수 있는 자료를 생성하게 된다. 이러한 실험을 이산선택실험(DCE)과 구분하여 수량선택실험(volumetric choice experiment, VCE)이라 부를 수 있다. 용희원 외(2023)가 그 적용 예를 보여준다.

하는 사람들을 대상으로 환경질 변화 후에 방문 횟수가 어떻게 달라질 것인지를 설문하고, 그 응답을 이용해 이 휴양지의 수요곡선이 어떻게 달라지며, 휴양지의 사용가치가 어떻게 달라지는지를 파악할 수 있다. 이 방법은 자연스럽게 각 응답자가 실제로 행한 행동과 가상적 여건 변화에 따른 행동 변화를 결합하여 분석하게 해준다. 현시선호기법과 진술선호기법을 결합하는 가상행위평가법은 이 외 몇 가지 다른 형태로도 이루어지고 있다.

section 04   **모의시장 분석과 실험 및 행동경제학**

앞에서 실험이나 모의시장 분석을 통해 환경정책의 효과를 분석하고 예측하는 예가 몇 차례 소개되었었다. 제14장에서는 비시장재에 대한 지불의사와 수용의사의 격차가 어느 정도인지를 확인하고 이 두 지표 간의 격차가 발생하는 원인을 찾기 위해 역시 실험을 이용하는 예를 소개하였다. 제17장에서는 진술선호법을 이용해 공공재에 대한 지불의사를 드러내게 할 때 전략적 편의나 가설편의가 어느 정도나 개입되는지를 실험을 통해 확인하는 연구들을 소개하였고, 또한 CVM의 타당성 검증을 위해 실험분석법을 활용하는 경우를 살펴보았다.

이러한 종류의 분석들은 모두 실험경제학(experimental economics)이나 행동경제학(behavioral economics)이라 불리는 분석 방법을 이용한 것들이다. 실험경제학은 경제이론의 설명이나 예측이 정확한가를 실험을 통해 평가하는 학문이다. 경제학의 다른 실증분석들이 주로 통계자료를 이용하기 때문에 경제행위에 영향을 미치는 다양한 변수 가운데 극히 일부분만을 통제할 수 있는 반면, 실험경제학은 원할 경우 대부분의 변수를 통제하면서 특정 변수가 경제행위에 미치는 영향을 평가할 수 있다. 또한 기존의 실증분석들은 이윤극대화나 효용극대화 등 사람들이 의사결정을 하는 원칙을 미리 정해 놓고 이들의 행위를 분석함에 반해, 실험경제학은 실험을 통해 이러한 의사결정 원칙 자체가 타당한지를 검증할 수 있다.

실험경제학이나 행동경제학적 접근법은 사실 오래전부터 사용되어 왔으나, 최근 이 분석법이 가지는 장점이 부각되면서 적용 사례가 급속히 늘고 있다. 작은 규모의 실험 결과로부터 실제 경제행위에 대한 신뢰할 만한 함축성을 도출할 수 있는지 의심할 수도 있지만, 이 분야 연구자들에게 이미 여러 차례 노벨경제학상이 수여되었다.

전통적으로 실험경제학 연구는 실험실(laboratory)에서 대학생과 같은 한정된 집단을 대상으로 진행되었다. 제14장에서 소개한 전망이론을 개발한 카네만과 트베르스키(Kahneman and Tversky, 1979)의 연구나 지불의사와 수용의사 격차의 원인을 찾고자 한 쇼그렌 외(Shogren et al., 1994)의 연구 등이 그 예가 되겠다. 그러나 역시 제14장에서 소개되었던 리스트(List, 2004)의 연구처럼 일반인들을 대상으로 보다 실제 거래에 가까운 현장실험(field experiment)을 많이 하고 있으며, 사실 앞의 제2절에서 소개한 보옴(Bohm, 1972)의 전략적 편의에 관한 실험은 현장실험의 선구적 사례로 꼽힌다.

실험경제학은 다양한 종류의 경제분석에 사용되고 있고, 많은 연구 사례가 있기 때문에 그 내용을 여기에서 모두 언급하는 것은 적절치 않다.[16] 이 분야 연구 성과를 정리한 쇼그렌(Shogren, 2005), 쇼그렌과 테일러(Shogren and Taylor, 2008)는 특히 환경재의 가치평가와 관련하여서는 실험경제학 연구가 크게 세 가지 방향으로 진행되었다고 본다.

첫 번째 방향은 환경재의 가치평가법이 근거로 삼고 있는 의사결정의 합리성 가정이 적합한지를 검증하는 것이다. 제14장부터 지금까지 소개된 모든 편익 분석법은 효용극대화와 같은 개인의 합리적 의사결정 원칙을 전제로 하고 있는데 이러한 합리성 조건이 충족되지 못한다면 이들 분석법의 근거가 흔들리는 문제가 발생하므로 이에 대한 연구가 광범위하게 진행되고 있다. 예를 들면 가격변화나 환경변화가 크지 않을 경우 지불의사와 수용의사의 격차는 크지 않아야 하는데, 실제로 그러한 현상이 발견되는지를 실험을 통해 분석한다.

두 번째 방향은 실제로 환경재와 같은 공공재에 대한 가치평가를 수행하는 것이다. 이 연구를 위해서는 주로 모의시장에서의 경매(auction)를 실시하여 환경재에 대한 지불의사나 수용의사를 도출한다. 이 두 번째 유형의 연구에서는 실험을 통해 대상 공공재에 대한 지불의사와 수용의사를 도출함은 물론 과연 실험을 통한 가치도출이 어느 정도나 신뢰할 수 있는지를 검증하는 연구들도 병행한다. 예를 들면 실험경매에서도 공공재에 대한 지불의사가 CVM에서처럼 높게 나타나는 경향이 있다. 이것이 새로운 농산물처럼 아직 경험해 보지 않은 대상을 평가하기 때문에 나타나는 현상인지 아니면 실험경매가 가지는 고유한 특성 때문인지를 확인하기 위해, 캔디바처럼 소비자들에게 비교적 친숙한 상품과 방사선조사(irradiation) 돼지고기처럼 생소한 상품에 대한 지불의사가 실험이 반복적으로 진행

---

16) 실험경제학의 연구 성과를 정리하여 보여주는 비교적 최근 문헌으로 리스트(List, 2007, 2011), 로스(Ross, 2005), 윌킨슨(Wilkinson, 2008), 러스크와 쇼그렌(Lusk and Shogren, 2007), 체리 외(Cherry et al. 2008) 등이 있다.

되면서 변하는 형태가 서로 다른지를 확인하기도 한다.

　세 번째 방향은 CVM과 같은 진술선호평가법의 적합성을 확인하는 시험대(testbed)로 실험분석법을 활용하는 것이다. 우리는 제3절에서 진술선호법의 적합성을 검증하는 방법 가운데 하나가 기준 타당성(criterion validity)을 평가하는 것이며, 이는 모의시장에서 도출된 환경재 가치와 진술선호법에서 도출된 가치를 비교하는 것이라 하였다. 이 세 번째 유형의 연구는 많은 적용 사례를 가지고 있고, 실험경제학이 경제학의 다른 분야보다 환경경제학에 더 일찍 도입된 계기가 되기도 하였다.

　실험을 통해 공공재에 대한 지불의사를 도출할 때 대개 경매 방식을 사용한다. 경매를 통해 환경재에 부여하는 정확한 가치를 도출하기 위해서는 실행되는 경매의 절차가 참가자들로 하여금 자신의 가치를 정확히 말하도록 유도하는 메커니즘, 즉 유인일치성을 가져야 한다. 실제로 사용되는 경매제도에는 여러 종류가 있다. 그리고 경매의 설계나 진행 방식, 무엇보다도 최고 입찰액을 표시한 낙찰자가 실제로는 얼마를 지불하게 되는지 등이 참가자 행위에 영향을 미친다. 경매제도 설계 관련 이론 및 실증적 연구는 대단히 많으며, 실험경매에서도 그러한 연구 성과를 반영할 필요가 있다.[17]

---

section 05　편익이전

　환경정책에는 여러 종류가 있고, 같은 환경정책이라도 도시와 농촌 등 다양하고 많은 지역을 그 영향권으로 한다. 환경정책의 효과 역시 정책유형별로, 그리고 정책이 시행되는 지역별로 다르게 나타날 것이다. 따라서 원칙적으로는 새로운 환경정책이 도입될 때마다 그 정책의 지역별 편익을 새로이 추정해야 한다. 하지만 이 경우 편익을 분석하는 금전적, 시간적 비용이 너무 클 수가 있다.

　편익이전(benefit transfer)은 환경정책의 편익을 정책별로 지역별로 매번 추정함으로써 지출해야 하는 막대한 분석 비용과 시간을 줄이고자 고안된 방법이다. 편익이전은 크게 세 가지 방법으로 이루어진다. 첫 번째 방법은 소위 가치이전(value transfer)으로서, 수도권을 대상으로 추정된 홍수 조절 기능의 1인당 가치가 있으면, 이를 수도권과 농촌지역의 1인당 평

---

17) 잘 알려진 경매이론 문헌으로 크리쉬나(Krishna, 2010), 밀그롬(Milgrom, 2004) 등이 있다.

균소득과 인구밀도의 차이 등을 반영해 조절한 후, 농촌지역의 1인당 지불액으로 적용한다.

두 번째 방법은 함수이전(function transfer)이다. 이 기법은 수도권지역 주민들로부터 얻은 자료를 활용하여 추정한 효용함수나 지불의사함수가 농촌지역에서도 그대로 적용된다고 보고, 농촌지역에서의 소득 및 여타 사회경제적 변수들의 값을 수도권의 자료를 이용해 추정한 함수에 대입하여 농촌의 지불액을 예측하는 방식이다.

마지막 방법은 메타분석법(meta analysis)이다. 이 방법은 이미 시행된 많은 양의 평가 연구들이 도출한 환경편익의 가치를 평가대상 환경재의 특성과 대상 지역이나 국가의 사회경제적 변수, 평가기법 등에 대해 다음과 같이 회귀분석한다.

$$WTP_i = f(\text{평가대상의 특성}_i,\ \text{평가지역의 특성}_i,\ \text{평가기법의 종류}_i) + \epsilon_i$$

이상과 같이 추정된 회귀식을 통해 환경편익의 가치가 평가대상의 특성이나 평가기법의 차이로 인해 어느 정도나 달라지는지를 유추할 수 있고, 아직 평가되지 않은 평가대상이나 지역의 특성을 회귀식에 대입하여 이 대상이나 지역에서의 가치를 도출할 수 있다.

환경정책의 평가에 있어 편익이전이 어느 정도나 유용하게 사용될 수 있는지를 확인하고자 하는 시도 역시 이루어진 바 있다. 예를 들어 특정 지역에서의 특정 환경편익의 가치평가를 별도의 방법으로 시행한 뒤, 다른 지역에서 행해진 기존 연구 결과만을 가지고 편익이전기법을 적용하여 유추한 이 지역의 편익가치와 비교하는 방법을 사용할 수 있다. 편익이전은 국내에서도 습지의 가치를 평가한 안소은(2007), 농촌지역의 자연적·문화적 보존가치를 분석한 이홍림 외(2015) 등의 연구에서 시행된 바 있다.

메타분석 적용 사례

안소은(2007)은 국내에서 시행된 64개 선행 연구 결과를 이용해 습지의 환경적 가치를 메타분석하였고, 다음과 같은 추정 결과를 얻었다.

편익=19.3-0.28×ln(면적)+1.43×(연안습지이면 1, 아니면 0)-3.43×(시장가격법이면 1)
　　　-2.46×(CVM이면 1)+⋯-1.05×(등재학술지 발표 연구면 1)+0.273×연도

습지 자체의 특성과 적용기법의 특성, 학술연구인지 아닌지 등이 추정된 환경재 가치에 영향을 미칠 수 있음을 보여준다.

연습문제

01 CVM을 이용하여 수도권지역 스모그 발생 일수를 현재의 약 2/5로 줄이는 정책
효과를 평가하고자 한다. 투표모형을 추정한 결과 다음과 같은 결과를 얻었다.

$$\Delta u = u_Y - u_N = 0.057 + 0.211edu + 0.012s - 0.140t + \epsilon_Y - \epsilon_N$$

단 u_Y와 u_N은 각각 설문지에서 제시되는 t만큼을 대기개선 비용으로 납부하고
대기개선을 원하는 경우의 효용함수와 그렇지 않을 경우의 효용함수이다. edu는
응답자 교육 수준이고, s는 여타 다른 특성이다. 추정된 모든 파라미터는 통계적
으로 유의하다고 가정하자. 확률변수 ϵ_Y와 ϵ_N이 모두 대칭이고 평균이 0인 동일
한 분포를 따른다고 하자. 이 경우 위의 결과에 기초하여 대기질 개선에 대한 평
균 WTP는 어떻게 도출할 수 있는가?

참고문헌

- 권오상(2000), "가상순위결정법을 이용한 자연생태계의 경제적 가치 평가," 『경제학연구』 48: 177-196.

- 권오상(2003), "가상가치평가법을 이용한 유전자변형제품의 소비자 수용성에 관한 계량분석," 『농업경제연구』 44: 111-131.

- 권오상(2006), "선택실험법을 이용한 댐호수의 특성별 휴양가치 분석," 『자원·환경경제연구』 15: 555-574.

- 권오상(2007), 『환경경제학』 제2판, 박영사.

- 김용주·유영성(2005), "팔당호 및 한강 수질개선의 비시장가치 측정: 속성가치선택법을 이용하여," 『자원·환경경제연구』 14: 337-381.

- 안소은(2007), "우리나라 습지의 환경적 가치: 메타회귀분석," 『자원·환경경제연구』 16: 65-98.

- 용희원·이승호·권오상(2023), "신품종 과일류에 대한 지불의사와 수요의 탄력성 추정: 수량선택실험 분석," 『농촌경제』 46: 27-56.

- 엄영숙·권오상·신영철(2011), "예비타당성조사 적용 CVM의 분석체계와 개선과제," 『자원·환경경제연구』 20: 595-628.

- 이홍림·박윤선·권오상(2015), "편익이전 기법을 이용한 개별 및 지역별 농촌 어메니티 자원의 가치 추정," 『농업경제연구』 56: 1-27.

- Bishop, R. C. and T. A. Heberlein (1979), "Measuring Values of Extra-Market Goods: Are Indirect Measures Biased?" *American Journal of Agricultural Economics* 61: 926-930.

- Bohm, P. (1972), "Estimating Demand for Public Goods: An Experiment," *European Economic Review* 3: 111-130.

- Carson, R. T. (1997), "Contingent Valuation Surveys and Tests of Insensitivity to Scope," in R. J. Kopp, W. W. Pommerehne, and N. Schwarz, eds., *Determining the Value of Non-Marketed Goods: Economic, Psychological, and Policy Relevant Aspects of Contingent Valuation Methods*, Kluwer, pp. 127-163.

- Carson, R. T. and T. Groves (2007), "Incentives and Informational Properties of Preference Questions," *Environmental and Resource Economics* 37: 181-210.

- Carson, R. T. and W. M. Hanemann (2005), "Contingent Valuation," in K.-G. Mäler and J. Vincent., eds., *Handbook of Environmental Economics: Valuing Environmental Changes*, Vol 2, Elsevier North Holland.

- Cherry, T. L., S. Kroll, and J. F. Shogren, eds. (2008), *Environmental Economics:*

Experimental Methods, Routledge.

- Ciriacy—Wantrup, S. V. (1947), "Capital Returns from Soil—Conservation Practicies," *Journal of Farm Economics* 29: 1181—1196.

- Davis, R. K. (1963), *The Value of Outdoor Recreation: An Economic Study of the Maine Woods*, Ph. D. dissertation, Harvard University.

- Diamond, P. and J. A Hausman (1994), "Contingent Valuation: Is Some Number Better Than No Number?" *Journal of Economic Perspectives* 8: 45—64."

- Habb, T. C. and K. E. McConnell (2002), *Valuing Environmental and Natural Resources: The Econometrics of Non—Market Valuation*, Edward Elgar.

- Hanemann, W. M. (1984), "Welfare Evaluations in Contingent Valuation Experiments with Discrete Responses," *American Journal of Agricultural Economics* 66: 332—341.

- Hanemann, W. M. (1994), "Valuing the Environment Through Contingent Valuation," *Journal of Economic Perspective* 8: 19—43."

- Harrison, G. W. (1992), "Valuing Public Goods with the Contingent Valuation Method: A Critique of Kahneman and Knetsch," *Journal of Environmental Economics and Management* 23: 248—257.

- Johnston, R. J., K. J. Boyle, W. Adamowicz, J. Bennett, R. Brouwer, T. A. Cameron, W. M. Hanemann, N. Hanley, M. Ryan, R. Scarpa, R. Tourangeau, and C. A. Vossler (2017), "Contemporary Guidance for Stated Preference Studies," *Journal of the Association of Environmental and Resource Economists* 4: 319—405.

- Kahneman, D. and A. Tversky (1979), "Prospect Theory: An Analysis of Decision under Risk", *Econometrica* 47: 263—291.

- Kahneman, D and J. L. Knetsch (1992), "Valuing Public Goods: The Purchase of Moral Satisfaction," *Journal of Environmental Economics and Management* 22: 57—70.

- Kling, C. L., D. J. Phanuef, and J. Zhao (2012), "From Exxon to BP: Has Some Number Become Better than No Number?" *Journal of Economic Perspectives* 26: 3—26.

- Krishna, V. (2010), *Auction Theory*, 2nd ed., Academic Press.

- List, J. A. (2004), "Neoclassical Theory Versus Prospect Theory: Evidence from the Marketplace," *Econometrica* 72: 615-625.

- List, J. A. (2011), "Why Economists Should Conduct Field Experiments and 14 Tips for Pulling One Off," *Journal of Economic Perspectives* 25: 3—16.

- List, J. A., ed. (2007), *Using Experimental Methods in Environmental and Resource Economics*, Edward Elgar.

- List, J. A. and C. A. Gallet (2001), "What Experimental Protocol Influence Disparities between Actual and Hypothetical Stated Values,?" *Environmental and Resource Economics* 20: 241—254.

- Lusk, J. L. and J. F. Shogren (2007), *Experimental Auctions: Methods and Applications in Economic and Marketing Research*, Cambridge University Press.

- Milgrom, P. (2004), *Putting Auction Theory to Work*, Cambridge Universtiy Press.

- Mitchell, R. C., and R. T. Carson (1989), *Using Surveys to Value Public Goods: The Contingent Valuation Method*, Resources for the Future.

- Murphy, J. J., P. G. Allen, T. H. Stevens, and D. Weatherheard (2005), "A Meta-analysis of Hypothetical Bias in Stated Preference Valuation," *Environmental and Resource Economics* 30: 313-325.

- Murphy, J. J., T. Stevens, and L. Yadav (2010), "A Comparison of Induced Value and Home-Grown Value Experiments to Test for Hypothetical Bias in Contingent Valuation," *Environmental and Resource Economics* 47: 111-123.

- Portney, P. R. (1994), "The Contingent Valuation Debate: Why Economists Should Care," *Journal of Economic Perspectives* 8: 3-17.

- Randall, A., B. C. Ives, and C. Eastman (1974), "Bidding Games for Valuation of Aesthetic Environmental Improvements," *Journal of Environmental Economics and Management* 1: 132-149.

- Ross, D. (2005), *Economic Theory and Cognitive Science: Microexplanation*, MIT Press.

- Samuelson, P. A. (1954), "The Pure Theory of Public Expenditure," *Review of Economics and Statistics* 36: 387-389.

- Shogren, J. F. (2005), "Experimental Methods and Valuation," in K.-G. Mäler and J. Vincent., eds., *Handbook of Environmental Economics: Valuing Environmental Changes*, Vol 2, Elsevier North Holland.

- Shogren, J., F. and L. Taylor (2008), "On Behavioral-Environmental Economics," *Review of Environmental Economics and Policy* 2: 26-44.

- Shogren, J. F., S. Y. Shin, D. Hayes, and J. Kliebenstein (1994), "Resolving Differences in Willingness to Pay and Willingness to Accept," *American Economic Review* 84: 255-270.

- Taylor, L. O., M. KcKee, S. K. Laury, and R. G. Cummings (2001), "Induced-value Tests of the Referendum Voting Mechanism," *Economics Letters* 71: 61-65.

- Vossler, C. A., M. Doyon, and D. Rondeau (2012), "Truth in Consequentiality: Theory and Field Evidence on Discrete Choice Experiments" *American Economic Journal: Microeconomics* 4: 145-171.

- Wilkinson, N. (2008), *An Introduction to Behavioral Economics*, Palgrave McMillan.

비용분석

환경정책에 대한 평가는 환경정책이 가져다주는 편익뿐만 아니라 그에 필요한 비용까지도 포함해서 이루어져야 한다. 환경재로부터 얻는 편익을 화폐단위로 환산하는 것은 상대적으로 어렵기 때문에 많은 관련 연구가 있고, 본서 역시 많은 지면을 그 부분에 할애하였다. 그러나 그렇다고 해서 환경정책의 비용이 편익에 비해 더 쉽고 정확하게 평가될 수 있다고 할 수는 없다. 환경정책 비용에는 많은 항목이 포함되기 때문에 이들을 적절히 포함하여 전체 비용을 계측하는 것은 쉽지 않다. 특히 개발도상국의 경우 환경규제를 포함하는 정책을 시행하면 그로 인해 경제활동이 위축되고 경제성장이 저해될 수 있어 환경정책의 비용측면 중요도가 높을 수밖에 없다.

제1절에서는 환경정책의 비용에는 어떤 것들이 포함되어야 하는지를 살펴본다. 이어서 제2절은 정책비용 가운데 직접비용을 계측하는 방법들에 대해 논의한다. 제3절은 정책비용을 계산할 때 흔히 간과하기 쉬운 간접비용에는 어떤 것들이 있는지를 살펴보고, 이러한 간접비용을 무시할 때 발생하는 오류에 대해 논의한다. 마지막으로 부록은 환경정책의 직·간접비용을 모두 계측하기 위해서 사용되는 일반균형모형을 간단한 예를 들어 설명한다.

---

section 01 환경정책비용의 종류

제3장에서 설명한 바와 같이 경제학에서 비용은 기회비용을 의미한다. 마찬가지로 환경정책의 비용 역시 환경정책을 시행하는 데 수반되는 사회적 기회비용으로 계산되어야 한다. 다시 말하면 환경정책이 시행되면서 오염원이 지불하는 저감비용이나 정부의 감시·감독비용과 같은 직접비용(explicit cost)뿐 아니라 환경정책이 유발한 기타 경제적 효과로 인해 발생하는 모든 간접비용(implicit cost)까지도 환경정책의 비용에 포함되어야 한다.

예를 들어 정부가 대기오염물질 배출량을 줄이기 위해 화력발전소 탈황시설 설치를 요구한다고 하자. 이러한 정책의 직접비용으로는 발전소가 지출하는 설비 설치비와 운영비, 그리고 정부가 발전소를 감시·감독하기 위해 지출하는 비용 등이 계산될 것이다. 그러나 발전소가 탈황시설을 설치하기 위해 비용을 추가로 지불하면 다른 용도의 설비를 위해 투자할 수 있는 여력이 감소하고, 그로 인해 발전소의 생산성이 떨어질 수 있다. 이러한 생산성 하락을 무시하고 직접비용만을 계산할 경우 환경정책비용을 과소평가하게 된다. 반면 발전소의 탈황시설 설치가 의무화되면 이 설비를 생산하는 산업이 형성되고, 그로 인해 국민경제의 성장이 이루어질 수도 있다. 이러한 부의 간접비용 역시 정확한 정책비용평가를 위해 포함되어야 한다. 환경정책비용 가운데 특히 이러한 간접비용을 적절히 반영하는 것이 어렵다.

환경과 관련된 공공사업이나 정책의 직접비용은 몇 가지 기준을 사용하여 재분류한다. 직접비용은 설치비(capital cost)와 운영비(operating cost)로 분류할 수 있다. 설치비는 오염물질 저감을 위해 설치되는 공장이나 설비와 같은 자본재에 대해 지출되는 비용이다. 설치비는 일종의 고정비용으로서, 단기적으로는 고정되어 있어서 기업의 생산량이나 오염물질 배출량이 변하여도 설치비 자체는 변하지 않는다. 운영비는 이미 설치된 오염저감시설을 작동하고 유지하는 비용이다. 운영비에는 재료비, 부품비, 인건비, 연료비 등이 포함된다. 운영비는 일종의 가변비용으로서 생산량이나 저감량에 따라 달라진다.

직접비용은 경제를 구성하는 부문별로 분리할 수도 있다. 이 경우 직접비용은 흔히 저감비용, 규제 및 감시비용, 기술개발비용으로 구분된다. 저감비용은 오염물질을 배출하는 민간기업이나 정부조직이 환경정책이 요구하는 대로 오염물질을 저감하기 위해 직접 지출한 비용이다. 규제 및 감시비용은 환경정책을 입안하고 실행하는 행정당국이 이를 위해 지출하는 비용이다. 기술개발비용은 오염물질 저감과 관련된 기술개발을 위해 지출하는 비용이다. 직접비용을 이렇게 분류하는 것은 환경정책의 각 비용 가운데 민간과 정부조직이 각각 부담하는 비율이 어느 정도인지를 파악하는 데 도움이 된다.

직접비용은 또한 각 환경매체에 대해 지출된 금액을 기준으로 분류하기도 한다. 예를 들어 환경정책에 소요된 전체 비용을 대기오염관리, 수질오염관리, 폐기물관리를 위해 지출된 금액으로 분류하는 경우가 이에 해당된다.

section 02 직접비용의 계측방법

환경규제의 직접비용을 계측하는 방법은 공학적 방법(engineering approach), 설문조사법(survey approach), 생산경제학모형(production economics model) 등으로 나눌 수 있다.

1. 공학적 방법

공학적 방법은 환경규제의 비용 계산을 위해 흔히 사용되는 방법으로서, 환경기술관련 전문가들의 지식에 크게 의존하는 방법이다. 정부는 먼저 관계된 공학자와 과학자들에게 요청하여 정부가 정한 규제수준을 오염원이 달성하기 위해 사용할 수 있는 여러 방법을 실행하는 데 필요한 모든 장비, 노동력, 투입물의 사용량을 계산해 내도록 한다. 이들 투입물의 다양한 조합이 목표 규제수준을 달성할 수 있을 것이므로 공학자와 과학자들은 목표를 달성할 수 있는 각각의 투입물 조합과 각 조합을 선택할 때 소요되는 설치비와 운영비를 모두 계산하여야 한다.

이어서 공학자들은 가능한 투입물 조합 가운데 설치비와 운영비의 합이 가장 적은 조합을 찾아내고, 각 오염원의 최소 저감비용을 모두 더해 전체 저감비용을 도출한다. 이렇게 계산된 비용이 바로 공학적 방법을 통해 계산된 환경정책비용이다.

전문가들의 지식에 의존하여 환경정책비용을 계산하는 공학적 방법은 빈번히 사용되는 분석 방법이기는 하나, 몇 가지 문제점을 가지고 있다. 첫째, 이 방법은 미래의 투입물 가격의 변동이나 기타 경제적 변수들을 고려하지 않고 현 수준에서 이용이 가능한 기술과 소요 경비만을 검토하여 저감비용을 계산하기 때문에 미래에 발생할 예기치 못할 변화를 충분히 고려하지 못하는 단점을 가진다.

둘째, 현실 오염원은 매우 다양한 기술 및 시장 여건에 놓여 있기 때문에 공학적 방법을 적용하기 위해서는 각기 다른 특성을 가지는 오염원들의 최소 저감비용을 모두 분석하여야 한다. 그렇지 않고 제한된 수의 오염원의 생산 및 저감기술만을 분석하고 이에 기초하여 전체 저감비용을 도출할 경우 상당한 정도로 왜곡된 저감비용을 도출할 가능성이 있다.

마지막으로 공학적 방법은 가능한 저감기술 가운데 최소의 저감비용을 필요로 하는 기술을 찾아내는 방법이기 때문에 오염원들이 실제로 자신의 저감비용을 최소화한다고 전제하고 있다. 그러나 오염원들은 자신이 처한 경영 및 기술상의 형편과 정부규제의 영향 등으로 인해 반드시 공학자가 예상하는 저감기술을 선택하지는 않는다. 공학적 방법이 예측하는 최소비용기술을 오염원들이 선택하지 않을 경우 이 방법은 환경정책 비용을 과소평가할 것이다.

2. 설문조사법

공학적 방법이 환경정책 비용 계산 시 소수 전문가의 지식에 의존함에 반해 설문조사법은 오염원 자신이 저감비용에 대해 가지고 있는 지식을 이용하는 방법이다. 즉 정부는 오염원을 대상으로 설문조사를 실행하여 규제를 준수하기 위해 지불해야 하는 비용을 물어본다. 설문조사법은 오염원을 대상으로 하는 보다 직접적인 비용조사법으로서, 광범위한 오염원들의 저감비용에 대한 공학적 분석이 힘들 경우에도 사용될 수 있는 유용한 방법이다.

설문조사법 역시 몇 가지 단점을 가지고 있다. 첫째, 이 방법은 오염원이 환경규제를 준수하고 시행하는 데 필요한 비용을 정확히 알고 있다고 전제하고 있는데, 이러한 전제가 성립되지 않을 경우에는 왜곡된 정보를 도출할 가능성이 있다. 둘째, 제9장에서 살펴본 바와 같이 정보가 비대칭적인 상황에서는 오염원들은 전략적으로 행동하려는 동기를 가지기 때문에 설문조사에 임할 때 의도적으로 저감비용을 축소하거나 부풀릴 수 있다.

3. 생산경제학모형

전문가들의 분석에 의존하여 저감비용을 계산하는 공학적 방법이나 규제를 따르기 위해 오염원이 부담해야 할 비용을 물어보는 설문조사법 모두 오염원이 선택한 실제 행위를 분석하여 환경정책의 저감비용을 계산하는 방법은 아니다. 반면 생산경제학모형을 이용하는 방법은 오염원이 실제로 선택하고 있는 생산기술과 각종 투입물 사용 형태를 분석하여 저감비용을 추정하는 방법이다. 이런 점에서 볼 때 생산경제학모형은 위의 두 가지 분석법에 비해 오염원이 당면하는 실제 선택문제를 보다 분명히 고려하는 분석법이라 할 수 있다.

예를 들어 정부가 정한 배출상한이 R로 주어져 있고, R은 오염원별로 혹은 시점별로 서로 다를 수 있다. 오염원이 사용하는 각종 투입물의 시장가격을 $w_1,...,w_N$이라 하고, 오염원이 규제 수준 R에서 특정 수준의 제품 y를 생산한다고 하자. 오염원은 y를 생산하는 데 소요되는 비용을 최소화하는 투입물 결합 $(x_1,...,x_N)$을 선택할 것이다. 이렇게 오염원들이 비용최소화를 위해 노력할 때 달성되는 최소의 비용을 투입물의 시장가격, 규제 수준, 생산량의 함수로 나타내는 것을 비용함수(cost function)라 부르며, $c(w_1,\cdots,w_N,y,R)$와 같이 표현한다.

시간적 혹은 공간적 차이로 인해 각기 다른 투입물 가격과 배출상한, 생산량 등을 접

하는 오염원들이 실제로 선택한 투입물 결합에 대한 정보를 구할 수 있다면, 이들 자료를 이용하여 비용함수 $c(w_1,...,w_N,y,R)$를 통계적으로 추정할 수 있다. 배출규제가 강화될수록 산출물 생산비가 증가할 것이므로 비용함수 값은 통상적으로 배출상한이 늘어나면서 줄어들 것이다. 만약 규제가 현 수준보다 한 단위 더 강화된다면, 즉 배출상한이 한 단위 줄어든다면 그로 인해 오염원의 비용은 $\left| \dfrac{\Delta c(w_1,...,w_N,y,R)}{\Delta R} \right|$ 만큼 늘어날 것이고, 이것이 바로 오염원의 한계저감비용이다.

꽤 오래전 발표되었지만 비용함수를 사용하여 한계저감비용을 추정한 대표적인 연구로서 골롭과 로버츠(Gollop and Roberts, 1985)의 연구가 있다. 이들은 미국 화력발전소에 대해 적용되는 아황산가스 배출상한이 1톤 줄어들 때 발전소별로 141~1,226 달러의 비용이 추가로 소요된다는 사실을 밝힌 바 있다.

생산경제학모형은 앞서 설명한 두 가지 방법과는 달리 생산자가 실제로 사용한 생산기술 및 투입물 조합을 분석하여 한계저감비용을 구하고, 생산자의 비용최소화 행위와 부합되는 모형을 구축하여 분석한다는 점에서 매우 바람직한 분석법이다. 그러나 이 방법 역시 몇 가지 단점을 가지고 있다. 첫째, 이 방법은 위의 비용함수에서의 R과 같이 정부에 의해 외생적으로 결정되어 있는 규제 수준이나 배출상한이 존재하고 있고, 이를 오염원이 정확히 준수한다는 가정하에서만 사용할 수 있는 방법이다. 따라서 현재 배출규제가 존재하지 않거나, 존재하더라도 오염원이 이를 지키지 않는다면 위의 방법을 사용할 수 없다.

둘째, 생산경제학모형은 규제가 큰 폭으로 강해질 때는 정확한 저감비용계산을 위해 사용되기 힘들다. 강해진 배출규제 때문에 오염원이 추가로 부담해야 하는 비용을 구하기 위해서는 위와 같이 비용함수를 추정하여 한계저감비용곡선을 구한 뒤, 원래의 배출규제와 새로운 배출규제 사이에서 형성되는 한계저감비용곡선 아래의 면적을 계산하여야 한다. 그러나 새로이 도입되는 규제가 원래보다 훨씬 강할 경우 오염원이 이를 달성하기 위해 기존의 생산기술과는 전혀 다른 새로운 생산기술을 사용해야 할 때가 있다.

예를 들어 발전소의 배출상한이 조금 줄어든다면 에너지 사용량이나 에너지원별 결합비율을 변화시켜 새로운 배출기준을 달성할 수 있지만, 배출상한이 많이 줄어든다면 에너지 사용 형태만 바꾸어서는 배출기준을 달성할 수 없고, 설비나 공정까지 바꾸는 선택을 해야 할 것이다. 〈그림 18-1〉이 이러한 상황을 보여주고 있다. 그림에서 최초의 아황산가스 배출상한은 R^0이었고, 이것이 R^1으로 줄어들었다고 가정하자. 배출상한이 R^* 이상일 경우에는 에너지 사용량만 바꾸어 배출량을 줄일 수 있으나, 배출상한이 R^* 이하가 되면 비용이 많이 드는 새로운 공정을 도입하여야 한다. 따라서 규제가 점차 강해지면서 실제

그림 18-1 불연속적인 한계저감비용

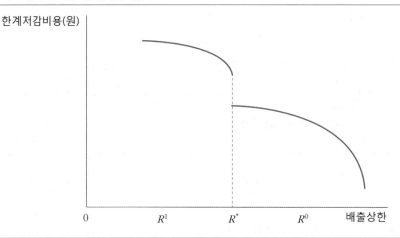

한계저감비용은 R^*에서 크게 상향 이동할 것이다. 새로운 공정이 도입되지 않았던 원래의 생산기술로부터 얻어진 자료에 의존하여 도출된 한계저감비용은 〈그림 18-1〉과 같이 불연속적으로 변하는 한계저감비용을 정확히 나타낼 수가 없고, 이 경우에는 생산경제학 모형보다는 앞서 설명한 공학적 방법이나 설문조사법이 더 현실적일 수 있다.

화력발전소의 대기오염물질 한계저감비용

화력발전소 대기오염 규제를 위해서는 발전소별 배출량 상한을 설정하기보다는 연료 종류를 제한하는 방식을 선택하는 경우가 많다. 이 경우에는 골롭과 로버츠(1985)가 개발한 배출상한 제약을 갖는 비용함수 추정법을 한계저감비용 분석에 사용하기 어렵다.

저명한 생산경제학자 페어와 그 동료들(Färe et al., 1993, 2005)은 생산경제학적 접근 법에 입각하되, 배출상한이 존재하지 않아도 실제 오염물질 배출량과 투입요소 사용량, 생산량 등을 이용하여 한계저감비용을 추정할 수 있는 방법을 제시하였다. 이 방법은 산출물거리함수(output distance function)라는 생산기술 특성 함수를 사용하며, 투입요소를 그대로 유지한 상태에서 대기오염물질을 한 단위 줄일 때 감소하는 전력 생산의 가치를 통계적으로 구하여 이를 한계저감비용으로 간주한다. 이 방법은 개발된 이래 세계 각국의 오염물질 한계저감비용 분석에 광범위하게 사용되었다.

권오상·윤원철(Kwon and Yun, 1999)은 페어 외의 방법을 사용하여 한국 화력발전소의 대기오염물질 한계저감비용을 추정하였다. 대상 기간은 1990~1995년이며, 분석 결과 아황산가스, 이산화질소, 부유분진, 이산화탄소의 톤당 한계저감비용은 1995년 가격으로 발전소당 약 31만 원, 14만 7천 원, 1,548만 원, 3,800원인 것으로 나타났다. 이들은 당시의 환율을 적용할 때 이렇게 추정된 아황산가스의 한계저감비용이 미국의 황배출권 프로그램에서 거래되는 아황산가스 배출권 시장가격과 상당히 가깝다는 것을 보여주었다.

이들은 또한 화력발전소의 한계저감비용이 발전소별로 큰 차이를 보여 비용효과성이 달성된다고 보기 어려우며, 따라서 배출권거래제와 같은 경제적 유인을 도입하면 국가 전체 저감비용이 줄어들 것으로 보았다. 유사한 분석을 한 권오상·박호정(2010)의 연구는 LNG 발전소의 CO_2 한계저감비용은 톤당 9,000원 정도임에 반해 비LNG 화력발전소의 한계저감비용은 46,000원에 달해 역시 등한계원칙이 성립하지 않음을 보였다.

section 03   간접비용

환경정책비용에는 오염원의 저감비용과 정부의 정책실행 비용뿐 아니라 정책의 여러 파급효과가 유발하는 간접비용도 포함되어야 한다. 이러한 간접비용은 적절히 평가하기가 힘들 뿐 아니라 정의 값을 가질 것인지 부의 값을 가질 것인지도 불명확한 경우가 많이 있다. 아래에서는 환경정책의 대표적인 간접비용 가운데 몇 가지를 설명하고, 관련된 연구들도 소개한다.

1. 자원 이용의 효율성 증대

환경정책은 각 경제주체가 현재보다 자원을 더욱 효율적으로 사용하도록 함으로써 오히려 국가의 부를 증대시키기도 한다. 이 경우에는 환경정책 비용은 음의 간접비용을 유발하기 때문에 직접비용만을 계산할 경우 정책 비용을 과대평가하게 된다.

이런 현상은 주로 에너지 사용과 관련된 규제 때문에 많이 발생한다. 예를 들어 자동차나 기타 연소 기구로부터 배출되는 대기오염물질 배출량을 줄이기 위해 배출가스의 연소를 촉진하는 장치를 부착하거나 오염물질을 적게 배출하는 연료로 대체하도록 규제하면 그로 인해 에너지 효율 자체가 상승하고 따라서 에너지 소비량이 줄어들 수 있다.

다른 한 가지 예로서 실업자들을 동원하여 환경정화사업이나 산림관리사업을 실시하는 경우를 들 수 있다. 이 사업에 참여하는 실업자들에게 임금을 지급하면 정부의 실업수당 지출을 줄일 수 있고, 동시에 환경개선효과도 거둘 수 있다. 따라서 이 경우에 환경개선사업의 직접비용인 인건비만을 계산하여 이를 환경개선사업의 비용으로 볼 경우 사업의 사회적 비용을 과대평가하게 된다.

2. 생산성 변화

오염규제가 기업 생산성 변화에 미치는 영향에 관해서는 많은 논쟁이 있어 왔다. 생산성 변화는 투입요소 사용량 증대에 비해 산출량 증대가 어느 정도로 빨리 이루어지느냐를 나타내는 지표로서 장기적인 경제성장 가능성을 가늠하는 척도라 할 수 있다. 생산성 하락은 국민경제의 미래 생산능력과 경쟁력을 저해하고, 한 번 하락한 생산성은 누적되어 미래의 생산성에 영향을 미치기 때문에 오염규제가 생산성 변화에 미치는 영향은 매우 중요하다.

오염규제가 생산성을 저해할 것이라는 주장은 다음의 세 가지 가설에 기초하고 있다. 첫째, 오염규제가 강화되면 기업이 이를 따르기 위해 지출해야 하는 비용이 늘어나고, 이 비용만큼 생산성 향상을 위해 필요한 다른 투자액이 감소하게 된다. 둘째, 오염규제가 강화되면 주로 에너지나 원료물질의 가격이 상승하고, 그로 인해 에너지와 원료물질을 투입요소로 사용하는 기타 산업의 생산비가 연쇄적으로 상승하게 된다. 셋째, 오염규제가 강화되면 기업은 많은 정부 간섭과 규제하에 놓이게 되고, 규제준수와 관련된 추가 업무가 늘어나 기업의 활동이 전반적으로 위축된다.

반면 위의 주장과는 반대로 오염규제가 오히려 기업 생산성을 높인다는 주장도 있다. 이러한 주장은 포터(Porter, 1991)에 의해 제기되었기 때문에 포터가설(Porter hypothesis)이라 불리며, 제6장에서 언급된 기술강제원칙의 근거이기도 하다. 포터가설은 오염규제가 강력할수록 기업이 새로운 기술을 개발하려는 동기가 커지고, 따라서 오염규제가 강한 국가나 지역에 위치한 기업일수록 높은 생산성과 경쟁력을 가지게 된다고 주장한다.

이러한 포터가설이 현실성을 가질 수 있는 경우로서는 우선 오염물질 저감용 장치나 기술을 생산하여 판매하는 기업이 오염규제가 강해져 수익성이 높아지고 경쟁력도 향상되는 경우를 들 수 있다. 또한 생산에 있어 유익한 혁신이 되는 방법이 어떤 이유로 인해 그동안 간과되었다가 강화된 규제로 인해 기업 관심을 끌게 되면서 생산성이 증대되는 경우에도 포터가설이 성립할 것이다.

포터가설의 검증

강한 환경규제가 혁신을 자극하고 생산성을 높인다는 포터가설은 많은 학자들의 관심을 끌었고, 이 가설이 실제 자료에 의해 뒷받침되는지를 통계적으로 검증하려는 연구가 전 세계 여러 경제와 산업에 대해 시행되었다. 개별 연구들은 관련하여 정반대의 결론을 보여 주기도 하였기 때문에, 많은 연구 성과를 종합하여 어떤 시사점을 찾으려는 노력도 시행되었다. 여기에서는 그러한 시도 중 하나인 코헨과 튜브(Cohen and Tubb, 2018)의 분석을 간략히 소개하는데, 유사한 분석을 진행한 많은 연구 사례를 이 논문의 참고문헌에서 확인할 수 있다.

코헨과 튜브는 총 107편의 연구가 획득한 환경규제와 생산성 간의 관계 추정치 2,000여 개를 제17장에서 소개한 메타분석법을 이용해 분석하였다. 생산성 관련 변수로는 기업이나 산업의 경우 산출 수준, 생산성, 주식가격, 자산가치 등이 사용되었고, 지역이나 국가의 경우 국제교역량, GDP 성장률, 고용수준 등이 사용되었다. 규제로는 직접규제, 배출부과금제나 배출권거래제와 같은 신축적인 규제, 규제준수 비용, 심지어 주관적인 규제 강도 등이 변수로 사용되었다. 대상 오염물질도 전체 오염물질, 수질, 대기질, 온실가스, 폐기물, 에너지 효율성 등 다양하였다.

이 연구는 결론적으로 기존의 실증분석들이 내린 결론이 팽팽하게 갈려서 규제 수준과 생산성 간 상관성이 양(+)인지 음(−)인지 통계적인 결론을 내리기 어렵다고 주장한다. 다만 이 연구는 규제의 영향이 개별기업이나 산업의 생산성은 낮추는 쪽으로, 지역이나 국가 수준의 생산성은 높이는 쪽으로 통계적으로 유의하게 나타나고 있음을 발견하였다. 포터의 원래 주장이 규제의 국가나 지역단위 생산성 효과를 강조하는 것이었기 때문에 이는 이 가설을 어느 정도 뒷받침하는 발견이다. 그리고 이 연구는 비록 미약하지만 직접규제보다는 신축적인 규제가 생산성에 도움이 될 가능성이 높고, 규제가 시차를 두고 동태적으로 생산성에 미치는 영향을 분석할수록 생산성을 높이는 쪽으로 작동할 가능성이 높다는 것도 발견하였다.

위의 코헨과 튜브의 연구는 개별 기업이나 산업보다는 국가나 지역단위에서 포터가설이 성립할 확률이 높다고 하였다. 그런데 사실 개별 기업의 경우 누가 더 강한 규제하에 있는지를 지표로 나타내기 쉽지 않다. 특정 시점에 있어 모든 기업은 대체로 동일한 규제를 받고, 시간이 지나면서 규제 강도가 달라지는 정도도 심하지 않다. 따라서 규제 강도가 높아지는 것을 변수로 나타내기 어려운 점이 있는데, 그린스톤 외(Greenstone et al., 2012)는 미국의 환경규제가 가지는 특성을 활용해 설비별 환경규제 차이가 생산성에 미치는 영향을 파악할 수 있었다.

이들은 1972~1993년간 미국의 120만 개 생산설비의 자료를 이용해 일산화탄소, 오존, 아황산가스, 총먼지(TSP)에 대한 규제가 생산성에 미치는 영향을 분석하였다. 미국은 제8장에서 설명한 대로 1970년 대기관리법을 통해 전국에서 이 네 가지 물질 오염도가 달성해야 할 기준을 설정하고, 이를 달성하는 카운티와 달성하지 못하는 카운티를 구분하였다. 달성여부는 또한 오염물질별로 지정되는데, 달성하지 못하는 지역에 속한 생산설비들은 훨씬 강한 직접규제 대상이 된다. 주로 인구 밀집 지역 설비들이 기준 미달 지역 설비로 지정되어 강한 규제를 받았고, 따라서 시간이 지나면서 기준 미달 지역의 환경 개선이 상대적으로 더 크게 이루어졌다. 이 제도 때문에 설비별로 특정 오염물질 직접규제 대상인지 아닌지가 결정되고, 또한 이는 연도별로도 변하기 때문에 규제 강도의 설비별 차이가 자료로 관측된다.

이런 분석을 시행함에 있어 먼저 생산성을 정확히 정의할 필요가 있다. 생산성은 투입물대비 생산량을 의미한다. 하지만 생산은 통상 여러 가지 투입물을 사용하므로 이들 다수의 투입물을 어떻게 합해 하나의 투입물지수로 만들지가 문제가 된다. 산출을 Y, 투입을 모두 통합한 총투입을 X라 하면 생산성은 $TFP = Y/X$가 되어야 한다. 이 생산성은 모든 투입물 사용량을 포함한 것이라 총요소생산성(total factor productivity, TFP)이라 부른다. 생산성 변화율은 TFP의 변화율인데, 어떤 변수의 로그를 취한 후 두 시점 t와 $t-1$ 간의 차이를 구하면 해당 변수의 변화율이 되므로 총요소생산성의 변화율을 $TFP_t = \ln Y_t - \ln Y_{t-1} - [\ln X_t - \ln X_{t-1}]$과 같이 계산한다.

그렇다면 생산성 변화율 측정의 관건은 X_t를 구축하는 것인데, 서로 이질적인 투입요소들을 잘못 통합하면 생산기술 특성을 왜곡하게 되고, 생산자의 비용최소화나 이윤극대화 행위와 맞지 않는 총투입 수량지수를 얻게 되는 문제가 발생한다. 투입물 가짓수가 N이라 하자. 기술 특성을 불필요하게 제약하지 않으면서 생산자 행위와 일치하는 생산성 변화율로 가장 많이 사용되는 것은 다음과 같다.

$$TFP_t = \ln(Y_t) - \ln(Y_{t-1}) - \sum_{i=1}^{N} \overline{s_i}(t)\{\ln(x_{it}) - \ln(x_{it-1})\}$$

단 $\overline{s_i}(t)$ = 연도 t와 $t-1$에서 i번째 투입요소가 생산비에서 차지하는 비중의 평균

이 생산성 변화율은 각 투입요소가 생산비에서 차지하는 비중을 가중치로 하여 평가한 투입요소 사용량의 가중합이 시간이 지나면서 변하는 것을 산출물이 증가하는 비율에서 빼준 것이다. 즉 총투입의 변화율을 $\sum_{i=1}^{N} \overline{s_i}(t)\{\ln(x_{it}) - \ln(x_{it-1})\}$와 같이 계산한다.[1]

그린스톤 외(2012)의 연구는 다음과 같은 회귀분석을 실시한다.

$$TFP_{jt} = \sum_{p} [\beta_p \times nocaaa_{cpt} + \delta_p \times pollind_{jp} + \gamma_p \times nocaaa_{cpt} \times pollind_{jp}] + X_{jt}\Phi + \eta_j + \epsilon_{jt}$$

위의 회귀분석 변수의 하첨자 중 p는 오염물질 종류를, c는 카운티를, j는 생산설비를, t는 시간을 나타낸다. 그리고 $nocaaa_{cpt}$는 시점 t에 있어 기업 j가 속한 카운티가 오염물질 p의 기준 미달 지역이면 1, 아니면 0의 값을 가진다. $pollind_{jp}$는 설비 j가 오염물질 p 집약적이어서 규제 대상일 경우 1, 아니면 0의 값을 가진다. X_{jt}는 그 외 지리적 특성을 나타내는 변수들이고, η_j는 설비별 기타 고유특성을 반영하는 확률변수이다. ϵ_{jt} 역시 회귀분석을 실행하기 위한 확률변수이다.

분석의 핵심은 파라미터 γ_p에 있다. 오염물질 p의 기준 미달 지역에 위치하면서 동시에 오염물질 집약적 설비라서 다른 설비에 비해 강한 규제하에 있으면 $nocaaa_{cpt} \times pollind_{jp}$는 1의 값을 가진다. 나머지 설비는 이 값이 0이다. 따라서 γ_p의 추정치는 기업이 오염물질 p의 기준 미달 지역에 위치하고 오염물질 집약적이라 다른 기업보다 더 강한 규제하에 있을 때 생산성 변화율이 어떤 차이를 갖는지를 보여준다.

그린스톤의 분석에 의하면, 분석모형을 구체적으로 어떻게 설정하느냐에 따라 달라지긴 하지만, 모든 오염물질에 대한 규제를 통합하여 판단하면 γ_p의 값이 -0.026이어서 강한 규제하에 놓인 설비는 평균 2.6%의 생산성 감소를 경험한다. 이는 금액으로 환산하면 연간 200억 달러에 달할 수도 있는 큰 금액이다. 그리고 오염물질별 영향을 보면 오존규제가 특히 생산성 하락에 미치는 영향이 컸다. 아황산가스와 총먼지에 대한 규제도 생산성을

---

1) 이를 퇸크비스트(Törnqvist) 투입물지수라 부른다. 지수 관련 이론설명은 권오상(2023, 제9장)에서 얻을 수 있다.

하락시킨다. 다만 일산화탄소에 대한 규제만은 생산성을 높여 포터가설이 부분적으로 성립할 가능성도 제시하였다.

한편, 오염규제의 생산성에 대한 영향은 생산자의 비용최소화 행동을 분석해서 도출할 수도 있으며, 이것이 사실은 더 선호되는 방법이다. 생산이 노동 L, 자본 K, 연료 F로 이루어지고 각각 가격이 p_L, p_K, p_F라 하자. R을 규제 강도를 나타내는 변수라 하면, 시점 t에 있어 생산설비의 Y 생산을 위한 최소 비용은 비용함수 $C = C(p_L, p_K, p_F, Y, R, t)$와 같이 나타낼 수 있다. 투입요소 가격자료와 산출량자료, 규제 강도를 나타내는 지수가 확보되면 회귀분석 등을 통해 이 비용함수를 추정할 수 있다. 생산자 행위를 반영하면 총요소생산성 변화율은 다음처럼 분리된다.[2]

$$\dot{TFP}_t = -\frac{\Delta \ln C}{\Delta R}\frac{\Delta R}{\Delta t} + \left(1 - \frac{\Delta \ln C}{\Delta \ln Y}\right)\frac{\Delta \ln Y}{\Delta t} - \frac{\Delta \ln C}{\Delta t}$$

위 지표의 우변은 생산성 변화를 동일 산출을 하는 데 필요한 비용이 변한 것으로 전환하여 나타내며, 세 가지 요인으로 분해하여 보여준다. 첫 번째 항은 시간이 지나면서 규제가 강해지고 그 때문에 비용이 변한 것이다. 즉 오염규제의 생산성효과이다. 두 번째 항은 시간이 지나면서 생산량이 변했고, 이때 생산량이 늘어나는 정도와 비용이 늘어나는 정도가 달라서 발생한 비용변화이다. 생산효율이 규모에 대해 중립적이고 규모수익불변의 특성을 가지면, $\Delta \ln C / \Delta \ln Y = 1$이기 때문에 이 항은 0이 되어 없어진다. 마지막 항은 생산기술이 시간이 지나며 변해 발생하는 비용변화이다.

따라서 비용함수를 이용하는 방법은 발생한 생산성 변화를 순수한 환경규제효과, 생산규모가 바뀌어 발생한 효과, 생산기술 변화 때문에 발생한 효과로 분리하여 계측할 수 있다. 그리고 만약 규제가 시차를 두고 생산성에 미치는 영향을 분석하고자 한다면 규제 강도 R을 구축할 때 과거에 도입된 규제도 반영해 주면 된다. 이 방식을 이용해 환경규제의 생산성에 대한 영향을 도출한 연구로 골롭과 로버츠(Gollop and Roberts, 1983)의 고전적 연구가 있고, 한국에서도 이명헌(1997), 권오상·윤원철(1999) 등의 분석 사례를 찾을 수 있다.

---

2) 이 과정 또한 권오상(2023, 제9장)에서 확인할 수 있다.

3. 환경정책이 실업률에 미치는 영향

환경정책은 경제 내의 실업률에도 영향을 미친다. 오염규제가 실업률을 높여 국민경제에 피해를 입히는 경우로는 다음 두 가지를 들 수 있다. 첫째, 오염규제가 강화되면 기업의 경제 활동이 위축되고, 심할 경우 문을 닫는 기업도 나타나게 되므로 실업률이 높아진다. 둘째, 특히 선진국의 경우 자국 내 오염규제가 강화되면 자국 기업이 생산설비를 규제 정도가 약한 외국으로 이전하게 되고, 그로 인해 자국의 실업이 증가하게 된다.

하지만 오염규제 강화는 장기적인 측면에서 볼 때 오히려 고용을 증대시켜 실업률을 줄여줄 수도 있다. 오염규제의 고용증대 효과는 폐기물의 수거 및 재활용 업무와 같이 규제정책을 실행하기 위해 필요한 새로운 직장을 창출하거나, 환경기술산업과 같은 새로운 산업을 형성하여 고용을 창출하기 때문에 발생한다. 이는 강화된 오염규제가 장기적으로 오히려 생산성을 높인다는 포터가설에 비유될 만하다. 오염규제가 이렇게 실업률과 근로자소득에 미치는 영향이 단기와 장기에 있어 다를 수 있고 상반될 수도 있어 이에 대한 실증분석이 필요하다. 아래 보론은 관련 자료가 다른 국가에 비해 잘 갖추어진 미국의 실증분석 사례이다.

환경규제와 실업률, 근로자 소득

환경규제가 근로자의 소득이나 실업에 미치는 영향은 근로자가 어떤 업종과 기업에서 일을 하느냐, 개인의 능력이나 특성은 어떠하냐에 의해 달라지고, 또한 근로자는 환경규제 외의 요인에 의해서도 직장을 바꾸기 때문에 관측되는 자료만으로 정확히 분석하기 어렵다. 워커(Walker, 2013)는 본문에서 소개했던 그린스톤 외(2012)의 연구처럼 매우 정교하고 광범위한 미시자료를 이용해 환경규제가 실업률과 근로자소득에 미치는 순수한 동태적인 영향을 분석해 내었다.

이 연구는 1990년 도입된 미국의 대기오염관리법의 효과를 분석한다. 제8장에서 소개한 바와 같이 이 법의 도입으로 전국 단위의 황배출권 거래가 시행되지만, 동시에 여러 배출관련 기준도 대폭 강화되었다. 이 기준 강화로 인해 연방정부 오염도기준을 충족하지 못하는 것으로 분류된 카운티의 수가 1990년 한꺼번에 34%나 늘어났다.

워커는 1990년에 기준 미달 지역으로 새로이 분류되어 더 강한 규제를 받게 된 기업에 근무했던 근로자의 실업 상태와 소득이 어떻게 변했는지를 분석했다. 이를 위해 규제 효과가 나타나기 전인 1990년부터 규제 효과 발생 9년 후인 2000년까지 개별 근로자의 직장과 소득 등을 추적하는 방대한 자료를 사용했다. 이 연구의 기본 추정식은 다음과 같다.

$$Y_{jcst} = \sum_{k=-m}^{M} \gamma^k \{N_c \times P_s \times 1(\tau_t = k)\} + 기타 변수들의 영향 + 교란항$$

Y_{jcst}는 오염물질 s를 배출하는 카운티 c의 j산업에 있어 t연도의 실업률 혹은 근로자 임금을 나타낸다. N_c는 1990년에 어떤 오염물질에 대해서든 새로 기준 미달 지역으로 분류된 카운티면 1, 아니면 0이다. P_s는 규제 물질 배출 산업이면 1, 아니면 0이다. 그리고 $1(\tau_t = k)$는 새로운 규제가 도입된 후 k년 후면 1, 아니면 0이다. 따라서 $N_c \times P_s \times 1(\tau_t = k)$는 새로 규제가 강화된 지역, 규제 오염물질 배출 산업, 규제 도입 후 k년일 때만 1의 값을 가지고 아니면 0의 값을 가진다. 추정치 γ^k를 도출하는 것이 분석의 핵심이다.

분석 결과에 의하면 새로운 규제는 각 오염물질을 배출하는 산업의 실업률을 상승시켰다. 그러나 규제강화에도 자기 직장에 남을 수 있었던 사람들은 2년간 소득이 줄지만 이후 원래 수준을 회복해 장기적으로는 실질적인 손실이 없었다. 하지만 규제 도입으로 실업률이 높아져 자기 직장을 떠나야 했던 사람들은 도입 4년 후까지 소득 감소 폭이 계속 커지고, 이후 일부 회복되지만 9년이 지나도 여전히 규제 전보다는 낮은 소득을 보였다. 9년간의 누적 임금손실이 규제 전 연 소득의 123% 정도가 되었다. 또한 이직을 하더라도 규제 때문에 자기가 살던 지역을 떠나는 경우보다는 다른 종류의 산업으로 이직할 때의 임금손실이 더 컸다는 것도 밝혀졌다. 이러한 발견은 강화된 규제가 새로운 직장을 창출해 임금손실을 보상하는 것이 사실은 쉽지 않다는 것을 의미한다.

오염규제가 실업률을 높인다는 이상의 주장 가운데 특히 두 번째 주장이 최근 많은 관심을 불러일으키고 있는데, 이 주장은 오염피난처가설(pollution haven hypothesis)이라 불리기도 한다. 오염피난처가설은 어떤 국가가 다른 국가에 비해 더 강한 오염규제를 도입하면 자국의 생산시설이 규제가 약한 외국으로 이전되거나 아니면 오염 유발 상품의 자국 내 생산량이 줄어드는 대신 외국으로부터의 수입은 늘어나게 된다는 주장이다.

오염피난처가설은 무역 및 환경정책에 대해서 몇 가지 시사점을 제공한다. 우선 이 가설은 개발도상국이 느슨한 오염규제만 실행하는 것을 정당화할 수가 있다. 모든 국가는 경제성장과 환경오염 감소를 동시에 추구해야 하는데, 이 가설이 유효하다면 경제성장이 시급한 개발도상국은 외국으로부터 생산설비와 자본을 유치하기 위해 비교적 느슨한 규제

정책을 사용해야 한다.

　오염피난처가설은 또한 무역규제의 논리로 사용되기도 한다. 자국 내 오염규제가 비교적 강한 선진국에서는 개발도상국과의 교역에서 무역적자를 기록하고 있는 것은 개발도상국들이 약한 오염규제만을 해 가격경쟁력을 갖기 때문이라는 주장이 제기되고 있다. 따라서 오염규제가 매우 약한 나라로부터의 수입품은 규제해야 한다는 주장이 대두된 바 있다.3)

　오염피난처가설이 어느 정도로 타당한지, 즉 오염규제 강화가 국내 산업시설의 해외이전을 어느 정도로 촉진하는지를 실증적으로 분석한 연구들이 최근 많이 나오고 있다. 이러한 연구들은 오염피난처가설의 타당성에 대해 상반된 결론들을 보여주고 있다. 자페 외(Jaffe et al., 1995)는 적어도 미국의 경우 오염규제 강화가 미국 경제의 경쟁력이나 산업시설의 해외유출에 크게 영향을 미치지 못한다는 결과를 보여주었다. 에스켈란드와 해리슨(Eskeland and Harrison, 2003) 역시 미국의 해외투자가 특별히 오염집약 산업에 집중된다는 증거는 없다고 하였다. 이러한 결과는 첫째, 환경규제를 준수하기 위한 비용이 전체 생산비에서 차지하는 비중이 상당수 산업에 있어 낮고, 둘째, 기업 특히 경영주는 입지를 선택할 때 수익성뿐 아니라 경영 및 생활환경에 대한 고려도 하기 때문에 발생하는 것으로 해석된다.

　그러나 좀 더 다양한 자료와 분석법을 사용하면 반대의 결론도 도출된다. 루카스 외(Lucas et al., 1992)는 특히 빈곤국일수록 생산과정에서 독성이 강한 제품을 배출하는 산업의 성장 속도가 빠르다는 조사 결과를 보였고, 리스트 외(List et al., 2003) 역시 환경규제 강도가 기업 입지에 대단히 민감한 영향을 미친다는 것을 보여주어, 오염피난처가설의 타당성을 뒷받침하였다.

　오염피난처가설이 실제 자료와 부합하는지를 분석할 때 등장하는 난점은 오염규제의 강도를 변수화하기가 쉽지 않고, 또한 오염규제 자체가 경제나 오염 수준을 반영하여 결정되는 역방향 인과관계도 개입되어 있다는 것이다. 이 문제에 관해서는 제19장 제3절에서 다시 논의하기로 한다. 오염피난처가설의 타당성에 대해서는 논란이 있으나, 특정 국가의 오염규제가 강화되면 그로 인해 기업활동이 위축되거나, 기업의 해외 이주, 폐쇄 등으로 인해 실업률이 증가할 가능성이 있다. 즉 적어도 단기적, 국지적으로는 오염규제가 실업률을 증가시킬 것이며 그 때문에 소비자 후생 감소나 실업과 같은 사회적 비용이 초래될 것이다.

---

3) 이는 제8장에서 논의한 탄소누출(carbon leakage) 문제와 이를 완화하기 위한 EU의 탄소국경조정제(CBAM)와도 관련이 있다.

4. 오염규제와 독점화

정부가 오염규제를 강화하면 기업의 고정비용이 크게 증가할 가능성이 있다. 이러한 고정비용에는 배출저감시설 설치비, 배출권 구입비, 환경관련 기술자의 고용 비용 등이 포함된다. 고정비용은 생산량의 많고 적음에 관계없이 기업이 생산활동을 위해 지출하는 비용이다. 오염규제가 이러한 고정비용을 높인다면 규모가 작은 중소기업의 생산비를 상대적으로 상승시켜 이들을 산업에서 퇴출시키고, 독점화를 유발할 수 있다.

제7장에서 독점기업은 완전경쟁기업에 비해 더 적은 양의 상품만을 생산하여 높은 시장가격을 수취하고자 하기 때문에 독점화는 사회적 비용을 초래한다고 설명하였다. 오염규제가 시장의 독점화를 촉진한다면 이는 중요한 간접비용 항목이 될 수 있다.

오염규제가 독점화를 초래할 가능성이 있다는 사실을 실증 분석한 연구로서 비교적 오래전 연구지만 피트만(Pittman, 1981)의 연구가 잘 알려져 있다. 피트만은 미국 위스콘신 주 제지공장들의 생산기술을 분석한 결과, 강한 배출규제하에 있는 기업일수록 높은 수준의 규모의 경제성을 가지기 때문에 오염규제가 강해질수록 생산 규모가 큰 기업이 비용면에서 유리해진다는 사실을 밝힌 바 있다. 타윌(Tawil, 1999) 등의 보다 최근 연구도 유사한 분석 결과를 보여준다. 한국에서는 박경원·권오상(2018)이 시장 독점화를 허용하는 일반균형모형을 사용해 배출권거래제의 효과를 분석했을 때, 규제강화는 소폭이긴 하지만 일부 산업의 독점화를 심화시키는 것으로 나타났다. 그리고 독점화가 되면 규제강화가 생산량을 줄이지만 배출량 감소는 그에 비해 상대적으로 작게 나타나며, 완전경쟁시장 구조에 비해 경제 전체 규제비용도 조금 더 커진다는 것을 보였다.

부록 / **일반균형모형을 이용한 환경정책비용의 분석**

환경정책은 오염원의 저감비용을 초래할 뿐 아니라 경제 전체에 걸쳐 다양한 파급효과를 낳는다. 규제로 인해 오염원이 사용할 수 있는 기술이 제한되거나, 산출물과 투입요소의 상대가격이 변하면 각 경제주체는 이에 능동적으로 대응하게 되고, 따라서 환경규제가 직접 적용되는 오염원뿐 아니라 경제 내의 모든 경제주체가 후생 변화를 경험하게 된다.

환경정책이 유발하는 직·간접비용을 모두 계측하기 위해 경제학자들은 응용일반균형모형(applied general equilibrium model)을 분석한다. 응용일반균형모형은 연구 목적과 자료 특성에 따라 여러 방식으로 구축되는데, CGE(computable general equilibrium) 모형이 가장 많이 사용된다. CGE 모형에서는 경제 전체의 생산량, 요소 투입량, 산출물과 투입물의 가격이 모형 내에서 내생적으로 결정되며, 정책 도입 시 이 변수들이 어떻게 달라지는지 시뮬레이션을 통해 확인할 수 있다.

실제 분석에 사용되는 CGE 모형들은 많은 수의 방정식과 변수로 구성된다. 여기에서는 그 핵심 내용을 파악하기 위해 단순화하여 X와 Y 두 가지 소비재를 노동 L, 자본 K, 오염물질 Z를 이용해 생산하는 경제를 생각해 보자. 오염물질은 Y 생산에서만 배출된다. 이 경제의 균형은 다음 13개의 방정식으로 구성된다.[4]

① 투입요소 수요

$$K_X = K_X(r, w, X)$$ **18-1**

$$L_X = L_X(r, w, X)$$ **18-2**

$$K_Y = K_Y(r, w, \tau, Y)$$ **18-3**

$$L_Y = L_Y(r, w, \tau, Y)$$ **18-4**

$$Z_Y = Z_Y(r, w, \tau, Y)$$ **18-5**

② 투입요소 시장균형

$$K_X + K_Y = \overline{K}$$ **18-6**

$$L_X + L_Y = \overline{L}$$ **18-7**

③ 소비재 수요

$$X_U = X_U(p_X, p_Y, r\overline{K} + w\overline{L})$$ **18-8**

$$Y_U = Y_U(p_X, p_Y, r\overline{K} + w\overline{L})$$ **18-9**

④ 소비재 공급(0의 이윤조건)

$$p_X X = rK_X + wL_X$$ **18-10**

$$p_Y Y = rK_Y + wL_Y + \tau Z_Y$$ **18-11**

---

4) 풀러톤과 호이텔(Fullerton and Heutel, 2007)은 이 모형을 환경정책의 소득분배 효과분석에 활용하였다.

⑤ 소비재 시장균형

$$X_U = X \quad \text{\small 18-12}$$
$$Y_U = Y \quad \text{\small 18-13}$$

생산자는 목표 생산량 $\{X, Y\}$를 자본, 노동, 오염물질의 가격 $\{r, w, \tau\}$를 반영해 최소 비용으로 생산하고자 하며, 이 과정에서 투입요소 $\{K_X, L_X, K_Y, L_Y, Z_Y\}$의 수요가 식 $(18-1) \sim (18-5)$와 같이 결정된다. τ는 오염세 혹은 부과금이며, 환경정책 도입 전에는 0의 값을 가진다. 경제 내 자본과 노동은 $\{\overline{K}, \overline{L}\}$로 고정되어 있고, 식 $(18-6)$과 $(18-7)$은 투입요소 $\{K, L\}$의 수요와 공급이 일치하는 조건이다. 소비재 수요 $\{X_U, Y_U\}$는 가격 $\{p_X, p_Y\}$와 소득 $r\overline{K} + w\overline{L}$을 이용해 효용을 극대화하는 소비자에 의해 식 $(18-8)$, $(18-9)$와 같이 정해진다. 완전경쟁시장이므로 식 $(18-10)$, $(18-11)$처럼 두 생산자의 이윤이 0이 되어야 하고, 두 소비재 공급량 $\{X, Y\}$는 이를 충족하도록 정해진다. 마지막으로 식 $(18-12)$, $(18-13)$에 의해 소비재의 시장균형이 달성된다.

위 모형은 내생변수는 $\{p_X, p_Y, r, w, K_X, K_Y, L_X, L_Y, Z_Y, X, Y, X_U, Y_U\}$의 13개이고, 방정식도 13개이다. 하지만 일반균형의 특성상 네 가지 시장 중 세 가지에서 균형이 이루어지면 나머지 시장의 균형도 이루어지는 소위 왈라스 법칙(Walras' law)이 성립하기 때문에 예를 들어 노동시장 균형식은 제외할 수 있다. 따라서 실제 방정식 수보다 내생변수 숫자가 하나 더 많으므로 예를 들어 노동가격 w는 1로 고정할 수 있다. 노동가격 외의 여타 가격변수 $\{p_X, p_Y, r\}$은 노동가격 w 대비 상대가격인 것으로 해석하면 된다.

CGE 모형을 이용하는 정책효과분석은 ① 캘리브레이션(calibration) ② 시뮬레이션의 절차를 따른다. 모형의 해, 즉 내생변수들의 값이 정책 도입 전 실제 자료상의 수치와 완전히 같도록 모형 내 파라미터나 탄력성 수치를 구하는 과정을 캘리브레이션이라 한다. 시뮬레이션은 캘리브레이션을 거친 모형을 τ와 같은 정책변수의 값을 바꾸어 푼 뒤, 내생변수들의 값이 바뀌는 것을 확인하는 절차이다.

CGE 모형을 푸는 두 가지 방법이 있다. 첫 번째는 비선형 연립방정식을 푸는 방식이다. 기업 생산함수와 소비자 효용함수에 구체적인 형태를 설정한 후, 비용을 최소화하고 효용을 극대화하는 투입요소 수요함수와 소비재 수요함수를 도출하여 대입하면 구체적인 모습의 비선형 연립방정식이 만들어진다. 두 번째 방법은 방정식들을 모두 내생변수 변화율(예: $\widehat{L}_Y = \Delta L_Y / L_Y$)의 선형 형태로 전환하여 푸는 방식인데 여기에도 최적화 행위가 반영되며, 각종 탄력성이 선형방정식 체계의 주요 구성요소가 된다. 어느 방법을 적용하든 연립방정식을 풀어 해를 수치로 제시할 수 있는 컴퓨터 소프트웨어를 활용한다. 위와 같은 간단한 모형은 Excel의 "해찾기"(solver) 기능을 이용해서도 충분히 풀어낼 수 있다.

환경정책분석에 광범위하게 사용되는 CGE 모형은 위와 같은 "장난감 모형"(toy model) 보다는 훨씬 복잡하고 다양하다.[5] 첫째, 생산요소로 노동, 자본 (혹은 토지) 외 에너지 제품과 같은 여러 중간투입재까지 포함할 수 있으며, 이는 화석연료 사용으로 배출되는 대기오염 분석 등을 위해서는 필요한 과정이다. 둘째, 정부가 적극적인 역할을 하게 할 수 있다. 위 모형에서는 Y 생산자가 납부하는 τ의 부과금을 누가 어떻게 활용하는지에 대한 설명이 없는데, 정부가 이러한 부과금이나 세금을 걷어 재정지출을 하게 할 수 있다. CGE 모형 내에서 정부가 배출 저감 외에도 기술혁신 촉진이나 소득 재분배와 같은 정책목표를 추진하게 할 수 있으며, 배출권거래제와 같은 다른 환경정책을 도입하게 할 수도 있다. 셋째, 국제무역을 도입하여 수출과 수입, 외환 등이 내생적으로 결정되게 할 필요도 있다. 넷째, 완전경쟁시장 가정 대신 독점시장, 과점시장, 독점적 경쟁시장 등의 시장구조를 도입할 수도 있다. 다섯째, 시간적, 공간적 범위를 넓힐 수 있다. 시간적으로는 자본 축적과 인구변동을 통해 경제가 장기에 걸쳐 동태적으로 성장하게 하며, 기술변화도 반영할 수 있다. 공간적으로는 한 국가가 아니라 전 세계 모든 국가 경제의 동시적 균형을 분석할 수 있다. 가장 범위가 넓은 글로벌 동태 CGE 모형은 특히 기후변화분석에 많이 사용되며, 여러 국제기관이 개발·운용하고 있다. 마지막으로, 특정 산업의 생산기술이나 자원부존량을 세밀하게 묘사하는 미시적인 수량 분석모형과 경제 전체 균형을 도출하는 CGE 모형을 통합하여, 두 접근법의 장점을 모두 얻으려는 시도도 한다.

---

5) 딕슨과 조겐슨(Dixon and Jorgenson, 2013)의 핸드북이 CGE 모형의 종류와 분석기법, 현존하는 주요 모형들을 설명한다. CGE 모형은 한국경제를 대상으로도 활발히 적용되고 있다(예: 장기복 외 (Chang et al.), 2024).

참고문헌

- 권오상(2023), 『생산경제학』 제2판 , 박영사.

- 권오상·박호정(2010), "CO$_2$ 배출량을 감안한 화력발전소의 생산성 변화분석," 『경제학연구』 58: 65−90.

- 권오상·윤원철(1999), "저황유 공급정책이 한국 화력발전부문의 생산성 변화에 미친 영향," 『환경경제연구』 8: 49−75.

- 박경원·권오상(2018), "불완전경쟁 CGE모형을 이용한 배출권거래제의 경제효과 분석," 『환경정책』 26: 233−265.

- 이명헌(1997), "한국 제조업에 대한 환경규제의 파급효과 분석: 생산성 및 요소수요를 중심으로," 『경제학연구』 45: 275−287.

- Chang, K.−B, S. W. Kang, O. S. Kwon, S. Lee, J. Lee and Y. Koo (2024), "The Economic Impacts of Implementing Net Zero Policies in Korea: A Combined Top−down and Bottom−up Approach," *Climate Change Economics* 2440011 https://doi.org/10.1142/S2010007824 400116.

- Cohen, M. A. and A. Tubb (2018), "The Impact of Environmental Regulation on Firm and Country Competitiveness: A Meta−analysis of the Porter Hypothesis," *Journal of the Association of Environmental and Resource Economists* 5: 371−399.

- Dixon, P. B. and D. W. Jorgenson. eds. (2013), *Handbook of Computable General Equilibrium Modelling*, Vol 1A & 1B. North−Holland.

- Eskeland, G. and A. E. Harrison (2003), "Moving to Greener Pastures? Multinationals and the Pollution Haven Hypothesis," *Journal of Development Economics* 70: 1−23.

- Färe, R., S. Grosskopf, S. A. K. Lovell, and S. Yaisawarng (1993), "Derivation of Shadow Prices for Undesirable Outputs: A Distance Function Approach," *Review of Economics and Statistics* 75: 374−380.

- Färe, R., S. Grosskopf, S., D. W. Noh, and W. Weber (2005), "Characteristics of a Polluting Technology: Theory and Practice," *Journal of Econometrics* 126: 469−492.

- Fullerton, D. and G. Heutel (2007), "The General Equilibrium Incidence of Environmental Taxes," *Journal of Public Economics* 91: 571−591.

- Gollop, F. M., and M. J. Roberts (1983), "Environmental Regulations and Productivity Growth: The Case of Fossil−fueled Electric Power Generation," *Journal of Political Economy* 91: 654−674.

- Gollop, F. M., and M. J. Roberts (1985), "Cost−Minimizing Regulation of Sulfur Emissions:

Regional Gains in Electric Power," *Review of Economics and Statistics* 67: 81−90.

- Greenstone, M., J. A. List, and C. Syverson (2012), "The Effects of Environmental Regulation on the Competitiveness of U.S. Manufacturing," NBER Working Paper No. 18392.

- Jaffe, A. B., S. R. Peterson, P. R. Portney, and R. N. Stavins (1995), "Environmental Regulation and the Competitiveness of U.S. Manufacturing: What Does the Evidence Tell Us?" *Journal of Economic Literature* 33: 132−163.

- Kwon, O. S. and W. C. Yun (1999), "Estimation of the Marginal Abatement Costs of Airborne Pollutants in Korea's Power Generation Sector," *Energy Economics* 21: 545−588.

- List, J. A., D. Millimet, P. G. Fredriksson, and W. W. McHone (2003), "Effects of Environmental Regulations on Manufacturing Plant Births: Evidence from a Propensity Score Matching Estimator," *Review of Economics and Statistics* 85: 944−952.

- Lucas, R. F. B., D. Wheeler, and H. Hettige (1992), "Economic Development, Environmental Regulation and the International Migration of Toxic Industrial Pollution, 1960−1988," World Bank Discussion Paper No. 159.

- Pittman, R. W. (1981), "Issues in Pollution Control: Interplant Cost Differences and Economies of Scale," *Land Economics* 57: 1−17.

- Porter, M. E. (1991), "America's Green Strategy," *Scientific American* 264: 168.

- Tawil, N. (1999), "Flow Control and Rent Capture in Solid Waste Management," *Journal of Environmental Economics and Management* 37: 183−201.

- Walker, W. R. (2013), "The Transitional Costs of Sectoral Reallocation: Evidence from the Clear Air Act and the Workforce," *Quarterly Journal of Economics* 128: 1787−1835.

제5부는 경제발전과 국제무역이 환경과 가지는 상호관련성과 전 지구적 차원의 환경문제를 다룬다. 제5부에서 다루는 이들 주제는 상대적으로 늦게 연구되기 시작하였으나, 환경과 경제에 관한 논의에서 이미 핵심적인 위치를 차지하고 있다.

제19장은 국제무역과 환경의 연관성에 관한 내용으로 구성된다. 개방경제의 국제수지나 교역조건 관리를 위해 흔히 사용되는 무역정책들은 한 국가의 수출입에 영향을 주고 국내 생산에도 영향을 미치기 때문에 자국과 교역대상국 모두의 환경질에 영향을 미치게 된다. 역으로 어떤 국가의 환경 정책은 자국 산업의 경쟁력이나 교역조건에 영향을 미쳐 수입과 수출에까지 영향을 미치게 된다. 따라서 국제무역이 이루어지는 개방경제의 경우 환경적 측면을 무시한 무역정책이나 무역에 미치는 영향을 무시한 채 실행되는 환경정책 모두 불완전할 수밖에 없으며, 두 정책의 상호작용을 고려한 무역·환경정책이 실행되어야 한다. 제19장은 이러한 무역정책과 환경정책 간의 상호연계를 설명한다. 아울러 일반균형분석을 통해 개방경제에서 환경정책이 선택되는 과정도 분석하며, 경제 개방이 환경에 미치는 영향도 분석한다.

제20장은 경제발전과 환경과의 관련성에 관한 논의이다. 여기서는 미래세대의 경제적 기반을 훼손하지 않으면서 현세대의 경제적 욕구를 충족할 수 있는 지속가능한 발전의 개념을 알아보고, 이와 관련된 정책들에 대해 논의한다.

제21장과 제22장은 전 지구적 차원의 환경문제를 논의한다. 제21장은 지구 전체에 걸쳐 발생하는 환경피해를 줄이기 위한 국제적 노력의 동향을 알아보고, 이와 관련된 몇 가지 이론적·정책적 문제를 논의하며, 구체적인 사례로 오존층 파괴와 생물다양성 문제를 검토한다. 마지막 제22장에서는 현재 환경 관련 국제적 이슈로 가장 중요하다고 할 수 있는 기후변화의 원인과 전망, 대처 노력과 그 효과 등을 논의하기로 한다.

국제무역,
경제발전과 환경

전 세계적인 개방화가 진행되면서 각국 경제의 해외 의존도가 갈수록 높아지고 있고, 경제활동에 있어 국경이 소멸되는 현상까지도 나타나고 있다. 세계 경제의 개방화는 또한 각국 환경문제의 개방화까지 초래하여 국제무역과 환경오염의 상호관련성이 커지고 있다.

과거에는 무역자유화의 영향을 논할 때 무역자유화가 교역 형태나 국가의 생산 규모, 고용수준, 부의 분배 등에 미치는 영향을 주로 검토하였다. 그러나 현재에 있어 무역자유화는 자본, 오염집약 산업, 폐기물의 국가 간 이동을 초래하고, 개발도상국의 산업화에 영향을 미쳐 전 지구적 오염에 영향을 미치기도 한다. 이런 이유로 인해 무역정책을 수립할 때 무역으로 인해 발생하는 환경질 변화까지도 고려하여야 한다.

무역정책이 환경에 영향을 미칠 뿐 아니라 거꾸로 국내 환경정책도 무역형태에 영향을 미친다. 어떤 국가가 자국 내 오염도를 줄이기 위해 환경정책을 도입하면 그로 인해 이 국가가 생산·소비하는 재화와 서비스의 상대가격이 변하게 되고, 따라서 교역 형태가 달라진다. 또한 제18장에서 설명한 오염피난처가설이 의미하는 바와 같이 환경정책의 영향으로 오염산업의 국제적 재배치가 발생할 수 있다. 따라서 환경정책 역시 국제무역에 미치는 영향을 고려하여 선택하여야 한다.

국제무역과 환경을 통합하여 고찰하는 논의는 크게 두 가지로 나뉜다. 첫 번째 논의는 환경문제와 국제무역을 종합적으로 고려하였을 때 각국이 어떤 정책을 선택할지를 분석하고, 그 결과 발생하는 국제무역이나 환경오염 형태가 어떠할 것인지를 이론적으로 분석하는 것이다. 두 번째 논의는 경제의 개방화가 각국 및 전 세계의 환경에 어떤 영향을 미치는지에 대한 논의이다.

제1절은 이 분야의 가장 잘 알려진 분석모형인 코웁랜드-테일러 일반균형모형을 이용해 개방경제에서의 생산, 소비 및 정책선택 문제를 분석한다. 그리고 제2절은 개방화가 환경에 미치는 영향에 대해 주로 이론적으로 논의한다. 마지막 제3절은 생산자 간의 이질성을 반영할 수 있도록 보다 최근에 개발된 무역이론과 환경문제를 연계하는 방법과, 오염규제가 무역에 미치는 영향과 개방화가 환경에 미치는 영향에 관한 주요 실증분석 사례를 소개한다.

section 01 국제무역과 환경의 통합적 관리: 코웁랜드-테일러 일반균형모형

각국은 기술 혹은 부존자원 측면에서 비교우위를 가지는 상품을 수출하기 때문에 국제무역을 논의하려면 두 가지 이상의 상품생산을 고려하여야 한다. 제1절과 이어지는 제2

절은 코웁랜드와 테일러(Copeland and Taylor, 2003)가 개발한 두 가지 상품을 생산하는 일반균형적 접근법을 이용해 무역과 환경의 문제를 살펴본다. 이 모형은 두 가지 상품생산이 환경오염을 유발하는 상황을 생산기술에 관한 몇 가지 가정하에 간단한 그래프로도 분석할 수 있는 대단히 유용한 분석 틀이다.

개방된 어떤 경제가 노동과 자본을 투입해 x와 y 두 가지 상품을 생산하는데, x가 더 자본집약적이어서 한 단위 생산에 필요한 자본/노동의 비율이 y보다 높다고 하자. 두 산업 모두의 생산기술은 규모수익불변(constant returns to scale)이어서 노동과 자본을 두 배 투입하면 산출물도 두 배 생산된다. 또한 노동집약적인 y산업은 생산과정에서 오염을 유발하지 않지만 x는 생산 시 e만큼의 오염물질을 유발한다. y의 가격은 항상 1이라고 하고, x의 가격은 p라고 하자. 개방경제이므로 p는 국제가격이다.

오염물질 배출량 e와 산출물 x의 관계는 $e = \theta x$와 같다. 즉 $\theta = \dfrac{e}{x}$는 산출당 오염물질 배출량인데, 고정된 것은 아니고 생산자가 비용최소화를 하는 과정에서 그 값을 선택한다. 배출부과금이 상승하면 기업은 더 많은 저감을 하고자 하므로 θ는 작아지며, 산출물 가격 p가 상승하면 배출되는 오염물질의 가치가 커지므로 θ가 커진다. 정부가 오염물질 단위당 τ의 부과금을 징수한다면 생산자는 x를 한 단위 판매하여 p의 가격을 받지만 대신 $\tau e = \tau \theta x$의 부과금을 납부해야 한다. 따라서 x의 시장가격은 p이지만 규제효과를 반영한 실제 수취가격은 $\bar{p} = p - \tau\theta$이다.

이 경제의 두 산출물 생산량은 〈그림 19-1〉과 같이 결정된다. 그림에서 우하향하는 곡선은 주어진 노동과 자본으로 생산할 수 있는 x와 y를 나타내는 **생산가능경계**(production possibilities frontier)이다. x를 더 많이 생산하면 y 생산량이 줄어들기 때문에 이 곡선은 우하향한다.

다수 산출물을 생산하는 경제에 있어 극단적으로 한 가지 상품만을 생산할 때에 비해 두 상품을 골고루 생산할 때 효율성이 대체로 더 높다고 인정된다.[1] 이 성질은 달리 말하면 x생산을 많이 할수록 x생산을 한 단위 늘릴 때 대신 포기해야 하는 y가 늘어난다는 것을 의미한다. 이 성질을 반영하면 생산가능경계는 〈그림 19-1〉처럼 원점에 대해 오목하게 된다.

시장균형에서는 이 생산경계 위의 어느 점이 실제로 선택될지를 확인해 보자. 시장이 균형을 이루기 위해서는 노동과 자본 두 투입요소가 단위당 벌어들일 수 있는 수익, 즉 노

---

1) 생산기술이 가지는 이러한 성질을 범위의 경제성(economies of scope)이라 부른다.

그림 19-1 균형 생산량과 배출량 결정

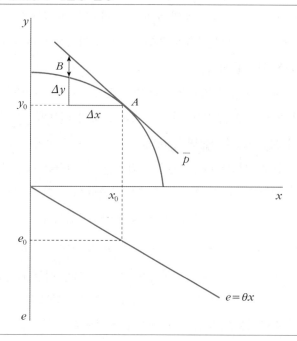

동가격과 자본가격이 x시장과 y시장에서 각각 서로 일치해야 한다. 그렇지 않고 어느 한 시장에서의 가격이 더 높다면 이 시장으로 투입요소가 몰려들 것이다. 어떤 투입요소가 특정 산업에서 사용될 때 얻을 수 있는 단위당 수익은 이 투입요소를 한 단위 더 투입하여 추가로 생산할 수 있는 산출물의 가치와 동일하다. 만약 추가 산출물의 가치가 투입요소 가격보다 높으면 기업은 투입요소 사용량을 늘리려 하고, 그 반대의 경우 투입요소 사용량을 줄이려 할 것이다. 따라서 시장균형에서의 투입요소 가격은 기업에 있어서 해당 투입요소의 한계생산성에 산출물의 가격을 곱해준 것과 같아야 한다.

〈그림 19-1〉에서 위쪽의 우하향하는 직선은 y의 가격 1과 x생산자가 실제로 수취하는 가격 $\bar{p}$의 비율이다. 이 직선의 기울기 $-\bar{p}$는 시장에서 평가되는 산출물 가격비가 어떤지를 보여준다. 이 직선과 생산가능경계가 서로 접하는 점이 A인데, 시장균형에서는 이 점에서의 x와 y가 생산되어야 할 것이다. 이를 확인하기 위해 예를 들어 B점처럼 생산가능경계와 가격선이 서로 접하지 않는 점에서 생산하고 있다고 하자. 이 점에서 A로 이동하면 x생산은 Δx만큼 늘어나지만 y생산은 Δy만큼 줄어든다. 이 비율 $|\Delta y/\Delta x|$는 가격선의 기울기 $|\bar{p}|$보다 작은데, 가격선의 기울기를 따라간다면 y가 화살선만큼 더 변해야 한다. 이 현상은 점 B에서 x생산을 늘릴 때 줄어야 하는 y생산량은 그리 많지 않음에

반해 y 대신 x생산으로부터 얻을 수 있는 수입은 크기 때문에 노동이든 자본이든 x산업으로 이동할 때 더 많은 수입을 얻을 수 있음을 의미한다. 따라서 점 B는 시장균형점이 될 수 없으며, 점 A처럼 생산가능경계와 가격선이 서로 접할 때만 시장균형이 발생하고, 이 균형점에서의 x와 y가 생산된다. 즉 균형생산량은 (x_0, y_0)이다.

이렇게 생산되는 x_0와 y_0가 각각 x와 y의 국내 수요에 비해 많으냐 적으냐에 따라 두 상품을 수출할지 수입할지가 정해진다. 고전적인 국제무역론에 의하면, x생산에 특히 집약적으로 사용되는 투입요소를 많이 가진 국가는 x를 수출하고 y는 대신 수입하며, 반대로 y생산에 집약적으로 사용되는 투입요소를 많이 가진 국가는 x를 수입하고 y를 수출한다.

한편 〈그림 19-1〉의 아래쪽 직선 $e = \theta x$는 x생산량이 주어질 경우 이에 따라 결정되는 배출량을 나타낸다. 점 A에서 생산이 이루어지면 e_0의 오염물질이 배출된다.

이제 경제 여건이 바뀌면 각 산출물 생산과 오염물질 배출량이 어떻게 달라지는지를 확인해보자. 그로스만과 크루에거(Grossman and Krueger, 1993)는 국제무역이 이루어지는 상황에서 여건이 달라질 때 발생하는 환경변화를 세 가지 효과로 구분하였다. 첫 번째 효과는 규모효과(scale effect)로서 여건 변화로 인해 모든 산출물 생산이 동일한 비율로 변하고, 그 결과 오염물질 배출량이 변하는 것을 의미한다. 두 번째 구성효과(composition effect)는 국민경제에서 오염도가 심한 산업의 산출이 차지하는 비중이 변하여 발생하는 오염도 변화를 의미한다. 마지막 세 번째 기술효과(technique effect)는 규제 변화 등으로 인해 생산기술 자체가 친환경적으로 변하거나 보다 오염집약적으로 변하여 발생하는 효과이다.

이 세 가지 효과는 간단한 수식으로 표현할 수 있다. 국제가격으로 평가한 이 국가의 생산규모를 $S = px + y$와 같이 나타내자. $v = \dfrac{px}{S}$를 생산규모에서 x가 차지하는 비중이라 하자. 그러면 $e = \theta x = \theta \dfrac{vS}{p}$이다. 국제가격 p는 고정된 값이다. 변수 e의 변화는 $\Delta e = \Delta S \dfrac{\theta v}{p} + \Delta v \dfrac{\theta S}{p} + \Delta \theta \dfrac{vS}{p}$와 같다. 이를 모두 e로 나누면 다음이 도출된다.

$$\frac{\Delta e}{e} = \frac{\Delta S}{S} + \frac{\Delta v}{v} + \frac{\Delta \theta}{\theta} \quad\text{\dotfill}\quad \boxed{19\text{-}1}$$

즉 배출량 변화율 $\Delta e / e$는 국제가격으로 평가한 생산변화율 $\Delta S / S$, 오염집약 산업이 차지하는 비중의 변화율 $\Delta v / v$, 그리고 산출당 오염물질 배출량 변화율 $\Delta \theta / \theta$의 합으로 구성된다. 이 세 가지 효과는 각각 규모효과, 구성효과, 기술효과를 나타낸다.

그림 19-2   규모효과

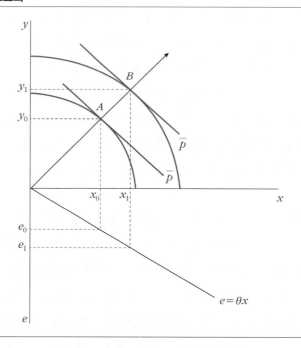

이 세 가지 효과 중 규모효과만 나타나는 경우를 〈그림 19-2〉에서 확인해 보자. 주어진 투입요소 부존량과 정부 정책에서의 균형 생산점은 A였으나 규제나 국제가격 등은 모두 불변인 상태에서 노동과 자본의 부존량이 각각 20% 늘어났다고 하자. 다른 모든 조건은 불변인 채 투입요소 부존량만 동일 비율로 늘어나면 이들 투입요소가 각 산출물 생산에 사용되는 비율이 달라지지 않는다. 따라서 두 산출물 생산은 각각 20%로 늘어나서 산출물의 생산 비율은 달라지지 않고, 점 A와 원점을 연결하는 점 B가 새로운 생산점으로 결정된다. 이 경우 두 산출물이 총생산에서 차지하는 비중이 불변이므로 구성효과는 없고, 아울러 규제 수준이 변하지 않으므로 θ도 변하지 않아 기술효과도 없다. 다만 규모효과에 의해서만 e가 늘어난다.

〈그림 19-3〉은 규모효과와 더불어 구성효과까지 나타나는 경우를 보여준다. 여기에서는 오염산업인 x산업에 집약적으로 사용되는 자본재의 부존량만 늘어났다고 가정한다. x산업이 자본집약적이기 때문에 이 경우 생산가능경계는 평행하게 밖으로 이동하는 것이 아니라 x축 쪽으로 더 크게 이동한다. 규제 수준과 가격은 불변이므로 균형점이 A에서 C로 이동하고, 그로 인해 x의 생산량은 늘어나지만 y의 생산량은 오히려 소폭 줄어든다. 오염물질 배출량은 e_a에서 e_c로 늘어난다.

그림 19-3 규모효과와 구성효과

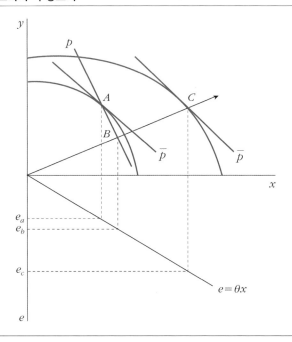

〈그림 19-3〉에서 점 A를 지나는 또 다른 직선 p의 기울기는 x의 국제가격을 나타낸다. 국제가격으로 평가한 생산 규모를 $px + y$라 할 때, 이 선 위의 점들은 모두 동일한 생산 규모를 나타낸다. 점 C와 원점을 잇는 직선이 직선 p와 만나는 점을 B라 하면, A에서 B로 생산점이 이동할 때 국제가격으로 평가된 생산 규모는 불변이기 때문에 이 이동은 순전히 구성효과만을 나타낸다. 즉 A에서 B로의 이동은 늘어나는 자본 때문에 이를 집약적으로 사용하는 x의 생산량이 늘어나고 대신 y의 생산량이 줄어드는 효과를 보여주되, 규모효과 없이 두 산출물의 생산 비율이 달라지는 것만을 보여준다. 이 구성효과 때문에 발생하는 오염물질 배출량의 변화는 $e_b - e_a$이다. 한편 점 B에서 점 C로의 이동은 두 산출물의 구성비를 바꾸지 않으므로 규모효과에 해당되고, 이로 인한 오염물질 배출량 변화는 $e_c - e_b$이다. 이 두 효과를 합한 것이 자본 증가의 전체 효과이다.

세 가지 효과가 모두 나타나는 경우는 〈그림 19-4〉가 보여주고 있다. 기술효과가 나타나기 위해서는 정부 규제 수준이 달라져야 한다. 여기에서는 정부가 징수하는 배출부과금이 상승한 경우를 고려한다. 최초의 균형은 점 A였고, 이때 e_a만큼 오염물질이 배출되었다. 단위당 배출부과금이 높아지면 이에 반응하여 생산자는 산출당 오염물질 배출량을 줄이는 생산기술을 선택하고, 그로 인해 θ가 θ_0에서 θ_1으로 하락한다. 이 효과는 아래쪽

그림 19-4 규모효과, 구성효과, 기술효과

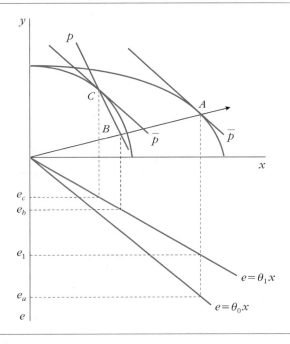

그림의 직선을 회전이동 시키며, 따라서 $e_1 - e_a$가 기술효과로 인한 오염물질 배출량 변화
이다.

기술효과는 〈그림 19-4〉에서 생산가능경계를 바꾼다. 오염물질을 덜 배출하는 생산기
술은 x생산의 효율성을 떨어뜨리기 때문에 생산가능경계를 원점 쪽으로 이동시킨다. 그러
나 x산업에 대한 규제강화는 y산업의 생산성에는 영향을 미치지 않고, 따라서 모든 투입
요소가 y산업에 사용될 때의 생산가능량을 나타내는 생산가능경계의 y축 절편은 변하지
않는다. 생산가능경계가 원점 가까이 이동하면서 최종 균형은 점 C에서 이루어진다. 〈그
림 19-4〉에서 설명한 바와 같이 점 B와 점 C의 차이는 구성효과이고, 점 A와 점 B의
차이는 규모효과이다. 이 두 효과로 인해 오염물질 배출량은 각각 $e_c - e_b$와 $e_b - e_1$만큼
변한다. 강화되는 오염규제는 이 두 효과와 기술효과를 통해 오염물질 배출량을 줄인다.

한편 〈그림 19-4〉의 위쪽 그래프에서 생산자의 실제 수취가격 $\bar{p} = p - \tau\theta$는 τ가 달라
짐에도 불구하고 여전히 동일한 수준을 유지하고 있는 것으로 보이는데, 이는 생산기술에
대해 어떤 특성을 부여했기 때문에 그러하다. 오염물질 배출의 단위당 비용이 τ일 때 배
출비용이 생산가치에서 차지하는 비중을 $\alpha = \tau e / px$라 하자. 생산기술 특성상 이 비율을
항상 일정하게 유지하는 것이 생산비를 최소화하는 방법이라면, $\tau\theta = \tau(e/x) = \alpha p$와 같

다. 따라서 이 경우 $\bar{p} = p(1-\alpha)$이어서 τ 자체와는 독립이 된다.

위에서의 논의는 모두 정부가 정한 단위당 배출부과금 τ가 외생적으로 결정되어 있다고 가정하였다. 그렇다면 정부는 어떤 기준을 가지고 규제 수준 τ를 정할 것인가? 단위당 배출부과금은 오염물질에 대해 적용되는 일종의 가격이고, 만약 그 값이 경제 상황 변화에 반응하여 결정되는 내생변수라면 오염물질에 대한 수요와 공급이 일치하는 수준에서 결정될 것이다.

오염물질 배출에 대한 수요는 기업들이 가지고 있다. 기업은 오염물질을 배출하며 생산하여 얻을 수 있는 한계편익과 오염물질의 가격인 단위당 부과금이 일치하는 배출량을 선택하므로, 각 가격수준, 즉 단위당 배출부과금에 대응하는 오염물질 수요량을 가지고 있다. 반면 오염물질 공급량은 정부가 결정한다. 정부는 오염물질 배출을 한 단위 더 줄이기 위해 국민이 지불하고자 하는 금액, 즉 오염의 한계피해를 오염 공급의 한계비용으로 인식한다. 따라서 정부는 오염의 한계피해와 오염물질 가격인 단위당 배출부과금이 일치하는 수준의 오염물질을 공급하고자 한다.

먼저 오염물질 수요곡선을 검토하자. $e = \theta x$가 바로 생산자의 오염물질 수요곡선인데 이 곡선의 형태는 θ와 x가 각각 어떤 변수들에 의해 어떤 영향을 받는지에 의해 결정된다. 앞에서 이미 가정한 바와 같이 생산기술 특성상 배출비용이 생산가치에서 차지하는 비중 $\alpha = \tau e / px$를 항상 동일하게 유지하는 것이 최선이라면, $\theta = e/x = \alpha p/\tau$와 같다. 따라서 θ는 p와 τ의 비율 p/τ에 반응하므로 $\theta(p/\tau)$와 같은 집약도 함수를 설정할 수 있다. 이 경우 θ는 p에 대해 증가하고 τ에 대해 감소한다. 아울러 x산업 생산량은 산출물가격, 부존자원, 오염물질 배출량에 의해 결정되므로 $x(p, \tau, K, L)$와 같은 함수로 표현할 수 있고, 최종적인 오염물질 수요함수는 $e = \theta(p/\tau)x(p, \tau, K, L)$와 같다.

오염물질 수요곡선을 가격이 τ이고 수량이 e인 공간에 〈그림 19-5〉와 같이 나타내면 〈그림 19-4〉에서 살펴본 바와 같이 τ가 상승할 때 기술효과, 구성효과, 규모효과에 의해 배출량 e가 줄어들기 때문에 우하향하며, p, K, L이 달라지면 이동한다. K가 늘어날 경우에는 〈그림 19-3〉이 보여주는 바와 같이 이를 집약적으로 사용하는 x의 생산량이 늘어나므로 오염물질 수요곡선은 우측 이동한다. 반대로 L이 늘어나면 이를 집약적으로 사용하는 y생산은 늘고 반대로 x생산은 줄어들므로 오염물질 수요곡선은 좌측 이동한다. 그리고 x의 가격 p가 상승하면 $\theta(p/\tau)$가 커지고, 또한 x의 단위당 가치가 커지기 때문에 노동과 자본도 x생산으로 더 많이 몰려 $x(p, \tau, K, L)$의 값도 커진다. 따라서 p 상승 시 오염물질 수요곡선이 우측으로 이동한다. 즉 오염물질에 대한 수요곡선은 우하향하며, p와

그림 19-5   최적 정책

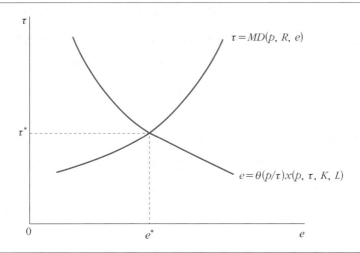

K가 커지면 우측 이동하고, L이 커지면 좌측 이동한다.

　　정부는 단위당 배출부과금이나 배출권 발행량을 조절하여 오염물질 공급량을 선택할 수 있으므로 오염물질 공급자이다. 오염물질 공급곡선의 높이는 다른 상품의 경우와 마찬가지로 정부가 오염물질을 '공급'하는 데 필요한 한계비용이고, 이는 다른 말로 표현하면 오염물질의 한계피해액이다. 사회구성원의 한계피해함수는 $MD(p, R, e)$와 같이 나타낼 수 있다. 여기서 $R = m/p$는 x의 가격으로 평가된 실질소득이다.[2] 즉 오염의 한계피해는 각 산출물의 가격과 실질소득, 그리고 오염도의 함수이다. 일반균형에서 소득 m은 고정된 것이 아니라 노동 및 자본과 같은 부존된 자원량과 산출물의 가격, 그리고 정부 규제에 의해서도 변하게 된다. 제3부에서 설명하였던 바와 같이 정부는 오염물질의 한계피해액에 해당되는 금액을 배출부과금으로 징수하거나 아니면 배출권가격으로 유지하고자 하므로 $\tau = MD(p, R, e)$를 충족하는 τ를 선택하고자 할 것이다. 따라서 이 조건이 바로 오염물질의 공급곡선이 충족해야 할 조건이다.

　　〈그림 19-5〉에서 오염물질 공급곡선이 왜 우상향하는지를 살펴보자. 공급곡선 기울기 방향은 배출량이 늘어날 때 한계피해가 커지는지에 달려있다. 배출량은 직접 한계피해를 높이지만, 일반균형에서는 실질소득 R을 바꾸어 한계피해에 영향을 미치기도 한다. 오염물질 배출량이 늘어나면 동일한 자본과 노동을 이용해 생산해 낼 수 있는 소득 m이 늘어

---

2) 한계피해를 소득 m이 아닌 $R = m/p$의 함수로 표현하기 위해서는 효용함수 형태에 어떤 가정을 부과해야 한다. 이에 대해서는 코플랜드와 테일러(2003, pp. 62~65)를 참조하기 바란다.

나므로 R이 커지는데, 깨끗한 환경이 정상재라면 소득 증가는 오염의 한계피해를 더 늘린다. 즉 배출량 증가는 직접적으로도, 그리고 소득변화를 통하는 간접적 경로를 통해서도 한계피해를 늘리고, 따라서 오염물질 공급곡선인 MD곡선은 e에 대해 증가한다.

이어서 외생변수 p와 R이 각각 오염물질 공급곡선에 미치는 영향을 살펴보자. 이미 논의한 바와 같이 깨끗한 환경이 정상재일 경우 다른 조건은 불변인 채 실질소득 R만 커지면 한계피해가 더 커지고 따라서 오염물질 공급곡선은 왼쪽으로 이동한다. 다른 경우로 R은 불변인 채 오염재 x의 가격 p만 변했다고 하자. 즉 p가 변할 때 소득 m도 동일하게 변해 실질소득 $R = m/p$은 현 수준을 그대로 유지한다고 하자. 이 경우는 시장재 소비와 환경재 소비 간의 순수한 대체효과가 발생한다. 시장재가격 p가 상승하면 시장재가 환경재에 비해 상대적으로 비싸진다. 따라서 소비자는 시장재보다는 환경재의 소비를 더 늘리려 하고 환경재에 대해 더 높은 지불의사를 가지게 된다. 이는 오염의 한계피해가 더 커짐을 의미하기 때문에 오염물질 공급곡선은 역시 왼쪽으로 이동하게 될 것이다. 즉 오염물질의 공급곡선은 우상향하며, R이 커지면 좌측 이동하고, p만 커지고 실질소득 R은 고정될 때에도 좌측 이동한다.

이상의 절차를 이용하여 우하향하는 오염물질 수요곡선과 우상향하는 오염물질 공급곡선을 도출할 수 있다. 사회의 순편익을 극대화하려고 하는 정부는 오염물질에 대한 수요곡선과 공급곡선이 서로 만나는 수준의 오염물질을 공급할 수 있는 정책수단을 제공하려 할 것이다. 이는 〈그림 19-5〉에서 τ^* 혹은 e^*로 나타낼 수 있다. 수요와 공급이 일치하는 수준인 e^*만큼의 오염물질 배출권을 발행하여 배출권거래제를 실행하거나, 아니면 τ^*수준의 배출부과금을 배출되는 오염물질 단위당 징수할 수 있다.

이렇게 설정되는 최적 정책조건이 제5장에서 살펴본 부분균형조건과 다른 점은 정부가 e나 τ를 선택할 때 그로 인해 산출물의 생산량, 소득, 투입요소 가격 등이 모두 달라지는 일반균형 효과까지 감안한다는 점이다.

section 02 개방화가 환경에 미치는 영향

과거 각국 경제정책의 일차적 관심사가 대외 경쟁력 제고에 있었던 시절에는 환경오염 규제가 국가경쟁력에 미치는 영향이 큰 관심을 끌었다. 보다 최근에는 역으로 경제의 개방화가 환경에 미치는 영향에 관해서도 활발히 논의된다. 여기에는 두 가지 요인이 영향을 미쳤다. 첫째, 국가의 경쟁력뿐 아니라 환경오염 자체의 중요도가 높아지면서 무역자유화가 국내 환경에 미치는 영향에 대한 관심이 고조되고 있다. 둘째, WTO 체제의 출범, 국가 간 FTA 체결과 같은 무역자유화 경향이 커졌고, 이러한 사건들은 필연적으로 무역자유화가 전 세계 환경에 어떤 영향을 미치는지를 생각해 보게 만들었다.

무역자유화 역시 한 국가의 오염도에 세 가지 서로 다른 효과를 미친다. 첫째, 기술효과다. 무역이 자유화되면 상품의 상대가격 p가 바뀐다. 그로 인해 $\theta(p/\tau)$도 바뀌게 되고 오염집약도의 변화가 생겨 배출량이 달라진다. 또한 기술효과는 τ 자체의 변화로 인해서도 발생한다. 무역자유화로 한 국가의 소득이 높아지면, 환경재 수요가 늘어나므로 더 강한 규제정책을 도입하라는 압력이 발생한다. τ가 커지도록 강화된 규제정책은 역시 $\theta(p/\tau)$ 값을 바꾸게 된다.

둘째, 규모효과가 있다. 무역자유화는 전 세계 교역량을 늘리고, 각국의 생산량을 늘린다. 특정 국가의 x와 y생산이 늘어나면 오염물질 배출량도 늘어난다. 전 세계적으로 보면 무역자유화의 규모효과는 x와 y의 총생산량을 늘리기 때문에 환경을 악화시킨다.

세 번째 효과는 구성효과이다. 경제가 개방되면 각국은 비교우위를 점하는 산업의 생산을 늘려 수출하고자 한다. 따라서 무역자유화는 한 국가가 생산하는 산출물의 구성을 바꾼다. 구성효과가 오염에 미치는 영향은 국가별로 다르다. 이는 각국이 생산을 특화하는 방향은 각국의 부존자원이나 기술여건에 따라 다르기 때문이다.

무역자유화가 한 국가의 오염도에 미치는 영향은 이상의 세 가지 효과를 모두 종합하여 나타난다. 생산과정에서 오염을 유발하는 x를 수입하는 국가가 있다고 하자. 경제 자유화와 개방화가 시행되면 x를 수입하는 나라에서는 그 국내 가격 p^d가 감소하게 된다. 관세나 여타 무역제한 조치가 완화되거나 없어지면 해외 생산자는 x를 더 싼 가격에 국내 시장에 공급할 수 있다. 이러한 변화가 오염에 미치는 영향은 개방화와 더불어 국내 환경 규제가 얼마나 신축적으로 조정될 수 있는지에 의해서도 영향을 받는다. 즉 국내 정책이 개방화라는 여건 변화에 신축적으로 대응하여 최적의 배출부과금이나 배출권 발행량을 선택할 때와 여건 변화에도 불구하고 경직된 부과금이나 배출권 규모를 계속 유지할 때의 개방화 영향이 달라진다.

개방화가 이루어지든 아니든 정부의 신축적인 정책선택이 가능하여 항상 사회적 최적 수준의 환경정책이 도입된다고 가정하자. x를 수입하는 국가에서 개방화가 진행되어 국내 가격 p^d가 하락할 때 〈그림 19-5〉의 오염물질 수요곡선과 공급곡선이 모두 이동한

그림 19-6   오염집약적 산출물의 수입국에 있어 개방화의 효과

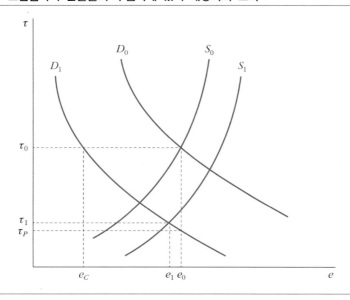

다. 그러한 변화는 〈그림 19-6〉이 보여준다.

먼저 이미 설명한 대로 $\theta(p^d/\tau)$의 값이 줄어들고 또한 x의 가격이 싸지면서 $x(p^d,\tau,K,L)$의 값도 줄어들기 때문에 오염물질 수요곡선 $e=\theta(p/\tau)x(p,\tau,K,L)$이 왼쪽으로 이동한다. 공급곡선 $\tau=MD(p,R,e)$의 p 변화에 대한 반응 역시 앞에서 설명한 바대로 발생한다. 먼저 개방화로 p가 p^d로 하락하면 환경재에 비해 더 싸진 시장재의 소비량을 늘리는 일종의 대체효과 때문에 공급곡선이 우측으로 이동하려는 경향이 있다. 하지만 동시에 실질소득 $R=m/p$가 상승하기 때문에 그로 인해 깨끗한 환경에 대한 수요가 커져 공급곡선이 좌측으로 이동하려는 경향이 있다. 이 두 상반된 효과 때문에 공급곡선은 설령 우측으로 이동하더라도 〈그림 19-6〉이 보여주듯이 수요곡선의 좌측 이동 폭에 비하면 그 정도가 작다.

따라서 〈그림 19-6〉에서 보는 것과 같이 신축적인 정책이 사용되면 오염물질 집약적인 x를 수입하는 국가의 개방화는 오염물질 배출을 e_0에서 e_1으로 줄이는 역할을 한다. 아울러 최적 배출부과금률이나 배출권의 가격은 τ_0에서 τ_1으로 하락한다. 즉 수입개방은 이 나라의 오염물질 배출량을 줄이는 역할을 하며, 이 과정에서 국가 전체 생산량, 산업별 생산량, 생산량 당 배출량이 모두 바뀌었기 때문에 규모효과, 구성효과, 기술효과가 모두 영향을 미쳤다.

그렇다면 만약 수입 개방에도 불구하고 경직적인 국내 환경정책을 사용한다면 어떻

그림 19-7 　오염집약적 산출물의 수출국에 있어 개방화의 효과

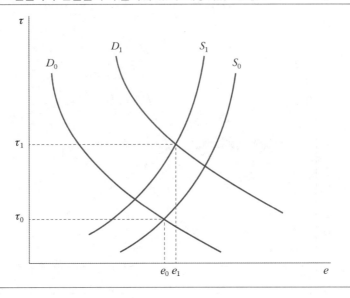

게 될까? 먼저 배출부과금제를 실행하는데 수입 개방에도 불구하고 원래의 부과금 τ_0를 그대로 부과한다고 하자. 그렇게 되면 τ_0에서는 오염물질에 대한 수요가 공급보다도 작고 따라서 오염물질 시장에서 일종의 불균형이 발생한다. 그리고 배출부과금이 지나치게 높은 관계로 기업은 최적인 e_1보다도 더 적은 e_C의 배출만을 하는 시장실패가 발생한다. 만약 배출권거래제를 부과금제 대신 사용하되, 역시 경직적으로 운용을 하면 이제 배출량은 사회적 최적 e_1이 아니라 e_0로 묶이게 된다. 이는 과다한 배출이 되고 역시 시장실패가 발생한다. 그리고 이 경우 국내 배출권가격은 원래의 τ_0는 물론, 새로운 사회적 최적 τ_1보다도 더 낮은 τ_P에 형성된다.

따라서 오염재 x의 수입국에 있어 무역자유화는 정부가 최적의 정책을 항상 사용할 때에는 오염물질 배출을 줄이고, 무역자유화에도 불구하고 원래 수준의 배출부과금제를 유지하여도 배출량을 많이 줄일 수 있다. 하지만 대신 배출권거래제를 원래 수준으로 유지하여 운용하면 배출량은 그대로 유지되고 배출권가격이 하락하게 된다. 그리고 오염집약도 $\theta(p/\tau)$는 각 경우에 맞게 조절된다.

오염재 x를 수출하는 나라에서는 어떤 일이 벌어지는가? 이 나라에서는 국내가격이 국제가격보다 원래 낮았는데 무역자유화로 인해 국제가격 수준으로 오르게 된다. 즉 국내가격 p^d가 상승하게 된다. 따라서 이 경우에는 〈그림 19-7〉이 보여주듯이 오염물질 수요곡선은 D_1이 되어 우측으로 이동한다. 이때 오염물질 공급곡선도 바뀌는데 그림의 S_1처

럼 좌측으로 이동할 것으로 보인다. 여기에는 p와 R의 변화가 모두 한 방향으로 영향을 미친다. p, 즉 시장재 가격이 상대적으로 비싸졌으므로 환경재에 대한 수요가 늘어나고 S는 좌측 이동한다. 또한 무역장벽이 없어지면 x의 수출가격이 높아지고 수출국 소득 m이 증가한다. 따라서 실질소득 R이 증가하게 되므로 강한 규제에 대한 요구가 더 커지고, 이 때문에도 S곡선은 좌측 이동한다. 오염재 수출국에서는 이처럼 오염물질 수요곡선과 공급곡선이 둘 다 위쪽으로 이동하기 때문에 무역자유화로 인해 오염물질 배출량이 늘어날지 줄어들지 사전에 알 수는 없다. 다만 수출로 인한 소득 증가가 환경규제 강도 증가로 연결되는 것이 너무 크지 않다면 공급곡선의 좌측 이동 폭은 수요곡선의 우측 이동 폭보다 작을 것으로 예상된다. 이는 수출국의 오염물질 배출량은 늘어날 것임을 의미한다. 이 경우 오염물질의 최적 가격 τ는 τ_0에서 τ_1으로 상승하게 된다.

이상에서 살펴본 바와 같이 개방화가 오염물질 배출량을 줄일지 혹은 늘릴지는 생산과정에서 오염물질을 많이 배출하는 산출물을 수입하는 국가와 수출하는 국가에서 상반되게 나타날 것이다. 아울러 무역자유화 이전 혹은 이후에 국가가 적용하는 환경정책이 반드시 사회적 최적 수준이지 않을 수도 있다. 따라서 어떤 종류의 정책을 사용하고, 사회적 최적과 비교할 때 어느 정도 강도의 정책을 사용하는지도 무역자유화의 환경효과에 영향을 미친다. 그러므로 개방화가 실제로 어느 정도나 오염물질 배출량과 후생에 영향을 미치는지에 관한 대답은 사실 자료를 활용하는 실증분석을 필요로 한다.

section 03 새로운 무역이론과 환경문제: 이론과 실증분석

제1절과 제2절의 무역과 환경에 관한 설명은 오랫동안 개발되어 온 전통적인 무역이론에 환경오염의 발생과 이를 교정하기 위한 정책을 도입한 것이다. 전통적인 무역이론은 각 산업은 완전경쟁적이며, 산업 내의 생산기업들은 모두 동일한 특성을 지닌다고 가정한다. 그리고 무역의 발생 원인을 국가 간 생산기술의 차이나 부존자원의 차이에서 찾는다. 즉 특정 국가는 생산비 측면에서 상대적으로 우위에 있는 산업에서는 수출국이 되지만 비교열위가 있는 산업에서는 수입국이 되며, 부존자원론에 입각할 경우 부존량이 풍부한 자원을 집약적으로 사용하는 산업에서는 수출국이 되지만 부존량이 적은 자원을 집약적으로 사용하는 산업에서는 수입국이 된다.

이러한 전통적 무역이론에 따르면 특정 국가의 교역은 산업 간에 이루어질 뿐, 동일 산업의 산출물이 수출도 되고 수입도 되지는 않는다. 따라서 자동차 수출국은 자동차를 수입하지는 않으며, 대신 농산물은 수입할 수 있다. 그러나 현실에 있어서 한국은 자동차를 수입하면서 동시에 수출도 많이 하고 있고, 다른 산업에서도 마찬가지이다. 전통적 이론은 또한 생산기술이나 부존자원 측면에서 대단히 이질적인 국가일수록 서로 교역할 가능성이 크다는 점을 암시한다. 즉 비교적 고급 노동이 풍부하고 제조업 기술수준이 높은 한국은 아마도 자원이 많은 호주나 아프리카의 자원 부국과 교역량이 가장 많아야 할 것이다. 그러나 기술력이나 자원구조가 한국과 유사한 일본은 여전히 한국의 중요한 교역 파트너이고, 미국과 유럽은 둘 다 자본이 풍부하고 기술 수준이 높은 국가들이지만 서로가 교역에서 차지하는 비중이 크다.

이렇게 산업 간은 물론이고 산업 내 교역도 동시에 이루어지고, 생산기술이나 부존자원 측면에서 이질적이지 않은 국가 사이에도 교역이 활발히 이루어지는 현실에 대해서는 기존 이론들이 설명하지 못한다. 멜리츠(Melitz, 2003) 등이 발전시킨 소위 새로운 무역이론(new trade theory)은 이러한 현실에 대한 설명을 시도한다. 이 이론은 첫째, 고전적 무역이론이 전제하고 있는 바와 같은 완전경쟁시장이라는 가정을 포기한다. 대신에 동일 산업 내에서도 각 기업이 생산하는 상품은 그 특성이나 품질, 인지도 등에 있어 다르고 상품 간에 일종의 차별이 이루어진다고 가정한다. 예를 들면 자동차 산업에는 여러 차종과 브랜드가 있는데, 소비자는 차종이나 브랜드별로 꽤 다른 상품으로 인식한다. 그리고 둘째, 기업이 동일 제품을 생산하는 데 있어서 규모수익불변이 아니라 규모의 경제성(economies of scale)이 존재한다고 가정한다. 따라서 생산량이 많을수록 평균 생산비가 감소하며, 기업은 생산성 면에서도 서로 차이가 있다. 마지막으로 셋째, 다른 조건이 같다면 소비자는 보다 다양한 제품을 소비할수록 만족도가 커진다고 가정한다.

이렇게 시장구조, 생산기술, 소비자선호에 대한 가정을 달리하면 무역 이전과 이후의 균형은 〈그림 19-8〉을 이용해 설명할 수 있다. 좌측 그림은 무역 이전의 어떤 산업 내 특정 기업의 의사결정을 보여준다. 규모의 경제성이 있어 생산량이 많을수록 평균비용이 감소하기 때문에 평균비용곡선인 AC는 우하향한다. 그에 해당되는 한계비용곡선은 MC와 같다. 그리고 곡선 D_A는 이 기업이 판매하는 제품에 대한 수요곡선이다. 곡선 MR_A는 한 단위 추가로 판매하여 얻을 수 있는 수입, 즉 한계수입인데, 제7장에서 독점기업 행위를 설명했을 때처럼 D_A가 우하향하므로 MR_A는 그보다 아래쪽에서 우하향한다.

이 기업이 활동하는 시장은 소위 독점적 경쟁(monopolistic competition)의 특성을 가지

그림 19-8 독점적 경쟁과 국제무역

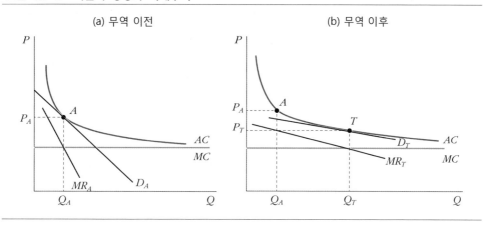

는 시장이다. 말 그대로 이 시장은 독점시장의 특성과 경쟁시장의 특성을 모두 가진다. 각 기업이 생산하는 제품은 특성이나 인지도 등에 있어 어느 정도 서로 차별화된다. 따라서 각 기업은 자기 제품에 대해 어느 정도의 독점력을 가지고 있어 수평이 아니고 우하향하는 수요곡선 D_A를 가진다. 하지만 이 시장에 새로운 기업이 진입하고 또 기존 기업이 시장을 떠나는 데에는 장애가 전혀 없다. 따라서 다른 시장에 비해 이윤이 발생하면 (설비비와 같은 진입 비용을 지불하며) 새로운 기업이 시장에 진입할 수 있고, 시장 환경이 나빠지면 기존 기업이 시장을 떠나는 것도 자유로이 이루어진다. 이것이 이 시장이 가지는 경쟁시장으로서의 특성이다.

독점적 경쟁시장에서는 특정 기업이 일시적으로는 0보다 큰 이윤을 얻을 수 있지만, 그 이윤은 장기적으로는 유지될 수 없다. 일시적으로 이윤이 발생해도 유사 상품을 생산하는 다른 기업이 진입하면 이 기업제품의 수요는 감소하고 수요곡선 D_A는 왼쪽으로 이동하게 된다. 이 기업이 시장을 떠나지 않는다면 결국 장기에는 제품 수요곡선 D_A가 평균비용곡선과 접하게 된다. 이 접점 A에서는 한계비용 MC와 한계수입 MR_A가 일치하며,[3] 이는 제7장이 설명한 바와 같이 독점력을 가지는 기업의 최적 선택점이다. 시장균형생산량은 Q_A, 가격은 P_A이고, 이 균형에서 단위당 비용 AC와 가격 P_A가 일치하므로

---

3) $D_A(Q)$곡선의 높이는 가격 $P(Q)$를 의미한다. 한계수입과 한계비용은 각각 $MR = \dfrac{\Delta(P(Q)Q)}{\Delta Q}$ $= P + \dfrac{\Delta P}{\Delta Q}Q$, $MC = \dfrac{\Delta(AC(Q)Q)}{\Delta Q} = AC + \dfrac{\Delta AC}{\Delta Q}Q$이다. Q_A에서는 $D_A(Q)$와 $AC(Q)$가 서로 접하기 때문에 두 곡선의 기울기가 같아 $\dfrac{\Delta P}{\Delta Q} = \dfrac{\Delta AC}{\Delta Q}$이므로, $MR = MC$가 되어야 한다.

이윤은 0이다.

〈그림 19-8〉의 우측 그림은 다른 국가와의 무역이 이루어질 때의 상황을 보여준다. 무역이 이루어지면 제품 수요곡선은 D_T로 바뀌게 된다. 시장균형에서는 이 수요곡선도 평균비용곡선 AC와 접하고, 그 접하는 점 T에서는 한계비용과 한계수입이 서로 일치하기 때문에 생산은 여기에서 이루어지고 기업의 이윤은 여전히 0이다. 이 새로운 수요곡선 D_T와 무역 이전의 수요곡선 D_A를 비교하면, 전자는 일단 기울기가 더 완만하고, 그렇기 때문에 평균비용곡선과 만나는 점 T도 점 A보다는 더 오른쪽에 위치한다. 국제교역을 하면서 두 나라의 기업들이 이제는 모두 동일 시장에서 활동하기 때문에 무역 이전에 비하면 대체재를 공급하는 경쟁자가 더 많아졌고, 따라서 이 기업 제품에 대한 수요는 더 탄력적으로 바뀌어 기업의 독점력이 그만큼 약해진다. 또한 이러한 경쟁 심화는 두 나라에 존재하던 모든 기업이 산업에 다 남아 있지는 못하게 하므로 일부 기업은 산업을 떠날 수밖에 없고, 따라서 산업에 살아남게 된 기업의 생산량은 Q_A에서 Q_T로 늘어난다. 아울러 규모의 경제성이 있는 상태에서 이렇게 살아남는 기업의 생산량이 늘어나면 평균생산비가 감소하게 되고, 제품의 가격은 P_T로 무역 전에 비해 하락한다.

이상의 결과를 자동차를 예로 들어 설명하면, 한국과 미국의 자동차 회사들이 각각 10가지씩의 차종을 생산하고 있었는데, 무역자유화를 하게 되면 한국은 아마도 소형차와 중형차 중심으로 6가지를 생산하되 대형차 4가지는 생산을 포기할 것이다. 미국은 반대로 중대형 차종 6가지를 생산하되 4가지의 소형차 생산은 포기하게 된다. 한국의 중소형차 생산자들은 대신 미국 시장까지 공급하기 때문에 무역 이전에 비해 생산량이 늘어나고, 미국의 중대형차 생산자들은 한국 시장까지 공급하므로 역시 생산량이 늘어난다. 각 생산자는 생산량이 늘어남으로써 자동차 판매가격을 낮출 수 있다. 모든 생산자는 〈그림 19-8〉이 보여주는 바와 같이 여전히 0의 이윤만을 얻지만, 대신 소비자들은 무역 후에 소비재의 가격이 낮아졌고, 또한 두 국가 모두에 있어 원래는 10종이었던 자동차가 이제는 총 12종이 공급되므로 선택의 다양성이 높아져 이득을 얻게 된다.

이처럼 새로운 무역이론에서는 각 산업에 있어 서로 이질적인 다수의 기업이 품질 특성 면에서 서로 다른 제품들을 생산하여 소비자에게 공급한다. 따라서 이 이론에서는 무역과 환경 간의 관계에 대한 설명도 각 산업 전체의 규모뿐 아니라 어떤 기업들이 산업을 구성하는지를 고려하여야 한다.

제1절의 식 (19−1)은 무역과 같은 경제행위 변화 시 발생하는 오염물질 배출량 변화율을 $\frac{\Delta e}{e} = \frac{\Delta S}{S} + \frac{\Delta v}{v} + \frac{\Delta \theta}{\theta}$ 와 같이 규모효과, 구성효과, 기술효과로 구분하였었다. 이

세 가지 효과 중 특히 기술효과가 각 산업 내 기업의 이질성에 의해 크게 영향을 받는다. 이 효과는 제1절에서 x라 불렀던 오염산업에 있어 생산량 단위당 오염물질 배출량이 어떻게 변하는지를 나타내는데, 기업들은 오염물질을 배출하는 데에도 서로 이질적이므로 산업 내 기업구성이 어떻게 되는지가 전체 오염집약도에 영향을 미친다. 즉 산업 내(within industry) 기술효과가 있다.

기술효과를 기업 다양성을 감안해 좀 더 세분해 보면, 첫 번째는 정부 규제 등으로 인해 산업 내 개별 기업이 오염집약도를 어떻게 바꾸는지이다. 모든 기업이 저배출 기술을 채용하면 그로 인해 오염집약도가 낮아진다. 두 번째는 '산업 내' 구성효과로서, 산업 내 오염집약적 기업의 생산 비중이 커지면 산업 전체 오염집약도가 높아지고 그 반대의 경우 낮아지는 그러한 효과이다. 세 번째는 기업의 진입과 탈퇴 효과이다. 규제가 강화되었을 때 기존 기업 중 일부가 산업을 떠나게 되는데, 만약 이들 떠나는 기업의 오염집약도가 남아 있는 기업에 비해 더 높으면 산업 전체 오염집약도는 낮아진다. 반대로 이 산업으로 진입하는 신규 기업이 있다면, 신규 기업의 오염집약도가 기존 기업에 비해 더 낮은지 높은지에 따라서 역시 산업 전체의 오염집약도가 달라진다.

이와 같은 산업 내 기업의 구성이 산업의 오염집약도에 미치는 영향을 파악하는 것은 상당히 중요할 수 있다. 예를 들면 정부가 오염규제를 강화했을 때 각 기업이 전혀 저감행위를 하지 않거나 기술개발을 하지 않아도 가장 오염집약도가 높고 한계저감비용이 높은 기업이 산업을 떠남으로써 산업 전체 오염집약도가 낮아진 것처럼 보일 수 있다. 바람직한 정책은 사실 산업을 떠나든 남든 모든 기업이 오염집약도를 낮추도록 유도하는 정책이다. 그리고 정부 규제뿐 아니라 수출, 수입, 생산성 변화 등 여러 요인도 산업 전체의 규모는 물론이고 산업 내 기업구성을 바꾸어 오염물질 배출량에 영향을 미친다. 아울러 개별 기업도 생산품을 스스로 생산할지, 아웃소싱(outsourcing)할지, 아니면 아예 해외에서 생산하여 역외 조달(offshoring)할지 등을 결정하는데, 여기에도 정부 규제나 무역자유화가 영향을 미친다.

새로운 무역이론구조에 환경문제까지 통합하여 분석하는 것은 대단히 기술적이기 때문에 자세한 설명은 크라이케마이어와 리히터(Kreickemeier and Richter, 2014), 체르니찬 외(Cherniwchan et al., 2017) 등의 전문적 문헌을 참고할 필요가 있다. 하지만 이 이론에 따르면 오염산업에서 활동하는 기업 생산성의 최저를 $\underline{\alpha}$, 최고를 $\overline{\alpha}$라 하면, 생산성이 $[\underline{\alpha}, \overline{\alpha}]$의 구간에 속하는 전체 기업을 세 그룹으로 나눌 수 있다. 생산성이 $[\alpha_E, \overline{\alpha}]$의 영역에 속하는 기업은 국내는 물론 해외에서 외국기업과도 경쟁하며 수출까지 한다. 생산성이

$[\alpha_D, \alpha_E)$에 속하는 기업은 수출은 못 하지만 국내시장에 제품을 공급한다. 그리고 생산성이 $[\underline{\alpha}, \alpha_D)$의 영역에 속하는 기업은 산업에 진입하지 못한 상태이다.

이 상황에서 무역이 자유화되면, 해외시장의 진입장벽이 낮아져 수출까지 하는 기업의 수가 늘어나고 생산성 경계(cutoff) α_E가 $\alpha_E^1 (< \alpha_E)$로 왼쪽 이동한다. 동시에 해외기업이 국내시장에 진입하기 때문에 국내시장의 경쟁이 치열해져 국내시장에서 판매하는 기업 중 생산성이 낮은 기업은 산업을 떠나게 된다. 즉 α_D는 그보다 큰 값 α_D^1으로 변한다. 생산성이 높은 기업일수록 오염집약도는 낮을 가능성이 큰데, 무역자유화는 기업이 저감 노력을 통해 각자의 오염집약도를 바꾸지 않아도 이처럼 산업 전체의 오염집약도를 바꾼다. 즉 시장점유율을 생산성이 높은 기업들이 높게 차지하도록 하고, 동시에 생산성이 낮고 오염집약도가 높은 기업이 산업을 떠나게 하므로 산업의 오염집약도가 낮아진다. 그러나 무역자유화 때문에 규모효과, 즉 전체 생산 규모가 커지게 되면 오염배출량이 늘어나는 상반되는 효과도 있다.

정부의 오염규제도 기업의 생산성 α에 영향을 미치며, 기업이 스스로 오염집약도를 낮추기 위해 행동하도록 유도한다. 동시에 기업이 자기 생산품 중 어느 정도를 국내에서 직접 생산하고, 어느 정도를 역외 조달할 것인지에도 영향을 미치게 되므로 오염물질 배출량과 교역 형태에 영향을 미치게 된다.

이상과 같은 설명력을 가지는 새로운 무역이론은 환경규제가 무역에 미치는 영향과 무역자유화가 환경에 미치는 영향에 관한 실증분석과도 연결이 된다. 제18장 제3절은 강한 오염규제가 해당 국가 생산자의 비용우위를 저해하고 따라서 수입을 늘리며 산업시설의 해외 이전을 초래하는지의 여부, 즉 오염피난처가설을 제기하였다. 이 가설에 관한 자페 외(Jaffe et al., 1995) 등의 초기 검증연구들은 미국의 예이지만 오염규제가 산업경쟁력이나 산업시설의 해외 이전을 눈에 띄게 증가시키지 않으며, 심지어 반대의 결론도 도출된다는 것을 밝혀내었다.

이 결과에 대한 반론 중 하나는 오염규제 자체가 외생적으로 결정되는 것이 아니라 무역환경의 영향을 받아서 결정된다는 것이다. 그래서 만약 수출도 하는 경쟁력 있는 기업에 대해서는 엄격한 환경기준을 적용하고, 해외에서 수입되는 품목과 경쟁해야 하는 산업에 대해서는 비교적 느슨한 오염규제를 적용한다면, 마치 오염규제가 해외기업과의 경쟁력을 오히려 높이는 것처럼 보이게 할 수 있다는 것이다(Levinson, 2010).

또 다른 반론은 같은 산업, 같은 국가 경제라 하여도 이를 구성하는 기업의 이질성에 따라 결론이 달라질 수 있는데 기존 연구들이 이를 고려하지 못해 그와 같은 결론을 도출하였다는 것이다.

이와 관련된 연구로 잘 알려진 레빈슨과 테일러(Levinson and Taylor, 2008)는 미국 140개 산업 부문의 멕시코와 캐나다로부터의 순수입량을 분석한다. 각 부문은 다시 다수의 세부 산업으로 구성된다. 순수입은 $N_{it} = -\left[1 - \dfrac{s_{it}}{\eta_{it}}\right]$와 같은데, s_{it}는 연도 t에 있어 i부문에 대한 3국 전체 지출에서 미국이 차지하는 비중이고, η_{it}는 3국 전체 i부문 생산에서 미국이 차지하는 비중이다. 미국의 규제 강도 θ_{it}는 i부문의 전체 부가가치 생산액에서 저감비용이 차지하는 비중이다. 따라서 오염규제의 무역효과는 θ_{it}가 N_{it}에 미치는 통계적 영향을 파악해서 평가한다. 하지만 이러한 통계분석을 실행할 때 위에서 언급한 정책 자체의 내생성 문제와 각 부문 내 세부 산업 구성이 서로 다른 문제 등이 개입된다.

첫 번째 문제는 변수 θ_{it}가 정확한 오염규제 강도가 될 수 없다는 것이다. 만약 두 부문이 있는데 실제 오염규제 강도는 동일하지만, 부문 2의 해외 생산비가 상대적으로 더 싸다고 하자. 그러면 부문 2의 순수입은 상대적으로 많고, 오염집약적이고 저감비용이 큰 생산자들은 이 부문에는 진입하지 못하기 때문에 이들은 부문 2의 θ_{2t} 계산에 반영되지 않는다. 따라서 $N_{2t} > N_{1t}$이면서 $\theta_{1t} > \theta_{2t}$이어서 규제가 약할수록 순수입이 늘어나는 것처럼 보일 수 있다.

두 번째 문제는 생산 비중 η_{it}는 세계시장 점유율이므로 자료로는 관찰하기 어려운 해외의 규제 수준에 따라서 달라진다는 것이다. 그리고 η_{it}가 달라지면 생산에 참여하는 국내기업의 특성도 달라지므로 결국 θ_{it} 값도 달라진다. 즉 변수로 사용되는 규제 강도 θ_{it}는 외생변수가 아니라 그 자체가 다양한 요인에 의해 영향을 받는 변수가 된다.

세 번째 문제는 역시 부문을 구성하는 기업의 이질성을 무시하는 문제이다. 정부가 실제 환경규제를 강화하면 각 기업은 저감행위를 늘리고 그 비용 때문에 시장점유율을 잃어 순수입이 늘어날 것이다. 하지만 동시에 시장을 떠나는 기업은 비교적 저감비용이 많이 드는 비효율적인 기업이기 때문에 θ_{it}도 달라진다. 즉 실제 정부 규제 변화는 설명변수인 θ_{it}와 종속변수인 N_{it}를 동시에 바꾼다.

실제 자료를 이용하는 오염피난처가설이 이상과 같은 계량경제학 분석 문제를 유발하기 때문에 이를 해결하고자 하는 노력이 레빈슨과 테일러 외에도 한나(Hanna, 2010), 아이첼레와 펠버마(Aichele and Felbermayr, 2015) 등에 의해 행해졌다. 이들 연구는 대부분 자페 외(1995) 등의 초기 연구와는 달리 오염규제 강화는 순수출의 감소나 생산시설의 해외 이전을 초래함을 보여준다. 레빈슨과 테일러는 미국의 주별 환경규제 강도가 다르고, 또한 각 산업 부문이 주별로 분포된 형태도 다르다는 사실을 이용해 위에서 제기되었던 문제를 완화하는 분석을 실행하였다. 이들은 미국의 규제 강도 1% 강화는 멕시코로부터의 순수입을 0.4% 늘리고 캐나다로부터의 순수입은 0.6% 늘린다는 것을 보여주었다.

　　무역과 환경관련 실증분석의 또 다른 방향은 무역개방이 환경개선에 도움이 되는지를 분석하는 것이다. 제2절은 여기에도 무역자유화의 규모효과, 구성효과, 기술효과가 모두 개입되어 있다는 것을 이론적으로 보여주었는데, 특히 구성효과에 관심이 많다. 관련하여 진행된 매우 잘 알려진 비교적 초기의 실증분석으로서 앤트와일러 외(Antweiler et al., 2001)의 연구가 있다. 이들은 GEMS(Global Environment Monitoring System)자료라 하여 세계보건기구(WHO)와 유엔환경계획(UNEP)이 공동으로 만든 자료를 사용하였다. 이 자료는 1970년대 초반 이래 전 세계 43개국의 108개 도시 290개 관측소에서의 아황산가스농도 측정치를 각국의 환경수준을 나타내는 지표로 제시하는데, 이들은 이 자료를 이용해 전 세계 각국에 있어 무역자유화가 오염도에 미치는 영향을 실증분석하였다. 오염도를 제외한 국가별 경제자료로는 실증분석들이 많이 사용하는 펜월드테이블(Penn World Table) 자료를 이용하였다(Summers and Heston, 1991). 이들이 사용한 규모효과를 나타내는 변수는 면적당 GDP(국내총생산)이고, 구성효과는 노동과 자본의 구성비, 기술효과는 과거 3년간 1인당 국민소득의 평균, 그리고 무역의 개방화 정도는 수출과 수입의 합이 GDP에서 차지하는 비중이 나타내도록 하였다. 이들은 이 개방도 지수와 여타 변수들의 곱을 설명변수로 사용해 무역개방이 세 가지 요인변수들을 통해 각국 오염도에 미치는 영향을 계량분석하였다.

　　이들의 연구에 의하면 무역자유화의 구성효과는 국가별로 상쇄되기 때문에 무역자유화가 오염도에 미치는 영향은 주로 기술효과와 규모효과의 상대적 크기에 좌우된다. 즉 무역자유화로 인해 소득이 1% 증가하면 아황산가스농도는 규모효과에 의해 0.3% 증가하지만, 동시에 기술효과에 의해 1.4% 감소한다. 따라서 무역자유화로 인해 소득이 1% 늘어나면 그로 인해 약 1.1%의 아황산가스농도가 감소하고, 무역자유화는 오염도 감소에 긍정적인 영향을 미친다.

　　무역자유화의 구성효과가 이렇게 미약하게 나타나는 문제를 재검토하려는 연구는 지금도 지속되고 있다. 레빈슨(Levinson, 2009)은 미국의 생산량과 배출량 자료를 이용해 1987~2001년 사이 산업 부문 대기오염물질 배출량이 규모효과에 의해 24% 증가하고, 구성효과에 의해 12% 감소하고, 기술효과에 의해 39% 감소했을 것으로 추정했다. 따라서 기술효과에 비하면 구성효과의 영향은 크지 않다. 구성효과는 생산·소비하는 제품의 비중이 달라진 효과인데 12%의 구성효과 중 무역 때문에 발생한 것은 3%에 불과하다고 추정하였다. 비슷한 방법을 사용한 보다 최근의 샤피로와 워커(Shapiro and Walker, 2018) 역시 유사한 결론을 내린다.

　　무역자유화가 오염물질 배출에 영향을 미칠 수는 있지만 그 구성효과의 크기가 크지 않다는 연구는 그러나 개발도상국을 대상으로 할 경우에는 많이 달라질 수 있다는 연구들도 있다. 예를 들어 중국의 성(省)별 자료를 이용한 봄바르디니와 리(Bombardini and Li, 2016)는 수출품에서 차지하는 오염물질의 비중이 무역과 산업구조 변화로 인해 높아지면 오염도와 유아사망률에 상당한 영향을 미친다는 것을 보여주었다. 치칠니스키(Chichilnisky, 1994)는 조금 다른 이유로 무역이 개발도상국 환경에 미치는 영향에 대해 우려한다. 개발도상국의 경우 선진국에 비해 환경자원에 대한 효율적인 관리가 미흡하고, 환경자원에 대한 소유권이 적절히 설정되어 있지 않기 때문에 환경자원의 시장가격이 사회적 가치보다도 낮게 형성된다. 따라서 개발도상국은 자연환경에 부담을 많이 주는 오염집약적인 산업에 비교우위를 가져 무역이 자유화되면 오염집약적인 산업의 생산물을 선진국으로 수출한다. 즉 무역자유화는 이미 지나치게 이용되고 있는 개발도상국 환경자원에 대한 수요를 더욱 늘려 개발도상국의 환경악화와 자원남용을 촉진할 수 있는 것이다.

생산지와 소비지, 어디에 오염책임이 있나?

　　현대 경제의 큰 특징 중 하나는 전 세계 모든 국가가 생산과 소비활동에 서로 깊이 연계되어 있다는 점이다. 예를 들어 중국이 전자 제품 하나를 미국에 수출하면 사실 이 제품에 사용된 반도체는 한국제이고, 또 다른 부품은 일본이나 독일에서 만들어졌을 가능성이 크며, 제품 자체의 디자인이나 설계는 수입국인 미국에서 이루어졌을 수 있다. 따라서 이 제품은 중국제(Made in China)라 불리겠지만 사실 여러 나라가 공동 생산한 것이나 마찬가지이다. 이렇게 최종 재화가 생산되기까지 각각의 단계에서 서비스나 원재료, 부품 등 중간재의 국가 간 교환이 이루어지는 일련의 과정을 글로벌 가치사슬(global value chain, GVC)이라 부른다.

　　GVC의 중요성이 커지면서 기존의 각종 무역통계를 정비할 필요성이 제기된다. 우선 현재의 국제무역통계는 상당한 정도의 중복계산 문제를 가진다. 위의 예에서 중국과 미국 간 전자 제품 완제품 거래가 무역통계에 잡히고, 중국과 한국 간의 반도체 무역통계가 다시 잡히기 때문에 두 거래를 합하면 전자 제품 완제품 가치보다 더 큰 국제 거래가 이루어진 것으로 계측된다. 또한 국가 간 교역수지도 왜곡이 되는데, 완제품 가격이 100이고 이 중

반도체가 20만큼 한국에서 중국으로 수출되었다면, 기존 무역통계는 중국이 미국과는 100의 흑자를, 한국과는 20의 적자를 본 것으로 기록한다. 하지만 사실 미국의 대중국 적자 100에서 20은 중국이 아니라 한국과의 거래에서 발생한 것으로 기록하는 것이 맞는데 현재의 통계작성 방식은 그렇게 하지 않는다.

특정 국가에서 생산된 제품 가치 중에는 생산국 스스로가 완제품이나 중간재로 사용하는 것도 있고, 다른 나라에 수출되어 최종재나 중간재로 사용되는 것도 있고, 다른 나라에서 제3국으로 다시 수출되는 것에 사용되는 것도 있고, 다시 원 생산국으로 역수입되는 제품생산에 사용되는 것도 있다. 그리고 물론 생산국도 생산을 위해 원료나 중간재를 다른 나라로부터 수입하는 다층 구조가 형성된다.

이런 국가 간 관계는 오염물질 배출에 있어서도 형성된다. 어떤 국가가 생산과정에서 배출한 CO_2는 사실 생산품 가치 중 상당 부분이 다른 나라에서 소비되고 그 연계 과정이 연쇄적으로 발생하므로 전부 이 나라 책임이라 볼 수 없지만, 동시에 이 나라는 생산과정에 사용된 재료나 중간재, 그리고 소비재 중 일부를 다른 나라들이 생산하게 함으로써 타국의 CO_2 발생량을 늘리게 했다. 이렇게 각국은 생산자로서, 그리고 소비자로서 CO_2 배출에 대한 책임이 있으며, 현재 통계처럼 국경 범위 내의 직접 생산과정에서 발생하는 CO_2 배출량을 계산하여 이를 그 국가의 책임으로 간주하는 것은 정확한 측정법이 될 수 없다.

GVC에 기반을 둔 조정된 오염물질 배출량 계산은 생산을 기준으로 한 배출량과 소비를 기준으로 한 배출량을 각각 계산하는 시도를 하고 있다. 대체로 선진국은 소비자로서 유발한 배출량이 국경 내 직접 생산의 배출량보다 더 많은 것으로 측정된다. 조정된 배출량 계산은 CO_2 외에도 에너지나 수자원, 토양 등 여러 환경문제에 적용되고 있다. 이런 분석을 위해서는 전 세계 모든 국가/산업 간 상품거래를 기록하는 투입산출표가 필요하다(분석 예: 멍 외(Meng et al.), 2018).

- Aichele, R. and G. Felbermayr (2015), "Kyoto and Carbon Leakage: An Empirical Analysis of the Carbon Content of Bilateral Trade," *Review of Economics and Statistics* 97: 104−115.

- Antweiler, W., B. R. Copeland, and M. S. Taylor (2001), "Is Free Trade Good for the Environment?" *American Economic Review* 91: 877−908.

- Bombardini, M. and B. Li (2016), "Trade, Pollution and Mortality in China," NBER Working Paper No. 22804.

- Cherniwchan, J., B. R. Copeland, and M. S. Taylor (2017), "Trade and the Environment: New Methods, Measurements, and Results," *Annual Review of Economics* 9: 59−85.

- Chichilnisky, G. (1994), "North−South Trade and the Global Environment," *American Economic Review* 84: 851−874.

- Copeland, B. R. and M. S. Taylor (2003), *Trade and the Environment: Theory and Evidence*, Princeton University Press.

- Grossman, G. M., and A. B. Krueger (1993), "Environmental Impacts of a North American Free Trade Agreement," in P. Garber ed., *The US−Mexico Free Trade Agreement*, MIT Press.

- Hanna, R. (2010), "US Environmental Regulation and FDI: Evidence from a Panel of US−based Multinational Firms," *American Economic Journal: Applied Economics* 2: 158−189.

- Jaffe, A. B., S. R. Peterson, P. R. Portney, and R. N. Stavins (1995), "Environmental Regulation and the Competitiveness of U.S. Manufacturing: What Does the Evidence Tell Us?" *Journal of Economic Literature* 33: 132−163.

- Kreickemeier, U. and P. Richter (2014), "Trade and the Environment: The Role of Firm Heterogeneity," *Review of International Economics* 22: 209−225.

- Levinson, A. (2009), "Technology, International Trade and Pollution from US Manufacturing," *American Economic Review* 99: 2177−2192.

- Levinson, A. (2010), "Offshoring Pollution: Is the US Increasingly Importing Pollution Goods?" *Review of Environmental Economics and Policy* 4: 63−83.

- Levinson, A and M. S. Taylor (2008), "Unmasking The Pollution Haven Effect," *International Economic Review* 49: 223−254.

- Melitz, M. J. (2003). "The Impact of Trade on Intra−Industry Reallocations and Aggregate

Industry Productivity," *Econometrica* 71: 1695-1725.

- Meng, B., G. P. Peters, Z. Wang, and M. Li (2018), "Tracing CO_2 Emissions in Global Value Chains," *Energy Economics* 73: 24−42.

- Shapiro, J. S. and R. Walker (2018), "Why Is Pollution from US Manufacturing Declining? The Roles of Environmental Regulation, Productivity, and Trade," *American Economic Review* 108: 3814−3854.

- Summers, R. and A. Heston (1991), "The Penn World Tables (Mark 5): An Expanded Set of International Comparisons, 1950−1988," *Quarterly Journal of Economics* 106: 327−368.

20 CHAPTER 경제발전과 환경, 지속가능한 경제발전

제2차 세계대전 이후 모든 국가가 경제개발에 나선 직후에는 환경오염이란 주로 산업화된 선진국의 문제이고 공업화가 상대적으로 덜 된 개발도상국에서는 심각한 문제가 아니라고 생각되었다. 이와 같은 생각은 경제활동과 환경보존은 기본적으로 양립할 수 없는 문제이고, 천연자원을 이용하고 폐기물을 배출하는 경제행위가 왕성하면 할수록 환경오염이 심해진다는 전제에 따른 것이다.

그러나 오늘날에 있어서는 위와 같은 생각이 대부분 부정되고 있다. 선진국이 경제발전 과정에서 극심한 환경오염을 겪은 것은 사실이지만 지속적인 기술개발로 산업활동을 하면서도 오염물질을 적게 배출하는 생산기술을 획득할 수 있었다. 그리고 선진국에서는 소득증대에 따라 쾌적한 환경에 대한 수요가 늘어나면서 환경개선 투자를 늘려, 경제가 발전할수록 오염도가 오히려 줄어드는 것이 가능해졌다. 반면 저개발국은 급속한 산업화와 도시화에도 불구하고 오염처리시설이 부족하고, 천연자원에 대한 합리적인 관리 없이 약탈적으로 자원을 이용하는 경향이 있다. 그 결과 많은 저개발국이 수질 및 대기오염과 토양유실, 사막화, 수자원고갈과 같은 심각한 환경오염과 자원고갈을 직면하고 있다.

세계은행 보고서(World Bank and IHME, 2016)에 의하면 전 세계에서 발생하는 조기사망의 10.1%가 대기오염 때문에 발생한다. 대기오염은 전체 13개 사망원인 중 고혈압, 당뇨 등의 대사성 질환(28.7%), 영양소 섭취 불균형(20.5%), 흡연(11.2%) 다음으로 큰 원인인데, 대표적인 감염성 질환인 말라리아보다 6배 이상 높은 사망원인이다. 대기오염은 질 낮은 연료를 사용하는 차량과 건축이 급속히 늘고 오염물질 처리는 제대로 되지 않는 남아시아, 동아시아, 태평양지역 등 개발도상국에서 큰 문제이다. 그리고 개발도상국의 도시인구뿐 아니라 농촌인구 약 28억 명도 전기와 같은 고급 연료에 접근하지 못한 채 여전히 목재, 석탄 등의 연료를 사용하기 때문에 심각한 오염에 노출되어 있다. 대기오염은 조기사망 원인일 뿐 아니라 노동의 질과 삶의 질 전반에 영향을 미치는 경제문제이기도 하다. 오염된 식수로 인한 피해 역시 개발도상국에서 훨씬 더 크다.

이상과 같은 현상은 경제발전과 환경오염은 어떤 식으로 관련을 맺고 있는지를 파악하고, 개발도상국이 경제발전과 환경오염을 동시에 달성하기 위해서는 어떤 조치를 사용해야 하는지를 검토할 필요성을 제기한다. 제1절은 경제발전과 환경 사이의 상호관련성에 관한 일반적인 내용들을 살펴보고, 경제발전과 환경보존이 조화를 이루는 지속가능한 경제발전의 개념과, 실제 자료를 이용해 분석한 경제발전과 환경보존 간의 관계는 어떠한지에 대해 설명한다. 제2절은 경제발전과 환경 간의 관계가 어떤 형태를 보일 것인지를 이론적으로 설명한다. 제3절은 개발도상국의 환경관리를 위해서는 어떤 내용들을 특별히 고려해야 하는지를 논의한다. 마지막 제4절은 환경오염이나 자원고갈을 적절히 고려하여 경제발전지표를 재구성하려는 최근의 시도와 관련된 이론적·실제적 문제들을 살펴본다.

경제발전은 여러 가지 방법으로 정의할 수 있으나, 우리는 일단 1인당 산출량과 소비 수준이 늘어나는 상태를 경제발전이라 정의하기로 한다. 경제발전과 환경과의 관련성은 횡단면 혹은 정태적 시각에서 살펴볼 수도 있고 시계열 혹은 동태적 시각에서 살펴볼 수도 있다.

1. 경제발전과 환경: 횡단면분석

앞에서 밝힌 바대로 경제발전 정도가 낮은 현재의 저개발국이 발전 정도가 높은 현재의 선진국에 비해 더 높은 오염도를 보인다면, 왜 그런 현상이 나타나는가? 〈그림 20-1〉에서 세로축은 환경재를 제외한 시장에서 거래되는 모든 시장재의 1인당 소비량(x)을 나타낸다. 소비재는 사람의 경제행위로 인해 생산된다. 반면 그림의 가로축은 어떤 경제의 구성원이 1인당 소비하는 환경재의 양 혹은 환경질(q)을 나타낸다. 그림에서 곡선 P_D와 P_U는 각각 선진국과 개발도상국에 있어서 시장재와 환경재 사이의 생산가능경계를 나타낸다. 선진국은 기술력이 후진국에 비해 우위에 있고, 그동안 축적한 물적·인적자본도 많기 때문에 그 생산가능경계가 후진국에 비해 바깥쪽에 놓여있다. 생산가능경계가 〈그림

그림 20-1 선진국과 개발도상국의 생산가능곡선

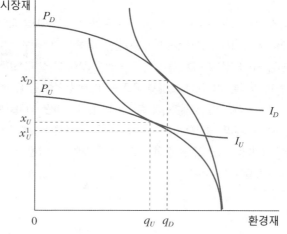

20-1〉처럼 우하향하는 것은 적어도 단기적으로는 시장재와 환경재 사이에 대체관계가 형성된다는 것을 의미한다. 즉 좀 더 많은 시장재를 생산·소비하기 위해서는 환경질을 악화시켜야 하고, 반대로 환경질을 개선하기 위해서는 시장재 생산의 일부를 포기해야 한다.

〈그림 20-1〉에서 I_D와 I_U는 각각 선진국과 개발도상국 국민이 시장재와 환경재에 대해 가지는 무차별곡선을 나타낸다. 국가 전체의 효용은 그림에서와 같이 생산가능곡선과 무차별곡선이 접하는 점에서 소비가 이루어질 때 최대가 된다. 만약 시장재와 환경재 모두가 정상재이기 때문에 소득수준이 늘어나면서 소비가 늘어난다고 가정하면, 생산능력이 더 크고 생산가능곡선이 원점에서 보다 멀리 떨어진 선진국 국민이 선택하는 시장재와 환경재의 소비량은 후진국 국민에 비해 더 클 것이다. 즉 $x_D > x_U$이고 $q_D > q_U$이다.

선진국일수록 높은 시장재 소비와 환경질을 누린다는 사실을 다른 각도에서 설명할 수도 있다. 〈그림 20-1〉의 환경질 가운데 q_D를 선진국과 개발도상국 모두가 달성하려 한다 하자. 이러한 환경질을 유지할 때 선진국은 x_D의 1인당 소비량을 달성할 수 있지만, 개도국의 경우 이보다 낮은 x_U^1의 소비만을 할 수 있다. 즉 개도국이 선진국과 동일한 수준의 환경질을 유지하고자 한다면 선진국보다 더 적은 시장재를 소비할 수밖에 없다. 국민복지를 위해서는 쾌적한 환경뿐만 아니라 식량이나 기타 소비재와 같은 시장재의 공급까지도 충분히 이루어져야 한다. 개도국이 선진국 수준의 환경질을 유지하고자 한다면 충분한 수준의 시장재를 생산·소비할 수 없기 때문에 환경질 유지의 비용이 상대적으로 너무 크고, 따라서 개도국은 선진국보다 낮은 환경질을 선택하고자 한다.

환경재를 좀 더 광의로 해석하면 〈그림 20-1〉의 전제와 달리 시장재와 환경재가 서로 보완적인 관계를 형성할 수도 있다. 예를 들어 농업생산에 필수적인 토양성분이나 수자원을 환경재에 포함시킬 경우 환경재의 양이 많으면 많을수록 농업생산은 늘어난다. 또한 환경오염의 경우에도 사람의 건강이나 노동생산성에 직접 영향을 주는 오염인 경우 오염도가 낮을수록 생산성이 높아지고 1인당 생산도 늘어난다. 이렇게 환경재와 시장재가 서로 보완관계를 가질 경우에 있어서도 선진국은 저개발국가에 비해 더 높은 수준의 시장재와 환경질을 소비할 가능성이 크다. 선진국은 각종 환경정책을 비교적 오래전부터 도입하여 천연자원이나 환경의 보존에 상당한 노력을 기울인 반면, 저개발국은 자원이나 환경의 이용에 있어 나타나는 시장실패를 효율적으로 제거하지 못해 토양 황폐화와 수자원 고갈을 경험하고 있다. 저개발국의 천연자원 감소와 환경오염이 생산성 하락의 원인이 되기 때문에 저개발국은 선진국에 비해 환경수준과 시장재 소비수준이 다 같이 낮을 수 있다.

2. 경제발전과 환경: 시계열분석

경제발전과 환경의 관계를 시계열분석 하는 것은 특정 국가가 경제발전을 이룩해 나갈 때 환경질은 시간이 지나면서 어떻게 변하느냐를 분석하는 것을 의미한다. 〈그림 20-2〉에서 현재 어떤 국가의 1인당 시장재 소비량과 환경질을 각각 x^0와 q^0라 하자. 이 상태에서 이 국가의 발전경로는 A에서 F까지 다양하게 나타날 수 있다.

경로 A는 환경질과 시장재 소비량이 현 수준보다 지속적으로 개선되고 증가하는 경로이고, 경로 E는 반대로 환경질과 시장재 소비량이 현 수준보다 악화되고 감소하는 경로이다. 경로 C는 환경질은 현 수준보다 계속 나빠지지만 시장재 소비량은 늘어나는 경로이고, 경로 F는 반대로 환경질은 개선되고 시장재 소비량은 줄어드는 경로이다. 그러나 〈그림 20-2〉의 발전경로 가운데 보다 현실적인 것은 경로 B와 경로 D이다. 경제발전이 경로 B를 따를 경우 초기에는 환경질은 나빠지고 시장재 소비량만 증가하지만, 어느 정도 시간이 흐른 이후에는 환경질과 시장재 소비 모두 개선이 발생한다. 경제발전이 경로 D를 따를 경우에는 초기에는 환경질은 악화되고 시장재의 양은 늘어나지만, 어느 정도 시간이 지난 후에는 시장재 소비량까지도 줄어든다. 이 마지막 경로는 특히 자원과 환경의 합리적 관리 없이 시장재 소비량만을 늘리고자 한 결과 자원이 고갈되고 환경피해가 커질 때 발생한다. 각국은 부존자원의 양과 그 관리 방안의 선택에 따라 〈그림 20-2〉의 경로 가운데 어느 하나를 밟게 될 것이다.

그림 20-2   경제발전경로

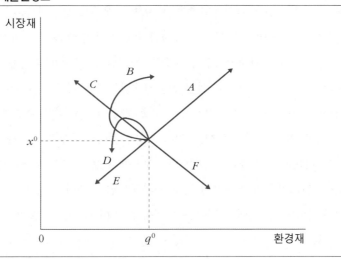

그림 20-3 경제발전과 환경

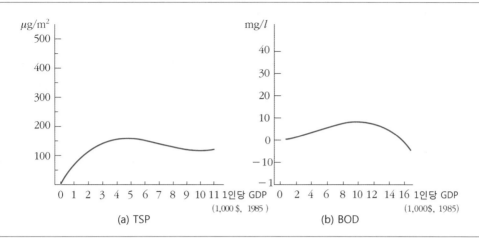

(a) TSP   (b) BOD

횡단면으로 보든 시계열로 보든 실제로 경제발전 수준과 오염도 간의 관계가 어떠한 지를 실증적으로 분석하는 연구는 많이 시행되었다. 이런 연구를 촉발한 계기가 그로스만과 크루에거(Grossman and Krueger, 1993) 혹은 그로스만(Grossman, 1995)의 연구이다. 이들은 제19장에서 이미 설명한 GEMS자료에 포함되어 있는 수십 개 국가의 시계열자료를 혼합하여 경제발전 정도와 환경질 사이의 상관관계를 분석하였다.

그로스만과 크루에거가 실증분석한 도시의 대기오염도를 나타내는 TSP농도와 1인당 GDP사이의 관계는 〈그림 20-3a〉에 나타나 있고, 수질오염도를 나타내는 BOD농도와 1인당 GDP 사이의 관계는 〈그림 20-3b〉에 나타나 있다. 1인당 GDP는 1인당 시장재 소비량을 대신하여 사용된 변수로서 경제발전 정도를 나타낸다. 그림에서 보듯 그로스만과 크루에거는 상당수 오염물질에 있어 오염도와 경제발전 정도 사이에는 역 U자형 관계가 존재한다는 사실을 보였다. 즉 경제개발 초기에는 산업화와 도시화로 인해 대부분 국가가 환경오염이 심해지는 것을 경험하지만, 경제발전이 지속되면서 환경질을 개선하고자 하는 정책이나 기술이 사용되고, 그로 인해 오염도가 다시 하락한다.

그로스만과 크루에거가 보여주는 이와 같은 현상은 사람들이 경제발전과 환경문제를 생각하는 데 있어 큰 영향을 미쳤고, 이 현상은 곧 환경쿠즈네츠곡선(environmental Kuznets curve, EKC)이라 불리게 되었다. 경제학자 쿠즈네츠(Kuznets, 1955)는 경제성장의 초기에는 경제가 성장할수록 소득분배가 나빠지지만 소득수준이 어느 정도 이상에 이르면 경제가 성장할수록 오히려 소득분배가 개선되는 현상을 관측하였었다. 이렇게 경제성장과 소득분배 불균등도 사이에 존재하는 역 U자형 곡선을 쿠즈네츠곡선이라 부른다. EKC는 이 쿠즈네츠곡선에서 이름을 따온 것이다. 그로스만과 크루에거는 경제성장이 환경개선에 도움이 되도록 변하는 전환점으로 당시 가치로 1인당 연간소득 $5,000를 찾아내었다.

이상과 같은 실증분석의 결과는 〈그림 20-2〉의 여러 발전경로 가운데 경로 B가 가장 현실적이라는 것을 시사한다. 그러나 여기서 한 가지 주의할 점은 횡단면자료와 시계열자료를 모두 사용한 그로스만과 크루에거의 연구가 현재의 저개발국이 시간이 지나면 반드시 현재의 선진국과 같이 소득수준도 높아지고 환경질도 개선된다는 사실을 의미하지는 않는다는 것이다. 지속적 성장을 위해서는 성장의 동인이 되는 물적, 인적 자원에 대한 적절한 투자시스템이 갖추어져야 하고, 효과적인 환경과 자원 이용을 유도하는 시스템도 존재해야 한다. 이러한 시스템이 갖추어지지 않거나 물적, 인적 자원 자체가 너무 빈약할 경우 빈곤과 환경오염의 악순환을 경험하게 된다. 이런 경우에는 경로 B보다는 경로 D가 나타날 수 있다.[1]

3. 지속가능한 발전

앞의 논의는 경제발전 과정에서 자연환경의 변화가 다양하게 나타날 수 있다는 사실을 설명하였다. 그렇다면 한 국가가 발전 전략을 수립하는 데 있어 목표로 해야 할 발전형태가 있는가? 이와 관련된 개념이 바로 지속가능한 발전(sustainable development)이다.

지속가능한 발전이라는 용어는 자원경제학이나 환경경제학 문헌에 자주 등장하고 있으나, 그 구체적인 의미는 사용하는 학자별로 다르다. 지속가능한 발전의 개념으로서 가장 흔히 인용되는 것이 소위 브룬틀란 보고서(Brundtland report)가 내린 정의로서, 이 보고서는 지속가능한 발전을 "미래세대가 자신들의 경제적 욕구를 충족할 수 있는 능력을 훼손하지 않으면서 현세대의 경제적 욕구를 해결하는 경제발전"으로 정의하였다.[2]

브룬틀란 보고서에서의 정의 역시 명확하다고 보기는 어렵다. 무엇보다도 지속가능한 발전 여부를 판정하는 지표가 선정되어야 한다. 가장 엄격한 지표를 적용하면 경제발전 과정에서 토양의 질, 수자원의 양과 질, 기타 생물자원의 양, 생태계의 폐기물 흡수능력 등과

---

1) 개발도상국이 선진국과의 소득격차를 줄여나갈 정도로 성장을 지속할 수 있는지에 관한 연구는 현대 경제성장론에서 집중적으로 이루어지고 있다(바로와 살라-이-마틴(Barro and Sala-i-Martin), 2003; 아제몰루(Acemoglu), 2009 등).

2) 브룬틀란 보고서는 UN이 1983년에 설립한 환경과 발전에 관한 세계위원회(World Commission on Environment and Development)가 1987년에 제출한 보고서로서, 이 위원회의 의장이 노르웨이 수상과 세계보건기구(WHO) 사무총장을 역임한 브룬틀란(G. H. Brundtland)이었다.

같은 천연자원의 양(natural resource stock)이나 환경재의 양 자체가 감소하지 않아야만 경제개발이 지속적이라 할 수 있다. 이를 다른 말로 표현하면, 지구상에 살아가는 모든 세대는 자신이 물려받은 자연환경보다 더 오염되지 않은 자연환경을 후세에게 물려줄 때만 지속가능한 발전이 이루어진다.

자연환경의 물리적, 생물학적, 화학적 특성 자체를 기준으로 정의되는 지속가능성 지표는 매우 직접적이다. 그러나 이러한 엄격한 지표는 몇 가지 이유로 인해 실제로는 사용하기 어렵다. 첫째, 이러한 지표를 통해 정의되는 지속가능한 발전은 상당히 많은 경우 달성될 수가 없다. 예를 들어 재생불가능한 자원의 경우 우리가 생산활동을 통해 자원을 사용하면 할수록 그 양이 줄어들기 때문에 자원량을 일정하게 유지한다는 것은 원천적으로 불가능하다. 둘째, 위의 지표는 생산활동이나 소비활동에 있어 시장재와 자연환경의 대체관계를 전혀 허용하지 않는 문제를 가진다. 생산과정에서 사람이 만들어내는 자본·지식과 천연자원의 대체가 허용될 경우에는 천연자원의 양이 줄어들더라도 생산량 자체는 줄어들지 않을 수 있다. 또한 소비에 있어서도 시장재와 환경질 사이에는 어느 정도의 대체관계가 존재하며, 환경질이 악화된다고 해서 반드시 후생이 낮아지는 것은 아니다.

천연자원의 양이나 환경질의 절대적 수준이 줄어들거나 낮아지지 않아야만 지속가능한 발전이 이루어진다고 보는 것은 이상과 같은 문제점을 가지므로, 다스굽타(Dasgupta, 1995)와 같은 학자들은 지속가능한 발전은 다양한 시점에서 살아가는 세대가 얻는 '후생'을 기준으로 정의되어야 한다고 본다. 이 경우 지속가능한 발전이란 세대 간의 분배(intergenerational distribution)의 문제 혹은 세대 간의 정의(intergenerational justice)의 문제로 전환된다. 이렇게 후생 수준을 기준으로 할 경우 시간이 지나면서 각 세대 구성원이 얻는 후생 수준이 낮아지지 않는 경제발전을 지속가능한 것으로 해석한다.[3] 즉 제2세대는 제1세대보다 낮은 후생 수준을 얻지 않아야 하며, 제3세대는 다시 제2세대보다도 낮지 않은 후생 수준을 얻어야 하고, 이러한 관계가 모든 세대에 대해 성립할 때 지속가능한 발전이 이루어진다.

위와 같이 후생을 기준으로 하여 정의할 때, 지속가능한 발전이 실제로 이루어지는지를 확인하기 위해 다음과 같은 총자본량(aggregate capital stock)이라는 지표가 사용된다.

---

3) 단 여기서 후생 수준은 시장재의 소비뿐 아니라 환경질이나 천연자원의 변화로 인한 만족도의 변화까지도 포함하는 개념이다.

$$총자본량 = 자본재가격 \times 1인당\ 자본\ +\ 천연자원이나\ 환경재의\ 잠재가격$$
$$\times 1인당\ 천연자원이나\ 환경재의\ 양$$

　　생산과 소비는 인류가 만들어내는 자본재뿐 아니라 천연자원이나 환경재 역시 필요로 하므로 미래세대가 자신들의 욕구를 충족하기 위해서는 자본재뿐 아니라 천연자원이나 환경재 역시 충분히 보존되어야 한다. 따라서 천연자원이나 환경재의 가치를 적절히 평가하여 이를 자본재의 가치에 더해준 총자본량이 시간이 지나면서 줄어들지 않아야 미래세대가 현세대가 누리는 수준 이상의 후생을 얻을 수 있다.[4]

section 02 　환경쿠즈네츠곡선의 이론적 근거

　　위에서 소개했던 그로스만과 크루에거의 분석은 경제성장과 환경문제에 관한 시각을 형성하는 데 큰 영향을 미쳤다. 그러나 이들이 발견한 두 변수 사이의 관계를 일반화할 수 있는지에 대해서는 논란이 있다. 언제부터 언제까지의 관측치를 분석에 포함하고 어느 나라를 분석에 포함하느냐에 따라 추정되는 경제성장과 오염도의 관계가 민감하게 변한다는 것을 보인 연구도 있다(하보그 외(Harbaugh et al.), 2002). 또한 무엇보다도 이들이 발견한 환경쿠즈네츠곡선이 왜 형성되는지에 대한 이론적 설명이 사실 충분하지 않다. 따라서 아래에서는 환경쿠즈네츠곡선이 나타나는 이론적 근거를 살펴본다.

　　환경쿠즈네츠곡선, 즉 EKC는 소득수준과 환경질 사이의 관계를 나타낸다. 이 두 변수 사이의 관계를 단정적으로 말하기 어려운 이유는 이 두 변수가 모두 외생변수가 아닌 내생변수이기 때문이다. 제19장의 일반균형분석에서 살펴본 바와 같이 한 국가의 소득수준은 이 나라가 가지고 있는 투입요소와 기술 수준 그리고 산출물가격 등에 의해 결정된다. 아울러 오염물질 배출량이나 오염도 역시 투입요소 부존량이나 소득 등의 변수에 의해 영향을 받아 그 수요와 공급이 결정되는 내생변수이다. 따라서 이 두 변수는 부존자원 증가나 기술변화가 발생할 때 동시에 변하기 때문에 이 두 변수의 관계가 어떤 패턴을 지속적으로 유지할지를 알기가 어려운 것이다. 이러한 측면을 반영하여, 이 두 변수의 관계에

---

4) 총자본량은 제4절에서 논의할 소위 녹색 국민소득계정과 연결되는 개념이다.

대한 다음과 같은 설명이 제시되었다.

1. 부존자원 변화

제19장에서 오염물질 e의 수요곡선은 $e = \theta(p/\tau)x(p,\tau,K,L)$와 같이 결정된다는 것을 보았다. 만약 다른 모든 조건은 불변인 채 자본 K만 늘어난다면 〈그림 19-3〉이 보여준 바와 같이 자본을 집약적으로 이용하고 오염물질을 배출하는 x의 생산량이 늘어나고, 따라서 오염물질 배출량이 늘어난다. 동시에 국민소득은 자본이 늘었으므로 당연히 증가한다. 따라서 경제성장이 오염산업이 집약적으로 이용하는 자본재의 축적을 통해 이루어졌다면 환경오염과 소득수준 사이에는 양의 관계가 형성된다.

이제 자본 대신 노동 혹은 인간자본 L이 축적되었다고 하자. L은 오염물질을 유발하지 않는 y산업에서 집약적으로 이용되므로 〈그림 19-3〉이 의미하는 바를 따르면 y의 생산은 늘고 x의 생산은 줄어들 것이다. 따라서 오염물질 배출량은 줄어든다. 그러나 국민소득은 인간자본이 늘어남으로 인해 증가한다. 즉 경제성장이 오염물질을 배출하지 않는 산업에서 집약적으로 사용되는 투입요소를 축적하는 방식으로 이루어지면 경제성장과 환경오염 사이에는 음의 관계가 형성된다.

이상의 논의를 종합하여, 경제성장 초기에는 주로 설비 등의 실물자본이 축적되는 방식으로 경제성장이 이루어지고, 어느 정도의 소득수준을 넘어선 단계에서는 인간자본 축적을 통해 경제성장이 이루어진다면 EKC가 발생하는 현상을 설명할 수 있다.

2. 소득증가의 효과

기술진보가 발생하여 동일한 노동과 자본을 투입하여 생산할 수 있는 x와 y가 늘었다고 하자. 그로 인해 당연히 노동가격과 자본가격이 상승하고, 소득이 증가하게 된다. 이렇게 생산성 향상에 따른 소득증가가 발생하면 오염물질의 수요곡선과 공급곡선이 모두 이동하게 된다.

오염물질 수요곡선은 우측으로 이동한다. 기술진보로 인해 오염물질을 한 단위 더 배출하여 생산할 수 있는 산출물이 증가하고, 따라서 오염물질에 대한 수요가 늘어나는 것이다. 오염물질 공급곡선은 왼쪽으로 이동한다. 기술진보로 소득이 늘어나면 소득효과로 인해 오염물질에 대한 지불의사가 커지고 따라서 오염의 한계피해가 커지기 때문에 정부는 오염물질 공급량을 줄이는 정책을 도입하려 할 것이다. 이렇게 수요곡선과 공급곡선이 서로 반대 방향으로 이동하기 때문에 두 효과 중 어느 것이 더 큰지에 의해 소득증가가 오염도에 미치는 영향이 결정된다.

EKC는 소득수준이 낮을 때는 소득과 배출량이 같은 방향으로 움직이지만 높을 때는 서로 반대 방향으로 움직인다는 것을 의미하므로, 생산성 변화로 인한 소득증가 시 오염물질의 수요곡선과 공급곡선의 상대적 이동 폭이 소득수준에 따라 달라져야 한다. 보다 구체적으로는 1%의 소득이 늘어날 때 오염의 한계피해 MD가 몇 % 늘어나는지를 의미하는 한계피해의 소득탄력성(income elasticity of marginal damage)이 소득이 높아질수록 커져야만 EKC가 나타나게 된다. 즉 소득이 높아질수록 환경오염을 싫어하고 깨끗한 환경을 원하는 정도가 점점 더 커지면 정부가 이를 반영하여 환경정책을 충분히 강화하기 때문에 소득수준이 높은 선진국에서는 소득과 배출량이 반대로 움직이는 현상이 나타나는 것이다.

3. 임계치효과

EKC에 대한 또 다른 설명은 소득이 증가하고, 따라서 기술효과에 의해 정부가 배출부과금률을 인상하는 등 환경규제를 강화하여도 소득이 어느 정도 상승하기 전에는 규제수준이 너무 낮아 기업들이 이에 반응하지 않는다는 것이다. 소득이 낮고 생산량이 적을 때에는 배출량도 적으므로 규제 수준이 낮다. 낮은 부과금 수준이 적용되면 기업이 배출량을 줄여 절약할 수 있는 부과금은 그리 크지 않지만 이로 인한 생산 손실은 크기 때문에 부과금 수준이 어떤 임계치에 이르기 전까지는 저감행위를 하지 않는다. 저감행위를 하지 않는다면 더 높은 소득은 당연히 더 많은 생산과 더 많은 배출을 필요로 하므로 소득과 오염물질 배출량 사이에는 양의 관계가 형성된다.

그러나 소득이 어느 수준을 넘어서게 되면 오염규제 수준이 매우 높아지고, 따라서 오염원들은 정책에 반응할 수밖에 없다. 임계수준을 넘어선 상태에서는 소득이 증가하면 규제 수준도 강화되고, 결과적으로 오염물질 배출량이 줄어드는 현상이 발생하는 것이다.

4. 저감기술의 규모수익증가

EKC현상의 또 다른 이유는 오염물질 저감기술 자체가 규모수익증가(increasing returns to scale) 현상을 보일 경우이다. 저감기술이 규모수익증가를 보인다는 것은 저감을 위한 비용지출액 증가보다도 오염물질이 감소하는 정도가 더 크고, 저감을 위한 한 단위 비용지출이 저감량이 많을수록 작아진다는 것을 의미한다.

저감기술이 규모수익증가의 특성을 가질 경우에는 정부가 동일한 규제수준 τ를 계속 유지하여도 EKC 현상이 나타날 수 있다. 기업은 자신이 저감비용을 지불하고 직접 배출량을 줄일 것인지 아니면 대신 부과금을 납부할 것인지를 항상 선택한다. 소득수준이 낮을 때에는 생산량이 많지 않고 저감량도 많지 않으므로 저감기술의 생산성이 높지 않다. 따라서 개발도상국의 기업은 저감보다는 부과금을 지급하는 것을 선택할 가능성이 높고, 이 경우 생산량이 늘어날수록 배출량도 늘어나게 된다. 반면 선진국의 경우 생산량과 저감량이 많고 따라서 저감기술의 한계생산성이 매우 높으며, 기업이 부과금을 납부하는 것보다는 직접 저감하는 것이 비용면에서 더 유리하다. 따라서 선진국에서는 소득수준이 높을수록 국가 전체의 배출량이 오히려 줄어들 수 있다.

5. 온실가스 배출량의 EKC 현상

EKC 현상에 대한 이상 네 가지의 설명은 스토키(Stokey, 1998), 코웁랜드와 테일러(Copeland and Taylor, 2003), 안드레오니와 레빈슨(Andreoni and Levinson, 2001) 등에 의해 제시되었는데, 실제 현상이 이들 설명이 제시하는 이유와 일치하는지에 대해서는 논란이 있다. 경제성장 자료를 보면 국가 전체 부에서 자본과 노동이 차지하는 비중은 소득이 변해도 비교적 일정하게 유지되는 경향이 있어 "부존자원" 중심의 논의가 설득력을 잃을 수 있다. "소득증가 효과"를 강조하려면 소득이 늘 때 환경규제가 빠른 속도로 심해진다는 전제를 해야 하나, 그 통계적 뒷받침도 발견하기 쉽지 않다. "임계치 효과" 역시 소득이 늘어날 때 환경관리비 지출이 갑자기 증가하지는 않는다는 점에서 신뢰도를 잃을 수 있다. 그리고 "규모수익 증가"가 오염물질 저감기술에서만 유독 강하다고 볼 이유도 없을 것이다.

〈그림 20-4〉는 세계은행이 집계한 1990~2020년의 31년간 CO_2 배출량을 소득수준으로 국가들을 분류하여 보여준다.[5] 〈그림 20-4a〉는 1인당 GDP 대비 CO_2 배출량(=2021년 구매력 평가 기준 $US당 kg)을 보여주며, 〈그림 20-4b〉는 인구 1인당 배출량(=메트릭 톤)을, 〈그림 20-4c〉는 1990년 배출량을 1로 두었을 때 각 그룹의 배출 총량 변화를 보여준다.

---

5) 2024년 기준으로 세계은행은 1인당 국민총소득(GNI)이 $1,145 이하이면 저소득국, $1,146~4,515이면 중·저소득국, $4,516~14,005이면 중·고소득국으로 분류한다. 〈그림 20-4〉에는 1인당 GNI $14,005 초과 국가인 고소득국 대신 OECD 회원국의 자료가 포함되어 있다.

그림 20-4 전 세계 국가들의 소득수준별 CO_2 배출량 변화

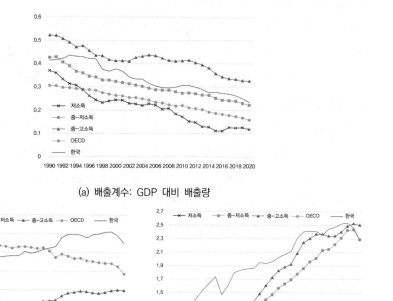

(a) 배출계수: GDP 대비 배출량

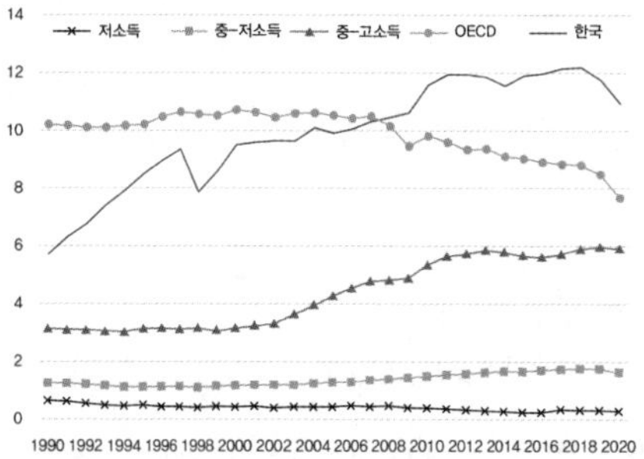

(b) 1인당 배출량

(c) 총배출량

출처: 세계은행 자료 이용해 저자 작성(https://data.worldbank.org/topic/environment 2024. 08. 02 방문).

이 그림은 비록 CO_2에 국한된 것이기는 하지만 국가의 성장 수준과 오염물질 배출량 간의 관계를 잘 보여준다.

〈그림 20-4a〉에 의하면 소득수준과 관계없이 모든 국가에 있어서 GDP 단위당 배출량은 시간이 지나면서 감소한다. 즉 모든 국가에서 한 단위 소득을 얻는 데 필요한 오염물질 배출량이 감소하며, 이는 저감기술과 에너지 효율성이 향상되는 전반적인 기술수준 변화를 보여준다. 따라서 특정 소득수준 이상에서만 저감기술 효율성이 급격히 높아지는 것은 아니다. 소득 대비 배출량 자체는 왕성한 산업화가 이루어지고 있는 중·고소득국에서 가장 높으며, 이어서 중·저소득국, OECD 회원국, 저소득국의 순서로 높다. 이는 저소득 → 중·저소득 → 중·고소득 → OECD 수준으로 소득이 상승해 간다면, 소득 단위당 배출량이 증가하다가 다시 감소하는 역 U자형의 관계가 형성될 것임을 암시한다.

〈그림 20-4b〉의 1인당 배출량과 〈그림 20-4c〉의 총배출량은 GDP 단위당 배출량과는

상당히 다른 변화 모습을 보인다. 〈그림 20-4b〉 1인당 배출량의 경우 OECD 회원국들에서는 1990년대 혹은 그 이전에 이미 정점을 지났으며, 최근 연도에는 계속 감소하고 있다. 산업화가 부진한 저소득국의 1인당 배출량은 별 변화가 없으며, 약간의 감소 추세를 보인다. 논의의 초점이 되는 것은 산업화가 급속히 이루어지고 있는 중소득국에서의 1인당 배출량 변화인데, 특히 중·고소득국에서는 빠른 증가가 발생하였지만 21세기에 들어와서는 거의 정점에 다다른 것으로 보인다. 그리고 OECD의 1인당 배출량과 중·고소득국의 1인당 배출량이 서로 가까워지는 일종의 수렴(convergence)현상이 진행되고 있음을 알 수 있다. COVID-19이 2020년 배출량에 미친 영향을 감안한다면, 중·저소득국의 1인당 배출량은 비교적 느린 속도로 그러나 여전히 늘어나는 추세에 있다고 할 수 있다.

〈그림 20-4c〉에서 CO_2 총배출량은 OECD 회원국에서는 1990년대 말에 정점에 이른 후 계속 감소하고 있다. 산업화가 부진한 저소득국의 경우 1990년대에는 배출량이 늘어나지 않다가 21세기 들어와 어느 정도 늘어나는 모습을 보인다. 중·고소득국과 중·저소득국에 있어 총배출량 증가율이 매우 높다. 1990년대 말까지는 두 그룹의 배출 증가율이 유사하다가 21세기 들어와 중·고소득국의 증가율이 월등히 높아졌다. 하지만 최근 연도에는 중·고소득국의 배출량이 정점에 이른 듯한 모습을 보임에 반해 중·저소득국은 여전히 높은 배출 증가율을 보이고 있다. 따라서 1990년과 2020년 두 해만을 비교하면, 두 유형의 중소득국 배출 증가율이 비슷한 수준이다.

이상을 요약하면, 소득수준과 관계없이 단위 소득당 CO_2 배출량은 시간이 지나면서 줄어들고 있고, 전체적인 배출 효율성 개선과 저감기술 발전이 관측된다. 배출량 자체 혹은 1인당 배출량은 고소득국 혹은 OECD 회원국들의 경우 이미 정점을 지나서 감소하고 있는 반면, 중소득국은 정점에 다다르기 직전이거나 아직 완만한 상승세를 유지하는 추세를 보인다. 따라서 전체적으로는 산업화 단계를 거치면서 총배출량이 정점에 이르기까지 증가하다 이후 감소하는, EKC가 관측될 가능성을 보여준다. 하지만 어느 시점에서 배출량 정점에 도달할 것인지, 그리고 어느 소득수준에서 정점에 도달할 것인지는 국가별, 소득수준별로 상이할 것으로 보인다.

한편, 〈그림 20-4〉는 한국 자료를 별도로 보여주고 있다. 한국은 현재 OECD 회원국이고 소위 중진국 함정(middle income trap)을 빠져나온 거의 유일한 국가로까지 인정받고 있지만(World Bank, 2024), 사실 CO_2 배출에 관한 한 OECD 회원국이 아닌 중소득국에 더 가까운 모습을 보인다. 이는 한국경제가 높은 제조업 의존도를 가지기 때문일 것인데, 다만 GDP 대비 배출계수가 중·고소득국에 비해서는 상당히 낮아 양호하며, 최근 연도에 있어 1인당 배출량과 배출 총량이 감소하는 개선된 모습을 보여준다.

6. 환경-솔로우 모형

〈그림 20-4〉는 CO_2 배출에 있어 EKC 현상이 나타날 것으로 기대하게 하지만, 이러한 실제 배출량 변화 모습이 앞에서 소개했던 여러 이론적 설명 때문에 반드시 발생한 것은 아니다. 브록과 테일러(Brock and Taylor, 2010)는 OECD 회원국만의 대기오염물질 배출량 자료를 이용해 〈그림 20-4〉와 유사한 관계를 일부 확인하였다. 이들은 소득수준이 높아지면서 배출규제가 강화된다고 가정하지 않아도 EKC 현상이 나타날 수 있지만, 배출량 정점이 발생하는 시점, 정점에서의 배출량과 소득수준은 여러 요인에 의해 영향을 받고, 따라서 국가별로 차이가 있다는 것을 설명하였다. 이들은 설명을 위해 경제성장론 분야에서 오랫동안 사용되었던 유명한 솔로우모형(Solow, 1956)을 오염물질 배출량까지 포함하도록 확장하였다.

어떤 연도의 생산이 $Y = F(K, BL)$과 같이 규모수익불변의 특성을 가지는 생산함수를 따라서 이루어진다고 하자. K는 자본이고, L은 노동 투입량인데, B는 노동의 효율성 혹은 생산성을 나타내는 지표로서, 시간이 지나면서 그 값이 g_B의 비율로 커진다. $\dot{L} = \Delta L / \Delta t$처럼 각 변수의 단위 기간당 변화를 방점을 찍어 표기하면, $\dot{L} = nL$, $\dot{B} = g_B B$이며, n과 g_B는 각각 L과 B의 증가율이다. 자본은 저축률이 s로 주어져 있다면, $\dot{K} = sY - \delta K$와 같이 변한다. δ는 감가상각률로서($\delta \in (0,1)$), 자본재가 시간이 지나면서 감모하거나 성능이 약해지는 정도를 반영한다.

규제 때문에 생산자들은 생산액 중 θ 비율만큼을 배출량 저감을 위해 사용한다고 하자. 그렇다면 실제 생산량은 $Y = (1-\theta)F(K, BL)$과 같을 것이다. 규모수익불변의 생산기술은 투입물 사용량을 모두 특정 비율로 나누어도 그 비율로 나누어준 만큼의 산출물을 생산할 수 있다. 즉 $Y/BL = (1-\theta)F(K/BL, 1)$이 성립한다. 따라서 모든 변수를 BL 단위당 값으로 전환하여 다음과 같이 나타낼 수 있다.

$$y = (1-\theta)f(k) \hspace{3cm} \text{20-1}$$
(단, $y = Y/BL$, $k = K/BL$)

또한 자본변화율 $\dot{K} = sY - \delta K$는 $\dot{K}/BL = s(1-\theta)f(k) - \delta k$를 의미하는데, 여기에

$\dot{k} = \dot{K}/BL - k(n + g_B)$임을 반영하면[6] 다음의 BL 단위당 자본 k의 변화율이 도출된다.

$$\dot{k} = s(1-\theta)f(k) - (\delta + n + g_B)k \quad\text{··}\quad \boxed{20\text{-}2}$$

이러한 솔로우 모형에서는 최초의 자본 $k(0)$가 얼마이든지 상관없이 경제는 균제상태(steady state)의 자본 k^*로 수렴하고, k^*에서는 k가 불변이다($\dot{k} = 0$).[7] $k = K/BL$이기 때문에 그 값이 k^*에 고정된다는 것은 균제상태에서는 인구 1인당 자본 $K/L = Bk$는 g_B의 속도로 증가하며, 1인당 생산 Y/L와 1인당 소비 $C/L(=(1-s)Y/L)$ 역시 g_B의 속도로 증가하는 균형성장(balanced growth)이 이루어짐을 의미한다.

오염물질 배출량 변화를 알기 위해 생산 단위당 배출계수가 η이며, 〈그림 20-4a〉가 보여준 바와 같이 저감기술 발전에 의해 $g_\eta(>0)$의 속도로 감소한다고 하자. 즉 $\dot{\eta}/\eta = -g_\eta$와 같다. 그리고 저감노력에 따른 저감률이 $1 - a(\theta)$라면,[8] BL 단위당 배출 e는 다음처럼 결정된다.

$$E/BL = e = \eta a(\theta)f(k) \quad\text{··}\quad \boxed{20\text{-}3}$$

균제상태에서는 k가 k^*로 불변이므로 $\dot{e} = \dot{\eta}a(\theta)f(k)$이고 $\dot{e}/e = -g_\eta$로서, e는 저감기술 효율성 변화율인 g_η의 속도로 감소해야 한다. 마찬가지 방법을 적용하면, 1인당 배출 E/L의 증가율은 균제상태에서 $g_B - g_\eta$이며, 총배출 $E = BL\eta a(\theta)f(k)$의 변화율은 $\dot{E}/E = g_E = g_B + n - g_\eta$와 같다.

장기적으로 지속가능한 성장은 균제상태에서 인구 1인당 소비는 증가하고 동시에 오염물질 총배출량은 감소하는 상태($= g_E < 0$)에서 달성된다. 이는 ① $g_B > 0$이라는 조건과 ② $g_\eta > g_B + n$이라는 조건이 동시에 성립해야 함을 의미한다. 첫 번째 조건은 생산기술의 발전 속도가 0보다 커서 균제상태에서 1인당 생산과 소비가 g_B의 속도로 증가할 조

---

6) $\dot{k} = \dfrac{\Delta(K/BL)}{\Delta t} = \dfrac{(\Delta K/\Delta t)BL - K(\Delta BL/\Delta t)}{(BL)^2}$임을 활용하라.

7) 이 수렴이 이루어지도록 다음을 가정한다: $\dfrac{\Delta F}{\Delta K}$와 $\dfrac{\Delta F}{\Delta L}$은 0보다 크고 각각 K와 L에 대해 감소, $\lim\limits_{K \to 0}(\Delta F/\Delta K) = \lim\limits_{L \to 0}(\Delta F/\Delta L) = \infty$, $\lim\limits_{K \to \infty}(\Delta F/\Delta K) = \lim\limits_{L \to \infty}(\Delta F/\Delta L) = 0$.

8) 다음을 가정한다: $a(0) = 1$, $\dfrac{\Delta a}{\Delta \theta}$은 0보다 작고 θ에 대해 증가.

그림 20-5 환경-솔로우 모형에서의 균형

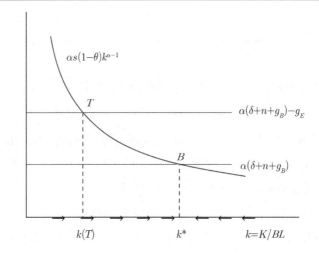

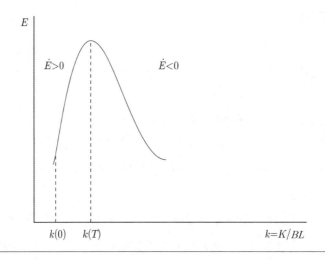

건이다. 두 번째 조건은 저감기술 발전이 순조로워 그 속도($=g_\eta$)가 총산출 Y의 증가속도 ($=g_B+n$)보다 높아야 한다는 것이다. $g_E < 0$이어서 균제상태에서 총배출이 감소하면 1인당 배출 E/L은 변화율 g_B-g_η가 0보다 작으므로 역시 계속 감소해야 한다.

우리는 $g_E < 0$, 즉 지속가능성장이 가능하다고 가정한다. 이 조건이 왜, 그리고 어떤 모양의 EKC를 도출하는지를 확인하기 위해 생산함수 $y = k^\alpha (0 < \alpha < 1)$을 가정하자. 식 (20-2)는 $\dot{k}/k = s(1-\theta)k^{\alpha-1} - (\delta+n+g_B)$임을 의미하므로 k^*는 $\alpha s(1-\theta)k^{\alpha-1} = \alpha(\delta+n+g_B)$가 성립하는 k이다. $\alpha s(1-\theta)k^{\alpha-1}$와 $\alpha(\delta+n+g_B)$는 〈그림 20-5〉 위

쪽 패널에서 각각 우하향하는 곡선과 수평선으로 표시되어 있다. 이 곡선과 수평선이 만나는 점 B에서의 BL 단위당 자본 $k^* = [s(1-\theta)/(\delta+n+g_B)]^{1/(1-\alpha)}$가 바로 균제상태 자본이다. 만약 특정 연도에서의 k가 k^*보다 작다면 $\alpha s(1-\theta)k^{\alpha-1} > \alpha(\delta+n+g_B)$이어서 $\dot{k} > 0$이므로 시간이 지나면서 k가 k^*를 향해 증가해야 한다. 반대로 특정 연도에서의 k가 k^*보다 크다면 $\alpha s(1-\theta)k^{\alpha-1} < \alpha(\delta+n+g_B)$이기 때문에 $\dot{k} < 0$이고, k는 k^*를 향해 감소한다. 따라서 초기 자본을 $k(0)$라 할 때 $k(0) < k^*$라면 k는 점차 증가하여 k^*로 수렴하며, 반대로 $k(0) > k^*$라면 k는 점차 감소하여 역시 k^*로 수렴한다. 우리는 $k(0) < k^*$이어서 시간이 지나면서 자본이 증가하는 경제성장을 가정한다.

한편 총배출은 가정에 의해 균제상태 k^*에서는 감소한다($g_E < 0$). 그러나 균제상태에 도달하지 못한 연도에 있어서는 총배출이 $E = BL\eta a(\theta)k^\alpha$이므로 $\dot{E} = \dot{B}L\eta a(\theta)k^\alpha + B\dot{L}\eta a(\theta)k^\alpha + BL\dot{\eta}a(\theta)k^\alpha + BL\eta a(\theta)\alpha k^{\alpha-1}\dot{k}$이고, 따라서 다음이 성립한다.

$$\dot{E}/E = g_B + n - \eta + \alpha\dot{k}/k = g_E + \alpha\dot{k}/k \quad\text{..}\quad \boxed{20\text{-}4}$$

식 $(20-4)$에 식 $(20-2)$를 대입하면 총배출 변화율이 0이 되도록 하는($\dot{E} = 0$) 자본은 $\alpha s(1-\theta)k^{\alpha-1} = \alpha(\delta+n+g_B) - g_E$를 충족하며, 〈그림 20-5〉 위쪽 패널에서 우하향하는 곡선 $\alpha s(1-\theta)k^{\alpha-1}$과 수평선 $\alpha(\delta+n+g_B) - g_E$이 만나는 점 T에서의 자본, $k(T) = [s(1-\theta)/(\delta+n+g_B - g_E/\alpha)]^{1/(1-\alpha)}$이다. T는 최초시점에서 출발하여 배출량 정점에 도달하기까지 소요된 시간으로 해석해도 된다. $g_E < 0$이어서 지속가능성장이 가능하다면 그림에서처럼 $k(T)$는 k^*보다 작다. 그리고 $k(T)$보다 작은 k에서는 $\dot{E} > 0$이며, $k(T)$보다 큰 k에서는 $\dot{E} < 0$임도 확인된다.

〈그림 20-5〉 아래쪽 패널은 초기 자본 $k(0)$가 $k(T)$보다 작을 때의 총배출량 변화를 예시한다. 자본이 $k(0)$에서 증가하되 $k(T)$보다 작은 영역에서는 $\dot{E} > 0$이므로 시간이 지나면서 자본과 총배출 E가 함께 증가한다. 그러나 시간이 더 지나 자본이 $k(T)$를 넘어서면 자본은 k^*을 향해 여전히 증가하지만 $\dot{E} < 0$이기 때문에 총배출은 줄어든다. 그리고 자본이 마침내 k^*에 도달하면 1인당 소득은 g_B의 비율로 증가하지만 총배출은 g_E의 비율로 감소하는 균형성장이 지속된다. 따라서 이 경우 경제성장 초기에는 자본 혹은 소득과 총배출량이 양(+)의 관계를 유지하다가 k가 $k(T)$를 넘어서면서 음(−)의 관계로 바뀌는 EKC가 나타나게 된다. 이러한 결과는 1인당 소득은 생산기술 발전에 의해 계속 늘어나는 반면, 배출량은 저감기술 발전에 따른 감소 요인이 있고, 그 영향이 생산 증가에 따른 배

출 증가를 결국 능가하기 때문에 발생한다.

〈그림 20-5〉가 보여주는 바와 같이 저축률, 생산기술, 생산성 증가율, 인구증가율, 감가상각률, 저감노력을 나타내는 파라미터 $\{s, \alpha, g_B, n, \delta, \theta\}$가 동일한 국가들의 균제상태 자본량 k^*는 $k(0)$와 관련없이 동일한 값으로 유일하게 정해진다. 여기에 배출 증가율 g_E ($= g_B + n - g_\eta$)까지 동일한 국가라면 총배출이 정점에 달하도록 하는 자본 $k(T)$ 역시 동일하게 정해진다. 그러나 이들 파라미터 중 값이 달라지는 것이 있으면 〈그림 20-5〉의 곡선과 수평선 중 최소한 하나는 위치가 바뀌기 때문에 k^*와 $k(T)$ 중 한 가지 이상이 변하게 된다.

예를 들어 저감기술 발달 속도가 높아서 g_η의 값이 커진다면, 점 B의 위치는 변하지 않고 k^*도 달라지지 않겠지만 수평선 $\alpha(\delta + n + g_B) - g_E$가 위로 이동하면서 $k(T)$가 감소하게 된다. 따라서 보다 낮은 BL 단위당 자본에서 총배출이 정점에 도달한다. 이 경우에는 g_E가 0보다 더욱 작아지므로 균제상태에서의 배출감소 속도가 높아진다.

또 다른 예로 정부가 환경정책을 강화하여 θ의 값을 크게 하면 곡선 $\alpha s(1 - \theta)k^{\alpha - 1}$가 아래쪽으로 이동하므로 k^*도 감소하고 $k(T)$도 감소한다. 하지만 이 경우에는 균제상태에서의 배출감소 속도 g_E는 달라지지 않는다.

한편, 파라미터들 $\{s, \alpha, g_B, n, \delta, \theta, g_E\}$가 동일하다면 균제상태에서의 k^*와 $k(T)$가 동일하겠지만 그렇다고 해서 $k(T)$에서의 1인당 생산과 총배출도 동일하지는 않다. 이는 초기 자본 $k(0)$와 균제상태 자본 k^*의 격차가 문제되기 때문이다. 초기 자본 $k(0)$가 최종적으로 도달하고자 하는 k^*로부터 멀리 떨어져 있을수록 k가 $k(T)$에 도달하는 데 필요한 시간 T가 길며, $k(T)$에 도달하기 위해 1인당 생산 Y/L과 총배출 E가 동태적으로 변한 기간도 길어진다. 따라서 $k(T)$에서의 1인당 소득과 배출량이 $k(0)$와 k^* 간 격차가 작은 국가와는 같지 않다. 이 때문에 EKC에 관한 초기 연구들이 원했던 바와 같이 배출량이 정점에 도달하게 하는 (모든 국가에서 동일한) 특정 금액의 1인당 소득을 찾는 것은 적절한 시도가 아니다. 이 역시 〈그림 20-4〉가 보여주었던 실제 자료의 특성과 부합하는 결론이다.[9] 따라서 EKC 현상을 자료로 확인할 때에는 경제개발 초기 자본, 저축률, 기술발전 결정요인과 정책의 국가별 차이가 배출량에 미치는 영향을 모두 반영할 필요가 있다.

---

9) 환경－솔로우 모형은 비교적 단순한 형태를 가지고 있지만 소득과 배출량의 동태적 변화 모습이 이처럼 매우 다양하고 복잡할 수 있음을 보여준다. 주요 변수들의 동태적 특성에 대해서는 브록과 테일러(2010)가 더 자세히 설명한다. 본 장 연습문제도 참고하라.

앞에서 설명한 바와 같이 어느 정도 이상의 경제발전을 이룩한 선진국의 경우 1인당 소득의 증대와 함께 환경질 역시 개선되어 대체로 지속가능한 발전의 경로를 밟고 있다고 할 수 있다. 그러나 많은 수의 저개발국은 낮은 소득수준과 악화되는 환경질을 동시에 경험하고 있으며, 현재의 저개발국이 시간이 지나면서 현재의 선진국과 같은 발전 성과를 거두게 된다는 보장은 없다. 따라서 지속가능한 발전을 이룩할 수 있느냐의 여부는 특히 저개발국에게 있어 중요한 문제이다. 또한 저개발국 혹은 개발도상국은 선진국과는 다른 사회·경제적 상황에 놓여 있기 때문에 선진국 경제를 대상으로 고안된 환경정책이 반드시 이들 국가에서도 유용한 정책이라 볼 수는 없다. 이런 이유로 인해 개발도상국의 환경관리에 있어 특별히 유의하여야 할 점을 살펴볼 필요가 있다.

1. 개발도상국 환경정책의 비용-편익분석

비용－편익분석은 환경정책을 선택하고 실행하는 데 있어 반드시 거쳐야 할 절차이다. 개발도상국은 경제구조 자체가 천연자원에 많이 의존하고, 대기질이나 수질 악화로 인해 발생하는 노동력 손실 역시 중요한 문제이므로 오염피해나 환경질 개선 편익을 정확히 분석하는 것은 중요하다. 또한 비교적 빈약한 재정 규모를 가진 개발도상국이 보다 효율적인 환경정책을 실행하기 위해서는 여러 환경정책에 소요되는 비용을 정확히 평가하는 것도 필요하다.

개발도상국의 환경정책 편익을 분석하는 데 있어 한 가지 유의할 점은 기존의 편익분석방법을 적용하면 지나치게 낮은 편익을 추정할 가능성이 있다는 것이다. 제4부가 제시한 환경정책의 편익분석기법들은 주로 환경질 개선에 대해 소비자들이 가진 지불의사를 추정하는 방법들이다. 환경재에 대한 지불의사는 다시 소비자들의 소득수준에 의해 영향을 받는다. 저개발국의 경우 절대적인 소득수준 자체가 낮고, 소득분배 역시 상대적으로 더 왜곡되어 있기 때문에 환경재에 대한 평균 지불의사는 선진국에 비해 낮게 나타날 것이다. 그러나 개발도상국에 있어 천연자원이나 환경질은 소비자 편익뿐 아니라 생산성에도 영향을 미치는 등 매우 광범위한 파급효과를 가지고 있으며, 또한 장기적인 경제발전에도 절대적인 영향을 미칠 수 있다. 따라서 이러한 파급효과와 장기적인 영향을 모두 고려하는 편익분석이 이루어져야 한다.

개발도상국을 대상으로 한 비용–편익분석을 시행함에 있어 미래의 편익이나 비용을 할인하는 절차에도 주의를 기울여야 한다. 절대적인 소득이 낮은 경제에 있어서는 단기적인 생존자체가 힘들기 때문에 경제주체들이 미래보다는 현재의 소득을 더 중요시하는 경향이 있다. 즉 개발도상국 국민은 선진국에 비해 더 높은 할인율을 가지는 경향이 있다. 이 경우 개발도상국 국민의 시간에 대한 선호도를 반영하여 선진국보다 더 높은 할인율을 적용할 것인지 아니면 환경보존이 미래의 발전에 미치는 영향을 감안하여 보다 낮은 할인율을 선택할 것인지를 결정하여야 한다.10)

2. 기존 경제정책의 반환경적 요소 제거

개발도상국 정부는 자국의 경제성장을 위해 여러 정책을 사용하고 있다. 이러한 성장정책 가운데 상당수가 자연환경에 미치는 영향에 대한 고려 없이 시행되고 있어 자원남용과 환경오염을 유발한다. 예를 들어 전통적인 농업으로부터 근대적인 농업으로 전환하기 위해 개발도상국은 원시림 개간을 장려하고, 화학비료나 농약에 보조금을 지급하는 정책 등을 사용하고 있다. 이러한 정책들은 사회적으로 바람직한 수준 이상의 원시림 개간과 농업용 화학재 사용을 유발하고, 따라서 자원남용과 환경오염을 초래할 수 있다.

경제성장을 자극하기 위한 정책을 많이 도입하는 개발도상국이 합리적인 자연환경 이용과 지속가능한 발전을 추구하기 위해서는 자연환경을 관리하기 위한 별도의 정책을 도입하여야 할 뿐 아니라 일반 경제정책 역시 자연환경에 미치는 영향을 검토하여 선택하여야 한다.

3. 개방자원 문제의 해결

제4장에서는 자원 소유권이 집단에게 부여되거나 아예 설정되지 않으면 시장의 실패가 발생한다는 것을 보았다. 이러한 공유자원이나 개방자원에 대한 의존도는 전근대적인 자원의존형 생산이 국민경제에서 차지하는 비중이 높은 저개발국일수록 높다. 따라서 개발도상국에서는 이들 공유자원이나 개방자원에 대한 관리가 특히 중요하다. 필드(Field

---

10) 장기간의 환경변화와 경제발전을 고려함에 있어 어떤 할인율을 선택해야 하는지는 제22장에서 기후변화문제를 검토하며 다시 논의하기로 한다.

1997, pp. 414~416)는 자원에 대한 소유권이 불완전하게 설정됨으로 인해 저개발국에서 흔히 발생하는 자원남용과 생산성 하락의 악순환을 다음과 같은 예를 들어 설명하고 있다.

단계 1: 인구성장으로 인해 땔감용 벌목이 늘어나서 나무의 자연적 성장률보다 높은 속도로 벌목이 증가함.
단계 2: 나무가 부족해지면서 잡초나 동물 배설물을 땔감으로 사용하며, 그로 인해 토양 비옥도가 떨어짐.
단계 3: 대부분의 나무가 벌목되고, 잡초나 동물 배설물마저 수거되어 판매·이용되면서 작물의 생산성이 급격히 하락함.
단계 4: 나무 및 잡초 등이 사라지면서 표토의 유실이 급격히 발생함.
단계 5: 농지가 더 이상 경작될 수 없을 정도로 척박해지고, 농민들은 농지를 버리고 도시로 이주하며, 그로 인해 도시인구가 폭증함.

이상과 같은 자원남용과 농촌 황폐화가 발생하는 이유는 삼림이나 잡초 등이 개방자원의 성격을 지녀 그 소유권이 배타적으로 형성되어 있지 않기 때문이다. 만약 이 자원들이 개방자원이 아니라 적절히 사유화된 자원이라면 다음과 같은 일이 발생할 것이다.

단계 1: 인구 증가로 땔감 수요가 늘어나고, 그로 인해 땔감의 시장가격이 상승함.
단계 2: 농민들은 땔감 가격이 상승함으로 인해 임업의 수익성이 높아졌다는 것을 인식하게 되고, 따라서 나무를 추가로 심고 관리도 강화함.
단계 3: 그 결과 상당한 면적의 임야가 새로 형성되고, 식목량과 벌목량이 목재의 시장 상황을 반영하여 합리적으로 결정됨.

상당수 저개발국에서는 천연자원의 공유자원화가 정착되어 있어 인구 증가에 대한 위의 두 가지 반응 가운데서도 시장의 실패를 초래하는 첫 번째 반응이 나타난다. 제4장은 개방자원이나 공유자원의 문제를 해결하기 위해서는 정부가 자원에 대한 소유권을 설정하여 주거나, 아니면 자원을 소유한 집단 내부에서 적절한 관리수단이 형성되어야 한다는 것을 보였다. 저개발국의 개방자원 문제를 해결하기 위해서는 이러한 수단들이 사회·경제적 실정에 맞게 적절히 선택되어 사용되어야 할 것이다.

공유자원의 약탈적 이용: 가나의 예

개발도상국에서의 천연자원의 약탈적 이용이 실제로 어느 정도로 심각한지를 엄밀하게 분석한 사례로 로페즈(Lopez, 1997)가 아프리카 가나 12개 마을의 영농형태를 분석한 것이 있다. 이 지역에서는 전통적으로 이동식 경작(shifting cultivation)이 행해졌다. 즉 주민들은 키가 크지 않은 나무나 풀로 덮인 지역을 개간하여 1~2년간 경작한 후, 다른 지역으로 이동하여 다시 경작한다. 경작이 끝난 지역은 자연적인 숲으로 전환되며, 숲으로 유지되는 4~10년 동안 많은 생물자원(biomass)이 형성되고, 이 생물자원은 이 숲이 다시 농경지로 전환될 때 유용한 천연비료의 역할을 한다.

이동식 경작에 있어 농지의 생산성을 유지하면서 농작물을 얻기 위해서는, 즉 지속가능한 경작을 하기 위해서는 경지로 사용되었던 토지를 충분한 양의 생물자원이 다시 생성될 때까지 자연림으로 유지하여야 한다. 로페즈는 1988~1989년에 걸친 인공위성 사진판독을 통해 각 마을 토지의 생물자원량을 조사하고, 각 마을이 농업생산을 위해 투입하는 투입요소와 농작물 생산량에 관한 자료를 현지 방문을 통해 얻었다.

위와 같은 자료를 이용해 가나 12개 마을의 농업생산함수를 추정한 결과 각 마을 토지의 생물자원량이 농업생산량에 통계적으로 의미 있는 정도로 영향을 미치며, 생물자원의 양이 많을수록 농업생산성이 높다는 사실이 밝혀졌다. 이어 로페즈는 추정된 생산함수 등을 이용해 각 마을의 순편익을 극대화하기 위해서는 마을의 토지 가운데 어느 정도가 경지로 개간되고 어느 정도는 숲으로 유지되어야 하는지를 계산하였고, 그 결과를 각 마을의 실제 경작형태와 비교하였다. 이 지역 숲은 공유자원의 형태를 띠고 있는데, 로페즈의 분석결과 적정 수준에 비해 45% 정도의 토지가 더 많이 개간되고 있으며, 그로 인해 농업소득이 적정 수준보다 더 낮은 수준에 머무르는 것으로 나타났다.

4. 인구통제

현대사회에서 인구는 더 이상 외부조건에 의해 주어지는 것이 아니라 경제구성원의 선택에 의해 결정되는 내생변수이다. 즉 각 사회는 자연적 조건이나 사회·경제적 조건을 감안하여 사회 구성원 수를 자율적으로 선택한다.

전 세계적 인구변동에 있어 나타나는 뚜렷한 특징 가운데 하나는 저개발국일수록 출생률과 인구성장률이 높다는 점이다. 〈표 20-1〉은 몇몇 국가에 있어 2005~2010년 사이의 연평균 인구성장률을 보여주고 있다. 연평균 3.0% 이상의 인구성장을 보여주는 국가들은 모두 저개발국이며, 선진국인 유럽국들은 거의 0% 혹은 마이너스의 인구성장률을 보여주고 있다.

높은 출생률과 인구성장률이야말로 저개발국에서 빈곤의 악순환과 자연 황폐화를 초래하는 주요인 가운데 하나이다. 인구 증가가 경제발전에 도움이 되느냐 아니면 1인당 소득을 떨어뜨리느냐 하는 것은 새로 태어나는 인구 1인당 생산성이 기존 인구의 1인당 생산성보다 높으냐 아니면 낮으냐에 의해 결정된다. 인구성장률이 높은 나라일수록 유년층이 인구 가운데 차지하는 비중이 크다. 인구 가운데 너무 어려 일을 할 수 없는 계층이 차지하는 비중이 커질수록 1인당 생산성은 낮을 수밖에 없으며, 따라서 출생률이 높아 유년층 비중이 큰 저개발국일수록 1인당 생산성이 낮고 경제발전이 저해된다.[11]

높은 출생률은 또한 여성의 노동 참여기회를 박탈한다. 출생률이 높을수록 여성들은 자녀 양육을 위해 더 많은 시간을 소비하여야 하고, 따라서 산업활동에 종사하는 것이 제한될 수밖에 없다. 여성의 노동 참여기회를 제한하는 높은 출생률은 사회 전체의 노동생산성을 떨어뜨리는 또 다른 요인이 된다.

높은 출생률은 저축 기회를 박탈하여 경제성장에 필요한 자원축적을 방해한다. 많은 자녀를 가질수록 부모들은 자녀 양육을 위해 많은 비용을 지불하여야 하고, 따라서 저축의 기회를 상실하게 된다. 낮은 저축률은 낮은 투자율로 연결되고, 그로 인해 생산성 향상 기회가 줄어든다.

높은 출생률은 소득분배구조 악화와도 관련되어 있다. 출생률이 높은 사회에서는 대

표 20-1 연평균 인구성장률: 2005~2010년

연평균 인구성장률(%)	국가
3.0% 이상	라이베리아, 아프가니스탄, 동티모르, 말리 등
0.5% 이하	스웨덴, 영국, 한국 등
마이너스	일본, 독일, 폴란드 등

자료: UN, *World Population*.

---

11) 물론 출생률이 낮은 선진국의 경우 반대로 너무 나이가 많아 일을 할 수 없는 노년층의 비율이 높다. 그러나 노년층이 너무 많아 발생하는 생산성 하락보다는 유년층 비율이 높기 때문에 발생하는 생산성 하락이 더 큰 것으로 알려져 있다(Tietenberg 1996, pp. 96~97).

부분의 부가 소수의 상류계층에 집중되어 있다. 빈곤계층일수록 출생률이 높고, 빈곤계층의 자녀들은 높은 수준의 교육을 받을 기회가 제한되므로 이런 사회에서는 시간이 지날수록 빈곤계층의 비중이 더욱 커지고 소득분배가 악화된다. 악화된 소득분배구조는 다시 낮은 경제성장률로 연결되고, 따라서 빈곤의 악순환이 나타난다.

높은 출생률과 인구증가율은 이상과 같이 경제발전을 저해할 뿐 아니라 자원남용과 환경훼손을 유발한다. 자연생태계가 수용할 수 있는 인구는 제한되어 있음에도 불구하고 인구가 폭증할 경우 생태계 파괴와 자연의 약탈적 이용이 발생할 수밖에 없다. 또한 인구 증가는 도시화로 연결되며, 도시 빈민계층의 증대는 각종 환경문제를 유발한다.

개발도상국에서의 높은 인구성장률이 위와 같은 문제를 유발한다면, 인구 규모는 어떻게 통제할 수 있는가? 앞에서 밝힌 바대로 현대 경제에서 인구는 자연 및 사회 · 경제적 조건을 반영하여 내생적으로 결정된다. 따라서 인구를 통제하기 위해서는 부모들이 무엇을 어떻게 고려하여 자녀 수를 결정하는지를 파악하여야 한다.

부모가 자녀 수를 결정하는 과정을 설명하는 경제이론에는 크게 두 가지가 있다. 첫 번째 이론은 소위 시카고학파 경제학의 거인이었던 베커(G. Becker) 교수와 그 동료들이 개발한 이론으로, 부모가 자녀를 갖는 동기를 부모의 이타심에서 찾는다(베커 외(Becker et al.), 1990). 이 이론에 따르면 부모의 만족도는 부모 자신의 소비수준과 자녀의 수, 그리고 각 자녀가 장성하여 얻는 후생 수준에 의해 결정된다. 부모는 자신의 소득 가운데 어느 정도를 자신을 위한 소비와 자녀 양육비로 나누어 지출할지를 결정하며, 이 과정에서 자녀의 수도 결정된다.

인구의 내생적 변동을 설명하는 두 번째 이론은 네허(Neher, 1971) 등에 의해 개발된 **노후보장가설(old-age security hypothesis)**이다. 이 이론은 자본시장이나 연금제도가 불완전하고 전근대적 생산 체제를 유지하고 있는 저개발국의 인구변동을 분석하는 데 특히 유용하며, 베커의 모형과 달리 부모는 자신의 이기심 때문에 자녀를 가진다고 설명한다. 이 이론은 사람은 유소년기, 청장년기, 노년기의 세 단계를 살아가며, 이 3대가 모여 한 가족을 이룬다고 가정한다. 3대 가운데 노동 계층은 청장년층이며, 자녀의 수를 결정하는 것도 청장년층이다. 청장년층은 자신들의 노동소득을 이용하여 유소년과 노인들을 부양한다. 청장년이 유소년의 수를 늘리면 자신들이 소비할 수 있는 소득이 줄어들지만 대신 자녀의 수가 늘어나기 때문에 자신들이 노년 세대가 되었을 때 더 많은 부양을 받을 수 있다. 청장년층은 자신들을 위해 현재에 소비할 수 있는 소득과 자녀에 투자하여 미래에 얻을 수 있는 소득 사이의 관계를 인식하여 최적의 자녀 수를 결정한다.

위에서 소개된 출생률을 결정하는 두 이론 모두 자녀를 한 명 더 둠으로 인해 얻는 한계편익과 자녀 양육을 위해 지불해야 하는 한계비용이 일치하는 수준에서 출생률이 결정된다고 설명한다. 두 이론은 출생률의 한계편익과 한계비용이 구체적으로 어떻게 구성되는지에 대해서만 서로 다른 견해를 보이고 있을 뿐이다. 따라서 인구통제는 자녀에 대한 수요곡선이라 할 수 있는 한계편익곡선과 자녀 양육의 한계비용곡선을 이동시킴으로써 이루어질 수 있다. 그렇다면 자녀에 대한 수요곡선과 한계비용곡선은 어떤 요인에 의해 이동되는가? 수요곡선을 이동시키는 요인으로 다음을 들 수 있다.

① 농경사회에서 산업사회로의 전환은 자녀수요를 줄인다. 노후보장가설에 의하면 자녀를 가지는 것은 일종의 투자행위이다. 농경사회에서는 가족 단위 농업을 유지하기 위해 많은 자녀를 필요로 하지만 산업화가 될수록 교육받지 못한 다수의 자녀를 가지는 것보다는 소수라도 전문적인 교육을 받아 고소득을 얻는 자녀를 가지는 것이 노후 보장 차원에서도 더 유리하다.

② 노후보장가설은 별다른 노후 보장제도가 없는 저개발국의 부모들이 자신의 노후를 보장하는 수단으로서 자녀에 대해 투자한다고 본다. 따라서 자본시장 효율성이 증대되고 연금 등의 노후 보장제도가 확립되면 그로 인해 자녀에 대한 수요가 줄어들 것이다.

③ 의료사업에 대한 지원을 통해 영아사망률을 낮추는 것은 출생률뿐만 아니라 인구 성장률 자체도 낮추게 된다. 영아사망률은 저개발국일수록 높다. 부모의 효용은 출생하는 자녀 수 자체보다는 성공적으로 어른으로 성장하는 자녀 수에 의해 결정된다. 따라서 영아사망률이 높은 나라의 부모는 자녀가 장성하기도 전에 사망할 확률을 고려하여 높은 출생률을 선택하는 경향이 있다. 영아사망률과 출생률과의 관계를 분석한 사(Sah, 1991)나 널러브와 라웃(Nerlove and Raut, 1997)의 이론적 연구는 영아사망률이 한 단위 높아지면 그로 인해 출생률은 한 단위 이상이 늘어날 수 있다는 사실을 보여주고 있으며, 이는 경험적으로도 입증되고 있다.

④ 소득분배구조를 개선하는 것 역시 자녀수요를 줄인다. 전반적으로 소득이 증가하면 부모는 많은 수의 자녀를 두기보다는 적은 수의 자녀를 두되 자녀 1인당 교육비 지출액을 늘리려 한다. 소득분배가 불균등한 국가에서는 전 국민의 평균 소득은 다른 국가와 비슷하다고 해도 대부분의 인구가 매우 적은 소득만을 얻는다. 이들 저소득층은 다시 많은 수의 자녀를 선택하고, 이 계층에 있어 부모의 빈곤은

다시 자녀에게 세습된다. 소득분배가 불균등한 국가에서는 이러한 절차가 반복되어 나타나기 때문에 높은 인구성장과 낮은 소득증대, 소득분배구조의 악화가 반복하여 나타나게 된다.

한편 자녀를 가지면서 부담해야 하는 한계비용은 다음과 같은 요인에 의해 영향을 받는다.

① 자녀 양육비 가운데 가장 큰 비중을 차지하는 것은 어머니가 지출하는 양육 시간의 기회비용이다. 따라서 여성의 교육 및 취업기회를 확대할 경우 자녀 양육 기회비용이 상승하게 되고, 인구증가율이 낮아지게 된다.
② 산업화와 도시화가 진행되면 한 가족이 거주할 수 있는 공간이 줄어들고, 이것이 자녀의 한계비용을 상승시키게 된다.
③ 정부가 의무교육 연한을 늘리게 되면 의무교육을 받는 동안에는 자녀를 노동수단으로 사용할 수 없으며, 또한 의무교육을 받도록 교육비를 지출하여야 한다. 이 경우 자녀의 기회비용이 상승하게 된다.

개발도상국의 인구 급증으로 인한 빈곤의 악순환과 환경파괴를 막고 적정 수준의 인구를 유지하기 위해서는 인구수에 영향을 주는 이상의 사회·경제적 환경들을 적절히 조절하여 자녀에 대한 수요는 줄이고 자녀를 가지는 비용은 늘려주는 정책을 사용하여야 한다.

노후보장가설의 실증분석

노후보장가설은 1) 자녀를 가지는 것 이상의 노후보장수단이 존재하지 않고, 2) 적은 수의 자녀를 가지는 대신 많은 양의 1인당 물적, 인적 자원을 물려주는 것이 노후 보장에 효과적이지 않을 때 유효한 인구변동 가설이다. 이 가설의 현실 타당성을 검증하려면, 연금과 같은 사회보장제도 도입 전후의 출생률 변화를 확인하면 되지만 그러한 분석이 가능한 사례를 찾기가 쉽지 않다.

로시와 고다드(Rossi and Godard, 2022)는 아프리카 나미비마(Namibia)의 연금 개혁과 출생률 관계를 분석하였다. 나미비아는 1990년 이전까지 남아프리카 공화국의 식민지였고, 따라서 인종차별정책으로 인해 연금제도 역시 백인만을 대상으로 하거나 인종 간 차별적으로 실시되었었다. 1990년 독립이 되면서 연금 개혁이 이루어지는데, 특히 1996년부터 모든 국민이 실질적으로 동일한 연금 혜택을 받게 되었다.

이들의 분석에 의하면 개혁 이전에는 백인이 아닌 여성이 갖는 자녀 수, 즉 총출생률이 연금 혜택 정도에 따라 평균 5 혹은 6이었지만 개혁 약 10년 후에는 모두 4까지 하락하는 변화를 보였다. 따라서 나미비아의 경험은 이 가설을 지지하는 하나의 사례가 되었다.

5. 비공식적 수단을 사용한 오염규제

제4장은 공유자원의 합리적 관리를 위해서는 사유화와 같은 공식적 수단뿐 아니라 기타 다양한 비공식적 수단을 사용할 수 있음을 설명하였다. 마찬가지로 환경오염을 규제하는 데 있어서도 여러 비공식적인 수단을 사용할 수 있다.

제4장에서는 특정 조건이 충족될 경우 기업이 자발적으로 ESG 경영을 하고, 그 결과 환경개선이 이루어지는 경우를 설명하였다. 따라서 정부가 기업의 ESG 활동 성과 정보를 적절히 공개하는 것은 효과적인 환경개선 정책이 될 수 있다. 또한 개발도상국에서는 오염원이 위치한 지역사회의 압력(community pressure)이나 동료집단의 압력(peer pressure) 역시 간접적인 환경개선 수단이 될 수 있다.

6. 경제적 유인제도와 직접규제

제3부는 오염원 행위에 대한 감시·감독이 지나치게 힘들지 않은 경우라면 배출부과금제나 배출권거래제와 같은 경제적 유인을 사용하는 제도가 직접규제에 비해 더 효율적이며, 또한 기술혁신을 자극하는 면에서도 우월함을 보였다. 그렇다면 경제적 유인제도는 개발도상국에 있어서도 여전히 직접규제에 비해 더 우월한 정책이라 할 수 있는가?

개발도상국일수록 경제정책을 위해 사용할 수 있는 재원이 한정되어 있으므로 보다 효율적인 정책을 사용할 필요가 있고, 따라서 경제적 유인제도가 강조될 필요가 있다. 그러나 반대로 개발도상국 환경정책에 대해서도 비용효과성을 강조하는 것은 비현실적이라는 시각 또한 있다. 비용효과성을 달성할 수 있는 경제적 유인제도를 사용하기 위해서는 고도의 행정 경험과 지식이 필요하며, 관료제도의 효율성도 갖추어야 하지만, 개발도상국은 그렇지 못할 수 있다. 따라서 경제적 유인제도의 장점에 집착하기보다는 환경오염의 심각성을 오염원에게 깨우쳐 줄 수 있고 비교적 실행하기도 쉬운 기술기준과 같은 직접규제를 사용하는 것이 더 현실적일 수도 있다.

7. 선진국의 역할

생물종 감소나 열대우림 파괴와 같이 개발도상국에서 발생하는 상당수 환경파괴의 효과는 개발도상국 내에만 머무르지 않고 전 세계에 영향을 미친다. 또한 개발도상국들이 이러한 종류의 환경문제를 해결하고자 하여도 스스로의 힘만으로는 한계에 부딪힐 수 있다. 이런 이유로 인해 개발도상국의 환경문제를 해결하는 데 있어 선진국의 역할이 중요하다.

선진국은 기술이전(technology transfer)을 통해 개발도상국의 환경문제 해결에 기여할 수 있다. 기술이전은 선진국이 자국의 지식과 기술을 개발도상국의 지속가능한 발전을 위해 이전하는 행위를 의미한다. 예를 들어 오존층 파괴를 줄이기 위해서는 오존층을 파괴하는 물질을 대체하는 물질을 개발하여 사용해야 한다. 그러나 대체물질을 개발할 수 있는 기술은 선진국들만 가지고 있으므로, 전 지구적 차원의 오존층 보호를 위해서는 선진국은 대체물질을 개발한 뒤 그 기술을 개발도상국에도 이전할 필요성이 있다. 실제로 오존층 문제를 해결하기 위한 국제협약인 몬트리올의정서(Montreal Protocol)의 1990년 수정안은 선진국이 개발한 대체물질을 개발도상국이 적절한 가격에 이용할 수 있도록 할 것을 의무화하고 있다. 온실가스 감축을 위한 국제협의에서도 선진국이 개발도상국의 감축을 기술적, 재정적으로 돕는 것은 핵심의제 중 하나이다.

선진국이 개발도상국 환경문제 해결에 기여하고 있는 또 다른 방식은 개발도상국의 부채와 자연을 교환(debt-for-nature swap)하는 것이다. 대부분의 개발도상국은 경제개발을 위해 국제기구나 선진국으로부터 부채를 얻어 사용하고 있다. 남미나 동남아시아에서 많은 열대우림을 가지고 있는 국가 중 일부는 대외 부채를 상환하기 위해서라도 개발을 서두를 필요가 있고, 이 과정에서 열대림 파괴가 급속히 진행될 수 있다. 부채와 자연의 교환이란 주로 선진국의 환경보호단체들이 기금을 모아 개발도상국 부채 가운데 일부분을 상환하는 대신 개발도상국이 자국의 자연보호를 위해 어떤 구체적인 조치를 취할 것을 요구하는 것을 의미한다. 그 효과가 대단히 클 수는 없으나 환경적으로 민감한 지역의 보호 등에는 이도 유용한 방식이 될 수 있다.

마지막으로 선진국들은 자신들이 참여하는 국제기구의 활동이 개발도상국의 자연환경을 훼손하지 않는 방향으로 전개되도록 해야 한다. 세계은행(World Bank)이나 국제통화기금(IMF), 국제연합(UN) 등과 같은 국제기구들은 저개발국의 경제발전계획에 깊숙이 개입되어 있다. 과거에 이들 국제기구가 원조나 차관을 통해 지원한 개발도상국의 댐 건설, 개간, 전력 생산 등의 사업은 환경적 요인을 무시한 채 진행되어 자연을 훼손한 경우가 종종 있었다. 이러한 문제를 해결하기 위해 국제기구들은 현재 대부분 환경관련 부처를 설립하여 운용하고 있으며, 자신들의 개발도상국 지원사업이 환경에 미치는 영향을 평가하는 절차를 밟고 있다.

| section 04 | 녹색 국민소득계정 |

우리는 환경 문헌을 통해 '녹색 GNP'(Green GNP) 혹은 '녹색계정'(Green Accounting)과 같은 용어를 접할 때가 있다. 이 용어들은 모두 경제활동이 자연환경에 미치는 영향을 감안하여 국가의 부나 경제활동 정도를 평가하기 위해 고안된 개념들이다. 제4절은 녹색 국민소득계정(Green National Income Accounting) 개념이 등장한 배경과 이론적 근거, 그리고 이를 현실 경제에 적용하려는 지금까지의 노력을 소개한다.12)

1. 국민소득계정

한 국가 경제활동의 성과를 평가하고 국가 전체 부를 나타내는 지표는 자료를 이용해 쉽게 계산할 수 있어야 할 뿐 아니라, 전 국민의 후생 변화를 제대로 반영할 수 있어야 한다. 다시 말해 이 지표가 시간이 지나면서 증가하는 것으로 관측된다면 국민 전체 후생이 증가하고 있다고 말할 수 있어야 하고, 또한 A 국가의 지표가 동일한 방법으로 계산된 B 국가의 지표보다 더 크다면 A 국가의 후생이 B 국가에 비해 더 높다고 말할 수 있어야 한다.

이상의 목적을 위해 고안된 지표 가운데 가장 많이 사용되는 것이 국민총생산(gross national product, GNP)이다. 국민총생산은 일정 기간 내국인에 의해 생산된 최종생산물의 시장가치를 평가한 것이다. 또한 GNP는 그 나라의 국민과 내국인 소유의 자원에 의하

---

12) 녹색 국민소득계정의 이론적 기초에 관한 보다 자세한 설명은 2013년에 발간된 본서의 제3판 제20장의 부록에 수록되어 있다.

그림 20-6 GNP와 후생변화

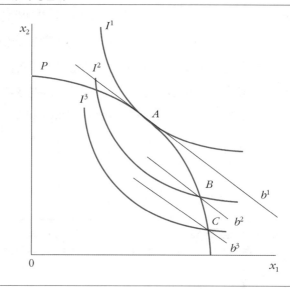

여 생산된 재화 및 서비스의 가치만을 포함하며,13) 기업 간에 거래되는 중간투입물 혹은 중간생산물을 제외하고 개인이나 기업에 의해 최종적으로 구매된 생산물의 가치만을 포함한다.

〈그림 20-6〉에서 x_1과 x_2는 어떤 국가가 생산하고 소비하는 두 최종소비재를 나타낸다. 이 국가는 이 두 재화만을 생산·소비한다고 가정하자. 그림에서 곡선 P는 이 국가가 부존자원을 모두 이용해 생산할 수 있는 두 재화의 생산가능경계를 나타낸다. 또한 곡선 I^1, I^2, I^3는 이 두 재화에 대한 선호를 나타내는 국가 전체의 무차별곡선들이다. 그림에서 이 국가 전체의 후생을 극대화하는 생산 및 소비점은 생산가능경계와 무차별곡선이 서로 접하는 점 A이다. 점 A에서의 두 재화의 생산량을 (x_1^A, x_2^A)라 하자. 두 곡선의 접선을 직선 b^1과 같이 나타내면, 이 직선이 나타내는 국민총생산은 $GNP^A = p_1 x_1^A + p_2 x_2^A$이고, 여기서 p_1과 p_2는 국가 전체의 후생이 극대가 되는 점 A에서의 두 재화의 상대적 가치를 나타낸다. 즉 p_1과 p_2는 각각 후생이 극대화되는 점에서의 x_1과 x_2의 잠재가격이다. 이렇게 정의되는 각 재화의 잠재가격을 이용하여 모든 생산가능점 (x_1, x_2)에서의 GNP를 $p_1 x_1 + p_2 x_2$로 계산할 수 있다.

---

13) GNP와는 달리 내·외국인을 불문하고 한 국가 국경 내에서 생산된 모든 생산물의 가치를 평가한 것은 국내총생산(gross domestic product, GDP)이라 부른다. 아울러 특정 국가의 국민이 국내외를 불문하고 벌어들인 소득의 합은 국민총소득(gross national income, GNI)이라 부른다.

이상과 같이 계산된 GNP가 후생 변화를 제대로 반영할 수 있는지를 살펴보자. 현재 한 국가가 어떤 이유로 인해 점 C에 머무르고 있다고 가정하자. 만약 이 국가가 또 다른 점 B로 이동한다면 이 국가의 무차별곡선은 I^3에서 I^2로 상향 이동하므로 후생이 증대된다. 한편 동일한 가격지수 p_1과 p_2를 사용하여 점 C와 점 B에서 계산된 GNP는 각각 직선 b^3와 b^2에 해당되고, 따라서 점 C에서 점 B로 이동하면 GNP 역시 증대된다. 이러한 현상은 생산가능경계상의 모든 점에 있어 발생한다. 즉 최적점에서의 생산물의 잠재가격을 가격지수로 사용하여 계산되는 GNP는 국민경제가 최적점에 가까워질수록 증가하며, 또한 후생 수준이 증대될수록 증가한다.[14] 만약 현재 시장에서 형성되는 x_1과 x_2의 가격이 최적점에서의 잠재가격과 가깝다면, 시장가격을 이용하여 GNP를 쉽게 계산할 수 있고, 계산된 GNP를 후생변화의 척도로 삼을 수 있다.

경제 내에 N개의 상품이 있다면 GNP는 $GNP = \sum_{i=1}^{N} p_i x_i$와 같이 계산되고, 이는 모든 최종생산물에 대한 지출액의 합계이다. 모든 최종생산물에 대한 지출액은 다시 다음과 같이 소비지출액, 투자지출액, 정부지출액으로 나눌 수 있다.

GNP = 소비지출액 + 투자지출액 + 정부지출액

여기서 투자지출액은 기계, 건물, 기업 재고와 같은 자본재에 대한 지출액으로서 총투자(gross investment)라 불리기도 한다.

한편 위와 같이 정의되는 GNP에서 자연적인 노후화, 사용으로 인한 소모, 새로운 기계의 발명에 따른 기술적 소모 등으로 인해 발생하는 자본재의 감가상각액을 다음과 같이 빼준 것[15]을 국민순생산(net national product, NNP)이라 부른다.

NNP = GNP − 감가상각액 = 소비지출액 + 자본재에 대한 순투자액 + 정부지출액

GNP가 생산된 모든 생산물에 대한 지출액 자체임에 반해 NNP는 GNP에서 자본재의 감모분을 빼준 것이므로 GNP보다는 오히려 NNP가 보다 정확한 후생 변화를 측정한다고 볼 수 있다.[16]

---

14) 이러한 결론은 몇 가지 가정하에서만 성립된다. 우선 생산에 있어 기술적 비효율성이 없고 완전고용 상태라서 모든 생산은 생산가능경계에서 이루어진다. 또한 생산가능경계는 그림과 같이 원점에 대해 오목하여야 하고, 무차별곡선은 볼록하여야 한다.

15) 총투자에서 감가상각액을 빼준 것을 순투자(net investment)라 부른다.

16) NNP가 몇 가지 가정하에서 특정 국가의 후생 변화를 나타내는 정확한 지표가 된다는 사실은 봐이츠

2. 녹색 국민소득계정: 이론적 문제

현재 각국이 집계하고 있는 GNP나 NNP가 경제활동 때문에 발생하는 환경오염이나 천연자원 감소를 제대로 반영하지 못하기 때문에 국민 전체 후생의 척도로 사용될 수 없다는 주장은 비교적 오래전부터 제기되었다. 이러한 주장은 기존의 국민소득계정을 크게 두 가지 이유를 들어 비판한다.

첫 번째 문제점으로 지적되는 것은 기존 방법이 환경오염 피해를 줄이기 위해 지출하는 비용을 국민소득에 포함하기 때문에 국가 전체의 후생을 과대평가할 가능성이 있다는 것이다. 유조선 좌초와 같은 환경사고가 발생할 경우 정부와 민간이 피해를 줄이기 위해 여러 조치를 취하며, 그로 인해 비용이 발생한다. 기존의 GNP 계산에서는 오염피해를 줄이기 위해 민간이나 정부가 지출하는 비용 역시 GNP 안에 포함된다. 따라서 환경오염으로 인해 국민 전체의 후생이 감소했음에도 불구하고 오히려 GNP는 늘어나는 문제가 발생한다.

위의 주장이 맞다면 후생 변화를 정확히 반영하기 위해서는 GNP 계산 시 오염회피 행위와 관련된 지출액을 포함하지 않아야 한다. 그러나 일견 자명해 보이는 이 주장은 오류를 포함하고 있다. GNP나 NNP를 사용하여 후생변화를 측정하고자 할 때 우리는 경제가 완전고용 상태에 있다고 가정한다. 즉 국민경제 내에 존재하는 모든 생산요소는 빠짐없이 생산활동을 위해 사용되고 있다. 국민은 시장에서 거래되는 시장재의 소비와 환경질로부터 효용을 얻는다. 만약 환경질이 악화되어 오염피해를 줄이기 위한 행위를 해야 한다면, 피해감소를 위해 지출하는 비용만큼을 일반 시장재 생산을 위해 사용할 수 없고, 따라서 일반 시장재의 생산량이 줄어들게 된다. 경제가 완전고용을 이루고 있다면 생산된 일반 소비재의 가치와 피해감소 지출액은 부존자원을 두고 이와 같은 교환관계(trade-off)를 이루기 때문에 피해감소 지출액 역시 GNP 계산에 포함되어야 한다.

기존의 NNP는 GNP에서 자본재의 감가상각액을 빼준 것이다. 이렇게 정의된 NNP가 후생 변화 척도로 사용되는 근거는 자본재는 생산과정에서 필요한 투입요소이므로 그 양이 시간이 지나면서 변하는 정도를 적절히 국민소득계정에 반영해야 한다는 데 있다. 그러나 국민은 자연환경의 질에 의해서도 효용을 얻으며, 또한 천연자원의 부존량 역시 경제의 생산력에 영향을 미친다. 따라서 보다 정확한 후생 지표는 기존의 NNP를 환경질 변화와

만(Weitzman, 1976)의 유명한 논문에 의해 밝혀진 바 있다. 또한 연구서 봐이츠만(2003)은 동태최적화 기법을 이용해 국가 후생 수준을 정의하는 방법을 보여주는 대단히 유용한 문헌이다.

천연자원의 변화를 고려하여 수정해 주어야 한다. 이것이 기존의 국민소득계정에 대한 두 번째 비판이다. 환경질과 천연자원 부존량의 변화를 고려한 NNP는 다음과 같다.

NNP = 소비지출액 + 정부지출액 + 자본재에 대한 순투자액
　　　− 환경질 악화로 인한 피해액 + 천연자원 변화량의 가치

　　녹색 국민소득계정에 관한 이론이 정의하는 위와 같은 NNP와 기존의 NNP의 차이는 마지막 두 항목 때문에 발생한다. 이렇게 수정된 NNP가 감소하지 않으면 시간이 지나면서 국가 전체의 후생 수준이 감소하지 않으므로 이는 지속가능한 발전의 척도가 될 수 있다.

　　한편 자연환경 측면을 고려한 NNP를 계산하고자 할 때는 환경질 악화로 인한 피해액과 천연자원 변화량의 가치를 계산하여야 하고, 이를 계산하기 위해서는 환경질 및 천연자원에 대한 수량은 물론 가격의 자료까지도 필요하다. 수량과 달리 환경질이나 천연자원의 가격자료를 얻기는 일반적으로 매우 어렵다. 이때의 가격은 앞서 설명한 대로 경제가 후생 극대화를 달성한다는 전제하에서 환경질이나 천연자원의 한 단위 변화가 유발하는 후생변화를 나타내는 잠재가격이어야 한다. 이러한 잠재가격은 제4부에서 설명된 환경재 가치평가방법들을 사용하여 구할 수 있을 것이다. 그러나 국민경제 내에 존재하는 다양한 종류의 환경질과 천연자원 모두에 대해 이러한 방법들을 사용하기는 어렵다. 이렇게 환경질과 천연자원의 잠재가격을 구하는 것이 힘들다는 점이 녹색 국민소득계정을 실제로 작성하는 데 있어 가장 큰 장애가 되고 있다. 환경재의 잠재가격을 도출하여 녹색 국민소득계정을 작성하기가 어려우므로 계정 작성을 실제로 시도하는 작업에서는 오염물질의 저감비용으로 환경재의 잠재가격을 대신하는 방법을 사용하기도 한다.

3. 세계은행의 ANNI와 ANS

　　국민계정을 포괄적인 환경문제까지 반영하여 완전한 형태로 수정하고자 하는 시도는 1970년대부터 행해졌지만 아직은 각국의 공식 통계로 작성되지는 않는다. 다만 지금까지 일본, 인도네시아, 중국 등 몇몇 국가를 대상으로 작성을 시도한 적이 있다. 국제연합(UN) 통계국(Statistical Division, 2003)에서도 환경경제통합계정(System of Integrated Environmental and Economic Accounting, SEEA)이라는 분석 틀을 만들어 기존의 국민소득계정에 천연자원량의 변화와 환경질 변화를 반영할 수 있도록 하고자 하였다.

또한 세계은행은 조정된 순국민소득(Adjusted Net National Income, ANNI)을 각국에 대해 발표하고 있다. UN 통계에서는 특정 국가의 국민이 국내외를 불문하고 벌어들인 소득의 합을 국민총소득(gross national income, GNI)이라 부르는데, ANNI는 여기에서 고정자본 소비와 천연자원 감소량을 빼준 것이다.

$$\text{ANNI} = \text{GNI} - \text{고정자본 소비} - \text{천연자원 감소량의 가치}$$

고정자본 소비는 생산과정에서 사용해 버린 고정자본을 의미한다. 천연자원 감소량은 광물과 에너지, 그리고 산림 스톡의 감소분을 의미한다. 따라서 ANNI는 환경오염의 영향 등까지 반영하는 완전한 형태의 조정 GNP는 아니지만 적어도 천연자원 스톡이 줄어드는 효과는 반영할 수 있다. ANNI 지표에서는 매년 채굴되는 자원의 가치를 [채굴량×(자원가격−채굴비용)]으로 집계한다.

세계은행이 발표하는 지표로서 더욱 포괄적인 것은 조정된 순저축(Adjusted Net Saving, ANS)이라 부르는 지표이다. ANS는 다음과 같이 계산된다.[17]

$$\text{ANS} = \text{GNS} - \text{CFC} + \text{EDU} - \text{NRD} - \text{GHG} - \text{POL}$$

단, GNS=총국민저축(Gross National Saving)=GNI−정부 및 민간 소비

CFC=고정자본 소비, EDU=공교육 지출액, NRD=천연자원 감소량 가치

GHG=화석연료 소비와 시멘트 공정의 CO_2 배출 피해(1톤= 30달러)

POL=대기오염노출 피해(미세먼지, 실내 공기오염, 오존오염 등)

EDU는 기존 국민소득 집계가 학교 건물과 같은 고정자본 형성에 기여한 교육 지출만 저축으로 간주하고 나머지 교육비 지출을 소비로 간주하여, 교육비 지출의 인간자본에 대한 기여도를 정확히 반영하지 못하는 문제를 해결하기 위해 포함된다. POL은 대기오염이 원인인 조기사망 때문에 생긴 노동력 손실액이다. ANS가 0보다 크면 천연자원, 교육, 환경을 감안하는 제1절에서 도입한 총자본량이 저축을 통해 늘어나기 때문에 이 국가의 후생이 높아진다고 할 수 있고, 반대로 0보다 작을 경우에는 후생 수준이 낮아진다고 할 수 있다.

---

17) 자세한 작성 과정은 세계은행(2023)에서 확인할 수 있다.

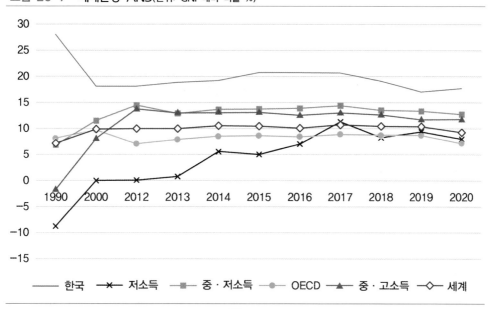

그림 20-7 세계은행 ANS(단위: GNI 대비 비율 %)

출처: 세계은행, World Development Indicators[18]

〈그림 20-7〉은 전 세계, 저소득국, 중·저소득국, 중·고소득국, OECD 국가, 한국의 1990년, 2000년과 2012~2020년의 ANS를 GNI 대비 비율로 보여준다. 한국은 천연자원 채굴량이 별로 없이 경제를 운용하고 비교적 높은 저축률과 교육비 지출을 가져 GNI 대비 ANS가 약 20% 정도로 매우 높다. GNI 자체가 크지는 않으나 경제가 활발히 성장하는 중진국(중·저소득국, 중·고소득국)도 GNI 대비 ANS가 11~13% 정도로 높은 수준을 보인다. GNI 자체가 높은 OECD 국가들은 GNI 대비 ANS가 약 8.3% 정도로 중진국보다는 낮으며, 세계 전체의 경우 평균 9.9% 정도이다.

문제는 역시 저소득국이다. 이들 국가는 GNI 자체가 가장 낮음에도 불구하고 GNI 대비 ANS가 평균적으로는 5% 미만이고, 심지어 음(−)인 경우도 있어 지속가능성 기준을 적용하면 부(−)의 성장이 발생하기도 한다. 저소득 국가별로 보면 천연자원에 대한 의존도가 절대적인 저개발국 중에는 상당히 많은 연도에서 ANS가 0보다 작아 국가의 후생 수준이 감소하는 경우가 다수 있다. 따라서 지구 전체의 지속가능 발전 여부는 이들 국가의 자원환경 관리에 달려있음을 알 수 있는데, 〈그림 20-7〉이 보여주듯이 최근 연도에 있어서는 이들 저소득국의 ANS도 비교적 안정적으로 0보다 큰 수치를 보여주는 진전이 있다.

18) https://databank.worldbank.org/source/adjusted−net−savings/ (2024년 9월 13일 방문).

01 <그림 20-5>에서 다음 두 경우에 시간이 지나면서 총배출량이 어떻게 변할지를 설명하라.

(가) $g_E < 0$이고 $k(0) < k(T)$

(나) $g_E < 0$이고 $k(0) > k(T)$

(다) $g_E > 0$

02 환경-솔로우 모형에서 총배출량이 정점을 이루는 시간 T를 도출하고, 어떤 요소들이 그 크기에 영향을 미치는지를 설명하라. 그리고 배출량 정점에서의 1인당 소득과 총배출량이 T에 의해 어떤 영향을 받는지도 설명해 보라.

참고문헌

- Acemoglu, D. (2009), *Introduction to Modern Economic Growth,* Princeton University Press.

- Andreoni, J. and A. Levinson (2001), "The Simple Analytics of the Environmental Kuznets Curve," *Journal of Public Economics* 80: 269－286.

- Barro, R. J., and X. Sala－i－Martin (2003), *Economic Growth*, 2nd ed., MIT Press.

- Becker, G. S., K. M. Murphy, and R. Tamura (1990), "Human Capital, Fertility, and Economic Growth," *Journal of Political Economy* 98: S12－S37.

- Brock, W. A. and M. S. Taylor (2010), "The Green Solow Model," *Journal of Economic Growth* 15: 127－153.

- Copeland, B. R. and M. S. Taylor (2003), *Trade and the Environment: Theory and Evidence*, Princeton University Press.

- Dasgupta, P. (1995), "Optimal Development and the Idea of Net National Product," in I. Goldin and L. A. Winters, eds., *The Economics of Sustainable Development*, Cambridge University Press for OECD Centre for Economic Policy Research.

- Field, B. C. (1997), *Environmental Economics: An Introduction*, 2nd ed., McGraw－Hill.

- Grossman, G. M (1995), "Pollution and Growth: What Do We Know?" in I. Goldin and L. A. Winters, eds., *The Economics of Sustainable Development*, Cambridge University Press for OECD Centre for Economic Policy Research.

- Grossman, G. M., and A. B. Krueger (1993), "Environmental Impacts of a North American Free Trade Agreement," in P. Garber, ed., *The US－Mexico Free Trade Agreement*, MIT Press.

- Harbaugh, W. T., A. Levinson, and D. M. Wilson (2002), "Re－examining Empirical Evidence for an Environmental Kuznets Curve," *Review of Economics and Statistics* 84: 541－551.

- Kuznets, S. (1955), "Economic Growth and Income Inequality," *American Economic Review* 45: 1－28.

- Lopez, R. (1997), "Environmental Externalities in Traditional Agriculture and the Impact of Trade Liberalization: The Case of Ghana," *Journal of Development Economics* 53: 17－39.

- Neher, P. (1971), "Peasant, Procreation, and Pensions," *American Economic Review* 61: 380－89.

- Nerlove, M., and L. K. Raut (1997), "Growth Models with Endogenous Population: A

General Framework," in M. R. Rosenzweig and O. Stark, eds., *Handbook of Population and Family Economics*, Elsevier.

- Rossi, P. and M. Godard (2022), "The Old−Age Security Motive for Fertility: Evidence from the Extension of Social Pensions in Namibia," *American Economic Journal: Economic Policy* 14: 488-518.

- Sah, R. K. (1991), "The Effects of Child Mortality Changes on Fertility Choice and Parental Welfare," *Journal of Political Economy* 99: 582−606.

- Solow, R. M. (1956), "A Contribution to the Theory of Economic Growth," *Quarterly Journal of Economics* 70: 65−94.

- Stokey, N. (1998), "Are There Limits to Growth?" *International Economic Review* 39: 1−31.

- Tietenberg, T. (1996), *Environmental and Natural Resource Economics*, 4th ed., Harper and Collins.

- United Nations Statistics Division (2003), *Handbook of National Accounting: Integrated Environmental and Economic Accounting*.

- Weitzman, M. L. (1976), "On the Welfare Significance of the National Product in a Dynamic Economy," *Quarterly Journal of Economics* 90: 156−162.

- Weitzman, M. L. (2003), *Income, Wealth, and the Maximum Principle*, Harvard University Press.

- World Bank (2023), *Estimating the World Bank's Adjusted Net Saving: Methods and Data*, Environment and Natural Resources Global Practice.

- World Bank (2024). *The Middle Income Trap: World Development Report*.

- World Bank and IHME (2016), *The Cost of Air Pollution: Strengthening the Economic Case for Action*.

21 CHAPTER
전 지구적 차원의 환경문제

현대 환경문제에서는 미세먼지나 산성비와 같이 오염피해가 몇 개 국가에 걸쳐 나타나는 월경오염물질과, 온실가스와 같은 전 지구적 오염물질(global pollutants)의 중요성이 갈수록 커지고 있다. 특히 전 지구적 오염물질은 여타 오염물질과는 달리 일단 배출되면 지구 전체의 환경오염을 유발하는 인류 공동의 문제가 되기 때문에 이의 관리를 위한 국제협력이 갈수록 중요해지는 상황이다.

그러나 전 지구적 오염관리를 위한 성공적인 국제협력은 잘 형성되기 어렵다는 문제가 있다. 우선 전 지구적 오염은 인류 역사상 비교적 최근에 들어와 발생하는 현상이어서 그 피해가 어느 정도일지가 여전히 불확실하다. 이러한 과학적 불확실성이 모든 국가의 일관된 협력을 도출하는 데 장애로 작용하고 있다. 또한 전 지구적 오염물질의 저감비용을 분담하는 데 있어 국가 간 형평성 문제도 등장한다. 각국은 지구 전체 환경보다는 자국 이익을 먼저 생각하므로 오염물질 관리에 있어 일종의 무임승차자가 되려 하고, 전략적으로 행동하고자 하는 각국을 설득하여 합의를 도출하는 것이 쉽지 않다.

제1절은 전 지구적 차원의 환경문제 해결을 위한 프로그램에 각국이 동참하게 하기 위해서는 어떤 조건이 충족되어야 하는지를 이론적으로 살펴본다. 이어서 제2절과 제3절은 전 지구적 차원의 환경문제라 할 수 있는 오존층 파괴와 생물다양성 보존 두 가지 문제의 특징과 그 대응 노력을 설명한다. 또 다른 전 지구적 환경문제인 기후변화문제는 그 중요도가 워낙 커진 관계로 제22장에서 별도로 논의하기로 한다.

---

section 01 환경문제에 관한 국제협력의 어려움

오존층 파괴, 지구온난화, 생물다양성 보존, 수산자원 보존과 같은 지구 전체의 환경 혹은 자원관리 문제나 인접한 국가 간의 하천수 배분문제, 황사나 산성비로 인한 피해 등과 같이 다수 국가가 개입되어 있는 환경문제에 있어서 각국은 국가 간 합의나 강제가 없다면 자국 이익만을 생각하고, 다른 국가의 이득까지 고려하지는 않는다. 따라서 많은 국제기구나 당사국들이 이처럼 다수 국가의 협조가 필요한 환경문제는 국제환경협약(international environmental agreement, IEA)을 체결하여 해결하고자 한다. 국제환경협약의 기본목적은 각국을 협조적으로 행동하도록 유도하여 공동의 환경문제를 해결하고자 하는 것이다. 그러나 문제는 협약이 체결된다고 해서 자국의 이득만을 우선하고자 하는 각국의

표 21-1 용의자의 딜레마

		B	
		협조	비협조
A	협조	1, 1	-1, 2
	비협조	2, -1	0, 0

태도 자체가 변하는 것은 아니라는 점이다. 따라서 협약의 성공 여부는 각국이 국제협약에 가입하고 그 합의 내용을 준수하는 것이 독자적으로 행동하는 경우보다 더 유리하다는 것을 인식하도록 할 수 있느냐에 달려있다.

성공적인 국제협약을 유지하는 것이 어렵다는 것은 이미 제4장에서 공유자원의 관리 문제를 논할 때 설명이 되었다. 그 내용을 다시 살펴보면, A와 B 두 국가가 있고 각국은 오염물질 저감을 위해 서로 협조할 수도 있고, 반대로 자국의 이득만을 챙기기 위해 협조하지 않을 수도 있다. 〈표 21-1〉은 각각의 선택에서 각국이 얻는 이득을 보여준다.

〈표 21-1〉은 제4장 부록에서 공유자원의 부적절한 관리 문제를 설명하면서 사용하였던 표와 거의 같은 표인데, 각 셀의 첫 번째 숫자는 A국의 이득을, 두 번째 숫자는 B국의 이득을 나타낸다. 두 국가가 서로 협조하고 오염물질을 관리하는 것이 두 국가 후생의 합을 극대화하지만, 상대방이 어떤 선택을 하든 자신은 비협조를 선택하는 것이 더 낫기 때문에 결국은 두 국가 모두 비협조를 선택하게 되고, 따라서 두 국가 모두 손해를 보게 된다. 게임이론에서는 이러한 현상을 용의자의 딜레마(prisoner's dilemma)라고 부른다.

〈표 21-1〉은 단순한 예이지만 환경문제를 국제적 협조체제를 구축해 해결하기 어렵다는 것을 보여준다. 예를 들어 A국이 B국의 협조를 끌어내기 위해 자신은 어떤 일이 있어도 협조할 것이라고 공언한다고 하자. 그러나 이 공언은 신뢰를 얻지 못하는데, 그 이유는 막상 B가 협조하면 A는 자신도 협조하여 1을 얻기보다는 협조하지 않고 2를 얻으려 할 것이기 때문이다.

협조행위를 도출할 수 있는 한 가지 경우는 비협조적 행위를 할 때 제재하는 것이다. 예를 들어 〈표 21-1〉의 상황에서 두 국가는 어느 나라든 비협조를 선택하는 나라는 상대국에게 2의 벌금을 지급해야 한다고 합의했다고 하자. 이 경우 각국이 얻는 이득은 〈표 21-2〉와 같이 수정된다.

〈표 21-2〉와 같은 상황이라면 상대방이 어떤 행위를 하든 협조를 선택하는 것이 더 나으므로 둘 다 협조를 선택한다. 그러나 두 국가 사이의 이러한 합의가 구속력을 갖기 어렵다는 것이 문제이다. 국가 간 문제에서는 협약 위반자를 색출하고 제재할 수 있는 강력

표 21-2   벌금이 있을 경우의 선택

		B	
		협조	비협조
A	협조	1, 1	1, 0
	비협조	0, 1	0, 0

한 국제기구가 존재하지 않기 때문에 합의를 위반한 국가로부터 실제로 벌금을 받아내기가 매우 어렵다.

이상에서 살펴본 간단한 두 예는 전 지구적 혹은 국제적 환경문제를 합의해 해결하기가 어렵다는 것을 잘 보여준다. 대상 국가가 많을 경우 이들 국가 전부를 모두 협약에 가입하도록 하기는 더더욱 어렵다. 각국의 협조를 유도하거나 강제하는 것이 이렇게 어려우므로 결국 협약 스스로가 협약 내용을 지키려는 동기를 부여하는(self-enforcing) 속성을 가져야 한다. 즉 협약 가입국이 가입하지 않을 때에 비해 더 많은 이득을 얻도록 해주어야 한다. 아래의 분석모형은 그것이 가능한지를 검토한다.

N개의 국가가 있다고 하고, 이 중 M개의 국가가 국제협약에 가입하고 나머지 $N-M$개는 가입하지 않는다고 하자. 국가들은 모두 동질적이라 가정하고 협약에 가입하느냐와 하지 않느냐의 차이만 있을 뿐 다른 조건은 같다고 하자. 협약에 가입하지 않는 국가의 저감량을 a_n이라 하고, 협약에 가입한 국가의 저감량을 a_c라 하자. 이 국가들의 의사결정은 두 가지인데, 하나는 저감량을 결정하는 것이고, 또 다른 하나는 협약에 가입할 것인지를 결정하는 것이다. 각국의 저감비용은 $C(a)$이고, 저감편익은 $B(A)$이며, $A = \sum_{i=1}^{N} a_i$이다. 즉 각국은 자국 저감비용만 부담하면 되지만 배출저감의 편익은 다른 국가의 저감량에 의해서도 영향을 받아 결정된다.

어떤 국가가 협약에 가입하지 않기로 이미 결정했다고 하자. 이 국가는 자국의 이득만을 극대화하며, 따라서 $B(A) - C(a_n)$를 극대화하는 a_n을 선택한다. 또 다른 국가가 협약에 가입하고 있다면 이 국가는 자신을 포함하는 가입국 전체의 이득을 극대화하는 선택을 해야 하므로 $M \times B(A) - C(a_c)$를 극대화하는 저감량 a_c를 결정해야 한다. $B(A) = bA$이고 $C(a) = \dfrac{ca^2}{2}$라고 가정하면($b > 0$, $c > 0$),[1) $a_n = \dfrac{b}{c}$이고 $a_c = \dfrac{Mb}{c}$라는 것을 확인할 수 있다.   따라서 협약에 가입한 국가는 가입하지 않은 국가에 비해 M배나 많은 오염물질을 저감해야 한다. 전 세계의 저감량은 $A = (N-M) \times \dfrac{b}{c} + M \times \dfrac{Mb}{c} =$

---

1) 이 함수 형태는 바렛(Barrett, 1994, 2005)이 사용한 바 있다.

$\frac{b}{c}(N - M + M^2)$과 같이 결정되고,[2] 그로 인해 가입국과 미가입국의 이득은 각각 $v_c =$ $\frac{b^2}{c}\left(N - M + \frac{M^2}{2}\right)$과 $v_n = \frac{b^2}{c}\left(N - M + M^2 - \frac{1}{2}\right)$와 같이 결정된다. 아울러 $v_c < v_n$이기 때문에 협약에 가입하지 않은 나라가 더 큰 이득을 얻는다.

그렇다면 각국은 가입할지 안 할지를 어떻게 결정할 것인가? 즉 M의 크기는 어떻게 되고 어느 정도 크기의 안정적 국제협약이 존재할 수 있을 것인가? 현재의 국제협약이 지속되기 위해서는 현재의 협약 가입국은 탈퇴할 의사가 없어야 하고, 동시에 현재 가입하지 않은 국가도 의사결정을 바꾸어 협약에 가입할 이유가 없어야 한다. 현재 가입되어 있는 국가가 탈퇴하게 되면 앞의 예에서 본 것처럼 더 적은 저감만을 하므로 무임승차 이득을 얻을 수 있다. 그러나 이때 전 세계 전체 저감량 A가 줄어들고 그로 인해 저감편익이 감소하게 된다. 현재 가입하지 않은 국가가 추가로 협약에 가입하면 전 세계 저감량 증가로 인한 편익은 얻겠지만 무임승차자로 행동할 수가 없어 손해를 보게 된다. 따라서 가입국이든 미가입국이든 자신의 현재 위치를 바꿀 때 발생하는 이득과 손실을 모두 고려하여 의사결정을 하는 것이다.

즉 $v_c(N,M)$와 $v_n(N,M)$을 각각 협약 가입국의 수가 M일 때의 가입국과 미가입국의 이득이라 하면 다음 두 조건이 동시에 충족될 때 M개의 나라가 가입한 현재의 국제협약이 유지되게 된다.

(내적 안정성 조건) $v_c(N,M) \geq v_n(N, M-1)$

(외적 안정성 조건) $v_c(N, M+1) \leq v_n(N,M)$

내적 안정성 조건(internal stability condition)은 현재의 협약 가입국이 협약에서 탈퇴할 유인을 갖지 않을 조건이고, 외적 안정성 조건(external stability condition)은 현재의 미가입국이 입장을 바꾸어 협약에 가입하지 않을 조건이다. 이 두 조건이 동시에 충족되어야 안정적인 협약이 유지된다.

이상을 종합하면 국제환경협약이 안정적으로 유지되려면 위의 두 안정성 조건과 균형 저감량 a_c 및 a_n이 동시에 충족되어야 한다. 이때의 국제환경협약에 몇 개의 국가가 가입할지는 관련된 파라미터 값에 따라 결정될 것이다. 예를 들어 $b = c = 1$이라 하고, 전

---

2) $\frac{\Delta A}{\Delta M} = \frac{b}{c}(2M-1)$이기 때문에 가입국이 많을수록 배출저감은 늘어난다.

표 21-3 국제협약의 안정성

N	M	a_c	a_n	$v_c(N, M)$	$v_n(N, M)$
3	1	1	1	2.5	2.5
3	2	2	1	3	4.5
3	3	3	1	4.5	8.5
5	1	1	1	4.5	4.5
5	2	2	1	5	6.5
5	3	3	1	6.5	10.5
5	4	4	1	9	16.5
5	5	5	1	12.5	24.5

체 세 나라만이 있어 N은 3이라고 하자. 이때 〈표 21-3〉이 보여주는 바와 같이 $v_c(3,3)$
와 $v_n(3,2)$가 모두 4.5로 동일하기 때문에 기존의 회원국이 협약을 탈퇴할 인센티브는 갖
지 못하고, 따라서 세 나라가 모두 참여하는 협약이 유지될 수 있다.

〈표 21-3〉의 상황에서 만약 전체 국가 수가 다섯 국가라면 즉 N이 5라면 어떤 일이
벌어질까? 다섯 국가 중 세 나라가 현재 협약에 가입되어 있다고 하자. 이 경우 $v_c(5,3)$과
$v_n(5,2)$가 모두 6.5로 동일하기 때문에 기존 회원이 탈퇴할 인센티브는 없다. 아울러
$v_n(5,3)$은 10.5임에 반해 $v_c(5,4)$는 9이기 때문에 기존의 협약 가입국이 아닌 나라가 입
장을 바꾸어 협약에 가입할 필요성도 느끼지 못한다. 따라서 세 국가로 구성된 협약은 이
경우에도 유지될 수가 있다. 그렇다면 네 나라로 구성된 협약은 어떨까? 이 경우 $v_c(5,4)$
는 9인 데 반해 $v_n(5,3)$은 10.5이기 때문에 기존의 회원국들이 협약을 탈퇴하여 비회원국
으로서의 이득을 얻으려는 동기를 가지게 되고, 따라서 네 나라가 참여하는 국제협약은 유
지될 수가 없다. 마찬가지로 다섯 나라 모두가 참여하는 협약도 유지될 수 없다는 것을 확
인해 보기 바란다.

이상과 같은 저감편익과 저감비용 구조에서는, 〈표 21-3〉이 보여주듯 전체 국가 수
N이 큰 경우라 하더라도 안정적으로 유지될 수 있는 국제협약 가운데 규모가 가장 큰 것
은 세 나라를 회원으로 하는 협약이다. 이러한 결과가 발생하는 이유는 협약 가입국의 수
M이 늘어날수록 협약을 탈퇴하여 무임승차자가 되려는 욕구가 더 강해지기 때문이다. 협
약 가입국의 수가 늘어날수록 가입국과 미가입국의 저감량 차이가 커지고, 따라서 미가입
국이 얻는 상대적 이득이 커지기 때문에 이러한 현상이 발생한다.

자발적으로 국제협약에 참여할지를 분석한 연구 중에는 많은 수의 국가나 대상 국가
전체가 참여하는 국제협약이 안정적으로 유지될 수 있다는 것을 보여준 연구들도 있다

(Chander and Tulkens, 1992, 1997). 그러나 권오상(Kwon, 2006), 바렛(Barrett, 1994), 카라로와 시니스칼코(Carraro and Siniscalco, 1993) 등의 대부분의 이론적 연구는 조약 미가입 시 얻는 무임승차 욕구가 너무 크기 때문에 위의 예처럼 최대 협약 가입국이 두세 나라에 불과하거나, 아니면 안정적인 협약 자체가 아예 존재하지 않는다는 결론을 내리고 있다.

이러한 이론분석의 결론과는 달리 현실을 보면 약 100개 정도의 환경 및 천연자원 관련 국제협약이 존재하기 때문에 스스로 유지될 수 있는 협약을 만드는 것이 불가능한 것은 아니다(Barrett 1994, 2003; Swanson and Johnston 2000; Finus 2001). 이렇게 협약이 유지될 수 있는 것은 위에서 살펴본 이론모형이 가정하는 것 외에 조약가입의 이득과 탈퇴 시 얻을 손실을 더 크게 하는 다른 장치가 있기 때문일 것이다.

첫째, 가입국과 비가입국의 역할을 차등화할 수 있다. 바렛(Barrett, 2005)과 권오상(Kwon, 2006)은 이러한 차등화 방안의 하나로 가입국이 먼저 의사결정을 하는 것을 허용하였다. 여러 나라가 참여하는 국제협약은 개별 미가입국에 비해서는 환경이나 자원 이용에 영향을 미치는 정도가 더 크다. 따라서 국제협약기구는 저감량 결정 등에 있어 주도권을 쥐고 있으며, 전체 가입국들이 저감해야 할 목표량을 정해 발표한다. 이어서 조약에 가입하지 않은 개별 미가입국들은 국제협약기구가 발표한 저감량을 참조하여 자국의 저감량을 결정한다. 국제협약기구는 이렇게 먼저 저감량을 결정할 때 미가입국들이 국제협약기구가 정한 저감량에 어떻게 반응할지를 예측하고 이를 의사결정에 반영할 수가 있다. 따라서 이 경우 국제협약 가입국들은 미가입국과 동시에 저감량을 선택할 때에 비해서는 더 큰 이득을 얻을 수 있다. 이 경우 조약에서 탈퇴하면 무임승차 이득은 얻지만 먼저 의사결정을 할 수 있는 협약국 그룹에서 배제됨으로 인해 손실을 보게 된다. 이와 같이 가입국에게 유리한 점을 하나 더 얹어주면 대규모의 안정적인 국제협약이 존재할 수 있게 되지만, 이 이론은 왜 비가입국이 국제협약으로 하여금 먼저 저감량을 결정하도록 순순히 허용하는지에 대한 설명이 약하다는 문제도 가지고 있다.

둘째, 당사국들의 전략적인 관계가 무한히 반복될 수 있다. 제4장의 부록에서 공유자원 이용과 관련하여 이미 설명한 것이지만 국가들이 전략적인 관계를 지속할 경우에는 〈표 21-1〉이 보여주는 용의자의 딜레마 상황에서도 서로 협조하는 것이 가능하다. 상대방이 협조를 선택하고 있을 때 비협조를 선택하면 1이 아닌 2의 이득을 얻는다. 그러나 다음 번의 게임에서는 상대국 역시 비협조를 선택하기 때문에 결과적으로 두 국가가 모두 비협조를 선택하게 되고, 따라서 이득은 0이 된다. 이번 한 번의 비협조로 인해 추가로 얻는 1의 이득이 앞으로 형성될 모든 전략적 관계에 있어 잃어버리게 되는 이득보다 더 적을 수 있기 때문에 이를 두려워하여 서로 협조하게 되는 것이다. 예를 들어 기후변화 협상에 참여하여 온실가스를 의무 감축하면 이득이 줄지만 대신 앞으로 전개될 다른 국제환경협약이나 FTA 혹은 WTO 협상에서 상대국의 협조를 얻을 수 있으면 협상에 참여하는 것이 더 나을 수 있다.

셋째, 협약 서명국들은 회원국의 수에 연계된 환경정책을 사용할 수 있다. 앞에서 도출된 안정적인 협약이 존재하기 위한 조건 두 가지는 모두 가입국은 항상 $a_c = \dfrac{Mb}{c}$ 만큼 저감하고 미가입국은 항상 $a_n = \dfrac{b}{c}$ 만큼 저감한다고 가정한다. 이 경우 가입국 수가 M에서 $M-1$로 하나 줄어들면 총저감량은 $\Delta A = \dfrac{b}{c}(N-M+M^2)$ $-\dfrac{b}{c}\{N-(M-1)+(M-1)^2\} = \dfrac{2b(M-1)}{c}$ 만큼 줄어든다. 그러나 국제협약 가입국들이 서로 협의하여 가입국 수가 현 수준인 M 이상일 경우 $a_c = \dfrac{Mb}{c}$ 와 같이 저감량을 선택하지만 M에서 한 국가라도 줄어들면 조약을 해체하여 모두 $a_n = \dfrac{b}{c}$ 만큼만 배출하기로 합의하였다고 하자. 이때에는 가입국 수가 M에서 $M-1$로 하나 줄어들면 총저감량은 $\Delta A = \dfrac{b}{c}(N-M+M^2) - \dfrac{b}{c}N = \dfrac{bM(M-1)}{c}$ 만큼 줄어든다. 국제협약이 있을 경우 $M \geq 2$이므로 이는 회원국 수에 관계없이 일정한 저감량 선택원칙을 유지할 때에 비해 더 강력한 위협이 되고, 따라서 회원국의 탈퇴를 막는 힘을 발휘할 수 있다. 실제로 대부분의 국제협약이 가입국 수나 배출량 측면에서 협약의 규모가 어느 정도 수준이 되어야 발효되는 것으로 하고 있다. 몬트리올의정서의 경우 11개국 이상, 전 세계 소비의 2/3 이상을 차지하는 국가가 가입하여야 하고, 교토의정서는 1차 의무감축국 전체 소비량의 55% 이상을 차지하는 국가가 비준하여야 효력을 발휘하도록 하였다.

넷째, 협약가입에 대한 대가(side payment)를 지불할 수 있다. 협약가입에 대한 대가를 지급할 필요성이 생기는 것은 국가 간 이질성이 상당하여 협약 체결로 인한 이득이 국가별로 매우 다를 경우이다. 협약에 참여하여 큰 이득을 얻는 국가가 있는 반면 손실을 보는 국가도 있다면 이득을 얻는 국가들이 자신의 이득 중 일부를 손실을 보는 국가들에게 지불할 수 있다. 이 경우 보상 규모와 지급 방식에 대해 교섭을 벌여야 하고, 실제 타결 내용은 각 회원국의 교섭력(bargaining power)에 의해 결정될 것이다.

다섯째, 협약가입 여부를 국제무역과 연계할 수 있다. 국제환경협약에 가입하지 않는 국가에 대해서는 관련 제품을 회원국과 거래하는 것을 금지하는 조항을 둘 수가 있다. 이 관행 역시 흔히 사용되며, 아래의 보론은 그 예를 보여주고 있다. 보론에서도 언급하듯이 이 전략은 무역자유화를 추구하는 WTO 등의 방침과 어긋나지 않아야 한다는 제약을 가진다.

돌고래와 무역분쟁

　　자연환경 보호를 위해 도입한 규제가 무역을 제한하게 되고, 그로 인해 국제분쟁이 발생한 예 가운데 하나가 참치 수입 규제를 둘러싸고 미국과 멕시코 사이에 발생했던 분쟁이다.

　　미국 남부와 중남미에 걸쳐 형성되는 열대 동태평양어장은 전 세계 참치 산업에 있어 중요한 어장이다. 이 어장에서 잡히는 옐로우핀(yellowfin)은 경제성이 높은 참치인데, 아직 완전히는 밝혀지지 않은 생물학적 이유로 인해 돌고래 떼를 따라다닌다(National Research Council, 1992). 따라서 이 어장에서 조업하는 어선들은 돌고래 떼가 발견되면 그 주위에 그물을 치는 방식으로 참치를 잡는데, 이렇게 돌고래 떼를 이용한 참치잡이 방식이 다른 어떤 조업방식보다 효율적인 것으로 알려져 있다. 그러나 이 같은 참치잡이 과정에서 많을 때는 연간 수만 마리의 돌고래가 희생되었다.

　　참치잡이로 인해 희생되는 돌고래 수를 줄이기 위해 미주열대참치위원회(Inter-American Tropical Tuna Commission, IATTC)라는 국제기구가 1950년에 설립되었고, 이 기구는 몇 가지 규제 조치를 도입하였다. 현재에도 한국, 미국, 중국, 일본, 멕시코를 포함하는 21개국이 IATTC의 회원국이고, 칠레, 인도네시아 등 회원국은 아니지만 IATTC와 협력하는 국가들도 있다.

　　IATTC의 규제는 매우 엄격했기 때문에 이를 모두 지킬 경우 참치 산업이 상당한 손실을 입을 수 있었고, 따라서 이 해역에서 조업하는 모든 국가가 IATTC에 가입하지는 않았다. 특히 멕시코는 이 해역에서의 주요 조업국이면서도 IATTC 규정을 따르지 않았고, 이에 미국은 멕시코산 참치 수입을 금지하였다. 환경적 이유로 국제무역을 규제한 미국의 조치에 항의하여 멕시코는 미국을 WTO에 제소하였고, 두 나라 간에는 상당한 경제적 긴장 관계가 형성되었다.

　　이 문제 당사국들은 1999년 발효된 국제돌고래보호프로그램(International Dolphin Conservation Program, IDCP)을 통해 연간 희생시킬 수 있는 돌고래의 쿼터 배정, 잡는 방식규제, 어업 허가제와 어로 인증제, 연구추진과 자료 공유 등을 추구하고 있다.

1. 오존층 파괴의 원인과 피해

오존과 관련된 환경문제는 크게 두 가지이다. 국지적 혹은 지상오염의 측면에서 보았을 때 오존은 일종의 대기오염물질이다. 이 경우 오존은 탄화수소(hydrocarbons)가 질소산화물(nitrogen oxides)과 태양빛 아래에서 결합하여 발생하는데, 오존의 양이 증가할수록 건강상의 피해와 농작물 피해가 커지는 것으로 알려져 있다.

그러나 전 지구적 차원의 환경문제로서의 오존 문제는 지표로부터 10~50km 상공의 성층권(stratosphere)에서 발생한다. 지구상에 존재하는 오존 대부분을 갖고 있는 성층권은 지구의 방사선 균형(radiation balance)을 유지하는 데 결정적 역할을 한다. 성층권의 가스 가운데서도 오존은 지구로 유입되는 자외선 복사를 차단하는 역할을 한다. 따라서 성층권의 오존, 즉 오존층이 파괴되면 지구를 자외선 복사로부터 보호하는 보호막이 약해지게 된다.

오존층의 두께는 계절적인 요인에 의해서도 변한다. 그러나 수십 년 전부터는 오존층의 두께가 계속해서 얇아지는 현상이 관측되었으며, 급기야 1970년대 말에는 남극 상공에 큰 오존층 구멍이 관측되었다. 그 이후는 극지방뿐 아니라 인구가 많이 살고 있는 여타 지역의 상공에서도 심각한 오존층 파괴가 관측되는 등, 상황이 계속 악화되었다.

오존층 파괴는 다양한 화학제품으로부터 배출되는 CO_2, CH_4, N_2O와 같은 염소계 가스 때문에 발생하는데, 이러한 가스들의 대기 중 농도가 짙어질수록 오존 파괴가 심해지는 것으로 밝혀졌다. 그러나 오존층 파괴의 가장 큰 원인물질은 염화불화탄소(CFC)이다. 염화불화탄소는 1930년대에 기존 냉매제의 대체물질로 개발된 화학물질로서 냉장고와 에어컨의 냉매제와 헤어스프레이나 살충제의 분무 촉진제로 사용되는데, 간혹 그 상표명에 따라 프레온(Freon)가스나 스타이로폼(Styrofoam)가스라 불리기도 한다. CFC는 대기로 방출되면 분해되지 않고 성층권에 도달한 뒤 오랫동안 머무르며 오존층을 파괴한다.

오존층 파괴의 두 번째 원인물질은 할론가스이다. 할론가스는 주로 소화용제로 사용되며, CFC만큼 광범위하게 이용되고 있지는 않지만 일단 방출되면 CFC보다도 더 강한 오존 파괴 효과를 가지는 것으로 알려져 있다.

오존층 파괴로 인해 북반부 상공의 오존량이 매 10년 4%씩 감소하는 것으로 관측되기도 하였는데, 이러한 오존층 파괴는 건강상의 문제와 농작물 피해를 유발한다. 오존층 파괴는 특히 피부암과 안과 질환을 유발하는 것으로 밝혀졌다.

2. 오존층 보존을 위한 노력

오존층 파괴에 대한 우려가 커지면서 이에 대처하기 위한 다양한 노력이 나타났다. 1978년에 미국과 몇몇 유럽 국가들은 자국 내에서 분무 촉진제로 CFC를 사용하는 것을 금지하였다. 1980년대 들어와 본격적인 국제협력이 나타났는데, 1987년에는 전 세계 24개국이 서명한 몬트리올의정서(Montreal Protocol on Substances That Deplete the Ozone Layer)가 채택되었다. 몬트리올의정서는 CFC를 많이 배출하는 국가와 적게 배출하는 국가로 분류하여, 많이 배출하는 국가의 경우 1998년까지 CFC와 할론가스 배출량을 1986년 수준의 절반으로 줄이도록 하였다. 그리고 CFC를 적게 배출하는 국가의 경우 1999년부터 시작하여 10년간 1995~1997년 배출량의 50% 수준까지 줄이도록 했다.

몬트리올의정서가 채택된 후 오존층 파괴로 인한 피해가 당초 예상보다 훨씬 심각하다는 사실이 밝혀졌다. 따라서 1990년에는 56개국에 의해 몬트리올의정서 런던수정안이 채택되는 등 여러 차례의 조약개정이 있었다. 그 결과 염화불화탄소와 할론 등 96종이 오존층 파괴물질로 규정되고, 이 물질에 대한 생산 및 소비 폐지 일정이 결정되었다. 선진국의 경우 염화불화탄소는 1996년부터, 할론은 1994년부터 생산 및 소비가 금지되었고, 개발도상국의 경우 2010년부터 생산 및 소비할 수 없게 되었다. 또한 선진국들이 개발도상국의 CFC 대체물질 사용을 촉진하기 위해 필요한 기금을 마련하기로 합의하였다.

오존층 파괴를 방지하기 위한 그동안의 국제적 노력은 비교적 성공적이라 평가받고 있고, 이 조약이 제대로만 지켜진다면 2050년이 되면 오존층은 원래 수준을 회복할 수 있을 것으로 기대되기도 한다. 우선 당초 24개국으로 출발한 몬트리올의정서 가입국이 꾸준히 늘어 현재는 대부분 주요 CFC 배출국이 모두 회원이며, UN 역사상 가장 많은 국가가 참여하는 조약이 되었다. 선진국과 개발도상국을 불문하고 많은 국가가 국제적 노력에 동참하고 있다는 사실이 지금까지 노력의 성과를 긍정적으로 평가하게 한다. 또한 오존층 파괴의 경우 단순히 몇 가지 물질의 생산량만 줄여도 상당한 정도로 완화될 수 있기 때문에 대체물질의 개발·보급이 순조로울 경우 몬트리올의정서가 큰 효과를 발휘할 수 있다.

1. 문제의 원인과 성격

생물다양성(biological diversity)이란 지구상에 존재하는 생물종의 다양성, 생물의 유전학적 다양성, 생물이 살아가는 생태계의 다양성을 의미한다. 생태계가 건강하게 유지되기 위해서는 생물다양성이 필요하다. 생태계 내의 생물종이 줄어들고 유전적 측면에서 획일화가 이루어지면 생태계가 다양한 주변 환경변화에 적응할 수 있는 유연성을 상실하게 된다.

생물다양성이 전 지구적 차원의 환경문제가 되는 이유는 현재 지구 전체에 걸쳐 급속한 속도로 생물종 수가 줄어들기 때문이다. 생물종은 자연환경에의 적응 과정에서 자연적으로도 감소할 수가 있다. 그러나 현재 발생하고 있는 생물종 감소 속도는 전 지구적 재앙으로 공룡이 멸종했던 시절 이래 가장 빠른 속도인 것으로 알려져 있다.

생물다양성의 손실은 단순히 생태계의 파괴로 끝나지 않고, 인류 복지에 직접 영향을 미친다. 한 예로 인류가 사용하고 있는 의약품의 25% 정도는 식물로부터 추출된 것이다. 따라서 식물의 종류가 줄어들면 의약품 원료를 확보할 수 있는 기회 역시 그만큼 줄어든다. 비록 현재에는 의학적으로 유용한 물질을 제공하지 않는 생물종이라 할지라도, 미래에는 새로운 의학적 발견으로 인해 유용한 물질을 제공할 가능성이 있다. 또한 새로운 질병이 계속해서 나타나는 상황에서는 미지의 질병에 대한 치료제 공급원으로서 기존의 생물종이 생존할 필요가 있다. 한번 멸종된 생물종은 다시 복원될 수 없기 때문에 생물종의 감소는 바로 인류가 이용할 수 있는 의학적 원료 및 정보의 손실을 의미한다.

생물다양성은 농작물 생산에도 큰 영향을 미친다. 야생 동식물을 이용하여 농작물의 신품종을 만들거나, 해충의 천적을 양성하는 예는 무수히 많다고 할 수 있다.

생물의 존재는 오염물질에 대한 노출이나 인간의 수렵 및 채취 등에 의해 직접적으로 위협받을 수 있다. 그러나 생물종의 유지를 위협하는 더 중요한 원인은 농업 및 도시용 개발로 인해 생물 서식지가 사라지는 것이다. 실례로 개발로 인해 아마존강 유역의 밀림이 급격히 줄어들면서 이곳에 서식하는 생물종의 수도 격감하고 있는 실정이다. 아울러 급속히 진행되고 있는 기후변화도 서식 환경을 바꾸어 생물종을 대규모로 감소시키는 심각한 요인이 되고 있다.

2. 생물다양성을 보존하기 위한 조치

생물다양성이 문제가 되는 것은 주로 동식물의 서식지가 훼손되기 때문이므로 이에 대한 1차적인 대응은 생물종의 보존을 위해 필요한 지역을 보호지구로 정하여 개발을 금지하는 것이다. 이는 생물의 서식지 보호라는 차원에서는 매우 유용한 제도라 할 수 있으나, 경제적 유인을 사용하는 제도는 아니기 때문에 효율적인 방식이라 보기는 어렵다.

생물다양성을 보존하기 위해 경제적 유인제도를 사용하고자 한다면 생물종이 가지는 경제적 가치가 적절히 평가되도록 하여야 한다. 현재 유전공학적 과정을 거친 동식물의 종이나 새로운 의약품 등에 대해서는 그 지적 소유권이 국제적으로 인정되고 있다. 그러나 이러한 지적인 산물의 원료가 되는 야생 상태 생물종 자체에 대한 소유권은 충분히 인정받지 못하고 있다. 만약 어떤 희귀 동식물의 서식지를 가지고 있는 국가가 자국이 보유한 생물종의 가치를 국제적으로 충분히 인정받을 수 있다면, 그 서식지를 보존하려는 노력을 기울이게 되고, 생물종의 감소를 막을 수 있을 것이다.

멸종위기에 처한 개별 생물종을 보호하기 위한 국제협약은 매우 많다. 고래를 보호하기 위한 국제포경위원회(International Whaling Commission, IWC)의 조치가 한 예가 된다. 생물다양성에 관한 보다 포괄적인 국제협약으로는 1992년의 리우정상회담에서 채택된 생물다양성협약(Convention on Biological Diversity)이 있다. 이 협약은 첫째, 생물다양성의 보존, 둘째, 생물다양성의 지속가능한 이용, 그리고 셋째, 유전자원이용 편익의 공정하고 균등한 배분을 추구하며, 구체적으로 ① 각국의 생물자원에 대한 주권적 권리 인정, ② 생물종의 파괴행위에 대한 규제, ③ 생물다양성의 보존과 합리적 이용을 위한 국가전략 수립, ④ 생물다양성 보존을 고려한 환경영향평가, ⑤ 유전자원 제공국과 생명공학 선진국의 공정한 이익 분배, ⑥ 유전적으로 변형된 생물체의 안전관리 등을 규정하고 있다.

생명공학기술의 성과로 개발된 유전자변형생물체(Living Modified Organisms, LMOs)가 생물다양성에 미칠 잠재적 위해성을 막고자 하는 노력의 하나로 2000년 콜럼비아 카르타헤나에서 바이오안전성의정서(Cartagena Protocol on Biosafety)가 채택되었다. 이 의정서는 사전예방원칙에 따라 LMO의 국가 간 이동 시 취해야 할 조치를 담고 있다. 한국을 비롯한 198개국이 이 의정서에 가입되어 있다. 또한 이 의정서의 부속협약으로서 나고야-쿠알라룸푸르추가의정서(Nagoya-Kuala Lumpur Supplementary Protocol on Liability and Redress)가 2010년에 채택되고 2018년에 발효되었는데, 주로 LMO의 국가 간 이동에서 발생하는 피해에 관한 책임과 구제를 다루고 있다.

한국이 가입한 또 다른 국제협약으로서 멸종위기 야생동식물 교역에 관한 국제협약 (Convention on International Trade in Endangered Species of Wild Fauna and Flora)을 들 수 있다. 이 조약은 멸종위기에 처한 야생동식물을 불법 거래나 과도한 국제 거래로부터 보호하고, 야생동식물 수출입 국가들의 상호협력에 의해 이들 동식물의 과도한 채취 및 포획을 줄이기 위해 1973년에 채택되었다. 이 협약에 의해 규제대상이 되는 동식물의 수출입 시 관리당국의 허가를 받도록 되어 있다.

생물종의 보호와 관련된 또 다른 협약으로 1971년 이란의 람사르(Ramsar)에서 채택되어 흔히 람사르협약(Convention on Wetlands of International Importance Especially as Waterfowl Habitat)이라 불리는 국제협약이 있다. 내륙 습지는 물새, 어류, 패류, 양서류, 파충류의 서식지일 뿐 아니라 홍수와 한발을 조절하는 등 가장 중요한 생태자원의 하나로 알려져 있다. 람사르협약은 회원국으로 하여금 최소한 1개 이상의 습지를 협약등록습지로 등재하여 보호하도록 하고 있는데, 한국의 경우 강원도 인제군의 대암산 용늪과 경남 창녕의 우포늪, 전남 신안군 장도 및 순천만 갯벌 외에도 다수의 습지를 등재하였다.

- Barrett, S. (1994), "Self−Enforcing International Environmental Agreements," *Oxford Economic Papers* 46: 878−894.

- Barrett, S. (2003), *Environment and Statecraft: The Strategy of Environmental Treaty−making*, Oxford University Press.

- Barrett, S. (2005), "The Theory of International Environmental Agreements," in K.−G. Mäler and J. Vincent., eds., *Handbook of Environmental Economics: Economywide and International Environmental Issues*, Vol 3, Elsevier North Holland.

- Carraro, C. and D. Siniscalco (1993), "Strategies for the International Protection of the Environment," *Journal of Public Economics* 52: 309−328.

- Chander, P. and H. Tulkens (1992), "Theoretical Foundations of Negotiations and Cost−sharing in Tranfrontier Pollution Problems," *European Economic Review* 36: 388−398.

- Chander, P. and H. Tulkens (1997), "The Core of an Economy with Multilateral Environmental Externalities," *International Journal of Game Theory* 26: 379−401.

- Finus, M. (2001), *Game Theory and International Environmental Cooperation*, Edward Elgar.

- Kwon, O. S. (2006), "Partial International Coordination in the Great Fish War," *Environmental and Resource Economics* 33: 463−483.

- National Research Council (1992), *Dolphins and the Tuna Industry*, National Academy Press.

- Swanson, T. and S. Johnston (2000), *Global Environmental Problems and International Environmental Agreements*, Edward Elgar.

기후변화의 경제학

21세기에 있어 전 지구적 환경문제 중 가장 중요한 것은 단연 기후변화(climate change)일 것이다. 한때 지구온난화(global warming)라 불리기도 했던 기후변화는 지표면의 온도가 장기적으로 꾸준히 상승하는 현상을 의미한다. 과거 오랫동안 안정화되었던 지표면 온도가 급속히 그리고 지속적으로 상승하면 생태계와 인간의 생활에 대단히 큰 충격을 주게 되며 그로 인한 피해가 상당할 것으로 예측되고 있다.

과학적 논란이 있긴 하지만 현재 진행되고 있는 기후변화는 인간의 경제 활동이 배출하는 온실가스 (greenhouse gases)가 주원인으로 지목되고 있다. 따라서 기후변화를 완화하기 위해서는 온실가스 배출량을 줄이는 것이 필수적인데, 이는 전 세계 모든 국가의 경제활동 전반에 걸친 큰 변화를 요구하기 때문에 실제로 실행하기가 쉽지 않고, 그 비용 부담을 누가 어느 정도 지느냐와 관련된 많은 논점을 낳고 있다.

section 01   지구온난화 과학

1. 온실가스와 기온, 기온상승의 영향

지구온난화 유발 원인으로 지목되는 온실가스로는 20여 종이 있지만, 대표적인 가스로서 이산화탄소(CO_2), 메탄(CH_4), 아산화질소(N_2O), 과불화탄소(PFCs), 수소불화탄소 (HFCs), 육불화황(SF6), 염화불화탄소(CFCs) 등을 든다. 이중 CFCs를 제외한 6가지는 교토 의정서(Kyoto Protocol)에서 규제되기 때문에 교토가스라 불리며, 마지막 CFCs는 제21장에서 소개한 몬트리올의정서에서 규제된다. 이들 가스가 지구 기후에 미치는 영향은 서로 달라서 각 가스는 온실효과를 유발하는 정도에 따라 이산화탄소로 환산된 양(CO_2 equivalent, CO_2e)으로 측정되기도 한다.

온실에 사용되는 유리나 비닐은 온실 내부로 태양빛을 유입시킨 후 다시 반사되어 외부로 유출되는 것을 차단하여 내부 온도를 높이는 역할을 한다. 온실가스는 유리나 비닐과 유사한 역할을 전 지구에 대해 행하고 있다. 태양빛은 대기를 지나 지표면에 도달한 뒤 다시 대기로 복사되는데, 이때 온실가스에 흡수되며, 이러한 흡수 과정에서 열이 발생하고 지표면 온도가 상승한다. 만약 온실가스가 존재하지 않으면 지구 전체 온도는 현재보다도

30℃ 정도 더 낮아 생물 대부분이 생존할 수 없게 될 것이다.

산업혁명이 발생하기 이전에는 전 지구의 온실가스 양이 일종의 균형을 유지하고 있었다. 온실가스는 주로 동식물의 사체로부터 발생하였고, 삼림과 바다로 흡수되었다. 온실가스의 균형은 산업혁명 이후 발생한 화석연료 사용과 이로 인한 급속한 이산화탄소 배출 증대로 인해 무너지게 되었다. 현재의 대기 중 이산화탄소 축적량은 산업혁명 이전보다 30% 이상 더 많은 것으로 알려져 있다.

온실가스 축적이 온실효과를 유발하는 정도는 복사강제력(radiative forcing, RF)이라는 지수를 이용해 나타낸다. 복사강제력은 [단위 면적당 지구로 유입되는 에너지와 지구에서 방출되는 에너지의 차이]를 면적당 와트(Wm^{-2})로 측정하는데, 온실가스 외에도 여러 요인이 영향을 미친다. 복사강제력은 기준연도 대비 수치로 표현하며, 1750년을 0으로 둘 경우 1950년은 0.57, 2011년은 2.29에 이르는 것으로 추정된다.

가장 공신력 있는 기후변화 연구단체인 IPCC(Intergovernmental Panel on Climate Change)의 가장 최근 보고서인 제6차 보고서에[1] 따르면 이러한 복사강제력 증가로 인해 지표면 평균기온은 1850~1900년과 2010~2019년 사이 1.07°C가 이미 상승하였다. 그리고 이러한 기온상승은 자연적 요인이 아니라 거의 전부 인간 활동 때문에 발생한 것이다.

온도상승과 그로 인한 해수면상승은 자연생태계에 이미 상당한 영향을 미치고 있다. 강우 패턴이 바뀌고 눈이 녹으면서 수자원의 양과 질이 바뀌고 있다. 육상과 담수 및 해양 생물의 지리적 생존 범위와 계절 활동, 이동 형태, 개체수와 종간 상호작용에 있어 변화가 관측된다. 기후변화는 인류에게도 직접 영향을 미치는데, 말라리아와 같은 질병의 발생패턴도 영향을 받고, 작물의 경우 생산성이 높아지기보다는 낮아지는 쪽이 더 흔히 관찰된다. 홍수나 가뭄에 의한 자연재해와 용수 부족, 산불 피해가 발생할 가능성이 높아지고 있다. 해수면상승은 해안침식과 그로 인한 재산상의 피해를 유발한다. 그리고 해양 산성화는 바다생물의 생존에 위협이 된다. 아울러 기후변화는 이상기후(extreme events)가 나타나는 양상도 바꾸고 있다. 극단적인 고온 발생이 늘어나고 일부 지역 해수면의 비정상적 상승과 높은 강우량이 관측된다.

그리고 이러한 기후변화의 생태적, 인간의 건강 및 수명 관련, 그리고 재산 및 경제적 영향은 지역 편차가 크며, 국가 경제 발전 수준에 의해서도 크게 달라진다. 또한 지역별로 주된 영향이 발생하는 부문도 서로 다르다. 일반적으로는 지구 저위도 지역 개발도상국이

---

1) IPCC(2021), *Climate Change 2021: The Physical Science Basis* 혹은 AR6 WGI SPM(2021).

고위도 지역 선진국에 비해 더 큰 피해를 입는 것으로 파악되고 있다.

2. 미래 전망

온실가스 배출량을 E, 인구를 L, GDP를 Y, 에너지 사용량을 N이라 하면, 다음 항등식을 구성할 수 있다.

$$E = L\frac{Y}{L}\frac{N}{Y}\frac{E}{N} \quad\text{..} \quad \boxed{22\text{-}1}$$

즉 총배출량은 인구 × 1인당 GDP × 에너지 집약도 × CO_2 집약도와 같다. 에너지 집약도는 GDP 단위당 에너지 사용량을, CO_2 집약도는 에너지 소비 단위당 CO_2 배출량을 의미한다. 이를 변화율로 전환하면 다음 관계가 성립한다.[2]

$$CO_2 \text{ 배출 증가율}(2.1\%) = \text{인구증가율}(1.6\%) + 1\text{인당 GDP 증가율}(1.7\%)$$
$$+ \text{에너지 집약도 증가율}(-0.9\%) + CO_2 \text{ 집약도 증가율}(-0.3\%)$$

위 항등식에서 괄호 안의 값은 톨(Tol, 2023)이 추정한 1965~2020년간 전 세계 CO_2 배출량의 연평균 증가율과 요인별 증가율이다. 인구와 소득 성장은 CO_2 배출량을 늘렸지만, 에너지와 CO_2의 효율성은 배출량을 줄이는 데 기여하고 있다.

미래의 온실가스 배출량은 식 (22-1)의 우측 항들인 인구, 1인당 소득, 에너지 집약도, CO_2 집약도의 변화가 좌우할 것이며, 이들 변수에 영향을 미칠 기술변화와 정책 변수에 의해서도 영향을 받을 것이다. IPCC의 6차 보고서는 이들 요소에 대해 가정을 달리하는 시나리오를 설정하고, 각 시나리오에서 미래의 온실가스 배출량과 기후변화를 전망하고 있다.

IPCC 제6차 보고서의 시나리오는 SSP(Shared Socio-economic Pathway)라 불리며, SSP_{x-y}의 형태를 지닌다. 여기서 x는 식 (22-1)을 구성하는 사회경제적 변수들이 시간이 지나면서 어떻게 변할지에 대한 시나리오를 반영하며, 1에서 5까지의 값 중 하나의 수치를 취한다. y는 해당 시나리오에서의 2100년의 복사강제력 RF(Wm^{-2})를 의미하며, 따라서

---

[2] 이를 일본 학자 이름을 붙여 카야(Kaya) 항등식이라 부르기도 한다.

표 22-1   SSP 시나리오

SSP 1	지속가능 경로	에너지를 덜 사용하는 지속가능한 발전의 조건을 갖춘 경로
SSP 2	중간적 경로	인류가 밟아온 기존 경로와 유사. 성장이 어느 정도 불균등하고 지속가능성 달성을 위해 노력하나 성과가 크지 않음
SSP 3	지역간 경쟁의 경로	국가 간, 국제 지역 간 경쟁이 심한 경로. 모두 역내의 식량과 에너지 안보에만 치중하며, 환경문제의 우선순위가 낮음
SSP 4	불균등 경로	인간자본 투자, 경제적 기회와 정치적 힘 측면에서 불균형이 심화되는 경로. 경제 간 격차가 확대되며, 전통적인 화석연료와 친환경 에너지에 대한 투자가 모두 이루어짐
SSP 5	화석연료 중심 발전 경로	글로벌 시장이 통합되고 경쟁과 혁신, 사회참여가 강조됨. 교육과 건강에 대한 투자도 늘어나며, 글로벌 경제가 크게 성장하지만 화석연료에 많이 의존하는 발전경로임

SSP_{x-y}는 x의 사회경제적 경로에서 y의 RF를 2100년에 달성함을 의미한다. 5가지의 x의 값은 각각 〈표 22-1〉에서와 같은 가정을 취한다.

　　IPCC는 〈표 22-1〉의 시나리오별 스토리를 인구성장과 경제성장의 양적 지표로 전환한 뒤, 이로부터 향후의 에너지 소비량과 온실가스 배출량 전망치를 생성한다. 또한 다섯 가지 시나리오별로 달성하려는 2100년의 RF의 수치를 얻을 수 있으며, 그 결과 SSP1-1.9, SSP1-2.6, SSP2-4.5, SSP3-7.0, SSP5-8.5의 다섯 가지 SSP_{x-y} 형 시나리오가 주로 적용된다. 〈표 22-2〉는 그러한 다섯 가지 시나리오에서의 기간별 평균기온 상승률 전망치를 보여준다.

　　〈표 22-2〉의 거의 모든 시나리오에서 21세기 하반기까지도 기온은 계속해서 상승한다. 국제사회가 목표로 하는 2100년의 1.5°C 혹은 2.0°C 이하의 기온상승을 위해서는 21세기 전반기부터 강한 배출억제를 실행하여 SSP1-1.9 혹은 SSP1-2.6의 경로를 취하여야 한다. 지표면 평균기온의 변화는 지구 기후시스템의 변화를 초래하며, 그 영향의 지역적

표 22-2   1850~1900년 대비 기온상승 전망치(단위: °C)

시나리오	2021-2040		2041-2060		2081-2100	
	대표 추정치	가능 범위	대표 추정치	가능 범위	대표 추정치	가능 범위
SSP1-1.9	1.5	1.2~1.7	1.6	1.2~2.0	1.4	1.0~1.8
SSP1-2.6	1.5	1.2~1.8	1.7	1.3~2.2	1.8	1.3~2.4
SSP2-4.5	1.5	1.2~1.8	2.0	1.6~2.5	2.7	2.1~3.5
SSP3-7.0	1.5	1.2~1.8	2.1	1.7~2.6	3.6	2.8~4.6
SSP5-8.5	1.6	1.3~1.9	2.4	1.9~3.0	4.4	3.3~5.7

출처: IPCC AR6 WGI SPM(2021).

차이도 크다. IPCC 6차 보고서의 기후시스템 전망을 정리하면 다음과 같다.3)

기온의 경우 해양부보다는 육지부가, 그리고 열대지방보다는 극지방이, 남북으로 위도가 높아질수록 상승 정도가 더 클 것이다. 강우량은 고위도지방, 적도 태평양지역, 일부 몬순 기후대에서 증가하지만, 아열대 및 열대지역 일부에서는 감소할 것이다.

4°C의 온난화가 발생하면 1850~1900년에는 10년에 한 번 발생할 정도였던 이상고온, 즉 폭염의 빈도가 2100년 9.4배로 높아지며, 10년 빈도 폭우가 빈도가 2.7배로 늘고, 발생 시 강우량은 30.2%가 더 많을 것이다. 10년 빈도 가뭄도 빈도가 4.1배가 되고 발생 시의 심각성도 3배 이상이 될 것이다.

4°C의 온난화에서 21세기 남은 기간의 바닷물 온난화는 1971~2018년간 변화의 4~8배에 달할 것이며, 바닷물의 산성화가 발생할 것이다. 산과 극지방의 빙하가 녹고, 영구동토층이 해빙되면서 탄소가 유출되며, 그린란드와 남극 빙상이 녹는 현상이 지속될 것이다. 그 결과 2100년에서는 해수면이 1995~2014년 대비 0.63~1.01m까지 상승할 것이다. 특히 해수면상승은 심해의 기온상승과 빙상 해동으로 인해 그 효과가 수천 년간 지속될 것이다.

1850~2019년간 인간 활동으로 2390 ± 240 $GtCO_2$가 배출되었다고 추정된다. 배출된 CO_2는 누적해서 온난화에 영향을 미치기 때문에 미래의 기온변화에는 이미 배출된 CO_2도 영향을 미친다. 따라서 향후 온난화를 특정 기온 수준에 묶어두려면 앞으로 어느 정도의 CO_2를 배출할 수 있는지를 추정하여 온난화에 대처할 필요가 있다. 탄소 예산(carbon budget)은 지구온난화를 높은 확률로 특정 수준에 한정하기 위해 허용될 수 있는 최대한의 인간 활동 탄소 누적 순배출량을 의미한다. IPCC가 추정하는 남아 있는 탄소 예산은 〈표 22-3〉과 같다. 예를 들어서 1.5°C 온난화를 83% 이상의 확률로 달성하려면 앞으로 남은 배출량이 300 GtCO2이고, 이미 배출된 양의 1/8 정도에 불과하다.

〈표 22-3〉의 목표 온난화를 2100년에 실제로 달성하기 위해서는 〈표 22-4〉처럼 지금부터 2100년까지 배출할 CO_2 양을 세부 기간별로 산정하여야 한다. IPCC의 전망을 반영하면, 2100년에 1.5°C 목표를 안정적으로 달성하려면(확률 50%로 1.3°C 상승), 2050년에 CO_2의 넷제로(net zero), 즉 순배출량이 0이 되도록 하여야 한다. 2050년 이전에는 점차 높은 감축률로 CO_2 배출량을 줄여나가야 하며, 2050년 이후에는 순배출이 음(−)이 되어,

---

3) IPCC는 온실가스 농도 증가가 초래하는 기후시스템 변화를 다수의 GCM(global climate models 혹은 general circulation models) 분석모형을 가동해 도출한다. GCM은 지구의 3차원 그리드(grid) 모형으로서, 복사열, 바람 이동, 구름 형성과 증발 및 강우, 해류에 의한 열전달 등을 수리적으로 분석한다.

표 22-3 탄소 예산

2010~2019년 온난화 (1850~1990년 대비)	1850~2019년 누적 CO_2 배출량				
1.07°C	2390 ± 240 GtCO$_2$				
목표 온난화(°C)	2020년 기준 남아 있는 탄소 예산 추정치 (목표 온난화 달성 가능성, GtCO$_2$)				
	17%	33%	50%	67%	83%
1.5	900	650	500	400	300
1.7	1,450	1,050	850	700	550
2.0	2,300	1,700	1,350	1,150	900

출처: IPCC AR6 WGI SPM(2021) (발췌).

표 22-4 CO_2 배출저감 로드맵

2019년 대비 감축률(%)			넷제로 달성 연도	2100년 예상 기온상승 (50%, 1850~1900년 대비)
2030년	2040년	2050년		
43	69	84	2050~2055	1.3°C
21	46	64	2070~2075	1.6°C
2	3	5	넷제로 없음	2.7°C
-20	-35	-46		

출처: IPCC AR6 WGIII SPM(2022)[4] (발췌)

배출량보다는 흡수량이 더 많아야 한다. 그리고 CO_2 외의 온실가스 배출량도 줄여나가야 한다. 2100년에 2.0°C 이하의 기온상승을 얻기 위해서라면 넷제로 달성 시점을 2070년으로 미룰 수 있다. 그리고 이러한 넷제로 달성 시점은 2030년이나 2040년 이전의 저감 정도와 메탄 발생량 저감 정도에 의해서도 영향을 받는다.

온실가스 배출감소와 그린 패러독스(Green Paradox)

⟨표 22-4⟩와 같은 로드맵을 따라 배출량을 줄이기 위해서 각국은 탄소세 혹은 배출권 거래제를 시행하여 탄소가격을 높이려 한다. 그리고 시간이 지날수록 저감량이 많아져야 하므로 탄소가격이 점차 높아져야 한다. 이는 탄소에 대한 수요를 줄이는 수요관리정책인데, 독일 경제학자 진(Sinn, 2008)의 그린 패러독스 주장은 이런 종류의 수요관리정책은 탄소(혹은 화석연료)의 공급측면을 간과해 오히려 기후변화를 촉진할 수 있다고 지적한다.

---

4) IPCC(2022), *Climate Change 2022: Mitigation of Climate Change, Summary for Policy Makers.*

석유와 같은 화석연료를 공급하는 기업이 가진 부존량을 R이라 하자. 이를 현재와 미래 두 기에 걸쳐 채굴하여 판매하는데, 각각 q_0, q_1이라 하자. 채굴된 석유의 가격은 현재에는 p_0, 미래에는 p_1이다. 단위당 채굴비용은 c로 일정하다. 이자율을 r이라 하면, 자원기업은 다음의 현재 및 미래 할인이윤의 합을 극대화하도록 (q_0, q_1)을 선택한다.

$$\pi = [p_0 q_0 - c q_0] + \frac{1}{1+r}[p_1(R - q_0) - c(R - q_0)]$$

동태이윤 π를 q_0에 대해 미분하고 0으로 두면, 자원경제학 문헌이 호텔링의 법칙(Hotelling's rule)이라 부르는 다음의 최적 자원공급 조건이 도출된다.

$$\frac{[p_1 - c] - [p_0 - c]}{[p_0 - c]} = r$$

즉 자원의 단위당 순이윤 혹은 희소성지대(scarcity rent) $p - c$가 이자율 r의 속도로 상승해야 한다. 제13장의 비용-편익분석에서 언급한 것처럼 이자율은 경제적 가치를 지금 실현하지 않고 미래에 실현하는 대신 보상받고자 하는 일종의 기회비용이다. 따라서 만약 자원판매 순이윤 상승률이 r보다 낮으면, 다음 기의 순이윤이 기다림의 기회비용보다도 작기 때문에 기업은 이번 기에 자원을 모두 채굴하여 판매해 버리는 선택을 한다. 반대로 순이윤의 상승률이 r보다 크면 현재에는 채굴하지 않고 기다렸다가 미래에 모두 채굴하여 판매하려 할 것이다.

〈표 22-4〉처럼 21세기 후반부로 갈수록 감축률을 높이기 위해 탄소세가 점차 강화된다면, 자원기업은 미래의 자원수요가 줄어 미래가격 p_1이 정책이 없을 때에 비해 하락할 것이라 예상한다. 따라서 자원기업은 채굴속도를 빨리하여 가능한 한 조기에 석유를 공급하고자 하며, 그 결과 현재의 석유가격이 하락하고 소비량도 현재에 더 늘어난다.

그런데 문제는 연소된 모든 화석연료는 온실효과를 가지고, 초기에 배출된 온실가스는 대기 중 CO_2 농도를 누적해서 증가시키기 때문에 이러한 수요관리정책은 오히려 기후변화문제를 악화시킬 수 있다는 것이다. 반면 탄소세율이 오히려 점차 낮아지게 하거나, 채굴되지 않은 자원에 보조금을 주거나, 자본소득에 과세하여 r을 낮추는 등의 공급관리정책을 통해 순이윤 상승률을 상대적으로 크게 만들면, 기업은 자원을 채굴하기보다는 '땅속에' 보유하기를 원하게 된다. 즉 시간이 흘러도 '연소되지 않는' 화석연료의 양이 많아지고, 이 때문에 기후변화문제가 완화될 수 있다는 것이다.

이 주장은 자원부존량이 완전히 알려지고 채굴비용은 불변이라 가정하며, 무엇보다 화석연료 외 다른 에너지 시장의 반응은 고려하지 않는 단순한 모형에 의존하므로 그에 대한 비판도 많다(옌센 외, Jensen et al., 2015). 하지만 온실가스 배출저감 유인의 도입에 있어 자원공급자의 동태적 의사결정을 반영해야 한다는 주장은 귀담아들을 필요가 있다.

section 02 기후변화 대응

기후변화에 대한 대응은 온실가스의 배출저감(mitigation) 혹은 감축과 기후위기에 대한 적응(adaptation)으로 나뉜다. 또한 저감과 적응, 특히 저감의 경우 개별 국가의 노력보다는 지구 전체의 조직화된 공동 대응이 필요하다. 아래에서는 관련 내용을 간략히 살펴본다.

1. 배출저감

제1절의 식 (22−1)에서 온실가스 배출량은 인구, 1인당 소득, 소득당 에너지 사용량, 사용 에너지 단위당 온실가스 배출량이라는 요소들에 의해 결정되었다. 인구와 1인당 소득을 줄이는 선택은 하기 어렵기 때문에 결국 에너지의 효율성을 높이고 에너지 단위당 CO_2를 적게 배출하는 에너지 전환과 기술개발이 주 감축(mitigation) 수단이 되어야 한다. 또한 삼림 면적을 늘리고 토지이용을 지속가능하게 하여 비에너지 부문의 배출감소 혹은 흡수 촉진도 추진해야 한다. 이를 추진하는 정책 수단으로서 탄소세나 배출권거래제를 사용하되, 기술개발에 대한 지원과 같은 여러 추가 수단도 사용할 필요가 있다. 이런 감축수단은 이미 어느 정도 실행되고 있으며, 만족스럽지는 않지만 아무런 조치를 취하지 않았을 때에 비해서는 상당량의 배출저감을 달성한 것으로 평가된다.

에너지부문의 경우 화석연료 사용을 최소화해야 하며, 사용된 화석연료는 CCS(carbon capture and storage)기술을 적용해 탄소를 회수하고 저장해야 한다. 에너지 시스템의 전력화를 달성하고 전기는 CO_2를 배출하지 않는 방식으로 생산해야 하며, 전력화가 어려운 부문은 바이오연료, 수소계 연료 등을 사용토록 해야 한다. 전력화는 많은 기반시설에 대한 투자를 필요로 한다. 그리고 이미 배출된 탄소는 직접 흡수(DACCS, direct air CCS)하거나 바이오매스를 활용하여 흡수(BECCS, bioenergy with CCS)하는 방식으로 대기로부터 제거하는 것을 추진해야 한다.

산업부문은 원자재의 수요관리, 효율성 증대, 순환(재활용 등)체계 구축, 신공정의 도입을 통해 온실가스 배출을 줄여야 한다. 이를 위해서는 상당한 정도의 기술혁신이 도입되어야 하며, 또한 원료물질의 국제 교역을 감안할 때 국제적 협력도 필요하다.

도시부문은 건물 등의 에너지와 원료의 사용량을 줄이고, 보다 친환경적 도시 내 생산과 소비로의 전환이 필요하다. 또한 도시 내에서의 전력화와 탄소 흡수 및 저장을 추진해야 하지만, 토지이용 형태, 공간구조, 도시화 등의 계획 자체에 이들 내용을 반영할 필요가 있다.

수송부문의 경우 육상수송은 전기자동차 보급이 가장 큰 저감수단이 될 것이고, 바이오연료의 공급 확대도 기여할 것이다. 항공과 해운의 경우 기존 설비의 에너지 효율성 향상과 신기술 도입이 필요하며, 역시 친환경 연료로의 전환이 추진되어야 한다. 수송부문 역시 전체 에너지 시스템의 전력화와 연계되어 탄소저감을 추진해야 하고, 기반투자 및 요금체계의 변동 등도 필요하다.

농업, 산림, 여타 토지이용 부문(AFOLU, Agriculture, Forestry and Other Land Use)은 에너지 공급부문과 함께 음(−)의 배출을 달성하여 넷제로에 기여할 부문이다. 열대림 파괴를 줄이고 삼림과 여타 생태계를 보존하며, 작물과 축산 생산을 보다 지속가능하게 하고 농업의 탄소흡수력을 높이는 것이 중요하다. 수요관리와 지속가능한 식단 변경 등도 이에 기여할 것이다.

2. 기후변화적응

기후위기(climate risk)는 기후변화가 생태계, 생물다양성, 인간 시스템(human system)에 미치는 점차 심해지면서도 서로 연관되고 또 비가역적인 영향을 의미한다. 기후위기를 유발하는 위해 요인으로는 생명 손실, 부상 및 여타 건강상의 손실, 자산 피해와 손실, 생산성 손실, 기초시설, 생계, 서비스 공급, 생태계, 환경자원 등에 미치는 물리적인 사건들을 들 수 있다.[5] 기후위기는 인간과 생태계가 이러한 위해 요인에 노출되고 취약해지면서 발생한다. 기후위기에 대한 취약성은 개인 간, 사회 간, 지역과 국가 간, 시점 간에 상당히 서로 다른 모습을 보일 것이다.

---

5) IPCC(2022), *Climate Change 2022: Impacts, Adaptation and Vulnerability, Summary for Policy Makers* 혹은 AR6 WGII SPM(2022).

적응(adaptation)은 기후변화에 대한 노출과 취약성을 줄이는 모든 행위를 의미한다. 적응을 위해서는 사회, 경제, 생태 시스템이 회복력(resilience), 즉 기후위험 요인이 발생하고 증가하는 것에 대응할 수 있는 능력을 갖추도록 해야 한다. 이는 또한 기후변화에도 불구하고 이들 세 가지 시스템의 정체성, 기능 및 구조가 유지될 수 있도록 이들 시스템을 조정하는 것을 의미하기도 한다. 회복력 유지를 통해 기후변화에 적응하기 위해서는 에너지, 토지/해양/생태계, 도시/농촌/기초시설, 산업과 사회 전체에서 적절한 전환이 이루어져야 한다(AR6 WGII SPM 2022).

토지/해양/생태계의 전환은 물 관리, 농업용수 관리, 식품의 가용성과 안정성 확보, 지속가능한 숲 관리, 육지부/담수부/해양/연안의 생태계 보존과 회복 등을 포함한다. 홍수방지를 위한 조기경보시스템 구축 및 제방 건설, 습지와 하천 회복, 산림관리를 통한 물 보유 능력 확보 등이 주요 물 관리 적응 노력이다. 농업의 수자원 관리, 용수 저장, 토양 습도관리와 관개 역시 수자원 관련 적응조치이다. 농식품과 관련하여 품종개량, 농촌 지역단위 대응조치 개발, 도시농업 등이 적응조치로 거론되며, 지속가능한 삼림관리, 수종 다양화, 병해충과 산불 저감 조치도 필요하다. 그리고 육지부와 해양부의 생태계 보존과 회복, 서식지 이동을 원활하게 하는 조치 등은 생물다양성 관리를 위해 필요한 적응조치이다.

도시/농촌/기초시설의 전환은 도시, 농촌정주와 기초시설 설계에 기후위기 문제를 반영하는 것으로 출발해야 한다. 이를 통해 기초서비스, 기초시설, 소득원 다양화와 고용 문제 등에 기여할 수 있다. 도시의 전환은 물리적, 자연적, 사회적 기초시설의 전환을 의미하며, 물리적 기초시설(예: 재해방지 시설)에 대한 투자가 우선 이루어져야 한다. 농촌은 특히 기후위기에 취약하므로 물리적 기초시설의 공급과 더불어 작물 재해보험, 소득지원, 공적 일자리 제공과 같은 사회안전망을 갖추는 것도 필요하다.

에너지 시스템의 전환은 에너지 기초시설의 회복력을 높이는 것을 필요로 한다. 전력 시스템의 신뢰도를 높이고 신재생자원 등 에너지 생산기반을 확충하여야 한다. 기후위기에 대응하여 발전 설비의 다양화와 지역화가 필요하며, 에너지 시장구조 개편, 스마트 그리드 기술, 안정적인 송배전 시스템도 갖추어야 한다.

이상 모든 시스템의 전환과 함께 보건 시스템의 회복력 제고가 추진되어야 하며, 이는 특히 취약계층을 우선 배려하는 방식으로 이루어져야 한다. 이상고온에 대해서는 조기경보시스템과 건강 대책이 갖추어져야 하고, 안전한 식수 및 음식에 대한 접근성도 높여야 한다. 감염성 질환에 대해서는 예찰과 조기경보, 백신 개발 등이 뒷받침되어야 한다. 기후위기의 심각성은 지역 간, 계층 간 차이가 크다는 점을 감안해야 하며, 대규모 기후난민 발생에 대해서도 대처하여야 한다.

　　이상 모든 적응조치는 개인이 직접 실행할 수 있는 바와 국가나 지방자치단체, 국제
사회 등 공적부문이 담당해야 할 역할로 나눌 수 있다. 개인과 공공의 노력이 상호 조화를
이룰 수 있도록 하고, 지나친 공적 개입이 개인의 적응노력 동기를 저해하지 않도록 하여
야 한다.

3. 국제적 노력

　　온실가스 배출저감을 위한 비용은 각 국가와 개인이 부담하지만 그 편익은 전 세계가
공유한다는 점이 적극적인 배출저감 노력을 막는 요인이 된다. 또한 기후변화문제는 일부
국가의 저감만으로는 큰 성과를 거둘 수가 없고 지구상 대부분의 국가가 동참해야 완화될
수 있다. 따라서 기후변화 대처에는 전 지구적 혹은 국제적 대응이 반드시 필요하다. 하지
만 제21장에서 논의한 바와 같이 모든 국가는 국제협력에 동참하기보다는 무임승차자가
되려는 동기를 가지기 때문에 실효성 있는 국제협력을 도출하기가 쉽지 않다.

　　지구온난화 문제에 대처하기 위한 국제적 노력은 1980년대에 들어와 시작되었고,
1992년의 리우정상회담에서는 UN기후변화협약(UN Framework Convention on Climate
Change)을 채택하였다. 동 협약에서는 과거의 온실가스 배출량 증대에 책임이 큰 선진국
들은 2000년까지 온실가스 배출량을 자국의 1990년도 수준까지 줄여나가야 했다. 또한 각
국은 자국의 이행계획과 목표 배출량을 담은 국가별 이행계획(National Action Plan)을 제출
하여야 했다. 한국은 이 협약에 1993년 12월 가입하였다.

　　1997년 12월에 일본 교토에서 개최된 기후변화협약의 제3차 당사국총회는 선진국들
의 2000년 이후의 온실가스 감축목표를 설정하였고, 이를 교토의정서(Kyoto Protocol)라 부
른다. 교토의정서의 가장 큰 특징은 선진국을 중심으로 국가별 의무 감축량을 부과하고 국
가 간의 배출권거래제와 공동이행제도(Joint Implementation)를 도입한 것이다. 또한 선진국
이 개발도상국에 투자하여 발생된 온실가스 감축분을 자국의 감축실정에 반영할 수 있도
록 하는 청정개발체제(Clean Development Mechanism)도 도입되었다. 교토의정서는 인간 활
동에 의한 토지이용 변화나 삼림 등과 같은 흡수원(sinks)을 통해 온실가스를 제거하는 행
위를 인정하여 이를 국가별 감축량에 포함하기로 하였다.

　　교토의정서는 선진국 및 동구권, 유럽공동체를 포함하는 39개국을 부속서 I(Annex I)
국가로 분류하고 나머지 국가를 다른 하나의 그룹으로 분류하였다. 부속서 I의 국가들에는

CO$_2$ 등 6종의 온실가스에 대해 1990년 배출량의 5.2%만큼을 2008~2012년 사이에 감축할 의무가 생겼다. 교토의정서는 2005년 발효되었지만, 미국이 교토의정서에 서명만 하고 비준을 하지 않아 감축의무를 지지 않게 되었고, 그만큼 조약의 실효성이 문제가 되었다. 뿐만 아니라 BRICs 즉 브라질, 러시아, 인도, 중국 등과 같은 국가들이 전 세계 경제와 온실가스 배출에서 차지하는 비중이 커지면서 교토의정서의 의무감축국들이 전 세계 배출량에서 차지하는 비중이 갈수록 줄어드는 문제가 발생하였다.

2012년까지의 배출저감 목표를 담고 있는 교토의정서 이후의 감축내용에 대한 합의를 도출하고, 특히 갈수록 비중이 커지는 개발도상국들로 하여금 의무감축에 동참하게 하기 위한 노력, 즉 포스트교토체제 수립을 위한 노력이 계속 진행되었고, 그 노력 중 주목할 만한 것이 2009년 12월 코펜하겐에서 개최된 제15차 UN기후변화협약 당사국 총회(COP15)였다. 코펜하겐 회의에서의 합의문은 당초 교토체제의 이행에 가장 적극적이었던 EU가 준비했지만 그 안은 채택되지 않았고, 결국 채택된 코펜하겐합의(Copenhagen Accord)는 미국과 BASIC 국가들(브라질, 남아프리카 공화국, 인도, 중국)에 의해 초안이 만들어진 것이고, 미국과 중국 간의 정치적 타결의 산물이 되었다.

포스트교토(Post−2012)를 도출하는 데 있어 가장 큰 장애는 선진국과 개발도상국의 이해관계가 충돌한다는 점이다. 선진국은 전 지구적 차원의 감축을 달성하기 위해서는 개발도상국의 배출량 감소가 불가피함을 강조했었다. 반면 개발도상국들은 선진국의 지구온난화 책임과 개발도상국 에너지 소비 증대의 불가피성을 들어 개발도상국에 대해서도 강제적인 감축계획을 적용하는 것에 반대했고, 선진국의 상당한 재정지원이 없이는 감축노력에 동참할 수 없다는 입장을 보였다.

현시점에 있어 온실가스 배출저감에 가장 큰 영향을 미치는 국제적 합의는 파리협정(Paris Agreement)이다. 2015년의 유엔기후변화협약 회의에서 채택된 이 합의는 온실가스 관련 국제협약으로서는 처음으로 포괄적으로 적용되는 국제법이 되었으며 2016년 효력이 발효되었다. 파리협정에서의 온실가스 감축노력은 교토의정서 체제의 그것과는 성격이 많이 다르기 때문에 신기후체제(new climate regime)라 불리기도 한다.

파리협정은 먼저 목표 기온상승을 2℃보다도 더 아래(well below)로 잡아야 함을 공식화하였다. 또한 감축에 주안점을 두었던 교토의정서와 달리 ① 감축, ② 적응, ③ 재원조달(finance), ④ 기술, ⑤ 역량배양(capacity−building), ⑥ 감축 투명성(transparency)에 관한 포괄적인 내용을 포함하고 있다.

교토의정서에서는 국가별 감축량을 할당하는 방식이었지만, 파리협정에서는 각국 스스로가 자발적인 감축목표를 설정하게 한다는 근본적인 차이가 있다. 이는 감축량 할당 과정에서 발생하는 국가 간 갈등을 피하고, 개발도상국을 포함하는 모든 국가가 감축에 동참하게 하기 위함이다. 각국이 제출하는 감축목표를 국가 자발적 기여(Nationally Determined Contribution, NDC)라 부르는데, 감축부터 투명성에 이르는 6가지 사항에 대한 국가 목표를 담고 있다. 각국은 스스로 설정한 NDC를 제출하되 이를 달성하기 위한 정책을 시행하여야 하고, 주기적으로 새로운 NDC를 제출하여야 한다. 그리고 새로운 NDC에서는 기존 NDC에 비해 감축목표가 상향되는 것이 원칙이다.

파리협정 당시 각국이 제출했던 NDC에서의 감축목표는 상당히 다양하다. 그리고 달성 목표를 설정한 방식 역시 국가별로 차이가 있다. 2030년과 같은 특정 연도의 절대적인 배출량 자체를 목표로 제출한 국가도 있다. 하지만 다수 국가가 2030년 배출할 것으로 예상되는 양, 즉 BAU 배출량의 특정 비율을 줄이거나, 배출량이 아니라 집약도, 즉 GDP 1달러 생산에 필요한 CO_2 배출량을 기준연도보다 낮추겠다는 목표를 제시하였다. 이들 국가는 배출량 자체에 속박되는 것을 피하려는 전략적 선택을 한 것이다. 이처럼 각국은 각각 처한 경제적, 환경적 상황을 반영하여 현실 가능성이 있으면서도 국제사회의 요구에 부응하는 방법을 찾아 NDC를 제시하였고, 이후 NDC를 개정하고 있다.

section 03 통합평가모형과 탄소의 사회적 비용

미래 기후시스템에 관한 전망은 IPCC 보고서의 경우 먼저 ① 미래의 사회경제적 발전경로에 관한 시나리오를 설정한 후, 각 시나리오에서의 인구와 경제성장 등을 수량 지표로 전환한다. ② 이어서 이러한 사회경제적 지표 전망치로부터 향후의 에너지 소비량과 온실가스 배출량 전망치를 생성하며, ③ 마지막으로 에너지 소비량과 배출량 전망치로부터 기후시스템 전망치를 도출한다.

이상의 전체 과정에서 두 가지 분석모형이 중요한 역할을 하는데, IAM과 GCM이 그것이다. IAM 즉 통합평가모형(integrated assessment model)은 시나리오별로 에너지 소비량과 온실가스 배출량을 전망하며, 기후변화 대응 정책의 경제적 효과까지 분석할 수 있는 분석모형이다. 이에 비해 GCM(global climate models 혹은 general circulation models)은 온실가스 배출량과 농도 증가로 인해 발생하는 물리적 과정과 기후시스템 변화를 전망하는 분석모형이다.

IAM은 학제적 연구성과물이지만 경제학적인 분석법이 큰 비중을 차지하는 모형이며, 따라서 정책효과 분석에 유용하게 사용되고 있다. IAM은 크게 과정기반모형(process-based models)과 집계 비용편익모형(aggregate cost-benefit models)으로 나뉜다.

과정기반모형은 IPCC가 온실가스 배출량 전망을 위해 사용하는 약 10개에 이르는 모형들을 포함한다. SSP와 같은 미래 발전경로 가정하에서 에너지 사용과 온실가스배출의 복잡한 과정을 모형화하고, 부문별 세부 정보(예: 경제활동별, 시설별, 에너지 종류별 사용량 등)를 제공하는 역할을 한다. 반면 집계 비용편익모형은 위에서 보여준 IPCC의 세 단계 분석 절차의 한 구성요소로 사용되기보다는 기후변화 피해비용과 완화비용을 집계하고, 최적의 배출 수준을 찾기 위해 개발된 모형이다. 이 모형은 과정기반모형과는 달리 경제활동별, 시설별, 에너지 종류별 세밀한 영향을 도출하지는 않으며, 경제 전체의 영향을 분석한다.

과정기반모형은 IPCC가 실제 사용하는 IAM이고, 또한 세부 부문별 에너지 사용량과 온실가스 배출량 정보를 제공한다는 점에서 기후변화 전망에 기여하고 있다. 하지만 집계 비용편익모형은 온실가스 배출의 비용과 편익을 명시적으로 고려하고, 동태최적화라는 최적의 의사결정을 찾는 과정을 포함한다는 점에서 정책효과 분석에 더 유용하게 사용될 수 있다. 또한 이 두 번째 방법은 환경에 미치는 영향을 포함하는 최적 성장경로를 도출한다는 특성도 가지고 있다.

집계 비용편익형 IAM에도 여러 가지가 있고, 그 모두를 설명하는 것은 본서의 범위를 벗어나는 일이다. 다만 대단히 잘 알려져 있고, 기후변화 관련 논의에 큰 영향을 미치고 있는 모형들만 보면 스턴리뷰(Stern Review)의 작성을 위해 사용된 모형과(Stern, 2007) 노드하우스(Nordhaus, 2008, 2013)의 DICE모형을[6] 들 수 있다.

DICE와 같은 IAM의 구조는 캔드릭 외(Kendrick et al., 2006)가 사용했던 그림을 변형한 〈그림 22-1〉을 이용해 설명할 수 있다. 이미 앞에서 살펴본 바와 같이 생산이 이루어지면 온실가스 배출량이 늘어나고 그로 인해 대기 중 온실가스 농도가 짙어진다. 이 때문에 지구의 기온이 높아지며, 그로 인해 생산성이 영향을 받는데 많은 지역에서 부(−)의 영향을 받는다. 이러한 순환이 계속 이루어지면 현재로서는 기후변화가 계속 심해질 것으로 예

---

6) 노드하우스 교수는 이 모형 개발을 주 업적으로 하여 2018년 노벨경제학상을 수상하였다. DICE의 가장 최근 버전은 베리지와 노드하우스(Barrage and Nordhaus, 2024)가 설명하며, GAMS라는 최적화 전용 소프트웨어를 이용해 풀 수 있도록 컴퓨터 코드가 공개되어 있다. DICE는 여러 차례 개정되었지만 〈표 22-4〉의 IPCC 권고보다는 높은 수준의 온도상승을 최적 대응경로로 항상 제시해 왔다.

그림 22-1 IAM의 구조

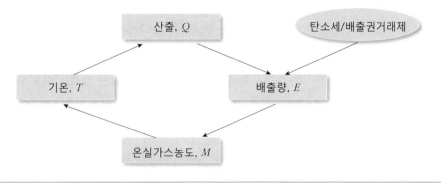

출처: 캔드릭 외(Kendrick et al., 2006), p. 292.

측된다. 온실가스 농도를 계속 높이지 않고 어느 수준에서 안정화하기 위해서는 그림에서처럼 탄소세나 배출권거래제와 같은 정책을 도입할 수 있다. 이들 정책의 도입 목적은 탄소가격을 높이는 데 있으며, 탄소가격 상승으로 인해 생산량이 직접 달라질 수 있고, 생산기술의 변화가 발생하면 동일한 양이 생산되더라도 온실가스 배출량이 달라질 수 있다.

DICE 형 IAM은 일종의 최적화 모형이다. 사회의 후생은 소비로부터 오며, 특정 시점 t에 있어 1인당 소비를 $c(t)$, 인구를 $L(t)$라 하면 소비로부터 얻는 만족도는 효용함수 $U(C(t)) = L(t)\dfrac{c(t)^{1-\alpha}}{1-\alpha}$와 같이 얻어진다고 가정한다. 최초시점부터 $T_{\max}$시점까지 발생하는 모든 후생을 할인해서 더해준 식 (22-2)의 W 값을 극대화하는 것이 목적이 된다.

$$W = \sum_{t=1}^{T_{\max}} \frac{1}{(1+\rho)^t} \left[L(t)\frac{c(t)^{1-\alpha}}{1-\alpha} \right] \quad \cdots\cdots\cdots\cdots\cdots\cdots \text{22-2}$$

효용함수의 파라미터 α와, 서로 다른 시점 간의 효용을 비교하도록 해주는 시간에 대한 선호를 나타내는 지표 ρ는 관측되는 자료와 부합되게 정해준다. 이 두 파라미터에 대해서는 다음 절에서 다시 논의한다.

소비를 하려면 생산이 이루어져야 하며, 생산량은 노동, 자본 등의 투입요소 사용과 이들 투입요소 사용량 대비 산출량을 나타내는 생산성에 의해 결정된다. 생산성은 또한 ① 지구온난화 정도와 ② 저감비용 지출의 영향을 받는다. 즉 이번 기에 많이 저감하면 생산성이 낮아지지만 대신 지구온난화를 완화하여 미래의 생산성을 높이는 이득을 얻을 수 있다. 또한 미래의 인구와 자본은 인구성장률과 저축을 통한 자본축적에 의해 결정된다.

생산행위 결과 배출되는 온실가스는 대기와 해양의 온실가스 농도를 바꾸며, 이 농도 변화는 복사강제력(RF)을 결정하고, 따라서 지구 온도를 바꾸게 된다. 이 온도변화는 결국 산업의 생산성을 다시 결정하게 된다. 즉 지구온난화가 초래하는 여러 종류의 피해를 생산성 감소라는 지표로 통합하고 따라서 화폐로 계산할 수 있도록 한다.

이러한 전체 구조를 가지는 수리모형을 식 (22-2)의 효용할인 값을 극대화하도록 풀되, 선택변수는 어느 정도의 배출저감 노력을 매년 하며, 또한 자본축적을 매년 얼마나 할 것인지이다. 그 결과는 모형에 적용된 가정이나 파라미터 수치, 그리고 무엇보다도 2100년의 목표 기온을 어느 정도로 둘 것인지에 따라 달라진다. 2100년 목표치를 두지 않고 최적화를 하면 모든 IAM이 저감조치를 취하는 것이 취하지 않는 것보다 장기 후생을 더 높이며, 따라서 온실가스 감축을 위해 노력해야 한다는 것을 보여준다.

한편, IAM들이 최근 제시하는 매우 유용한 정보로서 탄소의 사회적 비용(social cost of carbon, SCC)이라는 것이 있다. SCC는 1톤의 탄소를 대기 중에 더 배출함으로 인해 발생하는 사회적 비용을 금액으로 계측한 것이다. 역으로 이는 1톤을 감축함에 따라 얻게 되는 사회적 편익이며, 특정 시점에 탄소 배출을 1톤 줄임에 따라 향후 발생하는 소비가치를 할인해서 더해 준 것이다. 그리고 식 (22-2)를 극대화하는 최적의 생산 및 배출 선택이 이루어진다면, SCC는 이때 형성되어야 할 탄소의 가격이라 해석할 수도 있다.

탄소세나 배출권가격은 원칙적으로 SCC와 일치해야 하므로 SCC는 최적의 정책수단과 수준을 결정하는 데 결정적으로 중요한 정보가 된다. 또한 SCC는 IAM에서의 최적 배출경로에 대한 정보를 제공하기도 한다.

SCC는 이런 성격 때문에 온실가스 감축은 물론 다양한 대기관련 환경정책에 활용될 수도 있다. 승용차 연비 규제와 발전소 대기오염 배출규제에 적용될 수 있으며, CCS 등 탄소저감 기술을 실행하는 기업에 대한 보조금 산정에도 활용될 수 있다. 전력요금에 환경세의 일종으로 부과할 수 있으며, 정부 조달업무나 석유 등 화석연료의 개발권 가격 산정에도 반영할 수 있다.

SCC가 이러한 중요도를 가지기 때문에 이를 추정하려는 시도가 여러 연구자에 의해 이루어졌다. SCC 계측 작업은 그 자체가 IAM을 필요로 하며, 사용되는 파라미터나 할인율에 대한 가정, 그리고 각종 불확실성 반영 방식 등이 결과에 민감한 영향을 미친다. 〈표 22-5〉는 최근 이루어진 주요 SCC 추정치를 정리하여 보여주는데, 각 연구가 여러 가지 조건별로 다수의 수치를 제시하기 때문에 그중 일부만을 발췌한 것이다.

표 22-5 글로벌 탄소의 사회적 비용 추정치(단위: [가격 연도 $US]/톤)

저자	발간 연도	가격 연도	SCC
IWG[7]	2021	2020	51
카이와 론젝(Cai and Lontzek)	2019	2005	59~99
레너트 외(Rennert et al.)	2021	2020	61.4~168.4
베리지와 노드하우스 (Barrage and Nordhaus)	2024	2019	66

section 04 할인율 선택 논쟁

제3절에서 본 바와 같이 IAM을 이용해 최적의 배출경로와 성장경로, 그리고 정책설계에 적용할 SCC 추정치를 얻는 것은 매우 중요한 작업이다. 이러한 분석은 온난화의 피해함수를 적절히 추정하고 배출량 전망치가 기후시스템에 미치는 영향도 정확히 파악하여야 신뢰도를 얻을 수 있다. 그리고 미래의 여러 경제적, 환경적 변화에 개입된 불확실성도 반영하여야 하는데, 무엇보다도 할인율 선택이 중요하다. SCC 계산은 현재의 탄소 배출을 1톤 줄임에 따라 발생하는 미래의 소비량 변화를 경제적 가치로 환산하여야 하며, 각기 다른 시점에 발생하는 변화를 모두 현재가치화하여야 하므로 할인율에 민감한 영향을 받을 수밖에 없다. 따라서 적정 할인율 선택은 기후변화 경제분석에 있어 가장 중요한 주제의 하나로 최근 부각되었다.

예를 들어 〈표 22-6〉은 레너트 외(Rennert et al., 2021)가 최종 제시하는 SCC 추정치를 보여준다. 추정치 1과 2는 미래 경제성장이 불확실하여 할인율도 불확실하지만, 비교적 인근 연도(예: 10년)의 할인율 추정치 평균값이 각각 3%와 2%가 되도록 하는 가변 할인율을 적용할 때의 SCC 추정치이다. 반면 추정치 3과 4는 각각 3%와 2%의 할인율을 모든 연도에 고정된 값으로 적용할 때의 SCC 추정치이다. 추정치 3과 4는 1과 2보다 훨씬 큰 SCC를 제시한다는 것을 알 수 있다. 그리고 추정치 1과 2, 추정치 3과 4 사이에도 각각 상당한 정도의 SCC 제시액 격차가 확인된다. SCC 추정치가 이렇게 다르면 정책 처방도 다를 수밖에 없다.

---

7) Interagency Working Group on the Social Cost of Greenhouse Gases, United States Government.

표 22-6 할인율과 평균 SCC 추정치(단위: 2020$/톤)

확률(stochastic) 할인율		불변(constant) 할인율	
인근 연도 할인율 3%	인근 연도 할인율 2%	할인율 3%	할인율 2%
추정치 1	추정치 2	추정치 3	추정치 4
61.4	168.4	194	1,557

출처: 레너트 외(2021)

IAM을 이용하는 기후변화 경제분석에서 할인율 선택이 그 어느 경우보다 주목받게 된 것은 스턴리뷰(Stern Review)가 발간되었을 때이다. 이 보고서는 가능한 한 이른 시기부터 온실가스 감축을 위해 노력할 필요성을 강조하였고, 또한 상당히 높은 수준의 탄소가격을 제안하였다. 이 보고서 발간 후 그 결론이 보고서가 책정한 지나치게 낮은 할인율 때문이라는 지적이 제기되었었다.

SCC 추정 등에 적용할 최적의 할인율은 역시 이론적 근거를 가져야 하며, 이를 확인하기 위해 동태 최적화문제를 아래의 식 (22-3)과 같이 표현하자.

$$W = \sum_{t=1}^{\infty} \frac{1}{(1+\rho)^t} U(C_t) = \sum_{t=1}^{\infty} \frac{1}{(1+\rho)^t} \frac{C_t^{1-\alpha}}{1-\alpha} \quad \text{.................................} \quad \boxed{22-3}$$

C_t는 t시점의 소비량이다. 지구 전체의 경제문제를 책임지는 책임자 혹은 기획자(planner)가 있다면 식 (22-3)의 W를 최대화하는 소비수준 경로 $\{C_t\}$를 결정할 것이다. 식 (22-3)에서의 ρ는 서로 다른 시점의 소비로부터 얻는 '만족도' $U(C_t)$의 비교를 위해 적용되는 일종의 시간에 대한 선호(time preference)를 나타내는 파라미터이다. 할인율 r은 서로 다른 시점의 '소비 자체' C_t를 동일한 만족도 W를 유지하면서 교환하고자 할 때 적용해 주는 일종의 가중치이다. 즉 효용을 현재가치로 전환할 때는 $U(C_t)/(1+\rho)^t$와 같이 계산하고, 소비나 소득을 할인할 때는 $C_t/(1+r_t)^t$처럼 할인한다. 그리고 할인율 r은 시점별로 달라질 수 있어 r_t로 표기한다. 탄소의 사회적 비용, 즉 SCC는 탄소 배출 1톤 변화가 이후 유발하는 소비량을 할인해서 더한 것이므로 소비액의 현재가치를 구하는데 r_t가 사용되어야 한다.

식 (22-3)을 극대화하기 위해서는 시점 $t+1$에서 한 단위 소득을 더 받아 소비해서 효용이 늘어나는 것과, 대신 시점 t에서 소득이 $1/(1+r_{t+1})$만큼 늘어나서 소비가 늘어날 때 얻는 효용이 일치해야 한다. 즉 다음이 성립해야 한다.

$$\frac{1}{(1+\rho)}\frac{\Delta U(C_{t+1})}{\Delta C_{t+1}} = \frac{\Delta U(C_t)}{\Delta C_t}\frac{1}{(1+r_{t+1})}$$ **22-4**

위 식의 좌변은 C_{t+1}이 한 단위 늘어나서 발생한 $U(C_{t+1})$의 증가를 t시점의 만족도 변화와 비교하기 위해 시간선호 ρ을 적용해 할인한 것이다. 우변은 C_t는 소비량 할인이 있기 때문에 한 단위가 아니라 $1/(1+r_{t+1})$만큼 늘어나고, 그로 인해 증가한 $U(C_t)$의 변화를 의미한다. 만약 위 식의 좌변이 더 크면 C_{t+1}은 늘리고 대신 C_t는 줄여야 하고, 우변이 더 크면 반대로 해야 W의 값이 커진다. 효용함수가 $U(C_t) = \frac{C_t^{1-\alpha}}{1-\alpha}$와 같으므로 이를 대입하여 식 (22-4)를 정리하면 다음을 얻는다.

$$1 + \frac{C_{t+1} - C_t}{C_t} = 1 + g_{t+1} = \left[\frac{1+r_{t+1}}{1+\rho}\right]^{1/\alpha}$$ **22-5**

$g_{t+1} \equiv \frac{C_{t+1} - C_t}{C_t}$는 소비증가율을 의미한다. 식 (22-5)의 양변에 로그를 취하면 다음을 얻는다.

$$\ln(1+g_{t+1}) = \frac{1}{\alpha}\left[\ln(1+r_{t+1}) - \ln(1+\rho)\right]$$ **22-6**

식 (22-6)은 최적의 소비를 해나갈 때 시간에 대한 선호 ρ와 할인율 r_{t+1}, 그리고 소비증가율 g_{t+1}이 서로 맺고 있는 관계이다. 한편 식 (22-6)은 좀 더 단순한 형태로 근사될 수 있는데, 어떤 변수 x가 있을 때 함수 $\ln(1+x)$를 $x=0$에서 선형근사하면 $\ln(1+x) \approx \ln(1) + \frac{1}{1}(x-0) = x$임을 알 수 있다. 따라서 식 (22-6)은 다음처럼 표현된다.

$$r_{t+1} \approx \rho + \alpha g_{t+1}$$ **22-7**

식 (22-7)은 동태적 소비행위에 있어서의 램지법칙(Ramsey rule)이라 불린다. 사회적 최적 할인율 r_{t+1}은 시간에 대한 선호 ρ와 소비증가율 g_{t+1}에 파라미터 α를 가중치로 반영하여 더한 것과 같다. 이 α의 의미를 알면 할인율에서의 αg_{t+1}의 역할을 이해할 수 있다. 효용함수에서 한계효용은 $MU(C) = \frac{\Delta U(C)}{\Delta C} = C^{-\alpha}$이고, $\frac{\Delta MU}{\Delta C} = -\alpha C^{-\alpha-1}$이기 때문에 $\frac{\Delta MU(C)}{\Delta C}\frac{C}{MU} = -\alpha$이다. 즉 α는 소비가 늘어날 때 한계효용이 얼마나 빠른 속도

로 변하는지를 나타내는 탄력성의 음(−)의 값이다. α가 크다는 것은 소득 혹은 소비가 늘어날 때 그 추가적인 효용, 즉 한계효용이 빠르게 감소함을 의미한다. 식 (22−7)에서 g_{t+1}이 0보다 크면 후세대가 현세대보다 더 많은 부와 더 큰 C를 갖게 된다. 따라서 사회적 최적을 찾는 기획자는 g_{t+1} 때문에 한계효용이 감소하는 정도를 αg_{t+1}로 반영해 할인율을 ρ보다 크게 만든다.

제13장의 비용−편익분석은 비교적 단기 평가이기 때문에 소비의 성장은 고려하지 않았다. 즉 $g_{t+1} = 0$이고, 이 경우에는 효용 값을 할인하는 시간에 대한 선호 ρ와 소비량을 할인하는 할인율 $r_{t+1} = r$이 동일하다. 또한 $\alpha = 0$이어서 효용함수가 $U(C_t) = C_t$로서 소비량 자체이고, 한계효용이 소비량에 의해 영향을 받지 않을 때에도 $r_{t+1} = r = \rho$가 된다.

이상 설명한 바와 같이 파라미터 (ρ, α)의 값과 기대 성장률 g가 알려져 있으면 시점 t의 소비변화 ΔC_t의 현재가치를 $\dfrac{\Delta C_t}{(1+r)^t} = \dfrac{\Delta C_t}{(1+\rho+\alpha g)^t}$와 같이 구할 수 있다. 이 가운데 g는 향후 경제성장률 전망치 등을 이용해 구할 수 있다. 따라서 관건은 (ρ, α)를 도출하는 데 있다.

이 문제와 관련해 미국 환경처(EPA)는 2011년 12인의 저명 전문가들로 패널을 구성하고 이들의 의견을 구한 바 있다(애로우 외(Arrow et al.), 2012). 이들 전문가 전원이 위에서 설명한 램지법칙을 할인율 선정의 기본 원리로 사용해야 한다는 데 동의했다. 그리고 대부분이 ρ는 0이거나 매우 작은 값이어야 한다고 보았다. 즉 미래세대의 후생은 원칙적으로는 할인하지 않아야 한다는 것이 다수 의견이었다.

α는 사실 (세대 간) 부의 불균등을 회피하는 정도를 나타내는 지수라 볼 수 있다. 즉 미래세대의 소득이 늘면 그만큼 페널티를 주는 것이 α의 값이다. 예를 들면 현재 각국이 사회적 합의를 통해 시행 중인 누진세 구조 등을 분석하여 α의 값을 찾아낼 수도 있다. 이는 사회적 합의에 의해 현재 시행 중인 정책의 모습을 파악해 α의 값을 도출하는 방식이다. 제17장에서 설명한 진술선호법을 적용해 α를 도출할 수 있다는 의견도 있지만 진술선호법 자체의 한계가 지적되어야 할 것이다.

α를 정책이나 설문조사보다는 시장에서 찾으려는 시도도 있다. α는 효용함수의 구조를 나타내고, 경제학의 잘 알려진 사실이지만 투자행위에 개입된 불확실성 위험을 회피하려는 속성과도 직접 관련이 있다. 따라서 보험이나 금융시장의 분산투자 행위 등 위험회피와 관련된 행동을 분석하여 그 값을 추정할 수 있다.

마지막으로 r의 값 자체를 직접 자본시장 정보를 이용해 추정하는 시도도 할 수 있다. 이처럼 할인율 선택과 관련된 이론은 잘 구비되어 있으나, 실제로 할인율을 선택하는 절차나 과정에 대해서는 여전히 많은 선택 문제가 남아 있다.

한편, 할인율 관련 최근 논의 중 대단히 중요한 것은 기후변화의 불확실성을 할인에 반영하는 문제이다. 기후변화의 미래 효과는 편익과 비용에 있어 상당히 불확실한 것이 사실이다. 이러한 불확실성이 할인율 선택에도 영향을 미치기 때문에 이에 대한 논의가 활발히 이루어졌다.

식 (22-7)의 할인율에서 가장 불확실하게 변할 수 있는 것은 미래의 성장률 g_{t+1}이다. 이 변수는 기후변화나 경제 상황 변화 때문에 불확실하게 움직일 수 있어 현 단계에서 정확히 예측하지 못한다. 이 변수는 어떤 확률적 요인의 영향을 받으며 변하되, 매 기에 발생하는 값은 그 이전 값과는 독립적일 수도 있고, 그렇지 않을 수도 있다. 즉 이 값에 영향을 미치는 확률변수 자체가 어떤 경향성을 가질 수가 있는데, 예를 들어 t기에 확률적 요인이 소비증가율을 높였으면 $t+1$기에도 높이는 쪽으로 나타날 수가 있다. 또한 g_{t+1}에 영향을 미치는 예상하기 어려운 충격은 재해나 재난(catastrophes)의 형태로 갑자기 발생할 수도 있다. 전 세계적인 기후재난이나 질병 대유행, 대규모 경제침체 등이 그 예가 된다.

g의 값이 불확실하기 때문에 미래에 $s_i = \rho + \alpha g_i$로 나타날 수 있는 값이 $s_1, ..., s_N$의 N가지이고, 각각이 발생할 수 있는 확률이 $\pi_1, ..., \pi_N$이라 하자($\sum_{i=1}^{N} \pi_i = 1$). 즉 하첨자 i는 g의 값이 실현되는 어떤 상태를 의미하는데, $s_1, ..., s_N$은 시점에 따라서는 변하지 않는 값들이다. 시점 t의 소비변화 ΔC_t의 현재가치는 기대 현재가치(expected net present value, ENPV)로서 다음과 같다.

$$ENPV(\Delta C_t) = \sum_{i=1}^{N} \frac{\pi_i \Delta C_t}{(1+s_i)^t} = \frac{\Delta C_t}{(1+r_t^*)^t} \quad \cdots\cdots\cdots\cdots\cdots\cdots\cdots\cdots\cdots\cdots\cdots\cdots \boxed{22\text{-}8}$$

즉 r_t^*는 N가지 값을 가지는 불확실 할인율 $s_1, ..., s_N$을 적용했을 때의 기대 현재가치와 동일한 값을 갖게 하는 하나의 할인율, 즉 사전적(*ex ante*) 할인율이며, 이를 불확실성하에서의 적정 할인율로 본다.8) 이 관계, 즉 $\sum_{i=1}^{N} \pi_i/(1+s_i)^t = 1/(1+r_t^*)^t$를 충족하는

---

8) 봐이츠만(Weitzman, 1998, 2001)이 이런 제안을 하였다. r_t^*를 확실등가(certainty equivalent) 할인율이라 부르기도 한다. 보다 일반적인 상황에서 확실등가 할인율을 도출하는 방법은 부록에 소개되어

표 22-7 불확실성하의 할인율

t	r_t^*	t	r_t^*
1	0.0395	100	0.0225
10	0.0374	500	0.0128
50	0.0290	2000	0.0107

r_t^*가 가지는 가장 큰 특징은 t의 값이 커질수록 작아진다는 것이다.

예를 들어 $(s_1, s_2, s_3, s_4) = (0.01,\ 0.03,\ 0.05,\ 0.07)$의 4가지 값이 실현될 수 있고, 각각 발생확률은 1/4이라 하자. 몇 가지 t에 대해 r_t^* 값을 구해보면 〈표 22-7〉과 같다. t가 1 부근일 때는 r_t^*의 값은 s_i의 평균인 0.04와 가깝다. 하지만 t가 커질수록 식 (22-8)에 의해 그 값은 작아지며, t가 아주 커지면, 즉 대단히 긴 시간 후에 발생하는 소비변화이면, 발생할 수 있는 s_i 중 가장 작은 값인 0.01에 수렴하는 r_i^*가 선택되어야 한다.

불확실성을 고려할 때에는 (ρ, α)에 더하여 식 (22-8)의 $s_1, \ldots, s_N$의 값과 그 발생확률까지도 파악해야 하므로 할인율 결정 작업이 더 어려워진다. 하지만 기후변화는 아주 장기의 문제를 다루고 있고, 장래의 불확실성도 크기 때문에 관련된 최근 실증분석에서는 〈표 22-7〉과 같이 시점이 지날수록 할인율을 낮추어주는 방식을 많이 사용한다. 그리고 프랑스, 영국 등의 일부 국가에서는 일반 공공사업의 평가에 적용하는 할인율도 적용 기간을 몇 개의 구간으로 나누어, 구간별로 서로 다르고 점차 감소하는 할인율을 실제로 적용하고 있다.

부록 ╱ 불확실성과 할인율

시점 t에서의 소비변화 ΔC_t의 현재가치를 $\dfrac{\Delta C_t}{(1+r)^t} = \dfrac{\Delta C_t}{(1+\rho+\alpha g)^t}$와 같이 구하려 할 때 g의 값이 불확실하면 할인율 자체가 시점별로 달라져야 하지만, 그 구체적인 형태는 몇 가지 방법을 통해 도출할 수 있다. $\dfrac{1}{(1+r)^t}$은 본문에서처럼 동일 할인율로 연간 한

있다.

차례만 할인할 때 적용되는 할인 방식이다. 아래 결론을 도출하기 위해서는 할인이 연속적으로 이루어진다고 가정하고 $\frac{1}{(1+r)^t}$ 대신 e^{-tr}를 적용하는 것이 편리하다. 각 연도 내에서는 할인이 연속적으로 이루어지고, 연도별로는 g의 값이 불확실하게 달라진다면, t년 후에 적용될 확실등가 할인율은 $e^{-tr_t^*} = E\left[e^{-\sum_{\tau=1}^{t}(\rho+\alpha g_\tau)}\right]$의 관계를 충족해야 한다. 양변에 로그를 취한 후 이를 다음처럼 정리할 수 있다.

$$r_t^* = -\frac{1}{t}\ln\left(E\left[e^{-\sum_{\tau=1}^{t}(\rho+\alpha g_\tau)}\right]\right) = -\frac{1}{t}\ln\left(e^{-\rho t}E\left[e^{-\sum_{\tau=1}^{t}\alpha g_\tau}\right]\right) = \rho - \frac{1}{t}\ln\left(E\left[e^{-\sum_{\tau=1}^{t}\alpha g_\tau}\right]\right)$$

맨 마지막 항에서 $E\left[e^{-\sum_{\tau=1}^{t}\alpha g_\tau}\right]$는 일종의 기대 할인율이기 때문에 1보다 작고, 따라서 $-\frac{1}{t}\ln\left(E\left[e^{-\sum_{\tau=1}^{t}\alpha g_\tau}\right]\right)$가 0보다 큰 값이다. 하지만 이는 t가 커질수록 작아지기 때문에 결국 r_t^*는 t의 값이 클수록 작다(뉴엘 외(Newell et al.), 2022). 실제 분석 시 $E\left[e^{-\sum_{\tau=1}^{t}\alpha g_\tau}\right]$는 g_τ의 추정된 분포함수로부터 그 값들을 추출하는 시뮬레이션 기법을 적용해 구할 수 있다.

또 다른 방법으로, 만약 본문에서처럼 t년 후 발생하는 ΔC_t를 t년 후 성장률만 고려해 할인하려면 $e^{-tr_t^*} = E[e^{-t(\rho+\alpha g_t)}] = e^{-t\rho}E[e^{-t\alpha g_t}]$를 충족하는 r_t^*를 구해야 한다. 양변에 로그를 취하면 $r_t^* = \rho - \frac{1}{t}\ln(E[e^{-t\alpha g_t}])$가 도출된다. $g_t \sim N(\mu_g, \sigma^2)$와 같은 정규분포를 추가로 가정하면, $E[e^{-t\alpha g_t}] = e^{-t\alpha\mu_g + \frac{1}{2}t^2\alpha^2\sigma^2}$이고,[9] 따라서 $r_t^* = \rho + \alpha\mu_g - \frac{1}{2}t\alpha^2\sigma^2$이다. 이 경우에도 r_t^*는 t가 커질수록 작아진다.[10]

한편 SCC 추정 시 계산해야 할 것은 ΔC_t의 기대 현재가치 $E[e^{-tr_t}\Delta C_t]$인데, 사실 미래의 값인 ΔC_t도 불확실하므로 두 확률변수 ΔC_t와 e^{-tr_t}가 서로 독립이 아니고 상관관계를 가질 수 있다. 이때에는 위에서처럼 확실등가 할인율만 ΔC_t와 별개로 구해 사용할 수 없다. 뉴엘 외(Newell et al., 2022)와 레너트 외(Rennert et al., 2021)는 이 문제를 역시 시뮬레이션 기법을 이용해 해결하는 방법을 제시하였으며, 관련된 여러 연구가 있다.

---

9) 확률변수 x가 $x \sim N(\mu, \sigma^2)$의 분포를 따르면 $E[e^{ax}] = e^{a\mu + \frac{1}{2}a^2\sigma^2}$이다. 우리의 경우 $a = -t\alpha$이다.

10) 한편 골리어(Gollier, 2008)는 다른 방식, 즉 식 (22-3)의 W를 불확실성하에서 최대로 만드는 조건을 이용하는 방식을 통해 r_t^*가 t에 감소함을 보여준 바 있다.

참고문헌

- Arrow, K. J., M. L. Cropper, C. Gollier, B. Groom, G. M. Heal, R. G. Newell, W. D. Nordhaus, R. S. Pindyck, W. A. Pizer, P. R. Portney, T. Sterner, R. S. J. Tol, and M. L. Weitzman (2012), "How Should Benefits and Costs Be Discounted in an Intergenerational Context?: The Views of an Expert Panel," Resources for the Future, Discussion Paper 12−53.

- Barrage, L. and W. Nordhaus (2024), "Policies, Projections, and the Social Cost of Carbon: Results from the DICE−2023 Model," *PNAS* 121, e231203012.

- Cai, Y. and T. S. Lontzek (2019), "The Social Cost of Carbon with Economic and Climate Risks," *Journal of Political Economy* 127: 2684-2734.

- Gollier, C. (2008), "Discounting with Fat−tailed Economic Growth," *Journal of Risk and Uncertainty* 37: 171−186.

- Interagency Working Group on Social Cost of Greenhouse Gases, United States Government (2021), *Technical Support Document: Social Cost of Carbon, Methane, and Nitrous Oxide Interim Estimates under Executive Order 13990.*

- Jensen, S., K. Mohlin, K. Pittel, and T. Sterner (2015), "An Introduction to the Green Paradox: The Unintended Consequence of Climate Policies," *Review of Environmental Economics and Policy* 9: 246−265.

- Kendrick, D. A., P. R. Mercado, and H. M. Amman (2006), *Computational Economics*, Princeton University Press.

- Newell, R. G., W. A. Pizer, and B. C. Prest (2022), "A Discounting Rule for the Social Cost of Carbon," *Journal of the Association of Environmental and Resource Economists* 9: 1017−1046.

- Nordhaus, W. (2008), *A Question of Balance: Weighing the Options on Global Warming Policies*, Yale University Press.

- Nordhaus, W. (2013), "Integrated Economic and Climate Modeling," in Dixon, P. B. and D. W. Jorgenson, eds., *Handbook of Computable General Equilibrium Modeling* Vol 1B, Elsevier B.V.

- Rennert, K., B. C. Prest, W. A. Pizer, R. G. Newell, D. Anthoff, L. Rennels, R. Cooke, A. E. Raftery, J. SevciKova, and F. Errickson (2021), "The Social Cost of Carbon: Advances in Long−Term Probabilistic Projections of Population, GDP, Emissions, and Discount Rates," *Brookings Papers on Economic Activity*, Fall 2021.

- Sinn, H.−W. (2008), *The Green Paradox: A Supply−side Approach to Global Warming,*

MIT Press.

- Stern, N. (2007), *The Economics of Climate Change: The Stern Review*, Cambridge University Press.

- Tol, R. S. J. (2023), *Climate Economics : Economic Analysis of Climate, Climate Change and Climate Policy*, 3rd ed., Edward Elgar.

- Weitzman, M. L. (1998). "Why the Far−distant Future Should be Discounted at its Lowest Possible Rate," *Journal of Environmental Economics and Management* 36: 201−208.

- Weitzman, M. L. (2001). "Gamma Discounting," *American Economic Review*, 91: 260−271.

CHAPTER 03

01 (가) $mc(q) = 8q$

(나) $8q = 24.$ $q^* = 3$

(다) $PS = \dfrac{1}{2} \times 3 \times 24 = 36$

02 (가) $p_D = p_S \Rightarrow 5Q = 5.$ $Q^* = 1,$ $P^* = 8$

(나) $PS = \dfrac{1}{2} \times (8-5) \times 1 = \dfrac{3}{2}$ $CS = \dfrac{1}{2} \times (10-8) \times 1 = 1$

CHAPTER 04

01 $MB_A(2) + MB_B(2) + MB_C(2) = MC = 60,$ $Q^* = 2.$

개별적으로 고용할 경우 어떤 $MB(0)$도 60보다 작으므로 $Q = 0$

린달균형은 $60\theta_A = 25 \Rightarrow \theta_A^* = \dfrac{2.5}{6},$ $60\theta_B = 20 \Rightarrow \theta_B^* = \dfrac{2}{6},$ $60\theta_C = 15 \Rightarrow \theta_C^* = \dfrac{1.5}{6}$

두 명을 각각 60에 고용하므로 지출액은 $A = 50,$ $B = 40,$ $C = 30.$

02 (가) A의 수요곡선: $d_A = 1 - q,$ B의 수요곡선: $d_B = 1 - \dfrac{1}{2}q,$

수직합: $0 < Q \le 1$에서 $(d_A + d_B) = 2 - \dfrac{3}{2}Q,$

$1 < Q \le 2$에서 $d_A = 0,$ $(d_A + d_B) = 1 - \dfrac{1}{2}Q,$ $Q > 2$에서 $d_A = d_B = 0,$ $(d_A + d_B) = 0,$

(나) $MC = Q,$ $(d_A + d_B) = MC \Rightarrow 2 - \dfrac{3}{2}Q = Q \Rightarrow Q^* = \dfrac{4}{5},$ $P^* = \dfrac{4}{5}$

(다) $d_A = MC(Q) \Rightarrow q_A = \dfrac{1}{2},$ $d_B = MC(Q) \Rightarrow q_B = \dfrac{2}{3},$ 최대 $\dfrac{2}{3}$의 수요가 나타남. 그러나

무임승차욕구 때문에 실제 수요는 0일 가능성이 큼

03 (가) 기업의 $MC(Q) = 4Q,$ $4Q = P = 32 \Rightarrow Q_P = 8$

기업의 사적 이윤의 최대값은 $\pi(Q_P) = 32 \times 8 - 2 \times 8^2 = 128$

기업의 사적 이윤함수가 $\pi(Q) = 32Q - 2Q^2$이므로 생산량이 기업에게 주는 한계가치

는 $MB(Q) = \frac{\Delta\pi(Q)}{\Delta Q} = 32 - 4Q$임. 오염원의 Q로 인한 한계피해는 $MD(Q) = 7 + Q$ 임. 따라서 사회적 최적 생산량은 $MB(Q) = MD(Q)$인 $Q_S = 5$임. 이때 기업의 이윤은 $\pi(Q_S) = 32 \times 5 - 2 \times 5^2 = 110$임

생산량을 $Q_P = 8$에서 Q_S로 줄이면 기업의 이윤은 $\pi(Q_P) - \pi(Q_S) = 18$만큼 줄어들며, 이 금액을 보상하면 기업은 생산량을 줄이는 데 동의함

피해자는 $D(Q_P) = 7 \times 8 + 0.5 \times 8^2 = 88$과 $D(Q_S) = 7 \times 5 + 0.5 \times 5^2 = 47.5$의 차이인 40.5까지 지불할 수 있음. 따라서 최소 18, 최대 40.5의 지불이 이루어짐

(나) 양어장이 권리를 가지면 $\min(D(Q))$는 $Q = 0$에서 이루어지므로 생산량은 0. 사회적 최적은 여전히 $Q_S = 5$. $\pi(Q_S) - \pi(0) = 110$이고 $D(Q_S) - D(0) = 47.5$이므로 기업이 양어장에 지불하는 금액은 최소 47.5, 최대 110

(다) $Q_S = 5$에서의 한계피해는 $MD(5) = 12$이므로 단위당 12 지불. 총지불액은 60. 이는 5를 생산해 기업이 얻는 이윤 110보다 작고, 0에서 5로 생산을 허용해서 발생하는 양어장의 피해증가분 47.5보다는 크기 때문에 교섭이 성사됨(=파레토 개선)

04 (가) 벌꿀가격은 $P_H = 20$, 양봉업자 비용은 $TC = H^2 + 10H + 10$. 양봉업자 이윤은 $\pi_H = 20H - (H^2 + 10H + 10)$이고 이를 극대화하는 조건은 $20 - 2H - 10 = 0$. 따라서 사적인 최적은 $H_P = 5$

(나) H의 한 단위 양(+)의 외부효과는 10이므로 사회 최적은 $30H - (H^2 + 10H + 10)$을 극대화하며, 그 해는 $H_S = 10$임

(다) $H_S = 10$에서의 과수원 한계편익을 양봉업자에게 지급하면 $H_S = 10$ 달성함

CHAPTER 05

01 $MAC_1 = 200a_1$, $MAC_2 = 100a_2$, $e_1^0 = e_2^0 = 20$. 목표 감축량은 $a_1 + a_2 = 21$. 등한계원칙에 의해 두 한계저감비용이 동일해야 하므로 $200a_1 = 100a_2$, 즉 $a_2 = 2a_1$이 되어야 함. 따라서 $a_1 + 2a_1 = 21$이므로 $a_1 = 7$이며, 이는 $a_2 = 2a_1 = 14$를 의미함

02 근로자의 피해함수: $D_W(e) = e^2$, 시민의 피해함수: $D_C(e) = 3e^2$, 저감비용: $C(e) = 20e - e^2$

(가) 총피해: $D(e) = D_W(e) + D_C(e) = 4e^2$, 한계피해: $MD(e) = 8e$

(나) 한계저감비용: $MAC(e) = 20 - 2e$, 최적 배출량: $MD(e) = MAC(e) \Rightarrow 8e = 20 - 2e$, $e^* = 2$

(다) 정부규제가 없을 경우 기업은 비용최소화를 추구하므로 조건 $MAC(e_P) = 0$을 충족해야 함. 따라서 $e_P = 10$

CHAPTER 06

01 두 한계저감비용: $MAC_1 = 100a_1$, $MAC_2 = 50a_2$.

저감비용: $AC_1 = 50a_1^2$, $AC_2 = 25a_2^2$, 최초배출량: $e_1^0 = e_2^0 = 30$

(가) 저감목표: $a_1 + a_2 = 30$, 등한계원칙: $100a_1 = 50a_2 \Rightarrow a_2 = 2a_1$,

이를 목표 저감량에 대입: $3a_1 = 30 \Rightarrow a_1 = 10$, $a_2 = 20$

(나) 전이계수: $d_1 = 1$, $d_2 = 0.5$

최초 오염농도에 대한 기여도: $q_1^0 = 1 \times e_1^0 = 30$, $q_2^0 = 0.5 \times e_2^0 = 15$

따라서 최초 오염도 $Q^0 = 45$를 목표 오염도 $Q = 30$으로 개선하고자 함

최적화 문제: $\min 50a_1^2 + 25a_2^2$ s.t., $1 \times (e_1^0 - a_1) + 0.5 \times (e_2^0 - a_2) = 30 = Q$

제약식을 정리하면, $a_2 = 30 - 2a_1$이 되어야 함. 이를 최적화 문제 목적함수에 대입하면 총저감비용은 $AC(a_1) = 150a_1^2 - 3000a_1 + 22500$이 됨. 이를 미분하여 0으로 두면 $a_1 = 10$이 되어야 함. 아울러 $a_2 = 30 - 2a_1$이므로 $a_2 = 10$이 되어야 함. 최종 오염도는 $q_1 = 1 \times e_1 = 20$, $q_2 = 0.5 \times e_2 = 10$이 되어 목표를 충족함

제7장에서 배우는 라그랑지안을 이용한 분석:

$L = 50a_1^2 + 25a_2^2 + \lambda [(e_1^0 - a_1) + 0.5 \times (e_2^0 - a_2) - 30]$

a_1으로 미분: $100a_1 - \lambda = 0$, a_2로 미분: $50a_2 - 0.5\lambda = 0$

따라서 $a_1 = a_2$라야 함. 이를 제약식에 대입하면 동일한 결과 $a_1 = a_2 = 10$ 도출됨

CHAPTER 07

01 $P = 20 - Q$, $MC = 5 + Q$,

한계피해: $MD(Q) = Q$, 피해액: $D(Q) = \frac{1}{2}Q^2$

(가) 시장균형조건: 평균수입(=수요곡선 높이)=한계비용 $\Rightarrow P = 20 - Q = 5 + Q = MC$. 완전경쟁시장 균형 수량은 $Q_C = 7.5$, 균형가격은 $P_C = 12.5$

(나) 사회적 한계생산비: $SMC(Q) = MC(Q) + MD(Q) = 5 + 2Q$

최적조건은 수요곡선의 높이 = 사회적 한계생산비: $20 - Q = 5 + 2Q \Rightarrow Q^* = 5$, $P^* = 15$

(다) 최적 제품부과금은 최적 생산량에서의 한계피해와 일치해야 함: $\tau^* = MD(5) = 5$

(라) 시장이 독점이면 $MR(Q) = MC(Q)$가 균형조건임. 총수입은 $TR(Q) = P(Q)Q = 20Q - Q^2$이고 한계수입은 $MR(Q) = 20 - 2Q$임. 따라서 독점기업의 최적 생산량은 $20 - 2Q = 5 + Q$를 충족하는 $Q_M = 5$임. 즉 이 경우에는 우연에 의해 독점기업의 최적 생산량과 완전경쟁시장에서 오염피해까지 감안하는 사회적 최적이 일치함

(마) 독점시장 균형 생산량이 사회적 최적과 일치하므로 $\tau = 0$. 혹은 본문에서 $\tau = MD(Q^*) - [AR(Q^*) - MR(Q^*)]$를 최적 상품세라 하였는데, $Q^* = 5$에서 $MD = 5$이고, $AR = 15$, $MR = 10$이므로 역시 $\tau = 0$임

(바) 완전경쟁시장의 소비자잉여 $= CS_C$, 완전경쟁시장의 생산자잉여 $= PS_C$, 완전경쟁시장의 오염피해 $= D_C$, 완전경쟁시장의 순편익 $= TS_C = CS_C + PS_C - D_C$

$CS_C = \frac{1}{2} \times (20 - 12.5) \times 7.5 = 28.125$, $PS_C = \frac{1}{2} \times (12.5 - 5) \times 7.5 = 28.125$,

$D_C = \frac{1}{2} \times 7.5^2 = 28.125$ $TS_C = 28.125$,

독점시장의 소비자잉여 $= CS_M$, 독점시장의 생산자잉여 $= PS_M$, 독점시장의 오염피해 $= D_M$, 독점시장의 순편익 $= TS_M = CS_M + PS_M - D_M$

$CS_M = \frac{1}{2} \times (20 - 15) \times 5 = 12.5$,

$PS_M = \frac{1}{2} \times (10 - 5) \times 5 + (15 - 10) \times 5 = 37.5 (=$ 생산량 5를 공급하는 잉여+독점이윤$)$,

$D_C = \frac{1}{2} \times 5^2 = 12.5$ $TS_M = 37.5$,

독점균형이 이 경우에는 사회적 최적이므로 독점시장에서의 사회적 순편익이 완전경쟁시장의 경우보다 더 큼

02 생산비: $c(q) = 3q^2 + 12$, 배출량: $e = q$, 최초배출량: $e^0 = 6$

(가) $t = 0.5$의 부과금 부과, 생산비: $c_t(q) = 3q^2 + 12 + 0.5q$, 한계생산비: $mc_t(q) = 6q + 0.5$, 평균생산비: $ac_t(q) = 3q + \frac{12}{q} + 0.5$,

(나) $s = 0.5$의 보조금 지급, 생산비: $c_s(q) = 3q^2 + 12 - 0.5(6 - q) = 3q^2 + 9 + 0.5q$, 한계생산비: $mc_s(q) = 6q + 0.5$, 평균생산비: $ac_s(q) = 3q + \frac{9}{q} + 0.5$

(다) 시장가격이 P^0로 유지되면 이와 한계생산비를 일치시키는 생산량을 선택함. 배출부과

금을 징수하든 저감보조금을 지급하든 한계생산비가 변하지 않으므로 개별 기업은 어느 제도를 도입하든 동일한 생산량과 배출량을 선택함

(라) 기업의 진입과 탈퇴에 의해 시장에 남는 기업은 평균비용의 최하점에서 생산을 함

$$\frac{\Delta ac_t(q)}{\Delta q}=0 \Rightarrow 3-\frac{12}{q_t^2}=0 \Rightarrow q_t=2, \quad \frac{\Delta ac_s(q)}{\Delta q}=0 \Rightarrow 3-\frac{9}{q_s^2}=0 \Rightarrow q_s=\sqrt{3},$$
$$ac_t(q_t)=3q_t+\frac{12}{q_t}+0.5=12.5, \quad ac_s(q_s)=3q_s+\frac{9}{q_s}+0.5=10.9$$

(마) 공급곡선이 부과금을 부여하면 $ac_t(q_t)=P_t=12.5$의 수평선이며, 보조금을 지급할 경우에는 $ac_s(q_s)=P_s=10.9$임. 따라서 $P=60-Q$와 각각의 공급곡선이 서로 만날 조건을 구하면 장기 시장 전체 공급량이자 시장 전체 오염물질 배출량은 $Q_t=47.5$이고 $Q_s=49.1$이어서 보조금을 줄 때가 산업 전체 생산량과 배출량이 더 많음

즉 오염물질에 대해 배출부과금을 징수하든 저감보조금을 지급하든 시장에 그대로 남아 있고 시장가격이 불변인 단기에는 기업의 의사결정이 서로 동일함

하지만 기업의 수익성이 달라져 진입/탈퇴에 의해 시장균형가격 자체가 달라지는 장기에는, 산업 전체의 생산량과 오염물질 배출량이 어느 정책을 사용하느냐에 따라 달라지며, 개별기업의 생산량과 배출량도 정책별로 달라짐

03 음료수가격=1, v=새 병, r=재활용 병, 새 병의 가격=$p_v=2$, 재활용 병의 가격=$p_r=2$, 음료수 생산함수는 제품 불량률, 처리비용, 수송비용 등 여타 요인에 있어 두 가지 병을 이질적으로 처리하여 다음과 같음:

$$f(v,r)=100-3r^2+4r+2vr-5v^2+48v$$

두 가지 병의 한계생산성:

$$f_v=2r-10v+48, \quad f_r=-6r+4+2v$$

그리고 $f_{vr}=2>0$이기 때문에 새 병과 재활용 병은 생산성에 서로 보완성을 가짐. 예를 들면 재활용 병은 새 병이 일시적으로 부족할 때에도 생산을 지속하게 해주는 등의 보완성을 가짐

(가) 음료수가격이 1이고 두 병의 가격이 각각 2이므로 이윤극대화 조건은 다음과 같음:

$$f_v=2, \quad f_r=2$$

$f_r=-6r+4+2v=2$의 조건은 $v=3r-1$을 의미하므로 이를 $f_v=2r-10v+48=2$의

조건에 대입하면 다음이 얻어짐: $r_P=2=\frac{28}{14}$, $v_P=5=\frac{70}{14}$. 새 병을 더 많이 사용함

(나) 부과금으로 인해 새 병의 가격이 $p_v+2=4$로 인상됨. 이윤극대화조건은 다음으로 바뀜:

$$f_v = 2r - 10v + 48 = 4, \ f_r = -6r + 4 + 2v = 2$$

두 번째 조건에서 여전히 $v = 3r - 1$이므로 이를 첫 번째 조건에 대입하면 $r_t = \dfrac{27}{14}$, $v_t = \dfrac{67}{14}$가 도출됨

(다) 부과금을 부과하여 $p_v + 2 = 4$가 되는데, 재활용 시 되돌려 주므로 재활용 병의 실제가격은 $p_r - 2 = 0$이 됨. 이윤극대화조건은 다음으로 바뀜:

$$f_v = 2r - 10v + 48 = 4, \ f_r = -6r + 4 + 2v = 0$$

두 번째 조건은 이제 $v = 3r - 2$를 의미함. 이를 첫 번째 조건에 대입하여 다음을 도출함:

$$r_D = \frac{32}{14}, \ v_D = \frac{68}{14}$$

(라) 버려지는 병의 수는 $v_P - r_P = \dfrac{42}{14} > v_t - r_t = \dfrac{40}{14} > v_D - r_D = \dfrac{36}{14}$의 순서임. 규제가 없을 때보다는 새 병에 부과금을 매길 때가 격차가 작고, 예치금을 상환하면 격차가 더욱 줄어듦

(마) 여러 가지 논의가 가능함. 1) 본문의 설명처럼 예치금을 반환하면 버려지는 병의 수를 규제당국이 직접 파악하지 않아도 되는 거래비용상의 장점이 있음, 2) 예치금을 반환하면 새 병에 대해 부과금만 징수할 때에 비해 음료수 기업의 이윤이 늘어남. 따라서 일종의 규모효과가 발생하며, 기업의 생산량 자체가 늘어남. 실제로 새 병의 절대적 사용량은 예치상환제를 실시할 때($= v_D$)가 부과금만 징수할 때($= v_t$) 보다 더 많음 3) 부과금만 징수하면 정부 세입이 $2 \times v_t = 134/14$가 발생하지만 예치금제에서는 $2 \times (v_D - r_D) = 72/14$만 발생함. 정부의 부과금 세입을 재활용할 때 발생하는 이중편익에 대한 논의를 진행할 수 있음

CHAPTER 08

01 $MAC(e_i) = 10 - 2e_i$는 한계저감비용이자 오염물질 배출량에 대한 기업의 수요함수로 간주할 수 있음

(가) $d_1 = 0.5, \ d_2 = 1$

(나) 배출권할당량: $e_1^0 = 2, \ e_2^0 = 4$

최종 균형에서는 두 기업의 한계저감비용이 일치해야 하므로 $10 - 2e_1 = 10 - 2e_2$여서 $e_1 = e_2 = 3$이 됨. 가격은 이 배출량에서의 한계저감비용과 일치해야 하므로 $10 - 2 \times 3$

$= 4$가 됨

(다) 오염도기준 배출권할당량: $q_1^0 = q_2^0 = 2$

이질적 오염물질의 비용효과성조건은 $\dfrac{MAC_1(e_1)}{d_1} = \dfrac{MAC_2(e_2)}{d_2}$임. 따라서 $\dfrac{10-2e_1}{0.5}$

$= \dfrac{10-2e_2}{1}$이며, $e_1 = 2q_1$, $e_2 = q_2$이므로 결국 $10-4q_1 = 5-q_2$가 충족되어야 함. 여기

에 $q_1 + q_2 = 4$를 대입하면 최종균형은 $q_1 = \dfrac{9}{5}$, $q_2 = \dfrac{11}{5}$이 됨. 혹은 배출량으로는

$e_1 = \dfrac{18}{5}$, $e_2 = \dfrac{11}{5}$이 됨. q로 표현된 한계저감비용은 $\dfrac{MAC_1(e_1)}{d_1} = \dfrac{MAC_2(e_2)}{d_2}$

$= \dfrac{28}{5}$로 균형에서 동일해짐

02 $e_1 = \dfrac{1}{2}y_1^2$, $e_2 = \dfrac{1}{4}y_2^2$, 산출물 단위당 순이윤 $= \theta$, 배출권가격 $= P$, 초기할당량은 각각 r

(가) $\pi_1 = \theta y_1 + P(r-e_1) = \theta y_1 + P\left(r - \dfrac{1}{2}y_1^2\right)$

(나) $\dfrac{\Delta \pi_1}{\Delta y_1} = \theta - Py_1 = 0 \Rightarrow y_1 = \dfrac{\theta}{P}$. 이를 이윤함수에 대입하면,

$\pi_1^* = \theta\left(\dfrac{\theta}{P}\right) + P\left[r - \dfrac{1}{2}\left(\dfrac{\theta}{P}\right)^2\right] = \dfrac{1}{2}\dfrac{\theta^2}{P} + rP$

$e_1 = \dfrac{1}{2}y_1^2 = \dfrac{1}{2}\dfrac{\theta^2}{P^2}$

배출권 순판매량 $= s_1 = r - e_1 = r - \dfrac{1}{2}\dfrac{\theta^2}{P^2}$

$\dfrac{\Delta s_1}{\Delta P} = \dfrac{\theta^2}{P^3} > 0$, 즉 배출권가격이 오르면 배출권 순판매량이 늘어남

(다) $\pi_2 = \theta y_2 + P(r-e_2) = \theta y_2 + P\left(r - \dfrac{1}{4}y_2^2\right)$

$\dfrac{\Delta \pi_2}{\Delta y_2} = \theta - \dfrac{1}{2}Py_2 = 0 \Rightarrow y_2 = \dfrac{2\theta}{P}$

$e_2 = \dfrac{1}{4}y_2^2 = \dfrac{\theta^2}{P^2}$.

배출권 순판매량 $= s_2 = r - e_2 = r - \dfrac{\theta^2}{P^2}$

$\dfrac{\Delta s_2}{\Delta P} = \dfrac{2\theta^2}{P^3} > 0$, 즉 배출권가격이 오르면 배출권 순판매량이 늘어남

(라) $s_1 > 0 \Rightarrow r > \dfrac{1}{2}\dfrac{\theta^2}{P^2} \Rightarrow P > \dfrac{\theta}{\sqrt{2r}}$

$s_2 < 0 \Rightarrow r < \dfrac{\theta^2}{P^2} \Rightarrow P < \dfrac{\theta}{\sqrt{r}}$, 따라서 거래가 이루어질 가격대는 $\dfrac{\theta}{\sqrt{2r}} < P < \dfrac{\theta}{\sqrt{r}}$

(마) 시장균형은 $s_1 = -s_2$일 때 발생:

$r - \dfrac{1}{2}\dfrac{\theta^2}{P^2} = -r + \dfrac{\theta^2}{P^2} \Rightarrow 2P^2r - \theta^2 = -2P^2r + 2\theta^2 \Rightarrow P = \dfrac{\sqrt{3}\theta}{2\sqrt{r}}$. 이를 다음에 대입:

$e_1 = \dfrac{1}{2}\dfrac{\theta^2}{P^2} = \dfrac{2}{3}r$, $e_2 = \dfrac{\theta^2}{P^2} = \dfrac{4}{3}r$

균형거래량은 $\dfrac{1}{3}r$, 생산량은 $y_1 = \sqrt{(4/3)r}$, $y_2 = \sqrt{(16/3)r}$

CHAPTER 09

01 $MD = 3e$, $MAC_A = 20 - 2e$

(가) 정부가 MAC_A를 알고 있을 경우 $MD = MAC_A \Rightarrow 3e = 20 - 2e \Rightarrow e_A = 4$

　　최적 부과금은 $t_A = MD(4) = 3 \times 4 = 12$

(나) $MAC_R = 20 - 2e + x$

　　정부선택: $MAC_R = MD \Rightarrow 20 - 2e + x = 3e \Rightarrow e_R = \dfrac{20 + x}{5}$. 이 수량에서의 MD인 t_1

　　$= \dfrac{60 + 3x}{5}$가 부과금으로 징수됨. 오염원은 MAC_A를 알고 있으므로 $20 - 2e$

　　$= \dfrac{60 + 3x}{5}$를 충족하는 $e_1 = 4 - \dfrac{3}{10}x$를 배출량으로 선택함

　　따라서 〈그림 9-6〉에서의 면적, 즉 거짓보고의 이득은 $a + d + e + i$

　　$= (t_A - t_1) \times \left[e_A + \dfrac{1}{2}(e_1 - e_A) \right] = -\dfrac{3x}{5} \times \left[4 - \dfrac{3}{20}x \right] = \dfrac{9}{100}x^2 - \dfrac{12}{5}x$

　　이 값을 x에 대해 미분하면 $\dfrac{9}{50}x - \dfrac{12}{5}$와 같은데 $x < 0$이므로 이 값은 항상 0보다

　　작음⇒ x의 값이 작을수록, 즉 과소보고를 할수록 거짓보고의 이득은 커짐

02 퀴렐메커니즘에서의 저감비용 과소보고 문제:

다음 그림처럼 실제 한계저감비용 MAC_A보다 더 적은 MAC_R을 보고하면, 정부는 e_1의 배출권을 발행하고 s의 가격에 사용하지 않고 남긴 배출권을 다시 구입해줌. 하지만 배출권의 실제 한계비용 MAC_A는 매우 높기 때문에 s보다 높은 가격에 오염원들이 배출권을 구입하려 하므로 배출권시장가격은 e_1에서의 실제 한계저감비용인 P_1이 됨. 또한 사용하지 않고 남기는 배출권은 없으며, 배출권을 되사는 정부 계획은 작동하지 않음

오염원은 정확한 비용을 알리고 e_A의 배출권을 받고 가격 P_A를 유지할 때에 비해 거짓보고를 하여 e_1을 받고 가격 P_1을 가격으로 지불하면 [사각형 a + 삼각형 b]만큼의 손실을 봄

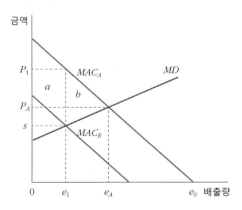

03 몬테로 메커니즘의 피해함수 적용 예.

(가) $D(e) = \frac{1}{2}de^2$, $\alpha(e) = 1 - \frac{D(e)}{MD(e)e} = 1 - \frac{0.5de^2}{de^2} = \frac{1}{2}$

(나) $D(e) = de$, $\alpha(e) = 1 - \frac{D(e)}{MD(e)e} = 1 - \frac{de}{de} = 0$

아래 그림에서 한계피해곡선은 수평임. 따라서 $\alpha = 0$일 때에 과소보고를 해도 배출권 가격은 P_A로 불변임

정확히 알릴 때의 비용: 면적 $a + b + c$(=배출권구입비) + 면적 d(=저감비용)

축소해서 알릴 경우의 비용: 면적 a(=배출권구입비) + 면적 $b + c + d + e$(=저감비용)

따라서 $\alpha = 0$일 때에도 과소보고 유인이 없음

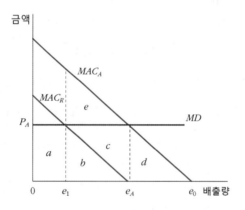

CHAPTER 10

01 $MD_1 = 3e_1$, $MD_2 = 8e_2$, $MAC_i = 20 - 2e_i (i = 1, 2)$

(가) $MD_1 = MAC_1 \Rightarrow 3e_1 = 20 - 2e_1 \Rightarrow e_1 = 4$

$MD_2 = MAC_2 \Rightarrow 8e_2 = 20 - 2e_2 \Rightarrow e_2 = 2$

(나) $e = 3$을 공통의 배출상한으로 설정

지역 1: $MAC_1(3) = 14$, $MD_1(3) = 9$, 따라서 손실 삼각형의 면적 $= \frac{1}{2} \times 1 \times 5 = \frac{5}{2}$

지역 2: $MAC_2(3) = 14$, $MD_2(3) = 24$, 따라서 손실 삼각형의 면적 $= \frac{1}{2} \times 1 \times 10 = 5$

사회적 손실의 합은 $\frac{15}{2}$

02 수요곡선: $P = 11 - Q$, 공급곡선: $P = Q - 4$

(가) 시장균형: $11 - Q = Q - 4 \Rightarrow Q = 7.5$. $P = 3.5$

(나) 제품부과금 1을 부과하면 소비자가격 P_D와 생산자가격 P_S 사이 1의 격차 발생

$10 - Q = Q - 4 \Rightarrow Q = 7$, $P_D = 11 - 7 = 4$, $P_S = Q - 4 = 3$

생산자가격 감소분$= 3.5 - 3 = 0.5$, 소비자가격 증가분$= 4 - 3.5$. 따라서 생산자와 소비자는 가격하락과 가격상승으로 손실을 보되, 같은 정도의 손실부담을 함

(다) 수요곡선이 $P = 11 - \dfrac{3}{2} Q$로 바뀜. 제품부과금이 없으면 시장균형은 $11 - \dfrac{3}{2} Q = Q - 4$ 로부터 $Q = 6$, $P = 2$도출

단위당 1의 제품부과금이 부과되면 생산자 수취가격은 $10 - \dfrac{3}{2} Q$로 변함. $10 - \dfrac{3}{2} Q = Q - 4$로부터 $Q = \dfrac{28}{5}$도출. $P_S = \dfrac{8}{5}$, $P_D = \dfrac{13}{5}$. 제품부과금으로 인한 생산자가격 감소분$= 2 - \dfrac{8}{5} = \dfrac{2}{5}$, 소비자가격 상승분$= \dfrac{13}{5} - 2 = \dfrac{3}{5}$. 소비자의 부담률이 더 큼

생산자의 공급에 비해 소비자의 수요가 가격에 더 비탄력적이면 소비자의 제품부과금 분담률이 더 크게 됨

CHAPTER 11

01 피해자의 방어행위가 불가능할 경우 사회 전체 비용: $SC(x) = x + \pi(x) h$, $\dfrac{\Delta \pi}{\Delta x} < 0$

(가) $\dfrac{\Delta SC(x)}{\Delta x} = 1 + \dfrac{\Delta \pi(x)}{\Delta x} h = 0 \Rightarrow$
$-\dfrac{\Delta \pi(x^*)}{\Delta x} h = 1$을 충족하는 x^*가 최적임: 한계피해 감소액, 즉 한계편익$=$단위당 저감비용

(나) 무과실책임원칙: $L(x) = \pi(x) h$를 오염원이 지불해야 하므로 오염원의 비용함수는 $PC(x) = x + \pi(x) h$로 사회적 비용함수와 동일. 따라서 x^*가 선택됨

(다) 과실책임원칙: $\tilde{x} = x^*$가 기준 행동임. 오염원은 이를 선택하는 것이 가장 유리하므로 이를 선택함. 발생하는 예상피해 $\pi(x^*) h$는 피해자가 부담함

(라) (나)와 (다)의 환경에 대한 미시적인 효과는 동일함. 하지만 예상피해 $\pi(x^*) h$를 무과실 책임원칙에서는 오염원이 부담하고, 과실책임원칙에서는 피해자가 부담하므로 일종의 소득효과가 발생함. 전자의 오염산업의 크기가 더 클 수 있음. 피해자도 예상소득이 두 원칙 하에서 서로 다르기 때문이 소득이 피해액 h에 영향을 미친다면 피해함수 값이 달라질 수 있음

(마) 피해자의 행동 y, 사고발생 확률 $\pi(x,y)$. $\pi(x,y)$는 x와 y 모두에 감소. 사회적 비용 $SC(x,y) = x + y + \pi(x,y) h$. 사회적 최적 선택은 다음 두 조건을 동시에 충족하는

(x^*, y^*)임:

$$\frac{\Delta SC(x^*, y^*)}{\Delta x} = 1 + \frac{\Delta \pi(x^*, y^*)}{\Delta x}h = 0$$

$$\frac{\Delta SC(x^*, y^*)}{\Delta y} = 1 + \frac{\Delta \pi(x^*, y^*)}{\Delta y}h = 0$$

(바) y가 존재할 때 무과실책임원칙이 적용되면 오염원의 비용함수는 $PC(x, y) = x + \pi(x, y)h$가 됨. 무과실책임원칙에서는 피해자는 방어행위를 하지 않아도 되므로 $y^0 = 0$이 선택됨. 오염원은 $\frac{\Delta PC(x, y^0)}{\Delta x} = 1 + \frac{\Delta \pi(x, y^0)}{\Delta x}h = 0$이 되는 x를 선택하는데, 이는 사회적 최적 x^*와는 다름

(사) 과실책임원칙 하에서는 오염원은 $\tilde{x} = x^*$를 선택함. 따라서 피해자의 손실함수는 $VC(x^*, y) = y + \pi(x^*, y)h$가 되고, 이를 최소로 만드는 조건은 $\frac{\Delta VC(x^*, y)}{\Delta y} = 1 + \frac{\Delta \pi(x^*, y^*)}{\Delta y}h = 0$이므로 사회적 최적 조건과 동일

CHAPTER 13

01 편익과 비용의 흐름은 아래와 같음:

연도	편익	비용
0	0	500
1	208	1,500
2	801	1,400
3	900	700
4	1,079	
5	1,178	
6	1,148	
7	-500	

본문의 계산과정을 적용하고, IRR은 엑셀의 함수 IRR을 적용하면 다음 결과 도출됨:

할인율	5.0%	7.5%	10.0%
$PVNB$	211	12	-159
B/C	1.06	1.00	0.96
IRR		7.66%	

CHAPTER 14

01 $x = 10 - 5p + 0.1m$, $m = 30$, 가격변화: $1 \to 2$

$x = 13 - 5p$이므로 $p = 1$에서 균형수량은 8. $p = 2$일 경우 균형수량은 3

$$\Delta S = -\frac{1}{2} \times (3 + 8) \times (2 - 1) = -\frac{11}{2}$$

최초 균형에서의 소득탄력성:

$$\eta = \frac{\Delta x}{\Delta m} \frac{m}{x} = 0.1 \times \frac{30}{8} = \frac{3}{8}$$

따라서 $\dfrac{\Delta S - CV}{\Delta S} = \dfrac{|\Delta S|}{m} \dfrac{\eta}{2} = \dfrac{11/2}{30} \dfrac{3/8}{2} = 0.034$. Willig(1976)가 지적한 바와 같이 ΔS를 적용해도 오차율이 5% 미만임

02 q가 낮은 수준에서 무차별곡선 u^1의 기울기가 대단히 급하면 q^0에서 올라오는 수직선이 이 무차별곡선과 만날 수가 없고, 이 경우에는 ES가 정의되지 않음

03 환경사고 발생 시의 피해 $= D$, 발생확률 $= \pi$, 사고발생 시 만족도 $u(m, D)$, 발생하지 않을 경우의 만족도 $u(m, 0)$

(가) 환경사고 방지의 옵션가격 OP: $\pi u(m, D) + (1 - \pi)u(m, 0) = u(m - OP, 0)$

(나) 사고발생 시 피해를 D에서 D^1으로 감소시키는 정책의 옵션가격:

$$\pi u(m, D) + (1 - \pi)u(m, 0) = \pi u(m - OP, D^1) + (1 - \pi)u(m - OP, 0)$$

기대효용 $Eu = \pi u(m, D) + (1 - \pi)u(m, 0)$을 모든 변수에 대해 미분하되 $\Delta\pi = 0$으로 두고, $D = 0$일 때에도 $\Delta D = 0$으로 둠:

$$\pi \frac{\Delta u(m, D)}{\Delta D} \Delta D + \pi \frac{\Delta u(m, D)}{\Delta m} \Delta m + (1 - \pi)\frac{\Delta u(m, 0)}{\Delta m} \Delta m = 0$$

이를 정리해 D의 한계적 변화에 대한 지불의사를 다음처럼 도출:

$$\frac{\Delta m}{\Delta D}\Big|_{\Delta Eu = 0} = -\frac{\pi \Delta u(m, D)/\Delta D}{\pi \Delta u(m, D)/\Delta m + (1 - \pi)\Delta u(m, 0)/\Delta m}$$

(다) 사고발생 확률이 π^1으로 변하는 정책의 옵션가격:

$$\pi u(m, D) + (1 - \pi)u(m, 0) = \pi^1 u(m - OP, D) + (1 - \pi^1)u(m - OP, 0)$$

기대효용 $Eu = \pi u(m, D) + (1 - \pi)u(m, 0)$을 π와 m에 대해 미분:

$$u(m, D)\Delta\pi + \pi \frac{\Delta u(m, D)}{\Delta m} \Delta m - u(m, 0)\Delta\pi + (1 - \pi)\frac{\Delta u(m, 0)}{\Delta m} \Delta m = 0$$

이를 정리해 π의 한계적 변화에 대한 지불의사를 다음처럼 도출:

$$\frac{\Delta m}{\Delta \pi}\Big|_{\Delta Eu = 0} = \frac{u(m,0) - u(m,D)}{\pi \Delta u(m,D)/\Delta m + (1-\pi)\Delta u(m,0)/\Delta m}$$

이상 지표들은 실증분석에 있어 불확실성하에서 π나 D변화의 후생효과 분석지표로 활용됨.

04 $q_1 =$ 대기질, $q_2 =$ 수질, $m =$ 소득, 소비자의 만족도:

$$v(m,q_1,q_2) = 2m + q_1 + q_1 q_2 + 3q_2, \ m = 100$$

환경질 변화: $(1,1) \to (2,5)$

(가) $(1,1) \to (2,5)$의 동시 평가:

$$v(m,q_1^0,q_2^0) = v(m - CS, q_1^1, q_2^1) \Rightarrow 205 = 2(100 - CS) + 27 \Rightarrow CS = 11$$

(나) $(1,1) \to (2,1)$의 효과 $+ (2,1) \to (2,5)$의 효과를 순차적으로 평가

$(1,1) \to (2,1)$의 효과:

$$v(m,q_1^0,q_2^0) = v(m - CS_1^S, q_1^1, q_2^0) \Rightarrow 205 = 2(100 - CS_1^S) + 7 \Rightarrow CS_1^S = 1$$

$(2,1) \to (2,5)$의 효과:

$$v(m,q_1^1,q_2^0) = v(m - CS_2^S, q_1^1, q_2^1) \Rightarrow 207 = 2(100 - CS_2^S) + 27 \Rightarrow CS_2^S = 10$$

따라서 $CS_1^S + CS_2^S = 11$이 되어 순차적 평가는 정확한 총지불의사 도출함

(다) $(1,1) \to (2,1)$의 효과 $+ (1,1) \to (1,5)$의 효과를 독립적으로 평가하여 더함

$(1,1) \to (2,1)$의 효과: $v(m,q_1^0,q_2^0) = v(m - CS_1^I, q_1^1, q_2^0) \Rightarrow CS_1^I = CS_1^S = 1$

$(1,1) \to (1,5)$의 효과:

$$v(m,q_1^0,q_2^0) = v(m - CS_2^I, q_1^0, q_2^1) \Rightarrow 205 = 2(100 - CS_2^I) + 21 \Rightarrow CS_2^I = 8$$

따라서 $CS_1^I + CS_2^I < CS$로서 독립적으로 평가하여 더해주는 것은 실제 지불의사를 과소평가하게 됨. 이런 결과가 나타나는 이유는 대기질의 한계적 편익이 $\frac{\Delta v}{\Delta q_1} = 1 + q_2$ 라서 수질 q_2가 커질수록 증가하고, 마찬가지로 수질의 한계적 편익도 $\frac{\Delta v}{\Delta q_2} = 3 + q_1$이 어서 대기질이 개선될수록 커지기 때문임. 독립평가방식은 두 가지 오염지표 간의 이러한 보완성을 고려하지 않기 때문에 총가치를 과소평가함

05 효용함수 $u(a,b) = ab$, $a =$ 공기질, $b =$ 맥주소비량, 맥주가격 $= 2$, 공기가격 $= 0$, 소득은 $m = 10$. 맥주소비량은 $b = \frac{m}{2}$이므로 효용은 $v(a,m) = a\frac{m}{2}$로 표현가능 공기질이 $a = 4$로 개선되는 것에 대한 지불의사:

$$v(2,m) = v(4,m - CS) \Rightarrow 10 = \frac{4(m - CS)}{2} \Rightarrow CS = 5$$

06 현재의 생태적 가치: $V_0 = 20$

보존 시의 내년도 가치: $V_{high} = 300$, $V_{low} = 40$, 확률은 각각 0.4와 0.6

개발 시의 현재 및 내년 가치: $D_0 = 60$, $D_1 = 120$

(가) 개발할지 계속 보존할지를 지금 당장 결정:

$$ED = 60 + 120 = 180$$

$$EV = 20 + 0.4 \times 300 + 0.6 \times 40 = 164.\ \text{따라서 개발하여야 함}$$

(나) 보존을 하고, 1년 후 V_{high}가 실현되면 $\max(V_{high}, D_1) = V_{high} = 300$이므로 내년에도 보존. 1년 후 V_{low}가 실현되면 $\max(V_{low}, D_1) = D_1 = 120$이므로 내년에는 개발

1년 기다린 후 의사결정할 때의 예상편익: $E^* = 20 + 0.4 \times 300 + 0.6 \times 120 = 212$

(다) 실물옵션가치는 $E^* - \max(ED, EV) = 32$

CHAPTER 15

01 두 효용함수: $u = q\ln\left(\dfrac{x_1 + \theta}{\theta}\right) + \ln(x_2)$, $u^* = q\ln(x_1 + \theta) + \ln(x_2)$, $\theta > 0$

x_1과 x_2의 가격은 p와 1, 소득은 m

(가) 약보완성은 $x_1 = 0$일 때 $\dfrac{\Delta u}{\Delta q} = 0$임을 의미함. $u(0, x_2, q) = q\ln(1) + \ln(x_2) = \ln(x_2)$

로서 약보완성을 항상 충족함

(나) $u^*(0, x_2, q) = q\ln(\theta) + \ln(x_2)$이므로 $\theta = 1$일 때만 약보완성을 충족하고, 그 외의 경우는 충족하지 않음

(다) $x_2 = m - px_1$이므로, $u = q\ln\left(\dfrac{x_1 + \theta}{\theta}\right) + \ln(m - px_1)$과 같음. x_1에 대해 미분한 것을

0으로 두면 다음이 효용극대화조건: $\dfrac{q}{x_1 + \theta} - \dfrac{p}{m - px_1} = 0$

이 조건을 풀면 다음의 이윤극대화 x_1수요함수가 도출됨: $x_1(p, q, \theta, m) = \dfrac{qm - \theta p}{p(1 + q)}$

u^*를 x_1에 대해 미분하면 동일한 효용극대화 조건 $\dfrac{q}{x_1 + \theta} - \dfrac{p}{m - px_1} = 0$이 도출되며,

따라서 이 경우에도 동일한 수요함수 $x_1(p, q, \theta, m) = \dfrac{qm - \theta p}{p(1 + q)}$가 얻어짐

(라) u는 항상 약보완성이 성립하고, u^*는 $\theta = 1$인 특수한 경우에만 약보완성이 성립함. 그럼에도 불구하고 θ가 어떤 값이든 동일한 x_1의 통상수요함수가 도출되었기 때문에 통계자료를 이용해 추정되는 수요함수를 보고 효용함수가 약보완성을 충족하는지를 검

증할 수 없음. 약보완성은 검증보다는 가정을 한 상태에서 후생효과 분석을 진행하여야 함

02 건강생산함수: $H = a + bQ + cx + dQx$

(가) $\dfrac{\Delta H}{\Delta x} = c + dQ$, $\dfrac{\Delta H}{\Delta Q} = b + dx$

$\dfrac{\Delta H}{\Delta x}$는 Q에 대해 감소할 것이므로 $d < 0$이고, $c > 0$, $b > 0$

(나) $w = p\dfrac{\Delta H / \Delta Q}{\Delta H / \Delta x} = p\left[\dfrac{b + dx^0}{c + dQ^0}\right]$

(다) $x = \dfrac{H - (a + bQ)}{c + dQ}$ 이므로 회피행위비용은

$C(Q^0, H^0) = p\dfrac{H^0 - (a + bQ^0)}{c + dQ^0}$ 이고, $C(Q^1, H^0) = p\dfrac{H^0 - (a + bQ^1)}{c + dQ^1}$ 임

바르틱 지표: $W = C(Q^0, H^0) - C(Q^1, H^0) = p\left[\dfrac{H^0 - (a + bQ^0)}{c + dQ^0} - \dfrac{H^0 - (a + bQ^1)}{c + dQ^1}\right]$

03 생산함수 $q = x^\alpha Q^{1-\alpha}$는 $x = q^{1/\alpha}Q^{(1-\alpha)/\alpha}$를 의미하므로 q 생산비는 $c(p, Q, q) = pq^{1/\alpha}Q^{(1-\alpha)/\alpha}$와 같음. 따라서 〈그림 15-4〉의 면적 abe는 $p(q^0)^{1/\alpha}[(Q^0)^{(1-\alpha)/\alpha} - (Q^1)^{(1-\alpha)/\alpha}]$ 임. CS를 구하기 위해서는 $u(q, z) = u(x^\alpha Q^{1-\alpha}, m - px)$의 함수형태를 설정한 후, 그에 해당되는 수요함수 $x(p, Q, m)$ 혹은 $h(p, Q, u)$를 도출하고, $Q^0 \to Q^1$ 변화로 인해 이들 수요곡선이 이동하면서 만들어내는 면적을 계산하면 됨($u(q, z) = z + q^\beta \, (\beta > 0)$과 같은 효용함수를 적용해 이를 시도해볼 것)

04 (가) 본문에서 Q가 개선될 때 DS는 〈그림 15-4〉의 면적 abe이고 이는 CS보다 작다고 하였음. 즉 $DS < CS$임. 또한 제4절 마지막 부분에서 $ADS < DS$임이 설명됨. 따라서 $ADS < DS < CS$임

(나) Q가 악화될 때에도 $DS < CS$가 여전히 성립함. 이 경우 〈그림 15-4〉에서 q^0와 q^1, $MC(Q^0)$와 $MC(q^1)$이 각각 서로 위치를 바꾸며, 면적 acd의 음($-$)의 값이 DS임. 본문 설명을 참조하면 이는 역시 음의 값을 가지는 CS보다도 작은 값. 제4절 마지막

부분에서 Q가 악화될 때 $ADS > DS$임을 설명함. 하지만 ADS가 DS는 물론 CS보다도 큰지는 불명확함. Q 악화 시 q 생산비가 높아지므로 소비자들은 일종의 실질소득 감소를 경험하게 됨. 만약 개인 환경 q가 정상재라면, 이 소득효과 때문에 q 한계생산비 상승에 대한 반응 이상으로 q 수요가 감소하며, 이 때문에 회피행위 지출액 증가에 어느 정도 제동이 걸리게 됨. 따라서 음의 값을 가지는 ADS가 역시 음의 값을 가지는 CS보다 커 $DS < CS < ADS$의 관계 성립함(엄밀한 증명은 복스텔과 멕코넬(Bockstael and McConnell) 2007, pp. 268–271 참조)

CHAPTER 16

01 추정된 효용함수: $v_1 = 0.006A_1 - 0.0003p_1,$ $\quad v_2 = -1.5 + 0.006A_2 - 0.0003p_2,$

$v_3 = -1 + 0.006A_3 - 0.0003p_3$

$A_1 = 400,$ $A_2 = 500,$ $A_3 = 300,$ $p_1 = 55000,$ $p_2 = 50000,$ $p_3 = 60000$

(가) $\pi_i = \dfrac{\exp\left(\alpha(y - p_i) + \beta q_i + \gamma_i s\right)}{\displaystyle\sum_{j=1}^{N} \exp\left(\alpha(y - p_j) + \beta q_j + \gamma_j s\right)}$ 로부터 $\pi_1 = 0.349,$ $\pi_2 = 0.636,$ $\pi_3 = 0.016$ 도출

(나) A_2가 100이 줄어들 때의 편익:

$$E(CS) = \frac{1}{\alpha}\left\{\ln\left(\sum_{j=1}^{N}\exp\left(-\alpha p_j + \beta q_j^1 + \gamma_j s\right)\right) \\ -\ln\left(\sum_{j=1}^{N}\exp\left(-\alpha p_j + \beta q_j^0 + \gamma_j s\right)\right)\right\}$$ 으로부터

$E(CS) = -1126.3$

(다) 모든 A_i가 10씩 증가할 때의 편익: $E(CS) = \dfrac{\beta}{\alpha}\Delta q = \dfrac{0.006}{0.0003} \times 10 = 200$

(라) $E(CS) = \dfrac{1}{\alpha}\left[\ln\left(\sum_{j=1}^{N}\exp\left(-\alpha p_j + \beta q_j + \gamma_j s\right)\right) \\ -\ln\left(\sum_{j=2}^{N}\exp\left(-\alpha p_j + \beta q_j + \gamma_j s\right)\right)\right]$ 으로부터 다음의 공원별 휴양가치 도출:

$E(CS_1) = 1429.7,$ $E(CS_2) = 3364.2,$ $E(CS_3) = 52.8$

02 추정된 NO_x의 한계지불의사함수: $w = -581 + 189NO_x + 12.4$소득 $- 119.8$가구원수

평균소득은 지수로 11.5, 가구원 수는 3, 현재 NO_x는 5.55이며, w의 단위는 달러임 소득과 가구원 수를 대입하면 한계지불의사함수는 $w = 189NO_x - 797.8$과 같이 됨. 오염도가 5.55에서 4.25로 개선될 때의 경제적 편익은 다음처럼 도출:

$$-\int_{5.55}^{4.25}(189x-797.8)dx=166.79 \ \text{달러}$$

CHAPTER 17

01 추정식의 내용은 다음과 같음: $\Delta u = u_Y - u_N = 0.057 + 0.211edu + 0.012s - 0.140t + \epsilon_Y - \epsilon_N$. 단 t = 설문지의 제시금액, edu = 응답자 교육수준, s = 응답자의 여타 특성 $\epsilon = \epsilon_Y - \epsilon_N$으로 재정의하면, 설문지에서 제시된 금액 t대신 지불의사 CS를 대입했을 때 찬반은 무차별해지므로 $\Delta u = 0$이 되어야 함. 따라서 지불의사함수는 다음처럼 도출됨:

$$CS = \frac{1}{0.140}(0.057 + 0.211edu + 0.012s) + \frac{\epsilon}{0.140}$$

기대지불의사는 다음과 같음:

$$E(CS) = \frac{1}{0.140}(0.057 + 0.211edu + 0.012s)$$

CHAPTER 20

01 (가) 본문 참조

(나) 총배출량이 증가하지 않고 시간이 지나면서 감소함

(다) $k(T) > k^*$이며, 총배출량이 시간이 지나도 계속 증가함

02 식 (20-2)의 미분방정식을 다음처럼 품(힌트: $z = (1-\theta)k^{1-\alpha}$와 같이 변수 변환한 뒤, 선형 미분방정식 $\dot{z} = (1-\alpha)(s(1-\theta)^2 - (\delta + n + g_B)z)$로 전환해 풀면 $z(t) = (s(1-\theta)^2)/(\delta + n + g_B) + b_0\exp(-\lambda t)$가 도출됨. 다시 $k(t)$로 치환한 후 적분 상수 b_0의 값을 $k(0)$를 대입해 구하며, 그 후 k^*값도 대입하면 다음 식이 도출됨)

$$k(t) = [k^{*(1-\alpha)}(1 - \exp(-\lambda t)) + k(0)^{(1-\alpha)}\exp(-\lambda t)]^{1/(1-\alpha)}, \quad \lambda = (1-\alpha)(\delta + n + g_B)$$

$k(T)$로부터 $T = \frac{1}{\lambda}\ln[(k^{*(1-\alpha)} - k(0)^{(1-\alpha)})/(k^{*(1-\alpha)} - k(T)^{(1-\alpha)})]$. 따라서 $k(0)$와 k^*의 격차가 클수록 T가 커짐. 1인당 소득은 전환점 $k(T)$에서 $Y(T)/L(T) = (1-\theta)k(T)^\alpha B(0)\exp[g_B T]$이므로 T에 대해 증가함. 총배출량은 전환점 $k(T)$에서 $E(T) = B(0)L(0)\eta(0)a(\theta)\exp(g_E T)k(T)^\alpha$이므로 지속가능한 성장이 가능할 경우(즉, $g_E < 0$) T에 대해 감소함

국문 색인

referendum model 479~485

regression 417

regulatory impact analysis 321

related market approach 393

revealed preference methods 392

revenue－recycling effect 164

risk assessment 322

‖ S ‖

sample nonresponse bias 491

sample selection bias 492

Samuelson condition 61

scale effect 535

scope effect 486

sequencing effect 486

simulated market approach 392, 490, 501~503

social cost of carbon, SCC 624~625

sources 23

spillovers 147~149

staring point bias 478

stated preference methods 392

statistical life years 372

statistical lives 372, 375, 464~466

strategic bias 479, 487~489

strict liability 275

strong double dividend 164

Sulfur Allowance Program 193

sustainable development 562~563

‖ T ‖

tax competition 260

technique effect 535

technology forcing principle 130

technology standards 121

time preference 314, 626

tobit model 433

Törnqvist index 519

tort law 272

total factor productivity, TFP 518

tragedy of the commons 59

transaction cost 74, 132~134

transfer coefficient 119

transitional costs 264

travel cost method 427~435

two－part emission charge 140

type I extreme value distribution 437

‖ U ‖

uniformly mixed pollutant 120

use value 360

‖ V ‖

value transfer 503

victim pays principle 107

virtual price 352

volumetric choice experiment (VCE) 500

‖ W ‖

warm－glow effect 63, 486

weak complementarity 398~401

weak double dividend 163

weak substitutability 411~412

willingness to accept, WTA 347~348

willingness to pay, WTP 36, 347

‖ Z ‖

zonal emission charge 145

zonal emission permit system 190

저자소개

권오상(權五祥, Kwon, Oh Sang)
서울대학교 농경제학과 졸업(경제학사)
서울대학교 농경제학과 대학원 졸업(경제학 석사)
University of Maryland at College Park 대학원 졸업(농업 및 자원경제학 박사)
한국농촌경제연구원 근무(책임연구원)
한국환경경제학회장 역임
현 서울대학교 농경제사회학부 농업·자원경제학전공 교수
전공분야: 자원·환경경제학, 생산경제학, 기후변화의 경제학

제5판
환경경제학

초판발행	1999년 6월 30일
제2판발행	2007년 8월 15일
제3판발행	2013년 8월 30일
제4판발행	2020년 7월 10일
제5판발행	2025년 2월 3일

지은이	권오상
펴낸이	안종만·안상준
편 집	배근하
기획/마케팅	최동인
표지디자인	BEN STORY
제 작	고철민·김원표
펴낸곳	(주)**박영사**
	서울특별시 금천구 가산디지털2로 53, 210호(가산동, 한라시그마밸리)
	등록 1959. 3. 11. 제300-1959-1호(倫)
전 화	02)733-6771
f a x	02)736-4818
e-mail	pys@pybook.co.kr
homepage	www.pybook.co.kr
ISBN	979-11-303-2181-3 93320

copyright©권오상, 2025, Printed in Korea

정 가   32,000원